처음 해보는
자바 프로그래밍
———

1쇄 발행 2019년 02월 01일
2쇄 발행 2019년 11월 01일
3쇄 발행 2022년 09월 20일
4쇄 발행 2023년 11월 24일

지음 오정임
발행인 한창훈

발행처 루비페이퍼
출판등록 2013년 11월 6일 제 385-2013-000053호
주 소 경기도 부천시 원미구 길주로 252 603호
전 화 032_322_6754
팩 스 031_8039_4526
홈페이지 www.RubyPaper.co.kr

ISBN 979-11-86710-32-6

이 책은 저작권법에 따라 보호받는 저작물이므로 무단 전재와 무단 복제를 금하며,
이 책 내용의 전부 또는 일부를 이용하려면 저작권자와 루비페이퍼의 서면 동의를 받아야 합니다.
책값은 뒤표지에 있습니다.

잘못된 책은 구입하신 곳에서 바꾸어 드립니다.

—
처음 해보는
자바 프로그래밍
—

공동감수
이창연 외 34인

이창연 (대표감수)
서울아동병원 의학연구소 소장

강일송 소아청소년과 전문의
마산시 내서 서울아동병원장

권오혁 소아청소년과 전문의
포항시 서울아동병원장

김종진 소아청소년과 전문의
(신)마산시 서울아동병원장

김지숙 소아청소년과 전문의
부산 하강동 부산맘아동병원장

김형진 소아청소년과 전문의
거제시 서울아동병원장

노경운 소아청소년과 전문의
통영시 서울아동병원장

박양동 소아청소년과 전문의
창원시 서울아동병원장

백종근 소아청소년과 전문의
사천시 서울아동병원장

손영호 소아청소년과 전문의
김해시 장유 서울아동병원장

신상훈 소아청소년과 전문의
양산시 서울아이병원장

신용준 소아청소년과 전문의
양산시 서울아이병원장

심성섭 소아청소년과 전문의
진주시 서울아동병원장

심재훈 소아청소년과 전문의
마산시 내서 서울아동병원장

위현우 소아청소년과 전문의
포항시 서울아동병원장

유호연 소아청소년과 전문의
창원시 진해 서울아동병원장

이민혜 소아청소년과 전문의
사천시 서울아동병원장

이승익 소아청소년과 전문의
김해시 장유 서울아동병원장

이승희 가정의학과 전문의
부산시 화명동 서울아동병원장

이은애 소아청소년과 전문의
청주시 서울아동병원장

이재은 소아청소년과 전문의
마산시 내서 서울아동병원장

이정무 소아청소년과 전문의
(신)마산시 서울아동병원장

이택영 소아청소년과 전문의
오산시 서울어린이병원장

전은영 소아청소년과 전문의
진주시 서울아동병원장

전창호 소아청소년과 전문의
김해시 장유 서울아동병원장

정선희 소아청소년과 전문의
부산 하강동 부산맘아동병원장

정재열 소아청소년과 전문의
(신)마산시 서울아동병원장

정진화 소아청소년과 전문의
포항시 서울아동병원장

조은영 소아청소년과 전문의
사천시 서울아동병원장

조재호 소아청소년과 전문의
구미시 서울아동병원장

주희정 소아청소년과 전문의
부산시 화명동 서울아동병원장

지근하 소아청소년과 전문의
부산시 화명동 서울아동병원장

최순식 가정의학과 전문의
진주시 서울아동병원장

하성훈 소아청소년과 전문의
부산시 화명동 서울아동병원장

홍창희 소아청소년과 전문의
김해시 장유 서울아동병원장

옮긴이 서민아

역자 서민아는 대학에서 영문학과 경영학을 전공하고, 대학원에서 비교문학을 공부했다. 옮긴 책으로 《비트겐슈타인 가문》《고릴라 이스마엘》《치와 오두막에서》 《나는 재즈광, 히피, 마약중독자 그리고 경계성 인격장애 환자였다》 《너에게 닿는 거리, 17년》《상호의존성이란 무엇인가》《그 여자가 우리 엄마야》 《도리언 그레이의 초상》《프로즌 파이어 1, 2》《히든 페이스》《프랑켄슈타인》 《오만과 편견》《이성과 감성》《책 사냥꾼》《달콤한 잠의 유혹》 등이 있다.

The Bible ③ 육아 소아과 수업(12~36개월)

초판 1쇄 인쇄 2014년 12월 19일
초판 1쇄 발행 2014년 12월 26일

지은이: 하이디 머코프, 알렌 아이젠버그, 샌디 해서웨이
옮긴이: 서민아
감수자: 이창연 외 34인 공동감수
펴낸이: 김선식

경영총괄: 김은영
마케팅총괄: 최창규
북프로듀싱: 장재용
책임편집: 장재용, 콘텐츠뱅크 찾아보기: 심순영, 이승은
디자인: 박연주(표지 및 본문 포맷), 김수미(본문 레이아웃)
일러스트: 최경식(본문), 최인애(표지)
마케팅본부: 이주화, 이상혁, 최혜령, 박현미, 반여진, 이소연
경영관리팀: 송현주, 권송이, 윤이경, 김민아, 임해랑, 하지은

펴낸곳: 다산북스 출판등록: 2005년 12월 23일 제313-2005-00277호
주소: 경기도 파주시 회동길 37-14 3, 4층
전화: 02-702-1724(기획편집) 02-6217-1726(마케팅) 02-704-1724(경영지원)
팩스: 02-703-2219 이메일: dasanbooks@dasanbooks.com
홈페이지: www.dasanbooks.com 블로그: blog.naver.com/dasan_books
종이: 한솔P&S 인쇄 · 제본: (주)현문 후가공: 이지앤비

ISBN 979-11-306-0460-2 (14510)
　　　 979-11-306-0457-2 (세트)

- 책값은 뒤표지에 있습니다.
- 파본은 구입하신 서점에서 교환해드립니다.
- 이 책은 저작권법에 의하여 보호를 받는 저작물이므로 무단 전재와 복제를 금합니다.

다산북스(DASANBOOKS)는 독자 여러분의 책에 관한 아이디어와 원고 투고를 기쁜 마음으로 기다리고 있습니다. 책 출간을 원하는 아이디어가 있으신 분은 이메일 dasanbooks@dasanbooks.com 또는 다산북스 홈페이지 '투고원고'란으로 간단한 개요와 취지, 연락처 등을 보내주세요. 머뭇거리지 말고 문을 두드리세요.

처음 해보는
자바 프로그래밍
Java

오정임 | 지음

자바는 2000년 초부터 지금까지 전 세계에서 가장 많이 사용되는 프로그래밍 언어 중 하나입니다. 국내에서는 은행, 보험사, 증권사 같은 금융권의 차세대 프로젝트에서 선택한 언어가 바로 자바입니다. 더불어 기업 환경에서 주로 자바를 사용하다 보니 정보 통신 분야에서 자바는 기본적으로 함양해야 하는 언어가 되었습니다.

필자는 20여 년을 다양한 분야에서 자바를 사용하고 가르쳐왔습니다. 필자가 20년 동안 경험한 노하우를 책으로 정리하여 자바를 배우고자 하는 분들에게 미약하나마 도움이 되고자 합니다. 이 책은 두 가지 목표 아래 집필되었습니다.

첫째는 비전공자와 입문자들이 낯선 용어에서 오는 좌절감을 느끼지 않도록 자바의 핵심 개념을 쉽고 친절하게 설명하여 진입 장벽을 낮추는 것입니다.
둘째는 개념 정리에서 끝나는 것이 아니라 현업에서 필요한 역량까지 갖출 수 있도록 자바 11에서 제공하는 기본 기술 및 고급 기술들을 충분히 설명하자는 것입니다.

이러한 목표에 맞춰 집필하다 보니 책이 조금 두꺼워졌습니다. 방대한 분량으로 자바를 처음 접하시는 분들은 버겁게 느껴질 수 있으나, 차분히 학습하면 객체지향 개념과 핵심을 이해할 수 있고 프로그래밍 기초를 다질 수 있으며 나아가 현업에서도 적용할 수 있는 실력을 갖출 수 있습니다.

이 책을 선택한 독자가 자바와 친숙해지는 데 조금이나마 도움이 되기를 바랍니다.

2019년 1월 15일
오정임

01
자바 소개 및 개발환경 구축

1.1. 프로그램과 프로그래밍 언어	16
1.2. 자바의 역사	18
1.3. 프로그램 개발 순서	19
1.3.1. 소스 파일	19
1.3.2. 컴파일	20
1.3.3. 자바 실행 파일	20
1.4. JVM	22
1.4.1. JVM 개요	22
1.4.2. JVM 실행 환경	24
1.5. 개발환경 구축	25
1.5.1. 자바 플랫폼	25
1.5.2. JDK 설치	26
1.5.3. 자바 환경 설정	30
1.5.4. 자바 개발 도구	35
1.6. 메모장에서 예제 작성	38
1.6.1. 자바 소스 파일	38
1.6.2. 컴파일	40
1.6.3. 실행	42
1.7. 이클립스에서 예제 작성	44
1.7.1. 이클립스 설치	44
1.7.2. 자바 소스 작성	46
1.7.3. 컴파일	55
1.7.4. 실행	56

02 데이터 활용

- 2.1. 변수 기본 ... 58
  - 2.1.1. 변수란? ... 59
  - 2.1.2. 변수 선언 ... 60
  - 2.1.3. 변수에 데이터 저장 ... 62
  - 2.1.4. 변수 사용 ... 63
- 2.2. 데이터 종류 ... 64
  - 2.2.1. 논리 타입 ... 65
  - 2.2.2. 문자 타입 ... 65
  - 2.2.3. 정수 타입 ... 67
  - 2.2.4. 실수 타입 ... 70
  - 2.2.5. 참조 타입 ... 72
- 2.3. 데이터 연산 ... 73
  - 2.3.1. 산술 연산자 ... 75
  - 2.3.2. 증감 연산자 ... 76
  - 2.3.3. 비교 연산자 ... 78
  - 2.3.4. 부호 연산자 ... 79
  - 2.3.5. 복합 대입 연산자 ... 80
  - 2.3.6. 논리 연산자 ... 81
  - 2.3.7. 부정 연산자 ... 85
  - 2.3.8. 비트 연산자 ... 86
  - 2.3.9. 삼항 연산자 ... 92
- 2.4. 데이터 타입 변환 ... 93
  - 2.4.1. 자동 타입 변경 ... 93
  - 2.4.2. 직접 타입 변경 ... 94

03 제어문 : 실행 흐름 제어하기

- 3.1. 주석문 : 소스에 메모해두기 ... 96
  - 3.1.1. 주석문 ... 96
  - 3.1.2. 어노테이션 ... 98
  - 3.1.3. Javadoc 주석 ... 98
- 3.2. 조건문 : 조건에 따라 흐름 나누기 ... 103
  - 3.2.1. if 문 ... 105
  - 3.2.2. switch~case 문 ... 110

3.3. 반복문 : 여러 번 실행하기 — 117
3.3.1. 반복문의 구성요소 — 117
3.3.2. for 문 — 123
3.3.3. 제어 변숫값 변경 과정 추적 : 이클립스에서 디버깅하기 — 125
3.3.4. while 문 — 128
3.3.5. do~while 문 — 130

3.4. 반복문 제어하기 : 멈추거나 계속 진행하기 — 132
3.4.1. 실행을 멈추고 반복문 탈출하기 : break 문 — 132
3.4.2. 그다음 조건으로 계속 실행하기 : continue 문 — 133

3.5. 제어문 중첩하기 — 135
3.5.1. if 문 중첩 — 135
3.5.2. 반복문 중첩 — 136

04 배열 : 데이터 나열하기

4.1. 배열, 무엇일까요? 왜 필요할까요? — 140

4.2. 배열 기본기를 다져보아요 — 142
4.2.1. 배열 생성하기 — 142
4.2.2. 배열에 이름 붙이기 — 143
4.2.3. 배열에 값을 넣거나 가져오기 — 144
4.2.4. 배열 초기화하기 — 146
4.2.5. 배열의 길이 구하기: length — 149
4.2.6. 확장 for 문 — 151
4.2.7. 배열을 활용하는 실습 — 153

4.3. 차원이 다른 배열 — 157
4.3.1. 2차원 배열의 구조 — 158
4.3.2. 2차원 배열 예제 — 163
4.3.3. 배열이 저장되는 메모리 구조 — 170

4.4. 명령행 매개변수 — 172
4.4.1. 명령행 매개변수란 — 172
4.4.2. 이클립스에서 명령행 매개변수 이용하기 — 173

05 객체지향 알기

5.1. 객체지향의 주인공은 '객체' … 176
- **5.1.1.** 그러니까 객체란 말이지… … 177
- **5.1.2.** 객체를 모델링해보자 … 179

5.2. 클래스란 무엇일까? … 179
- **5.2.1.** 클래스 다이어그램 … 180
- **5.2.2.** 클래스 기본 구조 … 181
- **5.2.3.** 접근 제한자 … 184

5.3. 자바 소스 파일 파헤치기 … 185
- **5.3.1.** 패키지 선언 … 186
- **5.3.2.** 클래스 임포트 … 195
- **5.3.3.** 클래스 선언 … 197

5.4. 필드 … 198

5.5. 메서드 … 199
- **5.5.1.** 메서드 호출 … 200
- **5.5.2.** 메서드 실행을 멈추고 값 반환하기 … 201
- **5.5.3.** 매개변수 … 203

5.6. 메서드 오버로딩 … 204

5.7. 가변 길이 인자 … 207

06 객체지향 구현

6.1. 클래스와 객체, 그리고 인스턴스 … 211
- **6.1.1.** 클래스와 객체 생성 … 211
- **6.1.2.** 자바의 메모리 … 216
- **6.1.3.** 참조변수를 이용해 인스턴스에 접근 … 221

6.2. 정적 멤버 선언 … 230
- **6.2.1.** 클래스 필드 … 230
- **6.2.2.** 클래스 메서드 … 239

6.3. 생성자 … 244
- **6.3.1.** 생성자 개요 … 245

6.3.2.	생성자 오버로딩	247
6.3.3.	기본 생성자	250
6.3.4.	자신을 가리키는 키워드 this	251

07 상속과 인터페이스

7.1.	**상속 개요**	**269**
7.1.1.	상속이란?	269
7.1.2.	상속 구현	274
7.2.	**상속 활용**	**282**
7.2.1.	메서드 오버라이딩	282
7.2.2.	부모 클래스 멤버에 직접 접근하기	285
7.2.3.	final 제어자	299
7.3.	**추상 개념**	**302**
7.3.1.	추상 메서드	302
7.3.2.	추상 클래스	306
7.4.	**인터페이스**	**310**
7.4.1.	인터페이스란	310
7.4.2.	인터페이스 상속	318

08 다형성과 내부 클래스

8.1.	**다형성**	**327**
8.1.1.	다형성 개요	327
8.1.2.	다형성의 원리	332
8.1.3.	다형성의 필요성	347
8.1.4.	다형성의 활용	350
8.2.	**내부 클래스**	**358**
8.2.1.	내부 클래스란	358
8.2.2.	내부 클래스 종류	368
8.2.3.	익명 클래스	376
8.3.	**열거형 클래스**	**379**

09 기본 API 활용하기

9.1. API 문서 … 389
    9.1.1. 라이브러리란 … 389
    9.1.2. 자바 API … 390

9.2. 기본 API … 397
    9.2.1. Object 클래스 … 397
    9.2.2. String 클래스 … 406
    9.2.3. StringBuffer/StringBuilder 클래스 … 423
    9.2.4. Math 클래스 … 426
    9.2.5. Wrapper 클래스 … 428

9.3. 유틸리티 API … 432
    9.3.1. StringTokenizer 클래스 … 432
    9.3.2. Random 클래스 … 436
    9.3.3. Arrays 클래스 … 440
    9.3.4. Date / Calendar 클래스 … 442
    9.3.5. Pattern 클래스 … 446
    9.3.6. Format 클래스 … 451

10 컬렉션 API 활용하기

10.1. 컬렉션 개요 … 458
    10.1.1. 배열의 특성 … 458
    10.1.2. 컬렉션 프레임워크 … 462

10.2. List 계열 … 464
    10.2.1. ArrayList 클래스 … 465
    10.2.2. Vector 클래스 … 481
    10.2.3. LinkedList 클래스 … 489

10.3. Map 계열 … 500
    10.3.1. Entry 인터페이스 … 502
    10.3.2. HashMap 클래스 … 503
    10.3.3. Hashtable 클래스 … 509
    10.3.4. TreeMap 클래스 … 512

10.4. Set 계열 519
10.4.1. HashSet 클래스 519
10.4.2. TreeSet 클래스 526

11 예외 처리하기

11.1. 예외 처리 개요 531

11.2. 자바 예외 API 532
11.2.1. 예외 처리 객체 구조 532
11.2.2. 예외 객체 종류 534
11.2.3. 예외 발생 원리 534

11.3. 예외 처리 방법 535
11.3.1. try-catch 문 535
11.3.2. 예외 처리 메서드 542
11.3.3. finally 문 543
11.3.4. try-with-resources 545

11.4. 예외 던지기 : throws 문 550

11.5. 사용자 정의 예외 객체 553

12 입출력 작업하기

12.1. 입출력 개요 557
12.1.1. 입출력 원리 557
12.1.2. 입출력 API 558

12.2. 기본 입출력 작업 560
12.2.1. 파일 입출력 560
12.2.3. 필터 스트림 활용 567

12.3. 파일 처리 575
12.3.1. File 클래스 575
12.3.2. Path 클래스 580
12.3.3. RandomAccessFile 클래스 586

12.3.4. 프로퍼티 파일		589
12.3.5. FileChannel 클래스		592
12.3.6. 압축 파일		601
12.4. 객체 직렬화		**605**
12.4.1. Serializable 인터페이스		605
12.4.2. serialVersionUID 필드		609

13 제네릭과 어노테이션

13.1. 제네릭		**612**
13.1.1. 제네릭 개요		612
13.1.2. 타입 매개변수		622
13.1.3. 다양한 적용		634
13.2. 어노테이션		**639**
13.2.1. 어노테이션 개요		640
13.2.2. 정보 추출		642
13.2.3. 기본값 지정		649
13.2.4. 표준 어노테이션		653

14 람다식

14.1. 람다식 이전 프로그램 구현 방식		**656**
14.2. 인터페이스 구현 방법		**657**
14.2.1. 방법 1 : implements 키워드로 클래스 선언		657
14.2.2. 방법 2 : 익명 클래스 사용		658
14.2.3. 방법 3 : 선언, 생성, 호출을 한번에 처리		659
14.2.4. 매개변수		660
14.2.5. 리턴 타입		661
14.3. 람다식 사용하기		**663**
14.3.1. 람다식 기본		663
14.3.2. 람다식 활용		675
14.3.3. 메서드 참조		683
14.3.4. 함수형 인터페이스 API		697

15 스트림 API

15.1. 스트림이란? — 702
- 15.1.1. 스트림 사용 3단계 — 702
- 15.1.2. 스트림 특징 — 703

15.2. 스트림 종류 — 705
- 15.2.1. 스트림 생성 방법 — 705
- 15.2.2. BaseStream 인터페이스 — 708
- 15.2.3. Stream 인터페이스 — 709
- 15.2.4. 기본 타입 스트림 — 721
- 15.2.5. 병렬 스트림 — 727

15.3. 스트림 활용 — 730
- 15.3.1. 매핑 작업 — 730
- 15.3.2. 컬렉션 변환 — 739
- 15.3.3. 반복자 — 742

16 멀티태스킹의 첫걸음, 스레드 알기

16.1. 스레드란? — 746

16.2. 스레드 활용 — 749
- 16.2.1. 구현 및 실행 — 749
- 16.2.2. Thread 클래스 — 750
- 16.2.3. Runnable 인터페이스 — 754
- 16.2.4. 스레드 설정 — 756

16.3. 동기화 — 760
- 16.3.1. 동기화란? — 760
- 16.3.2. 동기화 처리 — 763

16.4. 스레드 제어 — 765
- 16.4.1. 스레드 상태 — 765
- 16.4.2. 스레드 제어 — 766

16.5. 스레드 풀 — 774
- 16.5.1. ExecutorService 인터페이스 — 775
- 16.5.2. Future 인터페이스 — 778

17 모듈

- **17.1.** 모듈이란? ... 781
- **17.2.** 모듈화 ... 784
  - **17.2.1.** 모듈 선언 ... 784
  - **17.2.2.** 모듈 시스템 ... 785
  - **17.2.3.** java.base 모듈 ... 793
  - **17.2.4.** 자동 모듈 변환 ... 794
- **17.3.** 모듈 지시자 ... 802
  - **17.3.1.** exports-to 문 ... 802
  - **17.3.2.** transitive 지시자 ... 802
  - **17.3.3.** provides-with, uses ... 808

18 Networking

- **18.1.** 개요 ... 816
  - **18.1.1.** 용어 ... 816
- **18.2.** Socket 통신 ... 819
  - **18.2.1.** Socket ... 819
  - **18.2.2.** ServerSocket ... 823
- **18.3.** NIO 통신 ... 830
  - **18.3.1.** SocketChannel ... 831
  - **18.3.2.** ServerSocketChannel ... 835

19
JShell 사용하기

19.1. JShell이란?	843
19.2. JShell 실행 방법	844
19.3. JShell 기본	847
19.3.1. 자바 코드	847
19.3.2. 명령어	849
19.3.3. 기본 사용법	850
19.3.4. 클래스 작업	855
19.3.5. 패키지 사용	861
19.4. JShell 부가 기능	864
19.4.1. 편집기	864
19.4.2. 도움말	867
19.4.3. 실행과 삭제	868
19.4.4. JShell 실행환경	870

01

자바 소개 및 개발환경 구축

이번 장에서는 본격적으로 자바 프로그램을 개발하기 전에 반드시 알아야 하는 기본적인 내용을 학습해봅니다. 첫 번째는 자바 프로그램의 개발 순서를 학습합니다. 개발 순서는 '소스 파일 → 컴파일 → 실행 파일 → 실행'을 말합니다. 그리고 두 번째는 자바 가상 머신으로 불리는 JVM(Java Virtual Machine)을 학습합니다. 자바가 다른 언어와 가장 다른 점은 이 JVM이 자바 프로그램을 실행한다는 것입니다. 그래서 자바 프로그램을 개발하려는 우리는 반드시 JVM을 설치해야 합니다. 그리고 추가로 오라클(Oracle) 웹 사이트에서 자바 개발 도구를 내려받아 설치하고 환경변수를 설정합니다. 이렇게 개발 준비가 완료되면 간단한 자바 프로그램을 구현해보고 실행해보겠습니다.

1.1. 프로그램과 프로그래밍 언어

우리는 실생활에서 컴퓨터로 대부분의 업무를 처리합니다. 제가 어린 시절에는 은행 업무를 보러 갈 때 통장을 가지고 가야 했습니다. 그러면 은행에서는 직원이 입금이나 출금 내용 그리고 잔액을 볼펜으로 적고 도장을 찍었습니다. 그런데 지금은 통장을 직접 들고 다니는 사람을 찾아보기 힘듭니다. 은행 업무는 손쉽게 인터넷 뱅킹으로도 처리할 수 있게 되었기 때문입니다. 또한, 은행 창구에서조차도 대부분 수작업이 아니라 전산으로 처리합니다.

이처럼 기존에 사람이 처리하던 업무를 컴퓨터가 처리하게 된 사례는 우리 주변에서 흔하게 찾을 수 있습니다. 학교에서 학생들 성적관리를 비롯해 학사관리, 회사에서 비즈니스적인 업무관리, 인사관리, 회계관리 등도 마찬가지고, 쇼핑도 오프라인 매장이 아니라 인터넷에서 구매하는 경우가 많습니다. 지금까지 우리는 이러한 서비스를 사용하는 처지였지만, 이제 개발자 관점에서 사용자들이 해당 업무를 컴퓨터로 처리할 수 있게 하려면 어떤 프로그램을 만들어야 하는가를 생각해야 합니다.

그렇다면 프로그램(Program)이란 무엇일까요? 프로그램은 컴퓨터상에서 어떤 일을 처리하려는 목적으로, 개발자가 프로그래밍 언어를 사용하여 어떻게 처리할 것인지를 기술한 것입니다. 예를 들어, 길 찾기를 도와주는 내비게이션은 "직진하십시오", "좌회전하십시오", "고속도로로 진입하십시오" 등을 안내해 주고, 우리는 내비게이션의 안내에 따라 운전해 목적지에 도착할 수 있습니다. 이러한 내비게이션의 안내를 일종의 명령이라고 생각한다면, 출발지부터 목적지에 도착하기까지 제시된 명령들의 순서를 프로그램에서는 "기술한다" 또는 "구현한다"라고 표현합니다. 결국, 프로그램을 개발한다는 것은 어떤 목적을 위해 명령들을 구현하는 것입니다.

라면을 끓이는 기능을 처리하는 프로그램이라면 다음과 같은 순서로 명령들을 구현할 것입니다.

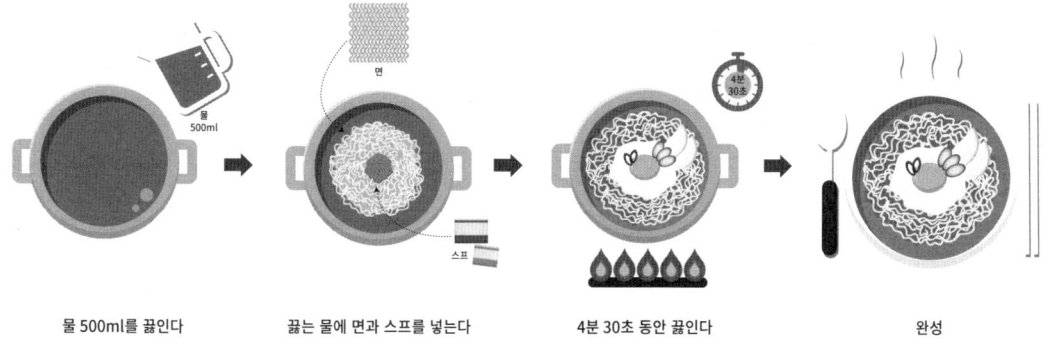

물 500ml를 끓인다 　　 끓는 물에 면과 스프를 넣는다 　　 4분 30초 동안 끓인다 　　 완성

이 명령들은 프로그래밍 언어를 사용해서 구현합니다. 내비게이션에서 표현하는 언어가 한국어, 영어, 중국어 등 여럿이듯이, 프로그램을 구현하는 언어도 자바, C, 자바스크립트, 파이썬 등 여러 가지입니다. 각 언어마다 서로 다른 특징이 있지만, 어떤 언어로도 명령을 구현할 수 있는 건 마찬가지여서 프로그램 언어를 모두 알아야 할 필요는 없습니다.

다음은 현재 전 세계에서 사용되는 프로그래밍 언어의 통계 자료입니다.

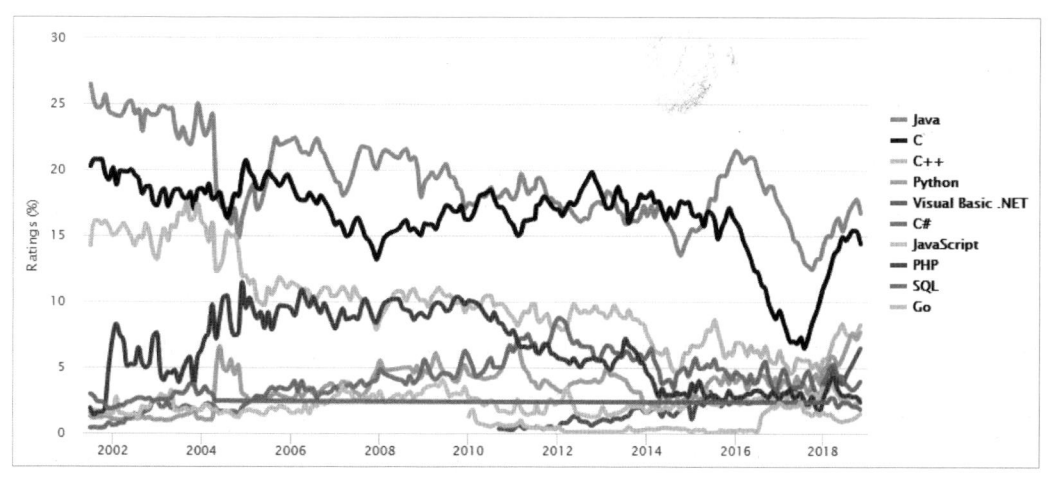

그림 프로그래밍 언어 순위(출처: https://www.tiobe.com/tiobe-index/)

통계 자료를 보면 프로그래밍 언어에서 자바가 오랫동안 높은 점유율을 보이고 있다는 걸 알 수 있습니다. 국내에서는 금융권에서 차세대 시스템을 개발하면서 선택한 언어가 자바입니다. 또한, 업무 처리 환경이 인터넷으로 변화하면서 역시 자바 언어가 집중적으로 사용되었습니다.

1.2. 자바의 역사

자바 언어가 만들어진 배경을 보면 1990년 말 미국의 GE(General Electric)사가 대화식 TV에 대한 개발을 썬마이크로시스템즈에 의뢰하면서 시작됐습니다. 이를 위해 제임스 고슬링(James Gosling)을 비롯한 썬의 개발자들은 어떤 가전제품에서나 동작하는 언어를 개발하고 '오크(Oak)'라는 이름을 붙였습니다. 오크(Oak)는 이후 그린 프로젝트로 이름을 바꾸었고 이후 그린 프로젝트는 1995년 자바 커피에서 이름을 딴 '자바(Java)'라는 이름으로 1.0 버전을 최초로 발표합니다.

자바가 발표될 당시 이목을 집중시킨 이유는 웹에서 자바 프로그램의 실행결과 때문이었습니다. 지금의 웹 페이지는 시시각각 변하는 내용으로 넘쳐나지만, 1995년 당시만 해도 웹은 고정된 내용만 볼 수 있었습니다. 웹 문서에서 움직이는 내용은 볼 수 없던 시대였습니다. 그런데 자바 언어로 구현된 프로그램이 웹 브라우저에서 움직이는 이미지를 보여준 것입니다. 지금은 너무나 시시한 결과지만, 1995년에는 많은 사람이 신선한 충격으로 받아들이면서 자바가 폭발적인 관심을 끌게 되었습니다.

현재 자바는 2000년대 중반 이후 전 세계에서 가장 많이 사용하는 프로그래밍 언어가 되었습니다. 자바 언어가 가장 많이 사용된 또 다른 이유는 썬마이크로시스템즈에서 자바를 GPL 라이선스로 오픈했기 때문입니다. GPL(General Public License) 라이선스는 Free Software Foundation에서 만든 자유 소프트웨어 라이선스로 가장 널리 알려진 사용 허가입니다. 이것은 지식과 정보는 소수 독점이 아니라, 모든 사람이 사용할 수 있어야 한다는 개념입니다. GPL 코드를 이용하여 개발된 프로그램 역시 동일한 라이선스를 가집니다.

이처럼 썬마이크로시스템즈는 자바가 한 회사의 종속된 제품이 아니라, 일반 개발자는 물론 기업이나 오픈소스 단체 등 모두가 자유롭게 참여할 수 있게 하였습니다. JCP(JAVA Community Process)는 썬마이크로시스템즈에 종속되지 않은 독립적인 오픈소스 커뮤니티로 자바가 열린 공간에서 논의되고 발전하는 체계를 갖게 했습니다. JCP는 자바 관련 표준화를 주도하는 여러 소그룹으로 구성되어 있습니다. 이 소그룹의 활동을 통해 자바의 표준을 제안하고 동의하여 처리하는 일련의 작업이 진행됩니다. 썬마이크로시스템즈도 JCP라는 오픈소스 커뮤니티 그룹 안에서 가장 적극적이고 활발하게 활동하는 구성원이고, 자바 기술의 혁신과 발전을 위해 주도적인 역할을 지속해 왔습니다.

그러나 현재의 자바는 큰 변화를 겪었습니다. 2009년에 자바의 제작사인 썬마이크로시스템즈가 오라클(Oracle)로 인수 합병됨에 따라 자바에 대한 권리 및 유지보수가 오라클로 넘어갔기 때문에 향후 자바가 어떻게 발전할지 주목됩니다. 그러나 분명한 사실은 여전히 자바가 시장 점유율 1위를 차지하고 있다는 것입니다.

> **? 오픈 소스(open source)**
> 프로그램의 구현된 소스코드를 인터넷 등을 통하여 무상으로 공개하여 누구나 프로그램을 변경하고, 이것을 재배포할 수 있는 프로그램을 의미합니다.

1.3. 프로그램 개발 순서

이번 절에서는 프로그램의 개발부터 실행까지 어떤 과정을 거치는지 알아봅니다. 프로그램은 일반적으로 다음과 같은 순서로 개발합니다.

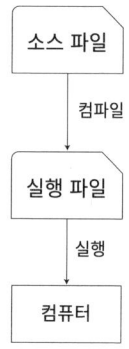

그림 프로그램 개발 순서

1.3.1. 소스 파일

프로그램을 개발할 때 가장 먼저 프로그래밍 언어로 명령들을 구현합니다. 구현이 완료되면 파일로 저장해야 합니다. 이 파일을 "**소스 파일(Source File)**"이라고 합니다. 다음은 대표적인 프로그래밍 언어인 C와 자바로 구현한 소스 파일의 일부 명령문입니다. 두 파일을 비교해봅시다.

test.c (C 언어 소스 파일)
```
printf("%s", "직진하시오");
printf("%s", "50M 앞에서 좌회전하시오");
```

test.java (자바 언어 소스 파일)
```
System.out.print("직진하시오");
System.out.print("50M 앞에서 좌회전하시오");
```

C 언어는 소스 파일을 저장할 때 파일 확장자가 ".c"이고, 자바 언어는 ".java"를 사용합니다. 앞에 보이는 두 개의 소스 파일은 서로 같은 내용이지만, 프로그래밍 언어가 달라서 표현이 다릅니다.

일반적으로 프로그래밍 언어는 고급 언어와 저급 언어로 분류할 수 있습니다. 고급 언어는 C와 자바처럼 사람이 이해하기 쉬운 형태이고, 저급 언어는 1과 0으로만 표현하는 기계어를 사용합니다. 따라서 저급 언어로 작성된 소스 파일은 고급 언어로 작성하는 것보다 어렵습니다. 일반적으로 프로그램을 개발할 때는 이해하기 쉬운 고급 언어를 사용합니다. 그런데 고급 언어로 작성한 파일을 실행하려면 반드시 컴퓨터가 인식할 수 있는 언어로 변환하는 작업을 거쳐야 합니다.

1.3.2. 컴파일

C와 자바처럼 고급 언어로 작성된 소스 파일은 인간 중심으로 표현된 만큼 컴퓨터는 인식할 수 없습니다. 컴퓨터는 1과 0으로 된 명령문만 인식해 처리할 수 있기 때문입니다. 따라서 개발자가 작성한 소스 파일의 명령대로 실행하려면 고급 언어로 작성된 소스 파일을 기계어로 변환해야 합니다. 이러한 변환 작업을 '**컴파일(Compile)**'이라고 하며, 변환 프로그램을 '**컴파일러(Compiler)**'라고 합니다.

소스 파일을 컴파일해서 1과 0으로 변환된 파일은 컴퓨터에서 바로 실행할 수 있어서 '실행 파일(Execute File)'이라고 합니다. C 언어에서는 "*.c" 소스 파일을 컴파일하면 "*.exe" 실행 파일이 생성되고, 자바 언어에서는 "*.java" 소스 파일을 컴파일하면 "*.class" 실행 파일이 생성됩니다.

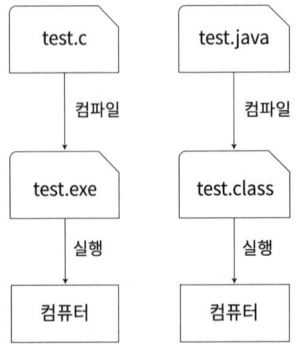

그림 C 언어 개발 순서(왼쪽), 자바 언어 개발 순서(오른쪽)

1.3.3. 자바 실행 파일

앞에서 다룬 것처럼 컴파일은 소스 파일을 기계어로 변환해 실행 파일을 생성하는 작업입니다. 컴파일 작업을 거쳐 생성된 파일은 기계어 코드이므로 컴퓨터에서 바로 실행할 수 있습니다. 그런데 자바가 다른 프로그램 언어와 다른 점은 컴파일 작업을 거쳐 생성된 파일이 기계어 코드가 아니라는 사실입니다.

자바 소스 파일이 컴파일 작업을 거쳐 생성된 파일은 컴퓨터에서 실행 가능한 기계어 코드가 아니라 '바이트 코드(byte code)'입니다. 바이트 코드는 기계어로 변환하기 전 중간 단계의 코드입니다. 여기서 중요한 것은 바이트 코드는 기계어가 아니라서 컴퓨터에서 바로 실행할 수 없다는 점입니다.

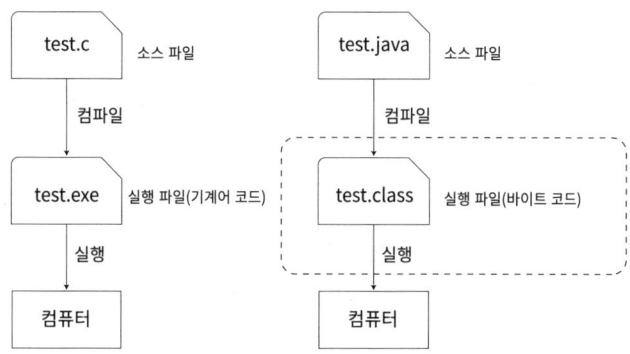

그림 C 언어 실행 파일(왼쪽), 자바 언어 실행 파일(오른쪽)

사실 위 그림에서 오른쪽은 잘못되었습니다. 왜냐하면, test.class 파일은 기계어 코드로 된 파일이 아니어서 실행할 수 없기 때문입니다. 그렇다면 소스 파일에서 컴파일된 바이트 코드를 다시 기계어 코드로 변환하는 작업을 또 해야 하는 걸까요?

대답은 "네, 그렇습니다!"

그런데 이 작업을 개발자가 하는 것이 아니라 프로그램이 합니다. 자바 개발자는 소스 파일을 작성하고 컴파일하여 바이트 코드 생성까지만 하고, 바이트 코드를 기계어 코드로 변환하는 작업과 자바 프로그램 실행에 관련된 모든 작업은 '**자바 가상 머신**(JVM, Java Virtual Machine)'에서 담당합니다.

다음은 자바 언어로 프로그램을 개발하고 실행하는 순서를 나타낸 그림입니다.

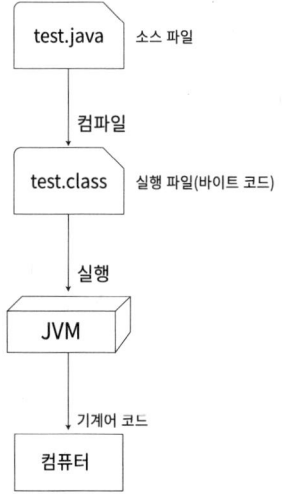

그림 자바 개발 및 실행 구조

1.4. JVM

1.4.1. JVM 개요

자바 개발자는 소스 파일을 작성하고 컴파일한 후 생성된 바이트 코드 파일을 다른 사람들이 사용할 수 있도록 배포하는 작업까지만 합니다. 이렇게 배포된 바이트 코드를 사용자가 실행하려면 반드시 컴퓨터에 JVM(Java Virtual Machine)이 설치되어 있어야 합니다. JVM은 오라클 웹 사이트에서 내려받을 수 있습니다.

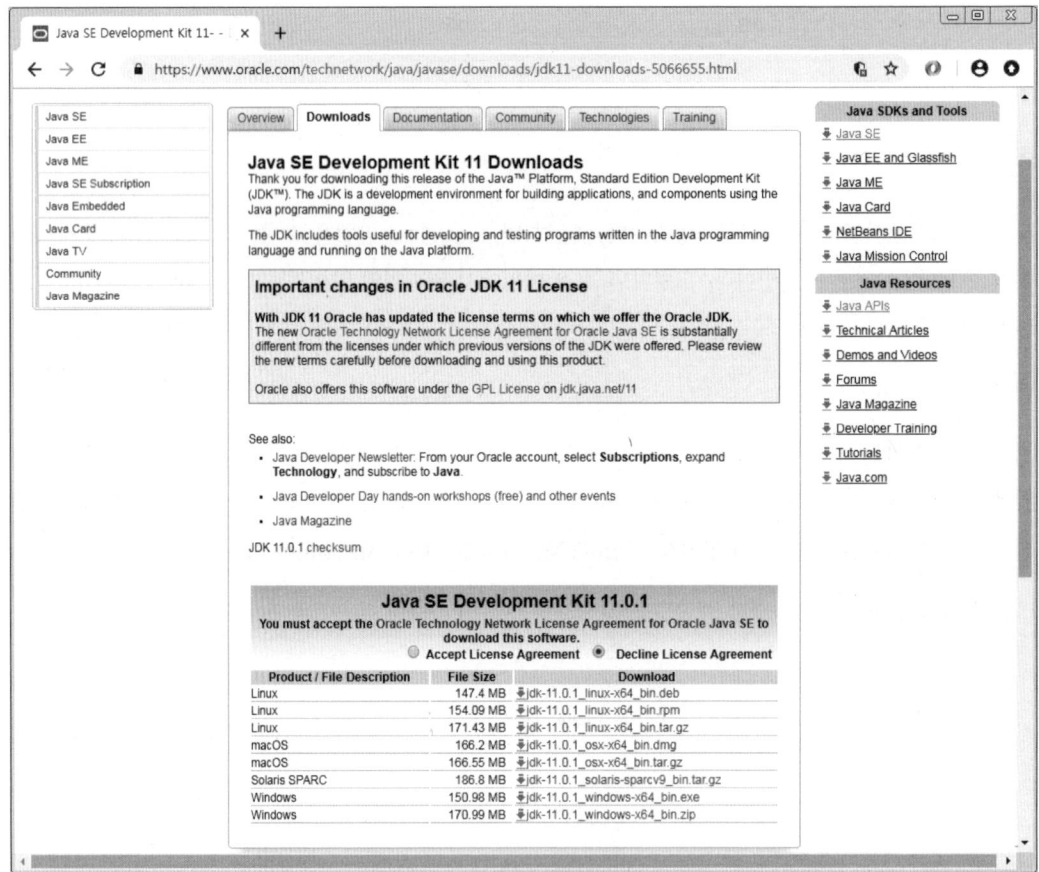

그림 JVM 내려받기 화면

JVM을 내려받는 화면을 보면 운영체제별로 분류해 제공하고 있는 것을 볼 수 있습니다. 자바 실행 파일을 실행할 컴퓨터의 운영체제에 맞는 JVM을 내려받아 준비하면, 이제 자바의 실행 구조는 다음 그림과 같습니다.

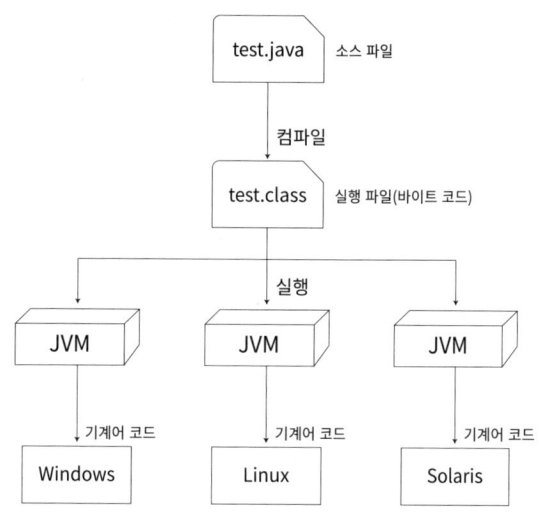

그림 자바 실행 구조

JVM은 자바 실행 파일이 각 컴퓨터의 운영체제에 맞게 실행될 수 있도록 기계어 코드로 변환 작업을 한 후 자바 실행 파일을 구동합니다.

이러한 자바 실행 구조의 가장 큰 장점은 자바 실행 파일이 실행되는 컴퓨터(운영체제)가 달라져도 추가적인 작업을 할 필요가 없다는 것입니다. 소스 파일에서 컴파일된 실행 파일은 어떤 운영체제에서도 실행할 수 있습니다. 왜냐하면 운영체제와 자바 실행 파일 사이에 JVM이 있어서 JVM이 각 운영체제에서 실행할 수 있도록 처리하기 때문입니다. 그래서 자바는 플랫폼에 독립적인 언어라고 합니다. 플랫폼은 실행하는 환경을 의미하는 용어입니다. 이 말이 무슨 의미인지 C와 비교해봅시다.

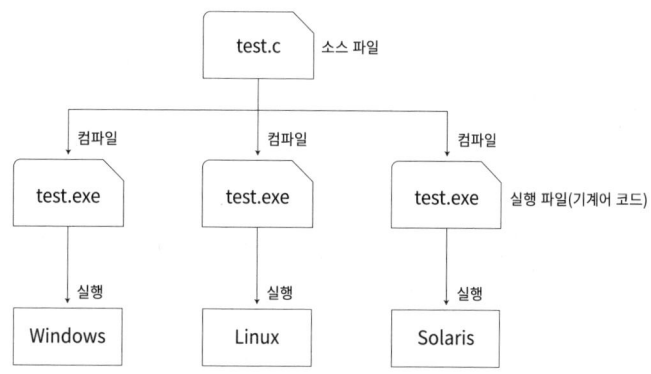

그림 C 실행 구조

C 언어는 자바처럼 하나의 컴파일러만 존재하는 것이 아니라, 프로그램을 실행할 운영체제별로 컴파일러를 선택해 컴파일해야 합니다. 예를 들어, 윈도우 운영체제를 사용하는 컴퓨터에서 실행한다면 윈도우용 컴파일러를 사용해 컴파일합니다. 만일 이 파일을 리눅스 운영체제에서 실행하고 싶다면, 리눅스용

컴파일러를 사용해서 다시 컴파일해야 합니다. 이처럼 C 언어는 플랫폼에 독립적인 자바 언어와는 달리, 운영체제가 달라지면 새로 작업해야 하므로 플랫폼에 종속적인 언어입니다.

1.4.2. JVM 실행 환경

자바 프로그램은 윈도우, 리눅스, 맥 운영체제에 최적화된 JVM에서 실행됩니다. 자바 프로그램이 실행될 때 JVM은 항상 다음과 같은 일정한 처리 과정을 거칩니다. JVM이 자바 프로그램을 실행하는 과정을 자세하게 살펴보겠습니다.

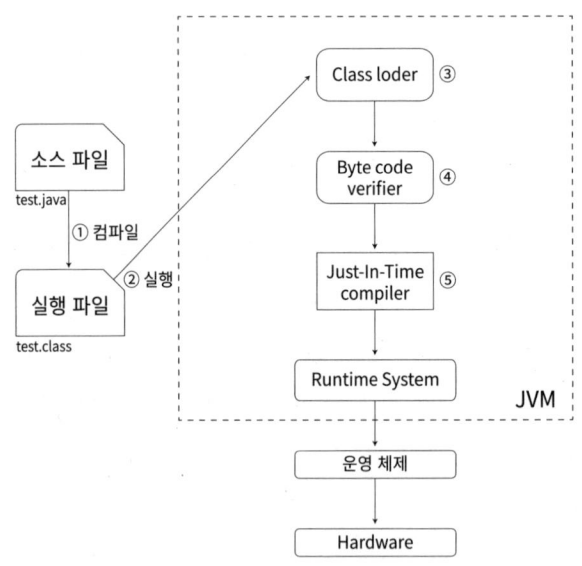

그림 JVM 실행 구조

(1) 클래스 로더(Class loader)

자바 프로그램이 실행될 때 가장 먼저 클래스 로더가 동작합니다. 클래스 로더는 실행에 필요한 모든 실행 파일(*.class)을 찾아줍니다. 프로그램을 개발할 때 하나의 파일에 모든 처리 명령을 기술할 수도 있지만, 그렇게 하면 관리가 힘들어서 보통은 관련 있는 명령끼리 파일을 분리해서 개발합니다. 클래스 로더는 이렇게 프로그램을 실행하는 데 필요한 파일들을 찾아서 준비해줍니다.

(2) 바이트 코드 검증(Byte code verifier)

클래스 로더가 모든 실행 파일(*.class)을 준비한 후에는 이 파일의 코드가 올바른지 검증합니다. 예를 들어, 코드가 정해진 규칙에 따라 작성되었는지, 또는 컴퓨터에 문제를 일으킬만한 코드는 없는지 검증합니다. 이처럼 자바 프로그램은 실행 시점에 코드의 유효성을 검증하는 과정을 거치므로 보안에 강하다는 장점이 있습니다.

(3) JIT 컴파일러

자바 프로그램을 실행하는 파일은 기계어 코드가 아닌 바이트 코드입니다. 바이트 코드는 기계어 코드가 아니므로 컴퓨터에서 실행할 수 없습니다. 반드시 기계어 코드로 변환하는 작업을 거쳐야 합니다. 기계어 코드로 변환하는 방식에는 '인터프리터(Interpreter)' 방식과 'JIT(Just In Time)' 방식이 있습니다.

인터프리터 방식은 기계어로 변환하는 작업을 명령문 단위로 처리하고, JIT 방식은 소스 파일을 실행 파일로 변환하는 것처럼 파일 전체를 한번에 기계어로 변환합니다. 자바 초기에는 인터프리터 방식을 사용했는데 이 방식은 처리 속도가 느리다는 단점이 있습니다. JIT는 이를 보완하기 위해 나온 방식으로 미리 컴파일해놓고 실행하므로 처리 속도가 좀 더 빠릅니다.

인터프리터 방식

명령문 ➡ System.out.print("직진하시오"); ➡ 코드 변환 ➡ 실행

명령문 ➡ System.out.print("50M 앞에서 좌회전하시오"); ➡ 코드 변환 ➡ 실행

컴파일 방식

명령문 ➡ System.out.print("직진하시오");
명령문 ➡ System.out.print("50M 앞에서 좌회전하시오"); } ➡ 코드 변환 ➡ 실행

1.5. 개발환경 구축

이번 절에서는 여러분의 컴퓨터에 자바 프로그램을 개발하는 환경을 구축해봅니다. 자바 프로그램을 개발하려면 자바 소스 파일을 작성한 후 소스 파일을 바이트 코드로 변환해주는 컴파일러도 필요하고, 컴파일된 바이트 코드를 JVM에서 실행해주는 실행 프로그램도 필요합니다. 이러한 자바 개발 프로그램들은 오라클 웹 사이트에서 얻을 수 있습니다.

1.5.1. 자바 플랫폼

자바 프로그램 개발환경을 구축할 때는 어떤 종류의 프로그램을 개발하느냐에 따라 설치하는 내용이 달라집니다. 오라클 웹 사이트에서는 Java SE, Java EE, Java ME 등 세 가지 플랫폼을 제공합니다.

① Java SE(Java Platform, Standard Edition)

데스크톱, 서버, 임베디드 시스템 개발을 위한 표준 자바 플랫폼으로 자바의 기본 개발환경을 제공합니다. Java SE 플랫폼은 자바 개발환경인 JDK와 자바 런타임 환경인 JRE 등 두 가지로 나누어 제공했습니다. 그런데 Java 11 버전부터는 JDK와 JRE를 나누지 않고 하나로 합쳐서 제공합니다.

② Java EE(Java Enterprise Edition)

Java SE에 웹 서버 역할을 추가한 것으로 자바 애플리케이션을 동작시킬 수 있는 컨테이너 등을 표준화한 플랫폼입니다. Java EE의 기술로는 웹 프로그래밍에서 사용하는 JSP, Servlet과 비즈니스 모듈을 담당하는 EJB, 서버의 자원을 관리해주는 JNDI 등의 많은 기술이 있습니다.

③ Java ME(Java Micro Edition)

모바일이나 내장형 장치(휴대전화, 셋톱 박스, PDA)처럼 메모리, 디스플레이, 전력 용량 등이 제한된 소형 장치에서 실행되는 자바 애플리케이션을 위해 경량화된 기술들을 지원하는 플랫폼입니다.

1.5.2. JDK 설치

이 책에서는 Java SE 플랫폼을 이용해 자바 프로그램을 개발하므로 Java SE의 JDK를 내려받아 설치합니다.

(1) JDK 내려받기

Java SE의 JDK를 내려받으려면 웹 브라우저를 열고 다음 주소에 접속합니다.

- http://www.oracle.com/technetwork/java/javase/downloads/index.html

그러면 최신 버전의 Java SE를 내려받는 화면이 나타납니다(참고로 이 책은 Java 11 버전을 기준으로 설명합니다). 여기서 〈Oracle JDK DOWNLOAD〉를 누릅니다.

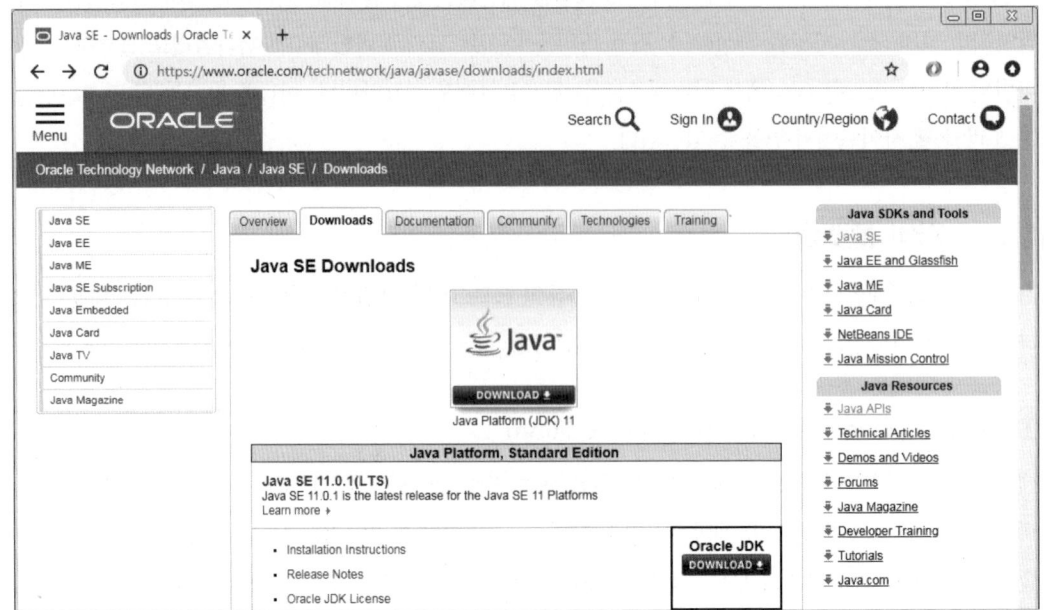

그림 JDK 내려받기

> **JDK와 JRE는 무엇인가요?**
>
> JDK는 Java Development Kit의 약어이고 JRE는 Java Runtime Environment의 약어입니다. 앞에서 자바 프로그램을 실행하려면 운영체제에 맞는 JVM이 설치되어 있어야 한다고 설명했습니다. JRE가 바로 JVM을 설치할 때 선택하는 도구입니다. 그런데 JRE는 JVM만 가지고 있는 것이 아니라 자바 실행에 관련된 파일들도 함께 구성하고 있습니다. 단순히 자바 파일을 실행만 한다면 JRE를 선택합니다.
>
> JDK는 JRE뿐 아니라 개발에 필요한 프로그램들도 포함되어 있는 도구입니다. 예를 들어 소스 파일을 작성한 후 바이트 코드로 변환하기 위한 컴파일러, 실행 파일을 실행하는 프로그램 등이 포함되어 있습니다. 우리는 자바 프로그램을 개발하려는 목적이므로 JDK를 설치합니다. 그런데 Java 11 버전부터는 JDK에 JRE를 포함하기 때문에 별도로 구분하여 내려받을 필요가 없습니다.

JDK를 내려받으려면 라이선스에 동의해야 합니다. 다음 화면에서 [Accept License Agreement]를 선택하고, 사용하고 있는 컴퓨터의 운영체제에 해당하는 파일을 선택해 내려받습니다.

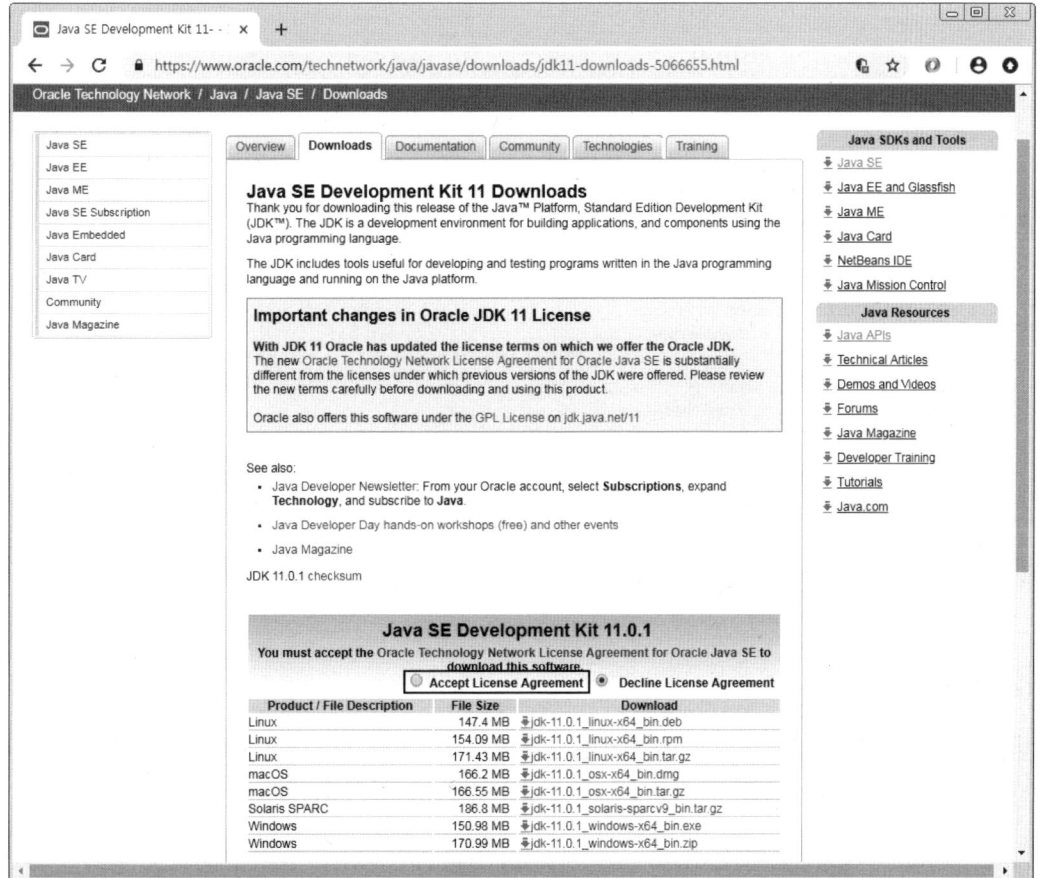

그림 라이선스 동의 후 내려받기

> **Oracle JDK 11 문서**
>
> 다음 화면은 오라클에서 제공하는 JDK에 관련된 문서입니다. JDK 11 버전뿐만 아니라 JDK 10, JDK 9, JDK 8 버전도 이러한 문서를 제공합니다.
>
> - https://docs.oracle.com/en/java/javase/11/
>
> [Install Guide]를 선택하면 설치에 관련된 자세한 내용을 확인할 수 있습니다.

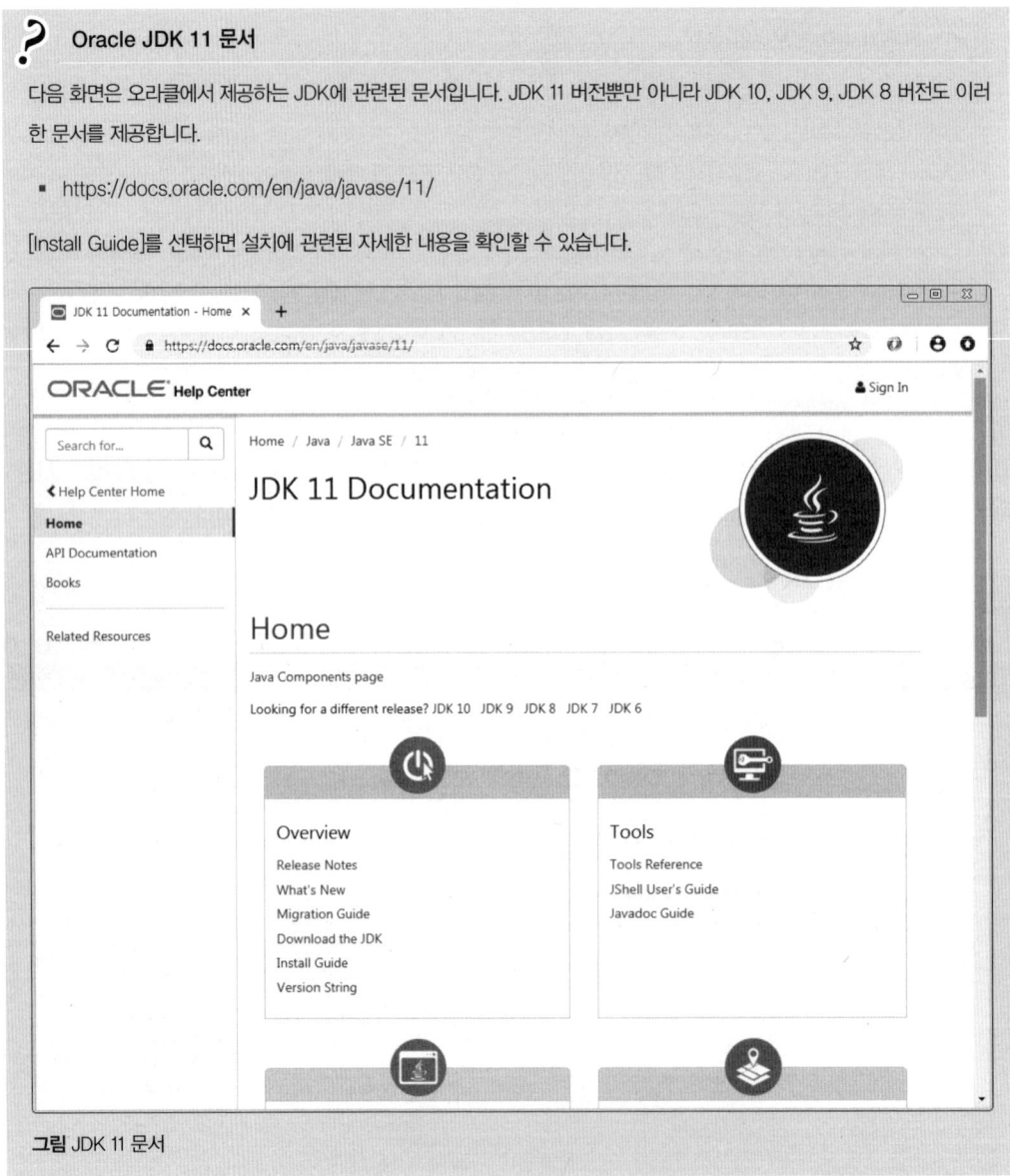

그림 JDK 11 문서

(2) JDK 설치

내려받은 파일을 더블 클릭하여 시스템에 JDK 설치를 시작합니다. 첫 화면은 설치를 위한 준비 작업을 합니다. 준비 작업이 완료되면 자동으로 다음 단계로 이동합니다. 다음 화면에서 〈Next〉를 누릅니다.

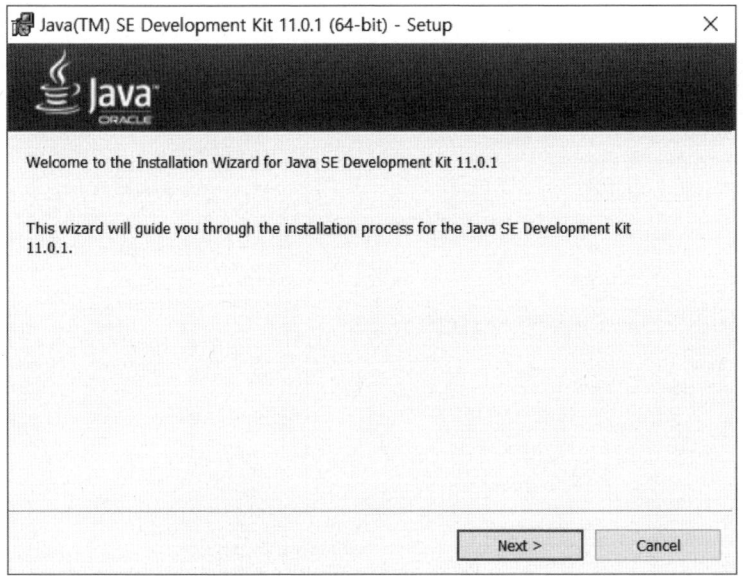

그림 JDK 설치 시작

다음 화면에서 〈Change〉를 눌러서 JDK가 설치될 폴더를 지정합니다. 기본 값을 그대로 사용해도 됩니다. 〈Next〉를 누릅니다.

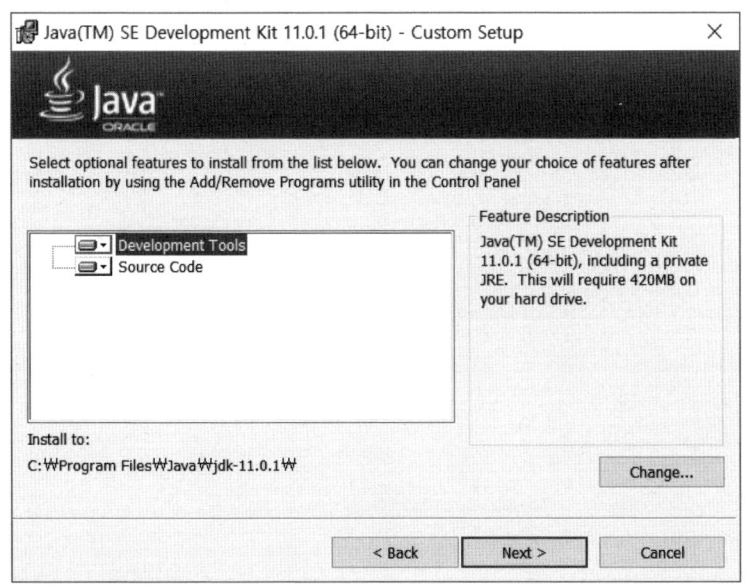

그림 설치 항목과 위치

JDK 설치가 완료되면 다음처럼 성공적으로 설치되었다는 메시지가 나타납니다. 〈Close〉를 눌러 설치 작업을 마무리합니다.

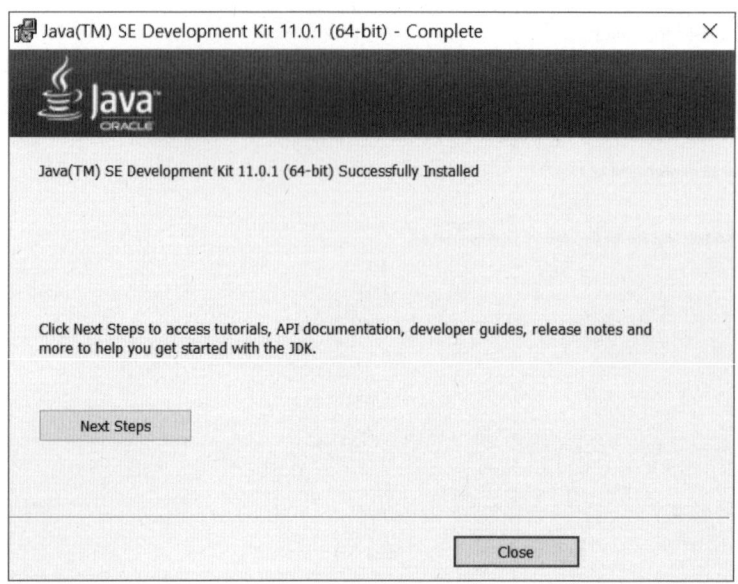

그림 설치 완료

모든 과정을 완료한 후 처음 설치할 때 지정한 폴더를 탐색기에서 찾아가 보면 다음처럼 JDK 폴더가 생성되었음을 확인할 수 있습니다. JDK 폴더에는 개발 및 실행에 필요한 파일들이 있습니다.

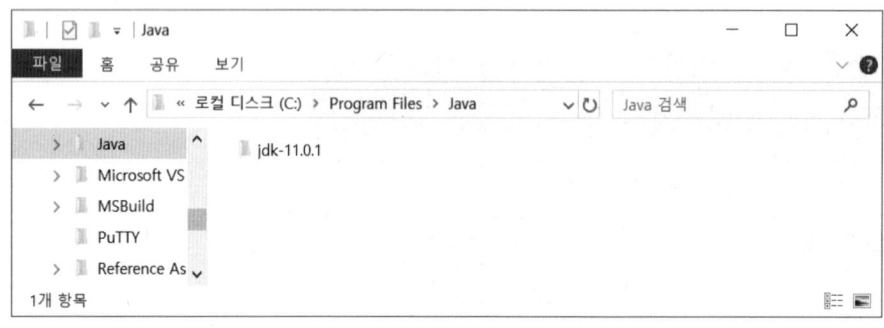

그림 설치된 폴더 확인

1.5.3. 자바 환경 설정

(1) JAVA_HOME 설정

JDK를 설치한 다음에는 운영체제가 JVM을 올바르게 인식하도록 JAVA_HOME이라는 이름의 시스템 변수에 JDK가 설치된 폴더를 지정해야 합니다. 바탕화면이나 파일 탐색기 등에서 [내 PC] 항목에 마우스 오른쪽을 누릅니다. 그러면 단축 메뉴가 나오는데, 여기서 [속성]을 선택합니다.

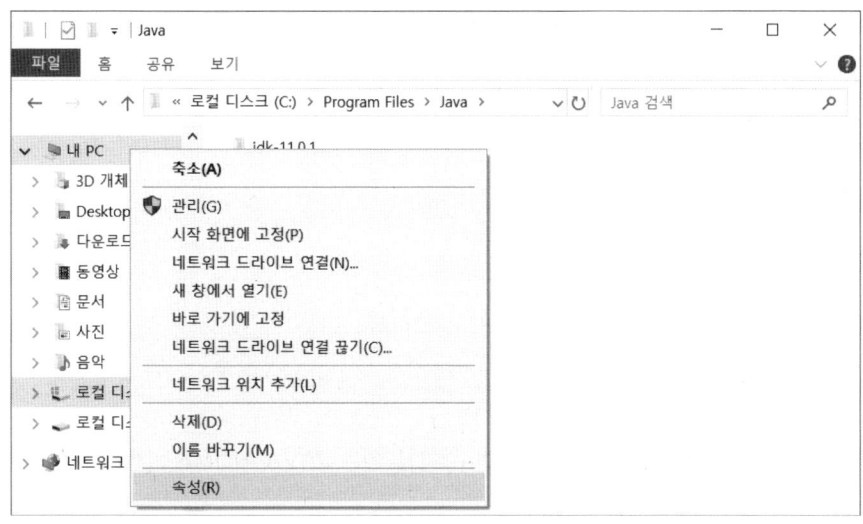

그림 시스템 창 불러오기

시스템 창이 열리면 왼쪽 메뉴에서 [고급 시스템 설정]을 선택합니다.

그림 시스템 창

시스템 속성 창이 열리면 [고급] 탭에서 〈환경 변수〉를 누릅니다.

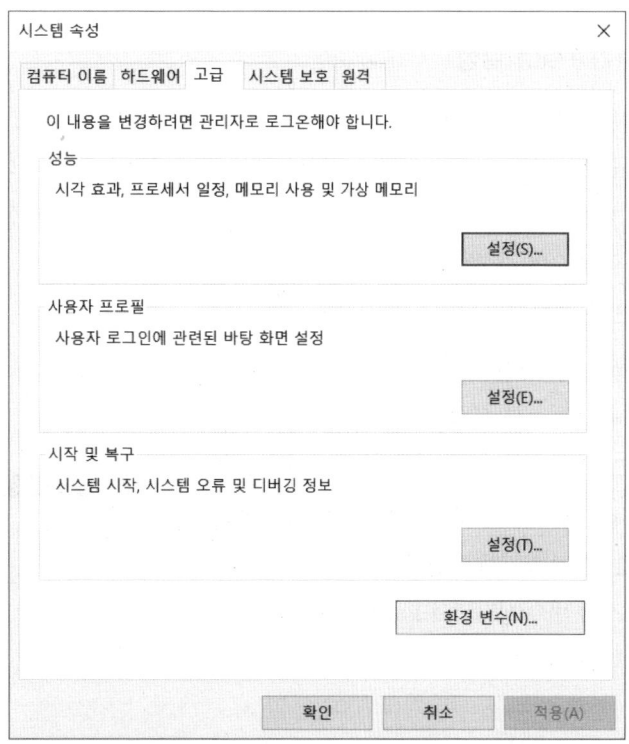

그림 시스템 속성

환경 변수 창이 열리면 시스템 변수 영역에 있는 〈새로 만들기〉를 누릅니다.

그림 환경 변수

새 시스템 변수 창이 열리면 다음처럼 입력합니다. '변수 이름'에는 JAVA_HOME, '변수 값'에는 **JDK가 설치된 폴더**를 지정한 다음, 〈확인〉을 누릅니다.

그림 새 시스템 변수

(2) Path 설정

운영체제의 시스템 변수 중 Path에 특정 폴더를 지정해놓으면 어느 곳에서도 해당 폴더에 있는 프로그램을 실행할 수 있어서 편리합니다. 자바 프로그램을 작성하고 실행 명령을 내리면, 운영체제는 현재 위치(폴더)에서 프로그램을 찾아 실행합니다. 그런데 만일 실행할 프로그램을 찾지 못하면 Path라는 시스템 변수에 지정된 폴더에서 차례대로 찾습니다. 만일 Path 변수에 지정된 폴더에서도 찾지 못하면 오류 메시지를 출력합니다.

JDK가 설치된 폴더 하위의 bin 폴더에는 자바 프로그램을 개발하는 데 필요한 여러 도구가 있습니다. 시스템의 어느 곳에서나 bin 폴더에 있는 도구를 사용하려면 bin 폴더를 Path에 추가해야 합니다. 환경 변수 창의 시스템 변수 상자에서 Path를 찾아 더블 클릭합니다.

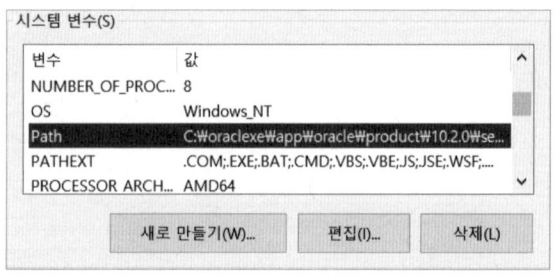

그림 Path 시스템 변수 선택

〈새로 만들기〉를 눌러 **%JAVA_HOME%\bin**을 입력합니다.

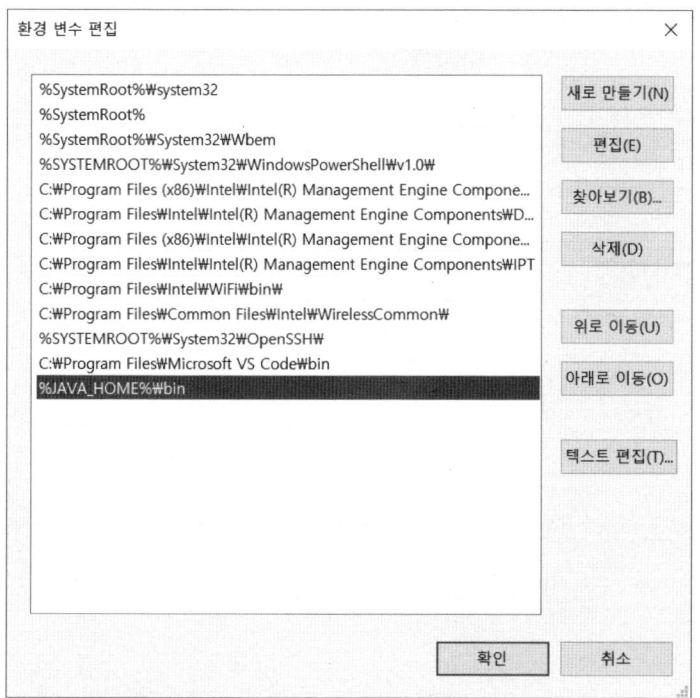

그림 Path 시스템 변수 편집

%JAVA_HOME%은 앞에서 새로 만든 JAVA_HOME 시스템 변수를 의미합니다. 따라서 JAVA_HOME 변수 값으로 대체되는데, JAVA_HOME 변수에는 JDK가 설치된 폴더의 경로가 지정되어 있으므로 JDK 설치 경로로 대체됩니다. %JAVA_HOME%\bin은 JDK 설치 경로 아래 bin 폴더를 의미합니다. bin은 컴파일러 등 개발 도구들이 있는 폴더로서, 개발 도구들을 Path로 지정하여 어느 곳에서나 bin 폴더의 프로그램들을 직접 실행할 수 있게 합니다.

JDK의 어떤 버전을 설치해도 JAVA_HOME으로 지정된 폴더의 하위 폴더는 같습니다. 따라서 다른 JDK 버전으로 변경하여 개발하고 싶다면, JAVA_HOME 변수의 값만 변경해주면 bin 폴더의 Path는 그대로 사용할 수 있습니다.

Path 값을 추가한 후에는 〈위로 이동〉을 눌러 가장 상단으로 위치를 이동합니다. 가장 상단으로 이동시 키는 이유는 최우선적으로 검색대상이 되도록하기 위해서입니다. 환경 변수 설정이 완료되었으므로 〈확 인〉을 누릅니다.

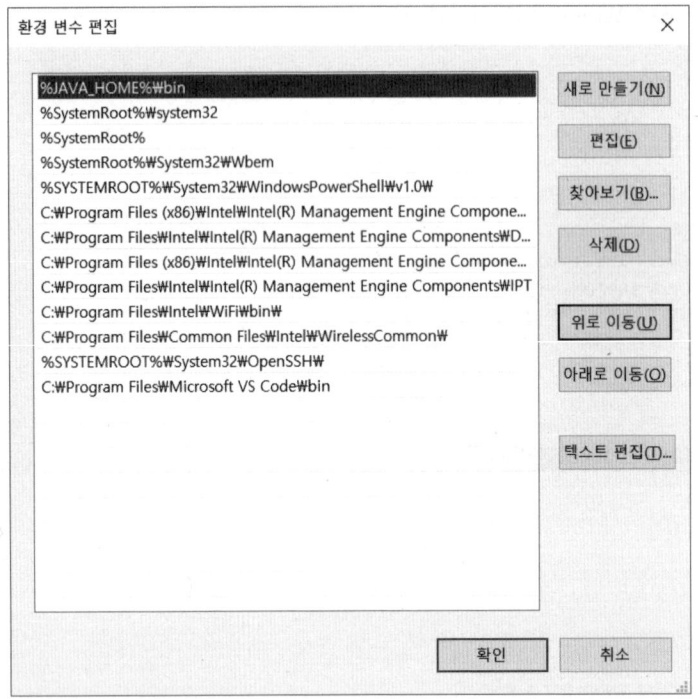

그림 환경 설정 완료

자바의 환경 설정이 올바르게 설정되었는지 확인해 보겠습니다. 명령 창을 실행합니다. 명령 창을 실행하는 방법은 윈도우의 〈시작〉 단추를 누르고 검색란에 **cmd**를 입력한 다음, 엔터를 눌러도 되고, 키보드에서 〈Windows〉 키를 누른 상태에서 〈R〉을 누르면 나타나는 실행 창에서 "cmd" 입력 후 엔터를 눌러도 됩니다.

참고로 환경 설정 작업 이전에 실행된 명령 창에서는 새로운 설정 작업을 인식하지 못하므로 설정된 내용을 확인하려면 반드시 새로운 명령 창을 실행해야 합니다.

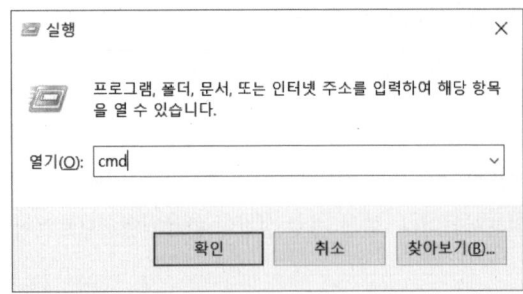

그림 명령 창 실행

명령 창에서 java -version 명령문을 입력합니다. 현재 운영체제에서 기본으로 설정되어 사용하는 자바의 JVM 버전이 출력됩니다. 우리가 설치한 Java 11 버전이 올바르게 설정되었음을 확인할 수 있습니다.

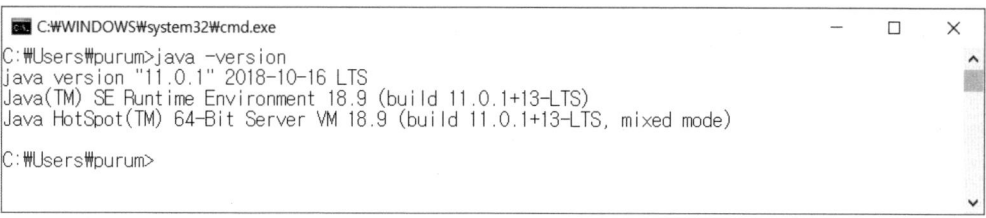

그림 명령 창에서 자바 버전 확인

1.5.4. 자바 개발 도구

자바 프로그램을 개발하기 위해 우리는 오라클 웹 사이트에서 JDK를 내려받아 설치하고 운영체제에서 사용할 수 있도록 환경 설정까지 마쳤습니다. JDK에는 여러 개발 도구가 포함되어 있는데 어떠한 도구들이 있는지 살펴보겠습니다.

개발 도구들은 JDK가 설치된 폴더 아래 bin 폴더에 있습니다. 다음 화면은 bin 폴더에 있는 개발 도구들입니다.

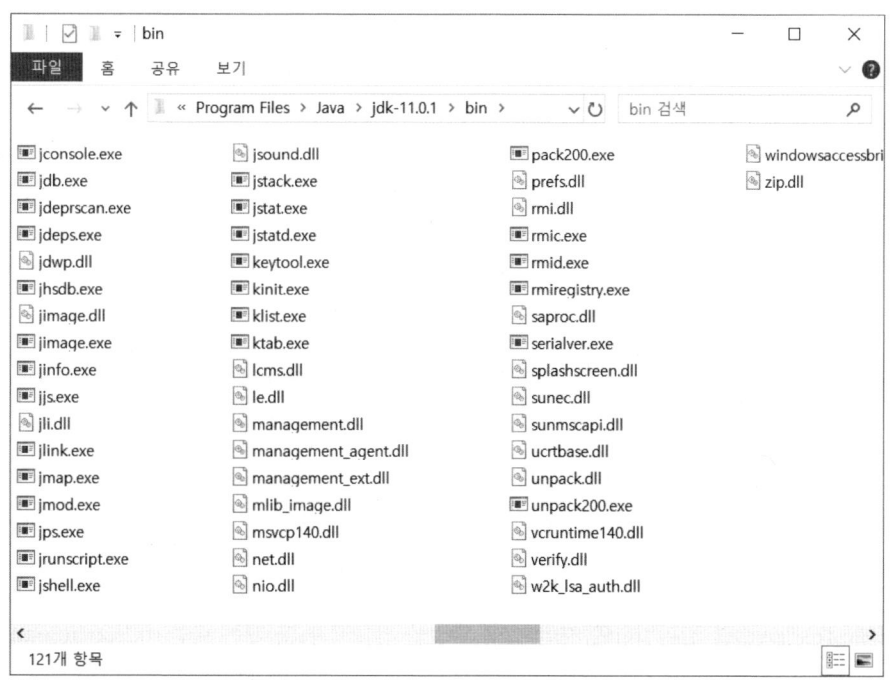

그림 bin 디렉터리

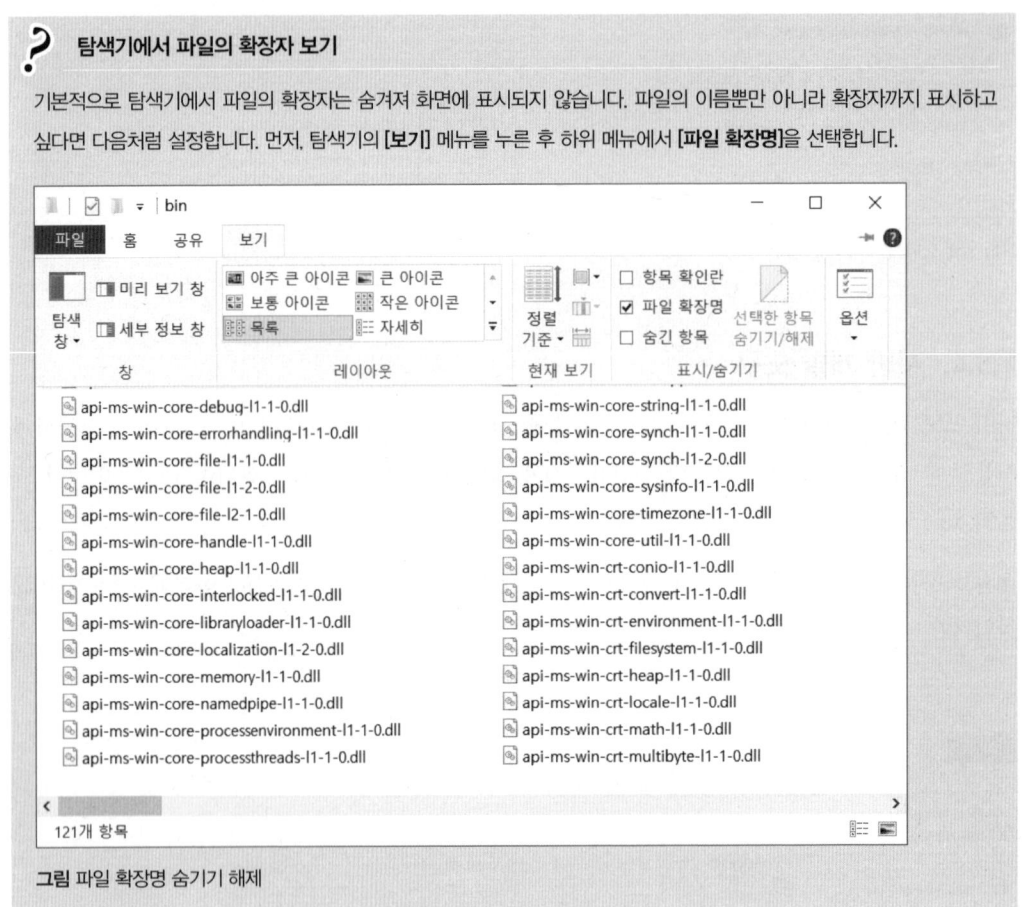

그림 파일 확장명 숨기기 해제

(1) 컴파일러 : javac

자바 소스 파일은 기계 중심으로 표현된 언어가 아니라, 사람 중심으로 표현된 고급 언어로 작성합니다. 자바 소스로 작성한 파일은 실행을 위해 기계어로 변환해야 하며, 이 변환 작업을 하는 프로그램을 컴파일러라고 합니다. 자바 컴파일러는 '%JAVA_HOME%\bin\javac.exe'입니다. 그러나 일반 컴파일러가 소스 파일을 기계어 코드로 변환하는 것과 달리 자바 컴파일러(javac.exe)는 소스 파일을 기계어 코드의 전 단계인 바이트 코드로 변환합니다.

자바 소스 파일(예: Test.java)을 컴파일하여 자바 실행 파일을 만들고자 할 때는 다음처럼 javac.exe 프로그램을 실행합니다.

  javac [파일명].java   ➡ 예) javac Test.java

위와 같이 실행하면 컴파일러는 자바 소스 파일에 작성된 명령문을 바이트 코드로 변환하고, 작업이 완료되면 자바 실행 파일(소스 파일명.class)을 생성합니다. 만일 바이트 코드로 변환하면서 오류가 발생하면 자바 실행 파일은 생성되지 않고 컴파일 작업이 중단됩니다.

(2) 실행 도구 : java

컴파일 작업이 성공적으로 완료되면 소스 파일명과 같은 파일명으로 확장자만 class로 표현된 자바 실행 파일이 생성됩니다(예: Test.class). 컴파일된 자바 실행 파일을 JVM에서 실행하는 프로그램은 '%JAVA_HOME%\bin\java.exe'입니다. 그리고 자바 프로그램을 실행하는 명령문은 다음과 같습니다.

> java [파일명] → 예) java Test

여기서 주의할 점은 자바 실행 파일명을 나타낼 때 확장자 .class는 생략한다는 것입니다. 확장자를 생략한 파일명을 지정하면 자바 실행 도구는 자동으로 '파일명.class' 파일을 찾아 실행합니다. 자바 실행 파일을 실행할 때 어떠한 경우에도 확장자 .class를 입력하지 않습니다. 만일 "Test.class"처럼 확장자까지 입력하면 우리가 생각하는 자바 실행 파일을 의미하는 것이 아니고 전혀 다른 의미로 처리됩니다. 이 점을 꼭 주의하기 바랍니다.

(3) 압축 도구 : jar

만일 a.zip이라는 이름의 파일이 있다고 하면, 여러분은 이 파일 이름을 보고 가장 먼저 어떤 생각이 떠오르나요? 아마도 "압축 파일이구나"라고 생각할 것입니다. 왜냐하면 파일의 확장자가 zip이기 때문입니다. zip이라는 단어처럼 jar라는 단어를 보고도 똑같이 생각하면 됩니다. a.jar라는 이름의 파일을 보면 "압축 파일이구나"라고 생각합니다.

jar는 자바 언어에서 사용하는 압축 파일 형식입니다. '%JAVA_HOME%\bin\jar.exe' 프로그램은 여러 개의 파일을 압축할 수도 있고, 압축된 파일을 해제할 수도 있습니다. 다음은 jar 프로그램을 실행하는 방법입니다.

- **파일 압축하기**

    jar cvf [파일명].jar *.*

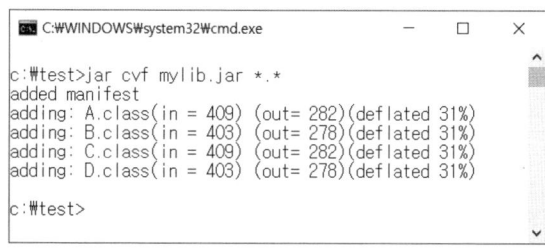

그림 jar 압축 명령문

- 압축 파일 해제하기

```
jar xvf [압축파일명].jar
```

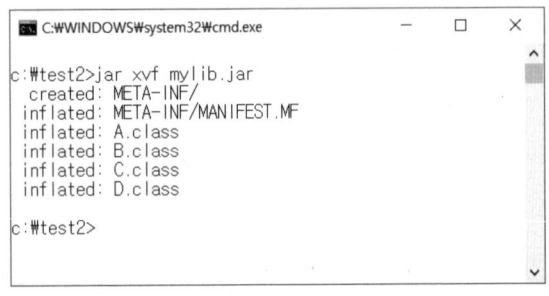

그림 jar 압축 해제 명령문

1.6. 메모장에서 예제 작성

이번 절에서는 간단한 자바 소스 파일을 작성한 후 컴파일하여 실행해보겠습니다. 소스 파일을 작성하는 작업은 문서를 편집할 수만 있다면 어떤 프로그램이든 상관이 없습니다. 여기서는 가장 기본적인 메모장을 사용해서 소스 파일을 작성해 보겠습니다.

1.6.1. 자바 소스 파일

메모장을 실행합니다. 〈Windows〉와 〈R〉 키를 동시에 눌러 실행 창을 엽니다. 실행 창에서 notepad를 입력 후 엔터를 누릅니다. 또는 [시작 → 모든 프로그램 → 보조 프로그램 → 메모장]을 차례로 선택합니다.

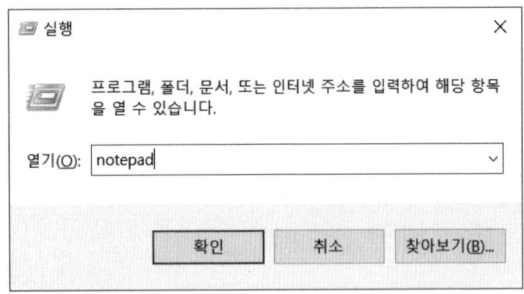

그림 메모장 실행 화면

메모장에 다음과 같이 입력합니다.

```
class Test1{
    public static void main(String[] args){
        System.out.println("Hello");
    }
}
```

그림 자바 소스 파일

이제 확장자를 java로 지정하여 소스 파일을 저장합니다. 파일명은 마음대로 지으면 안 되고 소스 내용 중 class 다음에 나오는 단어(위 소스에서는 Test1)로 지정해야 합니다. 또한, 파일명은 대소문자를 정확하게 구분해야 합니다. 자바는 대소문자를 정확하게 구분하여 처리하기 때문입니다.

c:\java_test 폴더를 생성한 후 Test1.java 파일명으로 저장합니다.

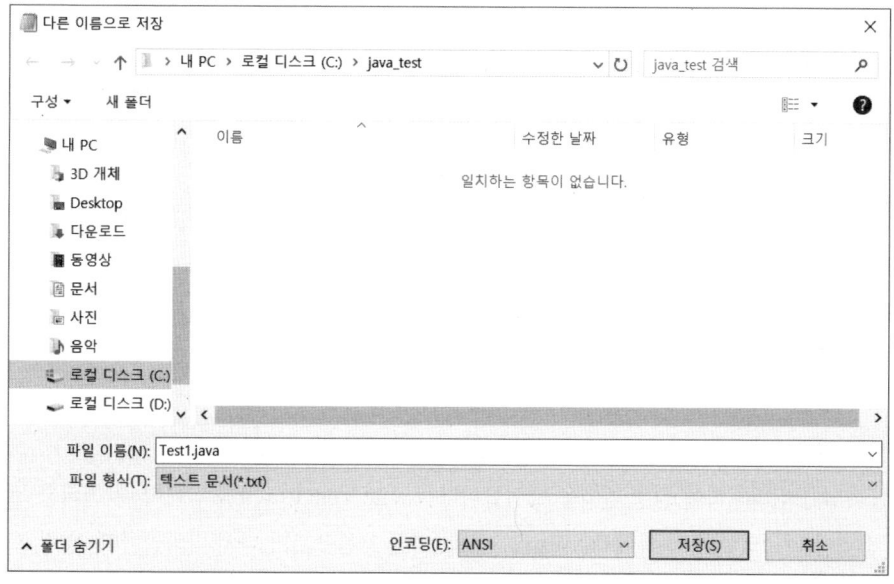

그림 Test1.java 파일 저장

자바 소스의 내용은 나중에 설명하고, 지금은 화면에 "Hello"라는 문자열을 출력하는 기능의 자바 소스라고만 생각합니다.

1.6.2. 컴파일

자바 소스 파일이 완성되었으면 이제 컴파일 작업을 해야 합니다. 컴파일은 JDK에서 제공하는 개발 도구인 %JAVA_HOME%\bin\javac.exe 프로그램을 사용합니다. javac 프로그램을 실행하기 위해 명령 창을 실행합니다. 〈Windows〉 키를 누른 상태에서 〈R〉을 누르면 나타나는 실행 창에서 "cmd" 입력 후 엔터를 누릅니다.

자바 소스 파일이 있는 폴더로 이동하기 위해 **cd c:\java_test** 입력 후 엔터를 누릅니다.

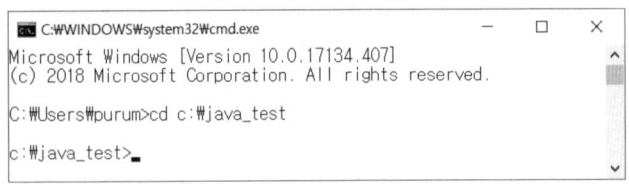

그림 명령 창 실행 화면

컴파일 작업을 하기 전에 현재 폴더의 파일 내용을 확인해 보겠습니다. 명령 창에서 폴더의 내용을 확인하고자 할 때는 dir 명령문을 입력한 후 엔터를 누릅니다. 현재 java_test 폴더에는 앞에서 작성한 Test1.java 소스 파일만 있습니다.

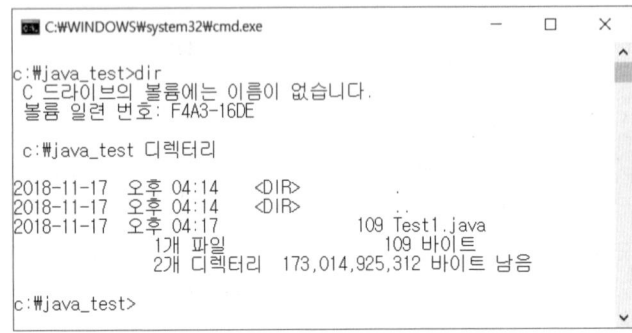

그림 dir 명령 실행

Test1.java 소스 파일을 컴파일하여 실행 파일을 생성합니다. **javac Test1.java**를 입력한 후 엔터를 누릅니다. 컴파일 작업이 완료되면 명령 창에 "C:\java_test>"라는 프롬프트가 다시 나타납니다. 명령 프롬프트가 표시되지 않는다면 컴파일 작업을 진행 중이므로 나타날 때까지 기다려야 합니다.

그림 Test1.java 컴파일

프롬프트가 나타난 후 **dir** 명령을 입력하면 Test1.class 파일이 생성되었음을 확인할 수 있습니다. Test1.java 소스를 바이트 코드로 변환한 실행 파일입니다.

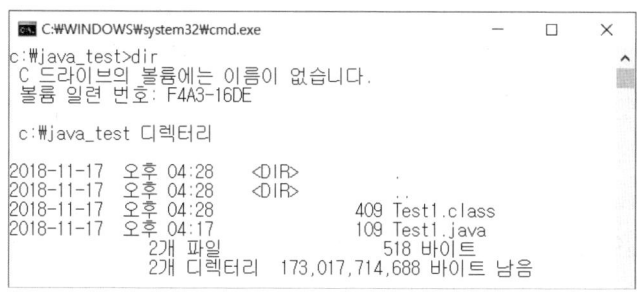

그림 컴파일 결과 확인

만일 소스 파일에 문제가 있다면, 즉 바이트 코드로 변환하지 못했을 때는 실행 파일이 생성되지 않고 컴파일 작업이 중단되며 오류 메시지를 출력합니다. Test1.java 소스 파일에 일부러 오류를 만들어 보겠습니다. Test1.java 소스 파일에서 세미콜론(;)을 삭제한 후 파일을 다시 저장합니다.

```
class Test1{
    public static void main(String[] args){
        System.out.println("Hello")
                                   ↑
    }
}
```

그림 오류가 있는 소스 파일

소스 파일이 변경되면 다시 컴파일해야 합니다. 이전에 실행했던 명령을 재실행할 때는 키보드에서 〈↑〉 또는 〈↓〉 방향키를 누르면 이전 또는 이후 명령문이 다시 나타납니다. 원하는 명령문이 나타나면 엔터를 누릅니다.

다음 화면은 컴파일 작업 시 문제가 발생하여 자바 실행 파일을 생성하지 못하고 중단된 상태를 나타냅니다.

```
c:\java_test>javac Test1.java
Test1.java:5: error: ';' expected
        System.out.println("Hello")
                                   ^
1 error
```

그림 컴파일 오류 화면

자바 프로그램을 개발하면서 컴파일 오류는 빈번하게 발생하며 반드시 해결해야 합니다. 컴파일 오류를 해결해야 바이트 코드로 변환되고 실행 가능한 파일이 생성되기 때문입니다. 컴파일 오류 메시지에는 소스 파일의 몇 번째 줄에 어떤 오류가 발생했는지를 표시해줍니다. 이 메시지를 눈여겨 보기 바랍니다. 막연하게 컴파일 오류를 해결하려 하지 말고 오류 메시지를 먼저 읽어본 다음 그에 따라 처리해야 빠르게 해결할 수 있습니다.

1.6.3. 실행

컴파일을 성공적으로 마쳤다면 실행 파일이 생성됩니다. 이제 실행 파일을 통해 소스 파일에서 구현한 명령을 실제로 컴퓨터에서 실행할 수 있습니다. 실행 파일을 실행하기 전 JVM과 실행에 필요한 파일들이 설치되어 있어야 하는데, 우리는 JDK를 설치하였으므로 JDK에 포함된 JRE, 즉 자바 실행 환경이 이미 갖추어져 있습니다.

자바 프로그램을 실행하는 프로그램은 %JAVA_HOME%\bin\java.exe입니다. 명령 창에 **java Test1**을 입력한 후 엔터를 누릅니다. 다시 한번 강조하지만, 실행할 자바 파일명을 지정할 때는 반드시 class 확장자를 생략합니다.

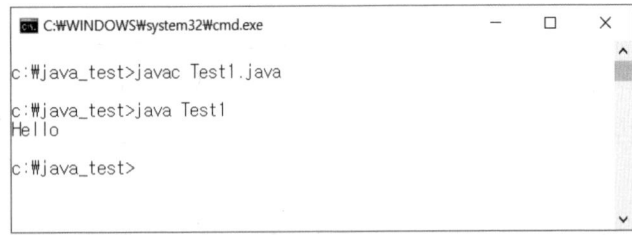

그림 자바 프로그램 실행

Test1.java 소스 파일에 구현한 명령문은 화면에 Hello 글자를 출력하는 명령문 하나밖에 없으므로 Hello만 출력하고 다시 명령 프롬프트가 나타납니다. 프롬프트가 나타났다는 사실은 이전 명령 처리를 완료했다는 의미이고, 이전 명령문은 java Test1입니다. 즉, 자바 실행이 완료되었다는 것입니다.

(1) 실행 조건

%JAVA_HOME%\bin\java.exe 프로그램은 자바 프로그램을 실행해주는 기능을 가지고 있습니다. 그런데 모든 자바 실행 파일, 즉 확장자가 class인 파일이 모두 실행될 수 있는 것은 아닙니다. 메모장에서 새로운 자바 소스 파일을 작성해 보겠습니다.

다음과 같은 내용을 포함하는 Test2.java 파일을 작성한 후 저장합니다.

그림 Test2.java

명령 창에서 컴파일한 후 실행합니다. 다음처럼 실행 오류 메시지가 출력되는 것을 확인합니다.

그림 Test2 실행 오류

위와 같은 실행 오류가 발생한 이유를 알기 위해 Test1.java 소스와 Test2.java 소스를 비교해 보겠습니다.

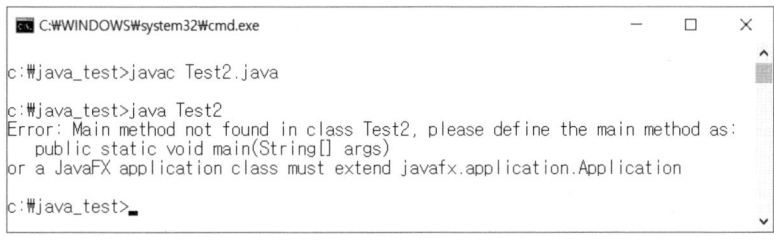

그림 Test2.java와 Test1.java 비교

두 개의 소스 파일은 같은 형식으로 이루어져 있습니다. 다른 점이 있다면 Test1.java에서는 public static void main(String[] args)라고 되어 있는 부분이, Test2.java에서는 public void a()라고 변경되었습니다. 그리고 우리가 자바 파일을 실행할 때 다음처럼 java 프로그램을 실행했습니다.

    java Test1

    java Test2

어찌된 일인지 속사정을 알아보겠습니다. %JAVA_HOME%\bin\java.exe 프로그램은 java Test1 명령을 처리할 때 Test1.class 파일을 찾고 그 파일에서 무조건 public static void main(String[] args) 부분을 찾은 다음, { } 안에 지정된 명령들을 실행하도록 처리합니다. 따라서 Test1 파일에는 해당 부분이 구현되어 있어 실행할 수 있었지만, Test2 파일에는 없으므로 실행할 수 없었던 것입니다. 그래서 java Test2 명령문이 실행될 때 출력된 오류 메시지도 실행을 위한 public static void main(String[] args)을 찾을 수 없다는 내용입니다.

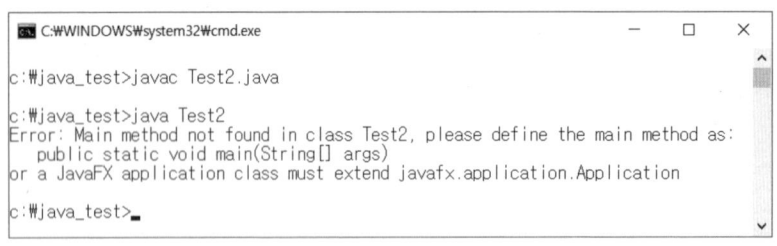

그림 public static void main(String[] args) 코드가 없어 발생한 오류 화면

이번 절에서 정리할 내용은 java.exe 프로그램으로 자바 소스 파일을 실행하려면 명령문을 public static void main(String[] args) { } 안에 구현해야 한다는 것입니다.

1.7. 이클립스에서 예제 작성

앞에서는 메모장에서 소스를 작성하고 명령 창에서 컴파일과 실행을 했습니다. 이번에는 전 세계에서 가장 많이 사용되는 이클립스(eclipse)라는 통합개발환경을 이용하여 자바 소스 파일을 작성하고 컴파일한 후 실행해보겠습니다.

1.7.1. 이클립스 설치

이클립스를 내려받아 설치해보겠습니다. 웹 브라우저를 열고 다음 주소에 접속합니다.

- https://www.eclipse.org/downloads/packages/

Eclipse IDE for Java EE Developers의 현재 사용하는 운영체제 환경에 맞는 링크를 클릭합니다.

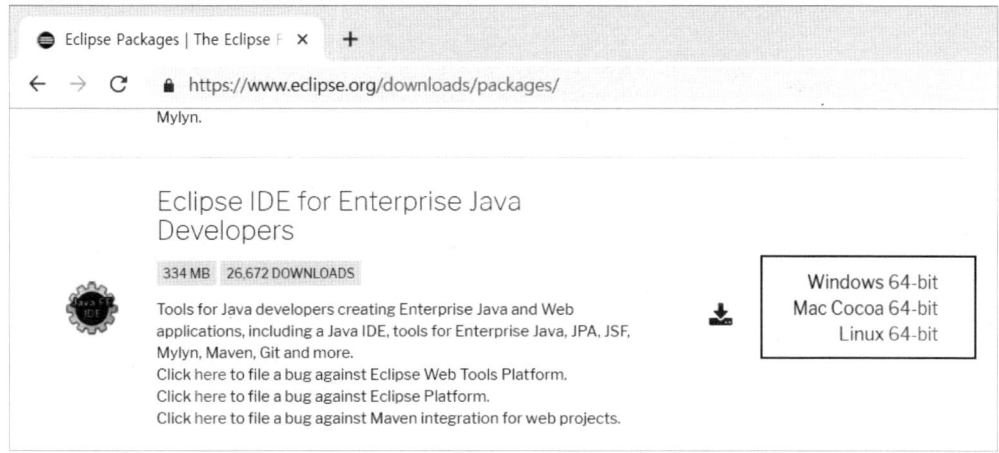

그림 이클립스 홈페이지

다음 화면에서 파일명을 클릭하면 내려받기를 시작합니다.

그림 이클립스 내려받기

내려받은 이클립스 압축 파일을 C:\에 풀어 줍니다. C:\ 하위에 eclipse 폴더가 생성되며 이곳에 압축이 풀립니다. 다음 화면에 보이는 eclipse.exe 파일이 이클립스 실행 파일입니다.

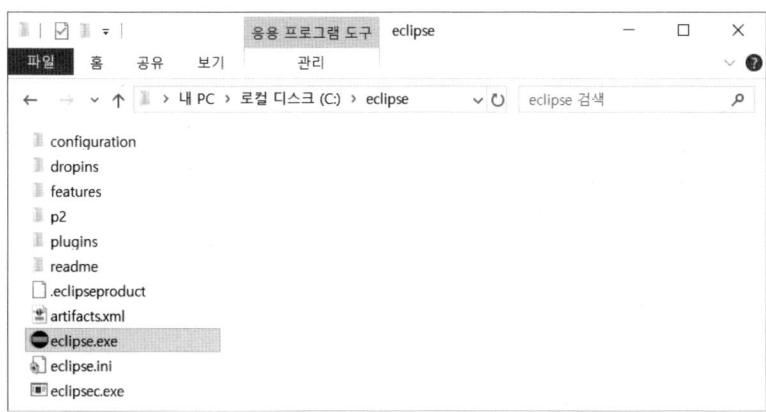

그림 이클립스 압축 해제

이클립스 사용을 편하게 하기 위해 이클립스 실행 아이콘을 작업 표시줄에 고정시켜 사용하도록 하겠습니다. eclipse.exe 파일 위에서 마우스 오른쪽을 누른 후 [작업 표시줄에 고정] 메뉴를 선택합니다.

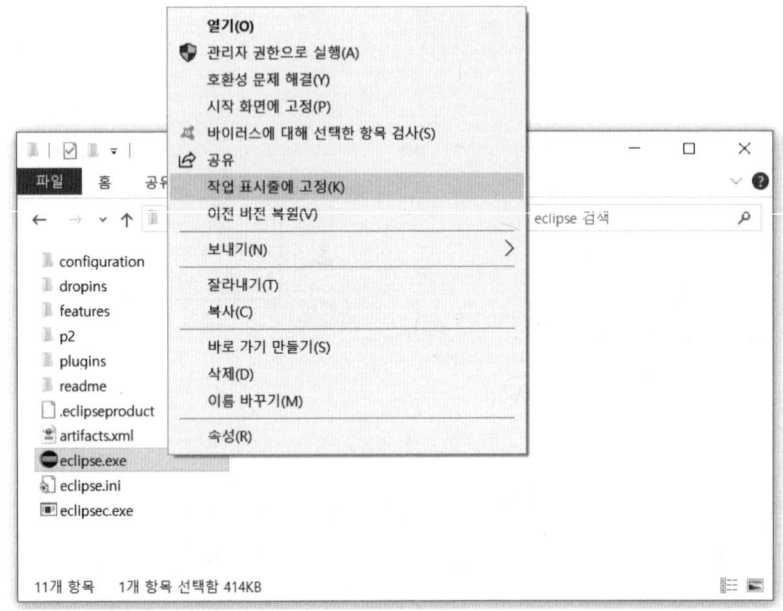

그림 작업 표시줄에 고정

다음처럼 작업 표시줄에 이클립스 실행 아이콘이 생성되었습니다. 이제 이클립스를 실행할 때 이 아이콘을 클릭합니다.

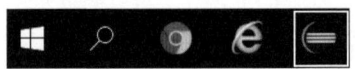

그림 작업 표시줄에 고정된 모습

1.7.2. 자바 소스 작성

이클립스를 실행하여 자바 소스를 작성하겠습니다. 작업 표시줄의 이클립스 실행 아이콘을 클릭합니다.

이클립스에서 Workspace는 작업 파일들을 저장하는 폴더를 의미합니다. 기본값을 사용해도 무방하고 다른 위치로 변경해도 됩니다. 〈Launch〉를 선택합니다.

그림 이클립스 작업 공간 설정

Workspace에 처음 작업을 시작할 때는 Welcome 창이 나타납니다. 종료(X)를 선택하여 창을 닫아줍니다.

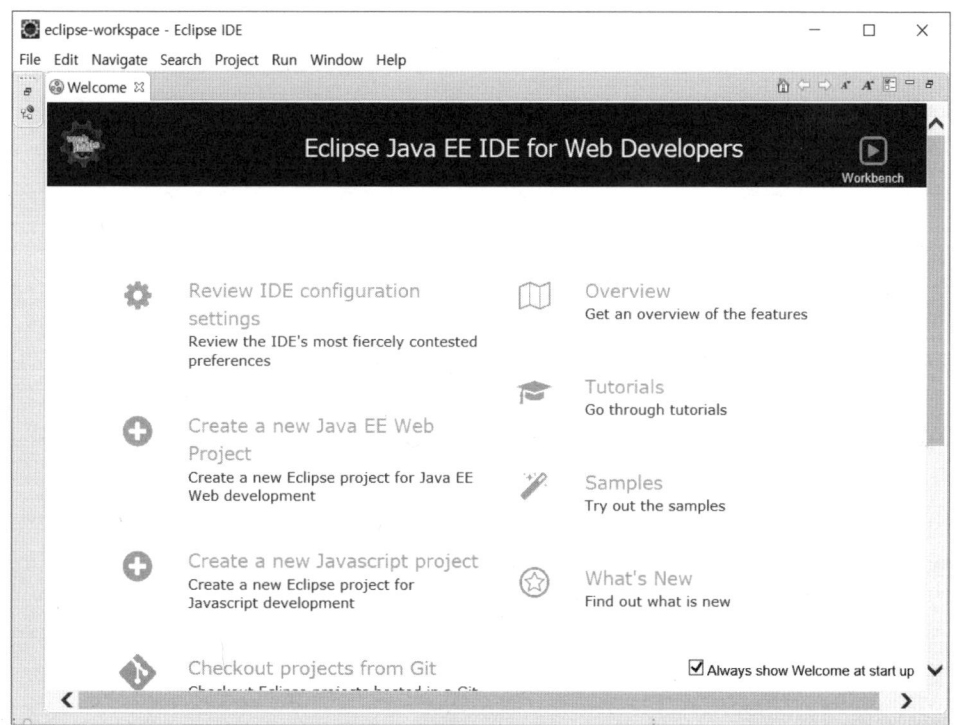

그림 이클립스 실행 후 첫 화면

(1) 자바 프로젝트 생성

이제 이클립스에서 자바 소스 파일을 작성해야 합니다. 그런데 이클립스는 파일 단위로 작업하지 않고 프로젝트 단위로 작업합니다. 이클립스에서 프로젝트는 특정한 기능을 처리하기 위해 구현된 파일들의 집합이라고 생각하면 됩니다.

이클립스에서 왼쪽의 Project Explorer 창은 프로젝트들이 표시되는 영역입니다. 앞으로 실습 소스 파일들을 작성하기 위한 프로젝트를 생성하겠습니다. Project Explorer 창의 빈 곳에서 마우스 오른쪽을 누르고 단축 메뉴에서 [New → Project]를 선택합니다.

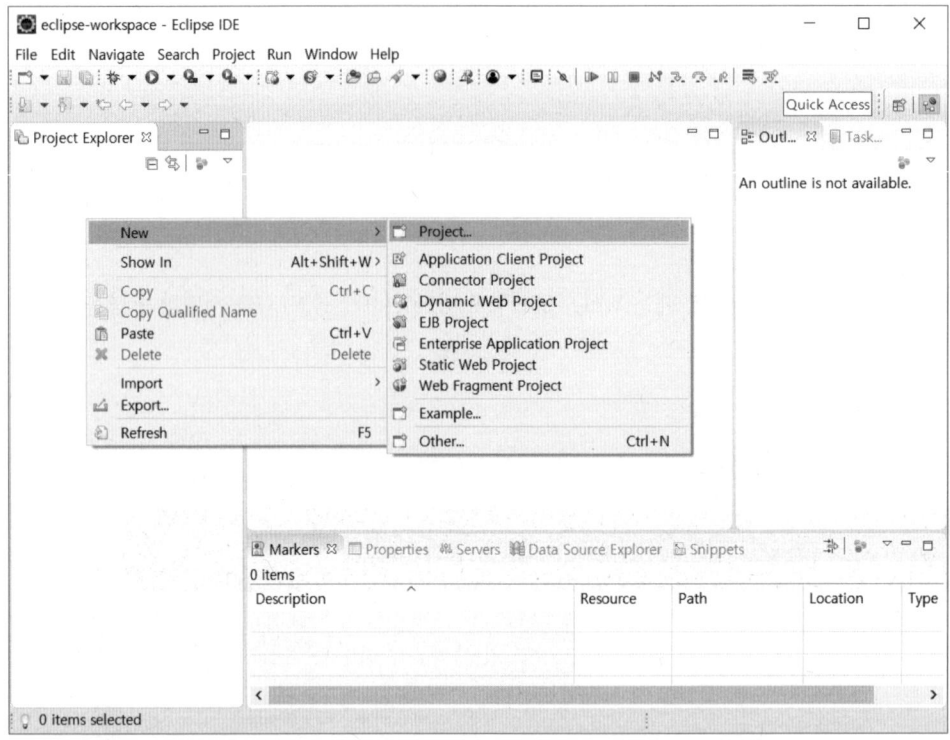

그림 이클립스에서 새 프로젝트 생성하기

프로젝트 생성 마법사를 선택하는 화면에서 목록 중 [Java Project]를 선택한 후 〈Next〉를 누릅니다.

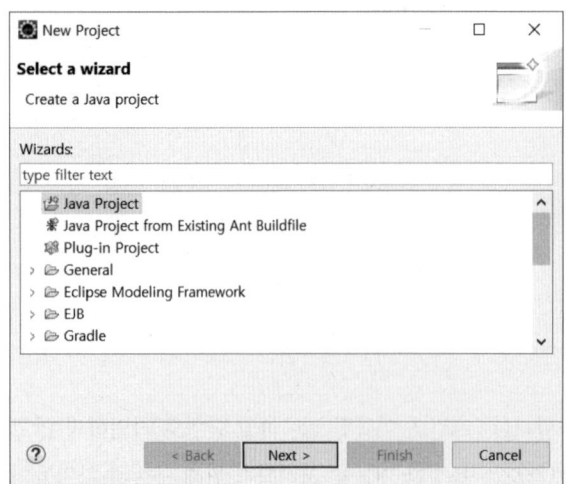

그림 Java Project 선택

프로젝트 이름을 지정한 후 〈Next〉를 선택합니다. 프로젝트 이름은 프로젝트의 기능을 나타내는 이름으로 지정합니다. 필자는 edu라고 입력하였습니다.

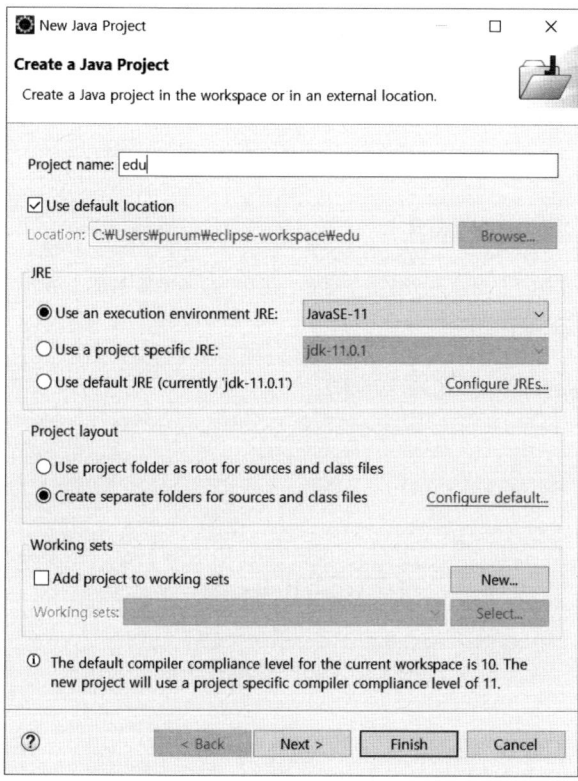

그림 프로젝트 정보 입력

이클립스에서 모양의 아이콘은 소스 폴더를 의미합니다. 일반 폴더와 다른 점은 자바 소스 파일을 이 폴더에 작성하면 자동으로 컴파일됩니다. 기본값 그대로 사용하겠습니다. 〈Finish〉를 선택합니다.

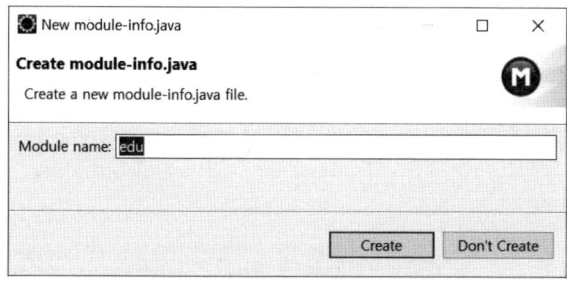

Create module-info.java 화면에서 〈Don't Create〉를 선택합니다.

edu 자바 프로젝트가 생성되었습니다.

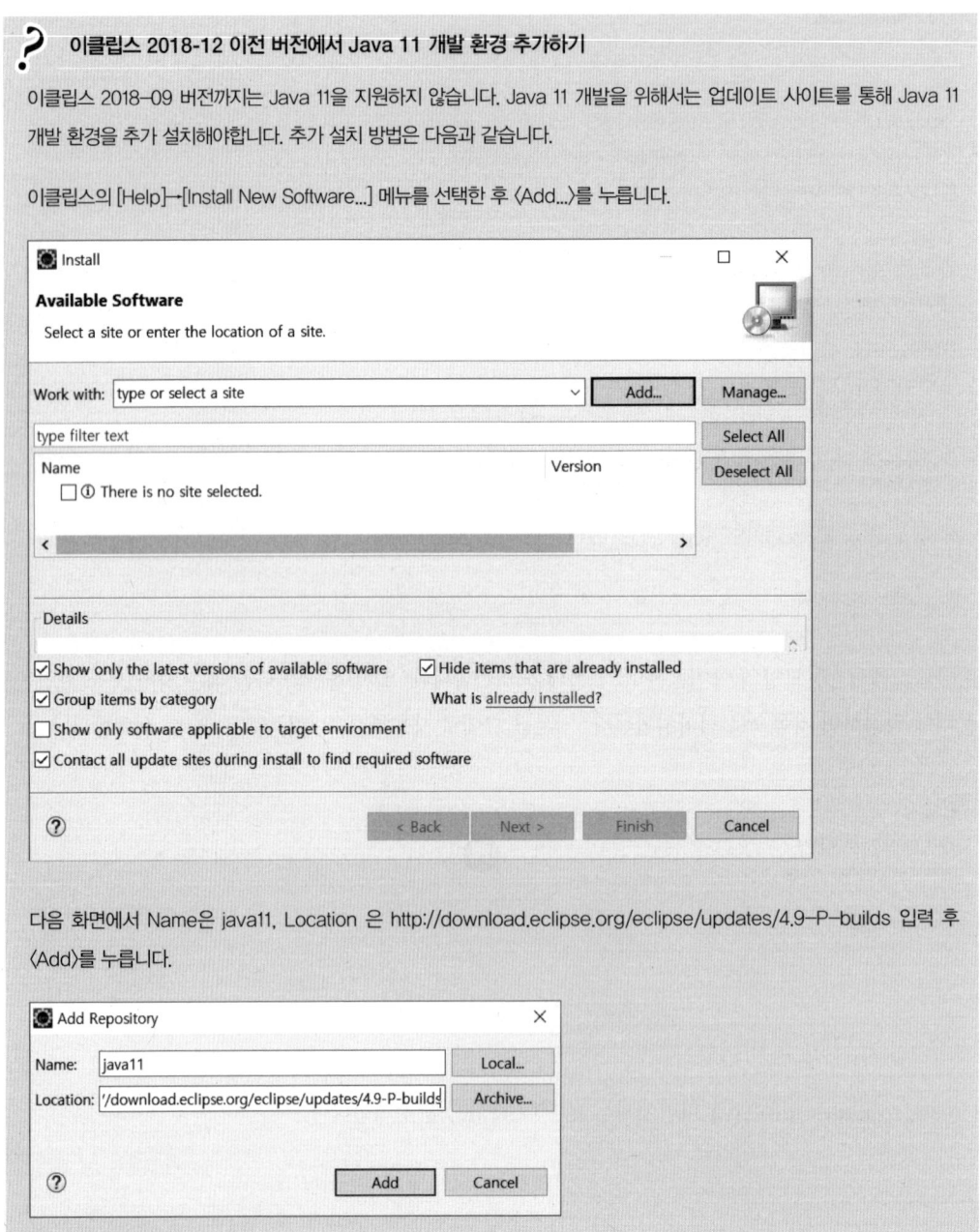

그림 프로젝트 생성

이클립스 2018-12 이전 버전에서 Java 11 개발 환경 추가하기

이클립스 2018-09 버전까지는 Java 11을 지원하지 않습니다. Java 11 개발을 위해서는 업데이트 사이트를 통해 Java 11 개발 환경을 추가 설치해야합니다. 추가 설치 방법은 다음과 같습니다.

이클립스의 [Help]→[Install New Software...] 메뉴를 선택한 후 〈Add...〉를 누릅니다.

다음 화면에서 Name은 java11, Location 은 http://download.eclipse.org/eclipse/updates/4.9-P-builds 입력 후 〈Add〉를 누릅니다.

Eclipse Java 11 support for 2018-09 development stream 항목을 선택한 후 〈Next〉를 누릅니다.

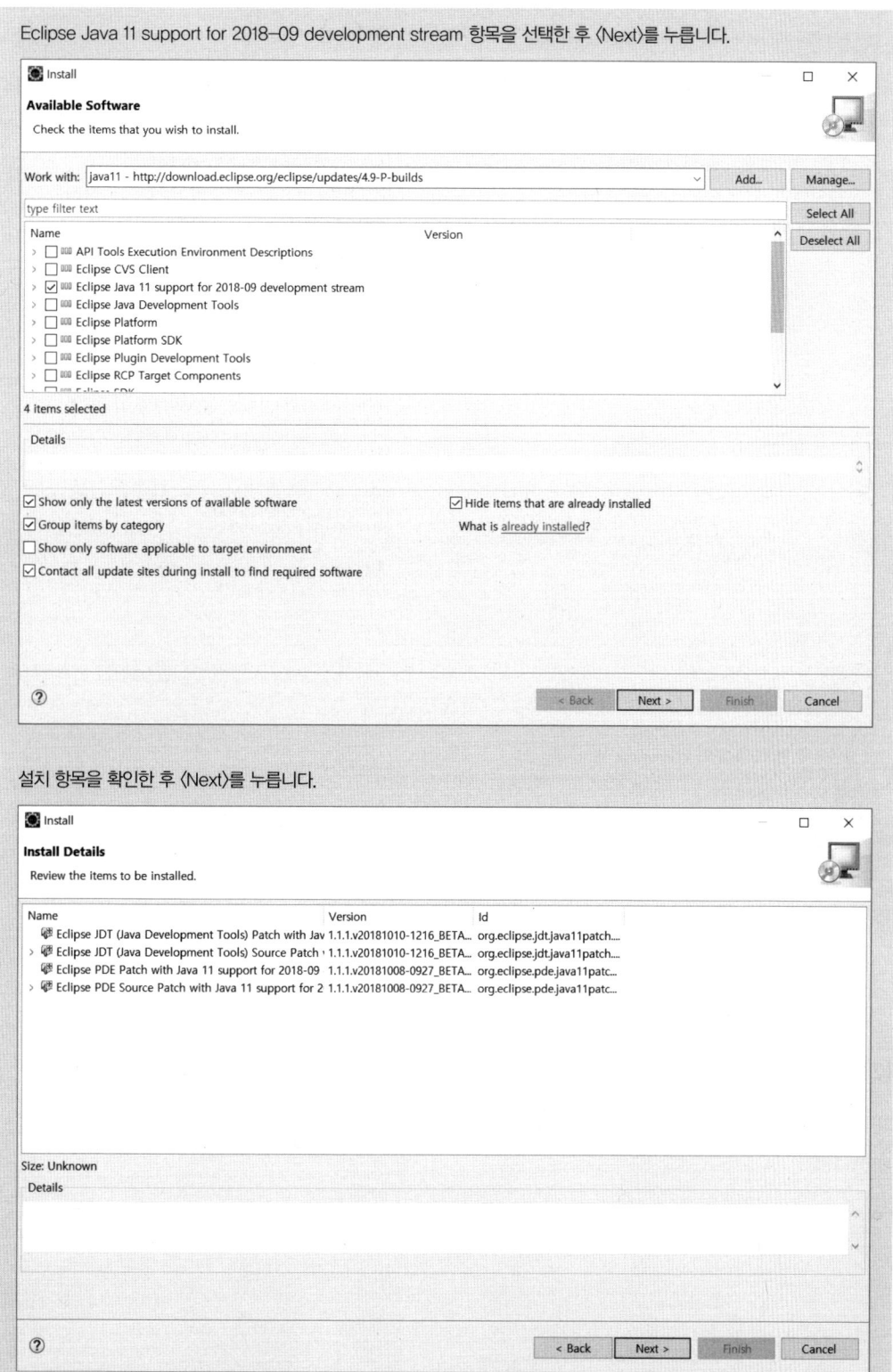

설치 항목을 확인한 후 〈Next〉를 누릅니다.

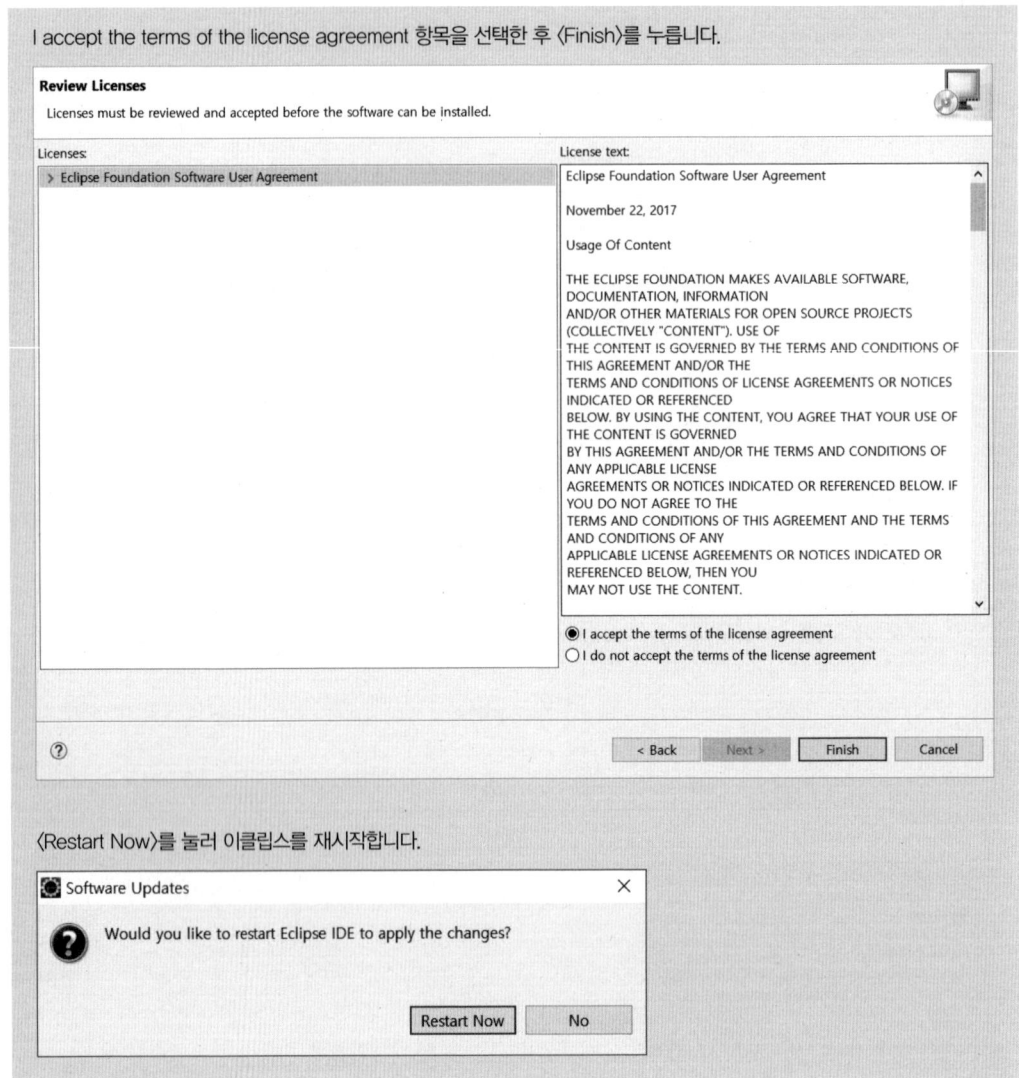

〈Restart Now〉를 눌러 이클립스를 재시작합니다.

(2) 자바 소스 파일 생성

새로운 자바 소스 파일을 작성하기 위해 src 폴더 위에서 마우스 오른쪽을 누른 후 [New → Class]를 선택합니다.

그림 자바 소스 파일 생성

새로운 자바 클래스 파일을 생성하는 창이 열리면 Name 부분에 파일 이름을 지정합니다. 필자는 Test1로 입력하였습니다. 그리고 실행 코드를 자동으로 생성하기 위해 '`public static void main(String[] args)`' 옵션을 선택한 후 〈Finish〉를 누릅니다.

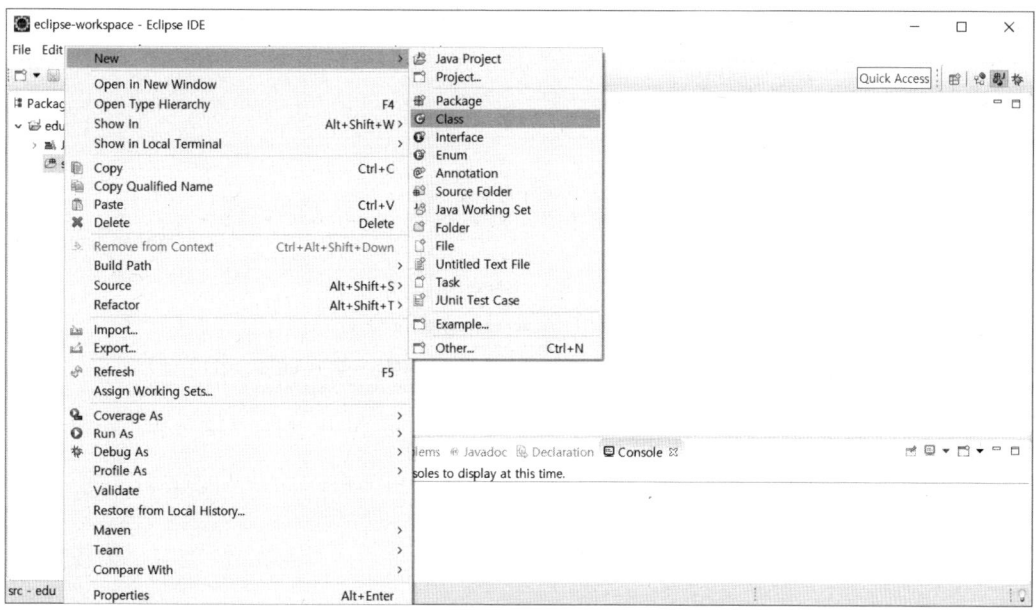

그림 새 소스 파일 정보 입력

Test1.java 파일이 생성되었습니다. 이클립스의 메뉴를 이용하여 자바 소스 파일을 작성했으므로 기본적인 코드들이 자동으로 완성됩니다.

그림 소스 파일 생성 완료

다음은 소스 파일을 편집하는 편집 창입니다. 다음의 코드를 추가한 후 저장합니다.

```java
package edu;

public class Test1 {

    public static void main(String[] args) {
        // TODO Auto-generated method stub
        System.out.println("Hello");

    }

}
```

그림 Test1.java 소스

? 이클립스 자동 완성 단축 키

이클립스에서 코드를 자동으로 완성해주는 기능이 있습니다. 이클립스에서 가장 많이 사용하는 기능으로서 단축 키는 〈Ctrl + Space bar〉입니다. 자동 완성 단축 키를 이용하여 코드를 완성할 때는 다음과 같은 방법으로 사용할 수 있습니다.

- 원하는 위치에 커서를 위치시킨 후 누른다.
- 작성하는 코드의 처음 몇 글자를 입력 후 누른다.
- 단축 글자를 입력 후 누른다.

예를 들어 System.out.println( ) 코드를 자동완성 기능으로 입력할 때는 sysout 단축 글자를 입력한 후 〈Ctrl + Space bar〉를 누릅니다.

1.7.3. 컴파일

이클립스에서는 메모장에서 작업했던 것처럼 소스 파일을 작성한 후 명령 창에 가서 javac 프로그램을 실행하여 직접 컴파일할 필요가 없습니다. 왜냐하면, 소스 파일을 작성 또는 편집함과 동시에 자동으로 컴파일되기 때문입니다.

다음 화면은 컴파일이 정상적으로 완료된 소스 파일의 모습입니다.

```
Test1.java
 1  package edu;
 2
 3  public class Test1 {
 4
 5      public static void main(String[] args) {
 6          // TODO Auto-generated method stub
 7          System.out.println("Hello");
 8
 9      }
10
11  }
12
```

그림 정상적인 컴파일 모습

앞의 예제에서 실습했던 것처럼 이번에도 세미콜론(;)을 삭제해 보겠습니다. 다음과 같이 빨간색 X 표시가 나타납니다. 이 표시는 컴파일 오류가 발생했음을 나타내는 표시입니다. 빨간색 X 표시는 오류를 수정하면 자동으로 사라집니다. 실행 전 반드시 오류를 수정하여 빨간색 X 표시가 하나도 없는 상태로 만들어야 합니다.

```
Test1.java
 1  package edu;
 2
 3  public class Test1 {
 4
 5      public static void main(String[] args) {
 6          // TODO Auto-generated method stub
 7          System.out.println("Hello")
 8
 9      }
10
11  }
12
```

그림 오류가 발생한 컴파일 모습

빨간색 X 표시 부분에 마우스 포인터를 올리면 발생한 오류에 대한 메시지를 확인할 수 있습니다.

```
 1  package edu;
 2
 3  public class Test1 {
 4
 5      public static void main(String[] args) {
 6          // TODO Auto-generated method stub
 7          [Syntax error, insert ";" to complete BlockStatements] o")
 8
 9      }
10
11  }
12
```

그림 오류 메시지 확인

1.7.4. 실행

자바 소스 파일의 컴파일이 완료되면 자바 실행 파일이 생성되고 java 프로그램을 사용해서 실행해야 합니다. 명령문은 다음과 같았습니다.

    java Test1

이 명령을 이클립스에서는 메뉴를 이용하여 실행합니다. 실행할 파일 이름이나 소스 위에서 마우스 오른쪽을 클릭하고 단축 메뉴에서 [Run As → Java Application]을 선택합니다.

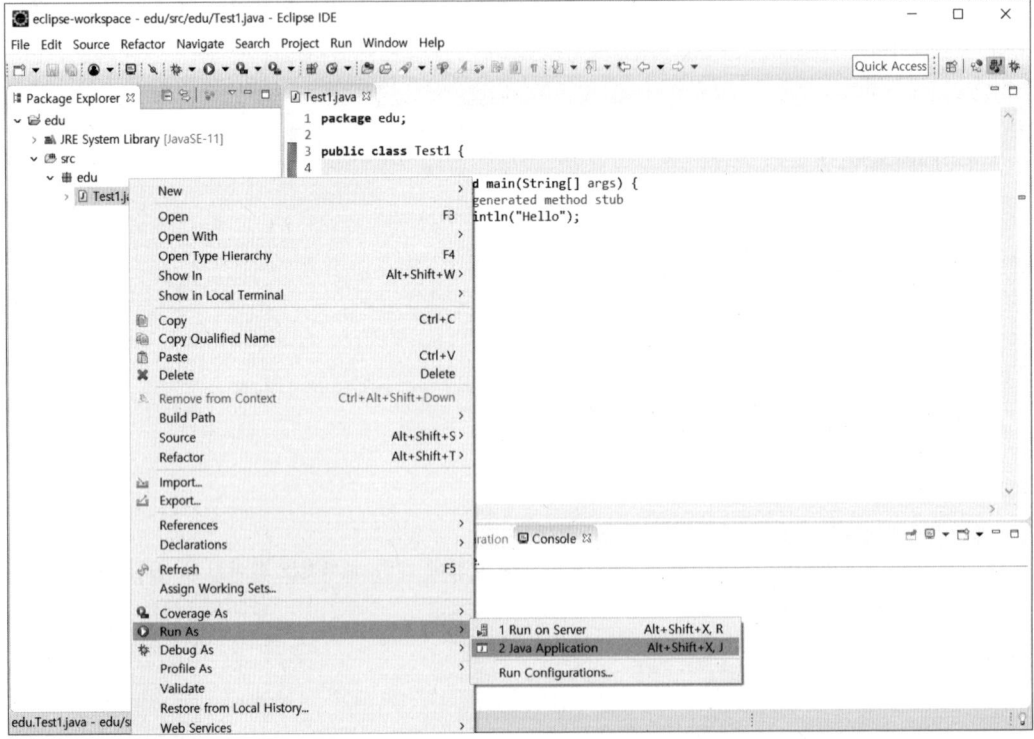

그림 자바 파일 실행

이클립스에서는 명령 창의 기능을 하는 Console 창이 있어서 System.out.println() 명령으로 출력하는 문자열은 이곳에 출력됩니다.

그림 실행 결과 확인

마지막에 실행했던 파일을 다시 실행하고 싶을 때는 실행 버튼을 클릭하거나 〈Ctrl + F11〉을 동시에 누르면 됩니다.

그림 실행 버튼

02

데이터 활용

1장을 시작하면서 필자의 어린 시절 은행 업무 이야기를 했습니다. 고객이 통장을 가지고 은행에 가면 창구에 앉아 있던 직원이 입출금 금액과 잔액을 통장에 적고, 도장을 찍어 확인 처리하는 방식이라고 말이죠. 고객은 통장에 기록된 입출금 내용을 확인하고, 은행은 고객의 통장과 똑같은 내용이 기록된 별도의 고객 카드를 가지고 확인하였습니다.

그림 고객 카드

이처럼 은행 업무에 컴퓨터가 도입되기 전까지는 은행마다 고객 카드가 수북이 쌓여 있었습니다. 그러나 지금은 이와 같은 고객 카드가 존재하지 않습니다. 카드에 기록된 정보들은 이제 종이가 아니라 컴퓨터에 파일로 저장해서 보관하기 때문입니다. 주위를 돌아보면 나의 금융정보는 은행 시스템에, 나의 학사정보는 학교 시스템에, 나의 주문거래정보는 기업의 시스템에, 나의 소득에 관한 정보는 국세청 시스템에 모두 파일로 저장되어 있습니다.

파일에 저장된 데이터를 수정, 삭제, 조회 또는 생성하는 서비스를 수행하는 것이 프로그램을 만드는 목적이기도 합니다. 이번 장에서는 프로그램을 구현할 때 서비스 처리를 위해 반드시 다루어야 하는 데이터에 대해 학습합니다.

2.1. 변수 기본

예를 들어 은행에서 출금 업무를 진행한다고 생각해봅시다. 3만원을 출금하려 합니다. 제일 먼저 해야 할 일은 은행 시스템에 저장된 고객 파일에서 출금 계좌번호의 정보를 찾아 잔액이 얼마인지를 알아야 합니다. 잔액이 10만원이라면 3만원 인출이 가능하고, 인출 후 잔액은 7만원으로 변경해야 합니다. 이것은 "10 - 3 = 7"이라는 계산식에서 나온 결과입니다.

우리는 이러한 계산을 머릿속에서 쉽게 할 수 있지만, 프로그램으로 구현할 때는 오로지 컴퓨터에서 계산이 이루어져야 합니다. 컴퓨터가 10 - 3 계산을 하려면 다음처럼 세 단계 동작이 필요합니다.

① 10을 기억한다.

② 3을 기억한다.

③ ①과 ②를 뺄셈한다.

위의 동작에서 "기억한다"라는 것은 어떤 의미일까요? 현실 세계로 치면 잊지 않도록 머릿속에 계속 유지하는 것을 의미하며, 컴퓨터에서는 메모리에 저장한다는 의미입니다. 데이터를 메모리에 저장하는 방식은 두 가지입니다.

첫 번째 방식은 프로그램이 실행되는 동안에만 저장하는 것이고, 두 번째 방식은 프로그램 실행이 종료되어도 저장 상태를 계속 유지하는 것입니다. 프로그램의 실행이 종료되어도 계속 저장 상태를 유지하고 싶다면 데이터를 파일로 저장합니다. 프로그램이 실행되는 동안에만 유지할 데이터는 일반적으로 프로그램이 사용하는 메모리에 저장합니다. 데이터를 파일로 저장하는 것은 차후에 다루도록 하고, 이번 절에서는 프로그램이 실행되는 동안에만 사용하는 데이터를 메모리에 저장하는 방법을 살펴보겠습니다.

2.1.1. 변수란?

앞에서 언급한 계산식 10 - 3을 연산하려면 다음처럼 메모리에 10과 3을 저장해야 합니다.

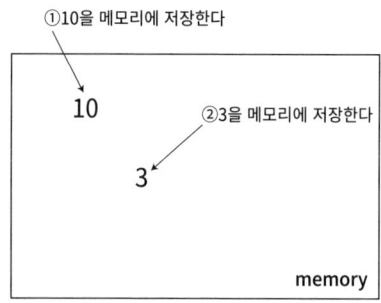

그림 메모리 구조

데이터들이 모두 저장되었다면 저장된 데이터를 불러와 연산하면 됩니다. 그런데 여기서 문제가 발생합니다. 저장된 데이터를 불러올 때 메모리에 저장된 여러 데이터 중 어떤 데이터를 불러와야 하는지 알 수 있을까요? 저장하면서 저장된 메모리의 위치를 기억하고 있을까요? 그렇지 않습니다.

프로그램에서 데이터를 저장 후 사용하려면 저장된 곳을 찾아가야 하는데, 이때 사용하는 개념이 바로 "변수"입니다. **변수는 데이터를 저장하는 메모리의 일정 공간을 의미하며**, 이 메모리 공간에 이름을 지정할 수 있습니다. 예를 들어 다음처럼 숫자 데이터 10과 3을 저장할 메모리 공간을 각각 "a", "b"라는 이름으로 지정한다면, "변수 a와 변수 b를 선언했다"라고 표현합니다.

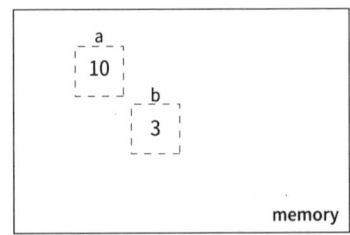

그림 이름이 지정된 메모리

이처럼 메모리의 특정 공간에 이름을 붙이면(변수를 선언하면) 데이터를 불러올 때 메모리 공간의 이름만 사용하면 됩니다. 즉, 변수가 선언되면 변수의 이름으로 해당 데이터에 접근합니다.

   a - b

만일 위와 같은 명령을 만나면 메모리에서 변수 a를 찾아가서 데이터 10을 가져오고, 변수 b를 찾아가서 3을 가져와 뺄셈을 수행합니다.

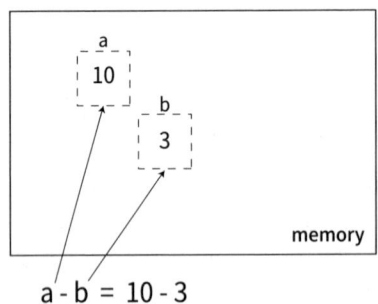

그림 변수 이름으로 데이터 접근

이처럼 변수는 메모리에 데이터가 저장되는 일정한 공간이며 해당 메모리에 저장된 데이터를 사용할 때는 변수 이름으로 접근합니다.

2.1.2. 변수 선언

변수 선언이란, 메모리에 일정한 공간을 확보하고 이름을 지정하는 것을 의미합니다. 메모리 공간을 확보하는 것은 데이터를 저장하기 위해서이고, 이름을 지정하는 것은 해당 메모리 공간에 저장된 데이터를 이용하기 위해서입니다. 변수 선언은 변수를 생성한다는 말과도 같습니다. 변수를 생성하려면 다음과 같은 자바 언어의 문법을 따릅니다.

【변수 선언】

  데이터 타입 변수명;

(1) 데이터 타입

변수를 생성하려면 메모리에 일정 공간을 확보해야 하는데, 그 크기는 데이터 타입에서 결정됩니다. 변수의 데이터 타입을 어떻게 선언하느냐에 따라 1바이트, 2바이트, 4바이트, 8바이트 크기가 결정됩니다. 바이트는 글자 하나를 표현할 수 있는 메모리 공간입니다. 데이터 타입은 다음 절에서 자세하게 다룹니다.

(2) 변수 이름

변수를 선언할 때 지정한 데이터 타입의 크기만큼 메모리 공간이 확보되었다면, 다음은 확보된 공간에 이름을 지정해야 합니다. 이것을 "변수 이름"이라고 합니다. 소스코드에서 변수 이름으로 변수에 접근해서 값을 저장하고 수정하거나, 저장된 값을 사용하게 명령할 수 있습니다.

변수의 이름은 데이터의 성격을 나타내는 이름으로 지정해주며 다음과 같은 규칙을 따릅니다.

- 첫 글자는 '문자', '_', '$' 중 하나로 시작해야 한다. 숫자로 시작할 수 없다.
- 첫 글자는 소문자로 시작하는 것이 관례다.
- 공백을 포함할 수 없다.
- 대소문자를 구분한다.
- 길이에 제한이 없다.
- 예약어를 사용할 수 없다.

> **? 예약어(reserved word)**
> 예약어란 프로그램 언어에서 내부적으로 기능이 정해져 있는 단어들을 말합니다.

(3) 변수 선언 예

변수 이름 규칙에 맞게 변수를 하나 선언해보겠습니다. 그리고 메모리에 어떤 일이 벌어지는지 그려보겠습니다. 다음처럼 선언해봅시다.

```
int depositAmount;
```

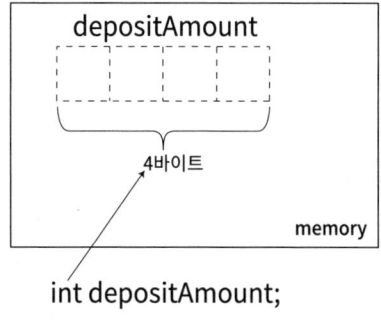

그림 int 형 변수 선언

먼저, 변수 타입을 int로 선언했으므로 메모리에 4바이트 공간이 확보됩니다. 데이터 타입은 다음 절에서 자세히 다루겠습니다. 여기서는 int 데이터 타입은 4바이트의 크기라는 것만 정리해두기 바랍니다. 그리고 확보된 4바이트의 메모리 공간에 depositAmount라는 이름을 지정했습니다. 변수 이름에 공백이 있으면 안 되므로 이처럼 여러 단어를 사용할 때는 새로운 단어가 시작할 때 대문자로 시작한다든지 (낙타 표기법), 또는 deposit_amount처럼 단어와 단어 사이에 _(밑줄)로 연결합니다.

> **? 다양한 표기법**
>
> **카멜 표기법(Camel Case)**
> 여러 단어를 연달아 사용할 때 각 단어의 첫 글자를 대문자로 적되, 맨 앞에 오는 글자는 소문자로 표기하는 것입니다. 낙타의 등에 있는 혹과 같다고 하여 카멜(Camel) 표기법이라고 부릅니다. firstName과 같은 형식이며 Java의 권장 표기법입니다.
>
> **파스칼 표기법(Pascal Case)**
> 카멜 표기법과 같지만 연달아 오는 단어의 모든 앞글자를 대문자로 표기합니다. 카멜 표기법이 단봉낙타라면 파스칼은 쌍봉낙타라고 할 수 있습니다. FirstName과 같은 형식이며 Java에서는 변수명이나 함수명은 카멜 표기법을 따르고 클래스명은 파스칼 표기법을 따릅니다.
>
> **스네이크 표기법(Snake Case)**
> 단어 사이를 _(밑줄)로 연결을 표기합니다. first_name과 같은 형식입니다.

2.1.3. 변수에 데이터 저장

변수를 만든 목적은 값을 저장하고 계속 사용하기 위해서입니다. 선언된 변수에 데이터를 저장하는 문법은 다음과 같습니다.

【변수에 데이터 저장】

<u>변수명</u> = <u>값</u>;

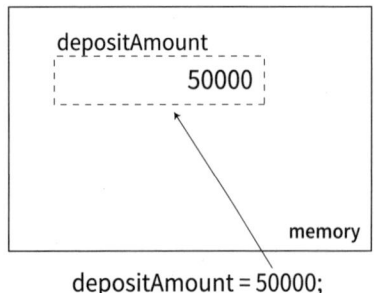

그림 변수 초기화

변수에 값을 저장할 때는 등호(=) 기호를 사용합니다. 자바 프로그래밍에서 = 기호는 오른쪽의 값을 왼쪽에 저장하라는 의미입니다. 다르게 표현하면 **"대입한다"**라고 하며, 만일 변수를 선언한 후 처음 값을 저장한다면 **"초기화한다"**라고 표현합니다.

그리고 변수 선언과 초기화를 동시에 할 수도 있습니다. 즉, 변수를 선언하면서 즉시 값을 대입하는 것입니다.

```
int depositAmount;
depositAmount = 50000;
```
}
```
int depositAmount = 50000;
```

> **? 리터럴(literal)**
>
> 프로그램 언어에서 리터럴이란 용어가 자주 사용되는데 리터럴은 변수에 저장되는 값 자체를 의미합니다. 자바의 변수에 저장되는 값들은 논리, 문자, 정수, 실수, 객체 등이 있는데 논리값은 논리 리터럴, 문자값은 문자 리터럴, 정수값은 정수 리터럴이라고 부릅니다.

2.1.4. 변수 사용

앞서 변수를 선언하고, 데이터를 저장하는 방법을 살펴보았습니다. 이렇게 메모리 공간을 확보하여 이름을 붙이고 그곳에 데이터를 저장했다면, 해당 변수 이름을 이용하여 메모리 공간에 저장된 데이터를 이용할 수 있습니다.

만일 소스코드에 다음과 같은 2개의 명령문이 있을 때 차이점은 무엇일까요?

❶ int depositAmount

❷ depositAmount

❶번은 데이터 타입 다음에 변수 이름이 있으므로 변수 선언문입니다. 메모리에 변수를 생성합니다. 그리고 ❷번은 depositAmount라는 이름에 해당하는 메모리 공간을 찾아가 그곳에 저장된 값을 가져오는 명령문입니다.

자바 변수를 선언하여 데이터를 저장하고 사용하는 간단한 예제를 작성해보겠습니다.

Test2.java
```
01 : package edu;
02 :
03 : public class Test2 {
04 :
05 :     public static void main(String[] args) {
```

```
06 :     int depositAmount;
07 :     depositAmount = 50000;
08 :     System.out.println(depositAmount);
09 :   }
10 :
11 : }
```

위 소스를 입력하고 실행하면 이클립스의 〈Console〉 창에 다음과 같은 결과가 나옵니다. 이클립스에서 자바 소스 파일을 생성하고 실행하는 방법은 1장을 참고합니다.

【실행결과】
50000

소스에 대한 설명은 다음과 같습니다.

```
06 : int depositAmount;
07 : depositAmount = 50000;
08 : System.out.println(depositAmount);
```

06번 줄에서 int 타입으로 depositAmount 변수를 선언했고, 07번 줄에서 depositAmount 변수에 50000이라는 값을 저장했습니다. 따라서 메모리에는 depositAmount이라는 이름의 4바이트 공간에 50000이라는 값이 저장됩니다

08번 줄에서 System.out.println() 코드는 괄호 안에 지정한 값을 화면에 출력하는 자바 명령문입니다. 따라서 위 명령은 depositAmount 변수에 저장된 50000을 출력합니다.

2.2. 데이터 종류

우리가 변수를 사용하는 이유는 프로그램 처리에 필요한 데이터를 저장하기 위해서입니다. 변수를 선언한 다음에는 데이터를 저장해야 하는데, 자바에서 사용하는 데이터의 종류는 크게 5가지로 분류할 수 있습니다.

- **논리 타입**: boolean isMarried = true;
- **문자 타입**: char gender = 'F';
- **정수 타입**: int age = 23;
- **실수 타입**: double PI = 3.14;
- **참조 타입**: String name = "Amy";

이번 절에서는 자바 데이터의 종류와 특징을 알아보겠습니다.

2.2.1. 논리 타입

논리 타입은 "참/거짓"처럼 둘 중 하나의 값을 표현할 때 사용합니다. 예를 들어, 결혼/미혼, 수료/미수료, ON/OFF 등의 값을 표현하기에 적합한 타입입니다. 자바에서 논리 타입의 데이터를 저장하려면 **boolean** 타입을 사용하며, 이 타입은 **1바이트**만큼의 메모리 공간을 차지합니다.

【논리 타입 변수 선언】
```
boolean 변수명;
boolean isMarried;
```

위 코드는 논리 타입의 데이터를 저장하기 위한 1바이트 크기의 메모리 공간을 확보하고 이름을 isMarried로 지정한 예입니다.

【논리 타입 변수에 데이터 저장】
```
isMarried = true; 또는 isMarried = false;
```

논리 타입에는 **true** 또는 **false** 값을 저장합니다. true와 false는 각각 참과 거짓이라는 논리를 구분하는 값으로 이미 약속된 단어입니다. 이처럼 이미 어떤 의미가 정해진 문자열들을 "예약어" 또는 "키워드"라고 합니다.

2.2.2. 문자 타입

문자 타입은 한 글자의 값만 가지는 데이터를 표현할 때 사용합니다. 예를 들어 성별 정보를 저장할 때 "여자" 또는 "남자"로 저장하는 것보다, 'F' 또는 'M'으로 저장해도 충분히 정보를 표현할 수 있고, 한 글자만 저장하므로 메모리를 아껴 사용할 수도 있습니다. 문자 타입의 데이터를 저장하는 변수 타입은 char입니다. 그리고 문자 타입의 메모리 크기는 2바이트입니다.

【문자 타입 변수 선언】
```
char 변수명;
char gender;
```

위 코드는 문자 타입의 데이터를 저장하기 위한 2바이트 크기의 변수 공간을 확보하고 이름을 gender로 지정한 예입니다.

【문자 타입 변수에 데이터 저장】
```
gender ='F' 또는 gender ='M';
```

문자 타입 변수에는 문자 한 글자만 저장할 수 있으며 값을 표현할 때 반드시 작은따옴표(')로 감싸주어야 합니다. 자바에서는 작은따옴표(')를 문자 한 글자를 표현하는 char 타입의 데이터에서만 사용할 수 있습니다. 다음은 컴파일 오류가 발생하는 코드입니다. 문자 타입 변수 gender에 여러 글자를 표현하면서 작은따옴표(')를 사용했기 때문입니다.

```
char gender;
gender ='Female';
```

(1) 특수 문자

프로그램 언어마다 이스케이프 시퀀스(escape sequence)라는 것이 있습니다. 이스케이프 시퀀스는 쉽게 말해 특수 문자로서 키보드에서 제어의 기능을 담당하는 키들을 문자로 표현한 것입니다. 줄 바꿈이나 탭 키 등이 여기에 속합니다. 특수 문자를 표현하고자 할 때는 "₩"(역슬래시) 다음에 특수 문자를 지정하여 해당 기능을 실행합니다. 예를 들어 ₩n 문자는 줄을 바꿔 새 줄에서 시작하게 하고, ₩t는 탭 키를 적용하여 여러 칸의 공백을 띄워줍니다.

자바에서 사용하는 특수 문자들은 다음과 같습니다.

표 자바의 특수 문자

문자	기능
\n	개행 문자
\t	탭 문자
\r	리턴 문자
\f	폼피드 문자
\\	역슬래시 문자
\'	작은따옴표 문자
\"	큰따옴표 문자
\b	백스페이스 문자

(2) 유니코드

char 데이터 타입을 표현할 때 유니코드(unicode)를 직접 지정할 수도 있습니다. 유니코드는 모든 나라의 언어를 컴퓨터에서 표현하기 위해 언어와 상관없이 문자마다 고유한 코드를 부여한 하나의 방법(체계)입니다. 유니코드는 총 65,536자를 표현할 수 있습니다. 자바 프로그래밍에서 유니코드 값을 직접 지정할 때는 ₩u 다음에 문자에 해당하는 유니코드를 지정하면 됩니다. 참고로 각 문자에 해당하는 유니코드는 인터넷에서 쉽게 확인할 수 있습니다.

다음 코드는 문자 타입의 c 변수에 유니코드 0057을 저장한 예입니다. 0057은 문자 W의 유니코드이므로 c 변수에는 문자 W가 저장되어 출력됩니다.

```java
char c = '\u0057';
System.out.println(c);
```

【실행결과】
W

(3) String

자바에서 char 타입은 문자 한 글자만 표현할 수 있습니다. 따라서 문자 하나 이상을 나타내는 문자열을 지정할 수는 없습니다. 여러 개의 문자, 즉 문자열을 지정하려면 데이터 타입을 String으로 하고 문자열의 시작과 끝을 큰따옴표(")로 감싸야 합니다.

【문자열 타입 변수에 데이터 저장】
```java
String greeting = "Good Morning";
```

2.2.3. 정수 타입

정수 타입은 소수점이 없는 숫자를 표현할 때 사용합니다. 그런데 자바에서 정수를 표현하는 데이터 타입은 4가지입니다.

- byte
- short
- int
- long

4가지 타입 모두 정수를 표현하는 데이터 타입인데, 차이점은 사용하는 메모리의 크기가 다르다는 것입니다. byte는 1바이트, short는 2바이트, int는 4바이트, long은 8바이트의 메모리 크기를 사용합니다.

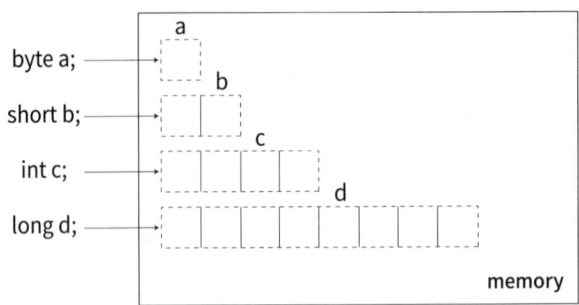

그림 정수 타입 크기 종류

사용하는 메모리 크기가 다르다는 사실은 저장할 수 있는 데이터의 양이 다르다는 의미입니다. 다음은 각 정수 타입별로 저장할 수 있는 숫자의 범위입니다.

- byte: -128 ~ 127
- short: -32,768 ~ 32,767
- int: -2,147,483,648 ~ 2,147,483,647
- long: -2^{63} ~ (2^{63} -1)

정수를 저장하기 위한 변수를 선언할 때는 데이터의 성격에 따라 4가지 타입 중에서 선택하여 메모리를 효율적으로 사용하는 것이 좋습니다. 예를 들어 나이를 저장하는 변수를 선언할 때는 일반적으로 byte 타입의 변수로 사용해도 문제가 없을 것입니다. 그런데 나이를 저장하기 위해 long 타입으로 선언해서 사용한다면 8바이트를 모두 사용할 일이 없으므로 결과적으로 메모리 낭비를 초래합니다.

다음 코드를 살펴보겠습니다.

```
long d = 2147483648;
```

위 코드는 변수 선언과 초기화를 동시에 하고 있는 코드로서 문제가 없어 보입니다. long 타입의 변수를 선언했으므로 8바이트의 메모리 공간이 확보되고 이름을 d라고 지정했습니다. 그리고 int 타입으로 저장할 수 없는 2147483648 값을 저장하고 있습니다. int 타입은 2147483647까지만 저장할 수 있습니다. 논리적으로 문제가 전혀 없는 코드인데 위 코드는 컴파일 오류가 발생합니다.

컴파일 오류 메시지를 보면 2147483648은 int로 표현할 수 없는 범위라고 나타납니다.

```
long d = 2147483648;
   The literal 2147483648 of type int is out of range
   Press 'F2' for focus
```

그림 범위 오류

컴파일 오류가 발생한 이유는 2147483648 값을 변수 d에 저장하기 전에 임시로 메모리에 저장하는데, 이때 사용하는 데이터 타입이 int 타입이라서 그렇습니다. int 타입이 수용할 수 있는 범위를 벗어나는 값은 int가 아니라 long 타입을 사용하도록 표현 방법을 바꿔야 합니다. 이를 해결하려면 숫자 끝에 소문자 l 또는 대문자 L을 표기해주어야 합니다. 그러면 메모리에 임시로 저장할 때 long 타입으로 처리합니다.

```
long d = 2147483648L;
```

정수 타입 변수를 선언하여 값을 저장하고 출력하는 예제를 작성해 보겠습니다.

Test3.java

```
01 : package edu;
02 : public class Test3 {
03 :     public static void main(String[] args) {
04 :         byte age;
05 :         short point;
06 :         int price;
07 :         long totalSales;
08 :
09 :         age = 23;
10 :         point = 32000;
11 :         price = 3500000;
12 :         totalSales = 2147483648L;
13 :
14 :         System.out.println(age);
15 :         System.out.println(point);
16 :         System.out.println(price);
17 :         System.out.println(totalSales);
18 :     }
19 : }
```

【실행결과】

```
23
32000
3500000
2147483648
```

2.2.4. 실수 타입

실수 타입은 소수점이 있는 숫자를 표현할 때 사용합니다. 실수 타입은 다음과 같이 2가지 종류가 있습니다.

- float
- double

float와 double 모두 실수를 표현하는 타입이며 실수를 저장하기 위한 메모리 크기가 다릅니다. float는 4바이트, double은 8바이트 메모리 공간을 사용합니다. 사용하는 메모리 크기가 다르니 당연히 저장할 수 있는 실수의 크기도 다릅니다.

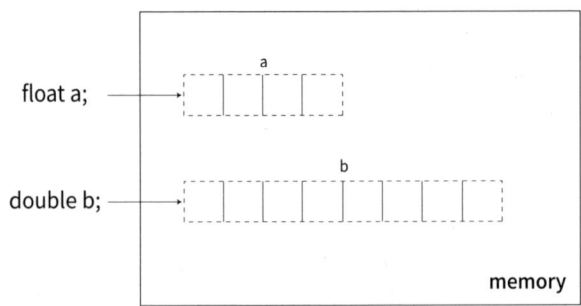

그림 float와 double 타입 크기 비교

정수 타입과 실수 타입을 분리해서 지원하는 것은 서로 값을 저장하는 방법이 다르기 때문입니다. 정수는 소수점 이하 값이 없으므로 양수, 음수를 판별하는 부호와 실제 데이터만 저장하지만, 실수는 부호와 소수점 자리를 표현하기 위해 "가수(Mantissa)"와 "지수(Exponent)"로 분리하여 저장합니다.

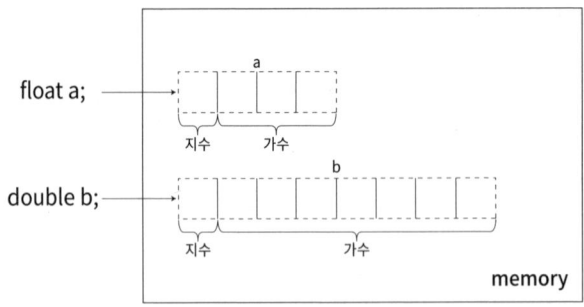

그림 float와 double 타입 구성 비교

예를 들어, 12.3456를 저장한다면 표현식을 0.123456×10^2로 변경한 다음, 가수에는 0.123456을 저장하고, 지수에는 2를 저장합니다.

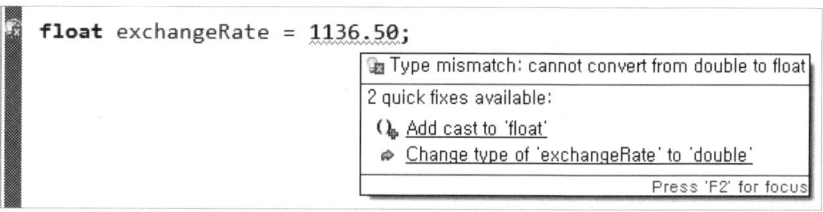

그림 실수 데이터의 가수와 지수

다음 코드를 살펴보겠습니다.

```
float exchangeRate = 1136.50;
```

위 코드는 float 타입의 데이터를 저장하기 위해 4바이트 공간을 확보하고 exchangeRate라는 이름을 지정한 후 1136.50 값을 저장하는 명령문입니다. 논리적으로 문제가 없어 보입니다. 그런데 이 코드는 컴파일 오류가 발생합니다.

```
float exchangeRate = 1136.50;
    Type mismatch: cannot convert from double to float
    2 quick fixes available:
      Add cast to 'float'
      Change type of 'exchangeRate' to 'double'
                                Press 'F2' for focus
```

그림 타입 오류

오류가 발생한 이유는 float 타입의 exchangeRate 변수에 값을 저장하기 전에 값을 메모리에 임시로 저장하는데, 실수는 기본적으로 메모리에 임시로 저장할 때 double 타입으로 저장합니다. 즉, 1136.50 값이 8바이트의 double 타입 임시 저장소에 저장됩니다. 이 double 타입의 데이터를 float 타입의 exchangeRate 변수에 저장하려 할 때 문제가 발생합니다. 8바이트의 double 타입 데이터를 4바이트 float 타입에 저장하려니 공간이 좁아 저장할 수 없는 것입니다.

이런 오류를 해결하는 방법은 임시로 저장할 때 double 타입이 아니라 float 타입으로 저장하면 됩니다. 자바 프로그래밍에서 실수를 float 타입으로 처리하려면 숫자 끝에 대문자 'F' 또는 소문자 'f'를 지정하면 됩니다.

```
float exchangeRate = 1136.50F;
```

실수 타입 변수를 선언하여 값을 저장하고 출력하는 예제를 작성해 보겠습니다.

Test4.java

```
01 : package edu;
02 : public class Test4 {
```

```
03 :    public static void main(String[] args) {
04 :        float exchangeRate = 1136.50F;
05 :        double USDAmount = 600.50;
06 :        double KRWAmount = 682468.25;
07 :
08 :        System.out.println(exchangeRate);
09 :        System.out.println(USDAmount);
10 :        System.out.println(KRWAmount);
11 :    }
12 : }
```

【실행결과】

1136.5
600.5
682468.25

2.2.5. 참조 타입

지금까지 자바에서 사용하는 데이터 타입에 대해 살펴보았습니다. boolean은 true/false의 값을 표현하는 타입, char는 하나의 문자만 표현하는 타입, byte, short, int, long은 숫자 중 정수를 표현하는 타입, float, double은 실수를 표현하는 타입이었습니다. 마지막으로 자바에서 사용하는 데이터 타입이 하나 더 있습니다. 그것은 참조 타입으로 메모리의 위치를 표현하는 타입입니다. 자바의 데이터 타입을 다시 크게 분류하면 다음과 같습니다.

- 기본 데이터 타입
- 참조 데이터 타입

기본 데이터 타입은 boolean, char, byte, short, int, long, float, double을 의미하고, 참조 데이터 타입은 메모리 위치를 저장하는 타입을 의미합니다. 다음 자바 코드를 살펴보겠습니다.

```
String name;
```

만일 위와 같은 코드로 변수를 선언했다면 name 변수는 어떤 타입의 데이터를 저장하는 변수일까요? boolean, char, byte, short, int, long, float, double에 속하지 않는 데이터 타입입니다. 이럴 때 간단하게 생각하는 방법이 있습니다. 자바 데이터 타입은 딱 두 가지입니다. 즉, **기본 데이터 타입과 참조 데이터 타입뿐입니다**. 데이터 타입이 boolean, char, byte, short, int, long, float, double이면 기본 데이터 타입이고, 여기에 속하지 않으면 무조건 참조 데이터 타입으로 생각하면 됩니다.

프로그래밍에서 모든 데이터는 메모리에 저장된 다음 처리된다고 설명했습니다. 이때 데이터가 저장되는 메모리에는 모두 주솟값이 있습니다. 참조 타입 변수에는 데이터 자체가 아니라, 데이터가 저장된 메모리의 주솟값을 저장합니다.

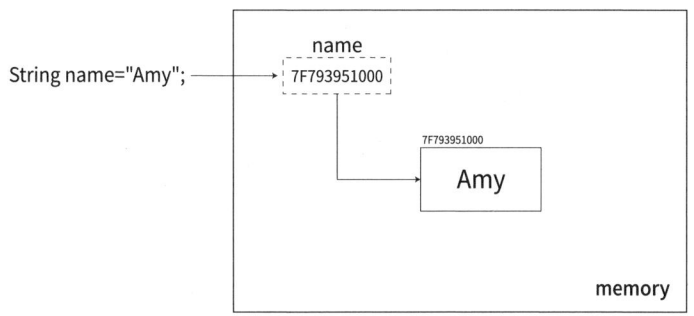

그림 참조변수의 값

위 그림은 참조 타입이 메모리의 주솟값을 저장할 때 사용한다는 걸 나타냅니다. 만약 String name이라고 선언하면 name이라는 변수만 생성되고 초기화하지 않았으므로 어떤 값도 저장되지 않습니다. 그러나 위의 그림처럼 name = "Amy";라고 선언하면 메모리에 "Amy"라는 문자열을 저장하고 **해당 메모리의 주솟값을 name 변수에 저장합니다.**

참조변수에 대해서는 뒷부분에서 자세하게 다룹니다. 여기서는 변수 선언문을 보고 8가지 기본 데이터 타입에 속하지 않으면 무조건 메모리 주솟값을 저장하는 참조변수라고 생각하면 됩니다.

2.3. 데이터 연산

여러분은 "마이크로소프트 엑셀"이라는 프로그램을 사용해보았을 겁니다. 숫자를 계산해서 통계 보고서를 작성할 때 가장 많이 사용하는 프로그램입니다. 엑셀은 셀(칸)로 이루어져 있고, 셀마다 명령어를 처리할 수 있습니다.

그림 마이크로소프트 엑셀 화면

위 그림처럼 10과 20을 각 셀에 입력했습니다. 이 작업을 메모리에 데이터를 저장하는 것으로 생각해봅시다. 그러면 A1 변수에는 10, A2 변수에는 20으로 초기화한 것과 다름없습니다. 그리고 A1 변숫값과 A2 변숫값을 계산하고 싶다면 현재 커서가 위치한 곳에 계산식을 작성하면 됩니다. 예를 들어 두 값을 더하는 다음과 같은 계산식을 만듭니다.

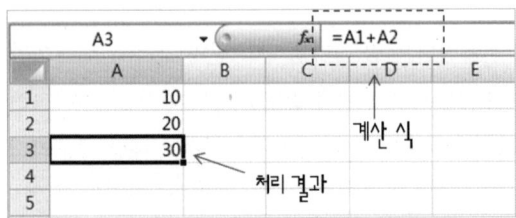

그림 더하기 연산

A3 셀에 = A1 + A2를 입력한 후 〈Enter〉 키를 누르면 다음과 같이 계산 결과가 표시됩니다.

그림 계산식과 처리 결과

엑셀에서 = A1 + A2 명령문 처리는 A1에서 10을 참조하고 A2에서 20을 참조한 다음, 더하기(+) 연산을 해서 처리 결과를 A3에 대입(=)합니다. 만일 계산식을 = A2 − A1으로 지정했다면 A3에는 10이 저장됩니다. 이와 같은 엑셀 작업을 자바 프로그램으로 구현해보겠습니다.

Test5.java

```java
01 : package edu;
02 : public class Test5 {
03 :     public static void main(String[] args) {
04 :         int A1 = 10;
05 :         int A2 = 20;
06 :         int A3 = A1 + A2;
07 :
08 :         System.out.println(A3);
09 :     }
10 : }
```

【실행결과】

30

엑셀과 자바 프로그램은 어떻게 30이라는 결과를 낼까요? + 기호는 덧셈을, - 기호는 뺄셈을 하는 명령으로 이미 정해졌기 때문입니다. 이처럼 계산을 위해 약속된 기호들을 **연산자(Operator)**라고 합니다. 이번 절에서는 자바에서 사용하는 연산자들을 살펴보겠습니다.

2.3.1. 산술 연산자

산술 연산자는 사칙연산을 수행합니다. 자바에서는 다음과 같은 산술 연산자가 있습니다.

표 산술 연산자

연산자	예시	설명
+	10 + 2	더하기
-	10 - 2	빼기
*	10 * 2	곱하기
/	10 / 2	나누기
%	10 % 2	나머지 값 구하기

Test6.java
```
01 : package edu;
02 : public class Test6 {
03 :     public static void main(String[] args) {
04 :         int a = 10 + 2;
05 :         int b = 10 - 2;
06 :         int c = 10 * 2;
07 :         int d = 10 % 2;
08 :
09 :         System.out.println(a);
10 :         System.out.println(b);
11 :         System.out.println(c);
12 :         System.out.println(d);
13 :     }
14 : }
```

【실행결과】

12
8
20
0

사칙연산 외에 특별히 나머지 연산자 %가 있습니다. 나머지 연산자는 나눗셈 후 나머지 값을 구합니다. 예를 들어 위 예제에서 10은 2로 나누어 떨어지므로 10 % 2 = 0이 됩니다. 만약 10 % 3으로 계산하면 결과는 1이 됩니다.

2.3.2. 증감 연산자

증감 연산자는 변숫값을 1씩 증가 또는 감소하는 연산자입니다.

표 증감 연산자

연산자	예시	설명
++	++a	1 증가하기(전위)
	a++	1 증가하기(후위)
--	--a	1 감소하기(전위)
	a--	1 감소하기(후위)

증가 연산자 사용 예는 다음과 같습니다.

```
int a = 10;  // 변수 a를 선언하고 10으로 초기화
a++;         // a 변숫값을 1만큼 증가. a 변숫값은 11
++a;         // a 변숫값을 1만큼 증가. a 변숫값은 12
```

감소 연사자 사용 예는 다음과 같습니다.

```
int a = 10;  // 변수 a를 선언하고 10으로 초기화
a--;         // a 변숫값을 1만큼 감소. a 변숫값은 9
--a;         // a 변숫값을 1만큼 감소. a 변숫값은 8
```

증감 연산자는 실행할 때 다음 코드로 변환되어 처리됩니다. 변숫값을 1만큼 증가 또는 감소한 다음 다시 변수에 값을 대입합니다.

a++; → a = a + 1;
a--; → a = a - 1;

증감 연산자는 변숫값을 1만큼 증가 또는 감소하는 연산자로서 변수의 앞이나 뒤 어느 곳에 사용해도 같습니다. 그러나 다른 명령과 함께 처리할 때는 증감 연산자가 변수의 어느 위치에 있느냐에 따라 결괏값이 다르게 동작하므로 주의해야 합니다.

전위 연산: 증감 연산자가 변수 이름 앞에 있을 때

```
int a = 10;   // 변수 a를 선언하고 10으로 초기화
int b = 0;    // 변수 b를 선언하고 0으로 초기화
b = ++a;      // 변수 a의 값을 1만큼 증가한 후 b변수에 저장. b의 값은 11
```

후위 연산: 증감 연산자가 변수 이름 뒤에 있을 때

```
int a = 10;   // 변수 a를 선언하고 10으로 초기화
int b = 0;    // 변수 b를 선언하고 0으로 초기화
b = a++;      // 변수 a의 값을 b 변수에 저장한 후 a의 값을 1만큼 증가. b의 값은 10
```

전위 연산과 후위 연산 예는 비슷한 코드지만, 결과적으로 변수 b에 저장된 값이 다릅니다. 증감 연산자가 다른 연산자와 혼합되어 있을 때 증감 연산자가 변수 앞에 있으면 먼저 증감을 연산하고 다른 명령문을 수행하지만(전위 연산), 변수 뒤에 있으면 다른 명령문을 먼저 처리한 후 증감 연산을 처리합니다(후위 연산).

Test7.java

```
01 : package edu;
02 : public class Test7 {
03 :     public static void main(String[] args) {
04 :         int a = 10;
05 :         a++;
06 :         System.out.println(a); // 11
07 :         ++a;
08 :         System.out.println(a); // 12
09 :
10 :         int b = 10;
11 :         b--;
12 :         System.out.println(b); // 9
13 :         --b;
14 :         System.out.println(b); // 8
15 :
16 :         int c = 10;
17 :         int d = 10;
18 :         System.out.println(++c); // 11
19 :         System.out.println(d++); // 10
20 :     }
21 : }
```

【실행결과】

```
11
12
9
8
11
10
```

2.3.3. 비교 연산자

비교 연산자는 계산식의 결과가 true(참) 또는 false(거짓)의 논리 타입으로서, "~인지 아닌지"를 판단할 때 사용합니다.

표 비교 연산자

연산자	예시	설명
>	a > b	a가 b보다 큰 값인지 판단
<	a < b	a가 b보다 작은 값인지 판단
>=	a >= b	a가 b보다 크거나 같은 값인지 판단
<=	a <= b	a가 b보다 작거나 같은 값인지 판단
==	a == b	a와 b가 같은 값인지 판단
!=	a != b	a와 b가 다른 값인지 판단

Test8.java

```java
01 : package edu;
02 : public class Test8 {
03 :     public static void main(String[] args) {
04 :         int a = 10;
05 :         int b = 20;
06 :
07 :         System.out.println(a > b);  // false
08 :         System.out.println(a < b);  // true
09 :         System.out.println(a >= b); // false
10 :         System.out.println(a <= b); // true
11 :         System.out.println(a == b); // false
12 :         System.out.println(a != b); // true
13 :     }
14 : }
```

【실행결과】

```
false
true
false
true
false
true
```

2.3.4. 부호 연산자

부호 연산자는 숫자의 부호를 음수 또는 양수로 지정하는 연산자입니다.

표 부호 연산자

연산자	예시	설명
+	+a	양수로 지정
-	-a	음수로 지정

부호 연산자는 다음 코드처럼 정수 또는 실수 데이터 앞에 사용합니다.

```
int a = +10;   // 양수 10으로 지정
int b = -10;   // 음수 10으로 지정
```

그런데 부호 연산자를 사용할 때 주의 사항이 있습니다.

① 변수 앞에 사용할 때

만일, 변수 앞에 + 부호 연산자를 사용하면 부호를 그대로 유지하지만, - 부호 연산자를 사용하면 +는 -로, -는 +로 해당 변수에 저장된 값의 부호를 바꿉니다. 위의 코드에서 변수 a와 b를 그대로 사용한다고 가정했을 때 다음 코드의 결괏값을 주의해서 보기 바랍니다.

```
int a = +10;   // 양수 10으로 지정
int b = -10;   // 음수 10으로 지정
int c = +a;    // 변수 c의 값은 양수 10
int d = -b;    // 변수 d의 값은 양수 10
```

② 부호를 변경할 때

정수와 실수는 값을 저장할 때 내부적으로 부호에 대한 정보도 가지고 있습니다. 부호 연산자로 부호를 변경할 때 이 정보를 변경하는 것입니다. 그런데 부호 정보 변경은 기본적으로 int 타입으로 처리됩니다. 따라서 다음 코드는 오류가 발생합니다.

```
short e = 10;
short f = -e;
```
Type mismatch: cannot convert from int to short
3 quick fixes available:
- Add cast to 'short'
- Change type of 'f' to 'int'
- Change type of 'e' to 'short'
Press 'F2' for focus

그림 타입 오류 발생

short 타입의 변수 e의 부호를 -로 변경하면서 임시로 int 타입으로 처리됩니다. int 타입 4바이트로 처리된 데이터를 short 2바이트에 대입할 수 없어서 발생하는 오류입니다. 이럴 때는 변수 f를 int 타입으로 변경하면 오류를 해결할 수 있습니다.

```
short e = 10
int f = -e
```

2.3.5. 복합 대입 연산자

복합 대입 연산자는 계산식이 처리된 후 처리된 값을 어떤 변수에 저장할 때 식을 간단하게 표현할 수 있게 하는 연산자입니다.

표 복합 대입 연산자

연산자	예시	설명
+=	a += b	a = a + b
-=	a -= b	a = a - b
*=	a *= b	a = a * b
/=	a /= b	a = a / b
%=	a %= b	a = a % b

복합 대입 연산자를 사용할 때 주의 사항은 +와 같은 연산자와 대입 연산자(=) 사이에 공백이 있으면 안 된다는 것입니다.

Test9.java
```
01 : package edu;
02 : public class Test9 {
03 :     public static void main(String[] args) {
04 :         int a = 10;
05 :         int b = 2;
```

```
06 :
07 :     a += b;
08 :     System.out.println(a); // 12
09 :     a -= b;
10 :     System.out.println(a); // 10
11 :     a *= b;
12 :     System.out.println(a); // 20
13 :     a /= b;
14 :     System.out.println(a); // 10
15 :     a %= b;
16 :     System.out.println(a); // 0
17 :   }
18 : }
```

【실행결과】

12
10
20
10
0

2.3.6. 논리 연산자

프로그램을 구현하면서 저장된 데이터 중에서 특정 조건에 맞는 데이터만 선택해야 할 때가 많습니다. 예를 들어 은행 고객 정보 중 성별이 여자고, 예금 잔액이 10억 이상인 데이터만 선별하는 작업을 하고 싶습니다. 프로그램에서 이러한 조건은 연산자를 통해서 표현해야 합니다.

조건을 연산자로 표현하는 방법은 다음과 같습니다.

> **조건 1)** 성별이 여자이다 ➜ gender == 'F' ;
>
> **조건 2)** 예금 잔액이 10억 이상이다 ➜ balance >= 1000000000;

각각의 조건을 연산자로 표현해 보았습니다. 위의 두 조건은 각각 다른 작업을 하는 것이 아니라, 하나의 작업을 하기 위한 조건입니다. 이제 이 조건들을 하나의 명령문으로 만들어야 합니다. 이처럼 여러 개의 조건을 하나의 명령문으로 만들 때 사용하는 연산자가 논리 연산자입니다.

표 논리 연산자

연산자	예시	설명
&	gender == 'F' & balance >= 1000000000	성별이 여자이고 잔액이 10억 이상
&&	gender == 'F' && balance >= 1000000000	성별이 여자이고 잔액이 10억 이상
|	gender == 'F' | balance >= 1000000000	성별이 여자이거나 잔액이 10억 이상
||	gender == 'F' || balance >= 1000000000	성별이 여자이거나 잔액이 10억 이상

(1) AND 연산자

여러 조건을 하나의 명령문으로 만들 때 &, && 연산자를 사용할 수 있습니다. &, && 연산자는 AND 연산자라고 합니다. AND 연산자는 &나 &&로 연결된 모든 조건식이 true일 때만 최종 결괏값이 true입니다. 연결된 조건식에 하나라도 false가 있으면 무조건 결과는 false입니다.

다음처럼 모든 조건이 true이면 결과는 true입니다.

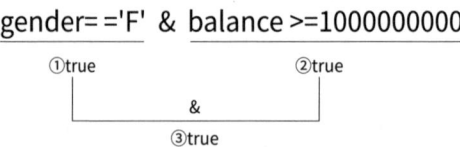

그림 true-true AND 연산자

다음처럼 연결된 조건식이 false가 있으면 결과는 false입니다.

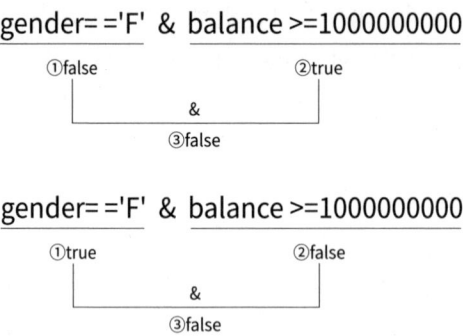

그림 false-true, true-false AND 연산자

AND 연산자로 연결된 모든 조건식이 true이면, 즉 모든 조건이 만족할 때의 데이터만 작업 대상으로 하고 싶다면 AND 연산자를 사용합니다. 그런데 AND 연산자를 사용할 때 주의 사항이 있습니다. &, && 모두 AND 연산자이지만 내부적으로 다르게 동작합니다.

&와 && 연산자의 차이

&는 &로 연결된 모든 조건식을 항상 실행합니다. 그러나 &&는 실행된 조건식의 결괏값에 따라 다음에 연결된 조건식의 실행 여부를 결정합니다. 예를 들어 다음과 같이 gender = 'F' 조건식을 검사했을 때 결괏값이 false가 되었다면, 다음 조건식의 결과가 true든 false든 AND 조건식 결과는 false입니다. 따라서 && 연산자는 실행된 조건식에서 false가 나오면 다음 조건식을 수행하지 않고 AND 조건식의 실행을 종료합니다.

```
gender=='F' && balance >=1000000000
        ①false
     ②조건식 검사 종료함. 결과값은 false
```

그림 && 연산자

그러나 & 연산자는 &&와는 다르게 실행된 조건식에서 결과가 false라도 마지막 조건식까지 모두 수행합니다.

```
gender=='F' & balance >=1000000000
     ①false              ②true
              &
           ③false
```

그림 & 연산자

&&와 & 연산자를 사용할 때 이러한 차이점을 알고 선별해서 사용해야 합니다.

(2) OR 연산자

여러 조건을 하나의 명령문으로 만들 때 |, || 연산자를 사용할 수 있습니다. |, || 연산자는 OR 연산자라고 합니다. OR 연산자는 | 또는 || 연산자로 연결된 모든 조건식 중에서 하나라도 true 결과가 있다면 최종 결괏값이 true인 연산자입니다.

OR 연산자는 다음 조건 모두 최종 결과는 true입니다.

```
gender=='F' || balance >=1000000000
    ①true              ②true

gender=='F' || balance >=1000000000
    ①false             ②true

gender=='F' || balance >=1000000000
    ①true              ②false
```

그림 OR 연산자

OR 연산자 조건식이 false가 되는 경우는 다음처럼 모든 조건식이 false일 때입니다.

$$\underbrace{\text{gender}=='F'}_{①false} \;||\; \underbrace{\text{balance} >=1000000000}_{②false}$$

그림 false-false OR 연산자

OR 연산자 |와 ||의 차이점은 AND 연산자 &와 &&의 차이점과 같습니다. || 연산자는 실행된 조건식에서 true 결과가 나왔다면 다음 조건식은 실행하지 않고, OR 연산식을 true로 결론짓고 종료합니다. 왜냐하면, 조건식에 하나라도 true가 있다면 OR 식은 결과가 true이기 때문입니다. 그런데 |는 실행된 조건식에서 true가 나와도 모든 조건식으로 실행합니다.

(3) 사용 예

저장된 데이터 중에서 나이가 20세부터 60세 사이의 데이터만 선택하고 싶다면 조건식을 어떻게 작성해야 할까요? 나이가 age 변수에 저장되었다고 가정하면 다음 두 개의 조건에 만족해야 합니다.

조건 1) 나이가 20세 이상이다 ➡ age >= 20

조건 2) 나이가 60세 이하이다 ➡ age <= 60

이 두 개의 조건을 어떻게 연결해야 할까요? 다음처럼 OR 또는 AND 관계로 연결할 수 있습니다.

❶ OR로 연결하는 예 ➡ age >= 20 || age <= 60

❷ AND로 연결하는 예 ➡ age >= 20 && age <= 60

age >= 20 || age <= 60은 OR 관계로 지정했으므로 조건식 중 하나만 true이면 됩니다. 그렇다면 나이가 17세인 경우는 어떨까요? age <= 60 조건에 만족하므로 작업 대상에 포함됩니다. 다음 그림처럼 OR 관계로 연결하면 20세 이상 조건과 60세 이하 조건 중 하나만 만족하면 되므로 모든 나이가 선택되는 것입니다. 따라서 20세부터 60세까지의 나이만 선택하고자 하는 의도에 맞지 않는 조건식입니다.

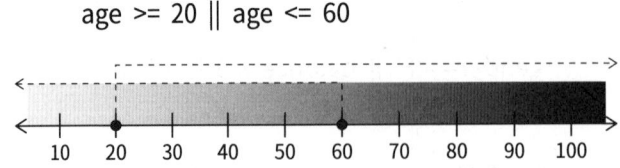

그림 잘못된 논리식 사용 예

다음은 AND 관계로 연결한 예를 봅시다. AND 관계는 연결된 모든 조건식을 만족해야지만 작업 대상이 될 수 있습니다. 나이가 17세인 경우는 age >= 20이란 조건에 맞지 않으므로 선택되지 않습니다. 나이가 46세인 경우에는 age >= 20 조건에도 만족하고 age <= 60 조건에도 만족하므로 선택됩니다.

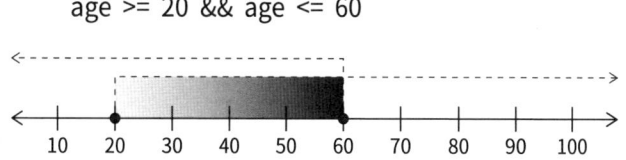

그림 올바른 논리식 사용 예

2.3.7. 부정 연산자

boolean 타입의 데이터는 값으로 true와 false만을 가질 수 있습니다. boolean 타입의 값을 서로 변환해주는 기능을 가지고 있는 연산자를 부정 연산자라고 하며 ! 기호를 사용합니다. ! 연산자는 연산 대상이 true이면 false로 변환하고, false이면 true로 변환하는 기능을 합니다.

표 부정 연산자

연산자	예시	설명
!	!isOn	isOn 변숫값이 true이면 false로 변경하고, false이면 true로 변경함

Test10.java
```
01 : package edu;
02 : public class Test10 {
03 :     public static void main(String[] args) {
04 :         boolean isOn = true;
05 :         isOn = !isOn;
06 :         System.out.println(isOn);
07 :     }
08 : }
```

【실행결과】

false

부정 연산자는 위의 예제처럼 변수에 직접 사용하기도 하고 조건식에서 사용하기도 합니다.

2.3.8. 비트 연산자

비트 연산자는 정수 타입의 데이터를 우리가 현실 세계에서 사용하는 10진수로 계산하는 것이 아니라 2진수로 계산하는 연산자이며, 정수형 데이터에서만 사용할 수 있습니다. 2진수는 1과 0으로 수를 표현합니다. 실제 컴퓨터에서는 모든 정보를 1과 0으로 표현합니다. 이때 하나의 1 또는 0을 "비트(bit)"라고 합니다. 이러한 비트가 8개 모이면 1바이트(byte)라고 표현합니다. 1바이트는 의미 있는 정보 하나를 표현하는 최소 단위입니다.

다음은 10진수 12를 2진수로 변환하는 방법입니다. 10진수를 2로 나눌 수 없을 때까지 계속 나눈 후 나머지 값을 역순으로 나열하면 2진수로 표현한 값이 됩니다.

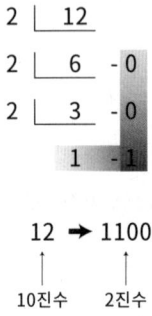

그림 2진수로 변환

1100을 표현할 때 최소 단위가 8비트(=1바이트)이므로 다음처럼 표현합니다.

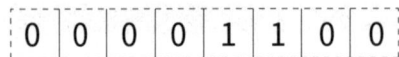

그림 2진수 표현

그런데 항상 첫 번째 비트는 부호를 나타내고, 나머지 비트를 실제 값으로 채웁니다.

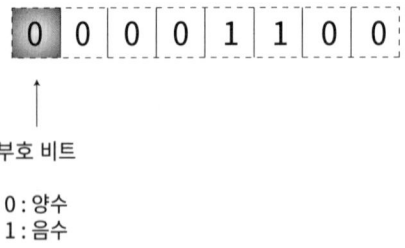

그림 부호 비트

음수 값을 표현할 때는 양수의 비트값을 다음처럼 변환합니다.

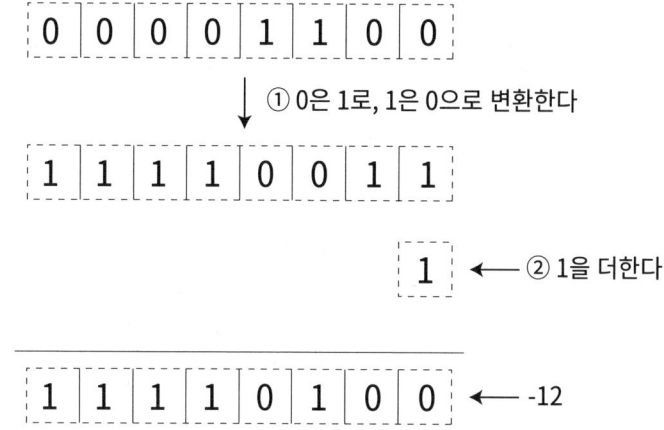

그림 음수 표현

자바 프로그램에서 2진수로 숫자를 표현하려면 **0b**로 시작합니다. 다음 예제는 **4바이트**의 2진수를 표현하고 있습니다.

```
Test11.java
01 : package edu;
02 : public class Test11 {
03 :     public static void main(String[] args) {
04 :         int a = 0b00000000000000000000000000001100; // 2진수 표현 시 0b로 시작함
05 :         int b = 0b11111111111111111111111111110100;
06 :
07 :         System.out.println(a);    // 10진수로 출력
08 :         System.out.println(b);
09 :     }
10 : }
```

【실행결과】

12
-12

수를 표현할 때 2진수뿐만 아니라 8진수, 16진수로도 표현할 수 있습니다. 8진수는 **0**으로 시작하고, 16진수는 **0x**로 시작합니다.

Test12.java
```
01 : package edu;
02 : public class Test12 {
03 :     public static void main(String[] args) {
04 :         int a = 017 ;    // 8진수는 0으로 시작
05 :         int b = 0xf ;    // 16진수는 0x로 시작
06 :
07 :         System.out.println(a);
08 :         System.out.println(b);
09 :     }
10 : }
```

【실행결과】

15
15

(1) 비트 AND 연산

비트 AND 연산자는 **&**입니다. & 연산자는 연산에 참여하는 비트값이 모두 1이여만 결괏값이 1입니다. 0이 하나라도 있으면 결괏값은 0입니다.

표 비트 AND 연산

비트1	비트2	결괏값
0	0	0
0	1	0
1	0	0
1	1	1

(2) 비트 OR 연산

비트 OR 연산자는 **|**입니다. | 연산자는 연산에 참여하는 비트값에 하나라도 1이 있다면 결괏값이 1입니다. 연산에 참여하는 비트값이 모두 0일 때만 결괏값이 0입니다.

표 비트 OR 연산

비트1	비트2	결괏값
0	0	0
0	1	1
1	0	1
1	1	1

(3) 비트 XOR 연산

비트 XOR 연산자는 ^입니다. ^ 연산자는 연산에 참여하는 비트값이 서로 다를 때만 결괏값이 1입니다. 0이든 1이든 같은 값이면 0입니다.

표 비트 XOR 연산

비트1	비트2	결괏값
0	0	0
0	1	1
1	0	1
1	1	0

(4) 비트 부정 연산

비트 부정 연산자는 ~입니다. ~ 연산자는 비트값이 1이면 0으로, 0이면 1로 변환합니다. 비트 부정 연산자는 부호 비트까지 변환하므로 부호가 변경됩니다.

```
int f = 12;
int g = (~f) + 1   // 12에 해당하는 비트값의 1과 0을 변환함
```

위의 코드에서 (~f)는 변수 f의 비트값을 변환한 후 1을 더하는 연산입니다. 이때 소괄호 ( )는 여러 연산자가 있을 때 제일 먼저 계산하라고 나타내는 기호입니다. 프로그램에서 양수를 음수로 변환하는 방법은 양수의 2진수 값 1과 0을 서로 변환한 후 1을 더하면 됩니다. 위 코드가 결국 변수 f의 값을 음수로 변환하는 결과의 코드입니다. 따라서 변수 g에는 -12가 저장됩니다.

(5) 비트 이동 연산

비트 이동 연산자는 비트의 위치를 왼쪽이나 오른쪽으로 이동시킵니다. 그래서 시프트(shift) 연산자라고도 합니다.

표 시프트 연산자

연산자	설명
<<	왼쪽으로 비트 이동. 이동된 곳은 0으로 채움
>>	오른쪽으로 비트 이동. 이동된 곳은 부호 비트로 채움
>>>	오른쪽으로 비트 이동. 이동된 곳은 무조건 0으로 채움

시프트 연산은 이동한 비트 수가 n이라고 했을 때 왼쪽으로 이동하면 원래 값에 $* 2^n$한 결과가 되고 오른쪽으로 이동하면 $/ 2^n$한 결과가 됩니다.

```
 0  0  0  0  1  1  0  0
            16  8  4  2  1  = 12

 0  0  0  1  1  0  0  0    ← 왼쪽으로 1비트 이동 (12*2¹)
            16  8  4  2  1  = 24

 0  0  0  0  0  1  1  0    ← 오른쪽으로 1비트 이동 (12/2¹)
            16  8  4  2  1  = 6
```

그림 시프트 연산

다음은 앞에서 설명한 비트 연산자를 확인하는 예제입니다. 참고로 소스에서 사용한 `Integer.toBinaryString()`는 변수의 값을 2진수로 표현하는 함수입니다.

Test13.java

```
01 : package edu;
02 : public class Test13 {
03 :     public static void main(String[] args) {
04 :         byte a = 0b00010001;   // 2 진수 표현은 0b로 시작함
05 :         byte b = 0b00100010;
06 :
07 :         int c = a & b;   // 0
08 :         System.out.println(Integer.toBinaryString(c));
09 :
10 :         int d = a | b;   // 110011
11 :         System.out.println(Integer.toBinaryString(d));
12 :
13 :         int e = a ^ b;   // 110011
14 :         System.out.println(Integer.toBinaryString(e));
15 :
```

```
16 :
17 :        int f = 12;
18 :        int g = (~f)+1; // -12
19 :        System.out.println(g);
20 :
21 :        int h = f << 1; // 24
22 :        int i = f >> 1; // 6
23 :        System.out.println(h);
24 :        System.out.println(i);
25 :    }
26 : }
```

【실행결과】

0
110011
110011
-12
24
6

(6) 비트 연산 예제

지금까지 비트 연산자들의 기능과 처리 결과에 대하여 살펴보았습니다. 그런데 대부분 학습자가 비트 연산자가 뭔지는 알겠는데 도대체 어디에 활용하는 것일까? 라는 의문을 가집니다. 프로그래밍에서 비트 연산은 많은 곳에 사용됩니다. 보안, 네트워크, 그래픽 처리 등 그 쓰임새는 생각보다 많습니다.

다음은 비트 연산를 활용하여 대문자와 소문자를 서로 변환하는 프로그램을 구현한 코드입니다. 이 책은 자바 기초서이므로 자바를 중점으로 다루다 보니 비트 연산에 대한 깊은 예제를 다루지는 않지만, 비트 연산자가 어떻게 활용되는지 짧게나마 확인하는 기회가 되었으면 좋겠습니다.

Test14.java
```
01 : package edu;
02 : public class Test14 {
03 :    public static void main(String[] args) {
04 :        char  c = 'A';
05 :        c ^= (1 << 5);
06 :        System.out.println(c);
07 :    }
08 : }
```

【실행결과】

a

위와 같이 실행한 후 코드에서 char c의 값을 'a'로 변경한 후 다시 실행하면 실행 결과는 A가 나옵니다. char 타입 변수에는 int 타입의 값처럼 문자에 해당하는 코드값(아스키 코드)이 정수로 저장됩니다. 따라서 문자 'A'는 65 정숫값이 저장되므로 char 타입도 정수형에서 가능한 비트 연산을 할 수 있습니다.

```
04 : char  c = 'A';
05 : c ^= (1 << 5);
06 : System.out.println(c);
```

05번 명령문에서 (1 << 5) 코드는 1을 왼쪽으로 5자리만큼 이동시킵니다. 그 결과를 c의 값과 XOR 연산하고, c 변수에 대입합니다. 비트 연산자도 대입 연산자와 함께 ^= 이렇게 축약해서 사용할 수 있습니다. 이 소스는 완벽하게 분석하려 하지 말고 단지 "비트 연산자를 이렇게 활용할 수 있구나" 생각하고 넘어가고 훗날 필요할 때 다시 학습하기를 바랍니다.

2.3.9. 삼항 연산자

삼항 연산자는 조건식을 지정하여 조건식이 true일 때와 false일 때 서로 다른 명령을 실행하는 연산자입니다.

【삼항 연산자】

<u>변수</u> = <u>조건</u> ? <u>명령1</u> : <u>명령2</u>

- **조건**: true나 false 값, 또는 true와 false의 결괏값이 나오는 비교 연산식
- **명령1**: 조건이 true일 때 실행하는 명령
- **명령2**: 조건이 false일 때 실행하는 명령

여기서 명령1, 명령2에는 값뿐만 아니라 변수나 연산식을 지정할 수도 있습니다. 값을 지정하면 해당 값을 그대로 대입하고, 변수를 지정하면 변수에 저장된 값을 대입합니다. 그리고 연산식을 지정하면 연산 결과를 대입합니다.

```
Test15.java
01 : package edu;
02 : public class Test15 {
03 :     public static void main(String[] args) {
04 :         char c = 'F';
05 :         String gender = (c == 'F') ? "여자" : "남자";
06 :         System.out.println(gender);
07 :     }
08 : }
```

【실행결과】

여자

2.4. 데이터 타입 변환

자바에서 사용하는 여러 가지 데이터 타입은 원래 지정했던 타입에서 다른 타입으로 변경할 수 있습니다. 이것을 데이터 타입 변경 또는 "타입 캐스팅(type casting)"이라고 합니다. 그런데 데이터 타입은 명령문이 실행되면서 자동으로 변경될 수도 있고 개발자가 직접 변경할 수도 있습니다.

2.4.1. 자동 타입 변경

데이터 타입이 자동으로 변경되는 예는 작은 타입의 데이터를 큰 타입의 변수에 저장할 때입니다.

```
byte a = 23;
int b = a;
```

위 코드에서 byte 타입의 데이터를 int 타입 변수에 저장합니다. 이때 문제 없이 int 타입으로 변환되어 저장됩니다.

```
byte c = 23;
short d = 47;
int e = 65;
int f = c + d + e ;
```

위 코드는 byte + short + int 세 가지 타입의 값을 연산하고 있습니다. 이때 c와 d는 자동으로 가장 큰 int 타입으로 변경되어 계산을 수행합니다.

2.4.2. 직접 타입 변경

작은 타입의 데이터를 큰 타입으로 저장할 때는 문제가 없지만, 반대일 때는 개발자가 직접 타입을 변경해 주어야 합니다. 예를 들어 다음 코드는 오류가 발생합니다.

```
int g = 23;
byte h = g;   // 오류 발생
```

오류는 4바이트 int 타입의 데이터를 1바이트 byte 타입의 변수에 저장할 수 없어서 발생합니다. 변수 g의 값은 23입니다. 23은 byte 타입에서 충분히 저장할 있습니다. 이럴 때는 g의 타입을 강제로 변경한 후 저장하면 됩니다. 데이터 타입을 변경하는 문법은 다음과 같습니다.

【데이터 타입 변경】

(데이터 타입) 변수명 또는 값;

위의 오류가 있는 코드는 다음처럼 타입 캐스팅을 해주면 해결됩니다.

```
int g = 23;
byte h = (byte)g;
```

그렇다면 다음 코드는 오류가 없는 올바른 코드일까요?

```
byte i = 10;
byte j = 20;
byte k = i + j;
```

이 코드 역시 byte k = i + j;에서 오류가 발생합니다. byte = byte + byte 형태이므로 문제가 없어 보이는데 왜 오류가 발생할까요? 여기서 핵심은 더하기(+) 연산을 한다는 것입니다. 연산자를 이용하여 숫자를 연산할 때 정수는 int 타입으로 변환되어 연산을 수행합니다. 그래서 byte 연산이 아니라, int 연산이 되므로 int 데이터를 byte k에 대입할 수 없어서 발생하는 오류입니다.

해결 방법은 연산을 하는 도중은 int 연산을 하므로 연산 전에 변경하는 것은 의미가 없고, 연산이 끝난 다음에 타입 캐스팅을 수행합니다.

```
byte i = 10;
byte j = 20;
byte k = (byte)(i + j);
```

더하기 연산을 먼저 수행하기 위해 i + j를 소괄호 ( )로 감싸주었습니다. 더하기 연산이 먼저 수행되고 (byte) 명령문이 처리되어 타입 캐스팅한 값이 변수 k에 저장됩니다.

```
Test16.java
01 : package edu;
02 : public class Test16 {
03 :    public static void main(String[] args) {
04 :       byte a = 23;
05 :       int b = a;
06 :       System.out.println(b); // 23
07 :
08 :       byte c = 23;
09 :       short d = 47;
10 :       int e = 65;
11 :       int f = c + d + e;
12 :       System.out.println(f); // 135
13 :
14 :       int g = 23;
15 :       byte h = (byte) g;
16 :       System.out.println(h); // 23
17 :
18 :       byte i = 10;
19 :       byte j = 20;
20 :       byte k = (byte) (i + j);
21 :       System.out.println(k); // 30
22 :    }
23 : }
```

【실행결과】

23
135
23
30

03

제어문 : 실행 흐름 제어하기

다른 나라 언어를 습득할 때 처음 학습하는 것은 문법입니다. 문법의 형식에 따라 자신의 의사를 표현해야 대화가 이루어지기 때문입니다. 이처럼 프로그램 언어에도 문법이 있으며 문법의 형식에 맞게 구현해야 프로그램을 실행할 수 있습니다. 이번 장에서 살펴볼 내용이 프로그램 언어의 문법 중 하나인 제어문입니다. 제어문의 기능은 현재 조건에 따라 다음에 실행할 명령문을 선택할 수도 있고, 같은 명령문을 반복해서 실행할 때 수학 공식처럼 간단하게 구현하여 처리할 수도 있습니다. 또는 현재 실행 중인 곳에서 다른 곳으로 분기할 수도 있고 일부 명령문을 건너뛰고 다음 명령문을 실행할 수도 있습니다. 이번 장에서는 이렇게 프로그램의 실행 흐름을 제어하는 제어문에 대해 학습합니다.

3.1. 주석문 : 소스에 메모해두기

본격적으로 제어문을 다루기 전에 먼저 소스코드의 주석에 대해 살펴보겠습니다. 개발자가 소스를 작성할 때는 어떤 기능을 처리하기 위해 변수를 선언하고 명령문을 작성했는지 알고 있습니다. 그러나 소스의 내용이 많아지고 복잡해지면 자신이 구현한 소스임에도 분석하기 어려워집니다. 자신이 분석하기 어려운 소스를 다른 사람이 분석하려면 더 많은 노력과 시간을 투자해야 합니다. 즉, 소스에 대한 가독성이 떨어지고 유지 보수가 어렵습니다. 그러나 각 소스에 대한 설명을 충분히 작성해둔다면 분석할 때 많은 도움이 되며 유지 보수하기에도 편리합니다.

이번 절에서는 프로그램 실행하고는 상관없이 자바 소스에 대한 가독성과 유지 보수성을 높이기 위해 사용하는 주석을 살펴보겠습니다.

3.1.1. 주석문

주석문은 소스에 대한 설명을 추가할 때 사용하며, 다음처럼 2가지 종류가 있습니다.

【한 줄 주석】

// 한 줄 주석 처리 명령문입니다.

【여러 줄 주석】

/* 이것은 전통적인 주석문 처리 방법입니다.
   여러 줄을 주석문으로 처리합니다. */

한 줄을 주석으로 지정하려면 명령문의 시작 부분에 // 기호를 작성합니다. // 기호로 시작하는 줄은 해당 줄 전체를 주석문으로 처리됩니다. 여러 줄을 주석으로 지정하려면 주석이 시작되는 부분에 /* 기호를 지정하고, 끝나는 부분에 */를 지정합니다. /*와 */ 사이는 주석문으로 처리됩니다.

주석문은 컴파일할 때 컴파일 대상에서 제외됩니다. 즉, 실행과는 상관없이 단지 소스에 대한 설명을 추가하기 위해 사용됩니다. 참고로 이 책에서는 주석문을 회색으로 표시해 다른 소스와 쉽게 구별할 수 있도록 했습니다.

```
Test17.java
01 : package edu;
02 : public class Test17 {
03 :     public static void main(String[] args) {
04 :         // System.out.println("사과");
05 :         System.out.println("포도");
06 :         System.out.println("바나나");
07 :         /*
08 :         System.out.println("복숭아");
09 :         System.out.println("수박");
10 :         */
11 :     }
12 : }
```

【실행결과】

포도
바나나

프로그램을 처음 배울 때 좋은 습관 중 하나는 소스에 주석을 다는 것입니다. 그러나 의외로 많은 사람이 주석을 다는 것에 소홀합니다. 그래서 자신이 구현한 소스임에도 시간이 조금만 흘러도 "내가 왜 여기서 이렇게 했지?"라며 처음보는 소스처럼 생소하게 느껴질 때가 많습니다. 소스에 주석을 다는 습관을 꼭 가지기를 당부합니다.

> **이클립스에서 주석 처리 단축키**
>
> **한 줄 주석 처리/해제**
> 주석으로 처리할 줄에 커서를 놓은 후 〈Ctrl + /〉를 누르면 현재 줄이 주석으로 처리됩니다. 주석을 해제하고 싶다면 주석 처리된 줄에서 다시 〈Ctrl + /〉를 누릅니다. 토글 형태로 주석 처리/해제가 됩니다.
>
> **여러 줄 주석 처리/해제**
> 주석 처리할 줄들을 블록으로 지정한 후 〈Ctrl + Shift + /〉를 누릅니다. 블록된 부분이 모두 주석 처리됩니다. 주석을 해제할 때는 주석 해제할 블록 부분에 커서가 놓인 상태에서 〈Ctrl + Shift + ₩〉를 누릅니다.

3.1.2. 어노테이션

어노테이션(Annotation)은 Java 5부터 제공하기 시작한 주석입니다. 일반 주석문은 // 또는 /* */로 처리하지만, 어노테이션은 @ 기호로 시작합니다. 다음의 예가 어노테이션입니다.

```
@Override
@Deprecated
@SuppressWarnings("unchecked")
```

어노테이션도 일종의 주석이므로 프로그램 실행과는 상관이 없습니다. 그러나 어노테이션은 단순한 코드 설명이 아니라 컴파일러에게 정보를 전달합니다. 컴파일러는 컴파일할 때 어노테이션 정보를 보고 그에 맞게 처리합니다.

예를 들어, @Override 어노테이션은 기존에 있는 내용을 "재정의했다"라는 의미입니다. 그런데 기존에 정의된 내용을 재정의하는 것이 아니면서 @Override 어노테이션을 사용하면 컴파일러는 오류 메시지를 보여줍니다. 왜 거짓말하냐고 말이죠.

그러나 요즘은 어노테이션을 단순히 컴파일 정보로만 사용하는 것을 넘어서 많은 기능을 처리하고 있습니다. 어노테이션에 대한 자세한 내용은 14장에서 다룹니다.

3.1.3. Javadoc 주석

API(Application Programming Interface) 문서란, 쉽게 말해 소스코드 사용 설명서라고 할 수 있습니다. 여러분이 만든 프로그램의 실행 코드를 외부에 공개한다면 API 문서도 함께 제공하는 게 좋습니다. 그래야만 사용자가 실행 코드를 효율적으로 재사용할 수 있습니다. API 문서를 생성하는 유틸 프로그램은 %JAVA_HOME%\bin\javadoc.exe입니다. javadoc 유틸 프로그램은 API 문서를 HTML 형식의 문서로 작성하며 작성되는 내용은 소스코드의 javadoc 주석에 의해 결정됩니다.

javadoc 주석을 작성할 때는 /** */을 사용하며 어노테이션으로 문서 정보를 추가합니다. 다음의 예제 소스는 해당 소스의 작성자와 변수에 대한 정보를 javadoc 주석으로 작성한 예입니다.

Test18.java

```java
01 : package edu;
02 :
03 : /**
04 :  * @author Amy
05 :  *
06 :  */
07 : public class Test18 {
08 :
09 :     /**
10 :      * @param a 합을 구하려는 첫 번째 수
11 :      * @param b 합을 구하려는 두 번째 수
12 :      * @return a와 b를 합한 결괏값
13 :      */
14 :     public int sum(int a, int b) {
15 :         return a + b;
16 :     }
17 : }
```

문서 주석에서 사용하는 주요 어노테이션은 다음과 같습니다.

- @author [소스코드 작성자 이름]
- @param [매개변수에 대한 설명]
- @return [반환값에 대한 설명]
- @see [참조 또는 관련 있는 클래스 표시]
- @since [코드가 적용되기 시작한 버전 정보]
- @throws [오류에 관한 설명]
- @version [소스코드의 버전 정보]

위와 같은 어노테이션을 사용하여 소스 파일에 문서 정보를 작성한 다음, javadoc.exe 프로그램을 이용하여 API 문서를 생성합니다. 이클립스에서 직접 javadoc.exe 프로그램을 사용하여 API 문서를 작성해보겠습니다.

이클립스에서 [Project → Generate Javadoc] 메뉴를 선택합니다.

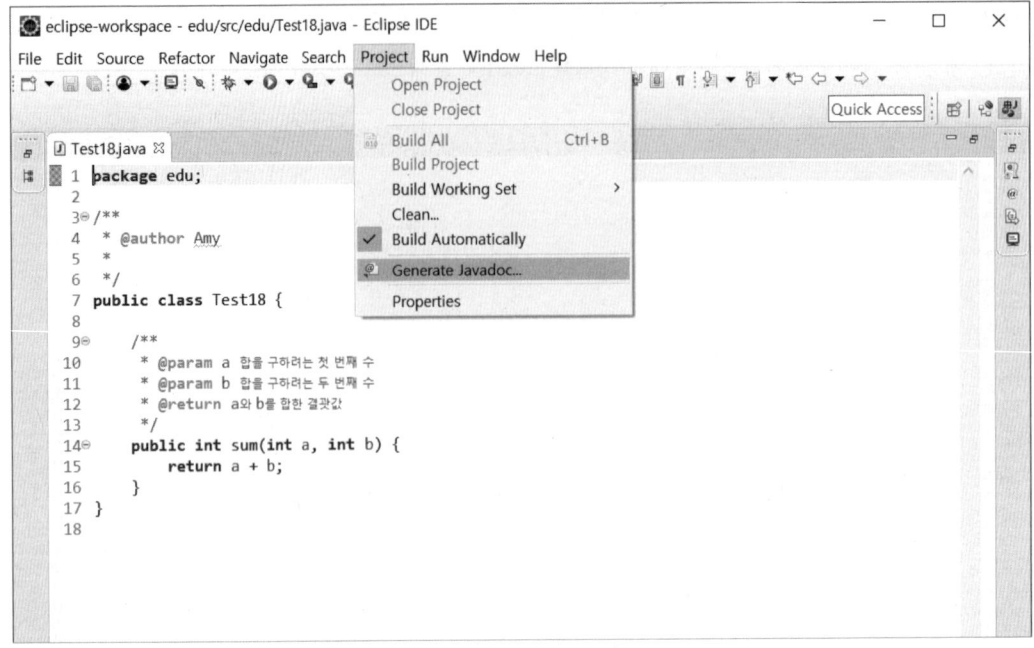

그림 API 문서 만들기

javadoc.exe 프로그램과 문서가 작성될 위치를 지정한 다음 〈Next〉를 누릅니다.

그림 javadoc 프로그램 및 문서 위치 설정

이어서 기본 설정 상태에서 〈Next〉를 누릅니다.

그림 문서 설정

API 문서를 작성할 때 한글을 처리하기 위한 옵션을 확인한 후 〈Finish〉를 누릅니다.

그림 한글 처리 옵션 추가

doc 폴더가 만들어지고 그 안에 문서 파일이 생성됩니다. 생성된 파일을 웹 브라우저에서 실행하겠습니다. index.html 파일에서 마우스 오른쪽을 눌러 [Open With → Web Browser] 메뉴를 선택합니다.

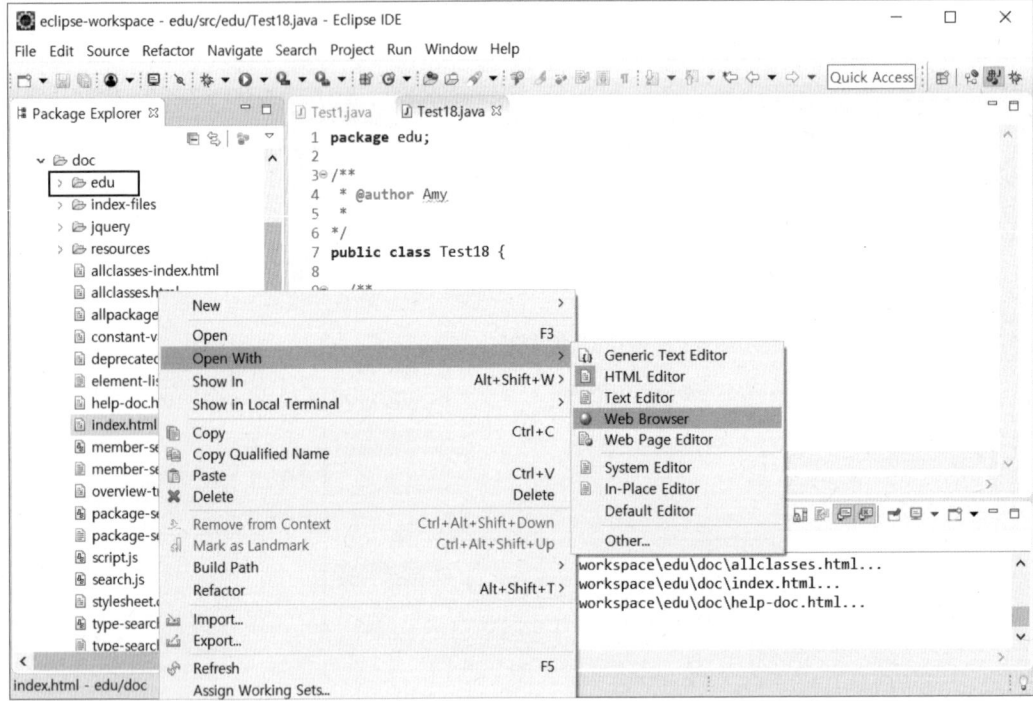

그림 웹 브라우저에서 실행

이클립스에서 웹 브라우저가 실행되고 index.html 문서가 열립니다. Test18 클래스 이름을 클릭합니다.

그림 문서 확인

실행된 페이지의 레이아웃을 확인해봅시다. Method Detail 부분에 @param, @return으로 지정한 내용이 나타납니다.

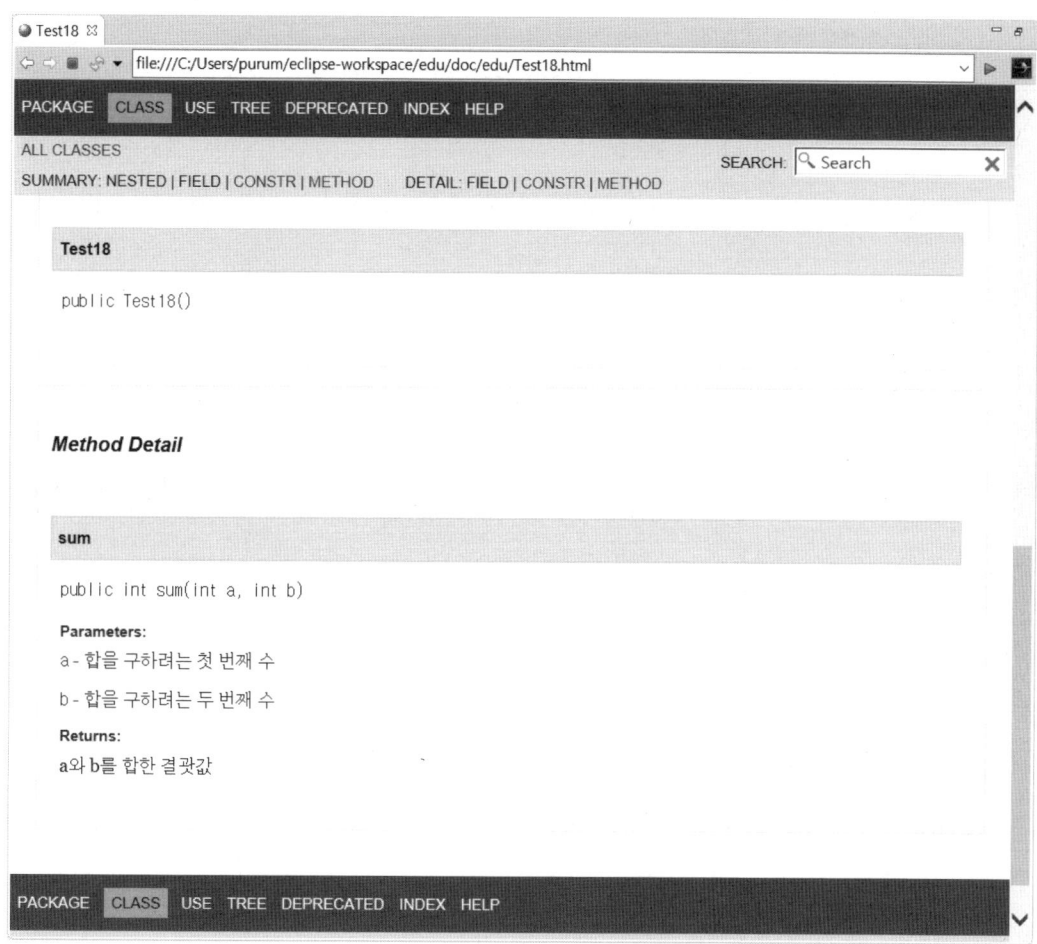

그림 어노테이션으로 지정한 내용 확인

3.2. 조건문 : 조건에 따라 흐름 나누기

앞에서 프로그램은 어떤 기능을 처리하기 위한 명령들의 집합이라고 하였습니다. 프로그램을 실행한다는 것은 프로그램에서 구현한 명령들을 하나씩 실행하는 것을 의미합니다. 그러나 프로그램이 실행될 때 처리되는 명령문들은 항상 같은 순서로 실행된다고 할 수 없습니다. 이것은 자동차를 운전하는 것과 비슷합니다. 만약 목적지가 현재와 같은 방향이라면 방향 변화 없이 계속 직진해야 겠지만, 때에 따라 우회전 또는 좌회전을 해야 합니다. 프로그램에서도 이와 마찬가지로 목적에 따라 다양한 갈래로 실행하게 할 수 있습니다. 이번 절에서는 조건에 따라 여러 갈래 중 특정 명령문을 선택해 실행하는 방법을 학습합니다.

조건문을 사용하는 이유는 자바 명령문이 실행되다가 특정한 조건에 따라 다음에 실행할 명령문을 다르게 지정하기 위해서입니다. 즉, 프로그램의 실행 흐름을 조절하는 것입니다. 다음은 조건에 따라 실행 순서를 달리하는 예를 표현한 그림입니다. 이렇게 실행 순서를 도형으로 표현한 것을 순서도(flow chart)라고 부릅니다.

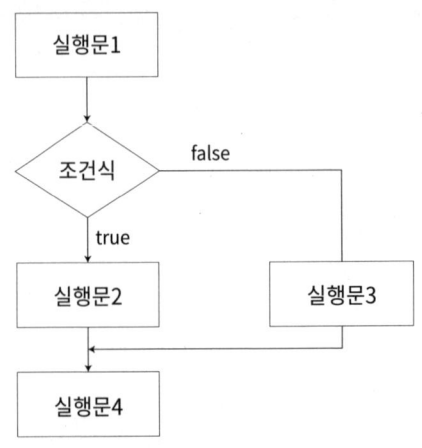

그림 조건에 따라 실행 순서 제어

그림에서 표현한 실행 순서를 생각해볼까요? 먼저, 실행문1을 실행하고 조건식이 참(true)일 때는 실행문2, 거짓(false)일 때는 실행문3을 실행합니다. 그리고 마지막에 실행문4를 실행합니다. 즉, 실행문1과 실행문4는 무조건 실행하고 조건에 따라 실행문2, 3 중 하나를 선택하여 실행합니다.

- **조건이 참일 때 실행 흐름**: 실행문1 ➡ 실행문2 ➡ 실행문4
- **조건이 거짓일 때 실행 흐름**: 실행문1 ➡ 실행문3 ➡ 실행문4

프로그램을 개발할 때 이처럼 조건에 따라 실행 흐름을 제어하는 일은 매우 흔합니다. 다음은 시험 성적에 따라 합격 여부를 처리하는 예를 도형으로 표현한 것입니다.

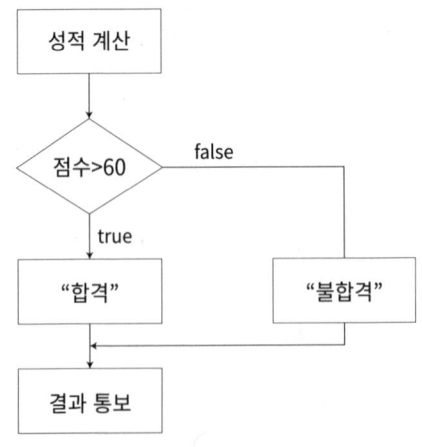

그림 합격 여부 처리 순서

자바 언어에서 이처럼 조건에 따라 실행 흐름을 달리 하는 명령문은 if와 switch가 있습니다.

3.2.1. if 문

if 문은 결괏값이 참이나 거짓으로 나오는 조건식을 지정한 다음, 이 조건식이 참일 때 실행할 명령문을 지정합니다. 조건식이 거짓일 때 실행할 명령문은 별도로 지정하지 않습니다.

if 문의 기본 문법은 다음과 같습니다.

【if 문】

실행문1;
if(**조건식**) {
   실행문2;
}
실행문3;

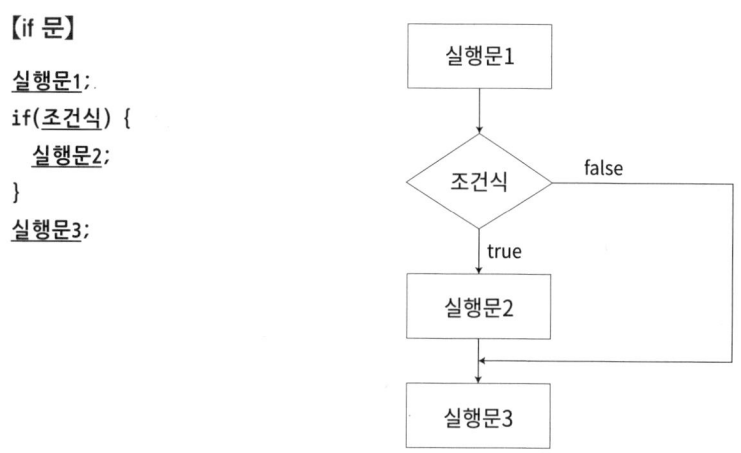

if 문은 조건이 참이면 중괄호({ }) 안의 실행문을 실행합니다. 이때, 중괄호 안에 실행문은 여러 개일 수 있습니다. 만일 조건이 거짓이면 중괄호 안의 실행문은 생략하고, if 문을 닫는 중괄호 } 뒤로 넘어가서 다음 실행문을 실행합니다.

if 문을 사용하는 예를 살펴보겠습니다. 다음 예제는 점수가 60점 이상이면 "합격"을 출력합니다.

```
Test19.java
01 : package edu;
02 : public class Test19 {
03 :     public static void main(String[] args) {
04 :         int score = 90;
05 :         String result = "";
06 :
07 :         if(score >= 60) {
08 :             result = "합격";
09 :         }
10 :         System.out.println(result);
11 :     }
12 : }
```

【실행결과】

합격

04번 줄에서 int 타입 변수 score를 선언하면서 정수 90으로 초기화했습니다. 05번 줄에서는 String 타입의 result 변수를 선언하면서 " " 빈문자열로 초기화했습니다. 그리고 07번 줄에 if 문이 있습니다. if 문의 조건식은 score 변숫값이 60보다 큰지 비교합니다. 만일 60보다 크면 result 변수에 "합격"이라는 문자열을 대입합니다.

이 예제에서 score 변숫값은 90으로 초기화했으므로 if 문의 조건식(90 >= 60)은 참입니다. 따라서 10번 줄에서 result를 출력하면 "합격"이 출력됩니다. 만일 04번 줄의 score 변수의 초깃값을 50으로 수정하고 실행하면 if 문의 조건식은 거짓이므로 08번 줄의 실행문이 실행되지 않습니다. 따라서 실행 결과는 빈 문자열로 아무것도 출력되지 않습니다.

(1) if ~ else 문

if ~ else 문은 if 문에서 조금 변형된 형태로 참과 거짓 모두를 고려합니다. 즉, 조건이 참일 때뿐만 아니라 거짓일 때 실행할 명령문도 별도로 지정합니다.

if ~ else 문의 문법은 다음과 같습니다.

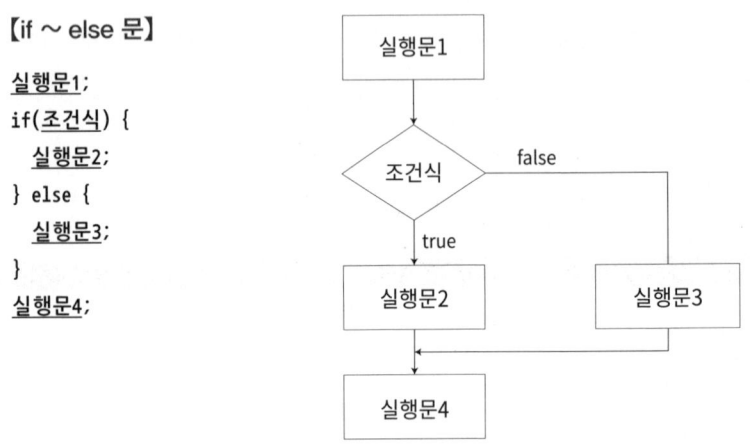

if ~ else 문은 조건이 참이면 if 문에 포함된 명령문을 실행하고, 조건이 거짓이면 else 문에 포함된 명령문을 실행합니다. 즉, 조건이 참이든 거짓이든 둘 중 하나는 무조건 실행하는 특징이 있습니다. 따라서 두 갈래 모두를 실행하거나 실행하지 않을 수는 없습니다.

if ~ else 문을 사용하는 예를 살펴보겠습니다. 다음 예제는 점수가 60점을 이상이면 "합격"을 출력하고, 그렇지 않으면 "불합격"을 출력합니다.

```
Test19.java
01 : package edu;
02 : public class Test19 {
03 :   public static void main(String[] args) {
04 :     int score = 90;
05 :     String result = "";
06 :
07 :     if(score >= 60) {
08 :       result = "합격";
09 :     } else {
10 :       result = "불합격";
11 :     }
12 :     System.out.println(result);
13 :   }
14 : }
```

【실행결과】

합격

07번 줄에서 if 문의 조건식은 score 변숫값이 60보다 큰지 비교합니다. 결과가 참이면 result 변수에 "합격" 문자열을 대입합니다. 그런데 조건식이 거짓이면, 즉 score 변숫값이 60 미만이면, 08번 줄은 생략하고 else 문으로 이동합니다. 그리고 10번 줄에서 result 변수에 "불합격" 문자열을 대입합니다. 이 예제에서는 score 변수를 90으로 초기화했으므로 if 문의 조건식(90 >= 60)은 참입니다. 따라서 최종 결과는 "합격"이 출력됩니다.

if ~ else 문은 참과 거짓 모두를 고려하므로 조건식의 결과가 참이든 거짓이든 무조건 하나의 실행 흐름을 거치게 됩니다. 따라서 위 예제에서 score 값이 어떻더라도 "합격", "불합격" 둘 중 하나만 출력되고 다른 값은 출력될 수 없습니다.

그런데 if ~ else 문의 실행 흐름을 보면 앞에서 배운 연산자가 하나 생각나지요? 바로 삼항 연산자입니다. if ~ else 문은 삼항 연산자로 표현할 수도 있습니다. 예를 들어 위의 예를 삼항 연산자로 표현하면 다음과 같습니다.

```
System.out.println(score >= 60 ? "합격" : "불합격");
```

삼항 연산자는 if ~ else 문을 더 간결하게 표현할 수 있을 뿐 아니라, if ~ else 문을 사용할 수 없는 복잡한 명령문 안에 사용할 수도 있습니다. 다만, 삼항 연산자는 우선순위가 낮으므로 다른 연산자와 함께 사용할 때는 괄호 ( )를 사용해 연산자의 우선순위를 높일 수 있습니다.

(2) if~else if 문

if ~ else 문은 조건식이 참일 때와 거짓일 때 지정된 명령문을 실행하고 if ~ else 문을 종료합니다. 그런데 if~else if 문은 if 문의 조건식이 거짓일 때 다시 else if 문에 조건식을 지정하여 참과 거짓일 때로 실행 흐름을 세분합니다.

이처럼 if~else if 문은 조건식을 여러 개 지정할 수 있습니다. 즉, 첫 번째 조건이 거짓일 때 else if 문을 이용하여 또 다른 조건을 지정할 수 있습니다. 이때 조건식을 포함하는 else if 문은 여러 번 반복해서 사용할 수 있습니다. 그러나 독립적으로 사용할 수는 없고 반드시 if 문 다음에 나와야 합니다. 그리고 마지막의 else 문은 if 문과 else if 문에 지정한 조건식이 모두 거짓일 때 실행되는데, 생략해도 상관없습니다.

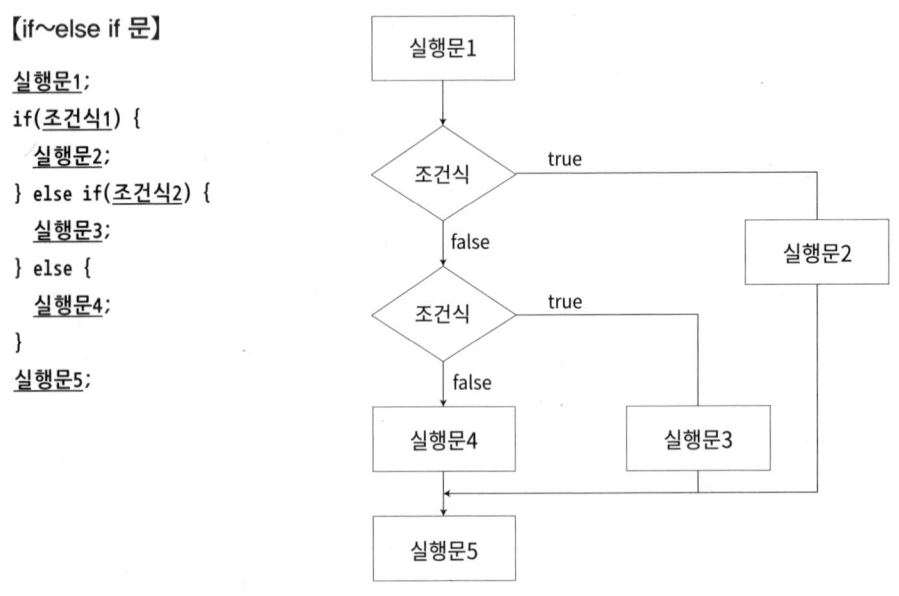

【if~else if 문】
```
실행문1;
if(조건식1) {
    실행문2;
} else if(조건식2) {
    실행문3;
} else {
    실행문4;
}
실행문5;
```

예를 들어, if~else if ~ else 문을 이용하면 다음처럼 세 갈래로 분기합니다.

① 첫 번째 조건이 참일 때 ← if 블록 실행

② 첫 번째 조건이 거짓이고 두 번째 조건을 검사하여 참일 때 ← else if 블록 실행

③ 첫 번째, 두 번째 조건 모두 거짓일 때 ← else 블록 실행

이때, else if 문을 이용하여 조건을 여러 개 작성하면 실행 흐름을 더 많은 갈래로 분기할 수 있습니다. 다음은 이처럼 실행 흐름이 여러 갈래로 분기하는 예입니다. 점수가 90점 이상이면 A, 80점 이상이면 B, 70점 이상이면 C, 60점 이상이면 D, 그 밖에는 F 문자를 출력합니다.

```
Test20.java
01 : package edu;
02 : public class Test20 {
03 :    public static void main(String[] args) {
04 :        int score = 90;
05 :        char grade;
06 :
07 :        if(score >= 90) {
08 :            grade = 'A';
09 :        } else if(score >= 80) {
10 :            grade = 'B';
11 :        } else if(score >= 70) {
12 :            grade = 'C';
13 :        } else if(score >= 60) {
14 :            grade = 'D';
15 :        } else {
16 :            grade = 'F';
17 :        }
18 :        System.out.println(grade);
19 :    }
20 : }
```

【실행결과】

A

소스에 대한 자세한 설명은 다음과 같습니다.

```
04 : int score = 90;
05 : char grade;
```

점수를 나타내고자 int 타입의 변수 score를 선언하고 90으로 초기화했으며, 학점을 나타내고자 char 타입의 변수 grade를 선언했습니다.

```
07 : if(score >= 90) {
08 :     grade = 'A';
```

score 변숫값이 90 이상이면 grade 변수에는 문자 'A'가 저장되며, if 문에 포함된 다른 구문을 모두 무시한 채 if 문이 종료됩니다. 즉, 프로그램의 실행 흐름은 17번 줄에 있는 닫는 괄호 } 이후로 넘어갑니다.

```
09 :   } else if(score >= 80) {
10 :       grade = 'B';
11 :   } else if(score >= 70) {
```

만일 앞에서 07번 줄의 조건식(score >= 90)이 거짓이면 09번 줄에 있는 else if 문의 조건식(score >= 80)이 실행됩니다. 이 조건식의 결과가 참이면 grade에 'B'가 저장되고 if 문이 종료됩니다.

이런 식으로 조건이 참이면 해당 구역의 명령문을 실행 후 if 문을 종료하고, 거짓이면 계속 다음 else if 문의 조건을 검사합니다. 만일 모든 조건에 맞지 않으면, 즉 모든 조건식의 결과가 거짓이면 마지막 else 문에 포함된 명령문을 실행하고, 혹시 else 문이 없으면 아무것도 실행하지 않고 if 문은 종료합니다.

3.2.2. switch~case 문

앞에서 if 문을 살펴보았습니다. if 문은 조건에 따라 프로그램의 실행 흐름을 분기하는 명령이었습니다. 자바에는 이처럼 분기 명령문이 하나 더 있습니다. 바로 switch~case 문입니다. switch~case 문은 조건으로 지정한 변수나 식의 결괏값이 명시된 case 문으로 분기합니다. 먼저, switch~case 문을 사용하는 방법은 다음과 같습니다.

【switch~case 문】

```
switch(조건식) {
    case 값1 : 실행문1;
    case 값2 : 실행문2;
    case 값3 : 실행문3;
    default  : 실행문4;
}
```

switch~case 문을 if~else if 문과 비교하기 위해 예제를 하나 살펴보겠습니다.

Test21.java
```
01: package edu;
02: public class Test21 {
03:     public static void main(String[] args) {
04:         int a = 12;
05:         int b = 2;
06:         char op = '+';
07:
08:         if(op == '+') {
09:             System.out.println(a + b);
10:         } else if(op == '-') {
11:             System.out.println(a - b);
```

```
12:        } else if(op == '*') {
13:            System.out.println(a * b);
14:        } else if(op == '/') {
15:            System.out.println(a / b);
16:        }
17:    }
18: }
```

【실행결과】

14

위의 예제에서는 여러 개의 조건을 지정하기 위해 if ~ else if 문을 사용하였습니다. 이 예제를 switch~case 문으로 변경하면 다음과 같습니다.

Test22.java
```
01: package edu;
02: public class Test22 {
03:    public static void main(String[] args) {
04:        int a = 12;
05:        int b = 2;
06:        char op = '+';
07:
08:        switch(op) {
09:        case '+':
10:            System.out.println(a + b);
11:        case '-':
12:            System.out.println(a - b);
13:        case '*':
14:            System.out.println(a * b);
15:        case '/':
16:            System.out.println(a / b);
17:        }
18:    }
19: }
```

【실행결과】

14
10
24
6

앞의 예제와 실행 결과가 다른 이유는 나중에 설명하고 우선 같은 맥락의 코드라는 사실을 염두에 두고 switch~case 문의 동작을 살펴보겠습니다. switch 문에서 분기 조건은 소괄호 ( ) 안에 한 번만 명시합니다. 이 조건의 결괏값을 대상으로 일치하는 case 문을 찾아가는 것입니다. 위의 예제에서는 분기 조건을 op 변수로 명시하였습니다. 따라서 op 변숫값과 일치하는 case 문으로 이동해서 해당 구문을 실행합니다. 만일 전체 case 문에 일치하는 값이 없으면 switch 블록에서 아무것도 실행하지 않고 실행 흐름이 switch~case 문 밖(닫는 중괄호)으로 넘어갑니다.

앞서 if~else if 문을 사용한 코드와 비교해봅시다.

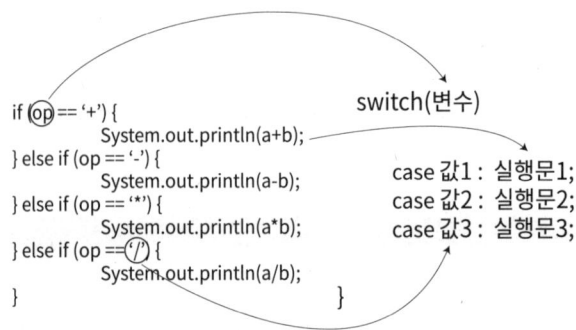

그림 if~else if 문을 switch~case 문으로 변환

이처럼 if~else if 문을 switch~case 문으로 변경할 수 있고, 반대로 switch~case 문을 if~else if 문으로 변경할 수도 있습니다. 다만 switch~case 문은 몇 가지 제약이 있어서 모든 if~else if 문을 switch~case 문으로 변환할 수 있다고 말하기는 어렵습니다. 이러한 제약은 switch~case 문의 특징이라고 볼 수도 있습니다. 지금부터 하나씩 알아보겠습니다.

(1) 실행을 멈추고 블록 빠져나오기 : break 문

앞서 Test22.java 실행 결과를 보면 첫 번째 case 문뿐만 아니라 이후의 case 문에 포함된 명령문도 모두 실행된 것을 확인할 수 있습니다. 어찌된 일일까요? switch~case 문은 일치하는 값을 발견하면 해당 case 문으로 이동하여 명령문을 실행한 다음, 그 아래에 작성된 case 문의 명령문을 차례대로 모두 실행합니다. 즉, 조건과 같은 값을 찾으면 해당 case 문부터 그 아래에 있는 case 문을 조건에 상관없이 모두 실행하는 것입니다.

이처럼 나머지 case 문까지 계속 실행되는 흐름을 이용하여 프로그래밍할 수도 있겠지만, 때에 따라 멈추고 싶을 때도 있을 것입니다. 그럴 때는 다음처럼 break 문을 사용합니다.

Test22.java

```
01: package edu;
02: public class Test22 {
```

```
03:    public static void main(String[] args) {
04:        int a = 12;
05:        int b = 2;
06:        char op = '+';
07:
08:        switch(op) {
09:          case '+':
10:            System.out.println(a + b); break;
11:          case '-':
12:            System.out.println(a - b); break;
13:          case '*':
14:            System.out.println(a * b); break;
15:          case '/':
16:            System.out.println(a / b); break;
17:        }
18:    }
19: }
```

【실행결과】

14

break 문은 실행 흐름을 switch~case 문 밖(닫는 중괄호)으로 이동시킵니다. 실행 결과를 보면 op가 '+'일 때 System.out.println(a + b);를 실행한 후 break 문을 만나 나머지 case 문을 실행하지 않고 switch~case 문을 빠져나오는 것을 확인할 수 있습니다.

(2) 조건에 맞는 값이 없을 때 실행 : default 문

앞서 if 문을 다룰 때 else 문은 조건식이 모두 거짓일 때 실행된다고 했습니다. switch~case 문에도 else 문과 같은 기능을 하는 default 문이 있습니다. switch 문의 조건에 해당하는 case 문이 없을 때 default 문에 작성한 명령문이 실행됩니다.

Test23.java
```
01: package edu;
02: public class Test23 {
03:    public static void main(String[] args) {
04:        char grade ='F';
05:
06:        switch(grade) {
07:          case 'A':
08:            System.out.println("90점 이상"); break;
```

```
09:        case 'B':
10:            System.out.println("80점 이상"); break;
11:        case 'C':
12:            System.out.println("70점 이상"); break;
13:        case 'D':
14:            System.out.println("60점 이상"); break;
15:        default:
16:            System.out.println("60점 미만"); break;
17:    }
18: }
19: }
```

【실행결과】

60점 미만

예제에서 switch~case 문은 grade 변숫값이 A, B, C, D가 아니면 default 문이 실행됩니다. 04번 줄에서 grade 변수에 'F'를 저장했으므로 어떤 case 문에도 해당하지 않습니다. 따라서 default 문이 실행되어 "60점 미만"이 출력됩니다.

예제의 switch~case 문 실행 순서도는 다음과 같습니다.

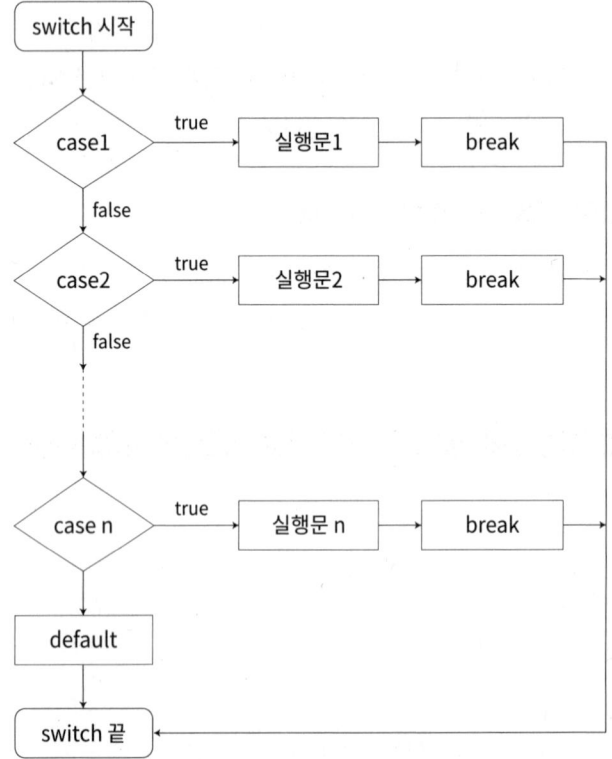

그림 switch~case 문 로직

여기서 잠깐 퀴즈를 내볼까 합니다. 만일 Test23.java 소스에서 모든 break 문을 지우고 04번 줄에서 grade 변숫값을 'D'로 초기화하면 어떤 결과가 나올까요? "60점 이상"이 출력될 것 같지만, 실제로는 "60점 이상"과, "60점 미만" 두 줄이 출력됩니다. 즉, break 문으로 실행을 멈추지 않으면 default 문까지 모두 실행되는 것을 알 수 있습니다. switch~case 문의 이러한 특성을 이용하여 break 문을 적절하게 이용할 수 있어야 합니다.

(3) 변수 타입

일반적으로 switch~case 문의 조건식에는 변수를 사용합니다. 해당 변숫값에 따라 분기하려는 의도입니다.

```
switch(변수) {
    ...
}
```

그런데 switch~case 문의 조건식으로 사용할 수 있는 변수의 데이터 타입은 byte, short, int, char, String으로 정해져 있습니다. 꼭 변수를 사용하지 않고 어떤 계산식을 사용하더라도 결괏값의 타입은 이 중 하나여야 합니다. long 타입, 또는 float나 double처럼 실수 타입은 사용할 수 없습니다. 또한, String 타입은 Java 7버전부터 지원합니다. 다음의 코드는 switch~case 문에서 String 타입을 사용하는 예입니다.

Test24.java
```
01: package edu;
02: public class Test24 {
03:     public static void main(String[] args) {
04:         String nation = "KOR";
05:
06:         switch(nation) {
07:             case "KOR":
08:             case "JPN":
09:             case "CHN":
10:                 System.out.println("아시아");
11:                 break;
12:             case "GBR":
13:             case "FRA":
14:             case "EUA":
15:                 System.out.println("유럽");
16:                 break;
17:             case "USA":
```

```
18:        case "CAN":
19:        case "MEX":
20:            System.out.println("아메리카");
21:            break;
22:    }
23: }
24: }
```

【실행결과】

아시아

소스에 대한 자세한 설명은 다음과 같습니다.

```
04: String nation = "KOR";
```

문자열을 저장하는 nation 변수를 선언하고 "KOR"로 초기화했습니다.

```
06: switch(nation) {
```

nation 변수의 값에 따라 분기하는 switch~case 문을 선언했습니다.

```
07: case "KOR":
08: case "JPN":
09: case "CHN":
10:     System.out.println("아시아");
11:     break;
```

nation 변숫값이 "KOR" 또는 "JPN" 또는 "CHN" 중에 속하면 "아시아"를 출력합니다. break 문을 만날 때까지 계속 실행하는 switch~case 문의 특성을 이용한 예입니다. 만일 위의 코드를 if 문으로 변경하면 어떨까요?

```
if(nation == "KOR" || nation == "JPN" || nation == "CHN") {
    System.out.println("아시아");
}
```

각 case로 분기하는 부분을 OR 연산자로 표현했습니다. 나머지 12~21번 줄의 코드도 같은 맥락으로 이해할 수 있습니다.

3.3. 반복문 : 여러 번 실행하기

이번에는 반복문을 알아볼 차례입니다. 반복문은 같은 명령문을 반복해서 실행할 때 효율적으로 코딩하기 위한 것입니다. 만일 1~10까지의 정수를 출력하는 프로그램을 구현한다면 어떻게 구현할 수 있을까요? 가장 단순하게는 다음처럼 구현할 수 있을 겁니다.

```
System.out.println(1);
System.out.println(2);
System.out.println(3);
...
System.out.println(10);
```

그런데 위와 같은 방식으로 구현하면 1,000까지 출력은 1,000번, 10,000까지 출력은 10,000번 반복해서 작성해야 합니다. 매우 비효율적입니다. 이럴 때 반복문을 사용합니다. 반복문을 사용하면 반복해서 실행할 명령문을 공식화해서 문제를 간략하게 해결할 수 있습니다. 자바에서는 for 문, while 문, do~while 문을 이용하여 반복문을 구현할 수 있습니다.

3.3.1. 반복문의 구성요소

반복문은 수학 공식처럼 반복문을 구성하는 각 요소에 값을 대입하는 방식으로 작성합니다. 반복문을 구성하는 요소는 일반적으로 다음과 같습니다.

- ① **제어 변수**: 반복문을 제어하려는 목적으로 선언하는 변수이며, 보통 초깃값을 함께 지정한다.
- ② **반복 조건식**: 반복 횟수를 결정하는 조건식이다. 보통 제어 변수의 값을 비교함으로써 반복이 끝나는 조건을 완성한다.
- ③ **반복 실행문**: 반복해서 실행할 명령문이다.
- ④ **증감식**: 반복이 끝나는 조건에 도달하도록 제어 변수를 증감한다.

이처럼 네 가지 구성요소를 바탕으로 문법에 맞게 요리조리 배치하고 값을 설정하여 반복문을 작성합니다. 이때 반복문에서 가장 중요한 요소는 반복 횟수이며 이를 결정하는 것은 반복이 끝나는 조건입니다. 반복이 끝나는 조건이란 반복 조건식의 결과가 false일 때를 말합니다. 즉, 제어 변수의 초깃값과 증감식을 고려해 조건식을 어떻게 설정하느냐에 따라 반복 횟수가 결정됩니다.

예를 들어, **1부터 10까지 정수를 모두 출력**하는 프로그램을 작성한다고 가정해봅시다. 반복문을 작성할 때는 먼저 다음 두 가지 질문에 답해야 합니다.

Q1. 무엇을 반복해야 할까요?   답) 출력문

반복문을 작성할 때 첫 번째 질문은 "무엇을 반복할 것인가?"입니다. 우리는 1부터 10까지 정수를 출력해야 하므로 출력문을 반복해야 합니다.

Q2. 몇 번 반복해야 할까요?   답) 10회

반복문을 작성할 때 정확한 반복 횟수를 알 수 없거나 알 필요가 없을 때도 있지만, 어디서부터 어디까지 반복할지는 가늠할 수 있어야 합니다. 우리는 1부터 10까지 정수를 출력해야 하므로 출력문을 정확하게 10번 반복해야 합니다.

이처럼 두 가지 질문에 답을 구했다면 이제 앞에서 설명한 반복문의 네 가지 구성요소를 정의할 수 있습니다.

제어 변수: int i = 1

제어 변수는 단순히 반복문을 제어하려는 목적으로 선언하는 임시 변수입니다. 보통 i라는 이름으로 int 타입 변수를 선언합니다. 변수를 선언한 다음에는 제어 변수를 초기화합니다. 본격적으로 반복이 시작되기 전에 제어 변수의 초깃값을 설정하는 것입니다. 초깃값은 목적에 따라 다양하게 설정할 수 있는데, 보통 반복이 시작되는 첫 번째 값을 설정합니다. 우리는 1~10까지 정수를 출력해야 하므로 1로 초기화하면 좋겠습니다.

이렇게 생각한 이유는 제어 변수의 두 번째 용도 때문입니다. 제어 변수는 반복문을 제어하려는 목적으로 선언하는 변수이지만, 반복해서 실행할 명령에서 특정 연산에 사용할 수도 있습니다. 제어 변수는 반복이 진행되면서 값이 계속 변경되기 때문입니다. 일반적으로 반복문의 구성요소 중 '증감식'에서 제어 변수의 값이 변경됩니다. 이처럼 반복 때마다 제어 변수의 값이 변경되는 특성을 이용해서 '반복 조건식'에서 반복을 끝내는 조건에 도달하도록 하거나, '반복 실행문'에서 특정 연산에 사용할 수 있습니다.

정리하면 제어 변수는 반복문에서 우리가 정한 규칙에 따라 계속 값이 변경되므로 이 값을 이용해 반복 조건식이나 실행문에서 사용할 수 있습니다. 따라서 제어 변수의 초깃값은 증감식과 조건식에서 활용 방안을 고려해서 설정하면 됩니다.

반복 조건식: i <= 10

이 반복문의 목적은 출력문을 10번 반복해서 실행하는 것입니다. 따라서 이 반복문은 10번 돌아야 합니다. 이 말은 10번 반복까지 true가 나오고 11번 째 반복에서 false가 나오는 조건식이 필요하다는 의미입니다. 그런데 앞에서 제어 변수의 초깃값을 1로 설정했습니다. 만일 매번 반복 때마다 제어 변수의 값이 1씩 증가한다고 가정(어라? 증감식이 정해져버렸습니다)한다면, i <= 10과 같은 조건식을 생각할 수 있습니다.

이처럼 반복문의 조건식을 설정할 때는 제어 변수의 초깃값과 증감식을 고려해 원하는 횟수만큼 반복하도록 비교문을 작성합니다. 그리고 원하는 횟수만큼 반복한 다음에는 반드시 조건식이 false가 돼야 합니다. 그래야 반복문이 끝납니다. 그렇지 않으면 컴퓨터가 멈출 때까지 끝 없이 반복합니다. 이러한 현상을 "무한 반복(루프)에 빠졌다"라고 표현합니다. 이와 관련해서는 잠시 후에 다룹니다.

반복 실행문: `System.out.println(i);`

이 반복문의 목적은 1부터 10까지 출력하는 것입니다. 따라서 출력문이 필요합니다. 출력문은 앞에서 배운 System.out.println( ) 메서드를 사용합니다. 그런데 println( ) 메서드에 어떤 값을 전달해야 할까요? 반복할 때마다 1부터 10까지 1씩 증가하는 값을 가지는 변수를 대입하면 될 것 같습니다. 마침 제어 변수가 1부터 10까지 증가하므로 제어 변수 i를 넣으면 되겠습니다. (사실 처음부터 제어 변수를 이렇게 써먹으려고 1로 초기화한 겁니다)

증감식: `i++`

증감식 역시 제어 변수의 초깃값과 조건식에서 어떻게 활용하는지 고려해 설정합니다. 제어 변수의 초깃값을 1로 설정했고 반복 조건식을 i <= 10으로 설정했으므로 1부터 한 번 반복할 때마다 1씩 증가하는 코드가 있어야겠습니다. 따라서 제어 변수 i가 반복할 때마다 1씩 증가하도록 i++로 작성했습니다. 사실 증감식은 앞서 조건식을 생각할 때 미리 머릿속에서 실험해보면서 정해졌습니다.

다음은 위와 같은 조건으로 작성된 반복문 코드입니다.

예제 코드
```
for(int i=1; i<=10; i++){
    System.out.println(i);
}
```

처음에는 이렇게 반복문의 구성요소를 알기가 쉽지 않습니다. 특별히 순서가 있는 게 아니기 때문입니다. 제어 변수 초깃값과 조건식, 증감식 등은 동시에 복합적으로 생각해서 구할 수 있습니다. 여러 번 연습이 필요합니다.

이렇게 구성한 반복문의 실행 순서는 다음과 같습니다.

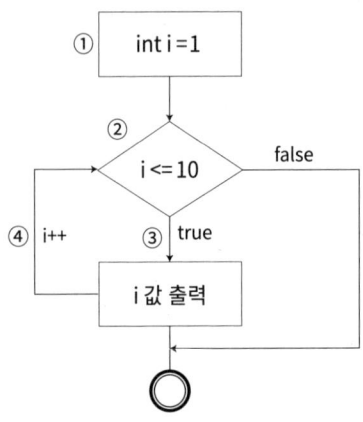

그림 반복문 실행 순서

① 제어 변수 i를 선언하고 초기화했고 ② 반복 조건식을 지정했습니다. 이 조건식의 결과가 true이면 ③ 반복 명령문을 수행합니다. 반복 명령문 실행 후에는 ④ 제어 변수 i의 값을 1만큼 증가합니다. 그러고 나서 다시 ② 조건식을 검사한 후 true이면 반복 실행문을 실행하고, false이면 반복문을 끝내고 이후로 실행 흐름이 넘어갑니다.

반복문은 구성요소와 실행 흐름을 확실하게 알고 넘어가면 좋습니다. 문법 자체보다 원리를 아는 게 더 중요하기 때문입니다. 원리만 제대로 알면 코드를 작성하는 것은 문법에 맞게 배치만 하면 되므로 수월해집니다.

말이 나온 김에 몇 가지 문제를 풀어 보면서 반복문의 구성요소를 확실하게 다져봅시다.

Q1. 10부터 1까지 역순으로 출력하는 반복문을 구성해 보세요.

① 제어 변수: `int i = 10`

② 반복 조건식: `i > 0`

③ 증감식: `i--`

④ 반복 실행문: `System.out.println(i);`

Q2. 1부터 10까지 모든 수를 더해 sum 변수에 저장하는 반복문을 구성해 보세요.

① 제어 변수: `int i = 1`

② 반복 조건식: `i <= 10`

③ 증감식: `i++`

④ 반복 실행문: `sum += i`

Q3. 2부터 10까지 2의 배수를 출력하는 반복문을 구성해 보세요.

① 제어 변수: int i = 2

② 반복 조건식: i <= 10

③ 증감식: i = i + 2

④ 반복 실행문: System.out.println(i);

(1) 무한 반복

앞에서 무한 반복에 대해 살짝 언급했습니다. 반복문의 끝나는 조건이 없어서 계속 반복되는 경우를 의미합니다. 예를 들어 다음의 순서도를 봅시다.

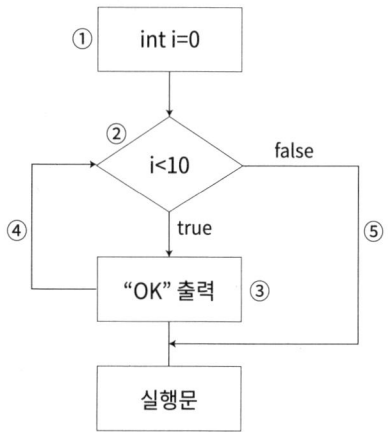

그림 무한 반복 실행 순서

앞에서 본 순서도와 비슷하지만 ④에서 i의 값을 변경하지 않고 있습니다. 즉, 증감식이 생략된 경우입니다. 이런 경우 ② → ③ → ④ 순서의 실행이 끝나지 않고 계속 반복됩니다. 마치 자동차가 일정 거리를 계속해서 반복 유턴하는 것과 같습니다.

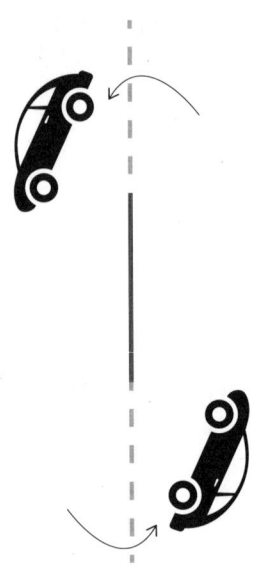

그림 일정 거리를 반복 유턴하는 자동차

이처럼 무한 반복에 빠지면 계속 반복 실행하다가 시스템 자원을 모두 소진하면 컴퓨터도, 반복문도 멈춰버립니다. 끔찍한 상황이 발생할 수 있습니다. 따라서 반복문을 사용할 때는 **반복문을 빠져나올 조건을 꼭 만들어주어야 합니다.** 즉, 적당한 위치에서 차선 변경을 해야 한다는 것입니다.

실행 흐름이 반복문에서 빠져나오게 하려면 반드시 다음 세 가지의 값을 정확하게 지정해야 합니다.

- 제어 변수 선언과 초기화
- 반복 조건식
- 제어 변수 증감식

그런데 놀랍게도 이러한 무한 반복을 일부러 유도할 때도 있습니다. 이와 관련해서는 잠시 후에 다루겠습니다.

(2) 자바 반복문

자바에서 제공하는 반복문은 for, while, do ~ while이 있습니다. 3가지 모두 반복문을 구현할 때 사용하지만, 앞에서 살펴본 네 가지 구성요소의 배치가 다릅니다.

【for 문】

```
for(제어 변수 선언 및 초기화 ; 조건식 ; 증감식) {
    실행문;
}
```

【while 문】

<u>제어 변수 선언 및 초기화</u>;
while(<u>조건식</u>) {
   <u>실행문</u>;
   <u>증감식</u>;
}

【do ~ while 문】

<u>제어 변수 선언 및 초기화</u>;
do {
   <u>실행문</u>;
   <u>증감식</u>;
} while(<u>조건식</u>);

지금까지 원리를 배웠으니 이제 코드를 만날 차례입니다. 세 가지 반복문을 차례로 살펴보겠습니다.

3.3.2. for 문

먼저 for 문을 사용하는 방법은 다음과 같습니다.

【for 문】

for(제어 변수 선언 및 초기화 ; 조건식 ; 증감식) {
   실행문;
}

앞에서 다룬 반복문의 네 가지 구성요소가 모두 들어가 있습니다. 각 구성요소에 대해 더는 설명하지 않아도 될 것 같습니다. 단지, for의 괄호 안에 세미콜론(;)을 구분자로 각 구성요소를 작성하고 중괄호로 블록을 설정해 실행문을 작성한다는 것만 알면 됩니다. 참고로 for 문에서 네 가지 구성요소를 모두 생략해도 문법 오류가 발생하지 않지만, 세미콜론이 하나라도 빠지면 문법 오류가 발생합니다.

바로 이어서 for 문이 실행되는 순서를 살펴보도록 합시다. 그런데 우리는 이미 반복문의 순서도까지 정복하고 왔기 때문에 for 문의 순서를 이해하는 것도 어렵지 않습니다. 이게 다 앞에서 지루한 원리를 짚고 넘어온 덕분입니다. 고진감래라고 해야 할까요? 가벼운 마음으로 다음 그림을 봅시다.

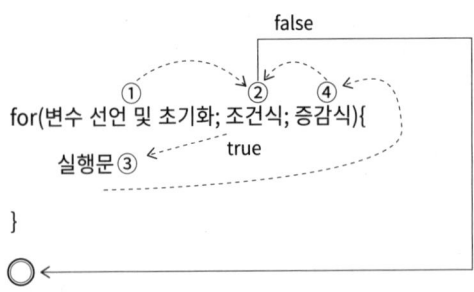

그림 for 반복문 실행 순서

for 문이 실행되는 순서는 다음과 같습니다. 변수 선언은 **한 번**만 실행되고 조건식의 결과가 false가 나올때까지 '조건식 → 실행문 → 증감식'이 반복해서 실행됩니다.

for 문의 예제를 살펴보겠습니다.

```
Test25.java
01: package edu;
02: public class Test25 {
03:     public static void main(String[] args) {
04:         for(int i = 0; i < 10; i++) {
05:             System.out.println(i);
06:         }
07:         System.out.println("OK");
08:     }
09: }
```

【실행결과】

0
1
2
3
4
5
6
7
8
9
OK

소스에 대한 자세한 설명은 다음과 같습니다.

```
04: for(int i = 0; i < 10; i++) {
05:     System.out.println(i);
06: }
```

for 문의 실행 순서에 따라 위의 소스를 분석해 보면 다음과 같습니다.

① int 타입의 i 변수를 선언하고 초깃값으로 0을 지정한다.

② i < 10 조건식을 검사하고 결괏값이 true면 for 문의 { } 블록을 실행하고, false면 for 문의 블록 { }을 빠져나온다.

③ i++ 식을 실행하여 i 변숫값을 1만큼 증가한다.

④ ②~③을 반복해서 실행한다.

3.3.3. 제어 변숫값 변경 과정 추적 : 이클립스에서 디버깅하기

반복문의 실행 흐름 등은 앞에서 충분히 다루었으므로 어렵지 않을 겁니다. 그런데 이론보다 눈으로 직접 확인해보면 이해가 훨씬 빠릅니다. 여기서는 이클립스에서 소스코드를 디버깅하는 방법을 살펴보고 반복문을 제어하는 변숫값이 어떻게 변경되는지 살펴보겠습니다.

디버깅(debugging)이란, 프로그램이 정상적으로 동작하는지 검사하고 오류가 발생한 곳을 찾아 수정하는 작업을 의미합니다. 이클립스에서 디버깅을 하려면 검사할 소스코드를 지정하는 것이 우선입니다. 이것을 중단점(break point)이라고 합니다. 소스코드에 중단점을 지정하는 방법은 검사하려는 코드의 줄 번호 왼쪽 부분을 더블 클릭합니다. 이렇게 중단점을 지정하면 다음 그림처럼 아이콘이 표시되고, 프로그램을 디버깅 모드에서 실행할 때 해당 지점에서 실행이 중단됩니다.

```
Test25.java
 1  package edu;
 2
 3  public class Test25 {
 4
 5      public static void main(String[] args) {
 6          for (int i = 0; i < 10; i++) {
 7              System.out.println(i);
 8          }
 9          System.out.println("OK");
10      }
11  }
```

그림 중단점

중단점을 해제할 때는 중단점 아이콘을 더블 클릭합니다. 중단점을 지정했다면 [Run] → [Debug]를 선택해 디버깅 모드로 전환합니다. 단축키는 ⟨F11⟩입니다.

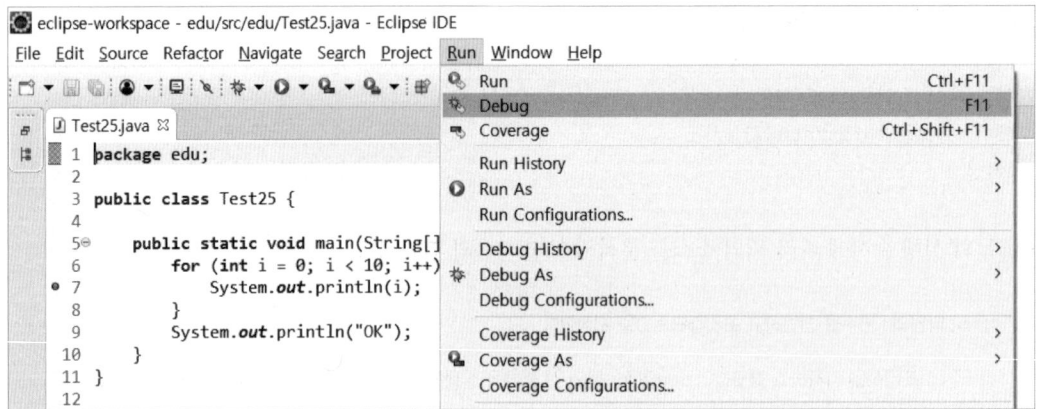

그림 디버깅 메뉴

다음 화면은 현재 편집 모드에서 디버깅 모드로 전환됨을 알려주는 창입니다. 이클립스에서 각 작업 모드 창을 **퍼스팩티브(Perspective)**라고 합니다. 다음 실행 때 알림 창을 보고 싶지 않다면 'Remember my decision'을 체크한 후 〈Yes〉를 누릅니다.

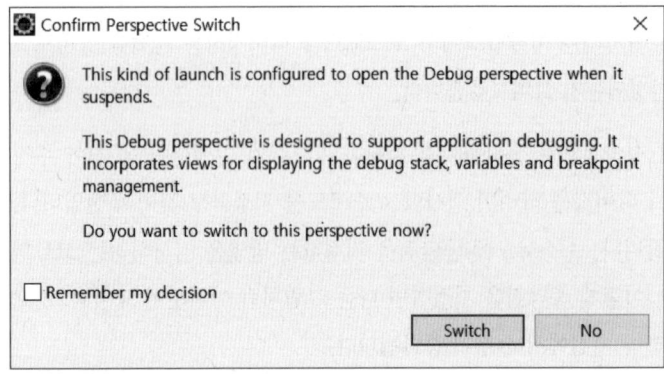

그림 이클립스 퍼스팩티브 전환

다음은 디버그 모드 화면입니다. 현재 중단점이 지정된 곳에서 실행이 멈춰있습니다. 그리고 오른쪽 위에 [Variables] 창에서 해당 시점에 사용하는 변수들의 목록을 확인할 수 있습니다. 변수 i가 있고 값은 0이 저장된 것을 확인할 수 있습니다.

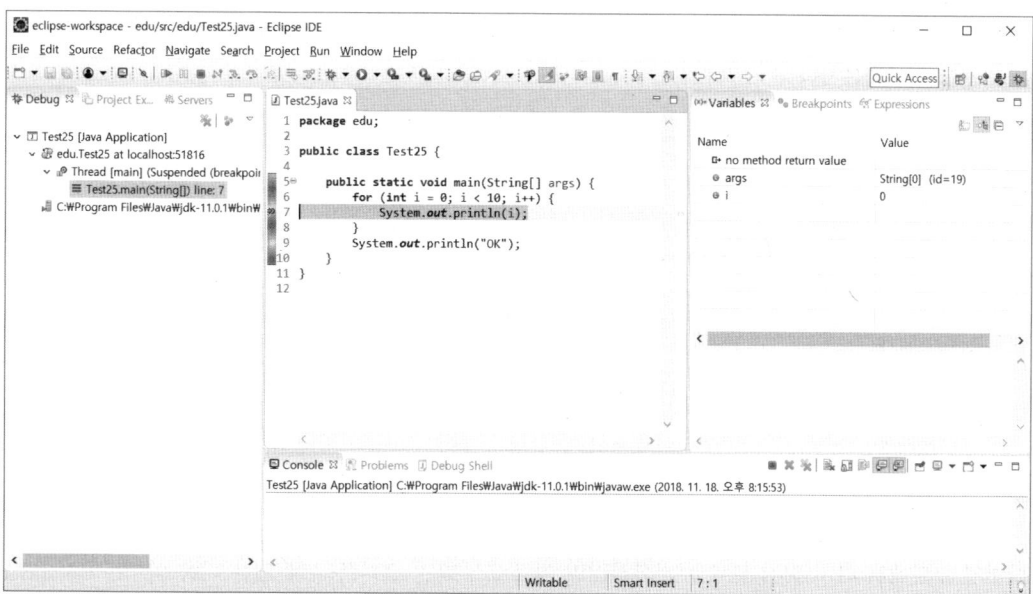

그림 변숫값 확인

현재는 중단점이 지정된 곳에서 실행이 멈춰있습니다. 계속해서 다음 명령문을 실행하려면 〈F8〉을 누릅니다. 현재 중단점이 지정된 명령문은 반복문 안에 있기 때문에 다음 실행문이 실행되는 것입니다. 다음 실행문이 실행되어 콘솔 창에는 i 변숫값 0이 출력되고 i 변숫값은 1로 변경됩니다.

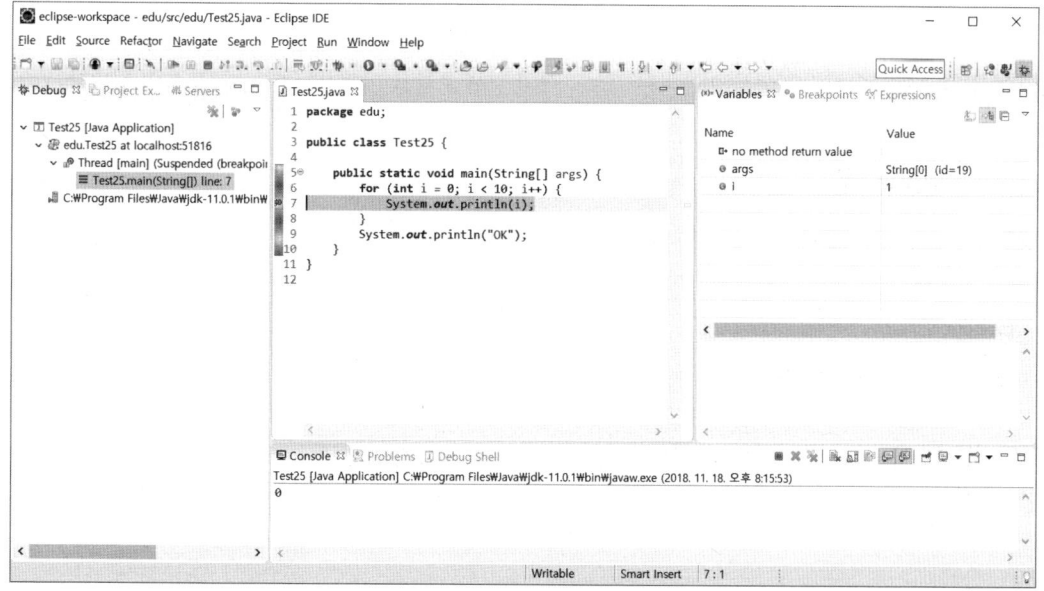

그림 변숫값과 출력값 확인

⟨F8⟩을 누를 때마다 한 단계씩 다음 명령문이 실행됩니다. 콘솔 창에 출력되는 값과 i 변숫값이 변경되는 과정을 확인해봅시다.

그림 변숫값 변경 과정 확인

디버깅 모드에서 다시 편집 모드로 전환하려면 이클립스 화면 오른쪽 위에 있는 다음 아이콘에서 Java 편집 모드 아이콘을 클릭합니다.

그림 편집 모드 아이콘

프로그래밍을 배울 때 변숫값이 어떻게 변하는지 아는 것은 대단히 중요합니다. 변숫값은 메모리에 저장되므로 눈으로 확인할 수가 없어서 프로그래밍을 처음 배우는 분들이 가장 고생하는 부분입니다. 이클립스에서 제공하는 디버깅 기능을 이용하면 프로그램의 실행 흐름을 이해하는 데 많은 도움이 됩니다.

3.3.4. while 문

다음은 while 문을 살펴보겠습니다. 우선 사용하는 방법은 다음과 같습니다.

【while 문】

```
제어 변수 선언 및 초기화;
while(조건식) {
    실행문;
    증감식;
}
```

while 문은 앞서 살펴본 for 문과 구성요소 배치가 조금 다릅니다. 먼저 제어 변수 선언과 초기화가 while 문 시작 전에 있고, while 문 괄호 안에는 조건식만 있습니다. 그리고 증감식은 반복 블록 안에서 실행문 다음에 나옵니다.

while 문이 실행되는 순서는 다음과 같습니다. 변수 선언은 한 번만 실행되고 조건식의 결과가 false가 나올 때까지 '조건식 → 실행문 → 증감식'이 반복되어 실행됩니다.

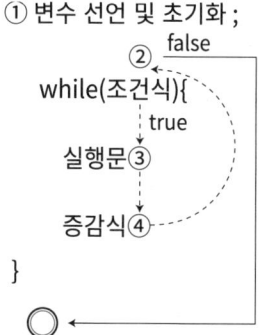

그림 while 문 실행 순서

다음은 while 문을 사용하는 예제입니다.

Test26.java
```
01: package edu;
02: public class Test26 {
03:     public static void main(String[] args) {
04:         int i = 0;                  // 제어 변수 선언 및 초기화
05:         while(i < 10) {             // 조건식
06:             System.out.println(i);  // 실행문
07:             i++;                    // 증감식
08:         }
09:         System.out.println("OK");
10:     }
11: }
```

【실행결과】

```
0
1
2
3
4
5
6
7
8
9
OK
```

while 문을 사용할 때 주의 사항은 반복문의 제어 변숫값을 변경하는 코드가 while 문 블록 안에 있어야 한다는 것입니다.

3.3.5. do~while 문

다음은 while 문의 변형인 do~while 문입니다. 사용하는 방법은 다음과 같습니다.

【do~while 문】
```
변수 선언 및 초기화;
do {
    실행문;
    증감식;
} while(조건식) ;
```

사용 방법을 보면 기존 반복문과 뭔가 구조가 달라 보입니다. 조건식의 위치 때문입니다. 이것이 for 문, while 문과 다른 점입니다. for 문과 while 문은 반복문의 조건식을 먼저 수행하여 반복 블록의 실행 여부를 판단하지만, do~while 문은 반복 블록을 먼저 실행하고 조건식을 검사합니다. 따라서 for와 while 문은 처음에 조건식이 false면 한 번도 실행되지 않을 수 있지만, do~while 문은 조건에 상관없이 무조건 한 번은 실행됩니다. 참고로 do~while 문에서는 조건식 괄호 뒤에 반드시 세미콜론을 입력해야 합니다.

do~while 문이 실행되는 순서는 다음과 같습니다. 제어 변수 선언은 한 번만 실행되고 do 블록의 실행문과 증감식을 실행하고 while 문의 조건식을 검사합니다. 이후로는 조건식의 결과가 false가 나올 때까지 '실행문 → 증감식 → 조건식'이 반복되어 실행됩니다.

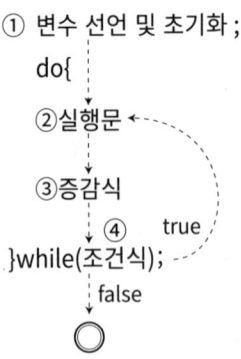

그림 do~while 문 실행 순서

다음은 do~while 문이 for 문, while 문과 다른 점을 확인하기 위한 예제입니다. 각 반복문의 실행 결과를 예측해봅시다.

```java
Test27.java
01: package edu;
02: public class Test27 {
03:     public static void main(String[] args) {
06:         // for 문
07:         for(int i = 10; i < 10; i++) {
08:             System.out.println("for OK");
09:         }
10:         // while 문
11:         int j = 10;
12:         while(j < 10) {
13:             System.out.println("while OK");
14:             j++;
15:         }
16:         // do~while 문
17:         int k = 10;
18:         do {
19:             System.out.println("do-while OK");
20:             k++;
21:         } while(k < 10);
23:     }
25: }
```

【실행결과】

do-while OK

위의 코드에서 for 문과 while 문은 아무것도 출력하지 않습니다. 제어 변수 i와 j의 초깃값이 10이어서 10보다 작을 때 실행하라는 조건식에 만족하지 않기 때문입니다. 그러나 do-while 문은 "do-while OK"가 한 번 출력됩니다. 제어 변수 초깃값과 조건식은 for와 while 문과 똑같이 설정했지만, do~while 문은 반복 블록을 한 번 실행한 후 조건식을 검사하기 때문입니다.

지금까지 명령문을 반복해서 실행할 때 사용하는 for, while, do~while 문을 살펴보았습니다. 이 세 가지 중 어떤 것을 사용해도 상관은 없지만, 각 반복문의 특징이 있는 만큼 목적과 상황에 따라 알맞게 사용하면 됩니다.

3.4. 반복문 제어하기 : 멈추거나 계속 진행하기

이번 절에서는 개발자가 임의로 반복문의 실행 흐름을 제어하는 기법을 알아봅니다. 앞에서 살펴본 반복문에서 중간에 실행을 멈추고 반복문을 벗어나게 하거나 다음 반복으로 이동하게 하는 등 개발자의 의도에 따라 반복문을 제어할 수 있습니다.

3.4.1. 실행을 멈추고 반복문 탈출하기 : break 문

우선 다음 코드의 실행 결과를 예측해봅시다.

```java
while(true) {
  System.out.println("OK");
}
```

반복문을 사용할 때 가장 중요한 것은 반복 횟수입니다. 반복 횟수는 초깃값, 증감식, 조건식에 따라 결정됩니다. 그런데 이 코드는 조건식에 true를 지정했습니다. 조건식의 결과가 참이 나오도록 고정해버린 것입니다. 어떤 의도일까요? 반복문을 무한 반복하겠다는 것입니다. 이 코드를 그대로 실행하면 무한 반복으로 언젠가는 시스템이 뻗어버릴 겁니다.

"누가 이런 바보 같은 코드를 짜겠어"라고 생각할 수 있지만, 특정 상황에 따라 반복문의 실행을 결정하고자 할 때 무한 반복 코드를 사용합니다. 무한 반복은 조건식을 true로 지정해 일단 실행한 후 특정 상황이 발생하면 반복문을 벗어나게 합니다. 이때 반복을 벗어나게 하는 명령문은 **break**입니다.

이전에 switch~case 문에서 break 문을 사용해봤습니다. switch~case 문에서는 break 문을 만나면 switch~case 문을 종료한 후 블록을 벗어나 다음 명령문으로 이동하였습니다. 반복문에서의 break 문도 똑같습니다. 반복문에서 break 문을 만나면 break 문이 속한 반복문을 종료한 후 다음 명령문으로 이동합니다.

다음은 break 문을 사용해서 반복문을 제어하는 예제입니다.

Test28.java
```java
01: package edu;
02: public class Test28 {
03:   public static void main(String[] args) {
04:     int cnt = 0;
05:     while(true) {
06:       System.out.println("OK");
07:       cnt = cnt + 2;
08:       if(cnt == 10) {
09:         break;
```

```
10:        }
11:      }
12:    }
13: }
```

【실행결과】

```
OK
OK
OK
OK
OK
```

소스에 대한 자세한 설명은 다음과 같습니다.

```
07: cnt = cnt + 2;
08: if(cnt == 10) {
09:   break;
10: }
```

07번 줄에서 변수 cnt의 값이 반복문을 실행할 때마다 2씩 증가합니다. 그리고 cnt 값이 10인지 검사해서 만일 참이면 break 문으로 반복문을 빠져나옵니다. 반복문에서 break 문은 단독으로 사용하는 경우는 거의 없고 대부분 조건문과 함께 사용합니다. 조건문으로 중도에 반복문을 빠져나오는 특정 상황을 연출할 때 break 문을 사용합니다.

3.4.2. 그다음 조건으로 계속 실행하기 : continue 문

반복문의 블록 { }에는 반복해서 실행할 명령문들이 있습니다. 그런데 이 블록의 명령들을 반복할 때마다 모두 실행해야만 하는 것은 아닙니다. 조건에 따라 어떤 명령문은 생략하게 할 수도 있습니다. 이때 사용하는 명령문이 continue입니다.

다음 코드의 실행 결과를 예측해봅시다.

```
for(int i = 0; i < 10; i++) {
  if((i % 2) == 0) continue;
  System.out.println(i);
}
```

위 코드의 반복문은 i가 0부터 10보다 작을 때까지 i를 1씩 증가하면서 실행됩니다. 즉 i 값이 0, 1, 2, 3, 4, 5, 6, 7, 8, 9일 때만 실행됩니다.

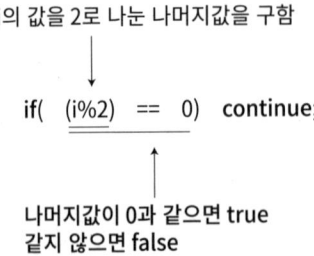

i의 값을 2로 나눈 나머지값을 구함

if((i%2) == 0) continue;

나머지값이 0과 같으면 true
같지 않으면 false

그림 if 문에서 continue 문 사용

그리고 두 번째 줄에 있는 if 문의 조건식은 i 값을 2로 나눈 나머지 값이 0이면 true입니다. 어떤 수를 2로 나눈 나머지 값이 0이라는 것은 짝수를 의미하므로 i가 짝수이면 continue 문을 만납니다. 그러면 continue 문은 반복문 블록 { }에서 이후 명령문을 더는 실행하지 않고 다음 반복문의 실행 절차를 수행합니다.

```
for (int i = 0; i < 10; i++) {      ②    ①
    if((i%2) == 0)  continue;
    System.out.println(i);
}
```

그림 for 문에서 continue 문 사용

결국 실행 결과는 i가 0부터 9 사이의 홀수일 때만 출력문이 실행됩니다.

Test29.java
```java
01: package edu;
02: public class Test29 {
03:     public static void main(String[] args) {
04:         for(int i = 0; i < 10; i++) {
05:             if((i % 2) == 0) continue;
06:             System.out.println(i);
07:         }
08:     }
09: }
```

【실행결과】

1
3
5
7
9

3.5. 제어문 중첩하기

이번 절에서는 앞에서 다룬 제어문을 중첩해서 사용하는 방법을 다룹니다. 제어문은 프로그램의 실행 흐름을 분기하거나 반복하는 구문이라고 배웠습니다. 그런데 조건문 안에 또 다른 조건문을 넣거나 반복문 안에 또 다른 반복문을 넣어서 중첩할 수 있습니다. 또는 조건문 안에 반복문을 넣거나 반복문 안에 조건문 등을 넣어서 사용할 수도 있습니다. 이러한 중첩 기법은 프로그램의 목적에 맞게 실행 흐름을 세분할 때 자주 사용합니다.

3.5.1. if 문 중첩

if 문은 조건에 따라 실행이 결정되는 구문입니다. 그런데 if 문의 실행문에서 다시 if 문을 사용할 수도 있습니다. 즉, 다음 구조처럼 if 문 안에 if 문을 사용하는 것입니다.

【중첩 if 문】

```
if(조건식1) {
   if(조건식2) {
   }
}
```

이러한 구조를 중첩 if 문이라고 합니다. if 문은 논리만 맞다면 몇 개든지 중첩해서 사용할 수 있습니다. 예제를 통해서 살펴보겠습니다. 다음은 숫자 6이 2의 배수인지 3의 배수인지 알아보는 예제입니다.

Test30.java
```
01: package edu;
02: public class Test30 {
03:    public static void main(String[] args) {
04:       int i = 6;
05:       if((i % 2) == 0) {
06:          System.out.println(i + "은 2의 배수입니다");
07:          if((i % 3) == 0) {
08:             System.out.println(i + "은 3의 배수입니다");
09:          }
10:       }
11:    }
12: }
```

【실행결과】

6은 2의 배수입니다
6은 3의 배수입니다

소스에 대한 자세한 설명은 다음과 같습니다.

```
05: if((i % 2) == 0) {
```

먼저 05번 줄에서 i 변숫값을 2로 나눈 나머지 값이 0인지 검사합니다. 결괏값이 true라면 2로 나누어떨어지는 것이므로 이는 곧 짝수 또는 2의 배수라는 의미입니다. 이제 i 변숫값이 2의 배수일 때 실행할 내용을 05번 줄의 if 문 블록에 포함합니다.

```
06:   System.out.println(i + "은 2의 배수입니다");
07:   if((i % 3) == 0) {
08:     System.out.println(i + "은 3의 배수입니다");
09:   }
```

06~09번 줄은 첫 번째 조건식인 (i % 2) == 0이 true일 때만 실행됩니다. 07번 줄에서는 두 번째 조건식으로 i 변숫값을 3으로 나눈 나머지 값이 0인지 검사합니다. 결과가 true라면 3의 배수를 의미합니다. 결국, 전체 블록에서 가장 안쪽에 작성한 08번 줄은 첫 번째와 두 번째 if 문이 모두 true일 때만 실행되므로, i 변숫값이 2의 배수이면서 동시에 3의 배수일 때만 실행됩니다. 참고로 06, 08번 줄의 System.out.println() 메서드에서 다른 타입의 데이터를 순서대로 출력할 때는 타입과 타입 사이에 '+' 기호로 연결합니다.

이처럼 if 문을 중첩하면 첫 번째 조건식의 검사 결과에 따라 두 번째 조건식을 검사할지가 결정됩니다. 만일 첫 번째 조건식이 거짓이면 두 번째 조건식은 검사조차 하지 않고, 참이면 두 번째 조건식도 검사해서 이후 실행문을 실행할지 결정합니다.

3.5.2. 반복문 중첩

반복문 역시 다음처럼 중첩해서 사용할 수 있습니다. for 문, while 문, do~while 문 중 어떤 것을 중첩해도 무방합니다.

```
for( … ) {
  for( … ) {
  }
}
```

반복문을 중첩해서 사용할 때는 반복 횟수에 주의해야 합니다. 중첩된 반복문에서 반복 횟수는 다음과 같습니다.

"바깥쪽 반복문 횟수 × 안쪽 반복문 횟수"

예를 들어 for 문이 중첩된 다음 코드를 보고 반복문의 실행 횟수를 생각해봅시다.

```
for(int i = 2; i < 10; i++) {
  for(int j = 1; j < 10; j++) {
    System.out.println(i + "*" + j + "=" + (i * j));    // ①
  }
  System.out.println("\n");    // ②
}
```

Q. 바깥쪽 반복문은 몇 번 반복할까요? 　　　　　답) 8번

바깥쪽 반복문은 제어 변수 i가 2부터 10보다 작을 때까지 1씩 증가하면서 반복하므로 총 8번 반복합니다.

Q. 안쪽 반복문은 몇 번 반복할까요? 　　　　　답) 9번

안쪽 반복문은 제어 변수 j가 1부터 10보다 작을 때까지 1씩 증가하면서 반복하므로 총 9번 반복합니다.

Q. ①번 출력문은 몇 번 실행될까요? 　　　　　답) 72번

①번 출력문은 안쪽 반복문 블록에 포함되어 있습니다. 따라서 바깥쪽 반복문의 반복 횟수와 안쪽 반복문의 반복 횟수를 곱한 수만큼 반복해서 실행됩니다. 즉, 바깥쪽 반복문이 8번, 안쪽 반복문이 9번 반복되므로 총 72(8 × 9)번 실행됩니다.

Q. ②번 출력문은 몇 번 실행될까요? 　　　　　답) 8번

②번 출력문은 바깥쪽 반복문 블록에 포함되어 있습니다. 따라서 바깥쪽 반복문의 반복 횟수만큼만 반복해서 실행됩니다. 즉, 8번 실행됩니다. 참고로 출력문에서 "\n"은 줄 바꿈을 의미하는 코드로 콘솔에서 그다음 출력문을 새 줄에 출력합니다.

우리는 반복문이 중첩되었을 때 반복 횟수를 알고자 for 문이 중첩된 코드를 살펴보았습니다. 이처럼 주어진 코드를 가지고 반복 횟수를 알아보는 것도 좋지만, 진짜는 주어진 문제를 자바 코드로 직접 풀어낼 수 있어야 합니다. 코드를 보고 분석하는 것보다 직접 코드를 작성하는 것이 훨씬 더 어렵습니다. 그렇지만 실행 순서만 정확하게 알고 있다면 겁낼 필요도 없습니다. 문법 자체보다 실행 순서를 생각하면서 프로그래밍하는 연습을 해야 합니다.

중첩된 반복문에서 실행 순서를 알려면 제어 변수가 어떻게 변경되는지 추적해보면 됩니다. 앞의 예제 코드에서 제어 변수 i와 j가 어떤 값으로 변경되는지 알아보면 다음과 같습니다. 다음은 한 번 반복될 때마다 제어 변수 i와 j 값의 쌍을 표시한 것입니다.

[i, j]
[2, 1], [2, 2], [2, 3], [2, 4], [2, 5], [2, 6], [2, 7], [2, 8], [2, 9]
[3, 1], [3, 2], [3, 3], [3, 4], [3, 5], [3, 6], [3, 7], [3, 8], [3, 9]
[4, 1], [4, 2], [4, 3], [4, 4], [4, 5], [4, 6], [4, 7], [4, 8], [4, 9]
[5, 1], [5, 2], [5, 3], [5, 4], [5, 5], [5, 6], [5, 7], [5, 8], [5, 9]

[6, 1], [6, 2], [6, 3], [6, 4], [6, 5], [6, 6], [6, 7], [6, 8], [6, 9]
[7, 1], [7, 2], [7, 3], [7, 4], [7, 5], [7, 6], [7, 7], [7, 8], [7, 9]
[8, 1], [8, 2], [8, 3], [8, 4], [8, 5], [8, 6], [8, 7], [8, 8], [8, 9]
[9, 1], [9, 2], [9, 3], [9, 4], [9, 5], [9, 6], [9, 7], [9, 8], [9, 9]

제어 변수 i가 1씩 증가할 때마다 제어 변수 j가 1에서 9까지 변경되는 것을 알 수 있습니다. 이렇게 총 72개의 쌍이 나옵니다. 이렇게 나오는 이유는 중첩된 for 문에서 소괄호 안에 지정한 조건 때문입니다. 분석해봅시다.

```
for(int i = 2; i < 10; i++) {
         ①        ②       ⑧
   for(int j = 1; j < 10; j++) {
            ③        ④       ⑥
      실행문1
         ⑤
   }
   실행문2
      ⑦
}
```

중첩된 반복문의 실행 순서는 먼저 첫 번째 반복문에서 제어 변수 선언과 초기화(①) 후 조건식 (②)이 참이면 안쪽 반복문을 진행합니다. 안쪽 반복문이 계속 실행되다가 제어 변수 j가 10이 되어 반복을 종료하면 바깥쪽 반복문에 포함된 실행문(⑦)이 실행되고, 다시 안쪽 반복문에서 증감식(⑧)을 실행 후 조건 (②)을 검사합니다. 그다음 다시 안쪽 반복문으로 진입해서 제어 변수 j를 1로 초기화(③)하고 다시 1부터 10보다 작을 때까지 반복합니다. 이렇게 안쪽 반복문의 제어 변수 i가 10이되면 비로서 모든 반복문을 종료합니다.

다음 예제를 작성한 후 결과를 확인합니다.

Test31.java

```java
01: package edu;
02: public class Test31 {
03:     public static void main(String[] args) {
04:         for(int i = 2; i < 10; i++) {
05:             for(int j = 1; j < 10; j++) {
06:                 System.out.println(i + "*" + j + "=" + (i * j));
07:             }
08:             System.out.println("\n"); // 한 줄 바꿈
09:         }
10:     }
11: }
```

【실행결과】

2*1=2
2*2=4
2*3=6
2*4=8
2*5=10
2*6=12
2*7=14
2*8=16
2*9=18

3*1=3
…생략…

위의 예제에서 i와 j 변숫값이 변경되는 것을 디버깅 모드에서 확인해 보겠습니다. 06번 줄에서 더블 클릭하여 중단점을 지정합니다.

```
package edu;
public class Test31 {
    public static void main(String[] args) {
        for (int i = 2; i < 10; i++) {
            for (int j = 1; j < 10; j++) {
                System.out.println(i + "*" + j + "=" + (i * j));
            }
            System.out.println("\n"); // 한 줄 바꿈
        }
    }
}
```

그림 중단점 지정

〈F11〉을 눌러 디버깅 모드로 전환합니다. 〈F8〉을 누르면서 변수 창에서 i와 j 변숫값이 변경되는 것을 확인합니다.

Name	Value
no method return value	
args	String[0] (id=19)
i	2
j	1

그림 변숫값 추적

04

배열 : 데이터 나열하기

이번 장에서는 데이터를 효율적으로 처리할 수 있는 배열에 대해 다룹니다. 프로그램이 실행되는 동안 계속 사용되는 데이터는 메모리에 저장해서 유지합니다. 이 메모리에 접근해서 값을 가져오거나 수정하는 일은 빈번하게 발생합니다. 그래서 메모리에 저장된 값을 효율적으로 저장하고 사용하는 방법이 있어야 합니다. 이번 장에서는 그러한 방법 중 하나인 배열을 다룹니다. 배열은 같은 타입의 데이터를 메모리의 연속된 공간에 저장하는 특징이 있습니다.

4.1. 배열, 무엇일까요? 왜 필요할까요?

저는 얼마 전 창덕궁 근처의 집을 주소만 가지고 찾아가야 했습니다. 그런데 창덕궁 근처는 집들이 번지수 순서로 나열되어 있지 않아서 30분을 넘게 헤맸습니다. 예를 들어, 184번지 다음이 185번지로 기대했는데 175번지였던 것입니다! 만일 아파트처럼 동과 호수가 순서대로 배치되어 있었다면 그렇게 헤매지 않았을 겁니다.

우리가 프로그래밍할 때도 마찬가지로 데이터가 일정한 규칙을 가지고 차례로 나열되어 있다면 원하는 데이터에 쉽게 접근할 수 있을 겁니다. 예를 들어, 다음 그림은 변수가 아무런 규칙 없이 메모리 여기저기에 만들어진 모습입니다.

그림 아무렇게나 나열된 변수

서로 값은 다르지만 같은 종류의 데이터를 각기 다른 이름으로 3개 저장한 모습입니다. 만약, 이러한 변수를 100개 선언해야 한다면 어떨까요? 벌써 머리가 아프지요? 변수 이름을 모두 다르게 짓는 것부터 어려울 것 같습니다. 게다가 변수끼리 서로 연결성도 없어서 모든 변수에 차례로 접근하기란(프로그래밍에서 그러한 일은 자주 있습니다) 거의 불가능할지도 모릅니다.

그런데 다음 그림처럼 세 변수가 나란히 인접해 있다면 어떨까요?

```
        a   b   c
       10   3   8


                          memory
```

그림 차례대로 나열된 변수

a, b, c 각각의 주소를 몰라도 "a 다음 b, 그다음 c가 있구나"라고 생각할 수 있습니다. 즉, 변수 묶음이 시작되는 위치만 알면 이를 기준으로 상대적인 위치 정보를 이용해 묶음에 속한 나머지 변수들에 접근할 수 있는 것입니다. 따라서 변수마다 이름을 지을 필요도 없고, 변수들이 나란히 인접해 있으므로 차례로 접근하기도 쉽습니다. 이것이 바로 배열(array)입니다.

배열(array)은 같은 타입의 데이터가 메모리에 연속해서 저장된 구조입니다. 여기서 "같은 타입의 데이터"라고 제한한 이유는 앞서 이야기한 상대적인 위치를 특정하기 위해서입니다. 만약, 집마다 간격이 모두 달라서 어떤 집은 4미터, 어떤 집은 8미터 떨어져 있다면 상대적인 위치, 즉 얼마만큼 떨어져 있는지를 특정하기 어려울 겁니다. 반면에 집마다 4미터씩 일정하게 나열되었다면 "4미터 가면 다음 집, 8미터 가면 그다음 집" 등으로 현재 위치에서 몇 미터를 갔을 때 몇 번째 집이 나오는지 금방 알 수 있습니다.

> **? 타입이 같은 데이터 그룹**
>
> 사실 데이터 타입은 컴퓨터가 데이터를 해석하는 방법이라고 할 수 있습니다. 여기서 해석 방법이란, 어떤 길이의 데이터를 어떻게 처리하라는 명세와 같습니다. 컴퓨터를 일종의 계산기라고 할 때 같은 연산이라도 데이터 타입에 따라 계산 방법이 달라지는 것입니다. 배열은 이렇게 계산 방법이 같은 데이터끼리 나열해놓고 다루기 편하게 하려고 만들어 놓은 자료 구조입니다.

어떤 데이터가 이처럼 배열로 나열되어 있다면 우리는 두 가지 정보만으로 모든 데이터에 접근할 수 있습니다. 하나는 기준이 되는 시작 주소이고, 둘은 데이터가 나열된 순번을 나타내는 위치 정보입니다. 배열에서 이 둘은 각각 '배열 이름'과 '인덱스'로 나타냅니다.

- **배열 이름**: 배열의 시작 주소
- **인덱스**: 순번을 나타내는 위치 정보

배열로 묶인 데이터 집합에서 각 데이터에 접근하려면 먼저 배열의 시작 주소를 알아야 합니다. 이 주소를 기준으로 나머지 데이터의 위치를 알 수 있는 것입니다. 이때 배열에서 데이터가 나열된 순번은 인덱스(index)라는 번호로 나타내는데, 이건 우리가 정하는 게 아니라 0부터 시작해 배열의 크기(정확히는 크기 -1)만큼 정해져 있습니다.

배열에 관한 기본 개념은 여기까지입니다. 당장은 이러한 내용이 잘 이해되지 않더라도 괜찮습니다. 잠시 후 소스코드와 그림으로 하나씩 자세하게 설명합니다. 이번 장을 모두 마치고 앞의 내용을 다시 읽어 보면 이해가 훨씬 잘 될 것입니다.

4.2. 배열 기본기를 다져보아요

이제 자바 코드로 배열을 어떻게 구현하는지 알아봅시다. 여기서는 다음 세 가지 단계에 걸쳐 자세하게 알아봅시다.

① 배열을 메모리에 생성한다.
② 생성된 배열의 시작 주소를 변수에 저장한다.
③ 인덱스를 이용해 각 요소에 접근한다.

4.2.1. 배열 생성하기

배열을 생성할 때는 new 연산자 다음에 데이터 타입을 적고 이어서 배열의 길이를 나타내는 요소 수를 대괄호 [ ]로 묶어서 지정합니다. 여기서 요소(element)란 배열에 속한 각 데이터를 의미합니다.

【배열 생성】

`new 데이터 타입[요소 수];`

예를 들어 int 타입의 데이터를 5개 저장할 수 있는 배열을 만드는 코드는 다음과 같습니다.

`new int[5];`

컴퓨터는 new라는 자바 코드를 만나면 메모리에 저장 공간을 마련하려고 준비합니다. 이어서 int[5]라는 코드를 해석해 int 타입의 데이터가 들어갈 수 있는 공간 5개를 만듭니다. 우리가 앞에서 알아본 바와 같이 int 타입의 크기는 4바이트이므로 4바이트씩 5개, 총 20바이트의 공간을 마련합니다.

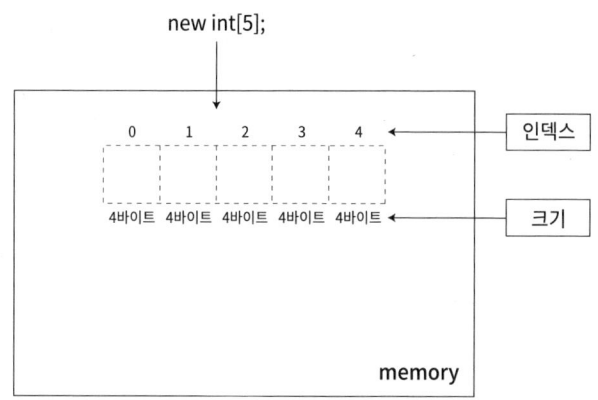

그림 메모리에 new int[5] 배열이 생성된 모습

우리는 앞에서 순번을 나타내는 위치 정보를 인덱스라고 배웠습니다. 배열을 생성할 때 배열의 인덱스는 무조건 0부터 시작합니다. 그리고 요소 수에서 1만큼 적은 수까지로 정해집니다. 즉, int[5] 코드로 생성되는 배열은 차례로 [0], [1], [2], [3], [4]의 인덱스를 가집니다. 이 인덱스 번호를 이용해 배열에서 특정 위치의 요소에 접근할 수 있습니다.

4.2.2. 배열에 이름 붙이기

메모리에 배열이 생성됐지만 우리가 어떻게 접근할 수 있을까요? 컴퓨터가 메모리 어디에다 저장했는지 알 수 없으니 생성만 하고서는 이용할 수 없습니다. 앞에서 우리가 변수를 이용할 때 변수 이름을 이용했듯이 배열에도 이름을 붙여주면 됩니다.

배열에 이름을 붙여주려면 변수를 선언해서 배열의 시작 주소를 담으면 됩니다. 앞에서 알아본 바와 같이 배열의 시작 주소만 알면 인덱스 번호(상대적인 위치)를 이용해 각 요소에 접근할 수 있습니다.

자, 그럼 배열의 주소를 담을 변수를 선언하는 방법입니다. 이 책에서는 이러한 변수를 다른 변수와 구분하기 쉽게 '배열 변수'라고 부르기로 하겠습니다.

【배열 변수 선언】

<u>데이터 타입</u>[ ] <u>변수명</u>;   또는   <u>데이터 타입 변수명</u>[ ]

배열 변수 선언문에서 대괄호 [ ]는 배열의 주소를 저장할 수 있음을 나타내는 기호입니다. [ ] 기호는 데이터 타입 다음에 작성해도 되고, 변수명 다음에 작성해도 됩니다. 예를 들어 int 타입 배열의 시작 주소를 배열 변수에 저장할 때는 다음처럼 작성합니다.

```
int[] arr = new int[5];
```

이렇게 하면 메모리 어딘가에 arr이라는 이름이 붙은 공간이 새로 생깁니다. 그리고 그곳에는 new int[5]로 생성한 배열의 시작 주소가 들어가게 됩니다. 이후에 코드에서 arr을 만나면 우리가 생성한 배열의 시작 위치를 나타냅니다.

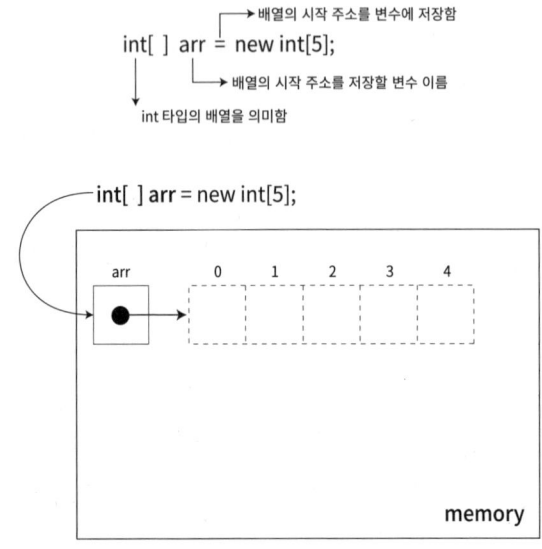

그림 배열 선언과 메모리 구조

4.2.3. 배열에 값을 넣거나 가져오기

배열을 생성해서 이름까지 붙여줬습니다. 이제 사용만 하면 됩니다. 배열을 사용할 때는 배열의 이름과 인덱스를 이용해서 각 요소에 접근합니다.

【배열에 접근】

<u>배열 변수명[인덱스]</u>

예를 들어 다음 코드는 arr 배열의 1번 인덱스에 있는 요소를 나타냅니다.

```
arr[1];
```

앞에서 new int[5] 코드로 배열을 생성해 arr 변수에 저장했습니다. 따라서 위의 코드는 'arr'이라는 변수가 참조하는 배열에서 1번 인덱스에 있는 요소(값)를 가져옵니다.

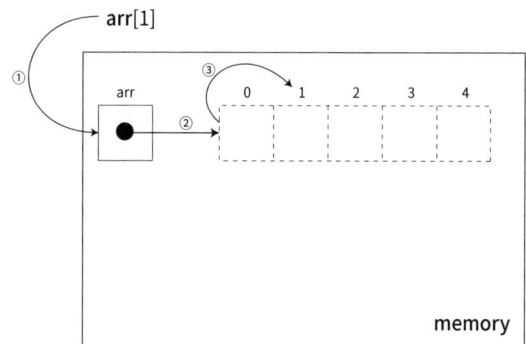

그림 arr 배열의 1번 인덱스 참조

그럼 다음 코드는 어떤 의미일까요?

```
arr[1] = 123;
int num = int[1];
```

네, arr 배열의 1번지에 123이라는 숫자를 대입하라는 의미입니다. 그리고 다시 arr 배열 1번지에 있는 값을 가져와서 num 변수에 대입하라는 의미입니다. 결국, num 변수에는 123이 저장됩니다.

배열을 사용하는 예제를 작성해 보겠습니다.

Test32.java
```
01: package edu;
02: public class Test32 {
03:     public static void main(String[] args) {
04:         int[] arr = new int[5];
05:         arr[0] = 10;   // arr의 0번지에 10 저장
06:         arr[1] = 20;   // arr의 1번지에 20 저장
07:         arr[2] = 30;   // arr의 2번지에 30 저장
08:         arr[3] = 40;   // arr의 3번지에 40 저장
09:         arr[4] = 50;   // arr의 4번지에 50 저장
10:
11:         System.out.println(arr[0]);  // arr의 0번지 값 출력
12:         System.out.println(arr[1]);  // arr의 1번지 값 출력
13:         System.out.println(arr[2]);  // arr의 2번지 값 출력
14:         System.out.println(arr[3]);  // arr의 3번지 값 출력
15:         System.out.println(arr[4]);  // arr의 4번지 값 출력
16:     }
17: }
```

【실행결과】

10
20
30
40
50

소스 코드에 대한 자세한 설명은 다음과 같습니다.

```
04: int[] arr = new int[5];
```

메모리에 int 타입의 값을 5개 저장할 수 있는 배열을 생성하고 배열의 시작 주소를 arr 변수에 저장합니다.

```
05: arr[0] = 10;   // arr의 0번지에 10을 저장함
06: arr[1] = 20;   // arr의 1번지에 20을 저장함
07: arr[2] = 30;   // arr의 2번지에 30을 저장함
08: arr[3] = 40;   // arr의 3번지에 40을 저장함
09: arr[4] = 50;   // arr의 4번지에 50을 저장함
```

05 ~ 09번 줄까지 명령문이 실행되었을 때 메모리 구조는 다음과 같습니다.

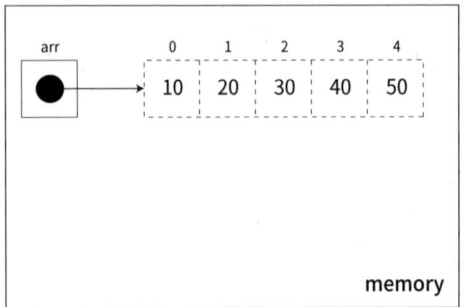

그림 Test32.java 실행 후 메모리 구조

4.2.4. 배열 초기화하기

일반적으로 초기화란 변수를 선언하면서 동시에 처음 값을 지정하는 것을 말합니다. 그런데 new 연산자로 생성한 배열은 자동으로 초기화가 이루어집니다.

앞에서 자바의 데이터 타입은 크게 기본 타입과 참조 타입으로 나뉜다고 했습니다. 그중 기본 타입은 byte, short, int, long, float, double, boolean, char입니다. 만약, new 연산자로 배열을 생성할 때 기본 타입으로 생성하면 모든 요소가 0으로 자동 초기화됩니다. 이때 boolean은 0을 저장할 수 없으므로 false로 초기화됩니다.

이 여덟 가지를 제외하고 나머지는 모두 메모리 주소를 저장하는 참조 타입입니다. 참조 타입으로 생성한 배열은 모두 null로 초기화됩니다. null은 자바의 키워드 중 하나로서 아무 값도 저장되지 않았음을 의미합니다.

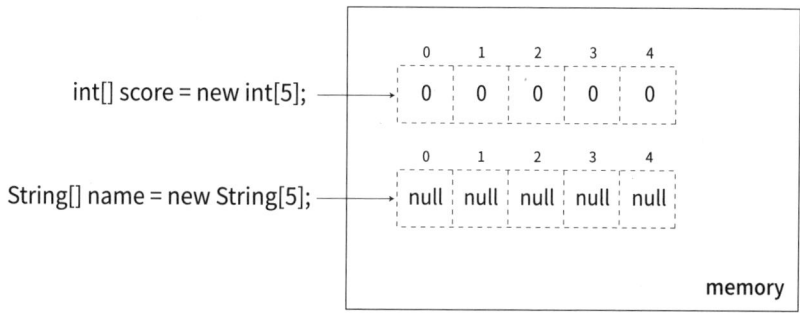

그림 배열의 초기화

그런데 이러한 기본 초깃값 말고 우리가 특정한 값으로 초기화하는 방법은 없을까요? 두 가지 형태가 있습니다. 첫 번째는 다음처럼 배열의 인덱스를 사용하여 값을 하나씩 저장하는 방법입니다. 이미 기본 초깃값으로 초기화된 값에 덮어쓰는 것입니다.

```
int[] score = new int[5];
score[0] = 90;
score[1] = 85;
score[2] = 78;
score[3] = 100;
score[4] = 98;
```

두 번째는 배열을 생성할 때 초깃값을 지정해서 배열 생성과 초기화를 동시에 진행하는 방법입니다.

```
int[] score = {90, 85, 78, 100, 98};
char[] alphabet = {'a', 'b', 'c', 'd'};
String[] name = {"김푸름", "김하늘", "오정임"};
```

첫 번째 방법보다 두 번째 방법을 더 많이 사용합니다. 두 번째 방법은 배열을 생성하는 new int[5]와 같은 코드가 생략됩니다. 대신 블록 { }으로 각 요소의 초깃값을 나열하고 곧바로 타입별 배열 변수에 대입했습니다. 이렇게 하면 블록 { }에 지정한 초깃값만큼의 배열이 생성되고 각 요소에 해당 초깃값이 저장됩니다. 그리고 배열 생성과 초기화가 완료된 다음에는 배열의 시작 주소가 배열 변수에 저장됩니다.

```
int[ ] score = { 90, 85, 78, 100, 98 };
```

```
         0    1    2    3    4
        90   85   78  100   98

                                    memory
```

그림 배열의 시작 주소 참조

그런데 첫 번째 방법과 두 번째 방법을 살짝 섞어서 다음 코드는 어떨까요?

```
int[] score;
score = {90, 85, 78, 100, 98};    ← 에러!
```

네, 이건 허용하지 않습니다. 왜냐하면 메모리에 배열이 생성되지 않았기 때문입니다. 만약 이렇게 하려면 다음 코드처럼 new 연산자를 이용해야 합니다.

```
int[] score;
score = new int[] {90, 85, 78, 100, 98};    ← 성공!
```

앞에서 배운 것처럼 배열을 생성할 때 사용하는 형식을 써주고 초깃값 목록으로 초기화해주면 해당 배열이 생성돼서 시작 주소가 score 변수에 대입됩니다.

배열을 초깃값 목록으로 생성하는 예제를 작성해 보겠습니다.

Test33.java
```
01: package edu;
02: public class Test33 {
03:    public static void main(String[] args) {
04:       int[] arr = {10, 20, 30, 40, 50};
05:
06:       System.out.println(arr[0]);
07:       System.out.println(arr[1]);
08:       System.out.println(arr[2]);
09:       System.out.println(arr[3]);
10:       System.out.println(arr[4]);
11:    }
12: }
```

실행 결과는 앞에서와 같습니다. 04번 줄에서 배열을 생성할 때 초깃값 목록을 이용하니 Test32.java 예제와 비교해 코드가 줄었습니다. 더 깔끔해 보입니다. :)

> **? 배열의 길이를 변경할 수 있나요?**
>
> 만약, new int[5]로 생성한 배열의 길이를 30이나 10 등으로 줄이거나 늘릴 수 있을까요? 그것은 허용하지 않습니다. 만약, 배열의 길이를 10으로 늘리려면 길이가 10인 배열을 새로 만들어서 길이가 5인 배열에 있던 요소를 복사해서 사용해야 합니다.

4.2.5. 배열의 길이 구하기: length

우리가 배열을 사용하면서 배열의 길이 값이 필요할 때가 종종 있습니다. 이럴 때 사용할 수 있는 내장 변수 length를 소개합니다. 내장 변수란, 우리가 생성하는 변수가 아니라 프로그램이 실행될 때 자동으로 만들어지는 변수를 말합니다. 특히, length는 메모리에 배열이 생성될 때마다 자동으로 선언되는 변수로서 배열의 길이 정보가 int 타입으로 저장되어 있습니다.

앞에서 우리가 작성한 Test33.java 예제를 실행하면 메모리에는 int 타입의 데이터를 5개 저장할 수 있는 배열이 생성되고 초기화가 이루어집니다. 그러면 length 변수가 선언되고 그곳에 배열의 길이 5가 저장됩니다. 이 모든 게 코드 한 줄이면 자동으로 이뤄지는 것입니다.

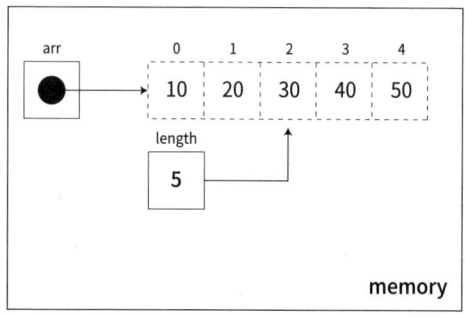

그림 배열의 length 변수

length 변수는 배열마다 하나씩 자동으로 생성됩니다. 배열의 길이 정보가 필요할 때 length 변수를 활용할 수 있습니다. length 변수는 다음처럼 길이를 알고 싶은 배열 변수 이름에 점(.) 연산자로 연결해서 사용합니다.

【배열의 길이 구하기】

<u>배열 변수명</u>.length

배열의 length 변수를 가장 많이 사용하는 곳은 아무래도 반복문이 아닐까 싶습니다. 배열을 순회해서 어떤 처리를 하려고 할 때 반복 횟수를 결정하는 데 배열의 길이가 필요하기 때문입니다. 그럼 반복문과 length 변수를 활용해서 앞에서 작성한 Test33.java 소스를 수정해보겠습니다.

```
Test34.java
01: package edu;
02: public class Test34 {
03:     public static void main(String[] args) {
04:         int[] arr = {10, 20, 30, 40, 50};
05:
06:         for(int i = 0; i < arr.length; i++) {
07:             System.out.println(arr[i]);   // arr의 0번지 값 출력
08:         }
09:     }
10: }
```

실행 결과는 앞에서와 다르지 않은데, 06번 줄에서 for 문이 등장했습니다. 이 책의 3장에서 for 문을 열심히 배웠으니 이 정도 코드는 어렵지 않을 겁니다. arr 배열은 04번 줄에서 초깃값이 5개이므로 arr.length의 값은 5입니다. 따라서 06번 줄 반복문은 0부터 5까지 반복하는 명령입니다.

그런데 한 가지 주목할 점이 있습니다. 07번 줄에서 배열의 값을 불러올 때 아까는 대괄호 안에 인덱스 번호를 상수로 넣었지만, 여기서는 변수(i)로 넣어줌으로써 반복해서 다른 값이 출력되도록 했습니다. 이처럼 배열에서 대괄호 [ ] 안에는 상수뿐만 아니라 변수도 넣을 수 있고, 심지어 i + 1과 같은 식도 넣을 수 있습니다.

그런데 만일 06번 줄 for 문에서 arr.length 대신 그냥 상수 5라고 넣으면 어떨까요? arr.length나 상수 5나 결국 같은 값이므로 결과는 다르지 않습니다. 그렇지만 이렇게 배열의 길이를 상수로 지정하는 방법은 될 수 있으면 사용하지 말아야 합니다. 왜냐하면 변경이 발생했을 때 코드의 유연성이 떨어지기 때문입니다.

예를 들어 살펴보겠습니다. 만일 다음과 같은 코드가 있다고 가정해봅시다.

```
int[] arr = {10, 20, 30, 40, 50};
for(int i = 0; i < 5; i++) {
    System.out.println(arr[i]);
}
```

처음에 arr 배열의 길이는 5였습니다. 그런데 어떠한 이유로 arr 배열의 길이를 3으로 변경하는 상황이 발생했다고 가정해봅시다.

```
int[] arr = {10, 20, 30, 40, 50};
...
arr = new int[] {10, 20, 30};
for(int i = 0; i < 5; i++) {
  System.out.println(arr[i]);   // i가 3일 때 에러 발생!
```

길이가 3인 새 배열을 생성해 시작 주소를 arr 변수에 저장했으므로 이제 arr 변수는 길이가 3인 배열을 참조합니다. 그런데 이렇게 되면 for 문에서 오류가 발생합니다. 이유는 for 문이 반복되다가 i가 3일 때 배열에 존재하지 않는 인덱스를 참조하기 때문입니다. 메모리에서 arr 배열의 인덱스는 [0], [1], [2]가 전부인데 arr[3] 번지 인덱스를 가져오라고 하니까 오류가 발생하는 것입니다.

여기서 우리는 두 가지 사실을 배울 수 있습니다. 하나는 배열의 대괄호 [ ]에 인덱스의 범위를 넘어서는 값을 넣으면 오류가 발생한다는 사실이고, 둘은 그렇기 때문에 반복문 등에서 배열의 길이를 나타낼 때 상수로 사용하는 것은 위험할 수 있다는 것입니다. 이것이 length 변수가 존재하는 이유입니다. 우리가 만들지 않아도, 자동으로 모든 배열에서 생성되어 길이 값을 가지고 있는 변수가 length입니다.

다음 코드를 봅시다.

```
int[] arr = {10, 20, 30, 40, 50};
...
arr = new int[] {10, 20, 30};
for(int i = 0; i < arr.length; i++) {
  System.out.println(arr[i]);
```

중간에 배열의 길이가 바뀌어도 오류가 발생하지 않습니다. arr 배열의 길이를 나타내는 length 변수를 사용했기 때문입니다.

> **최소의 리소스로 최대의 효율을!**
>
> 독자 여러분은 Test32부터 Test34까지 예제를 따라 해 보면서 무엇을 느끼셨나요? 코드가 점점 짧아지고 뭔가 깔끔해진다는 느낌이 듭니다. 이처럼 프로그래밍은 최소의 리소스로 최대의 효율을 내는 작업이라고 생각합니다. 실행 흐름을 논리적으로 구성하는 것은 물론, 사용하는 언어의 문법을 잘 알고 이를 응용해 소스를 더 효율적으로 작성할 수 있는 능력이 중요합니다. 어떻게 하냐고요? 연습, 오로지 연습만이 그러한 능력을 기를 수 있는 유일한 길입니다.

4.2.6. 확장 for 문

이번에는 Java 5 버전부터 지원하기 시작한 확장 for 문에 관해 살펴봅시다. 확장 for 문은 앞에서 우리가 배운 for 문과 형태가 조금 다릅니다. 코드가 더 간결해졌습니다. 먼저 사용하는 방법은 다음과 같습니다.

【확장 for 문】

```
for(변수 선언 : 배열 변수명) {
   실행문;
}
```

우리가 지금까지 봐왔던 for 문의 형태와 조금 다릅니다. 콜론(:)을 기준으로 처음에 변수 선언이 있고 그다음 배열 변수가 있습니다. 변수 선언 자리에 선언된 변수는 배열의 각 요소가 저장될 변수를 의미하고 배열 변수명에 지정된 배열은 반복 실행의 대상이 되는 배열입니다. 확장 for 문은 반복이 진행되면서 배열에 있는 각 요소를 하나씩 꺼내 반복 블록에서 활용할 목적으로 사용합니다.

다음은 확장 for 문을 사용하는 간단한 예입니다.

```
int[] arr = {10, 20, 30, 40, 50};
for(int num : arr) {
   System.out.println(num);
}
```

확장 for 문에서 특이한 점은 반복에 대한 조건식이나 증감식이 없다는 것입니다. 따라서 확장 for 문의 반복 횟수는 자동으로 배열 변수에서 참조하는 배열의 길이만큼입니다. 한 가지 주의해야 할 부분은 배열의 요소가 담길 변수의 데이터 타입은 배열의 타입과 같아야 합니다. 그렇지 않으면 에러가 발생합니다.

예제를 통해 확장 for 문을 확인해보겠습니다.

Test35.java
```
01: package edu;
02: public class Test35 {
03:    public static void main(String[] args) {
04:       int[] arr = {10, 20, 30, 40, 50};
05:
06:       for(int num : arr) {
07:          System.out.println(num);
08:       }
09:    }
10: }
```

【실행결과】

10
20
30
40
50

4.2.7. 배열을 활용하는 실습

배열의 개념과 이론을 배웠으니 이제 실습을 해보겠습니다. 몇 가지 실습을 통해 이론을 다지고 프로그래밍 근육을 키워봅시다.

(1) 알파벳 처리

다음은 배열에 알파벳 A부터 Z까지 저장하고 출력하는 예제입니다.

```java
Test36.java
01: package edu;
02: public class Test36 {
03:   public static void main(String[] args) {
04:     char letter = 'A';
05:     char[] alphabet = new char[26];
06:
07:     for(int i = 0; i < alphabet.length; i++) {
08:       alphabet[i] = (char) (letter + i);
09:     }
10:     for(char c : alphabet) {
11:       System.out.println(c);
12:     }
13:   }
14: }
```

【실행결과】

A
B
…
Y
Z

소스에 대한 자세한 설명은 다음과 같습니다.

```
04: char letter = 'A';
```

char 타입의 변수 letter를 선언하고 초깃값으로 문자 'A'를 저장합니다. char 타입은 문자의 유니코드값을 저장하는 데이터 타입입니다. 문자 'A'의 유니코드값은 65입니다. 따라서 letter에는 65가 저장됩니다.

```
05: char[] alphabet = new char[26];
```

우리가 다루려는 데이터는 알파벳이므로 26개의 문자 배열이 필요합니다. 따라서 char 타입의 데이터 26개를 저장할 수 있는 배열을 생성하고 배열의 시작 주소를 alphabet 변수에 저장합니다. alphabet 변수의 타입은 char[ ]입니다. 즉, char 타입의 배열(시작 주소)을 가지는 변수입니다.

```
07: for(int i = 0; i < alphabet.length; i++) {
```

변수 i는 0부터 1씩 증가하면서 alphabet.length, 즉 alphabet 배열의 길이(26)보다 작을 때까지 반복 실행합니다.

```
08:     alphabet[i] = (char) (letter + i);
```

i 변숫값이 0일 때 alphabet[0] 번지에 값을 저장하며 저장하는 값은 letter + i, 즉 letter 변수의 65, i 변수의 0을 합한 65입니다. char 타입은 문자 코드값이 저장되므로 정수처럼 연산할 수 있습니다.

그런데 letter + i 계산식은 char + int 타입의 연산입니다. 자바는 이처럼 서로 다른 타입끼리 연산하면 그중 큰 크기의 타입으로 자동 변경됩니다. 따라서 char + int 연산 결과는 int 타입입니다. 그러나 alphabet 배열은 char 타입 배열이므로 int 타입의 값을 저장할 수 없습니다. 왜냐하면 char 타입은 2바이트이고, int 타입은 4바이트라서 크기가 다르기 때문입니다. 따라서 연산 결과를 강제로 char 타입으로 캐스팅(casting)해야 alphabet 배열에 저장할 수 있습니다. (char) (letter + i) 명령문이 연산된 결과를 char 타입으로 캐스팅해줍니다. 참고로 타입 캐스팅은 2장에서 자세하게 다뤘습니다.

이때 주의 사항은 letter + i 식을 괄호 ( )로 감싸야 한다는 것입니다. 만약 그렇지 않으면 다음처럼 컴파일 오류가 발생합니다.

```
for(int i = 0; i < alphabet.length; i++) {
    alphabet[i] = (char)letter + i;
}
```

그림 컴파일 오류

컴파일 오류는 (char)letter가 실행되기 때문에 발생합니다. 즉, letter 변수만 char 타입으로 캐스팅한 후 i를 더해서 결괏값이 int 타입이 돼버립니다. 그래서 연산을 먼저 수행하고 그 결괏값을 캐스팅할 수 있도록 괄호를 사용해 우선순위를 조절해주어야 합니다.

```
10: for(char c : alphabet) {
11:     System.out.println(c);
12: }
```

확장 for 문을 사용했습니다. 이 for 문은 alphabet 배열의 요소 수만큼 반복 실행합니다. 그리고 반복이 될 때마다 변수 c에는 alphabet 배열의 첫 번째 요소부터 마지막 요소까지 차례로 저장되고 11번 줄에서 이 값을 출력합니다.

(2) 숫자 처리

다음은 배열에 저장된 점수들의 총점, 평균, 최솟값, 최댓값을 구하는 예제입니다.

Test37.java

```
01: package edu;
02: public class Test37 {
03:     public static void main(String[] args) {
04:         int[] score = { 90, 85, 78, 100, 98 };
05:         int sum = 0;        // 총점
06:         double avg = 0.0;   // 평균
07:         int max = 0;        // 최댓값
08:         int min = 999;      // 최솟값
09:
10:         for(int i = 0; i < score.length; i++) {
11:             sum += score[i];
12:             if(max < score[i])
13:                 max = score[i];
14:             if(min > score[i])
15:                 min = score[i];
16:         }
17:
18:         avg = sum / score.length;
19:         System.out.println("총  점 : " + sum);
20:         System.out.println("평  균 : " + avg);
21:         System.out.println("최댓값 : " + max);
22:         System.out.println("최솟값 : " + min);
23:     }
24: }
```

【실행결과】

총 점 : 451
평 균 : 90.0
최댓값 : 100
최솟값 : 78

소스에 대한 자세한 설명은 다음과 같습니다.

```
04: int[] score = { 90, 85, 78, 100, 98 };
```

배열 선언과 동시에 초깃값 목록을 주어 초기화했습니다. 소수점이 없는 숫자는 자바에서 int 타입이므로 배열 변수 score의 타입을 int로 선언했습니다. 즉, score는 5개의 점수 데이터가 저장된 배열의 주소를 가집니다.

```
05: int sum = 0;          // 총점
06: double avg = 0.0;     // 평균
07: int max = 0;          // 최댓값
08: int min = 999;        // 최솟값
```

sum 변수는 배열 요소들의 합을 저장하기 위해 선언한 변수이며, avg는 배열 요소들의 평균을 저장하기 위해 선언한 변수입니다. 그리고 max와 min 변수는 각각 배열에서 가장 큰 값, 작은 값을 저장하기 위한 변수입니다. 특별히 min 변수를 999로 초기화한 이유는 score 배열에 저장된 값들보다 큰 수로 초기화함으로써 14번 줄에서 최솟값을 판단할 때 score 배열의 첫 번째 요소 값을 무조건 저장하기 위해서입니다.

```
10: for(int i = 0; i < score.length; i++) {
11:     sum += score[i];
12:     if(max < score[i])
13:         max = score[i];
14:     if(min > score[i])
15:         min = score[i];
16: }
```

score 배열의 길이만큼 반복문을 실행합니다. score.length 값이 5이므로 i 변숫값이 0, 1, 2, 3, 4일 때만 실행됩니다. 즉, 반복 횟수는 다섯 번입니다. sum 변수에 배열의 모든 요소를 누적하므로 for 문이 완료된 후 sum 변수는 총점을 가집니다.

12~13번 줄은 최댓값을 구하는 코드입니다. 반복문이 실행될 때마다 if 문의 조건식 max < score[i]를 검사합니다. 만일 조건식이 true이면 현재 max 변숫값은 배열에서 최댓값이 아니라는 의미입니다. 따라서 max 변숫값을 배열에서 i 번째 요소로 변경해줍니다.

14~15번 줄에 있는 최솟값을 구하는 코드도 같은 맥락으로 이해할 수 있습니다. 참고로 if 문의 조건식이 true일 때 실행할 실행문이 하나라면 if 문의 중괄호를 생략해도 상관없습니다.

```
18: avg = sum / score.length;
```

10번 줄의 반복문이 종료된 다음 sum 변수에는 배열의 총점이 저장되어 있습니다. 즉, score 배열의 모든 요소를 합한 결과입니다. 따라서 sum을 배열의 길이(score.length)로 나누면 평균을 구할 수 있습니다.

4.3. 차원이 다른 배열

이제 배열의 차원에 대해 다룹니다. 배열은 크게 1차원 배열과 다차원 배열로 구분합니다. 1차원 배열은 하나의 인덱스 정보만 있으면 각 요소에 접근할 수 있는 구조였습니다. 그러나 다차원 배열은 여러 개의 인덱스 정보가 필요합니다. 왜냐하면 메모리에 배열의 요소들이 저장되는 구조가 다르기 때문입니다.

1차원 배열은 주택 단지처럼 단독 주택이 1호 다음에 2호, 3호, 4호, 5호가 순서대로 위치하고 있는 구조입니다. 1차원 배열은 단독 주택처럼 호수만 알고 있으면 요소에 접근할 수 있습니다. 우리가 지금까지 다뤄온 배열은 1차원 배열이었습니다.

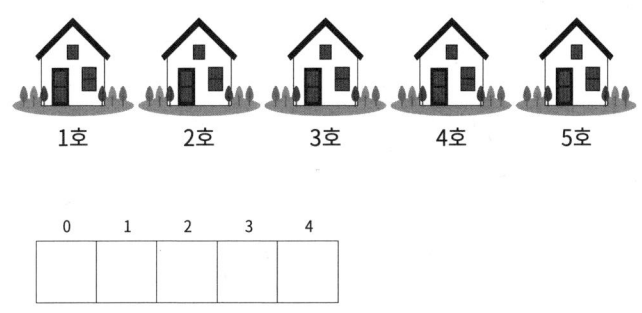

그림 1차원 배열

다차원 배열은 2차원, 또는 3차원 배열 등이 있는데 2차원 배열은 한 동짜리 아파트 구조와 비슷합니다. 한 동짜리 아파트에서 집을 찾으려면 층수와 호수를 알아야 하듯이 2차원 배열에서도 행과 열 두 가지 정보를 알아야 개별 요소에 접근할 수 있습니다.

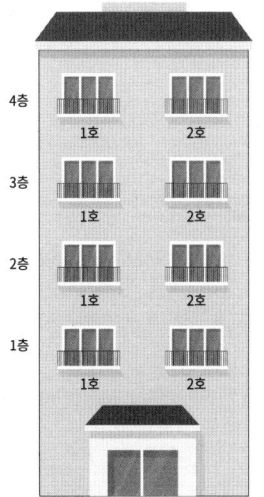
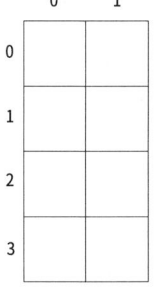

그림 2차원 배열

3차원 배열은 동이 여러 개인 아파트 구조라고 생각하면 됩니다. 이런 구조에서 집을 찾으려면 동수, 층수, 호수를 알아야 하듯이 3차원 배열에서는 면과 행, 열 등 세 가지 정보를 알아야 개별 요소에 접근할수 있습니다.

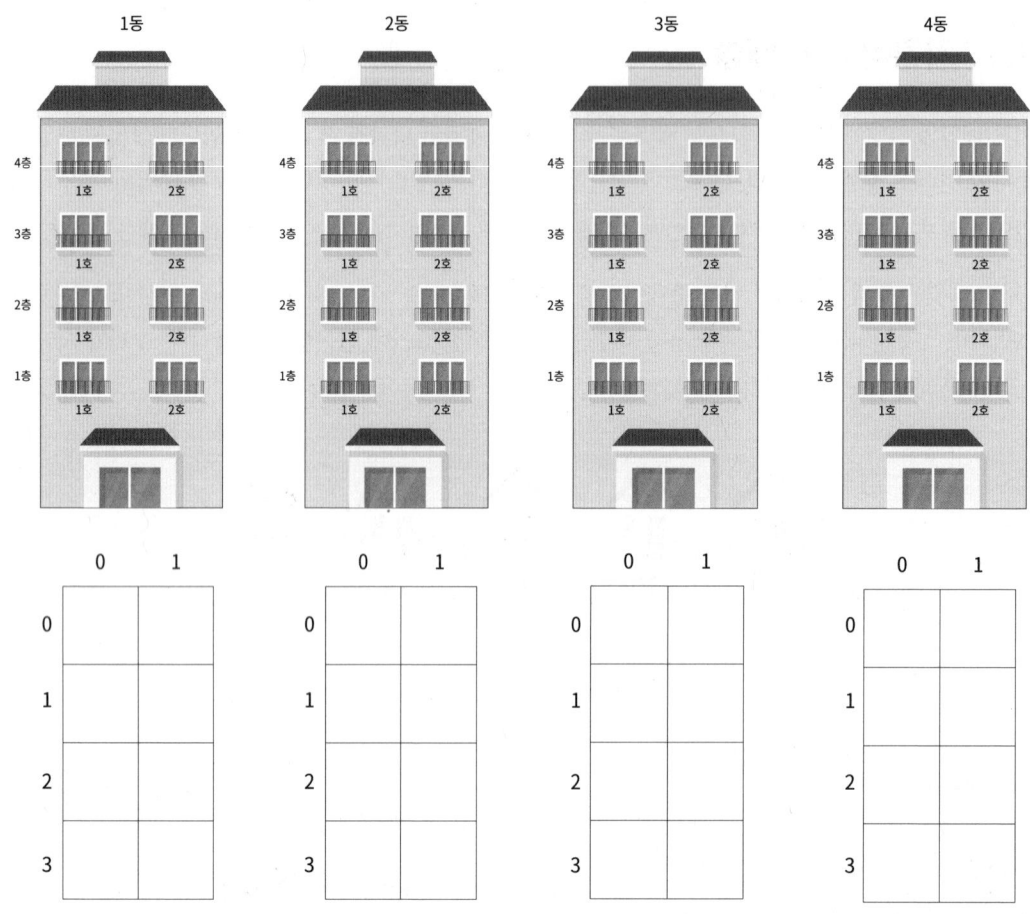

그림 3차원 배열

4.3.1. 2차원 배열의 구조

2차원 배열의 구조는 하나의 동만 존재하는 아파트 또는 다음 그림처럼 여러 행과 열이 있는 표라고 생각해도 됩니다.

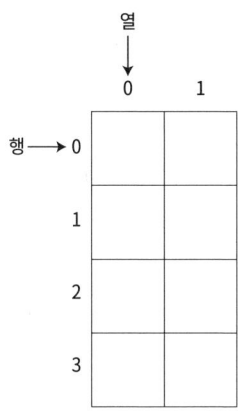

그림 2차원 배열

(1) 2차원 배열 선언

2차원 배열은 행과 열이 존재하므로 대괄호 [ ]를 두 번 사용해야 합니다. 2차원 배열을 생성하는 문법은 다음과 같습니다.

【2차원 배열 선언】

new 데이터 타입 [행의 수] [열의 수]

첫 번째 [ ]에는 생성될 행의 수를 지정하며, 두 번째 [ ]에는 각 행에서 열의 수를 지정합니다. 예를 들어 다음의 코드는 5×2 형태의 2차원 배열을 만듭니다.

```
new int[5][2];
```

또는 두 번째 [ ]에 열의 수를 생략할 수도 있습니다.

```
new int[5][];
```

위와 같은 코드는 다음 그림처럼 행의 수는 5로 지정하고 각 행에서 열의 수를 다르게 지정할 수 있습니다. 이처럼 열의 수를 지정하지 않은 배열은 다음의 코드처럼 열에 해당하는 배열을 별도로 생성해주어야 합니다.

```
int arr[][] = new int[5][];
arr[0] = new int[2];
arr[1] = new int[4];
arr[2] = new int[3];
arr[3] = new int[4];
arr[4] = new int[2];
```

arr[0] = new int[2]; 명령문에서 arr[0]은 첫 번째 행을 나타내고 new int[2];는 첫 번째 행의 열을 2개 생성하라는 의미입니다. 따라서 위 코드를 실행하면 다음과 같은 2차원 배열이 생성됩니다.

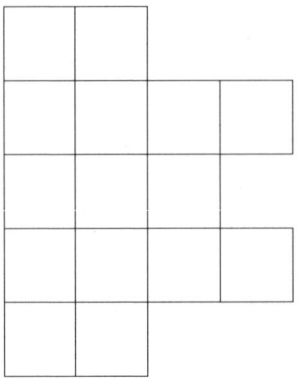

그림 행마다 열의 수가 다른 2차원 배열

그렇다면 반대로 다음 코드는 어떨까요?

```
new int[ ][5];
```

위와 같은 코드는 허용하지 않습니다. 즉, 행의 수를 지정하지 않고 열의 수만 지정할 수는 없습니다. 2차원 배열에서 열의 수를 생략한 후 행마다 서로 다른 개수로 열을 만들어 사용할 수는 있지만, 행을 생략하면 배열이 성립하지 않습니다. 따라서 행의 수는 항상 지정해주어야 합니다.

(2) 2차원 배열 변수 선언

2차원 배열 역시 배열의 요소에 접근할 때 배열의 시작 주소를 갖는 변수가 필요합니다. 2차원 배열을 참조하는 변수를 선언할 때는 [ ] 기호를 두 개 사용합니다. 1차원 배열 참조변수는 [ ] 기호를 하나만 사용했습니다. 1차원 배열은 행이 하나로 고정된 구조이고 2차원 배열은 여러 개의 행과 열을 가지는 구조이기 때문입니다.

다음은 2차원 배열 참조변수 선언 문법입니다.

【2차원 배열 참조변수 선언】

<u>데이터 타입</u>[ ][ ] <u>변수명</u>;   또는   <u>데이터 타입</u> <u>변수명</u>[ ][ ]

```
int[ ][ ] arr = new int[5][2];
```

또는

```
int arr[ ][ ] = new int[5][2];
```

두 개의 대괄호는 데이터 타입 앞이나 뒤에 나와도 상관없습니다.

(3) 2차원 배열 접근

2차원 배열에 접근하는 방법은 1차원 배열과 비슷합니다. 단지, 행의 정보만 추가로 필요합니다. 2차원 배열은 접근하려는 요소의 행 인덱스와 열 인덱스를 지정합니다.

【2차원 배열에 접근】

<u>배열 변수명[행 인덱스][열 인덱스]</u>

예를 들어 다음 코드는

```
arr[0][1] = 10;
int num = arr[2][0];
```

arr[0][1]은 행 인덱스 0, 열 인덱스 1의 요소를, arr[2][0]은 행 인덱스 2, 열 인덱스 0의 요소를 의미합니다.

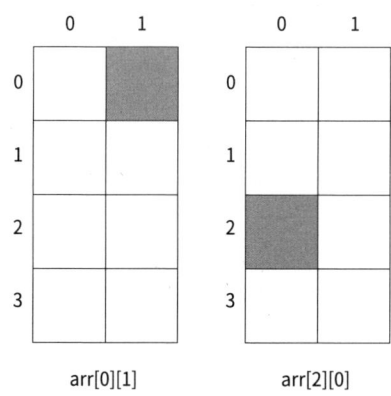

그림 2차원 배열에 접근

(4) 2차원 배열 초기화

2차원 배열도 1차원 배열처럼 배열 생성과 동시에 배열의 데이터 타입에 따라 자동으로 초기화됩니다. 기본 타입은 0, 참조 타입은 null로 초기화합니다. 만약, 자동 초기화 후 명시적으로 값을 저장할 때는 1차원 배열과 마찬가지로 배열 요소에 하나씩 저장할 수도 있고, 배열 생성과 동시에 설정할 수도 있습니다.

다음은 5 x 2 크기의 2차원 배열에 값을 하나씩 초기화하는 코드입니다.

```
arr[0][0] = 10;
arr[0][1] = 20;
arr[1][0] = 30;
arr[1][1] = 40;
arr[2][0] = 50;
arr[2][1] = 60;
arr[3][0] = 70;
arr[3][1] = 80;
arr[4][0] = 90;
arr[4][1] = 100;
```

다음은 배열 생성과 동시에 배열의 요소값을 명시적으로 초기화하는 코드입니다. 1차원 배열 때와 다르게 중괄호 { }로 각 행의 열을 묶고, 전체 행을 하나의 배열로 다시 묶었습니다.

```
int arr[][] = {{10,20},{30,40},{50,60},{70,80},{90,100}};
```

위의 두 가지 코드는 동일하게 다음과 같은 값을 가진 5행 2열의 배열을 생성합니다.

	0	1
0	10	20
1	30	40
2	50	60
3	70	80
4	90	100

그림 2차원 배열 초기화

다음은 열의 개수가 일정하지 않은 2차원 배열을 선언하고 초기화하는 코드입니다.

```
int arr3[][] = {{0,1},{10,11,12,13},{20,21,22},{30,31,32,33},{40,41}};
```

0	1		
10	11	12	13
20	21	22	
30	31	32	33
40	41		

그림 열의 수가 가변적인 2차원 배열 초기화

4.3.2. 2차원 배열 예제

2차원 배열은 행과 열의 인덱스를 사용하여 배열의 요소에 접근합니다. 이번 절에서는 2차원 배열의 행, 열 인덱스 활용에 익숙해지기 위한 예제들을 살펴보겠습니다.

(1) 2차원 배열 순회

2차원 배열 순회는 2차원 배열의 모든 요소에 접근하기 위한 예제입니다. 2차원 배열의 모든 요소에 접근하려면 중첩 반복문을 사용해야 합니다. 행의 개수만큼 실행하면서 한 행에서는 열의 개수만큼 실행해야 하기 때문입니다.

예를 들어, 다음의 코드가 실행되었다고 가정해봅시다.

```
int[][] arr = new int[5][5];
```

위와 같은 배열이 생성되었다면 행의 수 5만큼 반복 실행하고 한 행에서 열의 수 5만큼 반복해야 합니다.

그림 2차원 배열 순회

앞에서 배열의 길이를 반복문의 조건식으로 사용할 때 상수를 사용하면 변경이 발생했을 때 유연하게 대처할 수 없다고 했습니다. 그래서 배열의 내장 변수인 length를 사용해야 한다고 했습니다. 그런데 2차원 배열은 행의 길이, 열의 길이 두 가지 정보가 필요합니다. 1차원 배열처럼 length 내장 변수만으로 해결할 수 없습니다.

그렇다면 2차원 배열에서 행의 길이와 열의 길이는 어떻게 구할까요? 먼저, 행의 길이는 기존의 1차원 배열의 길이를 구하는 방식과 같고, 열의 길이는 각 행마다 length 변수를 참조해야 합니다.

【2차원 배열 길이】

배열 변수명.length   ← 2차원 배열에서 행의 길이
배열 변수명[행 인덱스].length   ← 2차원 배열에서 열의 길이

만일, arr[0].length라면 arr 배열 0행에서 열의 길이를 의미합니다. 다음은 각 행에서 열의 길이를 구하는 방법입니다.

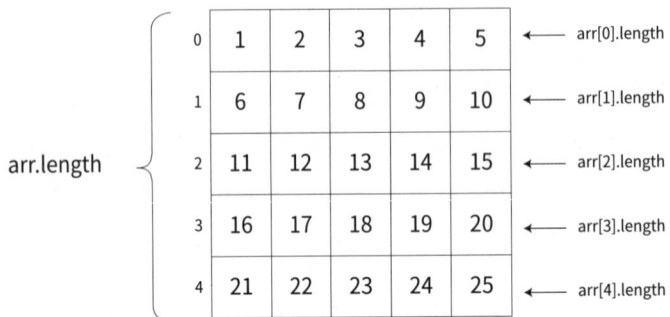

그림 2차원 배열의 행별 열의 길이 구하기

다음 예제는 5×5 크기의 2차원 배열을 생성하고 위의 그림처럼 값들을 초기화하는 소스입니다.

```
Test38.java
01: package edu;
03: public class Test38 {
05:   public static void main(String[] args) {
07:     int[][] arr = new int[5][5];
09:     int num = 1;
10:     for(int i = 0; i < arr.length; i++) {
11:       for(int j = 0; j < arr[i].length; j++) {
12:         arr[i][j] = num++;
13:       }
14:     }
15:
16:     for(int i = 0; i < arr.length; i++) {
17:       for(int j = 0; j < arr[i].length; j++) {
18:         System.out.print(arr[i][j]);
19:         System.out.print("\t");
20:       }
21:       System.out.println("\n");
22:     }
24:   }
25: }
```

【실행결과】

```
1   2   3   4   5
6   7   8   9   10
11  12  13  14  15
16  17  18  19  20
21  22  23  24  25
```

소스에 대한 자세한 설명은 다음과 같습니다.

`07: int[][] arr = new int[5][5];`

5×5 크기 배열을 생성합니다. new 연산자를 이용하였으므로 배열이 생성된 후 배열의 각 요소는 자동으로 0으로 초기화됩니다.

`09: int num = 1;`

배열의 각 요소에 1부터 25까지 1씩 증가된 값을 저장하고자 선언한 변수입니다.

`10: for(int i = 0; i < arr.length; i++) {`

변수 i는 0부터 1씩 증가하면서 arr.length보다 작을 때까지 반복 실행합니다. arr.length는 arr 배열 행의 수입니다. 즉, arr.length의 값은 5이므로 변수 i가 0, 1, 2, 3, 4일 때만 반복문이 실행됩니다.

`11: for(int j = 0; j < arr[i].length; j++) {`

중첩 for 문입니다. 바깥쪽 for 문이 반복 실행되면서 내부적으로 또 다른 반복문을 실행합니다. arr[i].length는 i행에 해당하는 열의 수를 나타냅니다. 2차원 배열에서 열의 길이는 행마다 다를 수 있으므로 열의 수를 사용할 때는 '배열 변수명[행 인덱스].length', 즉 arr[i].length로 표현합니다.

`12: arr[i][j] = num++;`

arr 배열의 i행과 j열에 해당하는 곳에 num 변숫값을 저장합니다. ++ 증가 연산자가 변수 뒤에 나왔으므로 num 변숫값을 arr[i][j] 번지에 먼저 저장한 다음, num 값을 1만큼 증가시킵니다.

다음은 12번 명령문이 실행될 때 i, j, num 변숫값을 나타낸 표입니다.

표 반복 진행 중 i, j, num 변숫값 변화

i 변수	j 변수	num 변수
0		1 → 2 → 3 → 4 → 5
1		6 → 7 → 8 → 9 → 10
2	0 → 1 → 2 → 3 → 4	11 → 12 → 13 → 14 → 15
3		16 → 17 → 18 → 19 → 20
4		21 → 22 → 23 → 24 → 25

(2) 오른쪽 대각선 순회

오른쪽 대각선 순회는 2차원 배열에서 원하는 요소들만 접근하기 위한 예제입니다. 다음의 2차원 배열에서 색칠된 부분의 합을 구하고 싶다면 어떻게 프로그램을 구현해야 할까요?

그림 색칠된 요소들의 합을 구해봅시다

> **? 알고리즘이란?**
>
> 이 문제를 해결하려면 간단한 알고리즘이 필요합니다. 알고리즘이란, 문제를 해결하는 방법을 의미하는데, 프로그램에서 어떤 기능을 처리할 때 메모리는 적게, 처리 속도는 빠르게 실행될 수 있도록 프로그래밍하는 기법을 의미합니다. 오늘날 많은 IT 기업에서 입사 시험 때 알고리즘 구현 능력을 평가하며 학교에서는 코딩 수업을 의무화해 알고리즘 학습을 강화하고 있습니다.

위의 문제를 해결하려면 어떤 알고리즘을 구현해야 할까요? 문제 해결의 실마리는 일정한 규칙을 찾아내는 것입니다. 우리가 구하려는 값은 색칠된 요소들의 합입니다. 우선 색칠된 요소들의 인덱스를 나열해봅시다.

```
(0,0) (1,1), (2,2), (3,3), (4,4)
```

어떤 규칙이 보이나요? 합을 구하려는 요소들의 행과 열의 인덱스가 같습니다. 즉, 배열의 모든 요소를 순회하면서 행과 열의 인덱스가 똑같은 요소만 덧셈하면 문제의 답을 구할 수 있습니다. 그럼 자바 코드로 작성해봅시다.

```
Test39.java
01: package edu;
02: public class Test39 {
03:     public static void main(String[] args) {
04:         int[][] arr = { { 1, 2, 3, 4, 5 },
05:                         { 6, 7, 8, 9, 10 },
06:                         { 11, 12, 13, 14, 15 },
07:                         { 16, 17, 18, 19, 20 },
08:                         { 21, 22, 23, 24, 25 } };
09:
10:         int sum = 0;
11:         for(int i = 0; i < arr.length; i++) {
12:             for(int j = 0; j < arr[i].length; j++) {
13:                 if(i == j)
14:                     sum = sum + arr[i][j];
15:             }
16:         }
17:         System.out.println("합계 : " + sum);
18:     }
19: }
```

【실행결과】

합계 : 65

소스에 대한 설명은 다음과 같습니다.

```
11: for(int i = 0; i < arr.length; i++) {
12:     for(int j = 0; j < arr[i].length; j++) {
```

2차원 배열을 순회해야 하니까 중첩 반복문을 사용했습니다. 바깥쪽 반복문은 변수 i가 0부터 arr.length(arr 배열 행의 수)까지 i를 1씩 증가하면서 반복 실행합니다. 그리고 안쪽 반복문에서 arr[i].length는 arr[i] 번지에서 열의 수입니다. 즉, 각 행에서 열의 수만큼 반복 실행합니다. 이 두 줄은 2차원 배열을 순회하는 코드로 사실상 정해져 있어서 외워도 좋을 것 같습니다.

```
13: if(i == j)
14:     sum = sum + arr[i][j];
```

변수 i와 j는 arr 배열의 행과 열의 인덱스를 나타내는 변수입니다. if(i == j)는 행과 열의 인덱스가 일치하는지 검사한 후 일치하면 sum 변수에 해당 요소의 값을 누적합니다. 결국, 13, 14번 줄이 문제에서 주어진 대각선 방향으로 합을 구하기 위한 알고리즘입니다.

(3) 왼쪽 삼각형 순회

왼쪽 삼각형 순회는 복잡한 규칙을 적용해 2차원 배열의 요소에 접근하기 위한 예제입니다. 다음 배열처럼 왼쪽 삼각형에 들어오는 요소들의 합을 구하려고 합니다. 어떤 알고리즘을 구현해야 할까요? 앞에서처럼 일정한 규칙을 찾아봅시다.

	0	1	2	3	4
0	1	2	3	4	5
1	6	7	8	9	10
2	11	12	13	14	15
3	16	17	18	19	20
4	21	22	23	24	25

그림 왼쪽 삼격형 요소들의 합 구하기

합을 구하려는 작업 대상이 되는 요소의 인덱스를 나열해봅시다.

```
(0,0)
(1,0) (1,1)
(2,0) (2,1) (2,2)
(3,0) (3,1) (3,2) (3,3)
(4,0) (4,1) (4,2) (4,3) (4,4)
```

어떤 규칙이 보이나요?

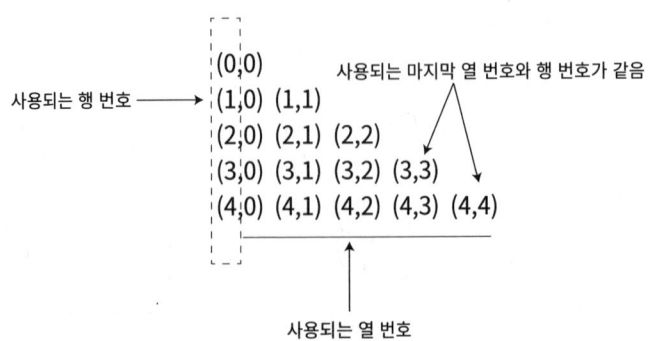

그림 매의 눈으로 규칙 찾아내기

행은 0부터 4까지 1씩 증가하며, 각 열은 0부터 행 인덱스까지만 사용되는 규칙이 있습니다. 자바 코드로 작성해봅시다.

```
Test40.java
01: package edu;
02: public class Test40 {
03:     public static void main(String[] args) {
04:         int[][] arr = { { 1, 2, 3, 4, 5 },
05:                         { 6, 7, 8, 9, 10 },
06:                         { 11, 12, 13, 14, 15 },
07:                         { 16, 17, 18, 19, 20 },
08:                         { 21, 22, 23, 24, 25 } };
09:
10:         int sum = 0;
11:         for(int i = 0; i < arr.length; i++) {
12:             for(int j = 0; j <= i; j++) {
13:                 sum = sum + arr[i][j];
14:             }
15:         }
16:         System.out.println("합계 : " + sum);
17:     }
18: }
```

【실행결과】

합계 : 235

소스에 대한 자세한 설명은 다음과 같습니다.

```
11: for(int i = 0; i < arr.length; i++) {
12:     for(int j = 0; j <= i; j++) {
```

이번에도 2차원 배열이므로 중첩 반복문을 사용했습니다. 그런데 이번에는 앞의 예제와 코드가 조금 다릅니다. 바깥쪽 반복문은 같은데 안쪽 반복문의 조건식이 다릅니다. 이유는 안쪽 반복문, 즉 열을 순회하는 반복문이 이번에는 열의 끝까지 접근할 필요가 없기 때문입니다. 앞에서 찾아낸 규칙처럼 열의 인덱스가 행의 인덱스와 같을 때까지만 반복하면 됩니다.

행 인덱스는 바깥쪽 for 문의 i 변수가 가지고 있고, 열 인덱스는 안쪽 for 문의 j 변수가 가지고 있으므로 열 인덱스가 0부터 1씩 증가하면서 i와 같을 때까지만 반복문을 실행합니다.

```
13: sum = sum + arr[i][j];
```

이제 중첩 반복문에 의해 접근하게 되는 arr[i][j] 요소의 값을 sum 변수에 누적하기만 하면 답을 구할 수 있습니다.

4.3.3. 배열이 저장되는 메모리 구조

우리는 앞에서 1차원 배열과 2차원 배열을 배웠습니다. 3차원 배열은 실무에서 사용할 일이 거의 없으므로 다루지 않았지만, 2차원 배열의 개념에서 하나의 차원(면)이 더해진 것으로 이해하면 어렵지 않습니다.

이처럼 배열을 다룰 때 이해를 돕고자 행과 열의 개념을 빌려서 설명했지만, 실제 메모리에 저장되는 구조는 조금 다릅니다. 이번 절에서는 다차원 배열이 실제로 저장되는 구조를 알아보고자 합니다.

(1) 1차원 배열

만약, 다음처럼 1차원 배열을 생성하는 명령문이 실행되었다고 가정해봅시다.

```
int[] arr = {10, 20, 30, 40, 50};
```

그러면 메모리에 다음과 같은 1차원 배열이 만들어집니다.

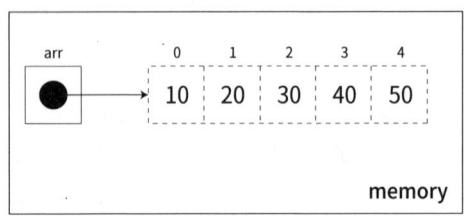

그림 1차원 배열의 메모리 구조

arr 변수에는 배열의 시작 주소가 저장되며 배열의 각 번지에는 10, 20, 30, 40, 50이 저장됩니다. 배열에 저장된 값에 접근하기 위해 arr 변수에서 참조하는 배열을 한 번만 찾아가면 됩니다. 즉, 1차원 배열은 참조하는 배열이 한 개입니다.

(2) 2차원 배열

만약, 다음처럼 2차원 배열을 생성하는 명령문이 실행되었다고 가정해봅시다.

```
int[][] arr2 = {{10, 20}, {30, 40}, {50, 60}, {70, 80}, {90, 100}};
```

그러면 메모리에 다음과 같은 2차원 배열이 만들어집니다.

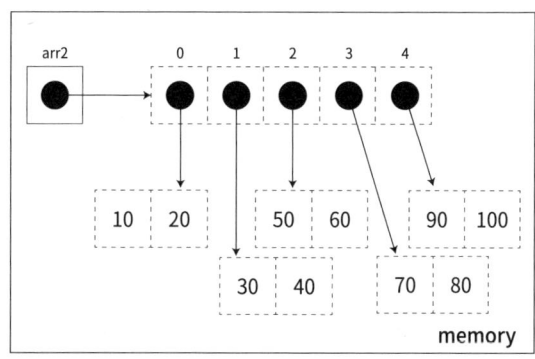

그림 2차원 배열의 메모리 구조

앞에서 2차원 배열은 행과 열이 있는 표와 같은 구조라고 설명했지만, 실제 메모리 구조는 다릅니다. 2차원 배열은 arr2 변수가 참조하는 1차원 배열의 각 요소들이 또 다른 배열의 주솟값을 가지는 형태입니다. 따라서 실제 값에 접근하려면 1차원 배열에서 참조하고 있는 배열을 또 다시 찾아가야 합니다. 2차원 배열은 그림에서 보듯이 순차적으로 두 번의 배열 참조를 거쳐야 각 요소에 접근할 수 있는 구조입니다.

(3) 3차원 배열

만약, 다음처럼 3차원 배열을 생성하는 명령문이 실행되었다고 가정해봅시다.

```
int[][][] arr3 = {{{10, 20}, {30, 40}}, {{50, 60}, {70, 80}}};
```

그러면 메모리에 다음과 같은 3차원 배열이 만들어집니다.

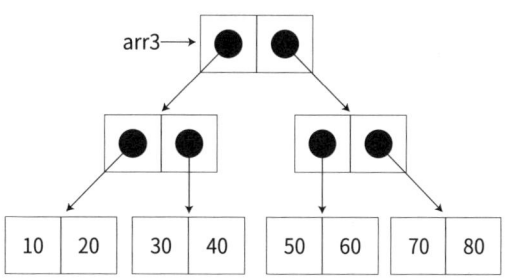

그림 3차원 배열의 메모리 구조

3차원 배열은 위의 그림처럼 arr3 변수가 참조하는 배열의 요소들이 다른 배열의 주솟값을 가지며, 2차적으로 참조하는 배열의 요소 또한, 또 다른 배열의 주솟값을 가지는 구조입니다. 3차원 배열에서는 세 번의 배열 참조를 거쳐야 값에 접근할 수 있는 구조입니다.

4.4. 명령행 매개변수

4.4.1. 명령행 매개변수란

이번 절에서는 명령행 매개변수에 대해 살펴보겠습니다. 명령행 매개변수는 프로그램을 실행할 때 함께 전달하는 정보를 의미합니다. 우리가 지금까지 작성했던 예제에는 다음과 같은 코드가 있었습니다.

```
public static void main(String[] args)
```

여기서 args는 String 타입의 배열 주소를 가지는 변수인데 이것을 명령행 매개변수라고 합니다. 우리는 앞에서 처음 자바 학습을 시작할 때 메모장에 소스 파일을 작성한 후 프롬프트 창에서 다음과 같은 명령문으로 컴파일했습니다.

```
javac Test.java
```

그리고 컴파일된 실행 파일을 실행할 때는 다음과 같은 명령문을 사용했습니다.

```
java Test
```

위 실행 명령문은 Test.class 파일에서 public static void main(String[] args)이라는 코드를 찾아서 블록 { }을 실행해줍니다. 이를 "main( ) 함수"라고 하며 프로그램의 시작점을 의미합니다. 즉, 프로그램을 실행하면 가장 먼저 main( ) 함수가 실행되는데, 이때 main( ) 함수 괄호 안에 명령행 매개변수가 있습니다.

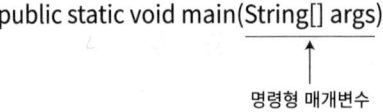

그림 main( ) 함수의 명령행 매개변수

명령행 매개변수는 명령 프롬프트에서 프로그램을 실행하면서 전달하는 문자열들이 저장된 배열의 주솟값을 가집니다. 예를 들어 다음과 같은 실행 명령을 입력했다고 가정합시다.

```
C:\> java Test apple banana peach
```

그러면 클래스 이름 다음에 공백으로 구분하여 입력한 "apple", "banana", "peach" 문자열을 요소로 가지는 String 타입의 배열이 생성되고 배열의 시작 주소가 main( ) 함수의 명령행 매개변수 args에 저장됩니다.

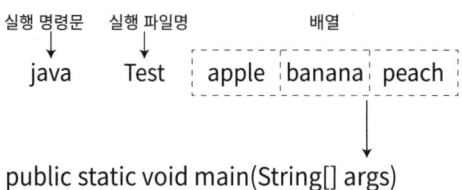

그림 명령행 매개변수에 문자열 배열 전달

그러면 main( ) 함수의 블록 { }에서 args 배열을 통해 해당 값에 접근할 수 있습니다.

```
for(int i = 0; i < args.length; i++) {
    System.out.println(args[i]);    // apple banana peach 출력
```

4.4.2. 이클립스에서 명령행 매개변수 이용하기

이클립스에서도 명령행 매개변수에 문자열 배열을 전달할 수 있습니다. 예제를 통해 명령행 매개변수를 지정해보겠습니다. 다음과 같이 소스를 작성한 후 저장합니다.

Test41.java
```
01: package edu;
02: public class Test41 {
03:     public static void main(String[] args) {
04:         for(int i = 0; i < args.length; i++) {
05:             System.out.println(args[i]);
06:         }
07:     }
08: }
```

[Run As → Java Application]를 선택하여 실행합니다. 명령행 매개변수를 지정하지 않았기 때문에 아무것도 출력되지 않습니다. 명령행 매개변수에 String 타입의 배열을 지정하기 위해 소스 편집 창 위에서 마우스 오른쪽을 누르고 단축 메뉴에서 [Run As → Run Configurations]를 선택합니다.

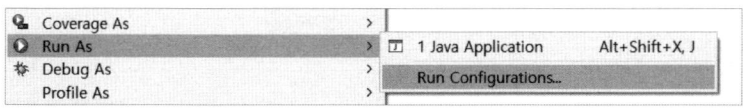

그림 이클립스에서 실행 설정

실행 설정 창이 열리면 [Arguments] 탭을 선택하여 args 변수가 참조하는 String 타입 배열의 요소를 입력합니다. 공백을 기준으로 배열의 요소들이 분리됩니다. 다음 그림처럼 입력하면 3개의 요소를 가진 배열이 args 변수에 전달됩니다. 입력을 마치면 〈Apply〉를 누릅니다.

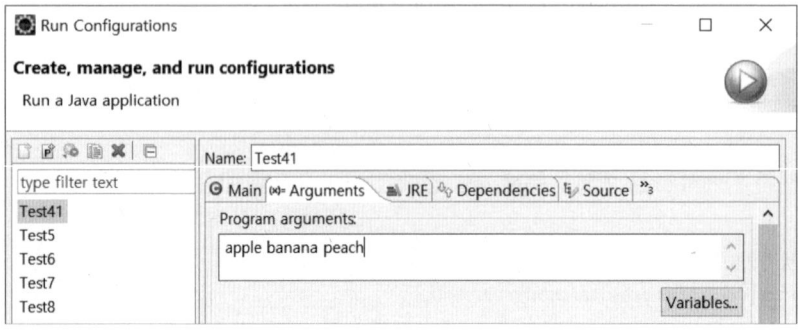

그림 명령행 매개변수 입력

이제 프로그램을 실행하기 위해 [Main] 탭을 선택합니다. [Main] 탭의 Main class가 "edu.Test41"인 것을 확인합니다. Main class는 실행할 파일을 의미합니다. 만약, Main class에 다른 파일명이 나타나면 옆에 〈Search〉를 선택해 Test41 파일로 지정해줍니다.

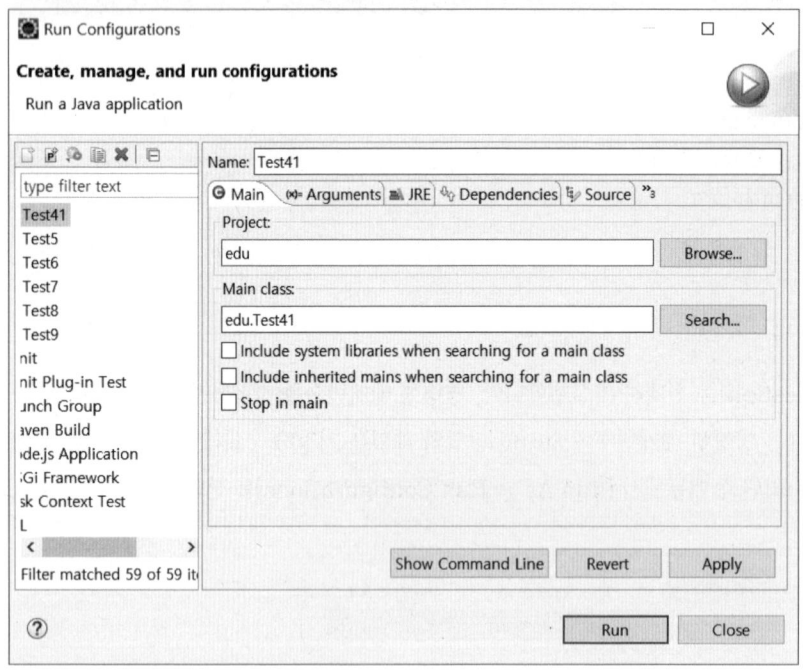

그림 Main Class 확인

실행 설정을 마쳤으면 〈Run〉을 누르고 결과를 확인합니다.

【실행결과】
```
apple
banana
peach
```

수고하셨습니다. 지금까지 배열을 학습했습니다. 배열은 많은 양의 데이터를 한꺼번에 묶어서 다룰 때 편리합니다. 배열을 어떻게 선언하고 사용하는지 확실히 알고 넘어가길 바랍니다.

05

객체지향 알기

객체지향. 아마 컴퓨터 프로그래밍을 조금이라도 접해본 사람이라면 한번쯤 들어봤을 것입니다. 그 어마무시한 이야기가 이번 장의 주제입니다. 조금 어려울 수도 있고, 알아야 할 개념도 많습니다. 그렇지만 도망갈 수 없습니다. 자바 프로그래밍을 배우면서 객체지향을 빼먹을 수는 없기 때문입니다. 객체지향은 프로그래밍 방법론의 하나로 특정 언어에만 해당하는 개념은 아닙니다. 따라서 프로그래머가 되려는 사람이라면 언어를 불문하고 객체지향 프로그래밍이라는 크고 높은 산을 반드시 넘어야 합니다.

자바는 객체지향 언어이고 자바로 프로그램을 구현할 때는 객체를 기반으로 작업합니다. 우리는 이번 장에서 객체가 무엇인지를 알고 구성요소를 학습한 후 클래스 형태로 선언하는 방법과 필드, 메서드를 사용하는 기본적인 문법을 배웁니다. 그리고 자바에서 제공하는 여러 가지 객체 지원 기술을 살펴봅니다. 이번 장만으로 객체지향 프로그래밍을 모두 소개할 수는 없습니다. 이 책 전체에 걸쳐 객체지향 프로그래밍을 조금씩 완성해 가길 바랍니다.

5.1. 객체지향의 주인공은 '객체'

프로그래밍 언어는 우리가 지금 학습하는 자바 외에도 여러 가지가 있습니다. 그중 C는 자바와 더불어 가장 많이 사용되는 언어입니다. C와 자바의 특징을 비교하면 C는 절차적 프로그래밍(Procedural Programming) 언어이고 자바는 객체지향 프로그래밍(Object Oriented Programming) 언어입니다.

절차적 프로그래밍과 객체지향 프로그래밍의 차이점은 프로그램을 구현하는 방식에 있습니다. 절차적 프로그래밍은 프로그램을 실행하는 데 필요한 모든 데이터를 미리 준비하고, 준비된 데이터를 사용하여 순서대로 처리해 나가는 방식입니다. 반면에 객체지향 프로그래밍은 작업 순서를 중요하게 생각하지 않습니다. 기능별로 작업을 분리한 후 필요한 기능이 있다면 가져다 사용하는 방식입니다.

여러분이 잘 알고 있는 영화 어벤져스의 슈퍼 히어로인 헐크와 아이언맨을 예로 들어 설명해보겠습니다.

두 히어로의 변신 과정을 생각해볼까요? 헐크의 부르스 배너 박사는 몸 일부분이 서서히 초록색 근육으로 변하면서 헐크로 변신합니다. 그런데 아이언맨의 토니 스타크는 어떤가요? 양쪽 팔과 다리, 가슴, 머리 등 슈트를 구성하는 장치들이 날아와 신체에 장착되면서 아이언맨으로 변신합니다. 저는 이러한 헐크와 아이언맨의 변신 과정이 절차지향과 객체지향 프로그래밍 방식의 차이와 비슷하다고 생각합니다.

아이언맨은 마크 시리즈의 슈트를 여러 벌 가지고 있고 슈트마다 기능이 다릅니다. 토니 스타크는 이 중에서 원하는 기능의 슈트로 언제든지 교체하여 장착할 수 있습니다. 또한, 각 슈트의 일부분이 망가지면 고칠 수도 있고 다른 장치로 교환할 수도 있습니다. 객체지향 프로그래밍은 아이언맨의 슈트처럼 여러 가지 기능을 별도로 만들어 놓고 필요할 때 언제든 선택해서 사용할 수 있는 특징이 있습니다.

그러나 헐크는 어떤가요? 교체라는 것이 없습니다. 배너 박사 자신이 변신하면 끝입니다. 배너 박사 자신이 헐크가 되는 것입니다. 이것이 절차적 프로그래밍이라 생각하면 됩니다.

객체지향 프로그래밍의 장점을 말할 때 첫 번째로 "유지 보수성"을 꼽습니다. 아이언맨은 싸우다가 슈트가 망가지면 기존의 슈트를 과감히 버리고 새로운 슈트를 장착해 다시 싸울 수 있습니다. 그런데 헐크는 싸우다 다쳤다고 손쉽게 교체할 수 없습니다. 다친 곳이 어디고 상처로 인해 다른 곳에 영향은 없는지 파악해 치료받아야 합니다.

프로그램에서도 이와 마찬가지로 절차적 프로그래밍에서 변경이 발생하면 다른 곳에 영향을 주기 때문에 프로그램 전체를 살펴보고 변경해야 합니다. 그러나 객체지향 프로그래밍에서는 변경된 부분만 교체하면 되므로 프로그램을 유지하고 관리하기가 편리합니다.

5.1.1. 그러니까 객체란 말이지...

객체지향 언어인 자바를 학습하면서 '객체'라는 단어가 나오면 대부분 학습자가 머리를 쥐어짜는 모습을 보았습니다. 하지만 저는 프로그래밍 개념을 너무 학문적으로 접근하지 않아도 된다고 생각합니다.

토니 스타크가 모든 아이언맨 슈트를 착용하고 있는 것은 아닙니다. 슈트들이 준비되어 있다가 위급한 상황에서 슈트를 불러 착용합니다. 즉, 마크6 슈트를 착용하다가 마크16 슈트로 변경할 수 있습니다. 이처럼 언제든지 사용할 수 있도록 준비된 아이언맨 슈트가 **객체**라고 생각하면 됩니다.

이렇게 객체 단위로 작업하면 아이언맨 슈트처럼 객체를 준비하고 있다가 언제든지 자유롭게 가져다 사용할 수 있으며, 토니만 착용할 수 있는 것이 아니라 다른 사람도 착용할 수 있습니다. 이런 것을 "재사용한다"라고 말합니다.

다음은 세 개의 아이언맨 슈트에 대한 모습과 특징을 가정한 표입니다.

표 아이언맨 슈트의 특징

아이언맨 슈트 특징
이름: 마크6
닉네임: 없음
색상: 빨강
무기: 필살 레이저, 미사일, 리퍼설 광선 아크레이저
비행: 가능
이름: 마크16
닉네임: 나이트클럽
색상: 검정
무기: 미사일
기능: 첩보, 정찰용 슈트
비행: 가능
이름: 마크38
닉네임: 이고르
색상: 파랑
무기: 강력한 파워
기능: 파워용 슈트
비행: 가능

위에서 설명한 세 가지 슈트 외에도 더 많은 종류의 슈트가 있겠지만 모두 '아이언맨 슈트'라고 부릅니다. 이때 아이언맨 슈트를 객체로 볼 수 있습니다. 객체지향 프로그래밍에서는 무엇이든 객체 단위로 작업하므로 먼저 프로그램을 구현하기 전에 **어떤 객체를 어떻게 만들지 정의**해야 합니다. 이러한 과정은 마치 "마크6에 대해 설명해주세요"라는 요청에 대답하는 것과 같습니다.

> "마크6의 키는 185 정도이고 몸무게는 100kg 정도이며 슈트의 색상은 빨간색입니다. 비행할 수 있으며 공격 무기는 일회용인 필살 레이저와 손에서 미사일을 발사할 수 있습니다."

마크6에 대해 설명했지만 다른 슈트를 설명할 때도 공통으로 적용되는 항목들이 있을 겁니다. 키, 몸무게, 슈트 색상, 비행 가능 여부, 공격 무기 등이 공통 항목이라고 볼 수 있습니다. 이러한 공통 항목들을 아이언맨 슈트의 특징이라고 말할 수 있습니다.

이처럼 객체를 설명할 때 해당 객체의 특징, 즉 공통으로 적용되는 항목을 나열해보는 것으로 객체를 어떻게 만들 것인지 정의할 수 있습니다.

5.1.2. 객체를 모델링해보자

이제 객체를 좀 더 구조적으로 표현해봅시다. 객체를 구조적으로 표현할 때는 앞에서 아이언맨 슈트의 특징 중 공통으로 적용되는 항목을 **객체명과 속성, 동작**으로 추려서 정리합니다. '객체명'에는 객체를 나타낼 수 있는 이름을 부여하고, '속성'에는 객체만이 가진 고유한 특성을 지정하며, '동작'에는 글자 그대로 객체가 수행하는 동작을 지정합니다. 다음은 앞에서 서술한 아이언맨 슈트를 구조적으로 표현한 예입니다.

표 아이언맨 슈트에 대한 객체 모델링

객체명	아이언맨 슈트
속성	이름: 마크6
	키: 185
	몸무게: 100
	색상: 빨강
	비행: 가능
동작	이륙하다
	착륙하다
	레이저를 쏘다
	미사일을 발사하다

일반적으로 객체를 말할 때 다음처럼 정의하기도 합니다.

객체 = 속성 + 동작

즉, 객체는 속성과 동작으로 이루어졌다는 의미입니다. 우리가 아이언맨 슈트에 대해 서술하고 이를 구조적으로 표현하면서 속성과 동작으로 분류한 것도 바로 이 때문입니다. 이처럼 객체지향 프로그램을 구현하기 위해 객체를 선정하고 객체의 속성과 동작을 정의하는 것을 '객체 모델링'이라고 합니다. 이렇게 객체를 모델링하면 해당 객체의 특성을 쉽게 알 수 있습니다.

5.2. 클래스란 무엇일까?

이제 객체가 무엇인지 대충 알겠지요? 그런데 컴퓨터 프로그래밍으로 객체를 만들려면 클래스가 필요합니다. 클래스(class)는 객체를 만드는 틀이라고 생각하면 쉽습니다. 앞에서 예로 든 마크6, 마크16 등의 아이언맨 슈트를 만들려면 각 슈트가 가진 공통적인 특징을 알아야 했습니다. 그래서 우리는 이러한 특징들을 구조화하는 객체 모델링을 했습니다. 이제 객체를 모델링한 결과를 바탕으로 클래스를 만들어 보겠습니다.

5.2.1. 클래스 다이어그램

객체지향 프로그래밍은 객체 단위로 작업하므로 먼저 해야 할 일은 객체를 뽑아내는 일, 즉 객체를 구조화하는 객체 모델링입니다. 객체 모델링이 완료되면 이것을 프로그래밍 언어로 표현할 수 있도록 '클래스 다이어그램'을 작성합니다. 클래스 다이어그램은 객체 모델링에서 표현된 구조를 프로그래밍 언어로 표현하기 쉽게 작성한 것입니다.

클래스 다이어그램에서는 객체 모델링에서 사용했던 용어를 다음처럼 다르게 표현합니다.

표 클래스 다이어그램의 구성요소

객체 모델링	클래스 다이어그램	설명
객체	클래스	객체를 대표하는 클래스 이름 정의
속성	필드	객체가 가진 고유한 특성을 정의
동작	메서드	객체가 할 수 있는 동작을 정의

구성요소의 내용은 그대로입니다. 단지 사용하는 용어가 달라졌을 뿐입니다. 객체는 '클래스'로, 속성은 '필드'로, 동작은 '메서드'로 변경됩니다. 다음은 모델링된 객체를 간략하게 클래스 다이어그램으로 변환한 예입니다.

객체 모델링	
객체	아이언맨 슈트
속성	이 름: 마크6 키 : 185 몸무게: 100 색 상: 빨강 비 행: 가능
행동	이륙하다 착륙하다 레이저를 쏘다 미사일을 발사하다

→

클래스 다이어그램	
클래스	Armor
필드	name : String height : int weight : int color : String isFly : boolean
메서드	takeOff() land() shootLaser() launchMissile()

그림 객체 모델을 클래스 다이어그램으로 변환

클래스 다이어그램을 작성할 때 필드와 메서드 표현 방법은 다음과 같습니다.

- 필드 → 이름 : 타입
- 메서드 → 이름( )

클래스 다이어그램에서는 필드에 대입할 실제 값이나 메서드가 어떻게 동작하는지 등의 구체적인 내용은 나타내지 않습니다. 클래스 다이어그램은 프로그램을 구현할 때 사용하는 참고 자료이므로 각 요소의 타입 또는 이름 정도만 간략하게 나타냅니다.

5.2.2. 클래스 기본 구조

모델링한 객체를 클래스 다이어그램으로 표현하는 작업을 마치면 마지막으로 클래스 다이어그램을 보고 자바 소스 파일을 작성합니다. 자바 소스 파일은 클래스 단위로 작성합니다. 여기서는 클래스의 기본 구조만 간략하게 살펴보고 자세한 내용은 이번 장을 진행하면서 차례로 소개하겠습니다. 먼저 클래스의 기본 구조는 다음과 같습니다.

【클래스 선언】

```
class 클래스명 {
    필드 선언;
    메서드 선언
}
```

다음은 앞에서 작성한 클래스 다이어그램을 클래스로 구현한 예입니다.

클래스 다이어그램을 기초로 작성한 클래스

```
class Armor {
    String name;
    int height;
    int weight;
    String color;
    boolean isFly;

    void takeOff() { }
    void land() { }
    void shootLaser() { }
    void launchMissile() { }
}
```

클래스 다이어그램으로 표현된 객체를 바탕으로 클래스를 구현할 때는 자바 문법에 맞게 표현해야 합니다. 자바 문법을 다시 한번 정리해 보겠습니다.

(1) 클래스 선언

```
class Armor {
}
```

클래스는 객체를 만드는 틀이라고 했습니다. 위와 같이 지정된 Armor는 클래스 이름이고 클래스 이름을 지정할 때는 class라는 예약어를 사용합니다. 클래스 이름은 다음의 규칙을 지켜 작성합니다.

- 클래스 이름은 객체를 대표하는 이름으로 지정한다.
- 자바 소스 파일 이름과 클래스 이름은 같아야 한다.
- 문자, 숫자, '_', '$'를 사용할 수 있다.
- 첫 글자는 숫자를 사용할 수 없고, 대문자로 시작하는 것이 관례다.
- 공백을 가질 수 없다.
- 여러 단어가 사용되는 경우 단어의 첫 글자를 대문자로 시작하거나 밑줄(_)로 연결한다.

(2) 필드 선언

```
String name;
int height;
int weight;
String color;
boolean isFly;
```

필드(field)는 객체의 속성을 나타낸다고 했습니다. 그런데 필드 선언문을 보면 변수 선언문과 같습니다. 필드도 값을 대입할 수 있는 변수 중 하나입니다. 그래서 다른 객체지향 언어에서는 필드를 '멤버변수'라고 부르기도 합니다. 그렇지만 우리가 지금까지 사용했던 일반 변수와는 차이가 있습니다. 이러한 내용은 차츰 소개하겠습니다.

자바에서 클래스의 필드를 선언하는 문법은 다음과 같습니다.

【필드 선언】

<u>데이터 타입 변수 이름</u>;   또는   <u>데이터 타입 변수 이름 = 값</u>;

데이터 타입은 기본 타입과 참조 타입으로 지정하고 변수 이름을 지정할 때는 다음과 같은 규칙을 지켜야 합니다.

- 문자, 숫자, '_', '$'를 사용할 수 있다.
- 첫 글자는 숫자로 시작할 수 없고, 소문자로 시작하는 것이 관례다.
- 공백을 포함할 수 없다.
- 길이에 제한이 없다.

- 예약어를 사용할 수 없다
- 대소문자를 구분한다.
- 값이 변경되지 않는 변수의 이름은 모두 대문자로 지정하는 것이 관례다.

(3) 메서드 선언

```
void takeOff() { }
void land() { }
void shootLaser() { }
void launchMissile() { }
```

메서드(method)는 객체의 동작을 나타낸다고 했습니다. 아직 구체적으로 어떤 동작을 하는지는 나타내지 않았지만, 각 동작의 이름과 동작 후 메서드가 돌려주는 값의 타입을 지정했습니다.

자바에서 메서드를 정의하는 문법은 다음과 같습니다.

【메서드 정의】

<u>데이터 타입</u> <u>메서드 이름</u>( ) {
    <u>실행문</u>
}

이러한 문법으로 메서드를 정의(표현)하는 것을 **메서드 선언**이라고 합니다. 메서드는 실행문의 집합으로 말할 수도 있습니다. 객체의 동작을 논리적인 흐름에 맞게 실행문으로 작성하는 것입니다. 그리고 실행문을 모두 실행한 다음에는 특정한 값을 돌려줄 수 있는데, 메서드 선언에서 이 값의 타입을 메서드 이름 앞에 작성합니다. 여기에는 우리가 앞에서 학습했던 기본 또는 참조 데이터 타입을 지정할 수 있습니다. 만약, 메서드가 돌려주는 값이 없다면 void로 지정합니다. **void**는 값이 없음을 나타내는 예약어입니다.

메서드 이름을 지정할 때는 다음과 같은 규칙을 따릅니다.

- 첫 글자는 소문자로 시작한다.
- 메서드의 기능을 나타낼 수 있는 이름으로 지정한다.
- 메서드 이름은 공백을 가질 수 없다.
- 여러 단어가 있는 경우 새로운 단어에서 대문자로 시작하거나 밑줄(_)로 연결한다.
- 첫 글자는 숫자로 시작할 수 없다.

메서드에 관해서는 선언부터 호출, 반환, 오버로딩 등 이야기할 내용이 많습니다. 5.5절부터 자세하게 다룹니다.

5.2.3. 접근 제한자

프로그램은 여러 사람과 공동으로 개발하는 경우가 많고 처음부터 끝까지 개발자 한 명이 모든 코드를 직접 작성하는 경우는 없습니다. 어떤 기능은 다른 사람이 짠 소스를 가져다 써야 하고 체계적으로 정리된 라이브러리(클래스의 집합)를 사용하기도 합니다. 이것이 객체지향 프로그래밍의 장점 중 하나입니다.

이때 어떤 부분은 외부에서 사용할 수 있도록 공개하고 어떤 부분은 비공개로 해서 데이터를 보호해야 합니다. 그래야만 공유와 보호라는 균형을 맞출 수 있습니다. '접근 제한자(access modifier)'는 이처럼 각 요소에 접근 권한을 조절하는 방법입니다. 접근 제한자는 클래스와 필드, 메서드를 선언할 때 지정할 수 있습니다.

【형식】

```
접근 제한자 class 클래스명 {
    접근 제한자 필드 선언;
    접근 제한자 메서드 선언
}
```

접근 제한자란, 클래스, 필드, 메서드에 접근하여 사용할 수 있는 권한을 지정하는 것으로 자바는 `public`, `private`, `protected`, `default` 등 4개의 접근 제한자를 제공합니다. 클래스, 필드, 메서드에 접근할 때는 지정된 접근 제한자의 조건이 참일 때만 접근하여 사용할 수 있습니다(단, 클래스 선언에는 private, protected 접근 제한자를 지정할 수 없습니다). 각 접근 제한자의 접근 조건은 다음과 같습니다.

표 접근 제한 조건

접근 제한자	접근할 수 있는 조건
private	접근하는 곳이 같은 클래스인가?
(default)	접근하는 곳이 같은 패키지인가?
protected	접근하는 곳이 같은 패키지인가? 또는 상속 관계에 있는가?
public	조건 없이 무조건 접근 가능

(1) private

private의 접근 권한은 같은 클래스로 제한됩니다. 따라서 클래스, 필드, 메서드를 private 접근 제한자로 선언한다는 것은 외부에서 접근할 수 없도록 막는 것입니다. 외부에서 접근하는 것을 차단해 의도하지 않은 데이터 변형을 막는 것이 private으로 선언하는 목적입니다.

(2) default

default는 접근 제한자를 생략했을 때 자동으로 지정됩니다. 클래스, 필드, 메서드를 선언하면서 접근 제한자를 생략하면 접근하고자 하는 대상과 같은 패키지(5.3절 참고)에 있는 경우로 접근이 제한됩니다.

(3) protected

protected의 접근 권한은 같은 패키지로 제한됩니다. 그리고 패키지가 다를 때도 접근할 수 있습니다. 이때는 클래스끼리 서로 상속(7장 참고) 관계로 연결되어 있을 때입니다.

(4) public

public 접근 제한자는 클래스가 달라도, 패키지가 달라도 접근하여 사용할 수 있습니다. 외부에 공개해 누구나 사용할 수 있게 하려는 목적입니다.

이번 절에서는 간략하게 접근 제한자만 설명하였습니다. 다음 장에서 클래스 선언과 사용 방법에 대해 학습한 후 각 접근 제한자를 실습하면서 차이점을 알아보겠습니다.

5.3. 자바 소스 파일 파헤치기

이번 절에서는 자바 소스 파일이 어떻게 구성되어 있는지 살펴보겠습니다. 자바 소스 파일은 기본적으로 다음과 같은 구조로 되어 있습니다.

【자바 소스 파일 기본 구조】

```
package 패키지명;            ← ① 패키지 선언
import 패키지명.클래스명;     ← ② 클래스 임포트
제어자 class 클래스명 {       ← ③ 클래스 선언
    필드 선언;
    생성자 선언;
    메서드 선언;
}
```

5.3.1. 패키지 선언

자바 소스 파일의 기본 구조를 살펴보면 제일 처음 맞닥뜨리는 것이 package라는 키워드입니다. 패키지란, 클래스를 관리하는 방법이며 물리적으로는 파일 시스템의 디렉터리를 의미합니다. 프로그램을 개발하면서 생성되는 수많은 클래스는 적절한 관리가 필요합니다. 그렇지 않으면 많은 파일이 복잡하게 얽혀 있어서 재사용하거나 공동 작업하는 과정에서 어려움을 겪을 수밖에 없습니다. 우리가 다양한 파일을 정리할 때 디렉터리로 구분하듯 클래스도 디렉터리로 분류해 체계적으로 관리해야 합니다. 이때 사용하는 것이 패키지입니다.

클래스를 패키지로 구성하려면 먼저 소스 파일의 첫 번째 줄에 자신이 속한 패키지를 선언해줘야 합니다. 자바 소스 파일에서 패키지를 선언하는 방법은 다음과 같습니다.

【패키지 선언】

package 패키지명

소스의 첫 번째 줄에 package라는 예약어를 입력한 다음, 한 칸 띄우고 패키지 이름을 정확하게 지정합니다. 소스 파일에서 package 문은 주석을 제외하고 그 어떤 코드보다 가장 먼저 선언해야 합니다.

우리가 지금까지 이 책에서 작성한 모든 자바 파일의 package 문은 다음과 같습니다. 즉, edu라는 패키지로 구성한 것입니다.

```
Test.java
package edu;
public class Test {
    public static void main(String[] args) {
        ...
    }
}
```

만약, 위의 Test 클래스를 com.ruby.java.test1 패키지에 속하도록 선언하려면 다음처럼 작성합니다.

```
Test.java
package com.ruby.java.test1;
public class Test {
    public static void main(String[] args) {
        ...
    }
}
```

그러면 컴파일러가 해당 구조의 디렉터리를 자동으로 생성해줍니다. 다음과 같습니다.

```
└─com
    └─ruby
        └─java
            └─test1
                Test.class
```

그런데 패키지는 클래스를 디렉터리로 분류해주기도 하지만, 클래스를 고유하게 만들어주는 역할도 합니다. 컴파일러는 패키지명과 클래스명을 합쳐서 전체 이름으로 클래스를 구분합니다. 예를 들어 패키지를 다음처럼 구성했다고 가정해봅시다.

```
└─com
    └─ruby
        ├─java
        │   └─test1
        │       Test.class
        └─python
            └─test
                Test.class
```

여기서 두 클래스의 이름은 "Test"로 같지만, 전체 이름은 서로 다릅니다.

```
com.ruby.java.test1.Test
com.ruby.python.test.Test
```

따라서 결과적으로 서로 다른 클래스로 인식합니다. 즉, 클래스명이 같아도 서로 다른 패키지에 있다면 다른 클래스가 되는 것입니다.

(1) 명령 프롬프트에서 패키지 생성

이제 패키지가 무엇인지 알겠지요? 그러면 패키지를 구성하는 예제 소스를 작성해보고 이 파일을 명령 프롬프트에서 컴파일해보겠습니다. 우선, 다음처럼 Test.java 소스 파일을 작성하여 C:\java_test 폴더에 저장합니다.

Test.java
```
01: package com.ruby.java.test1;
02:
03: public class Test{
04:     public static void main(String[] args) {
05:         System.out.println("Hello");
06:     }
07: }
```

명령 프롬프트를 실행합니다. 명령 프롬프트를 실행하는 방법은 키보드에서 〈윈도우〉와 〈R〉 키를 누른 후 cmd를 입력하고 〈확인〉을 누릅니다.

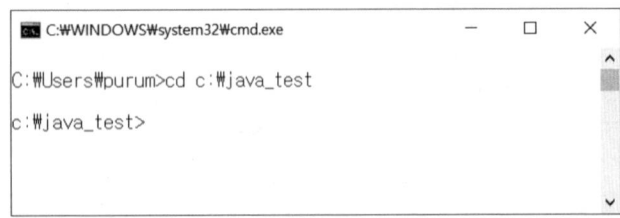

그림 명령 프롬프트 실행

다음의 명령문을 실행하여 java_test 폴더로 이동합니다.

    cd c:\java_test

그림 java_test 폴더로 이동

다음은 명령 프롬프트에서 자바 소스 파일을 컴파일하는 명령문입니다.

    javac Test.java

그런데 위와 같이 컴파일하면 실행 파일인 Test.class가 소스 파일이 저장된 디렉터리에 생성됩니다. 즉, package 문으로 선언한 구조로 디렉터리를 생성해주지 않습니다. 소스 파일에 지정한 패키지 구성으로 컴파일되게 하려면 컴파일 명령문에 옵션을 추가해야 합니다.

    javac -d . Test.java

명령문에서 -d는 directory를 의미하며 실행 파일을 생성할 디렉터리를 직접 지정하겠다는 옵션입니다. 그리고 점(.)은 현재 디렉터리를 의미합니다. 즉, 현재 디렉터리를 기준으로 패키지를 구성하겠다는 명령입니다. 물론, 점(.)이 아닌 다른 경로를 지정할 수도 있습니다.

위의 명령문을 실행하고 탐색기로 확인해보면 다음과 같이 java_test 디렉터리 아래 package 문에 선언된 구조대로 디렉터리가 생성되고, Test.class 파일이 생성되었음을 확인할 수 있습니다. 만약, 컴파일 시 이미 패키지가 존재하면 새로 생성하지 않고 기존 패키지를 그대로 사용합니다.

【실행결과】

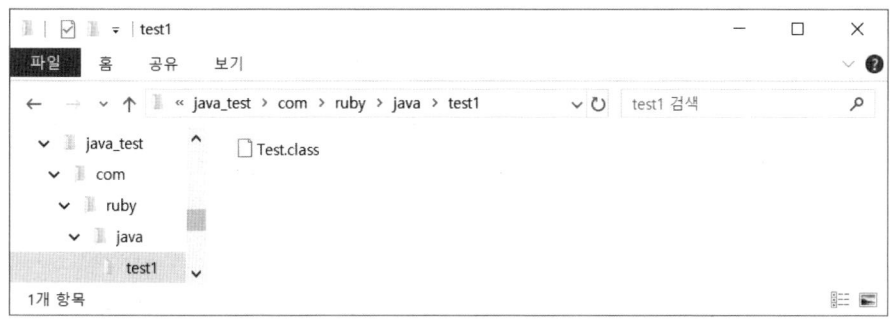

(2) 이클립스에서 패키지 생성

명령 프롬프트에서 컴파일할 때는 몇 가지 옵션으로 패키지가 자동 생성되었지만, 이클립스에서는 먼저 패키지를 생성한 후 해당 패키지에 파일을 생성하는 순서로 작업해야 합니다.

먼저, 이클립스의 패키지 탐색 창에서 패키지를 생성할 위치를 선택합니다. 예제에서는 src를 선택했습니다. 그리고 마우스 오른쪽을 눌러 단축 메뉴에서 [New → Package]를 선택합니다.

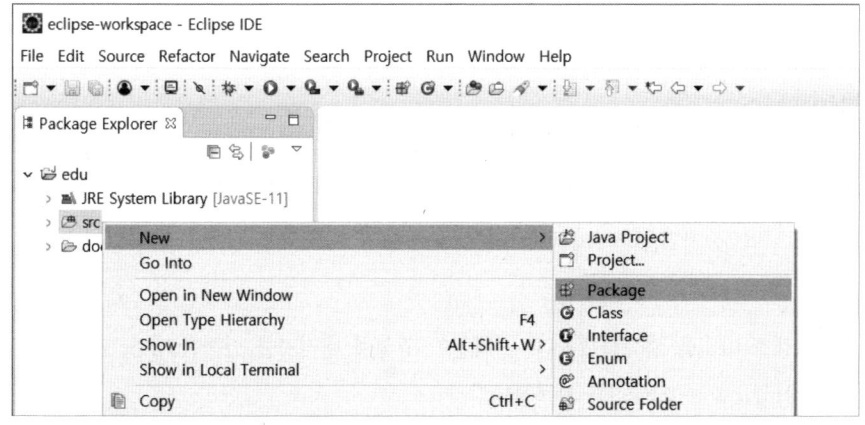

그림 패키지 생성 메뉴

Name에 생성하고자 하는 패키지 구조 com.ruby.java.test1을 지정한 후 〈Finish〉를 누릅니다.

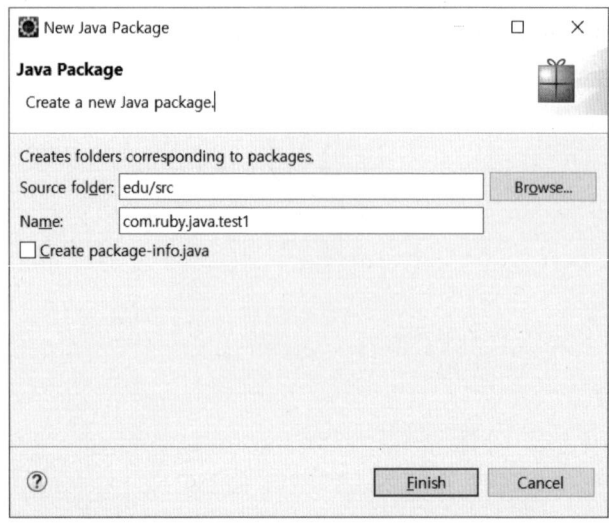

그림 새로 생성할 패키지 정보 입력

다음과 같이 패키지가 생성된 것을 확인할 수 있습니다.

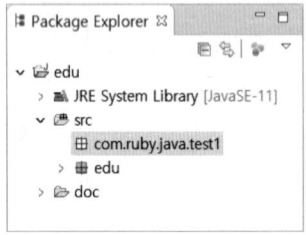

그림 새로 생성된 패키지 생성

이클립스에서 패키지 아이콘은 패키지 안에 내용이 있을 때와 없을 때 다르게 보입니다. 패키지가 비어 있을 때는 하얀색 소포꾸러미(⊞)처럼 표시하고 패키지 안에 내용이 있을 때는 갈색 소포꾸러미(⊞)로 표시합니다.

새로 생성한 패키지에 클래스 파일을 생성하겠습니다. 파일이 생성될 패키지를 선택한 다음, 마우스 오른쪽을 눌러 단축 메뉴에서 [New → Class]를 선택합니다.

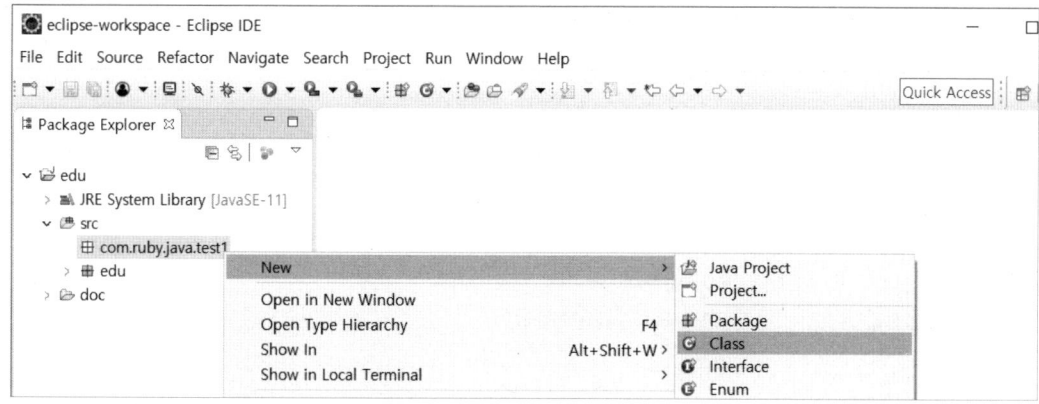

그림 패키지에 클래스 파일 생성

다음 화면에서 Package 항목을 확인합니다. 이전 단계에서 이미 com.ruby.java.test1 패키지를 선택해 진행했으므로 패키지가 자동으로 지정됩니다. Name 항목에 클래스 이름(Exam01)을 지정한 다음 〈Finish〉를 누릅니다.

그림 생성할 클래스 파일 정보 입력

com.ruby.java.test1 패키지에 파일이 생성되고, Exam01.java 소스 파일에는 package 문이 자동으로 선언된 것을 확인할 수 있습니다.

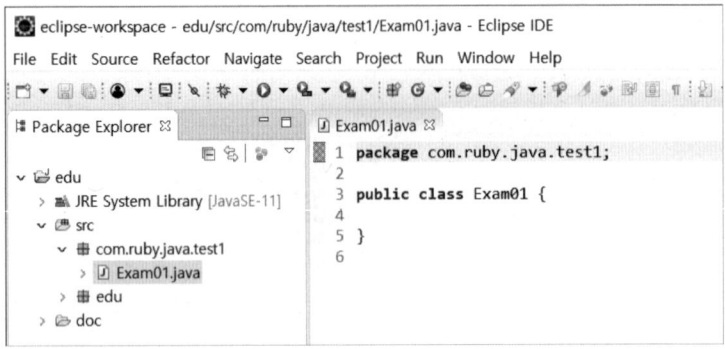

그림 패키지에 새로 생성된 클래스 파일

Exam01.java 파일은 소스 파일입니다. 실행에 사용되는 실행 파일은 소스 파일을 작성한 후 컴파일을 해야 생성됩니다. 그런데 이클립스에서는 소스 파일이 편집과 동시에 자동으로 컴파일됩니다. 자동으로 생성되는 실행 파일의 위치를 확인해보겠습니다.

프로젝트(edu)를 선택한 후 마우스 오른쪽을 눌러 단축 메뉴에서 [Build Path → Configure Build Path]를 선택합니다.

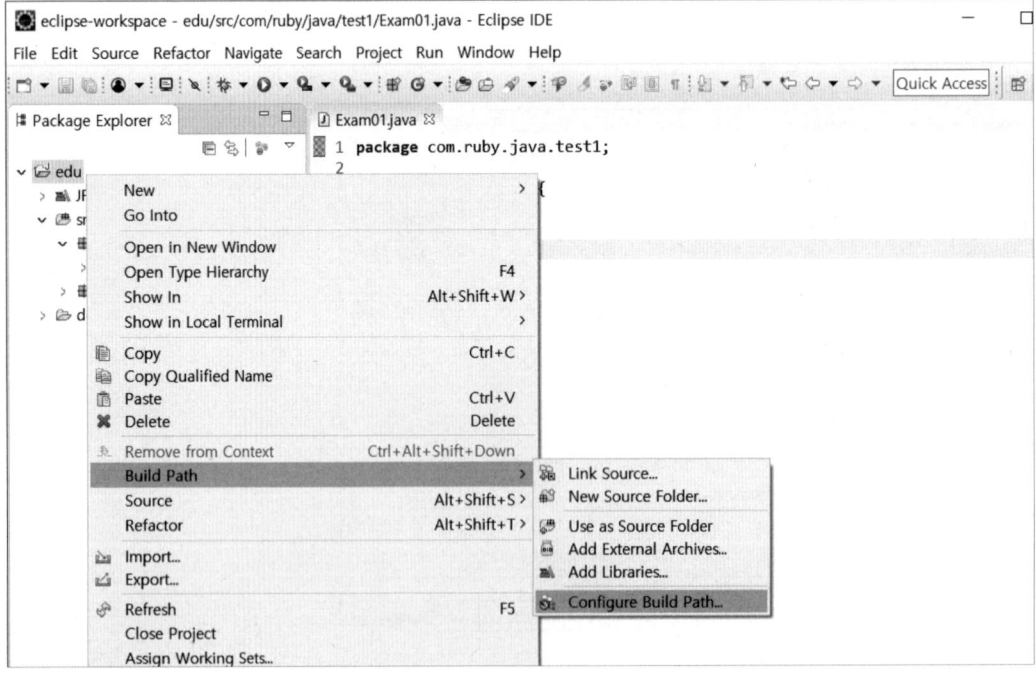

그림 빌드 경로 설정 메뉴

프로젝트 속성 창이 열리면 [Source] 탭을 선택합니다. 하단의 'Default output forlder' 항목이 컴파일된 실행 파일이 생성되는 디렉터리를 나타냅니다. 위치는 〈Browse〉를 눌러 변경할 수 있습니다. 우리는 기본값 그대로 사용하겠습니다. 〈Cancel〉을 눌러 종료합니다.

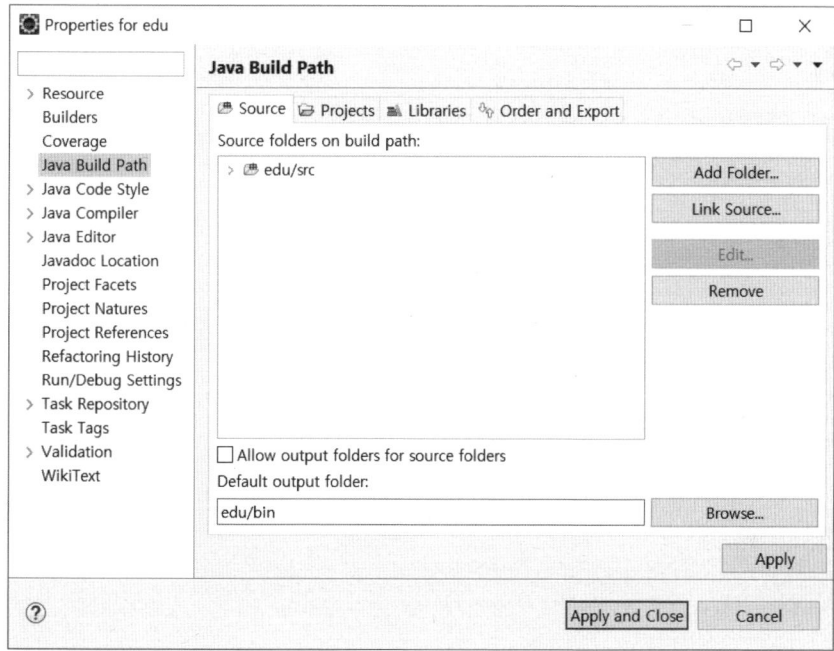

그림 빌드 경로 확인

> **? 실제 디렉터리 확인**
>
> 이클립스에서 생성된 패키지가 실제 만들어진 모습을 확인하고 싶다면 다음과 같은 방법으로 쉽게 확인할 수 있습니다. 패키지뿐만 아니라 파일이 저장된 위치도 확인이 가능합니다. 패키지 또는 파일명 위에서 마우스 오른쪽을 누릅니다. 단축 메뉴에서 [Properties]를 선택합니다.

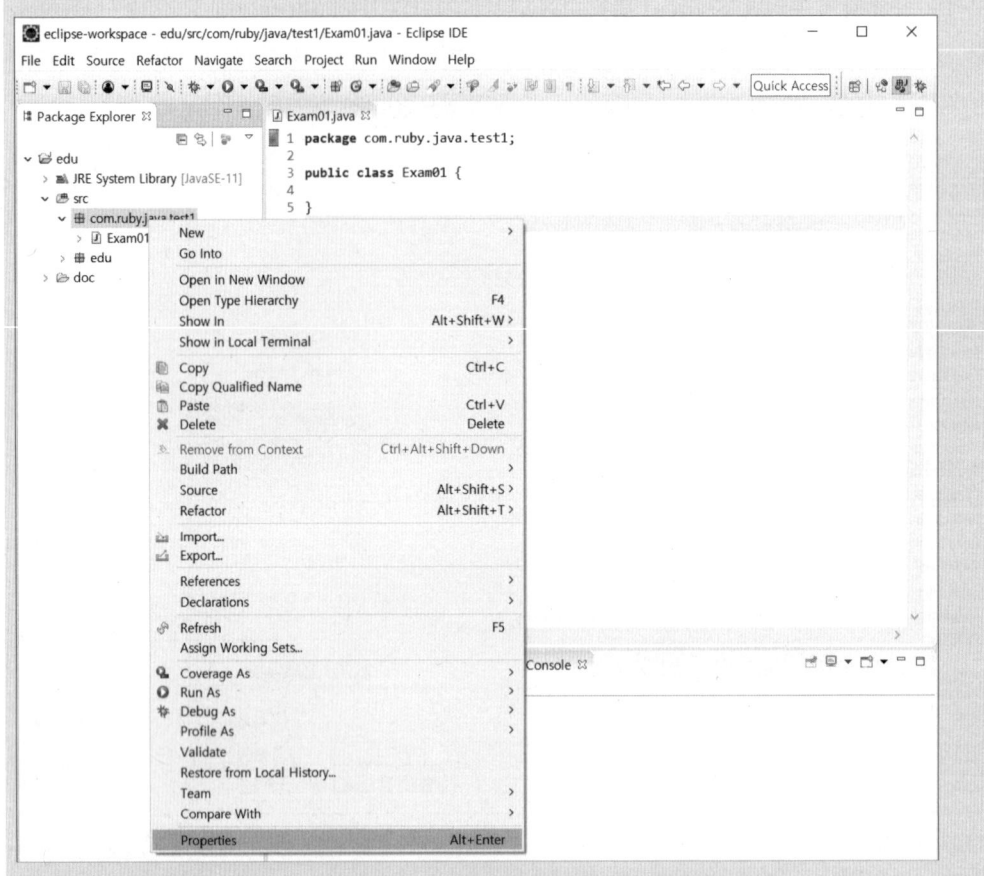

그림 패키지 속성 메뉴

Location 항목에 현재 패키지의 전체 경로가 표시됩니다. 옆에 아이콘을 클릭하면 탐색기가 열리고 표시된 위치로 이동하여 내용을 확인할 수 있습니다.

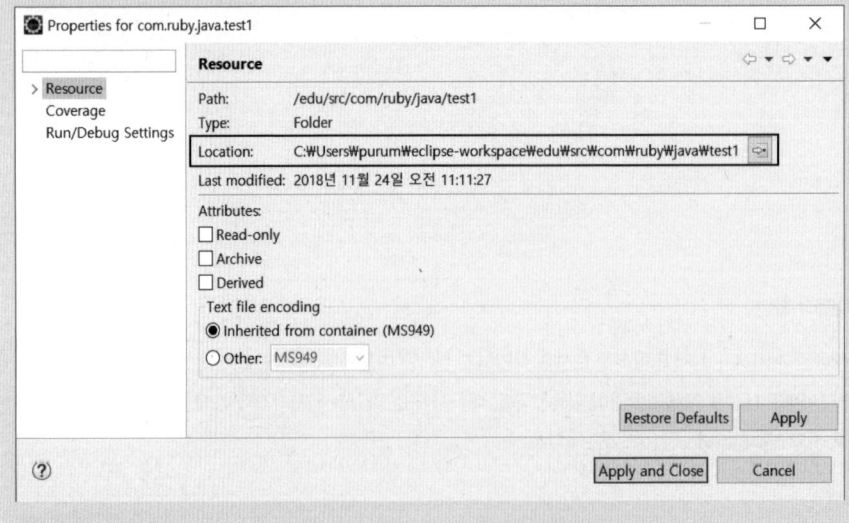

그림 패키지 경로 확인

5.3.2. 클래스 임포트

객체지향 프로그래밍은 기능을 객체 단위로 만들어 놓고 필요한 객체를 가져다 사용하는 방식입니다. 이때 사용하려는 객체는 클래스 파일로 만들어져 있어야 합니다. 그런데 객체를 가져다 사용할 때 현재 객체와 같은 패키지에 있는 경우는 상관없지만, 다른 패키지에 있는 경우는 어떤 패키지에 속해 있는지를 소스 파일에 표시해주어야 합니다. 이처럼 사용하려는 객체가 속한 패키지 정보를 나타내주는 것이 import 문입니다.

import 문은 다음과 같은 형식으로 사용합니다.

【import 문】

import 패키지명[.하위 패키지명].클래스명;

또는

import 패키지명[.하위 패키지명].*;

예를 들어, 다음과 같은 구조의 파일들이 있다고 가정하겠습니다.

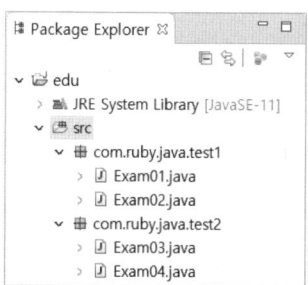

그림 프로젝트 구조

Exam01에서 Exam02를 사용할 때는 서로 같은 패키지에 있으므로 import 문을 생략해도 되지만, Exam01에서 Exam03을 사용할 때는 서로 다른 패키지에 있으므로 다음처럼 import 문으로 사용하려는 객체의 패키지명을 지정해주어야 합니다.

```
1  package com.ruby.java.test1;
2
3  import com.ruby.java.test2.Exam03;
4
5  public class Exam01 {
6
7  }
```

그림 import 문 사용 예

만약, Exam01에서 Exam03뿐만 아니라 Exam04를 사용한다면, 역시 패키지가 다르므로 어떤 패키지에 있는 누구인지를 import 문으로 지정해주어야 합니다.

```
1  package com.ruby.java.test1;
2
3  import com.ruby.java.test2.Exam03;
4  import com.ruby.java.test2.Exam04;
5
6  public class Exam01 {
7
8  }
```

그림 import 문 사용 예

import 문에는 패키지명과 함께 클래스의 전체 이름을 정확하게 작성해야 합니다.

```
import com.ruby.java.test2.Exam03;
import com.ruby.java.test2.Exam04;
```

위의 import 문은 사용하려는 객체인 Exam03과 Exam04가 같은 패키지에 있습니다. 이럴 때는 위의 코드 대신 다음처럼 작성해도 됩니다. import 문의 *는 모든 파일을 의미합니다.

```
import com.ruby.java.test2.*;
```

그런데 import 문에서 *를 사용할 때 주의사항이 있습니다. * 문자는 패키지의 모든 파일만을 의미합니다. 하위 패키지는 제외입니다. 다음과 같이 com.ruby.java.test2.io 패키지에 Exam05 클래스가 추가된 경우에 import com.ruby.java.test2.*; 명령은 Exam03과 Exam04 파일만 의미하며 com.ruby.java.test2.io 패키지는 제외입니다.

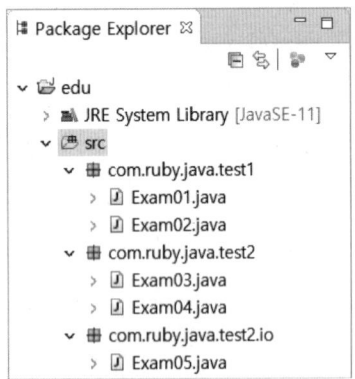

그림 패키지 구성 예

따라서 하위 패키지까지 포함하려면 다음처럼 추가로 하위 패키지를 import해야 합니다.

```
import com.ruby.java.test2.*;
import com.ruby.java.test2.io.*;
```

5.3.3. 클래스 선언

모델링된 객체를 프로그램에서는 클래스로 표현하며 자바 소스에서 클래스는 다음과 같은 문법으로 선언합니다.

【클래스 선언】

<u>제어자</u> class <u>클래스 이름</u> {
}

클래스의 제어자는 접근 제한자 default, public과 abstract를 사용할 수 있습니다. 접근 제한자는 클래스를 사용할 수 있는 권한을 의미합니다. abstract 제어자에 대해서는 다음 장에서 자세하게 살펴봅니다.

다음은 지금까지 살펴본 자바 소스 파일의 전체적인 레이아웃을 보여줍니다. 자바 소스 파일은 항상 다음과 같은 구조로 만들어져야 하며, 각 위치에서 구현 내용만 클래스에 따라 달라집니다.

```
Armor.java
package com.ruby.java.test1;       ← 패키지 선언

import com.ruby.java.test2.*;
import java.util.List;             ← 클래스 임포트
import java.io.*;

public class Armor {               ← 클래스 선언
    private int height;
    public void setHeight(int value) {
        height = value;
    }
}
```

5.4. 필드

이번 절에서는 앞에서 언급한 필드에 대해 좀 더 자세하게 알아보겠습니다. 객체의 속성을 클래스로 표현할 때 필드로 표현합니다. 필드를 선언하는 문법은 다음과 같습니다.

【필드 선언】

<u>제어자</u> <u>데이터 타입</u> <u>필드명</u>;
   ①   ②   ③

① 필드를 선언할 때 제어자에는 접근 제한자(private, default, protected, public)와 final, static을 사용할 수 있습니다. final과 static 제어자에 대해서는 다음 장에서 자세하게 다룹니다.

② 데이터 타입은 필드가 저장하는 값의 타입을 지정하며 절대 생략할 수 없습니다. 데이터 타입에는 기본 데이터 타입(byte, short, int, long, float, double, char, boolean)과 참조 타입(배열, 클래스, 인터페이스)을 지정할 수 있습니다.

③ 필드가 저장하는 값의 성격을 나타낼 수 있는 이름으로 개발자가 지정합니다. 필드명은 소문자로 시작하는 것이 관례이며, 제어자로 final을 선언했을 때는 변수의 이름을 모두 대문자로 지정하기도 합니다.

필드 선언문은 변수 선언문과 비슷하지만 둘은 차이가 있습니다. 필드는 클래스에서 객체의 속성을 표현하고, 변수는 메서드에서 필요한 값을 잠시 저장할 목적으로 선언합니다. 둘은 선언하는 위치와 사용 가능한 범위가 다릅니다. 필드는 메서드 밖에 선언해 메서드 안이든 밖이든 어디서나 사용할 수 있고, 변수는 메서드 안에 선언해 메서드 안에서만 사용할 수 있습니다. 이것은 필드의 생명주기와 변수의 생명주기가 다르기 때문입니다. 생명주기란 메모리에 생성되고 삭제되는 기간을 의미합니다. 이와 관련된 내용은 이후에 자세히 다루겠습니다.

다음 자바 소스 파일에는 Armor 클래스를 선언하였습니다.

Armor.java
```
01 : package edu;
02 :
03 : public class Armor {
04 :     private String name;
05 :     private int height;          
06 :     private int weight;          ← 필드
07 :     private String color;
08 :     private boolean isFly;
09 :
```

```
10 :     public void setName() {
11 :         String value = "mark6";    ← 변수
12 :         name = value;
13 :     }
14 :
```

클래스에 선언된 name, height, weight, color, isFly 필드는 모두 Armor 객체의 속성을 표현합니다. 그리고 소스의 11번 줄에 선언된 value 변수는 문자열 "mark6"을 저장해서 setName( ) 메서드에서 사용할 목적으로 메서드 안에서 선언한 지역변수입니다. 필드와 변수의 구체적인 차이점과 사용 방법에 대해서는 이후에 자세하게 다룹니다.

5.5. 메서드

메서드는 클래스에서 객체의 동작을 표현한 것이며 동작을 위한 실행문을 포함합니다. 다음은 자바에서 메서드를 선언하는 기본 문법입니다.

【메서드 선언】

<u>제어자</u> <u>반환 타입</u> <u>메서드명(매개변수)</u> {
　①　　②　　　③　　　④
　　<u>실행문</u>;
　　　⑤
}

① 메서드를 선언할 때는 접근 제한자 private, default, protected, public를 지정할 수 있습니다. 또한, final, static, abstract와 같은 제어자를 사용할 수 있습니다.

② 메서드의 반환 타입은 해당 메서드가 실행된 다음 돌려주는 값의 타입을 의미합니다. 만일 돌려주는 값이 없으면 void로 지정합니다.

③ 메서드 이름은 보통 첫 글자를 소문자(숫자는 안 됨)로 시작해 메서드의 기능을 나타낼 수 있는 이름으로 지정합니다. 공백을 가질 수 없으며 여러 단어로 표현하려면 새로운 단어에서 대문자로 시작하거나 밑줄(_)로 연결합니다.

④ 매개변수는 메서드가 실행될 때 함께 전달되는 값을 저장하는 변수입니다.

⑤ 메서드가 어떻게 동작하는지 나타내는 명령문입니다. 메서드의 실행 명령문들은 메서드의 본문, 즉 메서드의 블록 { } 안에 지정합니다.

다음은 자바 코드로 takeoff( )라는 메서드를 구현한 예입니다.

```
void takeOff() {        ← 메서드 선언부
    System.out.println("엔진을 구동하다");
    System.out.println("속도를 높이다");       ← 메서드 본문
    System.out.println("비행하다");
}
```

위의 takeOff( ) 메서드는 제어자를 특별히 지정하지 않았으므로 접근 제한자는 default로 적용됩니다. 또한, 메서드가 실행된 후 돌려주는 값이 없으므로 반환 타입은 void로 지정했으며, 매개변수도 없어서 메서드 이름 다음에 괄호 안을 비어 두었습니다. 메서드 본문에는 출력문 세 개로 해당 메서드의 기능을 나타냈습니다.

5.5.1. 메서드 호출

메서드 본문에 있는 명령문들은 누군가 메서드의 이름을 불러줄 때 실행됩니다. 그 전에는 단지 선언만 된 것입니다. 이처럼 누군가 메서드 이름을 불러주는 것을 "메서드 호출" 또는 "메서드 콜"이라고 합니다.

메서드를 호출하여 메서드의 본문을 실행할 수 있도록 하는 명령문은 다음과 같습니다.

【메서드 호출】

<u>메서드명( );</u>

다음은 메서드를 호출할 때 실행 흐름을 나타낸 것입니다.

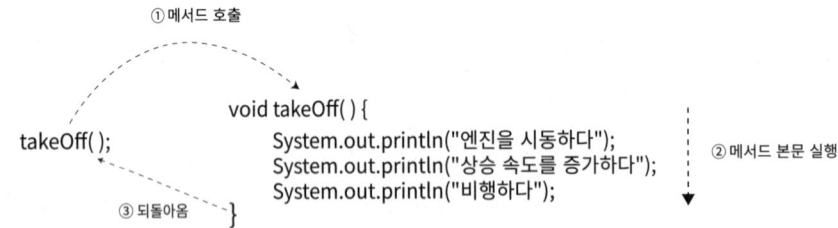

그림 메서드 호출 때 실행 흐름

takeOff( ); 명령문으로 takeOff( ) 메서드를 호출하면 ① 프로그램 실행 흐름이 메서드 본문으로 이동합니다. 그리고 ② 메서드 본문에 있는 명령문들을 모두 실행한 후 ③ 메서드를 호출한 곳으로 다시 이동합니다.

5.5.2. 메서드 실행을 멈추고 값 반환하기

return은 메서드의 실행을 중지하는 명령문입니다. 메서드 본문에 해당 메서드가 수행하는 명령들을 모두 나열한 다음, 실행을 멈추고 메서드를 호출한 곳으로 되돌아가고 싶을 때 return 문을 사용합니다. 그런데 다음 코드는 return 문 다음에 오류가 발생합니다.

```java
public void takeOff() {
    System.out.println("엔진을 시동하다");
    System.out.println("엔진 시동이 실패하다");
    return;
    System.out.println("상승 속도를 증가하다");      ← 오류 발생
    System.out.println("비행하다 ");
}
```

return은 메서드의 실행을 종료하는 명령문이므로 다음에 실행문이 나온다는 것은 논리적으로 잘못된 구현입니다. return 문은 메서드의 기능을 더 진행할 필요가 없는 상황에서 사용합니다. 예를 들어 메서드를 실행하면서 원하는 결괏값을 얻은 경우나 잘못된 상황 또는 잘못된 값이 발생한 경우입니다.

(1) 반환값

return 문은 메서드의 실행을 중지하고 메서드를 호출한 곳으로 되돌아가게 하는 명령입니다. 그런데 메서드를 호출한 곳으로 되돌아가면서 특정한 값을 전달할 수 있습니다. 이것을 '반환값'이라고 합니다. 반환값을 지정하고 싶다면 return 다음에 작성하면 됩니다. 문법은 다음과 같습니다.

【반환값】

```
return 값;
```

다음 예에서 return 다음에 false를 작성했습니다. 이것은 반환값을 false로 지정한 것이며 이 값은 메서드를 호출한 곳으로 전달됩니다.

```java
public void takeOff() {
    System.out.println("엔진을 시동하다");
    System.out.println("엔진 시동이 실패하다");
    return false;
}
```

그런데 위의 코드는 컴파일 오류가 발생합니다. 이유는 메서드 선언부에 반환 타입이 void로 지정되어 있기 때문입니다. void는 값이 없다는 의미로 return될 때 돌려주는 값, 즉 반환값이 없다는 뜻입니다. 그러니까 메서드 선언부에는 반환값이 없다고 해놓고, return 문에서는 값(예에서는 false)을 반환하고 있어서 오류가 발생한 것입니다.

이를 바로 잡으려면 반환값에 맞게 메서드 선언부에서 반환 타입을 고쳐주면 됩니다. fasle의 반환 타입은 boolean이죠?

```java
public boolean takeOff() {
    System.out.println("엔진을 시동하다");
    System.out.println("엔진 시동이 실패하다");
    return false;
}
```

이처럼 메서드를 선언할 때는 반드시 반환값과 반환 타입을 맞춰주어야 합니다. 다음 코드도 같은 예입니다.

```java
public int takeOff() {
    System.out.println("엔진을 시동하다");
    System.out.println("엔진 시동이 실패하다");
    return 0;
}
```

(2) 반환값 사용

반환값은 메서드를 호출한 곳에 돌려주는 값입니다. 만약, 어떤 메서드가 다음 그림처럼 0을 반환한다면 메서드 호출문이 있던 자리는 0으로 변경됩니다.

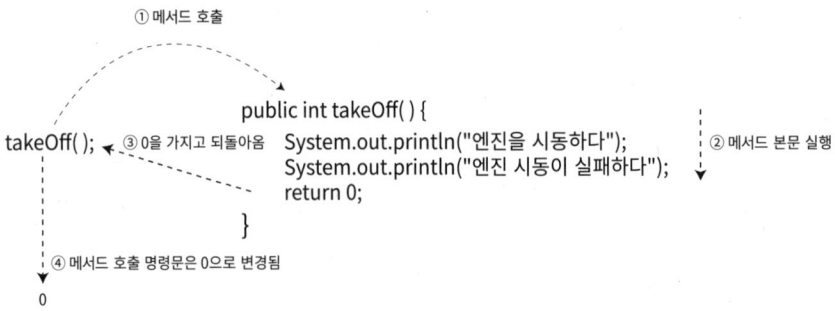

그림 반환값이 있는 메서드 호출 실행 흐름

다음처럼 호출된 메서드가 실행을 마치면 메서드 호출문은 메서드가 돌려준 값으로 대체됩니다. 이렇게 돌려받은 값을 계속 사용하고 싶다면 변수에 저장해야 합니다.

다음은 변수를 선언해 메서드가 돌려주는 값을 저장하는 코드입니다. 이때, 메서드가 돌려주는 값을 저장하는 변수의 타입은 메서드의 반환 타입과 같아야 합니다. 그렇지 않으면 타입 오류가 발생합니다.

```
int result = takeOff()
    ①         ③    ②
```

위 코드가 실행되는 순서는 다음과 같습니다.

① int 타입의 값을 저장할 수 있는 변수 result를 생성한다.

② takeOff( ) 메서드가 호출돼 메서드 본문이 실행된다.

③ takeOff( ) 메서드 실행이 완료되면(메서드에서 return 문을 만나면) 돌려주는 값을 result 변수에 저장한다.

그런데 이처럼 메서드의 반환값을 변수에 대입해 사용할 때 주의할 점이 있습니다. void로 선언된 메서드는 사용할 수 없다는 것입니다. 다음 코드를 살펴보겠습니다.

```
public void takeOff() {
    System.out.println("엔진을 시동하다");
}
```

이처럼 반환값이 없는, 즉 void로 선언된 메서드를 다음처럼 대입문에서 호출하면 오류가 발생합니다.

```
int result = takeOff();
```

위 코드는 "takeOff( ) 메서드를 실행하고 돌려주는 값을 result 변수에 저장하라"는 명령문입니다. 그런데 takeOff( ) 메서드는 돌려주는 값이 없으므로 오류가 발생합니다.

5.5.3. 매개변수

매개변수는 메서드가 호출될 때 함께 전달되는 값을 받아서 처리하려는 목적으로 선언하는 변수입니다. 메서드의 명령문들을 실행하기 위해 필요한 데이터는 메서드를 호출하는 곳으로부터 전달받을 수 있는데, 이것을 '인자(argument)'라고 합니다. 인자값은 반환값과 반대입니다. 반환값은 실행되는 메서드가 메서드를 호출하는 곳으로 전달하는 값이고, 인자값은 메서드를 호출하는 곳에서 메서드로 전달하는 값입니다. 그리고 인자값을 받아서 저장하는 변수를 '매개변수(parameter)'라고 합니다.

아래 코드에서 value는 메서드를 호출하는 곳에서 전달하는 값(인자값)을 저장하기 위해 선언된 매개변수입니다.

```
public void speedUp(int value) {
    int speed = value;
}
```

다음 코드에서 speedUp(90);은 speedUp( ) 메서드를 호출하면서 인자값 90을 전달하고 있습니다. 인자값으로 전달되는 90은 speedUp( ) 메서드가 실행되면서 생성되는 매개변수 int value 변수에 저장됩니다.

```
public void speedUp(int value) {
    int speed = value;
}
...
speedUp(90);
```

아래 코드는 int value, int maxValue 두 개의 매개변수를 선언하였습니다. 매개변수를 선언할 때는 원하는 개수만큼 다양한 타입으로 선언할 수 있습니다.

```
public void speedUp(int value, int maxValue) {
    int speed = value;
    int maxSpeed = maxValue;
}
```

주의할 점은 메서드를 호출할 때 반드시 매개변수의 타입과 개수에 맞춰 인자값을 순서대로 지정해야 합니다. 여러 개의 매개변수를 선언하거나 인자를 전달할 때는 콤마(,)를 구분자로 이용합니다.

5.6. 메서드 오버로딩

이쯤되면 메서드에 대해서 어느 정도 감이 잡혔을 겁니다. 이번에는 같은 이름의 메서드를 선언하는 방법을 살펴보겠습니다. 먼저 다음의 코드를 확인합니다.

```
public void speedUp(int value) {
  int speed = value;
}
public void speedUp(int value, int maxValue) {
  int speed = value;
  int maxSpeed = maxValue;
}
```

메서드는 한 클래스에서 몇 개든지 선언할 수 있습니다. 그런데 위에 있는 두 개의 메서드는 이름이 서로 같습니다. 자바는 기본적으로 이렇게 같은 이름으로 메서드를 선언할 수 없습니다. 그런데 한 가지 방법이 있습니다. 매개변수 구성(개수와 타입)을 다르게 하면 가능합니다. 그렇지 않고 이름도 같고 매개변수 구성도 같게 선언하면 오류가 발생합니다. 이처럼 같은 이름의 메서드를 매개변수 구성만 다르게 해서 선언하는 것을 '메서드 오버로딩(method overloading)'이라고 합니다.

그럼 메서드 오버로딩을 하는 이유는 무엇일까요? 다음은 어떤 클래스가 가지고 있는 메서드 목록입니다. 'print'라는 이름의 메서드가 여러 개 보입니다. print 메서드를 오버로딩한 것입니다.

```
void  print(boolean b)    prints a boolean value.
void  print(char b)       prints a character.
void  print(char[] b)     prints an array of characters.
void  print(double b)     prints a double-precision floating-point number.
void  print(float b)      prints a floating-point number.
void  print(int b)        prints an integer.
void  print(long b)       prints a long integer.
void  print(Object b)     prints an object.
void  print(String b)     prints a string.
```

그림 메서드 오버로딩 예

이 목록에 있는 print( ) 메서드들은 모두 인자로 전달받은 값을 출력합니다. 단지, 매개변수로 전달받는 인자값이 다를 뿐입니다. 이처럼 수행하는 기능은 같고 전달받는 값에 따라 조금씩 다르게 처리하고 싶을 때 메서드 오버로딩을 이용합니다. 만약, 메서드 오버로딩을 이용하지 않는다면 메서드 이름을 모두 다르게 지정해야 합니다. 그러면 만드는 사람이나 이용하는 사람이나 모두 힘들겠죠? 이것이 메서드 오버로딩이 있는 이유입니다.

(1) 오버로딩 메서드 호출

그렇다면 메서드를 오버로딩하여 같은 이름의 메서드가 여러 개라면 어떻게 호출할까요? 이름이 같은 메서드를 컴퓨터는 어떻게 구별할까요? 답은 메서드를 호출할 때 함께 전달하는 인자값에 있습니다. 만일 다음처럼 두 메서드를 선언했다고 가정해봅시다.

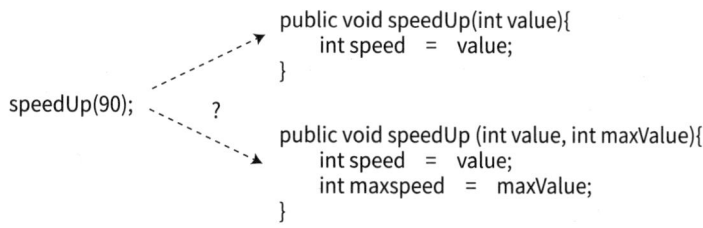

그림 어떤 것을 호출할까요?

그림에서 speedUp(90); 메서드 호출문은 int 타입의 값 90 하나만 전달했습니다. 그러면 오버로딩된 메서드 중 매개변수 개수와 타입이 같은 메서드가 호출됩니다. 따라서 speedUp(int value) 메서드가 실행됩니다.

(2) 매개변수 타입이 달라도 호출?

컴파일러가 오버로딩된 메서드를 호출할 때는 다음의 우선순위로 검사해서 일치하는 메서드를 선택합니다.

1. 매개변수의 개수가 메서드 호출 시 전달한 인자값의 개수와 같은 메서드를 선택한다.
2. 매개변수의 타입이 메서드 호출 시 전달한 인자값의 타입과 같은 메서드를 선택한다.

만약, 다음처럼 오버로딩된 메서드가 있을 때 speedUp(90); 호출문은 어떤 메서드를 실행할까요?

```java
public void speedUp(double value) {
    double speed = value;
}
public void speedUp(int value, int maxValue) {
    int speed = value;
    int maxSpeed = maxValue;
}
```

먼저, 앞에서 1번 조건(매개변수 개수)에 의해 첫 번째 메서드가 선택됩니다. 다음으로 2번 조건(매개변수 타입)을 검사합니다. 그런데 데이터 타입이 맞지 않습니다. 메서드에 전달한 인자값의 타입은 int이고 메서드의 매개변수 타입은 double입니다. 위의 코드에서는 speedUp이라는 이름으로 int 타입의 매개변수가 한 개 선언된 메서드가 없습니다. 이럴 때 컴파일러는 인자값과 매개변수의 타입이 일치하지 않아도 첫 번째 메서드를 실행합니다. 왜냐하면 int로 전달된 인자값은 double 타입의 매개변수에 저장할 수 있기 때문입니다.

아하! 그렇다면 다음처럼 정리할 수 있습니다.

1. 매개변수 개수는요? ➡ 인자값의 개수와 반드시 일치
2. 매개변수 타입은요? ➡ 인자값의 타입과 일치. 단, 타입이 다르면 인자값의 타입보다 큰 타입으로 선언된 매개변수면 오케이!

참고로 일반 메서드 호출에서도 메서드 이름과 매개변수 개수가 일치하는데, 매개변수 타입이 일치하는 메서드가 없을 때 전달받은 인자값보다 큰 타입이면 해당 메서드가 호출됩니다.

> **? 메서드 오버로딩 좀 더 깊은 이야기**
>
> 메서드 오버로딩은 같은 기능을 수행하는 메서드들을 이름은 같게, 매개변수 구성은 다르게 선언하는 것입니다. 이처럼 자바에서 메서드 오버로딩이 가능한 이유는 컴파일할 때 메서드 이름이 다르게 지정되기 때문입니다. 다음 그림처럼 오버로딩된 메서드 이름은 컴파일 시점에 "메서드 이름_매개변수 타입"으로 지정됩니다.
>
> ```
> public void speedUp(int value) {            ← speedUp_int
>     int speed = value;
> }
> public void speedUp(double value) {         ← speedUp_double
>     double speed = value;
> }
> public void speedUp(int value, int maxValue) {  ← speedUp_int_int
>     int speed = value;
>     int maxSpeed = maxValue;
> }
> ```
>
> 따라서 메서드 이름과 매개변수 개수, 타입 등이 모두 같다면 오류가 발생합니다.
>
> ```
> public void speedUp(int value) {            ← speedUp_int
>     int speed = value;
> }
> public void speedUp(int data) {             ← speedUp_int
>     int speed = data;
> }
> ```
>
> 위 코드는 오버로딩된 메서드들의 매개변수 이름은 다르지만 타입이 같습니다. 컴파일 시점에 오버로딩된 메서드 이름이 변경될 때 매개변수 이름은 영향을 미치지 않습니다. 단지, 메서드 이름과 매개변수 개수, 타입만 관여할 뿐입니다. 따라서 두 개의 speedUp( ) 메서드는 모두 'sppedUp_int( )'로 이름이 변경되므로 메서드 이름 중복으로 오류가 발생합니다. 그러므로 메서드를 오버로딩할 때는 메서드 이름은 동일하게 작성하되 매개변수의 개수나 타입 등은 다르게 지정해야 합니다.

5.7. 가변 길이 인자

앞에서 배운 내용을 바탕으로 다음과 같은 메서드 호출이 가능하게 하려면 어떻게 해야 할까요?

```
test(1);
test(1, 2);
test(1, 2, 3);
```

같은 메서드를 호출하는데 전달하는 인자의 개수가 다릅니다. 그러면 test( ) 메서드가 다음처럼 오버로딩되어 있어야 합니다.

```
void test(int a) {}
void test(int a, int b) {}
void test(int a, int b, int c) {}
```

그런데 오버로딩된 test( ) 메서드가 매개변수의 타입이 모두 같습니다. 단지, 개수만 다를 뿐입니다. 이렇게 같은 타입의 데이터를 전달받는 메서드라면 꼭 오버로딩을 사용하지 않고도 인자의 개수를 다르게 호출할 수 있도록 선언하는 방법이 있습니다. JDK5부터 추가된 **가변 길이 인자**를 사용하면 간단하게 해결할 수 있습니다.

(1) 가변 길이 인자 선언 및 사용

가변 길이 인자는 메서드 호출 시 자동으로 배열이 생성되고 배열에 인자값들을 저장한 후 배열로 처리하는 것입니다. 자동으로 생성되는 배열의 타입은 선언된 타입으로 지정되며 배열의 크기는 인자의 개수와 동일합니다.

가변 길이 인자를 사용하기 위한 문법은 다음과 같습니다.

【가변 길이 인자】

<u>메서드 이름(데이터 타입... 변수 이름)</u> { }

데이터 타입 다음에 점을 세 개 찍어서 ...처럼 지정합니다. 점 세 개는 앞에 선언한 타입으로 배열을 생성해 가변 길이 인자를 처리하겠다는 의미입니다. 다음의 예제 코드를 살펴보겠습니다.

```
void test(int... v) {
    System.out.println(v.length);
}
```

이렇게 선언된 test( ) 메서드는 인자를 전달하지 않거나 여러 개 전달해 호출할 수 있습니다. 그리고 메서드가 실행되면 자동으로 int[ ] 배열을 생성해 전달받은 인자값(들)을 저장하고, v 변수가 이 배열을 참조합니다. 따라서 메서드 내에서 v 변수를 통해 전달받은 인자값(들)을 처리할 수 있습니다.

예제를 통해 자세하게 살펴보겠습니다.

Test01.java

```
01: package com.ruby.java.ch05;
02:
03: public class Test01 {
04:     static void test(int... v) {
05:         System.out.print(v.length + " : ");
```

```
06:        for(int x : v)
07:            System.out.print(x + " ");
08:        System.out.println();
09:    }
10:
11:    public static void main(String[] args) {
12:        test(1);
13:        test(1, 2);
14:        test(1, 2, 3);
15:    }
16: }
```

【실행결과】

```
1 : 1
2 : 1 2
3 : 1 2 3
```

04번 줄 test( ) 메서드에서 int 타입의 가변 길이 인자를 받는 매개변수 v를 선언했습니다. 그리고 12~14번 줄에서 이 메서드를 호출했습니다. 그런데 인자의 개수를 각각 다르게 호출했습니다. 이렇게 하면 전달하는 인자의 개수를 크기로 하여 int 형 배열이 생성되고 전달한 인자값들이 배열에 저장됩니다.

그리고 05번 줄에서 v.length는 가변 길이 인자를 전달함으로써 생성된 배열의 길이를 나타냅니다. 06~ 07번 줄에서는 이 배열을 참조하는 v 변수를 이용해 배열에 저장된 값, 즉 test( ) 메서드 호출 때 전달한 인자값을 출력합니다.

(2) 복합 선언

이제 가변 길이 인자뿐만 아니라 다른 일반 인자도 함께 전달받는 메서드를 살펴봅시다.

```
void test(String name, int... v) { }
```

이렇게 선언하면 test( ) 메서드를 호출할 때 첫 번째 인자값은 name 매개변수에 저장되고, 두 번째 이후의 인자값(들)은 v 매개변수가 참조하는 배열 안에 저장됩니다.

Test02.java

```
01: package com.ruby.java.ch05;
02:
03: public class Test02 {
04:
```

```
05:    static void test(String name, int... v) {
06:        System.out.print(name + " : ");
07:        for(int x : v)
08:            System.out.print(x + " ");
09:        System.out.println();
10:    }
11:
12:    public static void main(String[] args) {
13:        test("오정임", 98, 85, 88);
14:        test("김푸름", 90, 95, 92);
15:        test("김하늘", 80, 98, 95);
16:    }
17: }
```

【실행결과】

```
오정임 : 98 85 88
김푸름 : 90 95 92
김하늘 : 80 98 95
```

05번 줄 test( ) 메서드는 일반 인자와 가변 길이 인자를 모두 전달받습니다. 그래서 13~15번 줄처럼 메서드를 호출하면 첫 번째 값은 name 매개변수에 저장되고, 나머지 인자값(들)은 자동으로 생성된 int형 배열에 저장되어 이 배열을 참조하는 매개변수 v로 접근할 수 있습니다.

> **? 가변 길이 인자 사용 시 주의 사항**
>
> 가변 길이 인자를 사용할 때는 두 가지 주의 사항이 있습니다. 첫째는 가변 길이 인자를 받는 매개변수와 다른 매개변수를 함께 선언할 때는 가장 마지막에 선언해야 합니다. 다음처럼 중간에 선언하면 오류가 발생합니다.
>
> ```
> void test(String name, int... y, double sum) {
> ```
>
> 둘째는 가변 길이 인자를 받는 매개변수는 한 번만 선언할 수 있습니다. 다음 코드에서는 두 번 선언해서 오류가 발생합니다.
>
> ```
> void test(String name, int... y, double... ds) {
> ```

06 객체지향 구현

앞 장에서 객체를 정의하고 클래스를 설계하는 방법에 대해 학습했습니다. 그런데 설계만으로는 사실상 아무것도 할 수 없습니다. 건축에서도 설계도만 있으면 안 되고 실제 자재를 쌓아서 건물을 지어야 합니다. 객체지향 프로그래밍도 마찬가지입니다. 열심히 설계한 클래스를 이용해 직접 객체를 구현해야 합니다.

그런데 객체를 구현한다는 것은 결국 우리가 사용할 수 있는 메모리에 올리겠다는 것과 같습니다. 객체를 메모리에 올려야만 이를 이용해 실행할 수 있는 프로그램을 만들 수 있습니다. 이번 장에서는 이처럼 객체지향 프로그램을 구현하는 데 필요한 객체를 생성하고 메모리에서 어떻게 운용하는지를 자세하게 다룹니다. 메모리라는 단어만으로 어렵다고 생각할 수 있겠지만, 원리를 알면 어렵지 않습니다.

6.1. 클래스와 객체, 그리고 인스턴스

우리는 앞 장에서 객체지향 프로그래밍을 하고자 객체를 모델링하고 클래스 다이어그램을 작성한 다음, 자바 코드로 클래스를 만들어 보았습니다. 이제 이 클래스를 사용해 프로그램을 구현해 보려고 합니다. 천천히 따라 해 봅시다.

6.1.1. 클래스와 객체 생성

(1) 클래스를 생성해보자

먼저, com.ruby.java.ch06 패키지를 생성한 다음, 아래처럼 클래스 파일을 작성합니다.

Armor.java
```
01: package com.ruby.java.ch06;
02:
03: public class Armor {
04:     private String name;
05:     private int height;
06:
```

```
07:    public String getName() {
08:        return name;
09:    }
10:
11:    public void setName(String value) {
12:        name = value;
13:    }
14:
15:    public int getHeight() {
16:        return height;
17:    }
18:
19:    public void setHeight(int value) {
20:        height = value;
21:    }
22: }
```

앞의 내용을 열심히 학습한 독자라면 위의 소스코드쯤은 충분히 해석할 수 있을 것입니다. 제가 한번 해볼 테니 여러분이 해석한 내용과 맞는지 확인해봅시다.

```
01: package com.ruby.java.ch06;
```

첫 번째 줄에서는 우리가 지금 만들려는 클래스가 com.ruby.java.ch06 패키지에 속해 있다는 것을 선언합니다. 패키지에 관한 자세한 설명은 5장에서 다루었습니다.

```
03: public class Armor {
```

03번 줄은 클래스 Armor를 선언하면서 접근 제한자를 public으로 지정했습니다. Armor 클래스를 어디서나 가져다 사용할 수 있도록 공개한 것입니다.

```
04: private String name;
05: private int height;
```

Armor 클래스의 name과 height 필드를 정의했습니다. 접근 제한자를 모두 private으로 선언했으므로 현재 클래스 내부에서만 접근할 수 있습니다. 즉, Armor 클래스 외부에서는 접근할 수 없는 필드입니다.

일반적으로 객체지향 프로그래밍에서는 이처럼 클래스의 필드를 비공개(private)로 선언합니다. 필드를 비공개로 선언하면 아무나 필드에 접근해 데이터를 변경하지 못하게 막을 수 있습니다. 대신, 게터/세터를 이용해 검증된(개발자가 의도하는) 접근만 가능하게 합니다.

(2) 게터와 세터

앞에서 이야기한 게터와 세터가 무엇일까요? 다음 코드를 봅시다.

```
07: public String getName() {
08:     return name;
09: }
```

getName( ) 메서드는 조건 없이 어디서나 사용할 수 있도록 public으로 선언했습니다. getName( ) 메서드에서 return 문을 이용해 Armor 클래스의 name 필드를 반환하는데, name 필드의 타입이 String 이므로 메서드의 선언부에 반환 타입을 String으로 선언한 것입니다.

04번 줄에서 name 필드의 접근 제한자가 private이므로 외부에서는 접근할 수 없습니다. 따라서 외부에서 name 필드를 사용하려면 getName( ) 메서드처럼 필드값을 반환하는 메서드가 필요합니다. 객체지향 프로그래밍에서는 이처럼 private으로 선언된 필드값을 반환하는 메서드를 일반적으로 '게터(getter)'라고 부르며, 메서드 이름을 "get"으로 시작합니다.

```
11: public void setName(String value) {
12:     name = value;
13: }
```

setName( ) 메서드 역시 public으로 선언했으므로 어디서나 사용할 수 있으며 반환값은 없습니다. 메서드 이름 앞에 지정한 void 키워드는 해당 메서드에서 반환하는 값이 없다는 의미입니다.

setName( ) 메서드의 매개변수로 String 타입의 value를 선언했습니다. 매개변수 value에는 메서드를 호출하면서 함께 전달하는 인자값이 저장됩니다. 그리고 setName( ) 메서드의 본문(실행문)에서 이 값을 Armor 클래스의 name 필드에 저장합니다.

이처럼 private으로 선언된 필드에 데이터를 설정하는 메서드를 일반적으로 '세터(setter)'라고 부르며 메서드 이름을 "set"으로 시작합니다. 세터는 인자를 매개변수로 받아서 해당 데이터를 필드에 설정하는 기능을 수행합니다.

(3) 객체를 생성해보자

우리는 앞에서 클래스를 정의했습니다. 하지만 클래스는 단지 객체에 대한 내용만 기술했을 뿐이지 사용할 수 있는 객체는 아닙니다. 객체를 사용하려면 반드시 메모리에 생성해야 합니다. 클래스는 단지 설계일 뿐이고 실제 사용하려면 설계대로 만든 객체를 메모리에 생성해야 합니다.

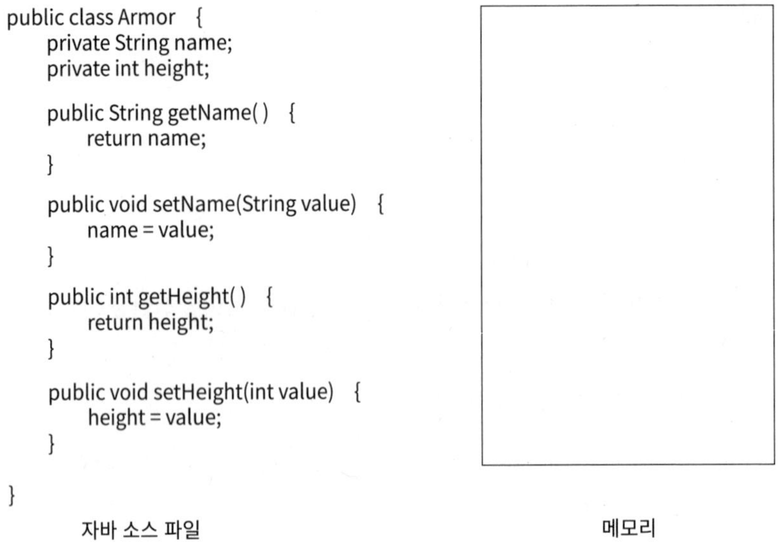

```
public class Armor   {
    private String name;
    private int height;

    public String getName( )   {
        return name;
    }
    public void setName(String value)   {
        name = value;
    }
    public int getHeight( )   {
        return height;
    }
    public void setHeight(int value)   {
        height = value;
    }
}
```

자바 소스 파일   메모리

그림 메모리에 생성되지 않은 클래스

이처럼 설계한 내용대로 메모리에 객체를 생성하는 명령문은 **new**입니다. 다음은 클래스를 메모리에 생성하는 명령문입니다.

【클래스 생성】

new 클래스명( );

다음 그림은 앞에서 작성한 Armor 클래스의 객체를 생성하고자 new Armor( ) 명령문을 실행했을 때 메모리 구조입니다. 이 명령은 Armor 클래스의 필드와 메서드를 사용할 수 있도록 준비합니다.

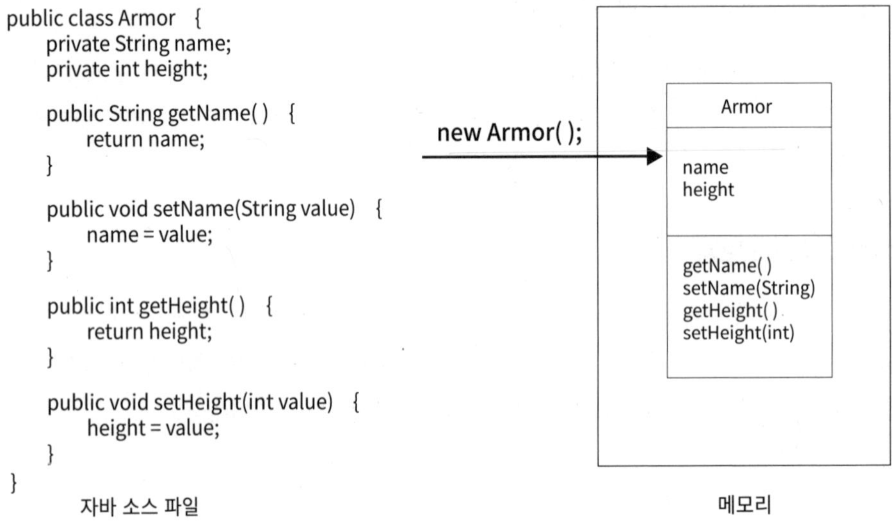

```
public class Armor   {
    private String name;
    private int height;

    public String getName( )   {
        return name;
    }
    public void setName(String value)   {
        name = value;
    }
    public int getHeight( )   {
        return height;
    }
    public void setHeight(int value)   {
        height = value;
    }
}
```

new Armor( ); →

Armor
name height
getName( ) setName(String) getHeight( ) setHeight(int)

자바 소스 파일   메모리

그림 메모리에 생성된 클래스

이처럼 클래스를 이용해 객체를 생성했을 때 각각의 독립적인 객체를 '인스턴스(instance)'라고 합니다. 다음 세 줄의 명령문은 메모리에 Armor 클래스의 인스턴스를 3개 생성합니다.

```
new Armor();
new Armor();
new Armor();
```

다음 그림은 new Armor(); 명령문이 세 번 실행되어 메모리에 3개의 인스턴스가 생성된 그림입니다.

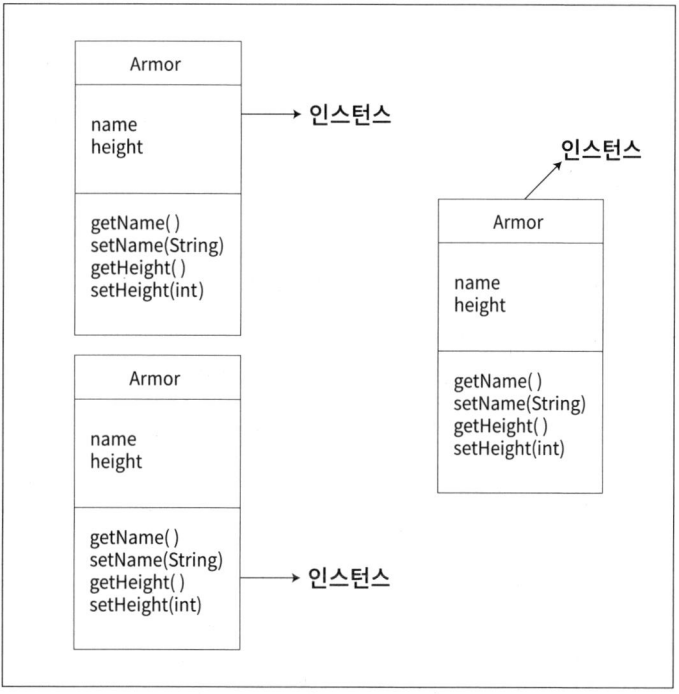

그림 메모리에 생성된 인스턴스

메모리에 생성된 인스턴스를 지칭할 때 클래스 이름을 붙여서 "~~의 인스턴스"라고 말합니다. 위의 그림에 보이는 인스턴스들은 "Armor 클래스의 인스턴스"라고 부릅니다.

(4) 인스턴스란 무엇일까요?

객체와 클래스도 헷갈리는데 새로운 단어가 또 등장했습니다. 인스턴스. 독자 여러분 안구에 습기가 차는 것이 느껴져서 안되겠습니다. 여기서 잠시 짚고 넘어갑시다. 좀 딱딱한 내용이지만 길지 않으니 천천히 읽어봅시다. 그러면 대충 감이 올 겁니다. 저는 그것만으로도 성공이라고 생각합니다. 왜냐하면, 현업 개발자라도 세 용어에 대해 정확하게 구분해 설명할 수 있는 사람은 많지 않습니다. 그만큼 설명하기 어려운 부분이 있습니다. 그러나 개념 자체가 어려운 건 아닙니다.

먼저, 객체와 클래스, 인스턴스를 요약해서 정리하면 다음과 같습니다.

- **객체(object)**: 속성과 행동으로 구성되어 있는 하나의 단위
  - ➡ 우리가 전산화하려는 궁극적인 실체
- **클래스(class)**: 자바 소스 파일에서 class Armor{ } 형태로 객체를 표현한 것
  - ➡ 객체를 만드는 설계도
- **인스턴스(instance)**: 클래스를 new 명령문으로 메모리에 생성한 객체
  - ➡ 설계도로 만든 독립적인 객체

프로그래밍은 실세계에 존재하는 어떤 것, 즉 식별할 수 있는 무언가를 전산화하는 작업으로 볼 수 있습니다. 이때 우리가 전산화하려는 실체를 '객체'라고 할 수 있습니다. 객체는 속성과 행동으로 이루어진 식별 가능한 실체인 것입니다. 이러한 객체의 속성과 행동을 이용해 다양하게 연산함으로써 프로그램을 완성할 수 있습니다.

그런데 객체지향 프로그래밍에서는 어떤 무리를 좀 더 효율적으로 관리하고자 해당 무리의 객체를 특징 짓는 데에 공통적으로 갖춘 모양을 뽑아서 하나의 틀을 만드는 과정을 거칩니다. 이러한 과정을 '추상화'라고 하고, 그 결과로 만들어지는 것이 바로 클래스입니다. 이렇게 만들어진 클래스를 가지고 비슷한 종류의 객체를 여러 개 만들어 하나의 무리를 관리할 수 있게 되는 것입니다.

이와 같은 클래스를 통해 생성한 객체 하나하나를 인스턴스(instance)라고 합니다. 인스턴스는 사전적인 의미로 '예', '사례'라는 뜻이 있습니다. 즉, 클래스라는 설계도를 가지고 하나의 사례로서 만든 독립적인 실체를 인스턴스라고 표현할 수 있으며, 같은 부류의 여러 사례, 즉 여러 인스턴스를 만들 수 있습니다.

여기까지 정리하면 객체는 우리가 프로그래밍으로 표현하려는 실체이고, 클래스는 이러한 실체를 추상화한 설계도이며, 클래스를 인스턴스화하면 객체가 생성된다고 할 수 있습니다.

6.1.2. 자바의 메모리

자바 프로그램은 JVM에 의해 실행됩니다. JVM은 자바 프로그램을 실행하면서 필요한 데이터를 메모리에 생성한 후 사용하는데, 메모리를 세 가지 영역으로 구분하여 사용합니다. 다음은 JVM이 사용하는 메모리 구조입니다.

JVM		
Code 영역	Heap 영역	Stack 영역

그림 자바의 메모리 구조

(1) 코드(Code) 영역

코드 영역은 메서드 영역이라고도 합니다. 다음은 1장에서 살펴보았던 자바 실행 파일이 실행되는 구조입니다. test.class 파일을 실행하면 JVM의 클래스 로더가 test.class 파일을 실행하기 위해 필요한 클래스 파일을 메모리에 올립니다. 메모리에 올린다는 것은 자바 소스 파일에 정의한 클래스에 관한 정보와 코드를 코드 영역에 만들어주는 것을 의미합니다.

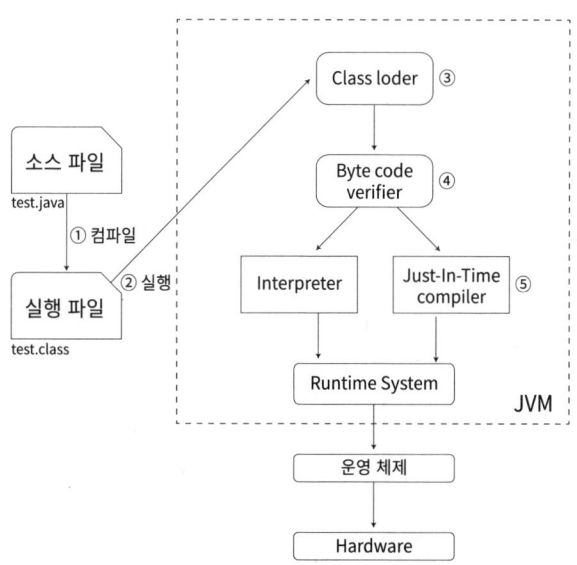

그림 자바 실행 구조

(2) 힙(Heap) 영역

클래스를 설계한 다음 이를 사용하려면 메모리에 해당 클래스의 인스턴스를 생성해야 합니다. new 명령문으로 인스턴스를 생성하면 메모리의 힙 영역에 생성됩니다.

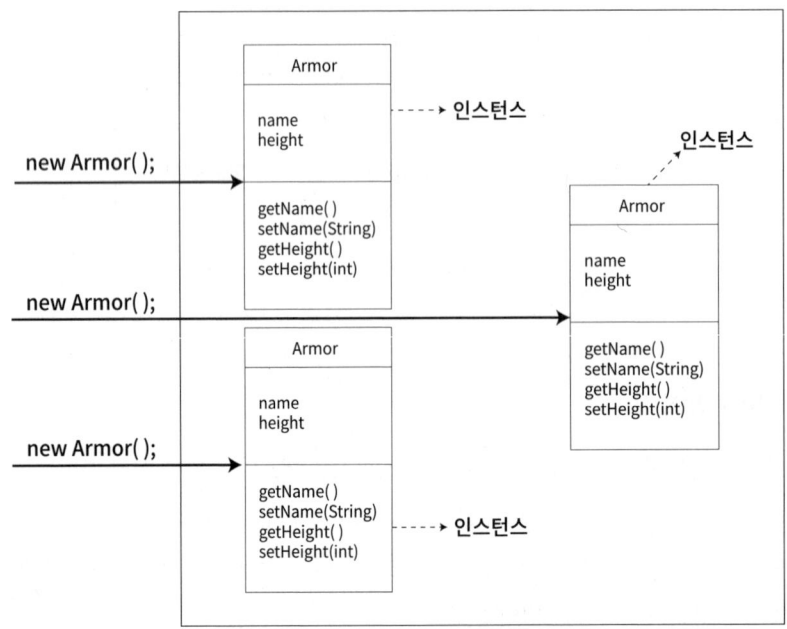

그림 힙 메모리

여기서 한 가지 짚고 넘어가야 할 부분이 있습니다. 위 그림을 보면 new Armor( ); 명령문이 실행되어 힙 메모리에 필드와 메서드로 구성된 인스턴스가 생성되었습니다. 그런데 실제로 클래스의 메서드는 힙 메모리에 만들어지지 않습니다. 메서드 코드는 이미 실행 시작 시점에 클래스 로더에 의해 코드 영역에 만들어지고 이후에 다시 메모리에 만들어지지 않습니다. 따라서 실제로는 힙 메모리에 필드만 생성됩니다. 인스턴스가 가지고 있는 메서드는 코드 영역에 생성된 내용을 사용합니다.

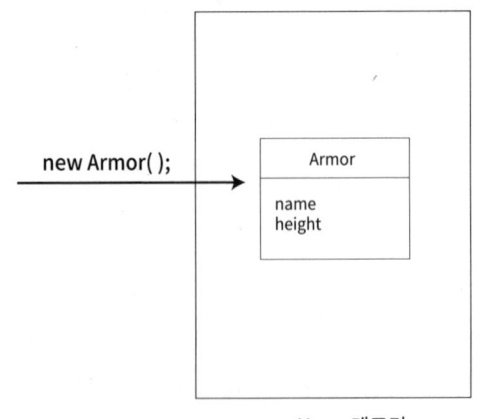

그림 힙 메모리에 생성된 인스턴스

(3) 스택(Stack) 영역

자바에는 두 가지 종류의 변수가 있습니다. 필드와 지역변수입니다. 필드는 클래스의 속성을 나타내는 변수로서 클래스의 구성요소입니다. 지역변수는 메서드가 실행되면서 필요한 데이터를 잠시 유지하기 위해 사용하는 변수로서 메서드 내에서 선언한 변수입니다. 필드는 메모리에 생성된 후 자동으로 초기화 되지만(잠시 후 다룹니다), 지역변수는 자동으로 초기화되지 않으므로 선언과 동시에 초기화 작업을 해 줘야 합니다.

지역변수 생성

필드는 new 명령문에 의해 객체가 생성될 때 힙에 생성되지만, 지역변수는 메서드가 호출되어 실행될 때 스택에 생성됩니다. 만약, 다음과 같은 메서드가 있고 sum(10, 20);으로 호출했다고 가정해봅시다.

```java
public int sum(int data1, int data2) {
    int result = data1 + data2;
    return result;
}
```

메서드가 실행될 때 가장 처음 수행되는 작업은 스택에 매개변수를 생성하고 그곳에 인자값을 저장하는 일입니다. sum( ) 메서드 본문이 실행되기 전에 data1, data2 변수가 스택에 생성되고 각각 인자값 10, 20이 저장됩니다.

sum( ) 메서드의 첫 번째 줄에서 int 타입의 result 변수를 선언합니다. result는 메서드 내에서 선언했으므로 지역변수이고 메서드 본문이 실행될 때 스택에 생성됩니다. result 변수에 data1 변숫값과 data2 변숫값이 덧셈되어 저장됩니다. 이와 같은 내용을 그림으로 표현하면 다음과 같습니다.

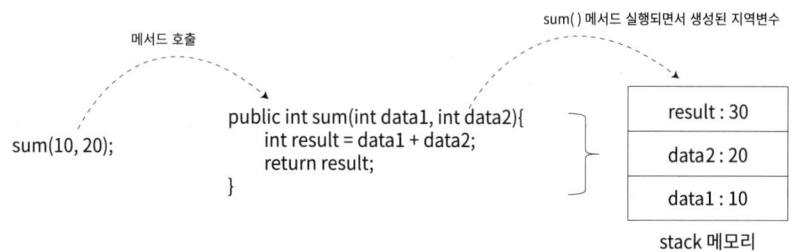

그림 지역변수 생성

지역변수 삭제

지역변수가 스택에 생성되는 시점은 메서드가 호출되어 실행될 때입니다. 메서드 실행 시 스택에 생성된 지역변수는 메서드의 실행이 종료될 때 스택에서 자동으로 삭제(delete)됩니다. 이를 소멸한다(destroy)고 표현하기도 합니다. 메모리에서 해당 내용이 사라지는 겁니다.

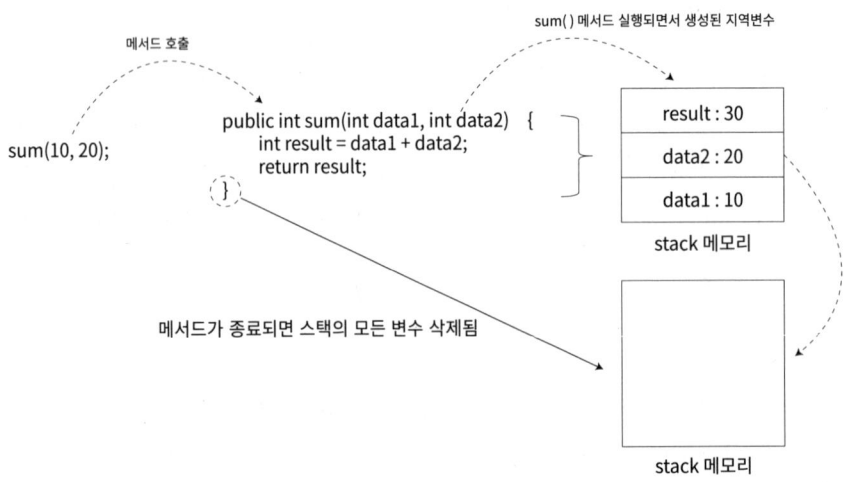

그림 지역변수 삭제

위 그림처럼 지역변수는 메서드가 실행될 때 스택에 생성되고 메서드가 종료되면 자동으로 삭제됩니다. 그래서 지역변수는 메서드 내에서만 사용할 수 있습니다. 메모리에서 사라진 변수에 접근할 수는 없기 때문입니다.

(4) 필드 초기화

new 명령문으로 클래스의 인스턴스를 생성하면 해당 클래스에 선언한 필드가 힙 영역에 생성된다고 하였습니다. 이때, 각 필드는 별도로 초기화하지 않아도 자동으로 초기화됩니다. 이때 초깃값은 필드의 데이터 타입에 따라 다릅니다.

표 필드 타입별 초깃값

필드 타입	값
byte	0
short	0
int	0
long	0L
float	0.0F
double	0.0D
char	'₩u0000'
boolean	false
모든 참조변수	null

다음은 new Armor( ); 명령문을 실행했을 때 힙 메모리에 필드가 만들어지고 초기화되는 과정을 나타낸 그림입니다.

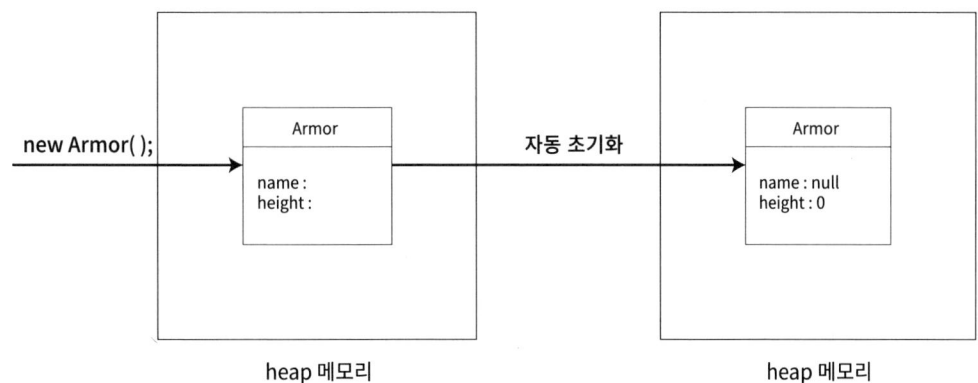

그림 필드 생성과 초기화

6.1.3. 참조변수를 이용해 인스턴스에 접근

다음 그림은 new Armor( ); 명령문을 세 번 실행하여 힙 메모리에 Armor 클래스의 인스턴스가 3개 생성된 구조입니다.

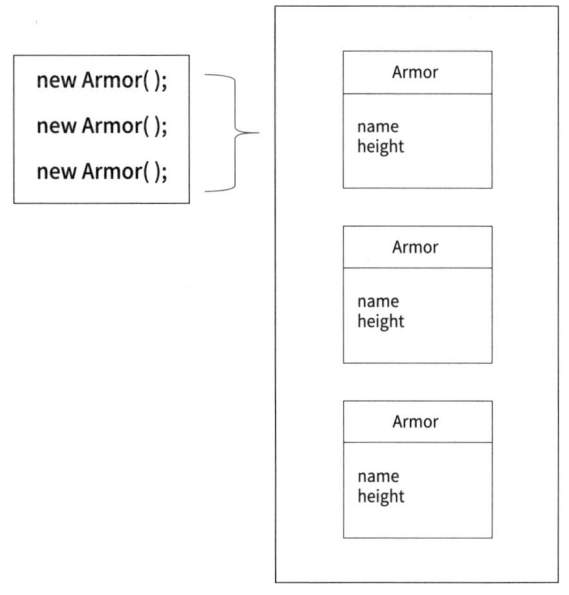

그림 힙 메모리에 생성된 인스턴스

인스턴스를 생성하려면 new 명령문을 사용합니다. new 명령문은 클래스에서 정의한 필드를 힙 메모리에 생성해줍니다. 그런데 이 상태에서는 인스턴스를 사용할 수 없습니다. 왜냐하면, new 명령문이 생성한 인스턴스는 힙 메모리에 만들어지는데, 자바 프로그램은 힙 메모리에 직접 접근할 수 없기 때문입니다. **직접 접근할 수 있는 메모리는 오직 스택뿐입니다.**

따라서 자바에서는 스택 메모리에 참조변수를 선언하고 이 변수에 힙 메모리에 생성된 인스턴스의 참조 정보를 저장해서 접근하는 방식을 사용합니다. 즉, new 명령문이 인스턴스를 힙 메모리에 할당할 때 반환하는 참조(reference) 정보를 변수에 저장해 사용함으로써 해당 인스턴스에 접근할 수 있습니다. 결국, 참조변수에는 할당된 메모리의 위치 정보가 저장되는 것입니다.

(1) 참조변수 선언하기

클래스의 인스턴스를 생성하고 참조 정보를 저장하는 참조변수를 선언하는 방법은 다음과 같습니다.

【참조변수 선언】

<u>클래스명</u> <u>참조변수명</u> = <u>new</u> <u>클래스명();</u>

참조변수의 역할을 알기 위해 다음과 같은 내용으로 선언된 test( ) 메서드가 있고 이 메서드가 실행될 때의 순서를 살펴보겠습니다.

```
public void test() {
   Armor suit1 = new Armor();
        ①        ③    ②
}
```

① suit1은 test( ) 메서드 내에 선언했으므로 지역변수이고 메서드가 실행될 때 스택 메모리에 생성됩니다. 이때 데이터 타입은 참조하려는 대상과 같아야 하므로 Armor로 지정합니다. 즉, Armor 인스턴스의 메모리 위치 정보를 가지는 참조변수를 선언합니다.

② 힙 메모리에 Armor 인스턴스를 생성하는 명령문입니다. 이때 new 명령문은 할당된 메모리의 위치 정보, 즉 참조 정보를 반환합니다.

③ 대입 연산자로서 오른쪽 값을 왼쪽에 저장합니다. new 명령문이 반환하는 참조 정보를 오른쪽 참조변수에 대입합니다.

다음 그림은 test( ) 메서드가 실행되었을 때 메모리 구조입니다.

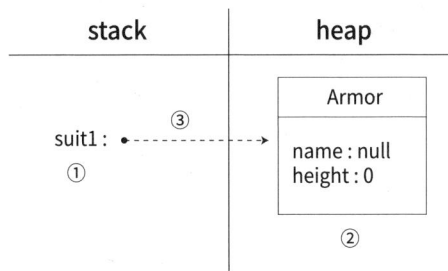

그림 test( ) 메서드가 실행되었을 때 메모리 구조

suit1처럼 힙에 생성된 인스턴스의 참조 정보를 가지는 변수를 참조변수라고 하며, 참조변수의 타입은 참조하려는 인스턴스의 타입(클래스 이름)으로 지정합니다.

(2) 참조변수 사용하기

참조변수는 힙 메모리에 생성된 인스턴스를 사용하기 위해 선언한 것입니다. 힙 메모리에는 직접 접근할 수 없으므로 직접 접근할 수 있는 스택 메모리에 힙에 있는 인스턴스의 참조 정보를 가지는 참조변수를 만들어 사용하는 것입니다.

참조변수를 이용해 힙에 있는 인스턴스의 필드 또는 메서드에 접근하는 문법은 다음과 같습니다.

【참조변수 사용】

<u>참조변수명</u>.<u>필드명</u>
<u>참조변수명</u>.<u>메서드명()</u>

참조변수 이름 다음에 점(.)을 찍고 인스턴스의 필드 이름 또는 메서드 이름을 적습니다. 다음은 참조변수를 이용해 인스턴스에 접근하는 코드입니다.

```
public void test() {
    Armor suit1 = new Armor();
    suit1.setName("mark6");
    suit1.setHeight(180);
}
```

suit1.setName("mark6"); 실행문이 동작하는 순서는 다음과 같습니다. 다만, 아래 그림에서 힙 메모리의 인스턴스에 메서드까지 표시했는데, 앞에서 설명한 대로 메서드는 원래 코드 메모리에 만들어지지만, 여기서는 편의상 힙에 표시했습니다.

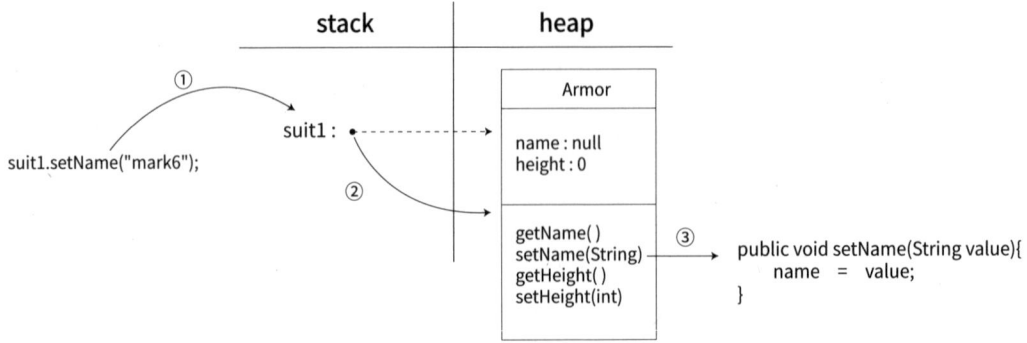

그림 인스턴스 사용 예

① 스택에서 suit1 변수를 찾습니다.

② suit1 변수는 참조변수로서 인스턴스의 참조 정보가 저장되어 있습니다. suit1 변수가 참조하는 힙 메모리를 찾아가면 Armor의 인스턴스가 있습니다.

③ Armor의 인스턴스에 있는 setName( ) 메서드를 호출해 실행합니다. 이때 인자값으로 전달한 "mark6" 문자열이 인스턴스의 name 필드에 저장됩니다.

suit1.setName("mark6") 명령은 name 필드값을 수정해주고 suit1.setHeight(180) 명령은 height 필드값을 수정합니다. 다음은 test( ) 메서드가 실행을 마친 상태의 메모리입니다.

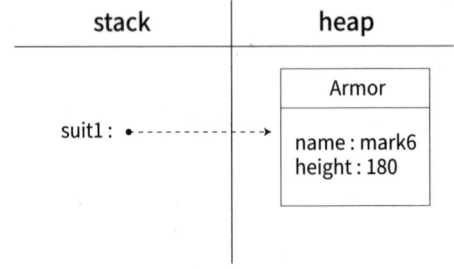

그림 test( ) 메서드 실행 후 메모리 구조

다음은 앞에서 선언한 Armor 클래스입니다.

Armor.java
```
01: package com.ruby.java.ch06;
02:
03: public class Armor {
04:     private String name;
05:     private int height;
06:
```

```
07:    public String getName() {
08:        return name;
09:    }
10:
11:    public void setName(String value) {
12:        name = value;
13:    }
14:
15:    public int getHeight() {
16:        return height;
17:    }
18:
19:    public void setHeight(int value) {
20:        height = value;
21:    }
22: }
```

클래스 Armor의 인스턴스를 생성한 후 생성된 인스턴스를 참조변수를 통해 사용하는 예제는 다음과 같습니다.

ArmorTest.java

```
01: package com.ruby.java.ch06;
02:
03: public class ArmorTest {
04:     public static void main(String[] args) {
05:         Armor suit1 = new Armor();
06:         Armor suit2 = new Armor();
07:         Armor suit3 = new Armor();
08:
09:         suit1.setName("mark6");
10:         suit1.setHeight(180);
11:
12:         suit2.setName("mark16");
13:         suit2.setHeight(220);
14:
15:         suit3.setName("mark38");
16:         suit3.setHeight(200);
17:
18:         System.out.println(suit1.getName() + " : " + suit1.getHeight());
19:         System.out.println(suit2.getName() + " : " + suit2.getHeight());
20:         System.out.println(suit3.getName() + " : " + suit3.getHeight());
21:     }
22: }
```

[실행결과]
```
mark6 : 180
mark16 : 220
mark38 : 200
```

다음은 ArmorTest.java 파일을 컴파일하고 실행했을 때 메모리 모습입니다.

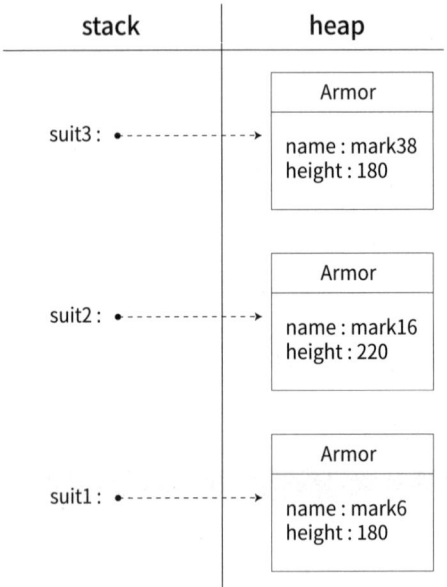

그림 ArmorTest.java 파일 실행 후 메모리 구조

소스에 대한 자세한 설명은 다음과 같습니다.

```
04: public static void main(String[] args) {
```

main( ) 메서드는 자바 프로그램을 실행할 때 자동으로 호출되는 메서드입니다. 이 부분을 main( ) 메서드 선언부라고 하며, main 메서드의 선언부는 매개변수 이름만 변경할 수 있을 뿐 다른 부분은 변경할 수 없습니다.

```
05: Armor suit1 = new Armor();
06: Armor suit2 = new Armor();
07: Armor suit3 = new Armor();
```

지역변수 suit1, suit2, suit3을 선언하고 있습니다. 데이터 타입이 모두 Armor이므로 Armor 인스턴스의 메모리 위치 정보를 가지는 참조변수입니다. 각 변수에는 new Armor( ) 명령문으로 인스턴스를 생성한 후 반환된 힙 메모리의 참조 정보를 대입(저장)하고 있습니다.

```
09: suit1.setName("mark6");
10: suit1.setHeight(180);
```

suit1 변수가 참조하는 인스턴스를 찾아가 해당 인스턴스의 세터 메서드를 호출합니다. 세터 메서드는 인자로 전달받은 값을 인스턴스의 각 필드에 저장하는데, setName( ) 메서드는 name 필드에 저장하고, setHeight( ) 메서드는 height 필드에 저장합니다.

```
18: System.out.println(suit1.getName() + " : " + suit1.getHeight());
```

System.out.println( ) 메서드는 인자값을 출력합니다. suit1.getName( ) 메서드가 실행된 후 반환하는 값과 문자열 " : " 그리고 suit1.getHeight( ) 메서드가 실행된 후 반환하는 값을 출력합니다. getName( ) 메서드는 name 필드값을 반환하고, getHeight( ) 메서드는 height 필드값을 반환하는 게터입니다.

(3) null 값이란?

다음과 같은 자바 소스가 있습니다. 소스를 보면서 머릿속에 메모리 그림을 그려봅시다. 만일 잘 그려지지 않는다면 종이에 그리는 연습을 해보기 바랍니다. 번거롭지만 처음 이렇게 연습하는 것이 자바 언어를 빠르고 정확하게 배우는 지름길입니다.

ArmorTest2.java
```
01 : package com.ruby.java.ch06;
02 :
03 : public class ArmorTest2 {
04 :     public static void main(String[] args) {
05 :         Armor suit = new Armor();
06 :         suit.setName("mark6");
07 :         suit.setHeight(180);
08 :         System.out.println(suit.getName() + " : " + suit.getHeight());
09 :     }
10 : }
```

【실행결과】

mark6 : 180

앞의 소스를 이해했다면 이 소스에서 어려운 부분은 없을 겁니다. 이 소스에 대한 메모리 그림은 다음과 같습니다.

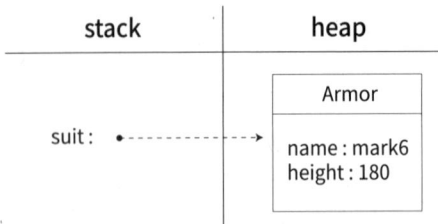

그림 ArmorTest2 메모리 구조

이제 소스를 다음과 같이 조금 수정한 후 실행해 보겠습니다.

ArmorTest2.java
```
01: package com.ruby.java.ch06;
02:
03: public class ArmorTest2 {
04:     public static void main(String[] args) {
05:         Armor suit = new Armor();
06:         suit = null;
07:         suit.setName("mark6");
08:         suit.setHeight(180);
09:         System.out.println(suit.getName() + " : " + suit.getHeight());
10:     }
11: }
```

【실행결과】
```
Exception in thread "main" java.lang.NullPointerException
        at edu.ArmorTest.main(ArmorTest.java:7)
```

실행 결과는 오류가 발생합니다. 왜 오류가 발생할까요? 메모리 구조를 알고 있다면 정답을 쉽게 얻을 수 있습니다.

```
05: Armor suit = new Armor();
```

이 명령문이 실행되었을 때 메모리 구조는 다음과 같습니다.

그림 인스턴스 생성 및 참조 후 메모리 구조

```
06: suit = null;
```

이 명령문은 suit 변수에 null 값을 저장하는 명령문입니다. null은 자바 언어에서 사용하는 예약어 (이미 기능이 정해져 있는 키워드)로서 "아무 값도 가지지 않는다"는 뜻입니다. 이 명령문이 실행되면 메모리 구조는 다음과 같습니다.

stack	heap
suit :	Armor name : mark6 height : 180

그림 null 대입 후 메모리 구조

지역변수 suit에는 아무 값도 저장되지 않았습니다. 이런 상황에서 가장 문제가 되는 것은 힙에 생성된 Armor 인스턴스입니다. 자바 프로그램이 직접 접근할 수 있는 메모리는 스택뿐입니다. 그래서 힙에 있는 인스턴스에 접근하기 위해 스택에 인스턴스의 참조변수를 만들고 이를 사용해 접근하는 것입니다. 그러나 위와 같은 상황에서는 힙에 만들어진 Armor 인스턴스의 참조 정보를 스택에서 아무도 가지고 있지 않으므로 접근할 방법이 없습니다. 이런 상황을 **참조가 끊겼다**고 말합니다.

참조가 끊긴 인스턴스는 더 이상 사용할 수 없습니다. 사용할 수 없는 인스턴스가 메모리에 계속 남아있으면 메모리만 낭비할 뿐입니다. 그래서 참조가 끊긴 인스턴스들을 '가비지(garbage)', 즉 쓰레기라고 합니다.

이처럼 가비지가 된 인스턴스들은 JVM의 '가비지 콜렉션(Garbage Collection)'에 의해 메모리에서 삭제됩니다. 즉, 힙에 생성된 필드들은 참조가 끊기면 가비지 콜렉션 작업이 일어날 때 삭제됩니다. 따라서 다음 명령문은 실행할 수 없습니다.

```
07: suit.setName("mark6");
```

이 명령문은 스택에서 suit 변수를 찾은 후 변수가 참조하는 힙의 주소를 찾아가 setName( ) 메서드를 실행합니다. 그러나 현재 suit 변수는 null 값입니다. 즉, 찾아갈 주소가 없으므로 메서드를 실행할 수 없습니다.

> **가비지 콜렉션(Garbage Collection)**
>
> 자바 프로그램이 실행하면서 사용하는 메모리는 JVM에 의해 관리합니다. JVM은 메모리가 부족한 상황이 발생하면 메모리에서 더 이상 사용하지 않는 객체들을 제거하여 사용할 수 있는 메모리를 확보하는데 이러한 작업을 가비지 컬렉션이라고 합니다.

6.2. 정적 멤버 선언

클래스를 만들고 new 명령문으로 인스턴스를 생성하면 해당 클래스에 포함된 필드가 힙 메모리에 할당된다고 배웠습니다. 만일 어떤 클래스의 인스턴스를 여러 개 생성한다면 각 인스턴스가 독립적으로 힙 메모리에 할당됩니다. 그런데 때로는, 어떤 클래스로 만든 인스턴스가 모두 공유하는 멤버가 필요할 때가 있습니다. 모든 인스턴스가 공유하는 멤버가 필요한 때는 어떤 값이 변경될 때 모든 인스턴스가 변경된 값을 반영해야 할 때입니다.

예를 들어, 각 계좌에 똑같이 적용되는 이자율이 있다고 가정해봅시다. 각 계좌에는 고객 이름과 잔액 등의 데이터가 포함될 것입니다. 그런데 잔액을 대상으로 이자를 계산할 때 이자율은 어느 계좌나 똑같이 적용되는 데이터입니다. 이처럼 공통으로 적용되는 데이터를 각 계좌에 포함한다면 효율적이지 않을 것입니다. 왜냐하면 이자율이 변경될 때 모든 계좌의 데이터를 수정해야 하기 때문입니다. 만일 이자율을 별도의 데이터로 관리하고 이 데이터를 모든 계좌가 공유한다면 어떨까요? 이자율 변경에 유연하게 대처할 수 있을 겁니다.

이처럼 클래스의 모든 인스턴스가 공유하는 멤버를 정적 멤버(static member)라고 합니다. 정적 멤버는 클래스의 특정 인스턴스만 사용하는 게 아니라 해당 클래스로 생성한 모든 인스턴스가 공유하는 멤버입니다. 자바에서는 필드나 메서드를 공유 멤버로 선언할 수 있으며 이때 static 키워드를 사용합니다. 정적 멤버는 프로그램이 시작될 때 딱 한 번 메모리의 코드 영역에 할당되며 프로그램이 종료될 때까지 유지되는 특징이 있습니다.

static 키워드는 변수나 메서드를 선언할 때, 그리고 특정 코드 블록({}) 앞에 선언할 수 있습니다.

```
static int totoalCount;                    → static 변수 선언
public static void print1() {
  System.out.println("hello");             → static 메서드 선언
}
static {
  System.out.println("hello");             → static 블록 선언
  System.out.println("java");
}
```

6.2.1. 클래스 필드

다음은 Count라는 클래스를 선언하는 코드입니다. Count 클래스에는 totalCount와 count 필드가 있습니다. 이 중 totalCount 변수는 static으로 선언했습니다.

```
class Count {
  public static int totalCount;
  int count;
}
```

totalCount 변수는 데이터 타입 앞에 static 키워드를 붙였으므로 정적 필드입니다. 따라서 프로그램이 시작될 때 자동으로 코드 메모리에 할당됩니다. 반면에 count 필드는 클래스를 사용하기 위해 new 명령문으로 인스턴스를 생성할 때 힙 메모리에 할당됩니다.

일반 필드는 인스턴스에 포함되어 각 인스턴스의 생명주기와 같으므로 '인스턴스 필드'라고도 합니다. 또한, 정적 필드는 클래스에 포함되어 클래스의 생명주기와 같으므로 '클래스 필드'라고도 합니다.

표 인스턴스 필드와 클래스 필드 비교

구분	메모리 할당 시점	메모리 할당 위치	메모리 해제 시점
인스턴스 필드	인스턴스 생성 시	힙 메모리	인스턴스 소멸 시
클래스 필드	프로그램 시작 시	코드 메모리	프로그램 종료 시

클래스 필드를 실습하기 위해 다음과 같은 코드를 작성해 보겠습니다.

CountTest.java

```
01: package com.ruby.java.ch06;
02:
03: class Count {
04:     public static int totalCount;
05:     int count;
06: }
07:
08: public class CountTest {
09:     public static void main(String[] args) {
10:         System.out.println("실행 시작");
11:     }
12: }
```

위의 소스를 실행했을 때 main( ) 메서드가 실행되기 전의 메모리 상태는 다음과 같습니다.

stack	heap	code
		Count totalCount : 0

그림 main( ) 메서드 실행 전 메모리

JVM의 클래스 로더는 main( ) 메서드가 시작되기 전에 로딩된 모든 클래스 코드를 살펴보고 static으로 선언된 정적 멤버를 메모리의 코드 영역에 할당합니다. 04번 줄에 선언한 totalCount 필드는 static으로 선언했으므로 코드 영역에 할당됩니다. 또한, totalCount는 int 타입 필드로 선언했으므로 0으로 자동 초기화됩니다.

> **? 하나의 소스 파일에 클래스 여러 개 선언하기**
>
> 위에서 살펴본 CountTest.java 파일은 소스코드의 형태가 지금까지 봐오던 것과 조금 다릅니다. 하나의 자바 소스 파일에 클래스를 두 개 선언했습니다. 이처럼 하나의 자바 소스 파일에 여러 개의 클래스를 선언할 수 있습니다. 다만, 소스 파일 이름은 public 접근 제한자로 선언한 클래스 이름으로 지정해야 하며, 이외의 클래스는 public 접근 제한자를 지정하면 안 됩니다. 이렇게 작성하고 컴파일하면 Count.class, CountTest.class처럼 각 클래스별로 자바 실행 파일이 만들어집니다.

main( ) 메서드에 다음 실행문을 추가하겠습니다.

CountTest.java
```
01: package com.ruby.java.ch06;
02:
03: class Count {
04:     public static int totalCount;
05:     int count;
```

```
06: }
07:
08: public class CountTest {
09:     public static void main(String[] args) {
10:         System.out.println("실행 시작");
11:         Count c1 = new Count();
12:     }
13: }
```

다음은 main( ) 메서드에 새로 추가한 Count c1 = new Count(); 명령문이 실행된 후의 메모리 모습입니다.

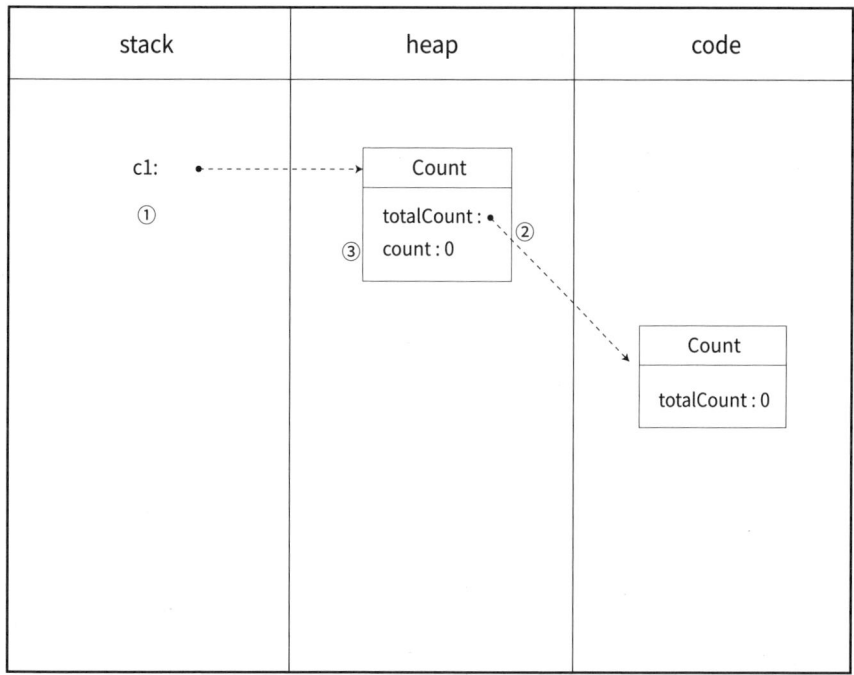

그림 Count c1 = new Count(); 명령문이 실행된 후의 메모리

① c1은 main( ) 메서드에서 선언한 지역변수이므로 스택 메모리에 할당됩니다. 데이터 타입을 Count로 지정했으므로 Count 클래스의 인스턴스를 참조하는 변수입니다.

② new Count( ); 명령문은 힙에 Count 인스턴스를 할당하면서 해당 클래스에 선언한 필드를 함께 할당합니다. 그런데 static 키워드가 붙은 클래스 필드는 힙 메모리에 할당하지 않습니다. 클래스 필드는 main( ) 메서드가 실행되기 전에 이미 코드 메모리에 할당했기 때문입니다. 대신 Count 인스턴스는 코드 메모리에 할당된 클래스 필드의 정보를 포함합니다.

③ 클래스 Count의 count 필드가 힙 메모리에 할당됩니다.

(1) 클래스 필드 생성 횟수

이번에는 같은 클래스로 인스턴스를 여러 개 생성해보겠습니다. 소스를 다음과 같이 수정합니다.

```
CountTest.java
01: package com.ruby.java.ch06;
02:
03: class Count {
04:     public static int totalCount;
05:     int count;
06: }
07:
08: public class CountTest {
09:     public static void main(String[] args) {
10:         System.out.println("실행 시작");
11:         Count c1 = new Count();
12:         Count c2 = new Count();
13:         Count c3 = new Count();
14:     }
15: }
```

위의 소스 파일을 컴파일하면 지역변수 c2, c3은 스택 메모리에 할당하고, 클래스 Count의 인스턴스는 힙 메모리에 할당 후 해당 참조를 c2, c3 변수에 대입합니다. 다음은 추가된 코드가 실행된 후의 메모리 구조입니다.

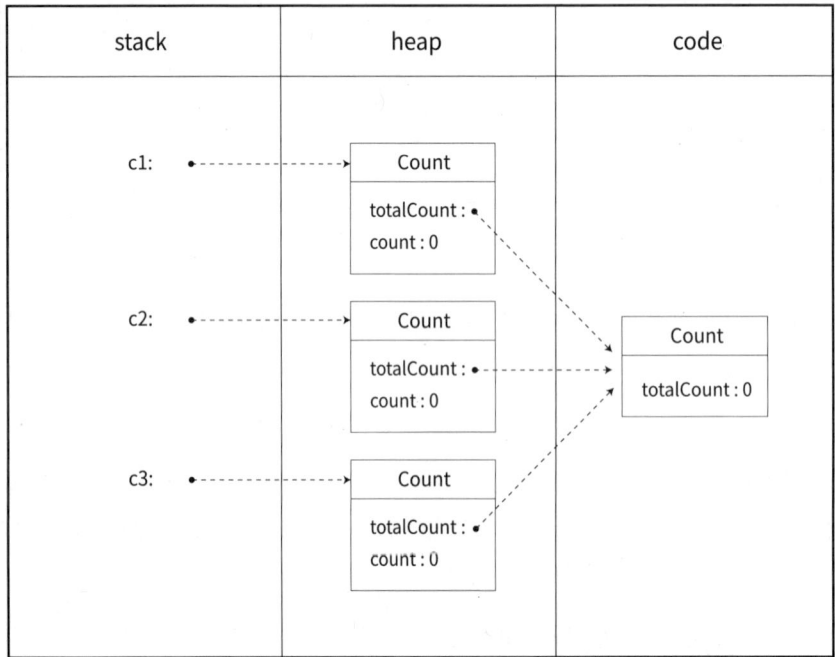

그림 메모리 구조

힙 메모리에 Count 클래스의 인스턴스가 3개 할당되었습니다. 각 인스턴스에는 Count 클래스에 선언한 필드(count)가 포함되어 있습니다. 그런데 totalCount 필드는 static으로 선언했으므로 각 인스턴스가 코드 메모리에 할당된 totalCount 필드를 공유합니다.

static으로 선언한 필드(클래스 필드)는 프로그램 시작 전에 딱 한 번 메모리에 할당되고 각 인스턴스에서 해당 필드를 공유합니다. 그리고 static으로 선언하지 않은 필드(인스턴스 필드)는 해당 필드를 포함하는 클래스의 인스턴스가 힙 메모리에 할당될 때마다 새로 할당됩니다.

(2) 클래스 필드 사용

클래스 필드를 사용할 때는 참조변수가 필요 없습니다. main( ) 메서드가 실행되기 전에 이미 메모리에 할당되었으므로 바로 사용할 수 있습니다. 클래스 필드는 다음과 같은 형식으로 사용합니다.

【클래스 필드 사용】

클래스명.필드명

클래스명에 점을 찍어 필드명으로 접근할 수 있습니다. static으로 선언한 필드를 '클래스 필드'라고 부르는 이유를 알겠지요? 앞에서 작성한 자바 소스에 다음 코드를 추가해봅시다.

CountTest.java
```
01: package com.ruby.java.ch06;
02:
03: class Count {
04:    public static int totalCount;
05:    int count;
06: }
07:
08 : public class CountTest {
09 :    public static void main(String[] args) {
10 :       Count.totalCount++;
11 :       System.out.println("실행 시작");
12 :       /*
13 :       Count c1 = new Count();
14 :       Count c2 = new Count();
15 :       Count c3 = new Count();
16 :       */
17 :    }
18 : }
```

Count.totalCount++; 명령문은 Count 클래스의 클래스 필드 중 totalCount를 찾아서 값을 1만큼 증가시킵니다. 이 명령문이 실행되기 전에 main( ) 메서드 어디에도 totalCount 변수를 생성하는 코드가 없지만, 오류가 발생하지 않습니다. 왜냐하면 클래스 필드는 main( ) 메서드 실행 전에 이미 코드 메모리에 생성되기 때문입니다.

그러나 위의 소스에서 다음과 같은 코드를 추가하면 오류가 발생합니다.

```
Count.count;  // 오류 발생
```

오류가 발생한 이유는 count는 클래스 필드가 아니라 인스턴스 필드이기 때문입니다. 인스턴스 필드는 인스턴스를 생성해 메모리에 할당한 후 해당 메모리를 참조하는 참조변수를 통해서 사용할 수 있습니다. 예를 들면 다음과 같습니다.

```
Count c1 = new Count();
c1.count;
```

(3) 인스턴스 필드와 클래스 필드 예제

인스턴스 필드와 클래스 필드를 사용하는 예제를 완성해봅시다. 앞에서 작성한 자바 소스를 다음과 같이 수정합니다.

CountTest.java

```
01 : package com.ruby.java.ch06;
02 :
03 : class Count {
04 :     public static int totalCount;
05 :     int count;
06 : }
07 :
08 : public class CountTest {
09 :     public static void main(String[] args) {
10 :         Count c1 = new Count();
11 :         Count c2 = new Count();
12 :         Count c3 = new Count();
13 :
14 :         c1.count++;
15 :         Count.totalCount++;
16 :         c2.count++;
17 :         Count.totalCount++;
18 :         c3.count++;
```

```
19 :        Count.totalCount++;
20 :
21 :        System.out.println(Count.totalCount + " : " + c1.count);
22 :        System.out.println(Count.totalCount + " : " + c2.count);
23 :        System.out.println(Count.totalCount + " : " + c3.count);
24 :    }
25 : }
```

【실행결과】

```
3 : 1
3 : 1
3 : 1
```

이 소스에서 핵심은 04번 줄에서 선언한 클래스 필드와 05번 줄에서 선언한 인스턴스 필드를 사용하는 방법에 차이가 있다는 점을 아는 것입니다. 14, 16, 18번 줄은 10~12번 줄에서 생성한 Count 클래스의 인스턴스에 포함된 count 필드값을 증가시킵니다.

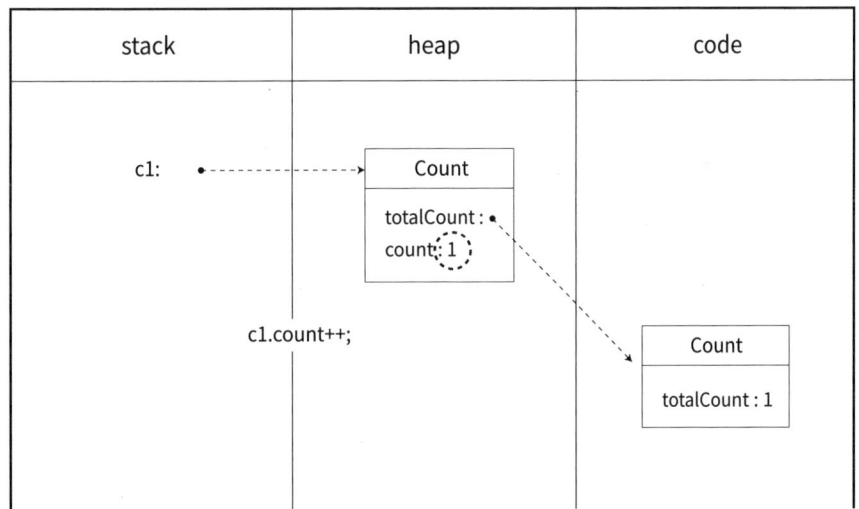

그림 count 필드값 증가

힙 메모리에 할당된 count 필드값은 각 인스턴스마다 독립적이어서 세 인스턴스의 count 필드값은 모두 1로 변경됩니다. 그리고 15, 17, 19번 줄은 Count 클래스의 공유 멤버로 선언한 totalCount 필드값을 증가시킵니다.

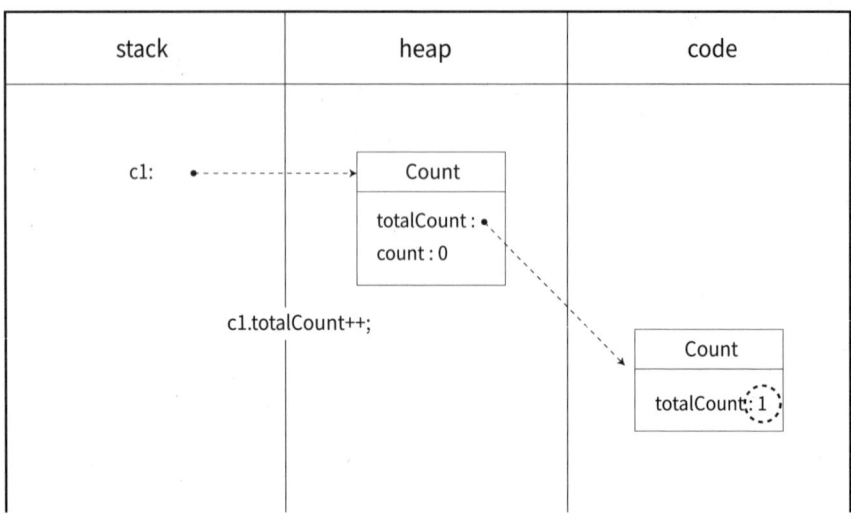

그림 totalCount 필드값 증가

코드 메모리에 할당된 totalCount 값은 모든 인스턴스가 공유하므로 증가값이 누적되어 3이 출력됩니다. 19번 줄까지 실행되고 최종 메모리 상태는 다음과 같습니다.

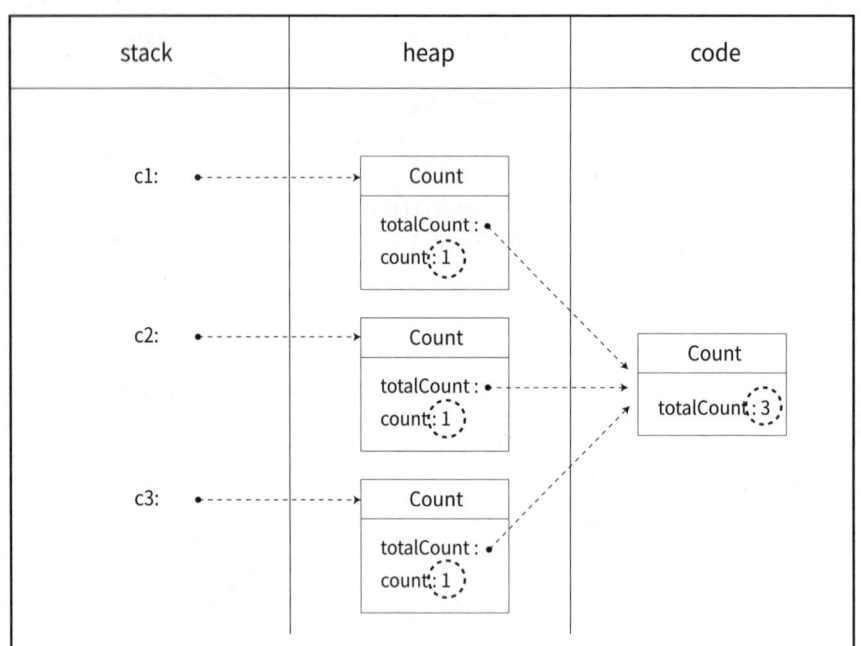

그림 메모리 상태

6.2.2. 클래스 메서드

클래스 메서드란 메서드 선언부에 static 키워드가 선언된 메서드입니다. 변수든 메서드든 static으로 선언하면 무조건 main( ) 메서드가 실행되기 전에 코드 메모리 영역에 생성되어 사용 준비를 완료합니다.

자바 소스 파일을 작성한 후 컴파일을 거쳐 생성된 실행 파일은 JDK가 설치된 하위 bin 폴더에 있는 java.exe 프로그램이 실행합니다. 실행 명령은 다음과 같습니다.

```
java 클래스명
```

이클립스에서 위와 같은 자바 실행 명령과 동일한 메뉴는 [Run As → Java Application]입니다. Test 클래스 파일을 실행하고자 한다면 다음과 같은 명령이 실행됩니다.

```
java Test
```

java.exe 프로그램은 Test.class 파일의 main( ) 메서드를 호출합니다. 일반적으로 변수와 메서드를 사용하려면 해당 멤버가 선언된 클래스의 인스턴스를 생성해야 합니다. 그런데 main( ) 메서드는 인스턴스를 생성하는 명령문이 나오기 전에 실행됩니다. 이처럼 인스턴스 생성과 무관하게 사용하는 메서드는 static으로 선언합니다. static으로 선언한 메서드는 프로그램 시작 시 자동으로 사용 준비를 완료하기 때문입니다.

예제를 통해 static 메서드를 실습해보도록 하겠습니다. 다음의 소스를 작성합니다.

StaticMethodTest.java

```java
01: package com.ruby.java.ch06;
02:
03: public class StaticMethodTest {
04:     public static void main(String[] args) {
05:     }
06:
07:     public static void print1() {
08:         System.out.println("hello");
09:     }
10:
11:     public void print2() {
12:         System.out.println("java");
13:     }
14: }
```

위 소스에서 print1( )과 print2( ) 메서드를 살펴보겠습니다. print1( ) 메서드는 static으로 선언하였으며 이러한 메서드를 '클래스 메서드'라고 합니다. print2( ) 메서드는 static으로 선언하지 않았으며 이러한 메서드를 '인스턴스 메서드'라고 합니다.

(1) 클래스 메서드 사용

클래스 메서드를 호출할 때도 앞에서 살펴본 클래스 필드처럼 참조변수가 필요 없습니다. 메서드 선언에 static이라는 키워드를 사용함으로써 main( ) 메서드가 실행되기 전에 이미 사용 준비를 마쳤으므로 바로 사용할 수 있습니다. 클래스 메서드는 다음과 같은 형식으로 사용합니다.

【클래스 메서드 사용】

클래스명.메서드명

main( ) 메서드에 다음 코드를 추가하겠습니다.

StaticMethodTest.java

```
...
04: public static void main(String[] args) {
05:     StaticMethodTest.print1();
06: }
...
```

【실행결과】

```
hello
```

StaticMethodTest.print1(); 명령문은 StaticMethodTest 클래스의 print1( ) 메서드를 호출합니다. print1( ) 메서드는 static으로 선언된 클래스 메서드로서 main( ) 메서드가 실행되기 전에 이미 메모리에 할당되었으므로 정상적으로 실행됩니다.

> **? 변수 이름과 클래스 이름**
>
> 자바 프로그래밍에서 변수와 메서드 이름은 일반적으로 소문자로 시작하고, 클래스 이름은 대문자로 시작합니다. 이러한 규칙을 지키지 않는다고 해서 오류가 발생하는 것은 아니지만, 대부분 개발자가 사용하는 관례이니 지키는 것이 좋습니다. 이처럼 관례대로 개발했을 때 유지보수와 재사용의 효율이 높아집니다. 예를 들어 다음의 코드를 봅시다.
>
> `Math.abs()`
>
> Math가 대문자로 시작합니다. 그러면 클래스 이름으로 판단하고 "클래스명.메서드명" 형태로 사용하고 있으니 abs( )는 static으로 선언한 클래스 메서드임을 알 수 있습니다. 자바 프로그래밍에서 "클래스명.필드명" 또는 "클래스명.메서드명" 형태의 코드는 필드나 메서드가 static으로 선언되었을 때만 가능하기 때문입니다.

앞에서 작성한 코드를 다음처럼 수정하고 실행해봅시다.

StaticMethodTest.java
```
01: package com.ruby.java.ch06;
02:
03: public class StaticMethodTest {
04:     public static void main(String[] args) {
05:         StaticMethodTest.print1();
06:         StaticMethodTest.print2();   // 오류!
07:     }
08:
09:     public static void print1() {
10:         System.out.println("hello");
11:     }
12:
13:     public void print2() {
14:         System.out.println("java");
15:     }
16: }
```

새로 추가한 06번 줄에 오류가 발생합니다. 13번 줄에 선언한 print2( ) 메서드는 static 키워드를 붙이지 않았으므로 인스턴스 메서드입니다. 인스턴스 메서드를 호출하려면 인스턴스를 생성한 후 참조변수를 이용해야 하는데, 06번 줄에서는 인스턴스 메서드를 클래스 메서드처럼 호출했기 때문에 오류가 발생합니다.

그러면 print2( ) 메서드를 호출하려면 어떻게 해야 할까요? 코드를 추가해보겠습니다.

StaticMethodTest.java
```
...
04:     public static void main(String[] args) {
05:         StaticMethodTest.print1();
06:         StaticMethodTest exam = new StaticMethodTest();
07:         exam.print2();
08:     }
...
```

【실행결과】
```
hello
java
```

소스에 대한 자세한 설명은 다음과 같습니다.

```
06: StaticMethodTest exam = new StaticMethodTest();
```

위 명령문은 힙 메모리에 StaticMethodTest 클래스의 인스턴스를 생성한 다음, 스택 메모리에 생성한 참조변수 exam에 해당 인스턴스의 참조 정보를 저장합니다.

아래 그림을 보면 힙에 print1( )과 print2( ) 메서드가 표시되어 있습니다. 이것은 이해를 돕고자 표현한 것이고 실제로 힙에 인스턴스 생성 시 필드들만 만들어집니다. 인스턴스 생성이 완료되면 exam 변수에 생성된 인스턴스의 참조 정보를 저장합니다.

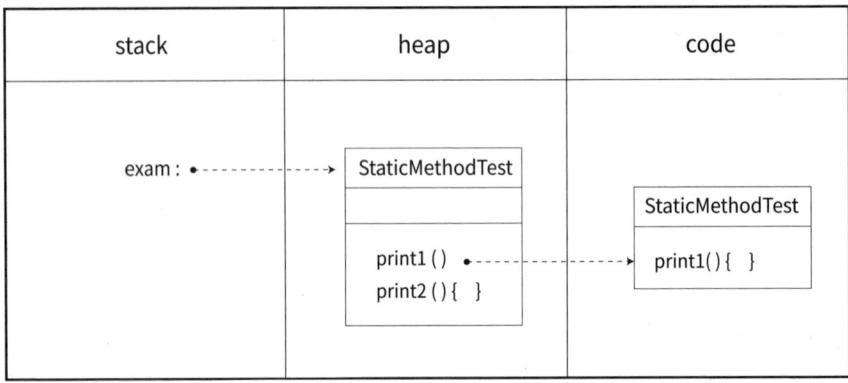

그림 exam 참조변수

```
07: exam.print2();
```

스택에서 참조변수 exam의 인스턴스를 찾아가 print2( ) 메서드를 호출합니다. print2( ) 메서드가 실행되어 콘솔 창에 java 문자열이 출력됩니다.

(2) 클래스 메서드 내에서 사용하는 변수

이번에는 다음처럼 코드를 수정해보겠습니다. 04, 12, 17번 줄을 추가해봅시다.

StaticMethodTest.java

```
01: package com.ruby.java.ch06;
02:
03: public class StaticMethodTest {
04:     int num = 123;
05:     public static void main(String[] args) {
06:         StaticMethodTest.print1();
07:         StaticMethodTest exam = new StaticMethodTest();
```

```
08:        exam.print2();
09:    }
10:
11:    public static void print1() {
12:        int num2 = num;   // 오류!
13:        System.out.println("hello");
14:    }
15:
16:    public void print2() {
17:        int num3 = num;
18:        System.out.println("java");
19:    }
20: }
```

11번 줄의 print1( )은 클래스 메서드이므로 main( ) 메서드가 실행되기 전에 사용 준비가 완료됩니다. 12번 줄은 num2 지역변수를 선언한 후 num 필드값을 저장합니다. num 필드는 04번 줄에서 선언한 인스턴스 필드입니다. 즉, 인스턴스가 생성된 후 사용할 수 있습니다. 즉, print1( ) 메서드가 실행 중에는 num 필드가 생성되어 있지 않습니다. 따라서 num 변수를 사용할 수 없어 오류가 발생합니다.

17번 줄에서도 num 필드를 사용하지만, 여기서는 오류가 발생하지 않습니다. print2( )는 static으로 선언한 클래스 메서드가 아니라, 인스턴스 메서드라서 print2( ) 메서드를 호출하려면 인스턴스를 생성해야 합니다. 그런데 이때(인스턴스를 생성할 때) 04번 줄에서 선언한 num 필드도 함께 생성됩니다. 즉, print2( ) 메서드가 실행되는 시점에는 num 필드도 준비되어 있으므로 오류가 발생하지 않습니다.

프로그램을 학습할 때 문법은 그대로 따라야 하지만 다른 부분은 무조건 외우지 말고 왜 이렇게 해야 하는지 또는 왜 오류가 발생하는지 생각하면서 학습하면 프로그래밍이 재밌어지고 실력도 향상됩니다.

(3) 정적 코드 블록

아래 소스코드에서 04~07번 코드를 확인합니다. 실행문을 블록으로 지정한 후 static 선언을 하였습니다. 이러한 블록을 '정적 코드 블록'이라고 합니다.

StaticBlockTest.java
```
01 : package com.ruby.java.ch06;
02 :
03 : public class StaticBlockTest {
04 :    static {
05 :        System.out.println("hello");
06 :        System.out.println("java");
07 :    }
```

```
08 :    public static void main(String[] args) {
09 :        System.out.println("world!!");
10 :    }
11 : }
```

【실행결과】
```
hello
java
world!!
```

실행결과를 보면 main( ) 메서드가 실행되기 전에 정적 코드 블록이 실행된 것을 확인할 수 있습니다. 정적 코드 블록 또한 정적 멤버처럼 main( ) 메서드가 실행되기 전에 딱 한 번 실행됩니다. 따라서 static 으로 선언한 클래스 필드를 초기화하거나 프로그램이 실행될 때 먼저 처리해야 하는 작업을 정적 코드 블록에 작성합니다.

6.3. 생성자

이번 절에서는 생성자(Constructor)를 다룹니다. 생성자는 클래스에 선언하는 메서드 중 하나로 일반 메서드와는 몇 가지 차이가 있습니다.

1. 인스턴스 생성 시 자동으로 호출된다.
2. 반환값이 없다.
3. 클래스 이름과 같다. 그래서 일반 메서드와 다르게 대문자로 시작한다.

다음 소스를 봅시다.

Member.java
```
01 : package com.ruby.java.ch06;
02 :
03 : public class Member {
04 :     private String name;
05 :     private int age;
06 :
07 :     public Member() {
08 :     }
09 :     public void setName(String name) {
10 :     }
11 : }
```

09번 줄에 선언한 setName( )은 자바의 메서드 선언 문법에서 벗어나지 않습니다. 그러나 07번 줄에 선언한 Member( ) 메서드는 리턴 타입이 없고 메서드 이름이 대문자로 시작합니다.

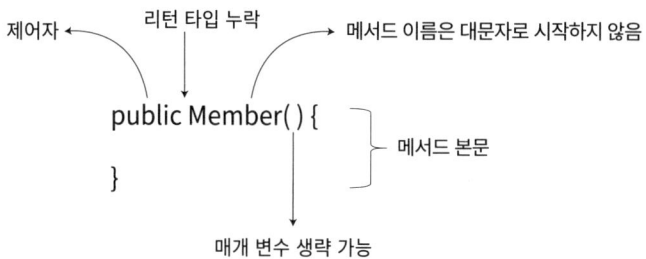

그림 생성자의 생김새

문법적으로 확실히 잘못된 부분은 리턴 타입이 누락되었다는 것입니다. 그리고 메서드 이름은 문법적인 오류는 아니지만 메서드는 대문자로 시작하는 것이 관례입니다. 더욱 특이한 점은 메서드 이름과 클래스 이름이 같다는 것입니다. 컴파일러는 이러한 선언문을 **생성자(Constructor)**로 해석합니다.

6.3.1. 생성자 개요

생성자는 다음과 같은 특징이 있습니다.

- **형태**: 메서드 형태다.
- **리턴 타입**: 리턴 타입을 선언하지 않는다.
- **이름**: 소속된 클래스 이름과 같다.
- **역할**: 필드의 초기화를 담당한다.
- **호출 시기**: 인스턴스 생성 시 자동으로 호출된다.

생성자를 사용하는 목적은 **인스턴스가 생성될 때 필드를 초기화하기 위한 것입니다.** 그래서 생성자는 일반 메서드처럼 자유롭게 호출하지 못하고 인스턴스가 생성될 때 자동으로 호출됩니다.

(1) 생성자 선언

다음은 생성자를 선언하는 문법입니다.

【생성자 선언】

<u>접근 제한자</u> **클래스명(매개변수)** {
    <u>실행문</u>;
}

생성자는 메서드를 선언하는 문법과 같지만 리턴 타입을 지정하면 안 되고 메서드 이름은 클래스 이름과 똑같아야 합니다. 그래야 컴파일러가 일반 메서드가 아니라 생성자로 해석하여 오류가 발생하지 않습니다.

(2) 생성자 실행

생성자는 일반 메서드처럼 호출할 수 없습니다. 생성자는 인스턴스가 생성될 때 자동으로 한 번만 호출됩니다. 다음은 인스턴스를 생성하는 명령문입니다. new 명령문은 두 가지 일을 실행합니다. 첫 번째는 필드를 힙 메모리에 생성해주고, 두 번째는 new 다음에 선언된 생성자를 호출해줍니다.

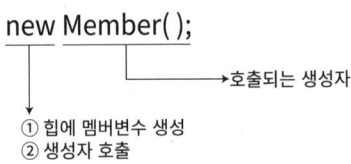

그림 생성자 실행

생성자가 실행되는 것을 확인하기 위해 예제 소스를 작성하고 실행된 결과를 확인해 보겠습니다.

Member.java
```
01: package com.ruby.java.ch06;
02:
03: public class Member {
04:     private String name;
05:     private int age;
06:
07:     public Member() {
08:         System.out.println("Member() 생성자 실행");
09:     }
10:
11:     public void setName(String name) {
12:     }
13:
14:     public static void main(String[] args) {
15:         System.out.println("main() 메서드 실행");
16:         new Member();
17:     }
18: }
```

【실행결과】

```
main() 메서드 실행
Member() 생성자 실행
```

소스에 대한 자세한 설명은 다음과 같습니다.

```
14: public static void main(String[] args) {
15:     System.out.println("main() 메서드 실행");
```

프로그램 실행 시 main( ) 메서드가 실행되어 콘솔 창에 "main( ) 메서드 실행"이 출력됩니다.

```
16: new Member();
```

Member 클래스의 인스턴스를 힙에 생성합니다. 이때 힙에는 Member 클래스의 name과 age 필드가 생성됩니다. 필드가 모두 힙에 생성된 후에는 Member( ); 생성자가 호출됩니다.

```
07:     public Member() {
08:         System.out.println("Member() 생성자 실행");
09:     }
```

Member 클래스의 생성자입니다. 이 생성자는 new Member( ); 명령문이 실행될 때 호출됩니다.

main( ) 메서드의 15번 줄이 실행되고 16번 줄의 new Member( ); 명령문에서 Member( ) 생성자가 호출되어 콘솔 창에는 15번, 8번이 실행된 결과가 출력됩니다.

이처럼 생성자는 어떤 클래스에 속한 메서드의 하나로서 해당 클래스의 인스턴스가 생성될 때마다 한 번씩 자동으로 호출됩니다. 이러한 특징 때문에 생성자는 각 인스턴스에 포함된 필드를 초기화하는 역할로 사용합니다.

6.3.2. 생성자 오버로딩

일반 메서드를 선언할 때 같은 기능을 하지만 인자값을 다양하게 받아 처리하고 싶을 때는 같은 이름으로 메서드를 여러 개 선언할 수 있었습니다. 이것을 **메서드 오버로딩(Overloading)**이라고 하였습니다. 생성자도 다음과 같이 오버로딩이 가능합니다.

```
public Member() {
  /* ① */
}
public Member(String name) {
  /* ② */
}
```

```
public Member(String name, int age) {
  /* ③ */
}
```

생성자를 오버로딩했을 때 실행되는 생성자는 어떻게 결정될까요? 메서드와 똑같습니다. new 명령문으로 인스턴스 생성 시 전달되는 인자값으로 결정됩니다.

```
new Member()                    → ①
new Member("Amy")               → ②
new Member("Amy", 23)           → ③
```

생성자의 주된 기능은 필드 초기화이므로 생성자에 전달되는 인자값은 대부분 필드의 초깃값입니다. 생성자를 오버로딩하고 여러 가지 생성자를 사용하여 인스턴스를 생성하는 예제를 실습해 보겠습니다. 앞에서 작성한 Member.java 소스를 다음과 같이 수정합니다.

Member.java

```java
01: package com.ruby.java.ch06;
02:
03: public class Member {
04:     private String name;
05:     private int age;
06:
07:     public Member() {
08:         System.out.println("Member() 생성자 실행");
09:     }
10:
11:     public Member(String name) {
12:         System.out.print("Member(String) 생성자 실행 : ");
13:         System.out.println(name);
14:     }
15:
16:     public Member(String name, int age) {
17:         System.out.print("Member(String, int) 생성자 실행 : ");
18:         System.out.println(name + " : " + age);
19:     }
20:
21:     public void setName(String name) {
22:     }
23:
24:     public static void main(String[] args) {
25:         System.out.println("main() 메서드 실행");
```

```
26:     new Member();
27:     new Member("Amy");
28:     new Member("Amy", 23);
29:   }
30: }
```

【실행결과】

```
main() 메서드 실행
Member() 생성자 실행
Member(String) 생성자 실행 : Amy
Member(String, int) 생성자 실행 : Amy : 23
```

소스에 대한 자세한 설명은 다음과 같습니다.

```
26: new Member();
```

Member 클래스의 인스턴스를 힙 메모리에 생성합니다. 이때 기본 타입 필드는 0으로, 참조 타입 필드는 null로 자동 초기화됩니다. 모든 필드 생성이 완료되면 Member() 생성자를 호출합니다. 생성자 중 매개변수가 없는 생성자를 기본 생성자(default constructor)라고 합니다.

```
27: new Member("Amy");
```

Member 클래스의 인스턴스를 힙 메모리에 생성한 후 Member("Amy")를 처리할 수 있는 생성자를 호출합니다. 이때 호출되는 생성자는 다음과 같습니다.

```
11: public Member(String name) {
12:     System.out.print("Member(String) 생성자 실행 : ");
13:     System.out.println(name);
14: }
```

생성자가 실행되면서 스택에 String name 매개변수가 생성되고 인자값 "Amy"가 저장된 후 생성자의 본문이 실행됩니다.

```
28: new Member("Amy", 23);
```

Member 클래스의 인스턴스를 힙 메모리에 생성하고 Member("Amy", 23) 인자값을 받아 처리할 수 있는 생성자를 호출합니다. 호출되는 생성자는 다음과 같습니다.

```
16: public Member(String name, int age) {
17:     System.out.print("Member(String, int) 생성자 실행 : ");
18:     System.out.println(name + " : " + age);
19: }
```

생성자가 실행되면서 스택에 String name 변수와 int age 변수가 생성되고 인자로 넘어온 "Amy"는 name 변수에 저장하고 23은 age 변수에 저장합니다. 그리고 생성자 본문이 실행됩니다.

다음 그림은 예제를 실행했을 때 순서와 메모리 구조입니다. new 명령문의 처리 순서는 첫째는 힙에 인스턴스를 생성하고 둘째는 객체 생성 시 지정한 인자값을 받아 처리할 수 있는 생성자를 호출합니다.

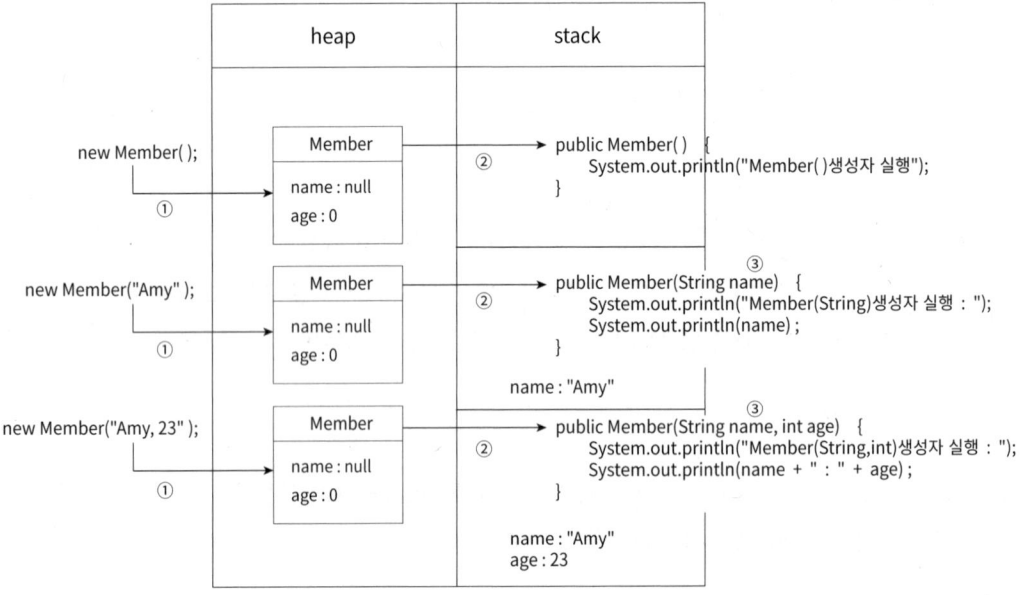

그림 예제 실행 순서와 메모리 구조

6.3.3. 기본 생성자

생성자 중에서 다음 생성자처럼 매개변수가 없는 생성자를 기본 생성자(default constructor)라고 합니다.

```
public Member() {
    System.out.println("Member() 생성자 실행");
}
```

생성자는 new 명령문으로 인스턴스가 생성될 때 자동으로 호출된다고 하였습니다. 이런 규칙을 적용했을 때 다음 소스코드는 어떤가요? 생성자가 선언되어 있지 않습니다. 잘못된 클래스 선언일까요?

```
public class Nonmember {
}
```

new 명령문은 인스턴스 생성이 완료되면 생성자를 호출하는데 위 코드처럼 생성자가 없으면 new 명령문을 완료할 수가 없으므로 오류가 발생해야 합니다. 그런데 지금까지 작성한 예제에서 우리는 한 번도 생성자를 선언한 적이 없습니다. 그리고 오류도 발생하지 않았습니다. 그래서 클래스는 생성자를 갖지 않아도 된다고 생각할 수 있는데, 절대 아닙니다. 자바 클래스는 반드시 하나 이상의 생성자가 있어야 합니다.

갑자기 머리가 아파오죠. 지금까지 생성자 없이 잘 실행했는데 이제와서 모든 클래스는 반드시 하나 이상의 생성자가 있어야 한다고 하니 혼란스럽습니다. 모든 클래스는 반드시 하나 이상의 생성자가 있어야 하는 것이 맞습니다.

그런데 지금까지 생성자를 선언하지 않은 클래스들에 대해 문제가 없었던 이유는 개발자가 생성자를 선언하지 않으면 컴파일러가 자동으로 생성자를 추가하기 때문입니다. 컴파일러가 자동으로 추가하는 생성자는 본문이 비어 있는 기본 생성자이며 접근 제한자는 클래스의 접근 제한자를 따릅니다.

```
public class Nonmember {        컴파일        public class Nonmember {
                                   →            public Nonmember() {
}                                                }
                                               }
```

생성자는 필드들을 초기화하는 역할을 하는데 특별히 초기화 작업이 필요 없다면 생성자를 선언하지 않아도 됩니다. 그러면 컴파일러가 본문이 비어 있는 기본 생성자를 자동으로 선언하기 때문입니다. 그런데 한 가지 주의사항은 클래스에 선언된 생성자가 하나도 없을 때만 컴파일러가 자동으로 생성자를 추가하며, 만일 하나 이상의 생성자가 선언되어 있다면 기본 생성자를 추가하지 않습니다.

6.3.4. 자신을 가리키는 키워드 this

this 키워드는 자바에서 사용하는 예약어로 현재 실행 중인 인스턴스의 주솟값을 나타냅니다. this는 쉽게 생각해서 this가 사용된 곳, 즉 자신의 주솟값이라고 생각해도 됩니다. 따라서 this는 사용한 곳에 따라 값이 달라집니다.

일반적으로 this는 다음과 같은 용도로 사용합니다.

- 클래스의 멤버를 가리킬 때
- 생성자를 호출할 때
- 자신의 주솟값을 전달하고 싶을 때

(1) this 변수

this는 내부적으로 자동 생성되는 변수입니다. this 변수가 만들어지는 과정을 살펴보겠습니다. 다음의 자바 소스를 새롭게 작성합니다.

ThisTest.java

```java
01: package com.ruby.java.ch06;
02:
03: public class ThisTest {
04:     int  i = 1;
05:
06:     public void first() {
07:         int  i = 2;
08:         int  j = 3;
09:         this.i = i + j;
10:
11:         second(4);
12:     }
13:
14:     public void second(int i) {
15:         int  j = 5;
16:         this.i = i + j;
17:     }
18:
19:     public static void main(String[] args) {
20:         ThisTest exam = new ThisTest();
21:         exam.first();
22:     }
23: }
```

소스에 대한 자세한 설명은 다음과 같습니다. main( ) 메서드에서 실행되는 실행문 순서대로 살펴보겠습니다.

```
20: ThisTest exam = new ThisTest();
```

스택에 exam이라는 이름의 지역변수가 생성되고 힙에는 클래스 ThisTest의 인스턴스가 생성됩니다. ThisTest의 필드는 04번 줄에서 int i = 1로 선언되었으므로 i 변수가 생성됩니다. 다음 그림은 이해를 돕기위해 힙 메모리 영역에 ThisTest의 first( )와 second( ) 메서드를 표시하였습니다.

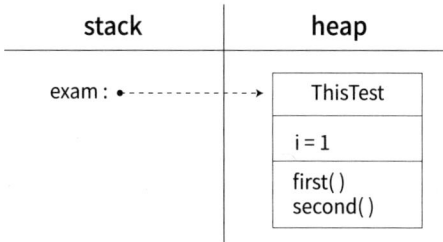

그림 인스턴스 생성 및 참조

```
21: exam.first();
```

지역변수 exam이 참조하는 인스턴스의 first( ) 메서드를 호출합니다. 메서드 호출은 메서드의 본문을 실행합니다. 그런데 자바는 새로운 메서드가 실행될 때마다 스택에 새로운 메서드 영역이 생성됩니다. 자바 프로그램이 실행되면 항상 main( ) 메서드가 처음 실행되므로 스택에는 main( ) 메서드 영역부터 생성됩니다. 그리고 메서드가 실행될 때 스택에 새로운 메서드 영역이 생성되는데, 이때 자동으로 this 변수가 선언됩니다. this 변수에는 현재 실행 중인 메서드가 속한 인스턴스의 주솟값이 저장됩니다.

다음은 exam.first( ) 명령문으로 first( ) 메서드가 실행될 때 메모리 구조입니다.

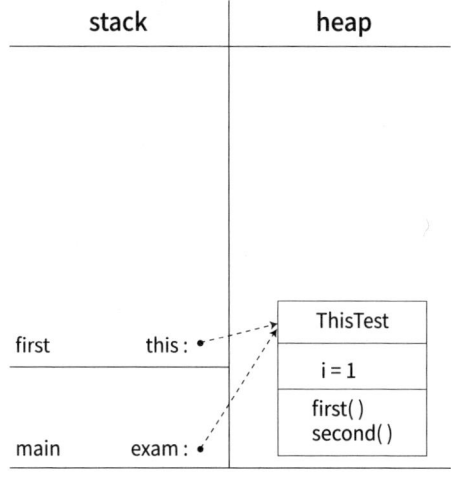

그림 first( ) 메서드

exam.first( ) 명령문은 exam이 참조하는 인스턴스의 first( ) 메서드를 호출하므로 main( ) 메서드의 exam 변숫값이나 first( ) 메서드의 this 변숫값은 똑같습니다. this 변수는 새로운 메서드가 실행될 때마다 자동으로 만들어지며 메서드 내에서 자신(인스턴스)을 나타낼 때 사용합니다.

```
06: public void first() {
07:     int  i = 2;
08:     int  j = 3;
```

first( ) 메서드의 본문입니다. 지역변수 i와 j가 선언되고 각각 2와 3으로 초기화됩니다. 지역변수는 현재 실행 중인 메서드의 스택 영역에 만들어집니다.

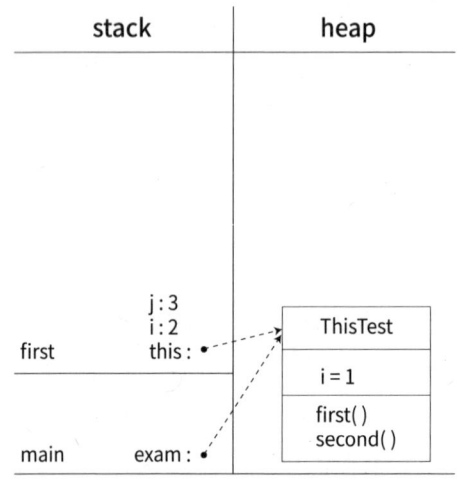

그림 first( ) 메서드의 지역변수 i, j

```
09:    this.i = i + j;
```

그리고 09번 줄에 있는 i + j 명령문은 현재 실행 중인 first( ) 메서드 스택에서 i와 j 변숫값을 더합니다. 그리고 계산된 결괏값을 힙에 생성된 ThisTest 인스턴스의 i 필드에 저장합니다. 이때 first( ) 메서드 내에서 i 필드를 나타내는 방법을 주의깊게 봅시다. 단순히 i라고만 표현하면 스택에 있는 지역변수 i를 의미합니다. 이때 사용하는 것이 this입니다.

메서드가 실행될 때마다 스택의 메서드 영역에 자동으로 선언되고 초기화된 this는 현재 실행 중인 메서드가 속한 인스턴스를 참조할 때 사용합니다. this.i라고 표현하면 다음 그림처럼 힙 메모리에서 ThisTest 인스턴스의 i 필드를 의미합니다. 따라서 this.i = i + j는 지역변수 i와 j 값의 합을 구해 i 필드에 저장하는 명령문입니다.

```
                        stack          heap

                         j : 3
                         i : 2        ┌─────────┐
              first    ┌──this : •┄┄┄→│ ThisTest│
                       └──────────┘   │  i = 5  │
                                      │ first( )│
              main       exam : •┄┄┄→ │ second()│
                                      └─────────┘
```

그림 first( ) 메서드의 this

```
 11: second(4);
```

first( )에서 second( ) 메서드를 호출하면서 인자값으로 4를 전달하였습니다. 새로운 메서드 호출이므로 스택에는 새로운 영역이 생성되고 현재 실행 중인 메서드가 속한 인스턴스의 주솟값을 저장하는 this 변수가 만들어집니다.

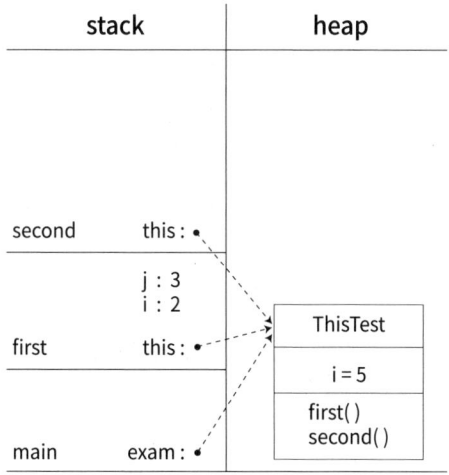

그림 second( ) 메서드

```
14: public void second(int i) {
15:    int  j = 5;
16:    this.i = i + j;
17: }
```

second( ) 메서드가 실행되면 가장 처음 매개변수 i에 인자로 전달받은 값(4)을 저장합니다. 매개변수는 지역변수이므로 스택에 저장됩니다. 다음으로 지역변수 j를 선언하고 5로 초기화합니다.

그림 second( ) 메서드의 지역변수 i, j

현재 second 스택 영역의 this는 힙 영역에 만들어진 ThisTest 인스턴스를 가리키며 this.i는 인스턴스의 i 필드를 가리킵니다. i와 j 변수는 현재 실행 중인 메서드의 스택 영역에서 검색합니다. i는 4, j는 5가 저장되었으므로 두 수를 더한 값 9가 힙 영역의 i 필드에 저장됩니다.

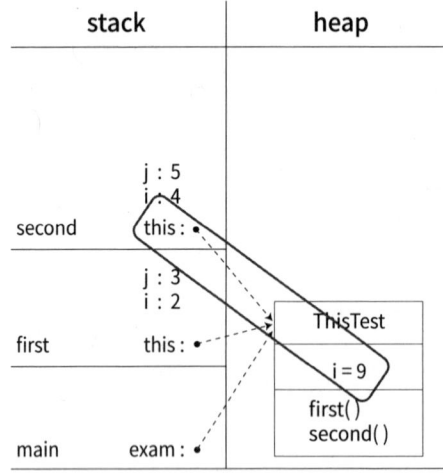

그림 second( ) 메서드의 this

second( ) 메서드는 17번 줄에서 종료합니다. 메서드가 종료될 때 스택에서는 second( ) 메서드 영역이 모두 삭제됩니다. 스택에서 메서드 단위의 영역을 '프레임(frame)'이라고 합니다. 메서드 종료 시 스택에서는 해당 메서드 프레임이 삭제됩니다. 다음은 second( ) 메서드가 종료된 후 메모리 구조입니다.

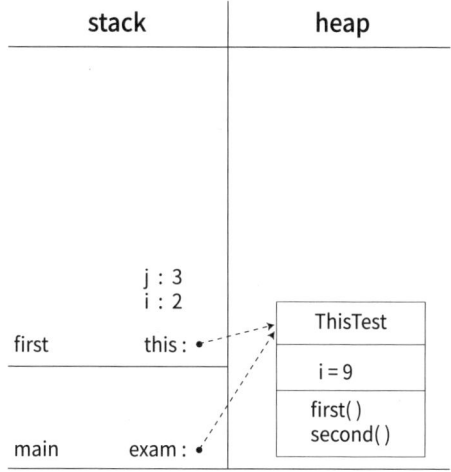

그림 second( ) 메서드 프레임 삭제

위의 그림에서 스택을 보면 second( ) 프레임이 삭제되고 second( ) 메서드를 호출한 first( ) 프레임으로 되돌아 왔습니다.

모든 프로그래밍 언어의 공통사항 중 하나는 메서드 실행이 끝나면 프로그램의 실행 흐름이 메서드를 호출한 곳으로 되돌아 온다는 것입니다. second( ) 메서드는 11번 줄에서 second(4) 명령으로 실행되었다가 종료되면 first( ) 메서드로 되돌아옵니다. 그리고 first( ) 메서드는 12번 줄에서 종료됩니다. 다음 그림은 first( ) 메서드가 종료된 후 메모리 구조입니다.

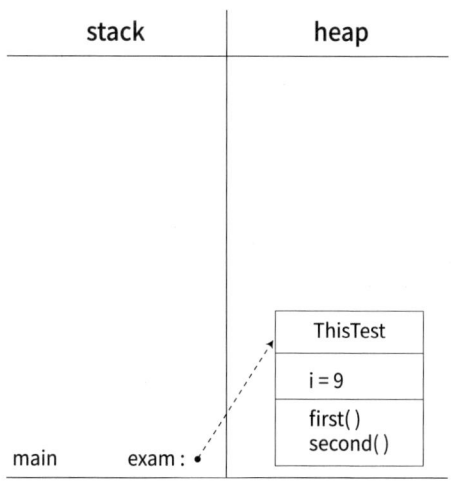

그림 first( ) 메서드 프레임 삭제

스택에서 first( ) 프레임이 삭제되고 first( ) 메서드를 호출한 main( ) 메서드로 되돌아 왔습니다. 22번 줄에서 main( ) 메서드마저 종료되면 스택에서 main( ) 프레임이 삭제되어 아무것도 남아 있지 않게 됩니다. 즉, 프로그램 실행이 완료됩니다.

(2) 필드와 지역변수 구분

this 키워드를 사용하는 목적 중 하나는 클래스의 필드와 지역변수를 구분하기 위함입니다. 먼저, 개발 시 필드와 지역변수를 구분하지 않으면 어떤 문제가 발생하는지 확인해보겠습니다. 다음의 소스를 작성하고 실행하기 전 결과를 예상해봅시다.

ThisTest2.java

```java
01: package com.ruby.java.ch06;
02:
03: public class ThisTest2 {
04:    private String name;
05:
06:    public void setName(String name) {
07:       name = name;
08:    }
09:
10:    public String getName() {
11:       return name;
12:    }
13:
14:    public static void main(String[] args) {
15:       ThisTest2 exam = new ThisTest2();
16:       exam.setName("Amy");
17:
18:       System.out.println(exam.getName());
19:    }
20:
21: }
```

【실행결과】

null

필자의 의도는 16번 줄에서 전달한 문자열을 출력하는 것이었습니다. 그러나 결과는 null이 출력되었습니다. 원인이 무엇인지 소스를 분석해 보겠습니다.

```java
14: public static void main(String[] args) {
15:    ThisTest2 exam = new ThisTest2();
16:    exam.setName("Amy");
```

15번 줄에서 참조변수 exam이 선언되고 힙에는 ThisTest2의 인스턴스가 생성된 후 생성된 인스턴스의 주솟값이 exam 변수에 저장됩니다.

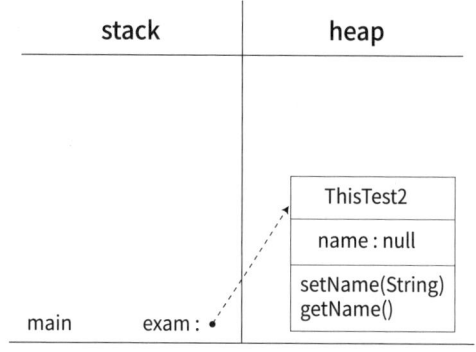

그림 15번 줄 실행 후 메모리

이어서 16번 줄에서는 exam이 참조하는 인스턴스의 setName( ) 메서드를 호출하면서 인자값으로 "Amy"를 전달합니다.

```
06: public void setName(String name) {
07:     name = name;
08: }
```

이 명령문이 실행된 후 메모리 구조는 다음과 같습니다.

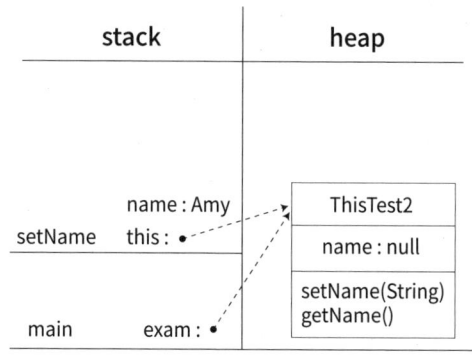

그림 16번 줄 실행 후 메모리

새로운 메서드가 실행될 때마다 스택에는 새로운 프레임이 만들어지며 this 변수는 내부적으로 자동 생성됩니다. this에는 현재 실행 중인 메서드의 인스턴스 주솟값이 저장됩니다.

프로그램 내에서 직접 접근할 수 있는 메모리는 스택입니다. 변수를 찾을 때는 현재 사용 중인 스택 프레임에서 찾습니다. 07번 줄에서 두 번의 name 변수를 참조하였는데 두 번 모두 지역변수 name을 의미합니다. 결국, 자신의 값을 자신에게 저장하는 명령문이 되었습니다.

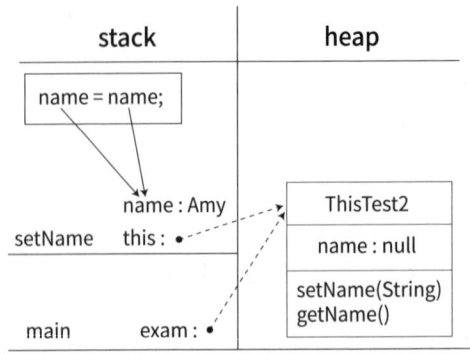

그림 지역변수 name

08번 줄에서 setName( ) 메서드가 종료됩니다. 실행 중인 메서드가 종료되면 스택에서 해당 프레임이 삭제됩니다. setName( ) 프레임이 삭제되었으므로 setName( ) 메서드에서 선언한 지역변수도 삭제됩니다. 따라서 인자값 "Amy"를 갖는 name 변수도 메모리에서 삭제됩니다. 다음은 setName( ) 메서드가 종료된 후 메모리 구조입니다.

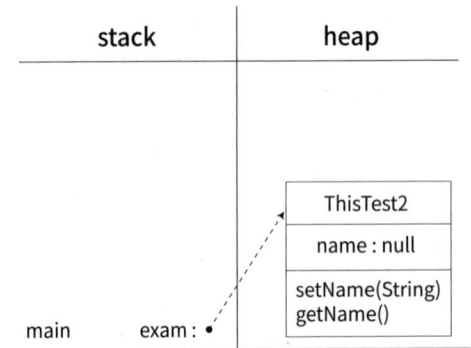

그림 setName( ) 메서드가 종료된 후 메모리 구조

```
10: public String getName() {
11:     return name;
12: }
...
18: System.out.println(exam.getName());
```

18번 줄에서는 exam이 참조하는 인스턴스의 getName( ) 메서드를 호출합니다. getName( ) 메서드는 11번 줄에서 name 필드값을 리턴합니다. 앞에서 setName( ) 메서드를 호출해 값을 수정하였지만, 인스턴스의 name 필드가 아니라 지역변수 name을 수정한 것이었으므로 힙 영역의 name 필드는 여전히 null입니다. 따라서 콘솔 창에는 getName( )에서 리턴한 null이 출력됩니다.

지금까지 살펴본 ThisTest2 소스코드의 문제는 클래스의 필드 이름과 메서드의 지역변수 이름이 중복된다는 것입니다.

```
04: private String name;
05:
06: public void setName(String name) {
07:     name = name;
08: }
```

이처럼 지역변수와 필드의 이름이 중복되었을 때는 명확하게 구분해서 사용해야 합니다. 구분하는 방법은 지역변수는 변수 이름만 사용하면 되고, 필드는 다음 코드처럼 this 키워드를 함께 사용합니다.

```
07: this.name = name;
```

이렇게 하면 현재 실행 중인 메서드가 속한 인스턴스의 name 필드를 가리키므로 매개변수로 전달받은 문자열을 name 필드에 저장할 수 있습니다. ThisTest2 소스를 다음처럼 수정한 후 실행합니다.

ThisTest2.java

```
...
06: public void setName(String name) {
07:     this.name = name;
08: }
...
```

【실행결과】

Amy

(3) 생성자 호출

이제 어느 정도 this 키워드에 감이 오나요? this 키워드를 사용하는 목적 중 하나는 생성자를 호출하기 위한 것입니다. 이게 무슨 말일까요? 생성자를 학습할 때 생성자는 일반 메서드처럼 호출할 수 없고 new 명령문을 이용해 객체를 생성할 때 자동으로 호출된다고 했습니다. 그런데 생성자는 객체를 생성할 때 자동으로 호출되는 것이 맞지만, 생성자 내에서 다른 생성자를 호출할 수도 있습니다. 즉, 생성자를 명시적으로 호출할 수 있는데, 이는 생성자 내에서만 가능하다는 이야기입니다. 이때 사용하는 예약어가 this( )입니다.

생성자의 목적은 객체를 생성할 때 필드를 초기화하는 데 있습니다. 그런데 생성자에서 다른 생성자를 호출하는 목적은 무엇일까요? 다음 예제를 살펴보겠습니다.

```java
public class Member {
  private String name;
  private int age;

  public Member() {
    this.name = "guest";
    this.age = 0;
  }
  public Member(String name) {
    this.name = name;
    this.age = 0;
  }
  public Member(String name, int age) {
    this.name = name;
    this.age = age;
  }
  public static void main(String[] args) {
    Member m1 = new Member();
    Member m2 = new Member("Amy");
    Member m3 = new Member("Amy", 23);
  }
}
```

위 소스에서는 Member( ) 생성자 세 개를 오버로딩하였습니다. 위 소스는 오류는 발생하지 않지만, 객체지향 관점에서는 좋은 소스가 아닙니다. 객체지향의 궁극적인 목적은 유지 보수성이 높은 프로그램을 개발하는 것입니다. 유지 보수성을 높이고자 따라야 할 원칙 중 하나가 "**중복을 허용하지 않는다**"입니다.

오버로딩된 Member( ) 생성자 모두 필드를 초기화하는데 중복된 코드가 보입니다. 코드가 중복되면 유지 보수성이 낮아집니다. 예를 들어 name이나 age 필드의 이름을 변경하면 어떻게 될까요? 필드 이름을 사용한 모든 곳을 수정해야 합니다. 중복이 심할수록 수정할 곳이 많아집니다. 즉, 유지보수 작업이 어려워집니다. 객체지향 프로그램은 최대한 중복된 코드를 제거하고 코드를 재사용하는 방법으로 구현해야 합니다.

다음은 위의 소스코드를 객체지향적으로 수정하였습니다. 이처럼 소스코드를 더 쉽게 이해할 수 있고 쉽게 수정할 수 있도록 변경하는 것을 '리팩토링(refactoring)'이라고 합니다. 리팩토링한 소스의 생성자를 확인해봅시다. 중복된 코드를 제거하고 this( ) 문으로 변경했습니다. this( )는 다른 생성자를 호출해 주는 명령문입니다.

```java
public class Member {
  private String name;
  private int age;

  public Member() {
    this("guest");
  }
  public Member(String name) {
    this(name, 0);
  }
  public Member(String name, int age) {
    this.name = name;
    this.age = age;
  }
  public static void main(String[] args) {
    Member m1 = new Member();
    Member m2 = new Member("Amy");
    Member m3 = new Member("Amy", 23);
  }
}
```

main( ) 메서드에서 new Member( ) 명령문으로 실행되는 생성자의 순서는 다음과 같습니다.

```
new Member( );
                    ①
    public Member( ) {
        this("guest");
                    ②
    }
    public Member(String name ) {
        this(name, 0);
                    ③
    }
    public Member(String name, int age ) {
        this.name = name;
        this.age = age;
    }
```

그림 생성자 실행 순서

① new Member( ) 명령문에서 실행되는 생성자는 기본 생성자 Member( )입니다. 기본 생성자에서 this("guest") 문을 만나면 생성자 중에서 String 한 개를 인자로 받는 생성자가 호출됩니다.

② 매개변수 name에는 "guest"가 저장됩니다. this(name, 0) 문을 만나면 생성자 중에서 String, int 두 개의 인자를 받는 생성자가 호출됩니다.

③ 매개변수 name에는 "guest", age에는 0이 저장됩니다. this.name = name 문은 name 필드에 지역변수 name 값을 저장합니다. this.age = age 문은 age 필드에 지역변수 age 값을 저장합니다.

그다음 new Member("Amy") 명령문으로 실행되는 생성자의 순서는 다음과 같습니다.

```
new Member("Amy");  ----① 
        
        public Member(String name ) {
            this(name, 0);  ----②
        }
        public Member(String name, int age ) {
            this.name = name;
            this.age = age;
        }
```

그림 생성자 실행 순서

마지막으로 new Member("Amy", 23) 명령문으로 실행되는 생성자의 순서는 다음과 같습니다.

```
new Member("Amy", 23 );  ----①

        public Member(String name, int age ) {
            this.name = name;
            this.age = age;
        }
```

그림 생성자 실행 순서

세 가지 생성자 모두 결국에는 모든 인자를 받아 처리하는 생성자가 호출되어 모든 필드가 초기화됩니다.

```
new Member( );
new Member("Amy");        →    public Member(String name, int age ) {
new Member("Amy", 23 );             this.name = name;
                                    this.age = age;
                                }
```

그림 생성자

생성자를 호출할 때 주의사항은 생성자 호출문 this( )는 생성자에서만 사용할 수 있고, 생성자 내에서 가장 첫 번째 줄에 위치해야 한다는 것입니다. 다음 코드는 오류가 발생합니다. 생성자에서 다른 생성자를 호출하는 this("guest"); 명령문이 첫 번째 명령문이 아니기 때문입니다. 반드시 첫 번째 명령문으로 사용해야 합니다.

```
public Member() {
    this.age = 0;
    this("guest");   //오류!
}
```

지금까지 설명했던 내용을 실습해 보겠습니다. 자바 소스를 작성한 후 실행 결과를 확인해봅시다.

Member.java

```java
01: package com.ruby.java.ch06;
02:
03: public class Member {
04:     private String name;
05:     private int age;
06:
07:     public Member() {
08:         this("guest");
09:     }
10:
11:     public Member(String name) {
12:         this(name, 0);
13:     }
14:
15:     public Member(String name, int age) {
16:         this.name = name;
17:         this.age = age;
18:     }
19:
20:     public String toString() {
21:         return name + ":" + age;
22:     }
23:
24:     public static void main(String[] args) {
25:         Member m1 = new Member();
26:         Member m2 = new Member("Amy");
27:         Member m3 = new Member("Amy", 23);
28:
29:         System.out.println(m1.toString());
30:         System.out.println(m2.toString());
31:         System.out.println(m3.toString());
32:     }
33: }
```

【실행결과】

```
guest:0
Amy:0
Amy:23
```

앞에서 설명하지 않은 부분만 살펴보겠습니다. 먼저, Member 클래스의 인스턴스를 3개 생성한 후 참조 변수 m1, m2, m3에 주솟값을 할당합니다.

```
25: Member m1 = new Member();
26: Member m2 = new Member("Amy");
27: Member m3 = new Member("Amy", 23);
28:
29: System.out.println(m1.toString());
30: System.out.println(m2.toString());
31: System.out.println(m3.toString());
```

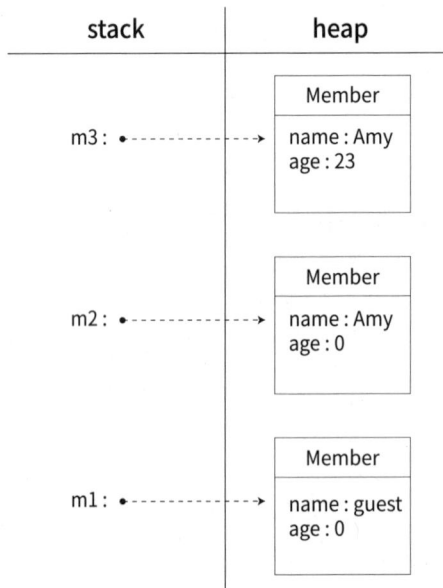

그림 인스턴스 생성 후 m1, m2, m3 참조

그런 다음 Member 클래스의 인스턴스를 이용해 toString( ) 메서드를 호출한 후 반환값을 출력합니다.

```
20: public String toString() {
21:     return name + ":" + age;
22: }
```

21번 줄에서 toString( ) 메서드는 name 변숫값과 ":" 그리고 age 변숫값을 문자열로 결합하여 반환합니다. 만일 name = "Amy", age = 23이 지정되어 있다면 "Amy:23" 문자열을 반환합니다.

그런데 20~22번 줄의 toString( ) 메서드를 살펴보면 변수 선언문이 없습니다. 그렇다면 21번 줄에서 사용한 name과 age 변수는 어떻게 이용할까요?

위의 코드는 this.name 형태가 아니므로 지역변수를 의미합니다. 지역변수는 스택에 존재하는데 현재 스택에는 name과 age 변수가 없습니다. 오류가 발생해야 합니다. 그런데 실행 결과를 보면 전혀 문제가 없습니다. 비밀은 JVM이 변수를 검색하는 방법에 있습니다.

JVM은 소스에 작성된 변수를 찾을 때 현재 실행 중인 메서드의 스택 프레임을 우선 검색합니다. 이때 다른 메서드의 프레임은 검색 대상이 되지 않는다는 것에 유의합니다. 스택에서 변수를 찾으면 해당 변수를 사용하고, 찾지 못하면 this가 참조하는 인스턴스의 필드에서 검색합니다. 만일, 찾으려는 변수가 필드에도 없으면 오류가 발생합니다.

JVM이 메모리에서 변수를 검색하는 순서는 다음과 같습니다.

1. 현재 실행 중인 메서드의 스택 영역을 검색한다.
2. 스택에서 찾지 못하면 this가 참조하는 인스턴스의 필드를 검색한다.

다음 그림은 m1.toString( ) 메서드가 실행되었을 때 메모리 구조입니다. 새로운 메서드가 실행되면 스택에 새로운 프레임이 생성되고 this 변수가 자동으로 선언됩니다. this 변수에는 메서드를 호출한 인스턴스의 주솟값이 저장됩니다. m1.toString( ) 구문에서 메서드를 호출한 인스턴스는 m1입니다. 따라서 this 변수에는 m1의 주솟값이 저장됩니다.

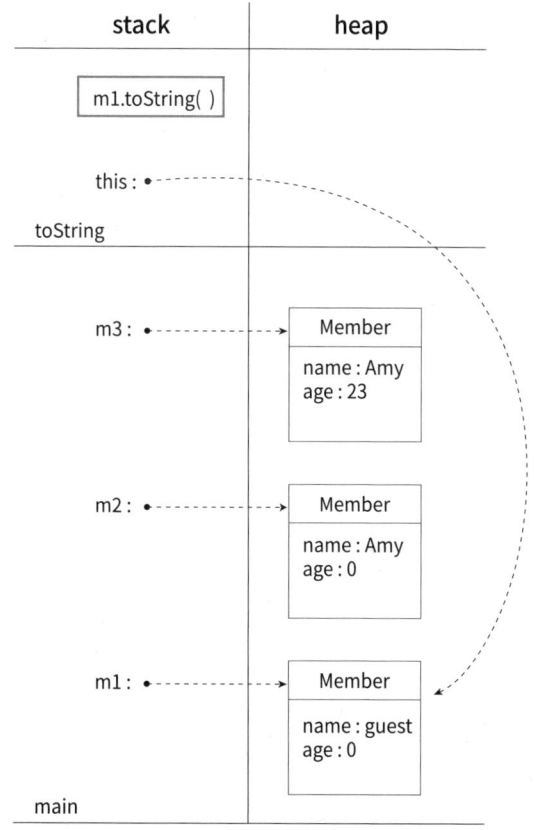

그림 m1.toString( ) 구문에서 메서드를 호출한 인스턴스

toString( ) 메서드에는 매개변수도, 지역변수도 선언되지 않았으므로 toString( ) 프레임에는 여전히 this 변수만 있습니다. 따라서 JVM은 name과 age 변수를 스택에서 찾지 못하고, this 주소가 가리키는 힙의 인스턴스에서 name과 age 필드를 찾아서 사용합니다.

07

상속과 인터페이스

자바는 객체지향 프로그래밍 언어로서 프로그램의 구현과 유지 보수성을 높이기 위한 여러 가지 기술을 제공합니다. 그중에서 상속은 가장 핵심이 되는 기술로써 다른 모든 객체지향 기술의 근간입니다. 따라서 상속이라는 개념을 정확히 이해하고 활용할 수 있어야 합니다.

이번 장에서는 객체와 객체 간에 상속 관계로 연결하고 실제 메모리에 상속 관계를 가진 객체들이 생성되는 구조와 상속의 원리, 상속 관계의 객체들끼리 멤버(필드, 메서드, 생성자)를 효율적으로 사용하는 방법에 대해 살펴봅니다. 그리고 상속하는 객체의 타입을 추상 클래스, 인터페이스로 선언하여 활용하는 방법도 살펴봅니다.

7.1. 상속 개요

7.1.1. 상속이란?

상속이 무엇인지, 왜 사용하는지 알기 위해 먼저 다음에 정의한 클래스들을 살펴보겠습니다. Employee, Professor, Student 클래스에 정의한 필드와 메서드들을 주의 깊게 보기 바랍니다.

```java
// Employee.java
public class Employee {
    private String name;
    private int age;
    private String dept;

    public String getName() {
        return name;
    }
    public void setName(String name) {
        this.name = name;
    }
    public int getAge() {
        return age;
    }
}
```

```java
    public void setAge(int age) {
        this.age = age;
    }
    public String getDept() {
        return dept;
    }
    public void setDept(String dept) {
        this.dept = dept;
    }
}
```

Professor.java

```java
public class Professor {
    private String name;
    private int age;
    private String subject;

    public String getName() {
        return name;
    }
    public void setName(String name) {
        this.name = name;
    }
    public int getAge() {
        return age;
    }
    public void setAge(int age) {
        this.age = age;
    }
    public String getSubject() {
        return subject;
    }
    public void setSubject(String subject) {
        this.subject = subject;
    }
}
```

Student.java

```java
public class Student {
    private String name;
    private int age;
```

```java
    private String major;

    public String getName() {
        return name;
    }
    public void setName(String name) {
        this.name = name;
    }
    public int getAge() {
        return age;
    }
    public void setAge(int age) {
        this.age = age;
    }
    public String getMajor() {
        return major;
    }
    public void setMajor(String major) {
        this.major = major;
    }
}
```

각 클래스가 포함하고 있는 필드와 메서드가 다른 클래스에서도 중복되는 것을 알 수 있습니다. 자바는 객체지향 언어입니다. 객체지향 언어의 장점은 유지 보수성이 높은 시스템을 개발할 수 있다는 것입니다. 유지 보수성을 높이는 가장 기본적인 원칙은 "중복을 제거하는 것"입니다.

다음 그림은 Employee, Professor, Student 클래스에서 중복되는 필드와 메서드입니다.

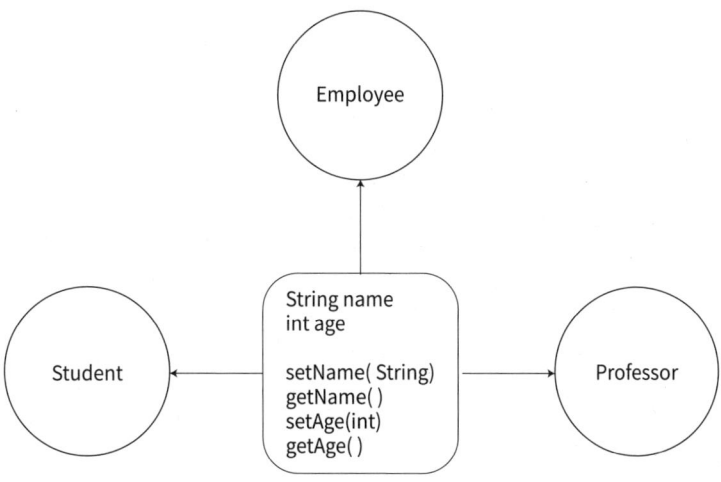

그림 중복된 필드와 메서드

Employee, Professor, Student 클래스에서 필드와 메서드의 중복을 제거하는 방법을 살펴보겠습니다. 중복을 제거하려면 다음 조건을 검사해야 합니다.

[중복 제거 조건 1] 공통 멤버를 가지는 클래스들 간의 공통점이 있는가?

Employee, Professor, Student 클래스의 공통점은 '사람(Person)'이라는 것입니다.

[중복 제거 조건 2] is a 관계가 성립하는가?

is a 관계는 1단계에서 찾아낸 공통점과 각 클래스를 is a로 연결하여 문장을 만드는 것입니다. Employee, Professor, Student의 공통점은 사람(Person)이었습니다. is a 관계를 만들어보면 다음과 같습니다. 세 가지 모두 is a 관계가 성립하는 것을 알 수 있습니다.

- Employee **is a** Person.
- Professor **is a** Person.
- Student **is a** Person.

위 두 가지 조건에 만족하면, 즉 공통점이 있고 is a 관계가 성립하면 각 클래스의 중복을 제거할 수 있습니다. 제거 방법은 공통점에 해당하는 이름(Person)으로 클래스를 선언한 후 여기에 중복된 부분을 선언하고 Employee, Professor, Student 클래스에서 가져다 사용합니다. Person 클래스를 생성하고 Person에 각 클래스가 가지는 공통된 멤버를 선언한 다음, Employee, Professor, Student 클래스에서 Person 클래스를 가져다 사용합니다.

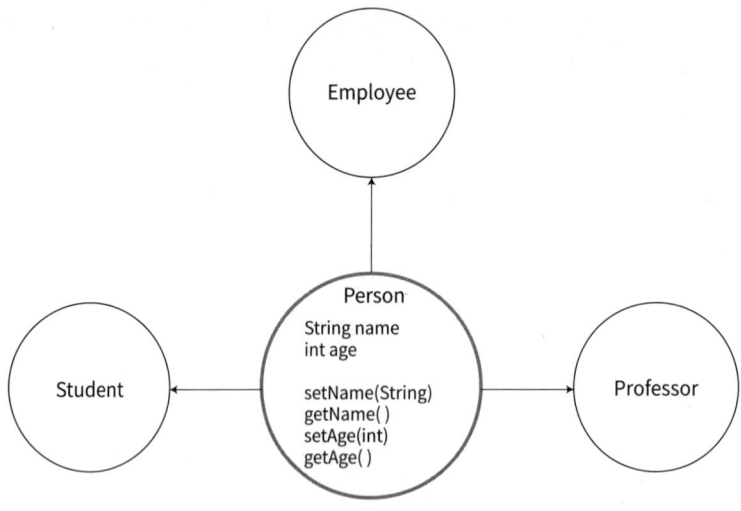

그림 Person 클래스에 중복된 필드와 메서드 선언

Person 클래스는 여러 클래스에서 중복해서 나오는 코드를 한 번만 구현할 목적으로 만들었습니다. 이제 Person 클래스에 정의된 내용은 Employee, Professor, Student 클래스에서는 그대로 가져다 사용하므로 중복이 발생하지 않습니다.

(1) 상속 용어

객체지향 프로그래밍에서는 이처럼 Employee, Professor, Student 클래스에서 Person 클래스의 내용을 가져다 사용하는 것을 "**상속한다**"라고 표현합니다. 이때 상속해주는 Person은 **부모**(Parent) 또는 **슈퍼**(Super) 클래스라고 하며, Parent 클래스를 상속하는 Employee, Professor, Student 클래스를 **자식**(Child) 또는 **서브**(Sub) 클래스라고 합니다. 그림으로 표현하면 다음과 같습니다.

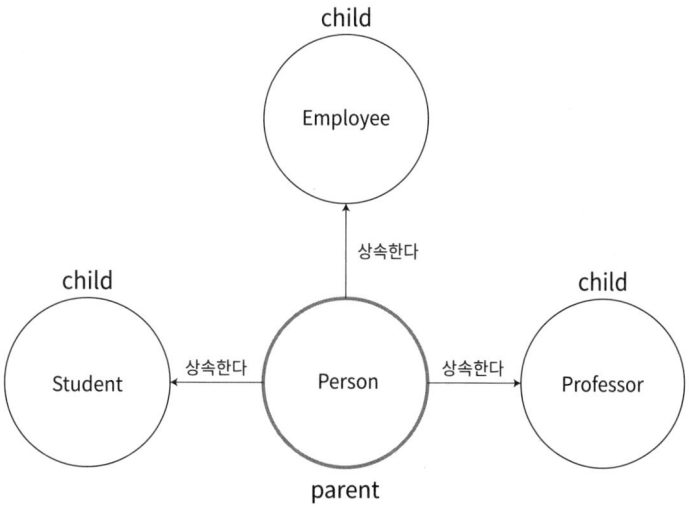

그림 상속 관계

(2) 단일 상속

자바에서는 자식 클래스에서 상속할 수 있는 부모 클래스는 한 개로 한정되어 있습니다. 즉, 여러 개의 클래스를 상속받을 수 없습니다. 하나의 클래스만 상속하는 것을 **단일 상속**(single inheritance)이라고 합니다.

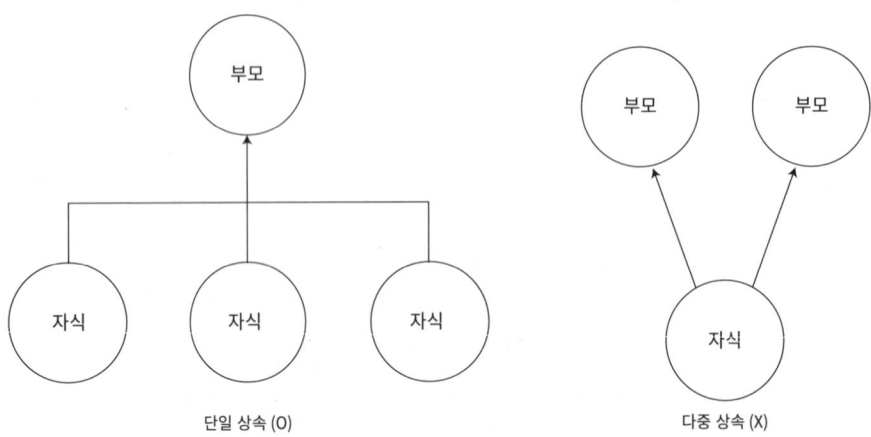

그림 단일 상속

> **상속을 이용하는 이유**
>
> 상속은 프로그램 개발을 여러 사람이 협업할 수 있게 하며 코드의 재사용성을 높입니다. 즉, 우리가 직접 구현하지 않아도 필요할 때 가져다 사용할 수 있습니다. 이로써 전체적인 개발 생산성을 높이는 효과가 있습니다.

7.1.2. 상속 구현

다른 클래스에 정의된 내용을 그대로 가져다 사용하는 것을 상속한다고 표현하고, 내용이 정의된 클래스를 부모 클래스, 가져다 사용하는 클래스를 자식 클래스라고 하였습니다. 자식 클래스에서 부모 클래스를 상속하기 위한 문법은 다음과 같습니다.

【클래스 상속】

<u>접근 제한자</u> class <u>클래스명</u> extends <u>부모 클래스명</u> {
}

아래 그림은 Employee, Professor, Student 클래스가 Person 클래스를 상속하는 관계입니다.

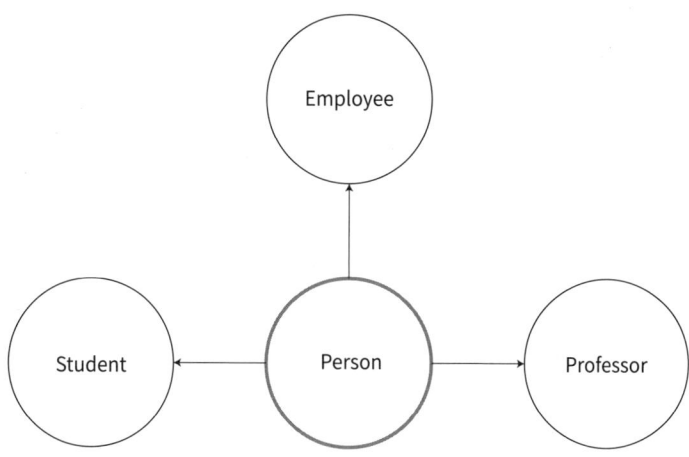

그림 Person 클래스를 상속하는 Employee, Student, Professor 클래스

이러한 상속 관계를 자바 코드로 구현하면 다음과 같습니다.

```
class Person { … }
class Employee extends Person{ … }
class Professor extends Person{ … }
class Student extends Person{ … }
```

상속 관계로 연결된 클래스들을 정의해 보고 인스턴스를 생성해 상속을 확인해 보겠습니다. 먼저, com.ruby.java.ch07.inheritance 패키지를 생성한 후 Person 클래스 파일을 다음과 같이 작성해봅시다. Person 클래스에는 다른 클래스에서 상속받아서 사용할 공통 기능을 정의합니다.

Person.java
```
01: package com.ruby.java.ch07.inheritance;
02:
03: public class Person {
04:     private String name;
05:     private int age;
06:
07:     public String getName() {
08:         return name;
09:     }
10:
11:     public void setName(String name) {
12:         this.name = name;
13:     }
14:
```

```
15:     public int getAge() {
16:         return age;
17:     }
18:
19:     public void setAge(int age) {
20:         this.age = age;
21:     }
22:
23:     public String toString() {
24:         return name + ":" + age;
25:     }
26: }
```

다음으로 Employee 클래스를 정의합니다. Employee 클래스는 앞에서 Person 클래스에 정의한 기능을 사용하고자 Person 클래스를 상속합니다.

Employee.java
```
01: package com.ruby.java.ch07.inheritance;
02:
03: public class Employee extends Person {
04:     private String dept;
05:
06:     public String getDept() {
07:         return dept;
08:     }
09:
10:     public void setDept(String dept) {
11:         this.dept = dept;
12:     }
13: }
```

다음으로 Professor 클래스를 정의합니다. Professor 클래스에서도 Person 클래스에 정의한 기능을 사용하고자 Person 클래스를 상속합니다.

Professor.java
```
01: package com.ruby.java.ch07.inheritance;
02:
03: public class Professor extends Person {
04:     private String subject;
05:
```

```
06:    public String getSubject() {
07:        return subject;
08:    }
09:
10:    public void setSubject(String subject) {
11:        this.subject = subject;
12:    }
13: }
```

마찬가지로 Student 클래스도 Person 클래스를 상속하여 구현합니다.

Student.java
```
01: package com.ruby.java.ch07.inheritance;
02:
03: public class Student extends Person {
04:    private String major;
05:
06:    public String getMajor() {
07:        return major;
08:    }
09:
10:    public void setMajor(String major) {
11:        this.major = major;
12:    }
13: }
```

Employee, Professor, Student 클래스를 선언할 때 모두 extends Person을 명시하였습니다. 모두 같은 부모 클래스를 상속한 자식 클래스입니다. 위 클래스들의 관계를 도식화하면 다음과 같습니다.

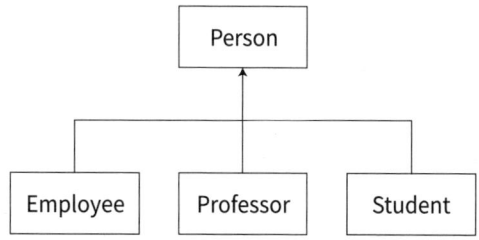

그림 상속 관계

Employee, Professor, Student는 Person 클래스를 상속받는 자식 클래스입니다. 자바에서 자식 간의 관계는 "부모가 같다"는 것 말고는 의미가 없습니다. 객체지향에서 중요한 것은 오로지 부모와 자식 관계뿐입니다. 즉, 상속 관계만 의미가 있습니다.

상속이 제대로 이루어졌는지 확인하고자 앞에서 정의한 클래스를 사용하는 소스를 작성해보겠습니다.

LMSTest.java

```java
01: package com.ruby.java.ch07.inheritance;
02:
03: public class LMSTest {
04:     public static void main(String[] args) {
05:         Employee e = new Employee();
06:         Professor p = new Professor();
07:         Student s = new Student();
08:
09:         e.setName("오정임");
10:         e.setAge(47);
11:         e.setDept("입학처");
12:
13:         p.setName("김푸름");
14:         p.setAge(52);
15:         p.setSubject("빅데이터");
16:
17:         s.setName("김유빈");
18:         s.setAge(20);
19:         s.setMajor("컴퓨터과학");
20:
21:         System.out.println(e.toString());
22:         System.out.println(p.toString());
23:         System.out.println(s.toString());
24:     }
25: }
```

【실행결과】

오정임:47
김푸름:52
김유빈:20

소스에 대한 자세한 설명은 다음과 같습니다.

```java
04: public static void main(String[] args) {
05:     Employee e = new Employee();
```

Employee e는 스택에 참조변수 e를 선언합니다. new Employee( ) 문은 힙 영역에 Employee의 인스턴스를 생성합니다. 이때 Employee 클래스는 Person 클래스를 상속받으므로 Person 클래스의 내용도 함께 포함합니다.

```
public class Employee extends Person
```

이처럼 어떤 클래스를 인스턴스화할 때 해당 클래스가 다른 클래스를 상속받고 있다면 인스턴스에 부모 클래스의 내용도 함께 포함하여 생성합니다. 만일 부모 클래스가 또 다른 클래스를 상속받고 있다면 부모의 부모 클래스 내용도 포함합니다.

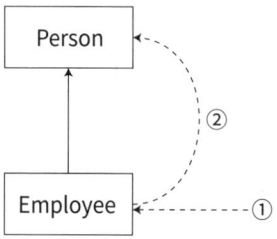

그림 부모 클래스 처리

부모 클래스인 Person의 내용을 포함한 후에는 자식 클래스로 다시 내려와서 자식 클래스의 인스턴스를 힙 영역에 생성합니다.

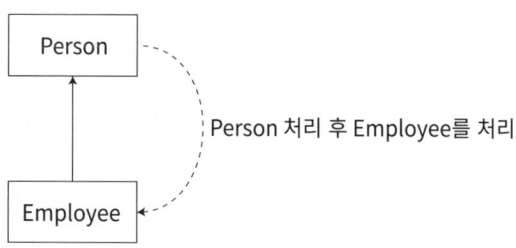

그림 자식 클래스 처리

이제 힙 영역에는 new Employee( ) 명령문에 의해 Employee가 상속하고 있는 Person과 Employee 인스턴스가 생성되었습니다. 그리고 힙에 생성된 인스턴스의 주소를 참조변수 e에 저장합니다. 다음은 Employee e = new Employee() 명령문 실행이 완료된 후 메모리 구조입니다. 이해를 돕고자 메서드들도 힙 영역에 표시하였습니다.

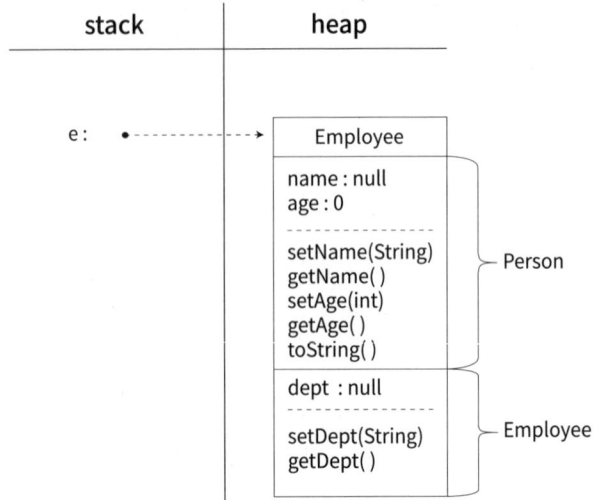

그림 Employee e = new Employee( ) 명령문 완료 후 메모리 구조

```
09: e.setName("오정임");
10: e.setAge(47);
11: e.setDept("입학처");
```

스택에서 참조변수 e를 찾고 e가 참조하는 힙 메모리에서 setName( ), setAge( ), setDept( ) 메서드를 실행합니다. 이 중 setName( )과 setAge( )는 Employee 클래스에 정의한 메서드가 아닙니다. 따라서 원래는 Employee 타입의 참조변수 e로는 사용할 수 없지만, Employee 클래스가 해당 메서드가 정의된 Person 클래스를 상속함으로써 Employee 타입의 참조변수 e로도 호출할 수 있게 되었습니다.

세터 메서드들은 필드값을 수정합니다. 세터 메서드 실행 후 e의 인스턴스 필드값은 다음과 같이 수정됩니다.

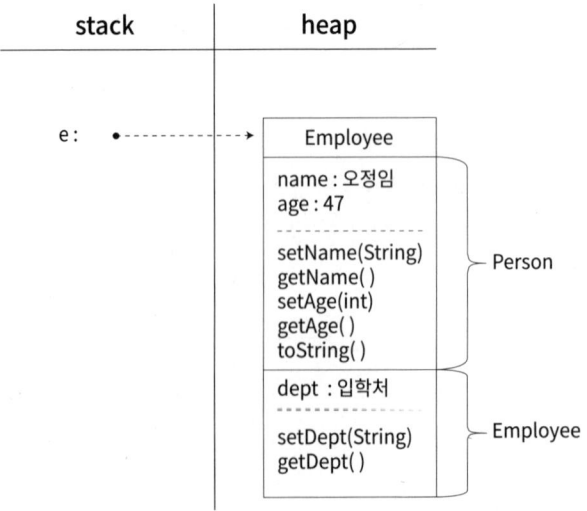

그림 세터 호출 후 메모리 상태

```
21: System.out.println(e.toString());
```

e 인스턴스의 toString( ) 메서드를 실행한 후 리턴된 값을 출력해주는 명령문입니다. toString( ) 메서드 역시 Person에서 상속받은 메서드로서 다음과 같이 선언되어 있습니다.

```
public String toString() {
    return name + ":" + age;
}
```

Person 클래스의 toString( ) 메서드는 name과 age 필드값을 리턴합니다.

```
06: Professor p = new Professor();
07: Student s = new Student();
```

클래스 Professor와 Student의 인스턴스를 추가로 생성하였습니다. 06번, 07번 명령문이 완료된 후 메모리 구조는 다음과 같습니다.

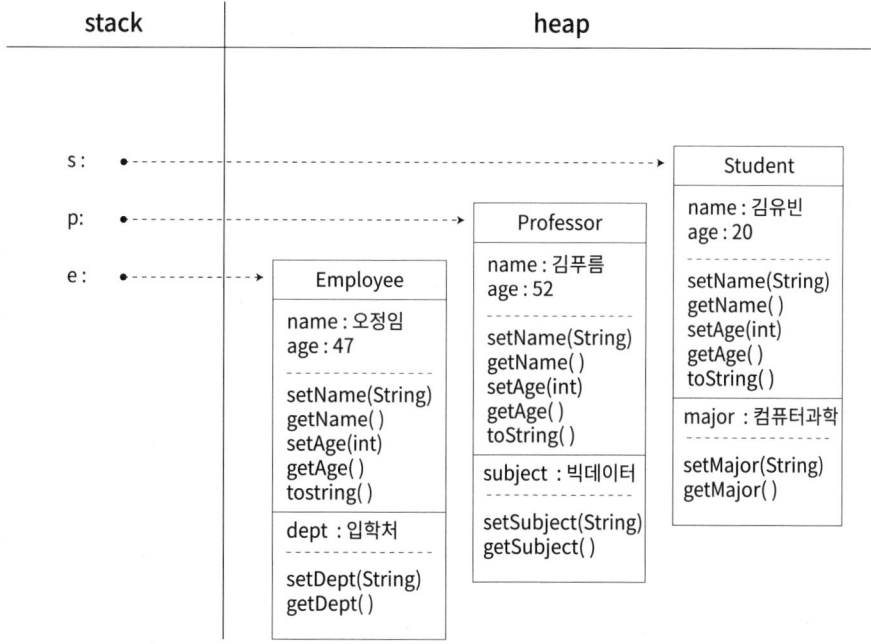

그림 각 인스턴스가 생성된 후 메모리 상태

상속은 두 클래스 간에 is a 관계가 성립되었을 때 다른 클래스에 정의된 내용을 그대로 가져다가 사용할 수 있는 객체지향 기술입니다. 상속할 때는 클래스 선언문에서 extends 키워드에 이어 **상속할 부모 클래스 이름**을 명시해주면 됩니다. 그러면 객체 생성 시 부모 클래스의 내용이 자동으로 포함되어 자신이 정의한 것처럼 사용할 수 있습니다.

7.2. 상속 활용

클래스 상속은 객체지향 프로그래밍의 핵심 기술인 만큼, 자바에서는 상속에 관련된 프로그래밍 기법들을 제공합니다. 이번 절에서는 이러한 내용을 학습함으로써 클래스의 상속 관계에 대해 한 걸음 더 들어가 보겠습니다.

7.2.1. 메서드 오버라이딩

메서드 오버라이딩(Method Overriding)은 이미 정의된 메서드를 재정의해 사용하는 기술입니다. 즉, 부모 클래스에서 정의된 메서드를 자식 클래스에서 재정의해서 사용할 수 있는데, 이때 자식 클래스에서 부모 클래스의 메서드를 오버라이딩한다고 표현합니다.

(1) 오버라이딩 필요성

메서드 오버라이딩이 왜 필요한지 알고자 앞에서 실행한 LMSTest.java 소스 파일의 실행 결과를 다시 살펴보겠습니다.

그림 LMSTest.java 소스 파일의 실행 결과

실행 결과를 보면 toString( ) 메서드에서 name과 age 필드만 돌려주므로 각 인스턴스의 모든 필드가 출력되지는 않았습니다. 만약, 모든 필드를 출력하고 싶다면 어떻게 해야 할까요? 부모 클래스 Person에서 정의한 필드가 아닌, 각각의 자식 클래스에서 정의한 필드(dept, subject, majoro)를 추가로 출력해야 합니다. 현재 필드값 출력을 담당하는 메서드는 Person에서 정의한 toString( )이므로 모든 필드를 출력하고자 toString( ) 메서드가 dept, subject, major 필드도 반환하도록 수정해야 할까요?

```
public String toString() {
    return name + ":" + age + dept + subject + major;   // 오류!
}
```

그러나 toString( ) 메서드에 이렇게 모든 필드를 추가하면 오류가 발생합니다. Person 클래스에는 dept, subject, major 필드 선언문이 없으므로 사용할 수 없기 때문입니다. 또한, Employee 클래스에서는 dept 필드만 추가하면 되고, Professor 클래스에서는 subject, Student에서는 major 필드만 추가하면 되는데, 위와 같이 작성하면 클래스와 관련 없는 필드를 모두 선언해야 합니다.

우리가 원하는 결과는 Employee의 toString( ) 메서드는 name, age, dept 필드값을 반환해주고, Professor의 toString( ) 메서드는 name, age, subject 필드값, Student의 toString( ) 메서드는 name, age, major 필드값을 반환해주는 것입니다.

결국, 각 클래스에서 서로 다른 결과를 반환하는 toString( ) 메서드를 만들어야 한다는 이야기입니다. 원본(Person 클래스의 toString( ))은 그대로 두고, 각 클래스에서 사본을 만들어 사용하는 것입니다. 자바 언어에서는 이처럼 상속받은 자식 클래스에서 부모 클래스에 정의된 메서드를 재정의하는 기능을 제공합니다. 이것이 바로 **메서드 오버라이딩(Method Overriding)**입니다.

(2) 오버라이딩 구현

오버라이딩이 무엇인지 알았으니 실제 코드로 구현해봅시다. 먼저, Employee 클래스의 모든 필드를 반환하도록 부모 클래스의 toString( ) 메서드를 오버라이딩 해보겠습니다.

Employee.java
```java
01: package com.ruby.java.ch07.inheritance;
02:
03: public class Employee extends Person {
04:     private String dept;
05:
06:     public String getDept() {
07:         return dept;
08:     }
09:
10:     public void setDept(String dept) {
11:         this.dept = dept;
12:     }
13:
14:     public String toString() {
15:         return name + ":" + age + ":" + dept;   // 오류!
16:     }
17: }
```

그런데 name과 age에서 오류가 발생하였습니다. Employee에서 name과 age 필드를 선언하지 않았기 때문일까요? 그건 아닙니다. Employee 클래스는 Person을 상속하였으므로 Person에 선언된 nam과 age 필드를 사용할 수 있습니다.

오류가 발생한 이유는 접근 제한자 때문입니다. 다음은 Person에서 name과 age 필드를 선언한 부분입니다.

```
public class Person {
    private String name;
    private int age;
}
```

접근 제한자가 private으로 선언되어 있습니다. private으로 선언한 필드는 외부 클래스에서 접근할 수 없으며, 자식 클래스에서도 접근할 수 없습니다. 그래서 오류가 발생한 것입니다.

그런데 생각해 보니 private으로 선언된 필드값을 추출, 수정하기 위해 게터와 세터 메서드를 public으로 선언했었습니다. 그러면 getName( ), getAge( ) 메서드를 호출해 값을 리턴받을 수 있습니다. Employee 클래스의 toString( ) 메서드 부분을 다음처럼 수정합니다.

Employee.java

```
...
14:    public String toString() {
15:        return this.getName() + ":" + this.getAge() + ":" + dept;
16:    }
...
```

오버라이딩한 toString( ) 메서드에서 this.getName( ), this.getAge( ) 형태로 호출하였습니다. 여기서 "this." 키워드를 생략해도 결과는 같습니다.

이와 같은 방법으로 Professor, Student 클래스에도 Person에서 상속받은 toString( ) 메서드를 오버라이딩합니다.

Professor.java

```
...
14:    public String toString() {
15:        return this.getName() + ":" + this.getAge() + ":" + subject;
16:    }
...
```

Student.java

```
...
14:    public String toString() {
15:        return this.getName() + ":" + this.getAge() + ":" + major;
16:    }
...
```

각 클래스에 toString( ) 메서드를 오버라이딩한 후 LMSTest 소스를 실행하면 각 클래스의 모든 필드값이 출력되는 것을 확인할 수 있습니다.

【실행결과】

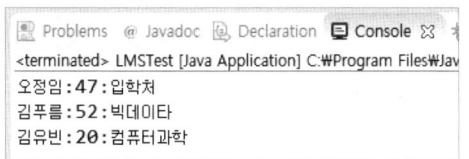

메서드 오버라이딩은 상속받은 메서드의 내용을 재정의하는 것을 의미합니다. 그런데 메서드 오버라이딩을 할 때 다음 사항을 주의해야 합니다.

1. 메서드 오버라이딩은 상속한 메서드의 본문만 변경할 수 있다.
2. 메서드 오버라이딩은 상속한 메서드의 선언부를 변경할 수 없다.
3. 메서드를 오버라이딩할 때 접근 제한자는 부모의 메서드와 같거나 넓은 범위(아래 참고)로만 변경할 수 있다.
4. 프로그램 실행 시 메서드 호출 우선순위는 오버라이딩한 메서드가 부모의 메서드보다 높다.

> **접근 제한자**
>
> 자바의 접근 제한자는 private, (default), protected, public이 있습니다. 다음은 접근 제한자의 접근 범위를 나타냅니다. private이 가장 좁고 public이 가장 넓습니다.
>
> private < (default) < protected < public

> **오버라이딩(overriding)과 오버로딩(overloading)**
>
> 자바를 처음 공부할 때 오버라이딩과 오버로딩이 용어가 비슷하여 혼동하기가 쉽습니다. 간단하게 정리하자면 오버라이딩은 상속받은 메서드의 내용을 재정의하는 것이고 오버로딩은 매개변수가 다른 동일한 이름의 메서드를 중복해서 정의하는 것입니다.

7.2.2. 부모 클래스 멤버에 직접 접근하기

자바 예약어 중에는 super라는 키워드도 있습니다. super는 상속 관계에서 부모 클래스를 나타냅니다. 즉, 자식 클래스에서 부모 클래스의 멤버에 직접 접근하려고 할 때 사용합니다. super 예약어를 사용하는 상황을 자세하게 살펴보겠습니다.

(1) 부모 메서드 호출

앞에서 살펴본 Employee, Professor, Student 클래스에서 toString( ) 메서드를 오버라이딩한 소스를 보면 중복된 코드가 보입니다.

```
return this.getName() + ":" + this.getAge() + ":" ……
```

그런데 중복되는 코드를 보면 각 인스턴스에 저장된 이름과 나이를 불러오는 역할로서, 이미 Person에 구현되어 있는 내용입니다.

```
public String toString() {
   return name + ":" + age;
}
```

자식 클래스에서 사용된 코드가 이미 부모 클래스에 정의되어 있다면 재사용하는 것이 좋습니다. 이때 부모 클래스의 원본 메서드를 직접 호출할 수 있게 하는 키워드가 바로 **super**입니다. super는 부모 클래스를 나타내는 키워드로서 부모의 메서드를 호출할 때 다음과 같은 형식으로 사용합니다.

【super 문】

super.메서드명(인자);

super는 this와 비슷합니다. this는 현재 자신의 인스턴스를 참조하는 변수이고, super는 부모 인스턴스를 참조하는 변수입니다. 따라서 this, super 모두 사용하는 위치에 따라 값이 달라집니다. 자신의 필드와 메서드에 접근할 때는 **this.변수** 또는 **this.메서드명(인자)** 문법을 사용하고, 부모의 메서드를 직접 호출할 때는 **super.메서드명(인자)** 문법을 사용합니다. 다만, super.메서드명(인자)처럼 부모 클래스에 정의된 메서드를 호출하는 명령문은 자식 클래스에서 해당 메서드를 오버라이딩했을 때만 가능합니다.

앞에서 작성했던 각 클래스의 toString( ) 메서드 오버라이딩 부분을 다음처럼 리팩토링할 수 있습니다.

```
...
14:    public String toString() {
15:       return super.toString() + ":" ……
16:    }
...
```

소스를 수정한 후 LMSTest를 실행합니다. 실행 결과는 이전과 같습니다.

【실행결과】

```
Problems  @ Javadoc  Declaration  Console
<terminated> LMSTest [Java Application] C:\Program Files\Jav
오정임 : 47 : 입학처
김푸름 : 52 : 빅데이타
김유빈 : 20 : 컴퓨터과학
```

this와 super가 각각 어떤 클래스의 인스턴스를 나타내는지 구별하는 방법이 있습니다. this는 클래스 선언문에서 class 키워드 다음에 오는 클래스를 나타내고, super는 extends 키워드 다음에 오는 클래스를 나타낸다고 생각하면 됩니다.

예를 들어, 다음처럼 Employee 클래스에서 this와 super를 사용했다면 this는 Employee, super는 Person을 나타냅니다(정확하게는 현재 실행 중인 인스턴스와 부모 인스턴스의 주솟값).

```
public class Employee extends Person  {
           this ----↑         ↑
           super -------------┘
}
```

그림 this와 super

(2) 부모 생성자 호출

6장에서 다루었던 생성자는 클래스의 인스턴스를 생성할 때 자동으로 호출되는 메서드라고 하였습니다. 그런데 클래스를 상속받고 있는 클래스의 인스턴스를 생성하면 어떤 생성자가 호출될까요?

이를 알아보고자 앞에서 작성한 Person, Employee, Professor, Student 클래스에 다음과 같은 기본 생성자를 추가해봅시다. "#클래스명"으로 표시한 곳에 각 클래스의 이름을 작성해봅시다.

```
public Person() {
   System.out.println("#클래스명 생성자 실행!");
}
```

Person.java
```
..생략..
public Person() {
   System.out.println("Person 생성자 실행!");
}
..생략..
```

Employee.java
```
..생략..
public Employee() {
    System.out.println("Employee 생성자 실행!");
}
..생략..
```

Professor.java
```
..생략..
public Professor() {
    System.out.println("Professor 생성자 실행!");
}
..생략..
```

Student.java
```
..생략..
public Student(){
    System.out.println("Student 생성자 실행!");
}
..생략..
```

각 클래스에 기본 생성자를 추가한 다음 LMSTest 소스를 실행합니다. 그러면 다음과 같은 실행 결과를 볼 수 있습니다.

【실행결과】

```
Person 생성자 실행!
Employee 생성자 실행!
Person 생성자 실행!
Professor 생성자 실행!
Person 생성자 실행!
Student 생성자 실행!
오정임:47:입학처
김푸름:52:빅데이터
김유빈:20:컴퓨터과학
```

실행된 결과를 보면 Employee, Professor, Student 인스턴스가 생성될 때 부모 클래스의 생성자도 함께 호출되는 것을 확인할 수 있습니다. 각각의 결과가 어떤 명령 때문에 출력된 것인지 정리하면 다음과 같습니다.

표 생성자 호출 명령과 실행 결과

생성자 호출 명령	출력 결과
Employee e = new Employee();	Person 생성자 실행! Employee 생성자 실행!
Professor p = new Professor();	Person 생성자 실행! Professor 생성자 실행!
Student s = new Student();	Person 생성자 실행! Student 생성자 실행!

6장에서 생성자를 설명할 때 클래스에 생성자가 하나도 선언되어 있지 않으면 컴파일러가 본문이 비어 있는 기본 생성자를 자동으로 추가한다고 하였습니다. 그런데 어떤 클래스를 상속받은 클래스는 컴파일러가 소스 파일을 컴파일할 때 자동으로 추가하는 코드가 하나 더 있습니다. 그것은 바로 super( ) 문입니다.

super( ) 문은 상속받은 클래스의 모든 생성자 첫 번째 줄에 자동으로 추가됩니다. 단, 생성자 내에 super( ) 문을 사용하지 않았을 때만 자동으로 추가됩니다. 앞에서 작성한 각 클래스의 생성자는 생성자 내에 super 문이 없습니다. 그러면 컴파일러는 모든 생성자의 첫 줄에 super( ) 문을 자동으로 추가합니다.

```
public Employee() {
   super();   ← 컴파일러가 자동으로 추가
   System.out.pritln("Employee 생성자 실행!");
}
```

6장에서 생성자를 다룰 때 this( )는 생성자에서 자신의 다른 생성자를 호출할 때 사용한다고 했습니다. super( ) 문도 마찬가지로 생성자에서만 사용할 수 있습니다. 다만, 자신이 아닌 부모 생성자를 호출할 때 사용합니다. 예를 들어, Employee는 Person 클래스를 상속하므로 다음처럼 Employee 생성자에 작성한 super( ) 명령문은 부모 클래스인 Person의 기본 생성자를 호출합니다.

```
public Employee() {
   super(); ─────┐
   System.out.println("Employee 생성자 실행!");
}

         public Peron() {
            System.out.println("Person 생성자 실행!");
         }
```

따라서 Employee 클래스의 인스턴스를 생성할 때 Employee의 생성자가 실행되는데, 이때 컴파일러가 첫 번째 줄에 자동으로 추가한 super( ) 문이 실행되어 부모 클래스 Person의 기본 생성자가 호출됩니다.

이제 상속받은 클래스의 인스턴스를 생성할 때 부모 클래스의 생성자가 호출되는 원리를 이해할 수 있겠지요? 정리하자면 다음과 같습니다.

1. 모든 클래스는 생성자가 반드시 존재한다.
   → 개발자가 명시하지 않으면 컴파일러가 내용이 비어 있는 기본 생성자를 생성한다.
2. 자식 클래스의 모든 생성자에는 첫 번째 줄에 super( ) 문이 자동으로 추가된다.
   → 단, 생성자에서 super( ) 문을 사용하지 않았을 때만 자동으로 추가된다.
3. 따라서 자식 클래스의 인스턴스를 생성할 때 부모 클래스의 생성자도 함께 호출된다.

(3) 생성자 오버로딩

만일 Person을 상속받고 있는 Employee와 Professor 그리고 Student 클래스를 다음과 같은 형태로 인스턴스를 생성한다면 오류가 발생합니다.

```
Employee e = new Employee("오정임", 47, "입학처");
Professor p = new Professor("김푸름", 52, "빅데이터");
Student s = new Student("김유빈", 20, "컴퓨터 과학");
```

왜냐하면 각 클래스에는 기본 생성자만 있으므로 인자로 전달한 값을 받을 수 없기 때문입니다. 위와 같은 형태로 인스턴스를 생성하려면 다음처럼 인자값을 받는 매개변수가 선언된 생성자가 있어야 합니다.

```
public Employee(String name, int age, String dept) {
}
public Professor(String name, int age, String subject) {
}
public Student(String name, int age, String major) {
}
```

생성자의 기능은 필드를 초기화하는 것이므로 인자로 전달받은 값을 필드에 저장합니다. 이때 name과 age는 Person으로부터 상속받은 필드이고 private으로 선언되었으므로 직접 접근하지 못하고 세터 메서드를 이용합니다.

다음은 Employee, Professor, Student 클래스의 생성자에 매개변수를 추가한 코드입니다. 각 클래스 파일을 열어서 생성자를 다음처럼 수정해보겠습니다.

```
/* Employee 클래스의 생성자 */
public Employee(String name, int age, String dept) {
  super.setName(name);
  super.setAge(age);
  this.dept = dept;
  System.out.println("Employee(name, age, dept) 생성자 실행!");
}

/* Professor 클래스의 생성자 */
public Professor(String name, int age, String subject) {
  super.setName(name);
  super.setAge(age);
  this.subject = subject;
  System.out.println("Professor(name, age, subject) 생성자 실행!");
}

/* Student클래스의 생성자 */
public Student(String name, int age, String major) {
  super.setName(name);
  super.setAge(age);
  this.major = major;
  System.out.println("Student(name, age, major) 생성자 실행!");
}
```

new 클래스명(String, int, String) 형식으로 인스턴스가 생성될 수 있도록 지원하는 생성자입니다.

super.setName( ) 문에서 super는 각 클래스가 Person을 상속받고 있으므로 Person의 setName( ), setAge( ) 메서드를 호출하며, 매개변수로 전달받은 값을 각 필드에 저장합니다. this 문은 현재 자신의 필드, 즉 Employee의 경우 현재 인스턴스의 dept 필드에 매개변수로 전달받은 값을 저장합니다.

이제 LMSTest2.java라는 이름으로 새로운 자바 클래스 파일을 만들고 다음처럼 작성합니다.

LMSTest2.java

```
01: package com.ruby.java.ch07.inheritance;
02:
03: public class LMSTest2 {
04:   public static void main(String[] args) {
05:     Employee e = new Employee("오정임", 47, "입학처");
06:     Professor p = new Professor("김푸름", 52, "빅데이터");
07:     Student s = new Student("김유빈", 20, "컴퓨터 과학");
08:
09:     System.out.println(e.toString());
```

```
10:        System.out.println(p.toString());
11:        System.out.println(s.toString());
12:    }
13: }
```

【실행결과】

```
Person 생성자 실행!
Employee(name, age, dept) 생성자 실행!
Person 생성자 실행!
Professor(name, age, subject) 생성자 실행!
Person 생성자 실행!
Student(name, age, major) 생성자 실행!
오정임:47:입학처
김푸름:52:빅데이터
김유빈:20:컴퓨터 과학
```

소스에 대한 자세한 설명은 다음과 같습니다.

```
04: public static void main(String[] args) {
05:    Employee e = new Employee("오정임", 47, "입학처");
```

new Employee("오정임", 47, "입학처") 명령문에 의해 힙 영역에 Employee 인스턴스가 생성되고 Employee(String, int , String) 형식으로 선언된 생성자가 호출됩니다. 다음은 앞에서 Employee에 선언한 생성자입니다.

```
public Employee(String name, int age, String dept) {
    super.setName(name);
    super.setAge(age);
    this.dept = dept;
    System.out.println("Employee(name, age, dept) 생성자 실행!");
}
```

그런데 생성자 내에 부모 클래스의 생성자를 호출하는 super( ) 문이 보이지 않습니다. 그러면 컴파일 시 자동으로 생성자 첫 줄에 super( ) 코드가 삽입됩니다. 다음은 위의 생성자 코드가 컴파일된 모습니다. **첫 줄에 super( ) 문이 추가되었습니다.**

```
public Employee(String name, int age, String dept) {
    super();
    ...
}
```

super( ) 문은 Employee가 Person 클래스를 상속하고 있으므로 다음과 같은 Person의 기본 생성자를 호출합니다.

```
public Person() {
    System.out.println("Person 생성자 실행!");
}
```

Person( ) 생성자에서 문자열 출력 작업이 완료된 후에는 Employee( ) 생성자의 나머지 명령문이 계속 실행됩니다. Employee 생성자는 각 필드에 값을 설정한 후 문자열을 출력합니다. 따라서 new Employee("오정임", 47, "입학처"); 명령문은 다음과 같은 결과를 출력합니다.

```
Person 생성자 실행!
Employee(name, age, dept) 생성자 실행!
```

(4) 부모 생성자 활용

앞에서 각 클래스에 선언한 생성자 코드를 보면 중복을 제거하고 싶은 부분이 보이나요? 각 클래스의 생성자에는 다음 코드가 중복되어 있습니다.

```
super.setName(name);
super.setAge(age);
```

setName( )과 setAge( )는 Person 클래스에 선언된 메서드로서 각각 name과 age 필드값을 설정합니다. 그런데 필드값 초기화는 원래 생성자의 몫이므로 Person 클래스의 생성자에서 처리하고 자식 클래스에서는 중복을 제거해보겠습니다.

클래스 Person에 name과 age 값을 인자로 받아 필드를 초기화하는 생성자를 선언합니다.

```
public Person(String name, int age) {
    this.name = name;
    this.age = age;
}
```

이제 자식 클래스에서 넘어온 name과 age는 부모 클래스의 생성자에서 각 필드에 저장됩니다. 따라서 부모의 생성자를 호출하는 super( ) 문에 인자값을 지정하여 부모 생성자에 전달합니다.

```
public Employee(String name, int age, String dept) {
    super(name, age);
    this.dept = dept;
    System.out.println("Employee(name, age, dept) 생성자 실행!");
}
```

Employee 클래스의 생성자 첫 줄에 super(name, age) 명령문은 부모 클래스의 생성자 중 인자값으로 (String, int)를 받아서 처리하는 생성자를 호출해 줍니다.

Employee 클래스뿐만 아니라 Professor, Student도 동일하게 구현하여 중복을 제거합니다.

```java
/* Professor 생성자 */
public Professor(String name, int age, String subject) {
    super(name, age);
    ...
}

/* Student 생성자 */
public Student(String name, int age, String major) {
    super(name, age);
    ...
}
```

지금까지 진행한 전체 소스를 확인해 보겠습니다.

Person.java

```java
01: package com.ruby.java.ch07.inheritance;
02:
03: public class Person {
04:     private String name;
05:     private int age;
06:
07:     public Person() {
08:         System.out.println("Person 생성자 실행!");
09:     }
10:
11:     public Person(String name, int age) {
12:         this.name = name;
13:         this.age = age;
14:     }
15:
16:     public String getName() {
17:         return name;
18:     }
19:
20:     public void setName(String name) {
21:         this.name = name;
22:     }
23:
```

```
24:    public int getAge() {
25:       return age;
26:    }
27:
28:    public void setAge(int age) {
29:       this.age = age;
30:    }
31:
32:    public String toString() {
33:       return name + ":" + age;
34:    }
35: }
```

Employee.java

```
01: package com.ruby.java.ch07.inheritance;
02:
03: public class Employee extends Person {
04:    private String dept;
05:
06:    public Employee() {
07:       super();
08:       System.out.println("Employee 생성자 실행!");
09:    }
10:
11:    public Employee(String name, int age, String dept) {
12:       super(name, age);
13:       this.dept = dept;
14:       System.out.println("Employee(name, age, dept) 생성자 실행!");
15:    }
16:
17:    public String getDept() {
18:       return dept;
19:    }
20:
21:    public void setDept(String dept) {
22:       this.dept = dept;
23:    }
24:
25:    public String toString() {
26:       return super.toString() + ":" + dept;
27:    }
28: }
```

Professor.java

```
01: package com.ruby.java.ch07.inheritance;
02:
03: public class Professor extends Person {
04:    private String subject;
05:
06:    public Professor() {
07:       super();
08:       System.out.println("Professor 생성자 실행!");
09:    }
10:
11:    public Professor(String name, int age, String subject) {
12:       super(name, age);
13:       this.subject = subject;
14:       System.out.println("Professor(name, age, subject) 생성자 실행!");
15:    }
16:
17:    public String getSubject() {
18:       return subject;
19:    }
20:
21:    public void setSubject(String subject) {
22:       this.subject = subject;
23:    }
24:
25:    public String toString() {
26:       return super.toString() + ":" + subject;
27:    }
28: }
```

Student.java

```
01: package com.ruby.java.ch07.inheritance;
02:
03: public class Student extends Person {
04:    private String major;
05:
06:    public Student() {
07:       super();
08:       System.out.println("Student 생성자 실행!");
09:    }
10:
```

```
11:    public Student(String name, int age, String major) {
12:        super(name, age);
13:        this.major = major;
14:        System.out.println("Student(name, age, major) 생성자 실행!");
15:    }
16:
17:    public String getMajor() {
18:        return major;
19:    }
20:
21:    public void setMajor(String major) {
22:        this.major = major;
23:    }
24:
25:    public String toString() {
26:        return super.toString() + ":" + major;
27:    }
28: }
```

【실행결과】

```
Employee(name, age, dept) 생성자 실행!
Professor(name, age, subject) 생성자 실행!
Student(name, age, major) 생성자 실행!
오정임:47:입학처
김푸름:52:빅데이터
김유빈:20:컴퓨터 과학
```

소스 수정을 완료하고 LMSTest2 소스를 실행하면 각 인스턴스의 필드값은 이전의 테스트 결과와 같습니다. 결과는 같지만 생성자에서 중복을 제거함으로써 객체지향적으로 구현하였습니다.

(5) 생성자 오류

자바 언어를 처음 접할 때 생성자에서 오류가 발생하고 발생한 오류를 해결하지 못할 때가 많습니다. 생성자에서 오류가 발생하는 경우와 해결 방법을 살펴보겠습니다.

Person.java 소스에서 기본 생성자를 다음과 같이 주석 처리를 해보겠습니다.

Person.java

```
...
/*
```

```
  public Person() {
    System.out.println("Person 생성자 실행!");
  }
*/
...
```

Person의 기본 생성자를 주석 처리하고 저장하면 Person을 상속하는 자식 클래스들에서 컴파일 오류가 발생합니다. 컴파일 오류가 발생하는 곳은 생성자의 super( ) 문입니다.

```
1  package com.ruby.java.ch07.inheritance;
2
3  public class Employee extends Person {
4      private String dept;
5
6      public Employee() {
7          super();
8          System.out.println("Employee 생성자 실행!");
9      }
10
```

그림 생성자 오류

그림 super( ) 문을 삭제해 봅시다.

```
1  package com.ruby.java.ch07.inheritance;
2
3  public class Employee extends Person {
4      private String dept;
5
6      public Employee() {
7          System.out.println("Employee 생성자 실행!");
8      }
9
10     public Employee(String name, int age, String dept) {
11         super(name, age);
12         this.dept = dept;
13         System.out.println("Employee(name,age,dept) 생성자 실행!");
14     }
```

그림 super( ) 문 삭제 후 오류

그래도 오류가 발생합니다. 생성자의 super( )는 우리가 삭제한다고 해서 없어지는 코드가 아닙니다. 생성자에서 super( ) 문은 컴파일 시 자동으로 삽입되기 때문입니다. super( ) 문은 부모의 기본 생성자를 호출하는 명령문입니다. 그런데 우리가 Person의 기본 생성자를 주석으로 처리해서 현재 부모(Person)의 기본 생성자가 없으므로 오류가 발생합니다.

그런데 위 그림에서 10번 줄의 생성자는 왜 오류가 발생하지 않았을까요? 그 이유는 11번 줄처럼 생성자 내에서 super( ) 문을 명시했기 때문입니다. 이렇게 하면 컴파일 시 자동으로 super( ) 문이 추가되지 않습니다. 즉, 부모의 기본 생성자가 호출되지 않았기 때문에 오류가 발생하지 않는 것입니다.

"위 코드에서 06번 줄의 오류는 부모 클래스에 기본 생성자가 없기 때문에 발생하는 오류이다. 왜냐하면, 컴파일 시 6번과 7번 사이에 super( ) 문이 생성되는데 super( ) 문은 부모의 기본 생성자를 호출하기 때문이다."라고 정리해두기 바랍니다.

이제 앞에서 Person의 기본 생성자를 주석 처리했던 부분을 원상복구(주석 해제)하여 이후에 진행할 예제에 오류가 없도록 합니다.

7.2.3. final 제어자

final 제어자는 아래 그림처럼 클래스, 변수, 메서드를 선언할 때 제어자 부분에 선언할 수 있습니다.

【final 제어자】
```
final class 클래스명 {…}
final 변수명;
final 메서드명() {…}
```

변수와 메서드, 클래스에 각각 final 키워드를 사용해 보고 그 결과를 확인해보겠습니다. 참고로 여기서 final 키워드 사용 결과를 확인한 다음에는 원래 코드로 되돌려놓아야 이후에 작성할 예제에서 오류가 발생하지 않습니다.

(1) final 변수

변수를 선언할 때 final 키워드를 사용하면 초기화된 변숫값을 수정할 수 없도록 제한합니다. final 변수를 사용하는 목적은 다음과 같습니다.

- 초깃값을 변경하지 않고 그대로 사용하기 위해
- 파이(원주율)와 같은 수학적 값을 사용하기 위해
- 주민번호, 학번과 같은 유일한 값을 사용하기 위해

다음 자바 소스를 살펴보겠습니다. 기존 Person 클래스에서 다음 코드를 추가하였습니다.

```
package com.ruby.java.ch07.inheritance;

public class Person {
```

```
  private final String ssn_ID;
  private String name;
  private int age;
  
  public void setSsn_ID(String ssn_ID) {
    this.ssn_ID = ssn_ID;   //오류! ①
  }
  public Person() {   //오류! ②
    System.out.println("Person 생성자 실행!");
  }
  
  public Person(String name, int age) {   //오류! ②
    this.name = name;
    this.age = age;
  }
```

final 변수 ssn_ID를 추가하면 컴파일 오류가 발생합니다. 오류가 발생하는 원인은 다음과 같습니다.

> ① **오류**: final 변수는 값을 수정할 수 없는데 수정을 시도함
>
> ② **오류**: final 변수 선언 시 초깃값을 지정하지 않았는데 생성자에서조차 초기화하고 있지 않으므로 final 변수는 사용할 수 없는 상태임

생성자는 인스턴스를 생성할 때 필드가 생성된 다음 호출됩니다. 그런데 final 변수를 선언하면서 초깃값을 지정하지 않은 상태로 필드가 생성된 다음, 생성자에서조차 초기화하지 않으면 final 변수는 사용할 수 없는 상태가 되므로 오류가 발생합니다.

final로 선언된 변수는 값을 수정할 수 없으므로 인스턴스 생성 시 반드시 초기화 작업을 해주어야 합니다. final 변수를 초기화하는 방법은 다음 코드처럼 변수 선언과 동시에 초깃값을 지정해주면 됩니다.

```
  private final String ssn_ID = "800420-1646721";
```

또는 아래 코드처럼 생성자에서 초기화할 수도 있습니다. 클래스는 인스턴스가 생성된 후 사용할 수 있으므로 생성자에서 인스턴스를 사용하기 전에 초기화하면 됩니다.

```
  public Person(String ssn_ID) {
    this.ssn_ID = ssn_ID;
  }
```

> **? final 변수 이름은 대문자를 사용합니다.**
>
> final 변수는 이름을 대문자로 지정하는 관례가 있습니다. 이름을 대문자로 지정하지 않더라도 오류가 발생하는 것은 아니지만, 식별자(클래스 이름, 변수 이름, 메서드 이름)를 관례에 따라 지정하면 유지 보수하기가 편합니다.
>
> ```
> public static final double PI
> public static final int MAX_VALUE
> public static final int SIZE
> ```

(2) final 메서드

메서드를 선언할 때 final 키워드를 사용하면 메서드를 오버라이딩할 수 없도록 제한합니다. 메서드 오버라이딩은 부모로부터 상속받은 메서드의 내용을 재정의하는 것입니다. 그러나 final로 선언된 메서드는 오버라이딩할 수 없습니다. 즉, final 메서드는 자식 클래스에서 메서드 내용을 변경하지 못하게 합니다.

예를 들어, Person 클래스의 toString( ) 메서드에 final 키워드를 선언해봅시다.

```java
public final String toString() {
    return name + ":" + age;
}
```

이처럼 부모 클래스의 메서드를 final로 선언하면 이를 상속받는 자식 클래스(Employee, Professor, Student)에서 해당 메서드를 오버라이딩하는 부분에 오류가 발생합니다.

```java
public String toString() {
    return super.toString() + ":" + dept;
}
```

그림 final로 선언한 메서드 오버라이딩 오류

오류가 발생한 이유는 Person의 final 메서드인 toString( ) 메서드를 자식 클래스에서 오버라이딩할 수 없기 때문입니다.

(3) final 클래스

클래스를 선언할 때 final 키워드를 사용하면 클래스를 상속할 수 없도록 제한합니다. 모든 클래스는 클래스 간에 is a 관계가 성립하면 다른 클래스를 얼마든지 상속받을 수 있습니다. 그러나 final로 선언된 클래스는 다른 클래스에서 상속할 수 없습니다. 상속할 수 없으니 당연히 오버라이딩과 같은 부모 객체

의 내용을 수정하는 작업을 할 수 없습니다. 클래스를 final로 선언하는 이유는 이 클래스를 수정 없이 그대로 사용하려는 목적입니다.

예를 들어, Person 클래스 선언부에 final 키워드를 추가해봅시다.

```
public final class Person {
    ...
}
```

이처럼 부모 클래스를 final로 선언하면 이 클래스를 상속할 수 없습니다. 그런데 우리는 Employee, Professor, Student 클래스에서 상속받고 있으므로 오류가 발생합니다.

```
1  package com.ruby.java.ch07.inheritance;
2
3  public class Employee extends Person {
4      private String dept;
5
6      public Employee() {
7          System.out.println("Employee 생성자 실행!");
8      }
```

그림 final로 선언한 클래스 상속 오류

7.3. 추상 개념

이번 절에서는 추상 메서드를 선언하는 abstract라는 키워드를 배웁니다. 추상이라는 의미는 사물이나 개념에서 공통되는 특성이나 속성 따위를 추출하는 것을 말합니다. 메서드를 선언할 때 abstract 키워드를 붙이면 추상 메서드가 됩니다. 이렇게 추상 메서드로 선언할 때는 메서드의 이름과 매개변수, 리턴 타입 등 공통되는 특성만 작성하고 본문, 즉 구현 내용은 생략할 수 있습니다. 이렇게 추상 메서드를 포함하는 클래스 역시 abstract 키워드를 붙여서 추상 클래스로 선언해주어야 하며, 이 클래스를 상속받은 클래스는 반드시 추상 메서드를 오버라이딩하여 메서드 본문을 구현해주어야 합니다. 이와 같은 내용을 예와 함께 천천히 살펴보겠습니다.

7.3.1. 추상 메서드

다음과 같은 상속 관계를 가진 클래스들이 있다고 가정하겠습니다. Salesman, Manager, Consultant 클래스는 Employee을 상속받고 Director는 Manager를 상속받는 구조입니다.

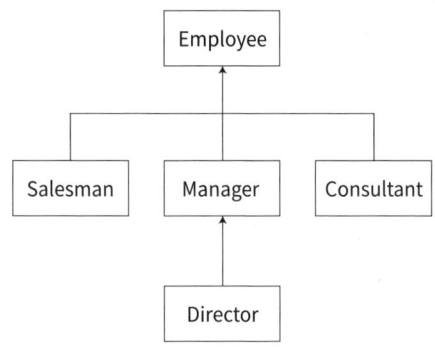

그림 클래스 상속 구조 예

Employee 클래스는 모든 직원 객체들의 최상위 객체로서 다음처럼 설계되어 있다고 가정하겠습니다.

```
public class Employee {
  String name;
  int salary;
  public void calcSalary() {}
}
```

name은 직원 이름을, salary는 급여를 나타내는 필드이고 calcSalary( )는 직원의 급여를 계산하는 메서드입니다. 이때 급여 계산은 다음과 같은 조건으로 처리하려고 합니다.

- Salesman 급여 = 기본급 + 판매 수당
- Consultant 급여 = 기본급 + 컨설팅 특별 수당
- Manager 급여 = 기본급 + 팀 성과 수당

그다음 Salesman, Manager, Consultant 클래스에서 Employee의 calcSalary( ) 메서드를 오버라이딩하여 실제 급여 처리를 구현합니다. 예제에서는 간단하게 서로 다른 문자열 출력으로 대체했습니다. 메서드의 내용보다는 오버라이딩에 중점을 두고 보기 바랍니다.

```
class Salesman extends Employee {
  public void calcSalary() {
    System.out.println("Salesman 급여 = 기본급 + 판매 수당");
  }
}

class Consultant extends Employee {
  public void calcSalary() {
    System.out.println("Consultant 급여 = 기본급 + 컨설팅 특별 수당");
```

```
  }
}

class Manager extends Employee {
  public void calcSalary() {
    System.out.println("Manager 급여 = 기본급 + 팀 성과 수당");
  }
}
```

위의 코드에서 생각해봐야 할 부분이 있습니다. Employee는 모든 직원이 공통으로 갖는 필드와 메서드를 구현해 놓고 자식 클래스에서 상속해서 사용할 목적으로 만든 클래스입니다. 따라서 실제 인사관리 시스템(HRS)에서 Employee 인스턴스를 생성해서 사용할 일은 없습니다.

그렇다면 Employee 클래스에서 calcSalary( ) 메서드의 본문(급여 계산 로직)을 구현할 필요가 있을까요? calcSalary( ) 메서드는 모든 직원 객체에서 공통으로 갖는 메서드이며, 실제 메서드 본문은 자식 클래스에서 구체적으로 구현하므로 Employee 클래스의 calcSalary( ) 메서드에서 본문을 구현할 필요는 없습니다.

Employee 클래스의 calcSalary( ) 메서드는 본문이 필요 없으므로 메서드 블록{ }을 다음처럼 삭제해 봅시다.

```
public void calcSalary(); //오류!
```

Employee 클래스의 calcSalary( ) 메서드 본문을 생략했더니 컴파일 오류가 발생합니다. 당연합니다. 왜냐하면 메서드 선언 문법에 맞지 않기 때문입니다. 메서드 선언 시 메서드 본문을 나타내는 { }는 생략할 수 없습니다.

그러면 지금처럼 메서드 본문이 필요 없을 때도 반드시 메서드 본문 { }을 구현해 주어야 할까요? 그렇지는 않습니다. 메서드를 선언할 때 본문을 생략하고 자식 클래스에서 구현하도록 하려면 **abstract** 키워드를 사용합니다.

메서드에 abstract을 선언하면 이 메서드는 본문이 없다고 선언하는 것입니다. 다음 코드처럼 calcSalary( ) 메서드에 abstract를 선언하고 본문을 생략하면 됩니다. 만일 메서드에 abstract를 선언해 놓고 메서드 본문을 구현하면 오류가 발생합니다. abstract 선언은 메서드 본문을 만들지 않겠다고 선언하는 것이므로 블록 { }을 작성하면 안 됩니다.

```
public abstract void calcSalary();
```

이처럼 abstract 키워드를 사용해 본문을 생략하겠다고 선언한 메서드를 '**추상 메서드**(abstract method)'라고 합니다.

그런데 위의 코드에서 calcSalary( ) 메서드에 abstract를 추가하면 오류가 해결되는 것이 아니라 오류가 하나 더 추가됩니다. 새로운 오류가 생기는 이유는 클래스가 추상 메서드를 하나라도 포함할 때는 클래스 선언부에도 abstract 키워드를 명시해야 하기 때문입니다. 즉, 추상 메서드를 포함하는 클래스는 반드시 추상 클래스로 선언해야 합니다.

다음 코드처럼 클래스에도 abstract를 선언하면 오류가 모두 사라집니다.

```
abstract class Employee {
  String name;
  int salary;
  public abstract void calcSalary();
}
```

클래스에 abstract 키워드를 명시하면 추상 메서드를 하나 이상 가지고 있다고 선언하는 것이며 추상 메서드를 가지고 있는 클래스는 반드시 abstract를 선언해야 합니다.

추상 메서드에 대해 정리해 보겠습니다.

- 메서드 선언 시 본문을 일부러 구현하지 않을 때 abstract로 선언해야 함
- abstract로 선언한 메서드는 메서드 본문을 가질 수 없음
- 추상 메서드를 포함하는 클래스는 선언부에 abstract를 명시해야 함
- 추상 클래스는 하나 이상의 추상 메서드가 있다는 의미임

지금까지 설명한 내용을 실습해 보겠습니다.

HRSTest.java

```
01: package com.ruby.java.ch07.abstraction;
02:
03: abstract class Employee {
04:     String name;
05:     int salary;
06:
07:     public abstract void calcSalary();
08: }
09:
10: class Salesman extends Employee {
11:     public void calcSalary() {
12:         System.out.println("Salesman 급여 = 기본급 + 판매 수당");
13:     }
14: }
```

```
15:
16: class Consultant extends Employee {
17:     public void calcSalary() {
18:         System.out.println("Consultant 급여 = 기본급 + 컨설팅 특별 수당");
19:     }
20: }
21:
22: class Manager extends Employee {
23:     public void calcSalary() {
24:         System.out.println("Manager 급여 = 기본급 + 팀 성과 수당");
25:     }
26: }
27:
28: class Director extends Manager {
29: }
30:
31: public class HRSTest {
32:     public static void main(String[] args) {
33:         Salesman s = new Salesman();
34:         Consultant c = new Consultant();
35:         Manager m = new Manager();
36:
37:         s.calcSalary();
38:         c.calcSalary();
39:         m.calcSalary();
40:     }
41: }
```

【실행결과】

```
Saleman 급여 = 기본급 + 판매 수당
Consultant 급여 = 기본급 + 컨설팅 특별 수당
Manager 급여 = 기본급 + 팀 성과 수당
```

7.3.2. 추상 클래스

클래스를 구현할 때 추상 메서드를 하나라도 가지고 있는 클래스는 반드시 클래스 선언부에 abstract 키워드를 명시해야 하고 이렇게 선언한 클래스를 '추상 클래스"라고 합니다. 앞선 예제에서 Employee 클래스가 추상 클래스입니다. Employee 추상 클래스에 calcBonus( ) 추상 메서드를 하나 더 추가해보겠습니다.

```
abstract class Employee {
  String name;
  int salary;

  public abstract void calcSalary();
  public abstract void calcBonus();
}
```

Employee에 추상 메서드 calcBonus( )를 추가하는 순간 Employee를 상속하고 있는 자식 클래스들에서 오류가 발생합니다. 추상 메서드는 메서드 본문을 구현하지 않았으므로 미완성 메서드이고, 이를 포함하는 추상 클래스 역시 미완성 클래스입니다. 이처럼 미완성인 클래스를 상속받은 자식 클래스에는 미완성 부분을 완성해야 하는 의무가 주어집니다. 이러한 의무는 자식 클래스에서 추상 메서드의 본문을 구현함으로써 달성할 수 있습니다.

다음 소스는 Salesman과 Consultant 클래스에서 부모 클래스의 추상 메서드인 calcBonus( )를 오버라이딩하여 오류를 해결한 코드입니다.

```
class Salesman extends Employee {
  ...
  public void calcBonus() {
    System.out.println("Salesman 보너스 = 기본급 * 12 * 4");
  }
}

class Consultant extends Employee {
  ...
  public void calcBonus() {
    System.out.println("Consultant 보너스 = 기본급 * 12 * 2");
  }
}
```

추상 클래스를 상속받은 자식 클래스는 반드시 부모 클래스의 추상 메서드를 오버라이딩해주어야 합니다. 그런데 자식 클래스에서 추상 메서드를 오버라이딩하고 싶지 않다면 하지 않을 수도 있습니다. 이럴 때는 추상 메서드를 상속받은 상태 그대로 가지고 있는 것이므로 자식 클래스도 추상 클래스가 되어야 합니다. 즉, abstract로 선언해주어야 합니다.

다음은 Manager 클래스에서 부모 클래스로부터 상속받은 추상 메서드 calcBonus( )를 오버라이딩하지 않고 자신을 추상 클래스로 선언한 예입니다.

```
abstract class Manager extends Employee {
  public void calcSalary() {
    System.out.println("Manager 급여 = 기본급 + 팀 성과 수당");
  }
}

class Director extends Manager {
}
```

Manager 클래스에 abstract를 선언하여 추상 클래스가 되었습니다. Manager가 추상 클래스가 되면 Manager를 상속하는 자식 클래스 Director에도 영향을 미칩니다. 추상 클래스를 상속하면 추상 메서드를 오버라이딩할지 아니면 본인도 추상 클래스가 될지 결정해야 하기 때문입니다.

다음 소스는 new Manager( ) 부분에서 오류가 발생합니다.

```
abstract class Manager extends Employee {
  public void calcSalary() {
    System.out.println("Manager 급여 = 기본급 + 팀 성과 수당");
  }
}

class Director extends Manager {
  public void calcBonus() {
    System.out.println("Director 보너스 = 기본급 * 12 * 6");
  }
}

public class HRSTest {
  public static void main(String[] args) {
    Salesman s = new Salesman();
    Consultant c = new Consultant();
    Manager m = new Manager();   // 오류!
```

추상 클래스는 완전하게 설계된 클래스가 아니므로 new 명령문으로 인스턴스를 생성할 수 없습니다. 현재 소스에서 Manager 클래스는 추상 클래스이므로 인스턴스를 생성할 수 없어서 오류가 발생합니다.

지금까지 설명한 내용을 실습해 보겠습니다.

HRSTest.java

```
01: package com.ruby.java.ch07.abstraction;
02:
03: abstract class Employee {
```

```
04:    String name;
05:    int salary;
06:
07:    public abstract void calcSalary();
08:    public abstract void calcBonus();
09: }
10:
11: class Salesman extends Employee {
12:    public void calcSalary() {
13:       System.out.println("Salesman 급여 = 기본급 + 판매 수당");
14:    }
15:
16:    public void calcBonus() {
17:       System.out.println("Salesman 보너스 = 기본급 * 12 * 4");
18:    }
19: }
20:
21: class Consultant extends Employee {
22:    public void calcSalary() {
23:       System.out.println("Consultant 급여 = 기본급 + 컨설팅 특별 수당");
24:    }
25:
26:    public void calcBonus() {
27:       System.out.println("Consultant 보너스 = 기본급 * 12 * 2");
28:    }
29: }
30:
31: abstract class Manager extends Employee {
32:    public void calcSalary() {
33:       System.out.println("Manager 급여 = 기본급 + 팀 성과 수당");
34:    }
35: }
36:
37: class Director extends Manager {
38:    public void calcBonus() {
39:       System.out.println("Director 보너스 = 기본급 * 12 * 6");
40:    }
41: }
42:
43: public class HRSTest {
44:    public static void main(String[] args) {
45:       Salesman s = new Salesman();
```

```
46:     Consultant c = new Consultant();
47:     Director d = new Director();
48:
49:     s.calcBonus();
50:     c.calcBonus();
51:     d.calcBonus();
52:   }
53: }
```

【실행결과】

```
Salesman 보너스 = 기본급 * 12 * 4
Consultant 보너스 = 기본급 * 12 * 2
Director 보너스 = 기본급 * 12 * 6
```

7.4. 인터페이스

이번 절에서는 인터페이스를 다룹니다. 인터페이스는 여러 프로그램에서 사용할 멤버(변수, 메서드)를 일관되게 하기 위한 기술 명세입니다.

7.4.1. 인터페이스란

만일 여러분이 개발하려는 어떤 프로그램이 아이폰, 갤럭시 등의 여러 스마트폰에서 실행되어야 한다고 가정합시다.

그림 갤럭시와 아이폰

그런데 여러 종류의 스마트폰을 사용한 경험이 있는 사람은 알겠지만, 각 스마트폰은 사용 방법이 다릅니다. 그래서 갤럭시를 사용하다 아이폰으로 변경하면 서로 다른 방법 때문에 사용 방법을 익히는 데 꽤 많은 시간을 투자해야 하고 익숙해질 때까지 불편을 감수해야 합니다.

이렇게 사용 방법이 다른 여러 스마트폰에 서비스할 프로그램을 개발하려고 합니다. 그렇다면 개발자들은 다음 그림처럼 같은 서비스를 하는 프로그램임에도 스마트폰별로 중복해서 개발해야 합니다.

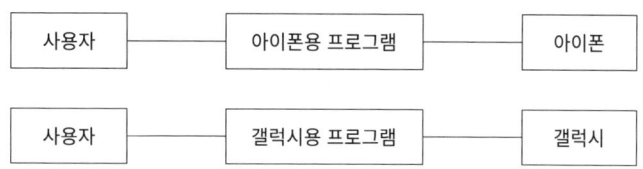

그림 스마트폰별 중복 개발

그런데 개발자들이 아이폰용, 갤럭시용 프로그램을 개발하면서 클래스 구조나 메서드, 변수들을 각각 다르게 구현한다면, 즉 통일된 규칙 없이 자유롭게 개발한다면 어떤 문제가 발생할까요? 프로그램 사용자도 아이폰에서 사용법과 갤럭시에서 사용법을 모두 알아야 합니다.

실행되는 플랫폼(아이폰, 갤럭시)이 다르니 어쩔 수 없이 프로그램 구현은 두 가지 형태로 해주어야 합니다. 그러나 사용자가 프로그램을 이용하는 방법은 플랫폼이 달라지더라도 일정해야 합니다. 예를 들어 우리가 사용하는 카카오톡 프로그램은 갤럭시에서나 아이폰에서나 사용하는 방법은 거의 같습니다.

이렇게 구현 방식과 실행 플랫폼은 달라도 프로그램 사용법만은 일관되게 하려면 플랫폼별로 개발을 시작하기 전에 다음과 같은 기준을 정해야 합니다.

- 기능별로 클래스를 정한다.
- 기능별로 메서드의 선언부를 정한다.
- 기능별로 변수를 정한다.

이렇게 기준을 정하면 사용자는 플랫폼에 상관없이 일관된 방법으로 프로그램을 사용할 수 있습니다. 즉 인터페이스를 통일한 것입니다.

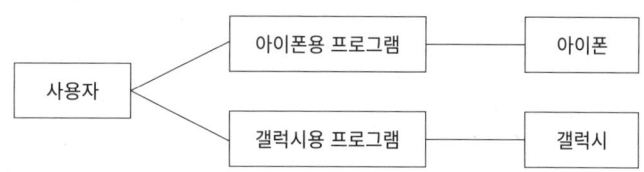

그림 인터페이스 통일

이러한 구조는 유지보수 측면에서도 효율적입니다. 여러 프로그램에서 이름과 구조가 같으므로 변경사항이 생겼을 때 쉽게 수정할 수 있습니다.

인터페이스를 통일하기 위해 프로그램을 개발하기 전에 기능별 클래스, 변수, 메서드를 정해야 합니다. 자바에서는 이러한 역할을 인터페이스(interface)가 해줍니다. 인터페이스는 다음과 같은 형식으로 선언합니다.

```
제어자 interface 인터페이스명 {
    public static final 변수 선언;
    public abstract 메서드 선언();
    public default 메서드 선언() {}
    public static 메서드 선언() {}
    public private 메서드 선언() {}
}
```

인터페이스를 선언하는 방법은 클래스를 선언하는 것과 유사합니다. 다른 점은 class 대신 interface 키워드를 사용합니다. 클래스는 속성과 기능을 가진 객체를 자바 형태로 표현한 것이었습니다. 인터페이스는 자체적으로 속성과 기능을 가지는 객체는 아니고, 다른 클래스에서 구현할 내용에 대해 형식만 갖춘 것이라고 할 수 있습니다.

다음은 메신저 기능을 구현하는 클래스에서 사용할 인터페이스를 선언한 예입니다.

```
public interface Messenger {
}
```

(1) 필드 선언

인터페이스는 여러 클래스에서 사용할 멤버(필드, 메서드)를 일관되게 하기 위한 기술 명세입니다. 실제 존재하는 객체가 아니므로 인터페이스로 객체를 생성할 수는 없습니다. 객체를 생성할 수 없는 인터페이스에서 필드를 선언한다는 것은 객체 생성과 상관없이 사용할 수 있는 static으로 선언해야 한다는 의미입니다. 인터페이스는 특이한 객체라서 별도의 선언이 없어도 컴파일 시 필드 선언부에 다음의 세 가지 제어자가 자동으로 추가됩니다.

- public   ➔ 누구나 접근하여 사용할 수 있음
- static   ➔ 인스턴스 생성 없이 사용할 수 있음
- final   ➔ 초기화된 값을 변경할 수 없음.

다음은 Messenger 인터페이스에 필드를 선언한 예입니다.

```
public interface Messenger {
  int MIN_SIZE = 1;
  int MAX_SIZE = 104857600;
}
```

필드 이름이 모두 대문자입니다. 필드 이름이 대문자인 사례는 final 변수였습니다. 위와 같이 인터페이스에서 선언한 필드는 컴파일 시 다음과 같은 제어자들이 자동으로 추가됩니다.

```
public interface Messenger {
  public static final int MIN_SIZE = 1;
  public static final int MAX_SIZE = 104857600;
}
```

(2) 메서드 선언

인터페이스에 선언하는 메서드는 실제 내용을 구현할 목적이 아니라 인터페이스 통일을 목적으로 선언하는 것이므로 본문을 구현하지 않습니다. 그래서 인터페이스에서 선언하는 메서드는 컴파일 시 public abstract 제어자가 자동으로 추가됩니다.

다음은 인터페이스에 메서드를 선언한 예입니다.

```
public String getMessage()
public void setMessage(String msg);
```

인터페이스에 선언한 메서드는 컴파일 시 다음과 같은 제어자들이 자동으로 추가됩니다.

```
public abstract String getMessage()
public abstract void setMessage(String msg);
```

(3) default 메서드 선언

자바 7 버전까지 인터페이스에서는 public static final 필드와 public abstract 메서드 선언만 가능했습니다. 따라서 인터페이스에서는 본문을 갖는 메서드는 존재할 수 없었습니다. 그러나 자바 8부터는 default, static 메서드를 선언할 수 있게 됨으로써 본문을 갖는 메서드가 인터페이스에 존재할 수 있게 되었습니다.

default 메서드는 인터페이스를 사용하는 모든 클래스에서 공통으로 갖는 기능을 구현할 목적으로 사용합니다. 다음은 default 메서드를 선언하는 문법입니다. public 접근 제한자는 생략하면 컴파일 시 자동으로 추가됩니다.

【default 메서드 선언】

public default 리턴 타입 메서드명(매개변수) {
　　실행문;
}

다음은 default 메서드를 선언한 예입니다.

```java
public defalut void setLogin(boolean login) {
  if(login) {
    System.out.println("로그인 처리합니다.");
  } else {
    System.out.println("로그아웃 처리합니다");
  }
}
```

자바 8 이전에는 인터페이스에서 선언한 메서드는 본문을 구현할 수 없었습니다. 그래서 여러 객체 간의 통일된 인터페이스가 필요할 때 공통적인 기능을 구현한 메서드가 포함된 경우는 abstract 클래스로 선언해서 사용해야 했습니다.

그런데 이 방법은 문제가 있습니다. 왜냐하면 자바는 단일 상속밖에 안 되기 때문입니다. 클래스를 단 하나밖에 상속할 수 없어서 기존에 다른 클래스를 상속받고 있다면 추가로 상속할 수 없습니다. 이런 점을 보완하기 위해 자바 8부터 default 메서드를 지원합니다. 하나의 클래스에서 클래스는 단일 상속만 가능하지만, 인터페이스는 여러 개를 구현할 수 있기 때문입니다.

(4) static 메서드 선언

인터페이스에 본문을 갖는 static 메서드를 선언하는 기능 역시 자바 8에서 추가되었습니다. static 메서드는 이전에 학습했던 static 메서드와 같습니다. static으로 선언된 메서드는 프로그램 시작 시 메모리에 사용 준비가 완료되므로 인스턴스 생성과 상관없이 바로 사용할 수 있습니다. static 메서드 선언 시 public 접근 제한자를 생략하면 컴파일 시 자동으로 추가됩니다.

다음은 인터페이스에서 static 메서드를 선언한 예입니다.

```
public static void getConnection() {
    System.out.println("network에 연결합니다.");
}
```

static으로 선언한 메서드는 "인터페이스명.메서드명( )"으로 호출합니다.

```
Messenger.getConnection();
```

인터페이스에 static 메서드를 선언하는 목적은 해당 인터페이스를 구현하고 있는 모든 객체에서 자주 사용하는 유용한 기능을 제공하는 데 있습니다.

(5) private 메서드 선언

인터페이스에 본문을 갖는 private 메서드를 선언하는 기능은 자바 9에서 추가되었습니다. 접근 제한자를 private으로 선언한다는 의미는 외부에서 접근할 수 없도록 접근 권한을 제한하는 것입니다. 자바 8부터 default 메서드 선언이 가능하여 인터페이스도 메서드 본문을 구현할 수 있는데 private 메서드는 동일한 인터페이스에 선언된 default 메서드에서만 사용할 목적으로 본문을 구현하는 메서드입니다.

다음은 인터페이스에서 private으로 선언한 메서드입니다.

```
private void log() {
    System.out.println("start job!");
}
```

같은 인터페이스에 선언한 default 메서드에서 다음처럼 private 메서드를 사용할 수 있습니다.

```
default void setLogin(boolean login) {
    log();
}
```

같은 인터페이스에 선언한 static 메서드에서 private 메서드를 사용하려면 static을 선언해야 합니다.

```
private static void log() {
    System.out.println("start job!");
}
```

private static를 선언한 메서드는 같은 인터페이스의 static 메서드에서 다음과 같이 호출합니다.

```
static void getConnection() {
    log();
    System.out.println("network에 연결합니다.");
}
```

다음은 지금까지 설명한 인터페이스 소스입니다.

Messenger.java

```java
01: package com.ruby.java.ch07.abstraction;
02:
03: public interface Messenger {
04:
05:    public static final int MIN_SIZE = 1;
06:    public static final int MAX_SIZE = 104857600;
07:
08:    public abstract String getMessage();
09:
10:    public abstract void setMessage(String msg);
11:
12:    public default void setLogin(boolean login) {
13:       log();
14:       if(login) {
15:          System.out.println("로그인 처리합니다.");
16:       } else {
17:          System.out.println("로그아웃 처리합니다");
18:       }
19:    }
20:
21:    public static void getConnection() {
22:       System.out.println("network에 연결합니다.");
23:    }
24:
25:    private void log() {
26:       System.out.println("start job!");
27:    }
28: }
```

? 이클립스에서 인터페이스 생성 방법

이클립스에서 인터페이스를 생성하려면 프로젝트 탐색기의 패키지에서 마우스 오른쪽을 누릅니다. 단축 메뉴에서 [New → Interface]를 선택합니다.

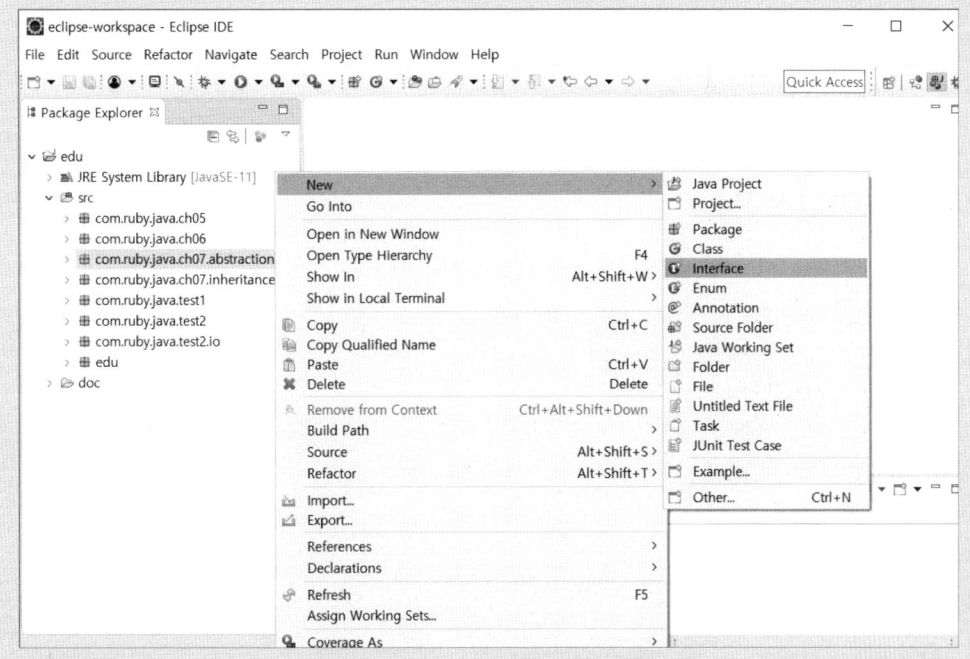

그림 인터페이스 추가

새 인터페이스 생성 창이 열리면 인터페이스 이름을 지정한 후 〈Finish〉를 누릅니다.

그림 새 인터페이스 생성 창

그러면 새로운 인터페이스가 생성됩니다.

```
Messenger.java
1  package com.ruby.java.ch07.abstraction;
2
3  public interface Messenger {
4
5  }
6
```

그림 새 인터페이스 생성

7.4.2. 인터페이스 상속

(1) 단일 상속

만일 여러 플랫폼에서 실행되는 Messenger 프로그램을 구현한다고 가정해봅시다. 다음과 같은 인터페이스를 작성할 수 있습니다.

```java
public interface Messenger {

    public static final int MIN_SIZE = 1;
    public static final int MAX_SIZE = 104857600;

    public abstract String getMessage();

    public abstract void setMessage(String msg);

    public default void setLogin(boolean login) {
        log();
        if(login) {
            System.out.println("로그인 처리합니다.");
        } else {
            System.out.println("로그아웃 처리합니다");
        }
    }

    public static void getConnection() {
        System.out.println("network에 연결합니다.");
    }

    private void log() {
        System.out.println("start job!");
    }
}
```

위와 같은 인터페이스를 만든 목적은 여러 플랫폼에서 실행되는 Messenger 프로그램을 구현할 때 사용할 변수와 메서드를 통일하기 위해서입니다.

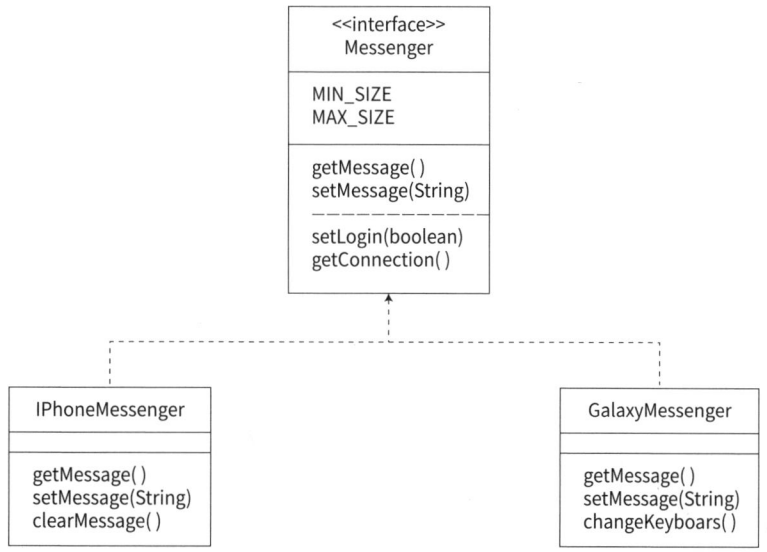

그림 객체 구조

IPhoneMessenger와 GalaxyMessenger 클래스를 구현할 때는 인터페이스 Messenger에서 기술한 내용대로 구현해야 합니다. 클래스 설계 시 인터페이스에서 기술한 내용을 그대로 구현하는 것을 "인터페이스를 구현한다." 또는 "상속한다."라고 표현합니다.

위의 그림을 보면 IPhoneMessenger와 GalaxyMessenger 클래스가 인터페이스 Messenger를 상속하고 있는 구조입니다. 클래스에서 인터페이스를 상속할 때는 점선으로 표현합니다.

클래스에서 인터페이스 구현 또는 상속을 선언하는 문법은 다음과 같습니다.

【인터페이스 상속】

```
제어자 class 클래스명 extends 부모 클래스명 implements 인터페이스명 {
}
```

클래스에서 인터페이스를 상속할 때는 implements 예약어를 사용하며 implements 다음에 상속할 인터페이스 이름을 지정합니다. 클래스를 상속할 때는 **extends 클래스명**으로 선언하고, 인터페이스를 상속할 때는 **implements 인터페이스명**으로 선언합니다.

다음은 IPhoneMessenger와 GalaxyMessenger 클래스에서 인터페이스 Messenger를 상속하기 위해 선언하는 코드입니다.

```
public class IPhoneMessenger implements Messenger {
}
public class GalaxyMessenger implements Messenger {
}
```

그런데 클래스에 implements Messenger를 선언함과 동시에 다음처럼 컴파일 오류가 발생합니다.

```
IPhoneMessenger.java
1  package com.ruby.java.ch07.abstraction;
2
3  public class IPhoneMessenger implements Messenger {
4
5  }
```
그림 인터페이스 상속 오류

인터페이스를 상속한다는 것은 현재 클래스를 인터페이스에 기술된 내용대로 구현하겠다고 선언하는 것입니다. 인터페이스를 상속하는 클래스는 인터페이스의 본문을 갖는 default, static, private 메소드에 대해서는 오버라이딩할 필요가 없지만 본문을 구현하지 않은 추상 메소드에 대해서는 반드시 오버라이딩하여 본문을 구현해야 하는 의무가 있습니다. 오류가 발생한 이유는 상속한 인터페이스에서 선언한 getMessage( )와 setMessage(String) 추상 메서드를 구현하지 않았기 때문입니다.

다음처럼 추상 메서드를 오버라이딩하면 오류가 해결됩니다.

```
IPhoneMessenger.java
01: package com.ruby.java.ch07.abstraction;
02:
03: public class IPhoneMessenger implements Messenger {
04:
05:     public String getMessage() {
06:         return "iPhone";
07:     }
08:
09:     public void setMessage(String msg) {
10:         System.out.println("iPhone에서 메시지를 설정합니다 : " + msg);
11:     }
12:
13:     public void clearMessage() {
14:         System.out.println("좌우로 흔들어 문자열을 지웁니다.");
15:     }
16: }
```

GalaxyMessenger.java

```java
01: package com.ruby.java.ch07.abstraction;
02:
03: public class GalaxyMessenger implements Messenger {
04:
05:     public String getMessage() {
06:         return "galaxy";
07:     }
08:
09:     public void setMessage(String msg) {
10:         System.out.println("galaxy에서 메시지를 설정합니다 : " + msg);
11:     }
12:
13:     public void changeKeyboard() {
14:         System.out.println("키보드아이콘 터치후 키보드를 변경합니다.");
15:     }
16: }
```

MessengerTest.java

```java
01: package com.ruby.java.ch07.abstraction;
02:
03: public class MessengerTest {
04:     public static void main(String[] args) {
05:
06:         IPhoneMessenger iphone = new IPhoneMessenger();
07:         GalaxyMessenger galaxy = new GalaxyMessenger();
08:
09:         System.out.println("메신저 최소 문자 크기" + Messenger.MIN_SIZE);
10:         System.out.println("메신저 최대 문자 크기" + Messenger.MAX_SIZE);
11:
12:         iphone.setLogin(true);
13:         iphone.getMessage();
14:         iphone.setMessage("hello");
15:         iphone.clearMessage();
16:
17:         galaxy.setLogin(true);
18:         galaxy.getMessage();
19:         galaxy.setMessage("hi");
20:         galaxy.changeKeyboard();
21:     }
22: }
```

【실행결과】

```
메신저 최소 문자 크기1
메신저 최대 문자 크기104857600
start job!
로그인 처리합니다.
iPhone에서 메시지를 설정합니다 : hello
좌우로 흔들어 문자열을 지웁니다.
start job!
로그인 처리합니다.
galaxy에서 메시지를 설정합니다 : hi
키보드아이콘 터치후 키보드를 변경합니다.
```

이처럼 인터페이스를 만들고 비슷한 기능을 처리하는 곳에서 인터페이스를 상속하여 구현하면 일관된 구조를 가질 수 있고 유지 보수하기가 수월해집니다.

(2) 다중 상속

자바는 클래스를 상속할 때 단일 상속만 가능합니다. 즉, 하나의 클래스만 상속할 수 있습니다. 그러나 인터페이스를 상속할 때는 여러 개의 인터페이스를 상속할 수 있습니다. 인터페이스를 다중 상속할 때는 implements 다음에 상속할 인터페이스를 콤마(,)를 구분자로 사용해서 나열하면 됩니다.

인터페이스를 다중 상속하는 클래스 선언 문법은 다음과 같습니다.

【인터페이스 다중 상속】

제어자 class 클래스명 extends 부모 클래스명 implements 인터페이스명, 인터페이스명, … {
}

만일 다음과 같은 구조의 상속 관계도가 있다고 가정해봅시다.

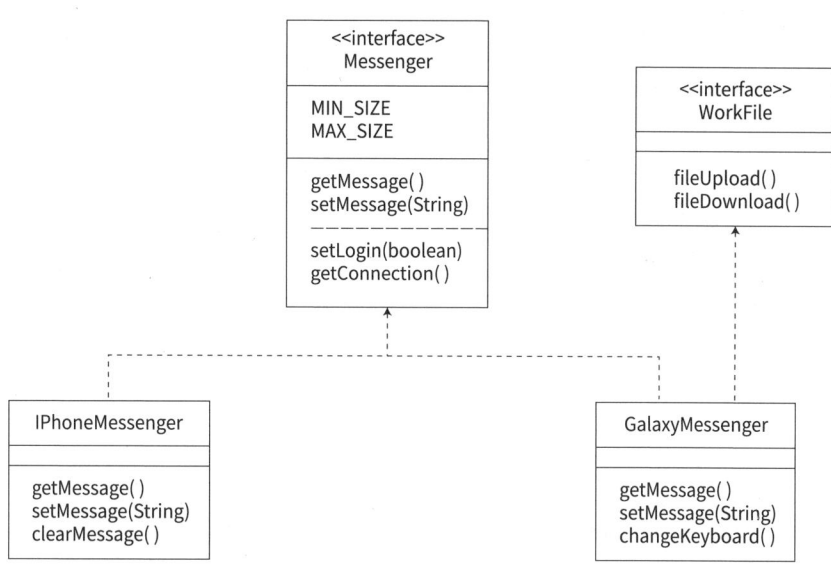

그림 상속 관계 예

만일 위와 같은 구조의 상속 관계도가 있다면 WorkFile 인터페이스와 이를 상속받는 GalaxyMessenger 클래스는 다음처럼 구현합니다.

WorkFile.java
```
01: package com.ruby.java.ch07.abstraction;
02:
03: public interface WorkFile {
04:     public void fileUpload();
05:     public void fileDownload();
06: }
```

GalaxyMessenger.java
```
01: package com.ruby.java.ch07.abstraction;
02:
03: public class GalaxyMessenger implements Messenger, WorkFile {
04:     public String getMessage() {
05:         return "galaxy";
06:     }
07:
08:     public void setMessage(String msg) {
09:         System.out.println("galaxy에서 메시지를 설정합니다 : " + msg);
10:     }
11:
```

```
12:    public void chanageKeyboard() {
13:        System.out.println("키보드아이콘 터치후 키보드를 변경합니다.");
14:    }
15:
16:    public void fileDownload() {
17:        System.out.println("file을 다운로드합니다.");
18:    }
19:
20:    public void fileUpload() {
21:        System.out.println("file을 업로드합니다.");
22:    }
23: }
```

MessengerTest.java

```
package com.ruby.java.ch07.abstraction;

public class MessengerTest {
    public static void main(String[] args) {
        ...
        galaxy.fileDownload();
        galaxy.fileUpload();
    }
}
```

【실행결과】

...
file을 다운로드합니다.
file을 업로드합니다.

(3) 복합 상속

다음 그림은 자바 객체 간의 구조도를 나타냅니다.

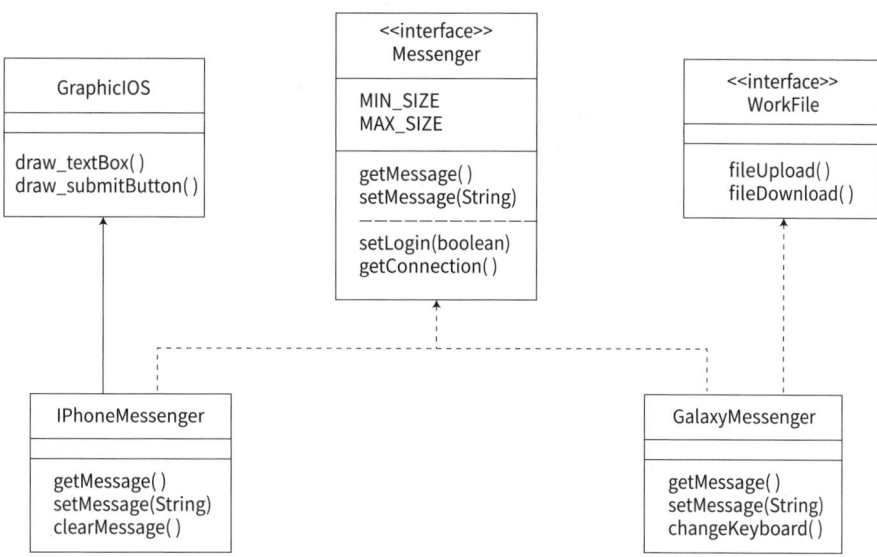

그림 객체 구조도

기존의 객체 구조도에서 GraphicIOS 클래스가 새로 추가되었으며 IPhoneMessenger 클래스에서 상속받고 있습니다. 그러면 IPhoneMessenger 클래스는 GraphicIOS 클래스를 상속받으면서 Messenger 인터페이스를 함께 상속받는 구조입니다. 클래스는 이처럼 하나의 클래스와 여러 개의 인터페이스를 동시에 상속받는 복합 상속이 가능합니다.

위의 객체 구조를 자바 소스로 구현하면 다음과 같습니다.

GraphicIOS.java

```
01: package com.ruby.java.ch07.abstraction;
02:
03: public class GraphicIOS {
04:
05:     public void draw_textBox() {
06:         System.out.println("텍스트 상자를 그린다.");
07:     }
08:
09:     public void draw_submitButton() {
10:         System.out.println("전송버튼을 그린다.");
11:     }
12: }
```

IPhoneMessenger.java

```java
01: package com.ruby.java.ch07.abstraction;
02:
03: public class IPhoneMessenger extends GraphicIOS implements Messenger {
04:     public String getMessage() {
05:         return "iPhone";
06:     }
07:
08:     public void setMessage(String msg) {
09:         System.out.println("iPhone에서 메시지를 설정합니다 : " + msg);
10:     }
11:
12:     public void clearMessage() {
13:         System.out.println("좌우로 흔들어 문자열을 지웁니다.");
14:     }
15: }
```

MessengerTest.java

```java
package com.ruby.java.ch07.abstraction;

public class MessengerTest {
  public static void main(String[] args) {
    ...
    iphone.draw_textBox();
    iphone.draw_submitButton();
  }
}
```

【실행결과】

```
...
텍스트 상자를 그린다.
전송버튼을 그린다.
```

08

다형성과 내부 클래스

자바는 객체를 기반으로 개발하므로 메모리에 생성된 인스턴스의 참조값을 변수에 저장해 사용할 수도 있고, 메서드 이용 시 인자값으로 전달하거나 리턴값으로 사용할 수도 있습니다. 이처럼 여러 형태로 활용되는 인스턴스의 참조값을 효율적으로 처리하도록 자바에서는 '다형성'이라는 기술을 제공합니다. 이번 장에서는 다형성의 원리와 활용에 대해 알아봅니다. 그리고 클래스를 사용 목적에 따라 다른 클래스의 멤버로 선언하여 사용하는 방법도 살펴보겠습니다.

8.1. 다형성

우리는 클래스를 만들고 인스턴스를 생성해 사용하는 방법을 배웠습니다. 이때 인스턴스는 해당 클래스 타입으로 참조변수를 생성하고 여기에 대입해서 이용했습니다. 그런데 상속 관계에서는 부모 타입의 변수에 모든 자식 객체를 대입해 이용할 수 있습니다. 이 말은 하나의 타입에 여러 객체를 대입할 수 있다는 의미입니다. 이러한 성질을 '다형성(Polymorphism)'이라고 합니다.

이번 절에서는 다형성이 무엇이고 이를 통해 어떤 효과를 얻을 수 있는지 예와 함께 자세하게 살펴보겠습니다.

8.1.1. 다형성 개요

(1) 다형성 미적용

먼저 다형성을 이용하지 않았을 때 발생할 수 있는 상황을 살펴보겠습니다. 다음 그림은 앞 장에서 작성한 Employee와 자손 객체 간의 상속 관계도입니다.

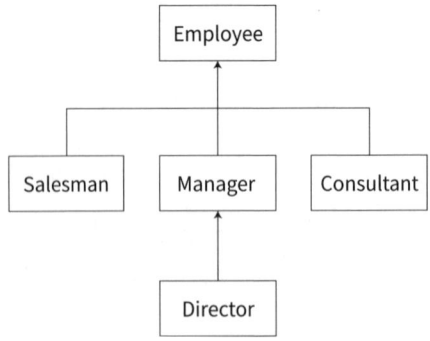

그림 Employee 상속 관계도

위와 같은 관계도를 구현한 코드는 다음과 같습니다.

HRSTest.java

```java
package com.ruby.java.ch07.abstraction;

abstract class Employee {
    String name;
    int salary;

    public abstract void calcSalary();
    public abstract void calcBonus();
}

class Salesman extends Employee {
    public void calcSalary() {
        System.out.println("Salesman 급여 = 기본급 + 판매 수당");
    }

    public void calcBonus() {
        System.out.println("Salesman 보너스 = 기본급 * 12 * 4");
    }
}

class Consultant extends Employee {
    public void calcSalary() {
        System.out.println("Consultant 급여 = 기본급 + 컨설팅 특별 수당");
    }

    public void calcBonus() {
        System.out.println("Consultant 보너스 = 기본급 * 12 * 2");
    }
}
```

```
abstract class Manager extends Employee {
    public void calcSalary() {
        System.out.println("Manager 급여 = 기본급 + 팀 성과 수당");
    }
}

class Director extends Manager {
    public void calcBonus() {
        System.out.println("Director 보너스 = 기본급 * 12 * 6");
    }
}

public class HRSTest {
    public static void main(String[] args) {
        Salesman s = new Salesman();
        Consultant c = new Consultant();
        Director d = new Director();

        s.calcBonus();
        c.calcBonus();
        d.calcBonus();
    }
}
```

위의 코드에서 HRSTest 클래스에 calcTax( ) 메서드를 추가하겠습니다. calcTax( )는 직원들의 소득에 대한 세금을 계산하기 위한 메서드로서, main( ) 메서드에서 생성한 Salesman s, Consultant c, Director d를 인자로 받아 소득세를 계산할 것입니다.

```
...
public class HRSTest {
    public static void calcTax() {
        // 인자로 전달된 인스턴스의 소득세 계산
    }
    public static void main(String[] args) {
        Salesman s = new Salesman();
        Consultant c = new Consultant();
        Director d = new Director();
        // Salesman 소득세 계산
        // Consultant 소득세 계산
        // Director 소득세 계산
    }
}
```

HRSTest 클래스에 calcTax( ) 메서드를 선언하였고 본문의 내용은 주석으로 표시하였습니다. 먼저, s, c, d의 소득세를 계산하려면 다음처럼 소득세를 계산하는 calcTax( ) 메서드에 각 인스턴스를 인자로 전달해 주어야 합니다.

```
// Salesman 소득세 계산
calcTax(s);
// Consultant 소득세 계산
calcTax(c);
// Director 소득세 계산
calcTax(d);
```

이러한 형태로 calcTax( ) 메서드를 호출할 수 있게 하려면 다음처럼 다양한 타입의 인자값을 받을 수 있도록 메서드를 오버로딩해야 합니다.

```
public static void calcTax(Salesman s) {
    // 인자로 전달된 인스턴스의 소득세 계산
}
public static void calcTax(Consultant c) {
    // 인자로 전달된 인스턴스의 소득세 계산
}
public static void calcTax(Director d) {
    // 인자로 전달된 인스턴스의 소득세 계산
}
```

그런데 만일 Secretary, Engineer 등 새로운 객체가 추가되고 이 객체들에 대해서도 세금 계산을 해야 한다면 어떨까요? 객체를 생성하는 수만큼 calcTax( ) 메서드를 오버로딩해야 합니다. 그리고 만약, 세율을 변경해야 하는 상황이 발생한다면 모든 메서드를 일일이 변경해야 합니다. 이런 식으로 구현하는 것은 비효율적일 뿐만 아니라 안전성에도 문제가 있습니다.

이때 다형성을 적용하면 이와 같은 문제를 해결할 수 있습니다.

(2) 다형성 적용

앞에서 가정한 상황을 자바의 다형성을 적용하여 구현해 보겠습니다. 그러려면 먼저 객체 간의 관계를 파악해야 합니다. calcTax( ) 메서드를 호출하면서 인자로 전달되는 Salesman, Consultant, Director 객체의 상속 관계도는 다음과 같습니다.

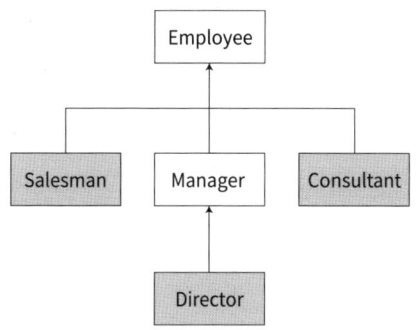

그림 Employee 상속 관계도

상속 관계도를 보면서 Salesman, Consultant, Director의 공통점을 찾아봅시다. 모두 Employee의 자손이라는 공통점을 발견할 수 있습니다. 이처럼 다루고자 하는 객체가 모두 같은 조상을 상속하고 있다면 각 객체를 조상의 타입에 대입해서 사용할 수 있습니다.

즉, calcTax( ) 메서드의 매개변수를 앞의 코드처럼 각 자손의 타입(Salesman, Consultant, Director)으로 선언하지 않고 조상의 타입(Employee)으로 선언할 수 있습니다. 이것이 바로 자바의 다형성입니다.

따라서 calcTax( ) 메서드를 다음과 같이 선언할 수 있습니다.

```
public static void calcTax(Employee e) {
    // 인자로 전달된 인스턴스의 소득세 계산
}
```

매개변수의 타입을 Employee로 선언했습니다. 이때 Employee는 참조 타입이므로 메서드 호출 시 인스턴스의 참조값을 전달해야 합니다.

이렇게 하면 자손의 타입마다 매개변수를 달리해서 메서드를 오버로딩할 필요가 없습니다. 즉, calcTax(s), calcTax(c), calcTax(d)로 호출하면 모두 calcTax(Employee e)가 호출되도록 통일됩니다.

```
public static void main(String[ ] args) {
    Salesman s = new Salesman();
    Consultant c = new Consultant();
    Director d = new Director();

    calcTax(s);
    calcTax(c);
    calcTax(d);
}

public static void calcTax(Employee e) {
    // 인자로 전달된 인스턴스의 소득세 계산
}
```

그림 calcTax(Employee e) 메서드 호출로 통일

실습을 통해 확인해 보겠습니다. com.ruby.java.ch08.polymorphism 패키지를 새로 생성한 후 앞 장에서 생성한 com.ruby.java.ch07.abstraction 패키지의 HRSTest를 복사해서 소스를 수정하겠습니다.

HRSTest.java

```java
package com.ruby.java.ch08.polymorphism;
...
public class HRSTest {
  public static void calcTax(Employee e) {
    System.out.println("소득세를 계산합니다.");
  }

  public static void main(String[] args) {
    Salesman s = new Salesman();
    Consultant c = new Consultant();
    Director d = new Director();

    calcTax(s);
    calcTax(c);
    calcTax(d);
  }
}
```

【실행결과】

```
소득세를 계산합니다.
소득세를 계산합니다.
소득세를 계산합니다.
```

이처럼 다형성을 이용함으로써 메서드를 여러 개 오버로딩하지 않고도 같은 동작을 구현할 수 있게 되었고, 코드 변경에 유연하게 대처할 수 있도록 유지 보수성도 좋아졌습니다. 이러한 다형성의 원리에 대해 한 걸음 더 들어가보겠습니다.

8.1.2. 다형성의 원리

자바의 다형성이란 결국 참조변수의 타입을 힙 영역에 생성한 인스턴스 타입으로 지정하지 않고 참조하려는 인스턴스의 조상 타입으로 지정하는 것입니다. 이와 같은 다형성의 원리를 이해하려면 앞 장에서 학습한 상속 개념을 다시 살펴보아야 합니다.

(1) Object 클래스

다음 소스코드를 보면 Salesman은 Employee을 상속하고, Employee는 어떤 클래스도 상속하고 있지 않습니다.

```java
abstract class Employee {
  String name;
  int salary;

  public abstract void calcSalary();
  public abstract void calcBonus();
}

class Salesman extends Employee {
  public void calcSalary() {
    System.out.println("Salesman 급여 = 기본급 + 판매 수당");
  }
  public void calcBonus() {
    System.out.println("Salesman 보너스 = 기본급 * 12 * 4");
  }
}
```

지금까지 학습하면서 자바 소스 파일을 작성한 후 컴파일할 때 자동으로 삽입되는 코드가 몇 가지가 있었습니다. 기본 생성자, super( ) 문 등이었습니다. 여기에 컴파일 시 자동으로 추가되는 코드가 하나 더 있습니다.

위의 소스에서 Salesman은 "extends Employee" 코드에 의해 Employee를 상속받습니다. 그러나 Employee는 어떤 클래스도 상속받지 않습니다. 즉, extends 키워드가 선언되지 않았습니다. 이처럼 클래스를 선언할 때 extends 키워드를 명시하지 않으면 컴파일 시 자동으로 **extends Object** 코드가 삽입됩니다.

다음의 왼쪽 코드와 오른쪽 코드는 같습니다.

```
abstract class Employee {                    abstract class Employee extends Object {
  String name;                                 String name;
  int salary;                      =           int salary;

  public abstract void calcSalary();           public abstract void calcSalary();

  public abstract void calcBonus();            public abstract void calcBonus();
}                                            }
```

이처럼 extends가 선언되지 않은 클래스는 컴파일 시 extends Object가 선언됩니다. 여기서 Object는 어떤 클래스일까요? Object는 자바 클래스의 상속 구조에서 최상위 클래스입니다. 결국, 모든 자바 클래스는 Object의 자손입니다.

그런데 우리는 Object라는 클래스를 만든 적이 없습니다. 존재하지 않는 클래스를 사용하면 오류가 발생해야 하는데 지금까지 오류가 발생하지 않은 이유는 자바 프로그램을 개발하기 위해 설치한 JDK에서 Object 클래스를 제공하기 때문입니다.

JDK에서 제공하는 클래스, 인터페이스에 대한 자세한 내용은 API 문서를 통해 확인할 수 있습니다.

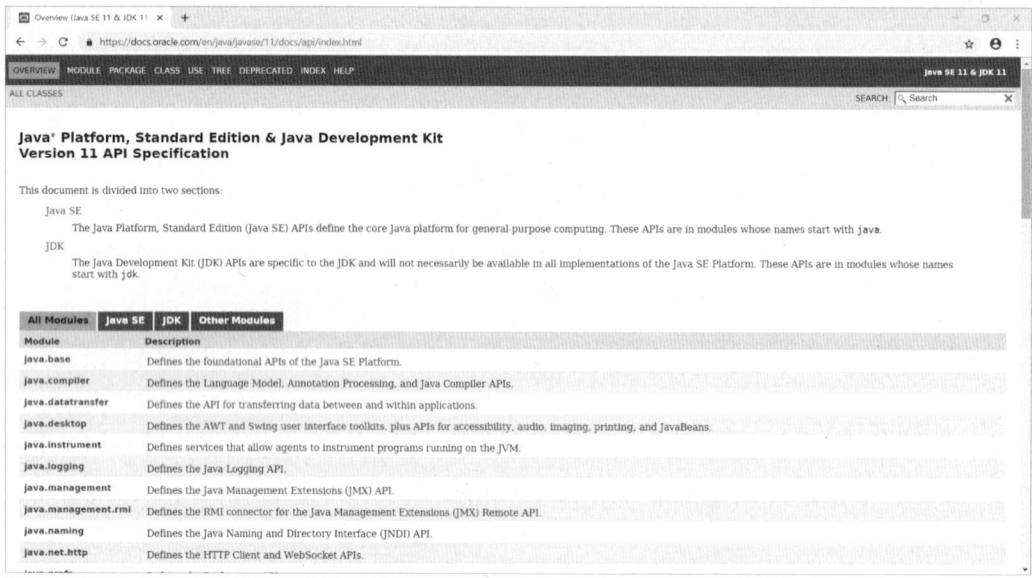

그림 자바 11 공식 API 문서(https://docs.oracle.com/en/java/javase/11/docs/api/index.html)

자바 11에서는 관련 있는 패키지를 묶어 모듈(Modules) 단위로 분류하고 있습니다. 기본적인 객체들은 java.base 모듈에 있습니다. [java.base]를 선택합니다.

그림 java base 선택

다음은 java.base 모듈에 있는 패키지들입니다. Object는 java.lang 패키지에 있습니다. [java.lang] 패키지를 선택합니다.

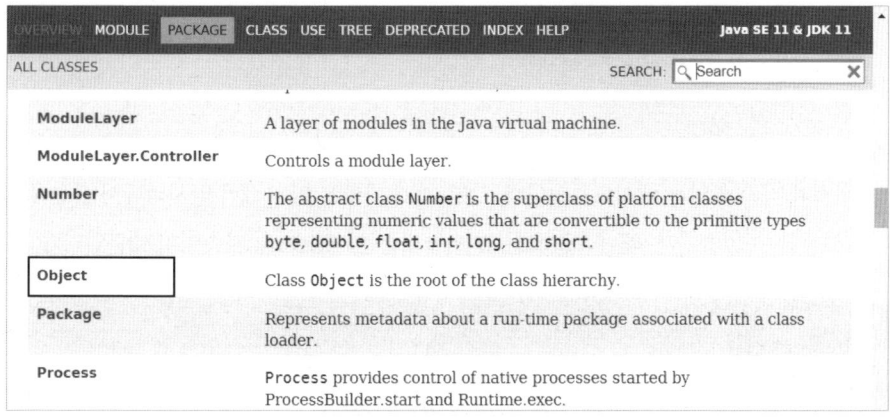

그림 java.lang 선택

java.lang 패키지를 선택하면 패키지에 속한 클래스, 인터페이스 목록이 보입니다. 클래스 목록에서 [Object]를 선택합니다.

그림 Object 선택

Object를 클릭하면 클래스의 내용이 요약된 문서가 나타납니다. 문서 상단의 [필드(FIELD)], [생성자(CONSTR)], [메서드(METHOD)]를 클릭하면 해당 내용으로 바로 이동할 수 있습니다.

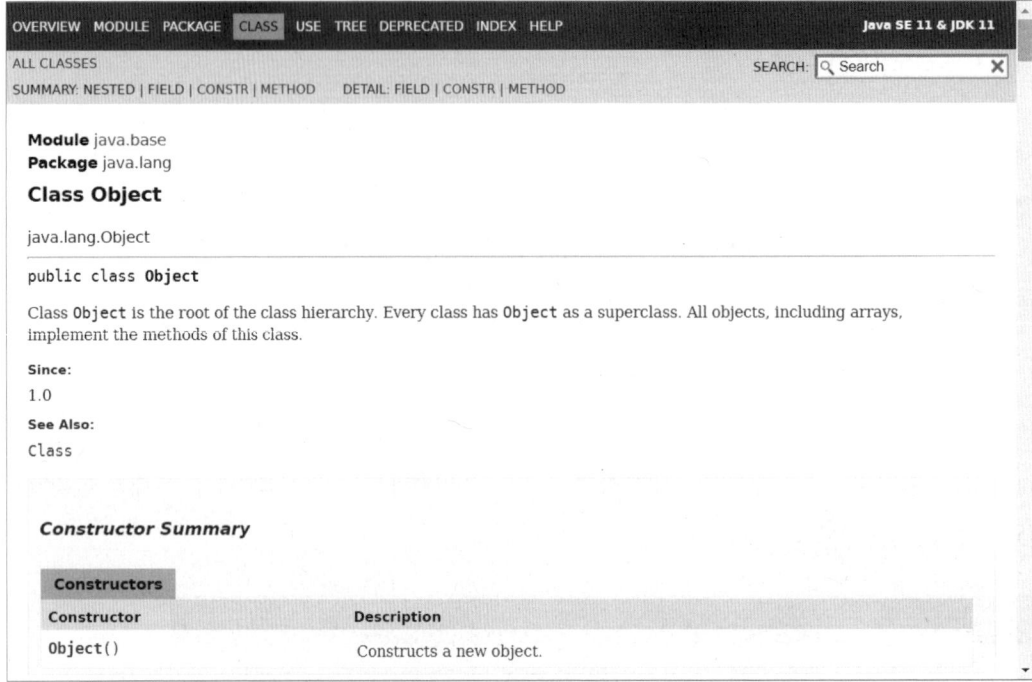

그림 Object 클래스 문서

다음은 Object 클래스가 가지고 있는 메서드들입니다. Object가 가지고 있는 내용은 자바에서 사용하는 모든 인스턴스에서 사용할 수 있습니다. 왜냐하면 모든 자바 클래스는 Object의 자손이기 때문입니다.

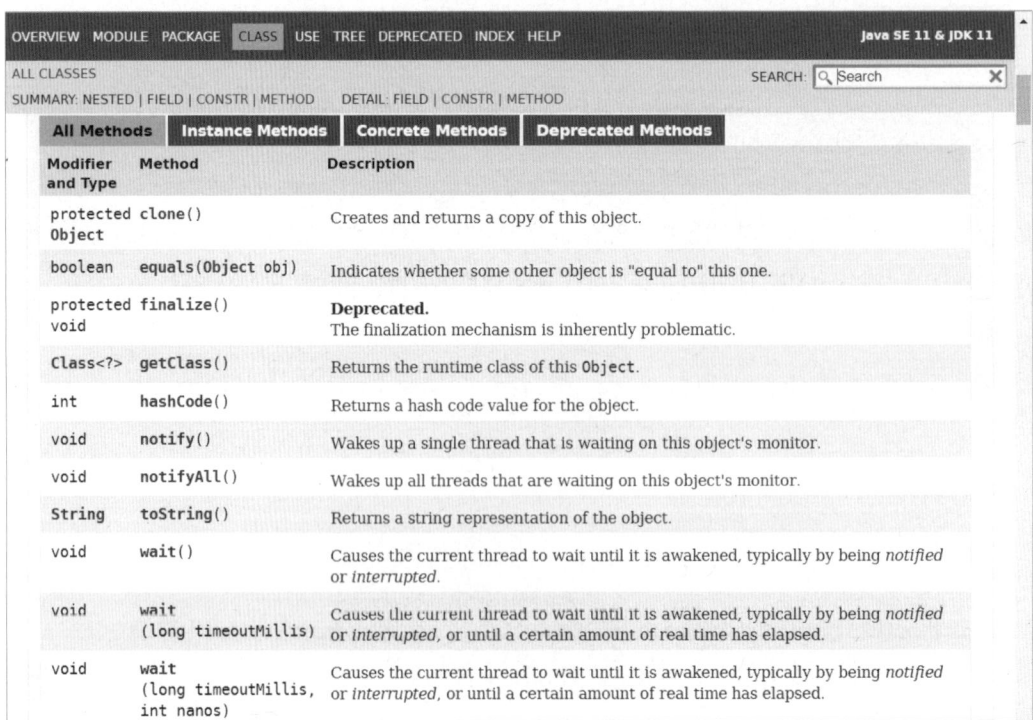

그림 Object 클래스의 메서드

다음의 왼쪽과 오른쪽 구조는 서로 같은 상속 관계도입니다. 상속을 명시하지 않으면 무조건 Object가 상속되기 때문입니다.

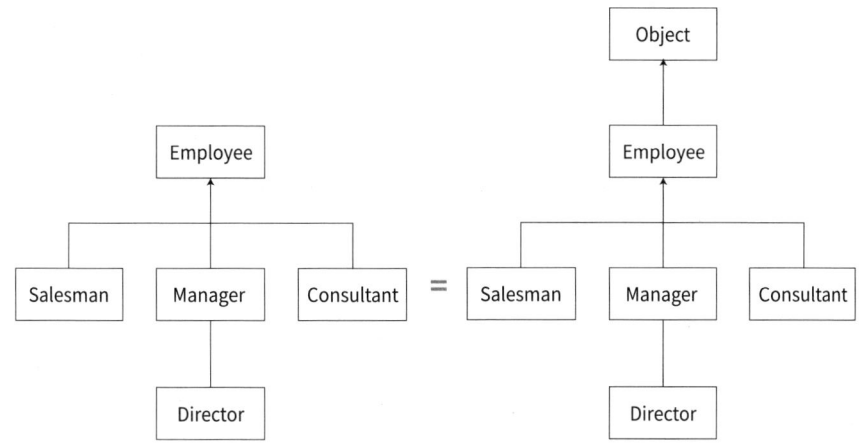

그림 상속 관계도

이클립스에서 Object를 상속하고 있음을 확인해 보겠습니다. HRSTest 클래스의 main( ) 메서드에서 "s."을 입력 후 나타나는 상자에는 참조변수 s를 통해 사용할 수 있는 인스턴스의 내용들입니다. 목록을 보면 Object에서 상속받은 메서드들도 보입니다.

```java
public class HRSTest {

    public static void calcTax(Employee e) {
        System.out.println("소득세를 계산합니다.");
    }

    public static void main(String[] args) {
        Salesman s = new Salesman();
        Consultant c = new Consultant();
        Director d = new Director();

        calcTax(s);
        calcTax(c);
        calcTax(d);

        s.
    }
}
```

그림 이클립스 인텔리센스 기능으로 Object 상속 확인 정리하면 JDK에서 제공하는 java.lang 패키지의 Object 클래스는 모든 자바 클래스의 루트 클래스, 즉 조상 클래스가 됩니다. 따라서 모든 자바 클래스는 Object 클래스의 자손이고 Object 클래스가 가진 모든 내용을 사용할 수 있습니다.

실습을 통해 학습한 내용을 확인해 보겠습니다. HRSTest.java 파일의 main( ) 메서드를 다음과 같이 수정합니다.

HRSTest.java
```java
public class HRSTest {
 ...
  public static void main(String[] args) {
    Salesman s = new Salesman();
    Consultant c = new Consultant();
    Director d = new Director();

    System.out.println(s.toString());
    System.out.println(c.toString());
    System.out.println(d.toString());

    if(s.equals(c)) {
      System.out.println("동일한 객체입니다.");
    } else {
      System.out.println("서로 다른 객체입니다.");
    }
  }
}
```

【실행결과】

com.ruby.java.ch08.polymorphism.Salesman@15db9742
com.ruby.java.ch08.polymorphism.Consultant@6d06d69c
com.ruby.java.ch08.polymorphism.Director@7852e922
서로 다른 객체입니다.

소스에 대한 자세한 설명은 다음과 같습니다.

```java
Salesman s = new Salesman();
Consultant c = new Consultant();
Director d = new Director();
```

각각 인스턴스를 생성한 후 참조변수에 주솟값을 저장하고 있습니다.

```
System.out.println(s.toString());
System.out.println(c.toString());
System.out.println(d.toString());
```

toString( ) 문을 실행하여 리턴값을 출력하는 명령문입니다. toString( ) 메서드는 Salesman, Consultant, Director 클래스에서 선언한 적이 없습니다. 그리고 이 클래스들이 상속하고 있는 Employee에서도 선언하지 않았습니다. 그렇다면 toString( ) 메서드는 어디에 선언되어 있을까요? 바로 Object 클래스에 선언되어 있습니다. 앞에서 설명한 것처럼 모든 클래스는 Object 클래스의 자손이므로 Object 클래스에 선언된 메서드를 사용할 수 있습니다.

toString( ) 메서드는 실행 결과에서 보듯이 "**클래스이름@인스턴스ID**" 값을 반환합니다.

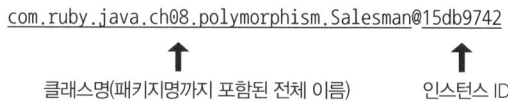

클래스명(패키지명까지 포함된 전체 이름)　　인스턴스 ID

인스턴스 ID는 new 명령문으로 힙에 생성되는 인스턴스에 부여되는 값으로서 다른 인스턴스와 구별되는 고유한 값입니다.

```
if(s.equals(c) {
```

s.equals( ) 메서드를 실행합니다. 메서드가 if 문의 조건식에 사용되었다는 것은 반환 타입이 boolean이란 의미입니다. 리턴 타입이 boolean이 아닌 메서드는 if 문의 조건식으로 사용할 수 없습니다.

참조변수 s가 실행하는 equals( ) 메서드 역시 Object 클래스에서 상속받은 메서드로서, API 문서를 보면 인자값을 받는 매개변수 obj의 타입이 Object로 선언되어 있습니다. Object는 자바의 최상위 타입이므로 equals( ) 메서드를 호출할 때 어떤 타입의 인자값이라도 받아서 저장할 수 있습니다. 앞에서 배운 다형성을 이용한 것입니다.

Object의 equals( ) 메서드는 현재 객체와 인자로 전달된 객체가 같은지 판단하여 같으면 true를 같지 않으면 false를 반환합니다. 참조변수 s와 참조변수 c는 서로 다른 인스턴스를 참조하고 있으므로 false를 반환합니다.

s　→　com.ruby.java.ch08.polymorphism.Salesman@15db9742

c　→　com.ruby.java.ch08.polymorphism.Consultant@6d06d69c

이번에는 소스를 다음과 같이 수정한 후 테스트해 보겠습니다.

```
HRSTest.java
  public static void main(String[] args) {
    Salesman s = new Salesman();
    Consultant c = new Consultant();
    Director d = new Director();

    System.out.println(s.toString());
    System.out.println(c.toString());
    System.out.println(d.toString());

    Salesman s2 = s;
    System.out.println(s2.toString());

    if(s.equals(s2)) {
      System.out.println("동일한 객체입니다.");
    } else {
      System.out.println("서로 다른 객체입니다.");
    }
  }
```

【실행결과】

com.ruby.java.ch08.polymorphism.Salesman@15db9742
com.ruby.java.ch08.polymorphism.Consultant@6d06d69c
com.ruby.java.ch08.polymorphism.Director@7852e922
com.ruby.java.ch08.polymorphism.Salesman@15db9742
동일한 객체입니다.

수정된 소스에 대한 설명은 다음과 같습니다.

```
Salesman s2 = s;
```

새로운 참조변수 s2를 선언합니다. 선언 후 참조변수 s의 값을 s2에 저장합니다. s 변수에 저장된 값이 그대로 s2 변수에 복사됩니다. 결국, s도 s2도 같은 인스턴스를 참조합니다.

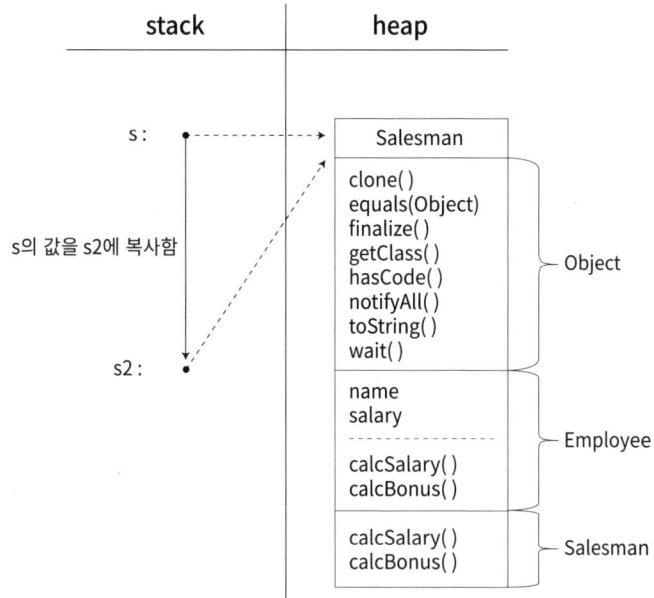

그림 참조변수 대입 과정

```
if(s.equals(s2)) {
```

s와 s2가 같은 인스턴스인지 Object 클래스의 equals( ) 메서드를 사용하여 확인하고 있습니다. 같은 인스턴스 참조값을 가지고 있으므로 true를 반환합니다.

Object 클래스의 toString( ) 메서드는 인스턴스의 고유한 식별자를 반환하고, equals( ) 메서드는 두 개의 참조변수가 같은 인스턴스를 참조하는지를 판단합니다. 만약, Object 클래스에서 상속받은 toString( )과 equals( ) 메서드의 처리 기능을 변경하고 싶다면 자손 객체에서 오버라이딩하면 됩니다.

(2) 인스턴스 생성

다음은 인스턴스를 생성한 후 참조변수 s에서 인스턴스의 주솟값을 저장하는 실행문입니다. 앞에서 이미 인스턴스가 힙 영역에 생성되는 과정을 살펴보았습니다. 이번에는 자바의 최상위 클래스인 Object까지 포함하여 인스턴스가 생성되는 과정을 살펴보겠습니다.

```
Salesman s = new Salesman();
```

① 스택에 참조변수 s가 만들어지고 힙에 Salesman의 인스턴스가 생성되기 시작합니다. 그런데 Salesman은 Employee를 상속받고 Employee는 Object를 상속받습니다. Object는 루트(root) 클래스입니다. 따라서 힙에 가장 처음 Object의 인스턴스가 생성됩니다.

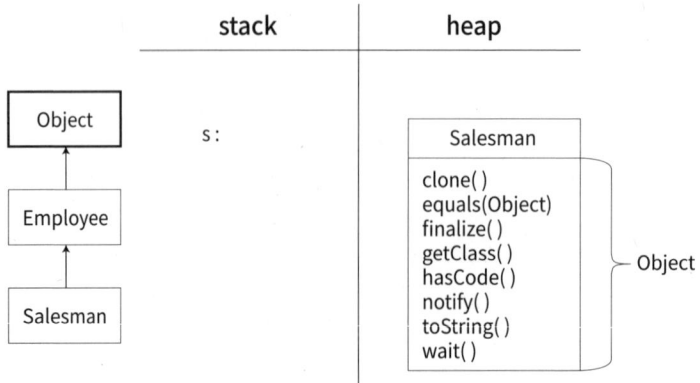

그림 Object 인스턴스 생성

② Object 처리가 완료되면 Object를 상속받는 Employee 인스턴스가 생성됩니다.

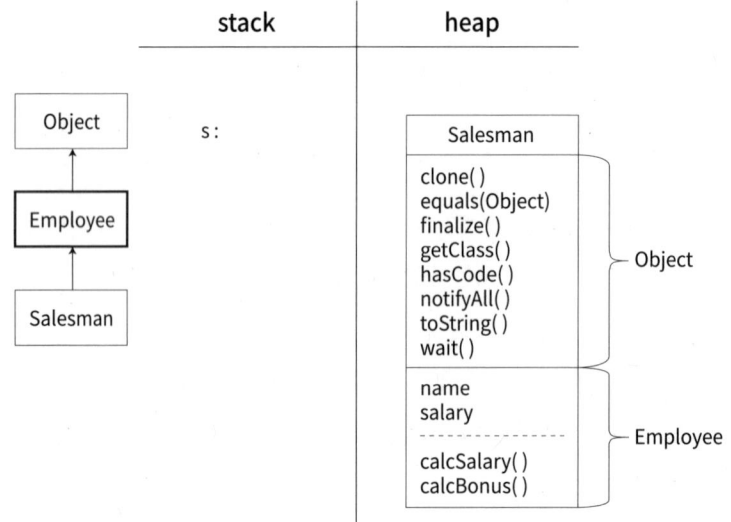

그림 Employee 인스턴스 생성

③ Employee 처리가 완료되면 Salesman 인스턴스가 생성됩니다.

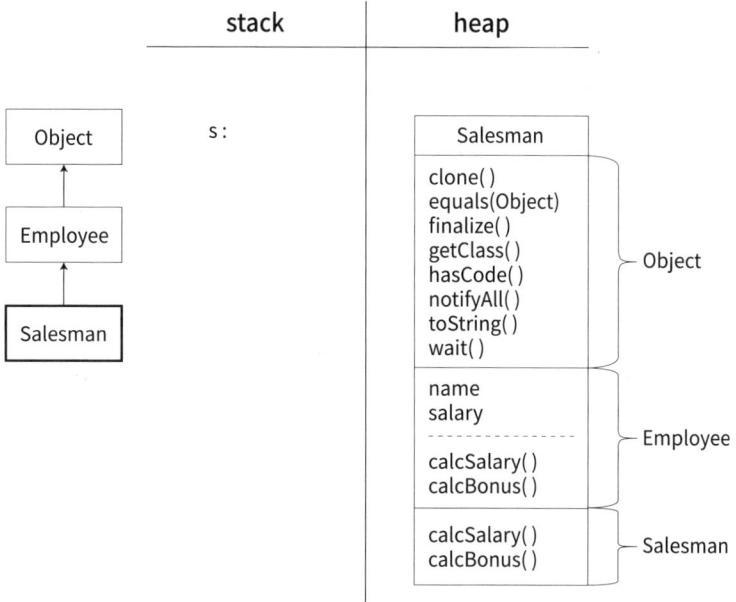

그림 Salesman 인스턴스 생성

④ 마지막으로 생성이 완료된 인스턴스의 주솟값을 참조변수 s에 저장합니다.

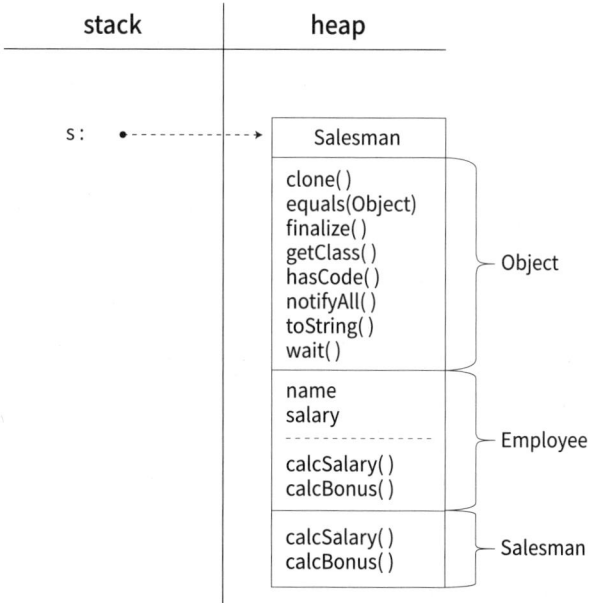

그림 참조변수에 대입

(3) 클래스 다형성

다음의 코드를 살펴보겠습니다.

```
Salesman s = new Salesman();
```

참조변수 s는 Salesman의 인스턴스 주솟값을 갖기 때문에 타입이 Salesman입니다. 그러나 참조변수 s의 타입은 Salesman뿐만 아니라 Object, Employee로도 선언할 수 있습니다. 왜냐하면 힙 영역에 Object와 Employee 인스턴스도 생성되었기 때문입니다.

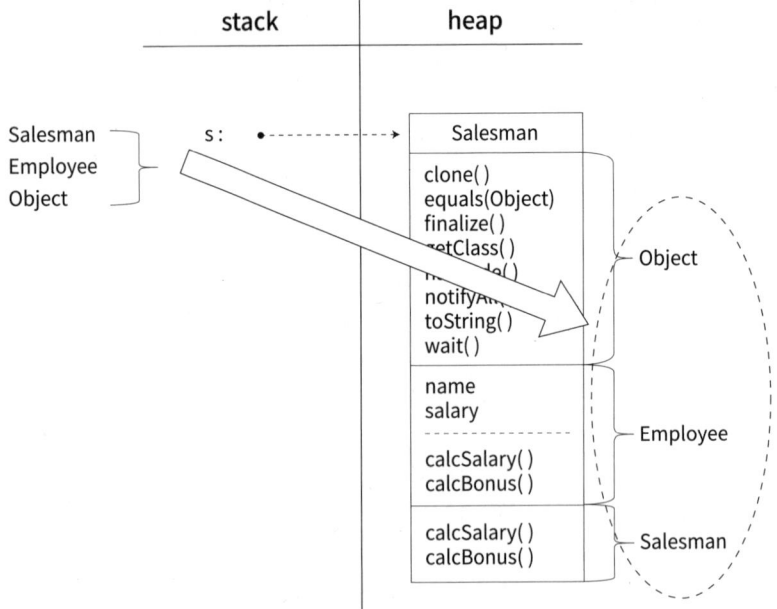

그림 참조변수를 조상 타입으로 선언 가능

참조변수 s는 다음 세 가지 중 어떤 타입으로도 선언할 수 있습니다.

```
Salesman s = new Salesman();
Employee s = new Salesman();
Object s = new Salesman();
```

힙 영역에 생성된 Salesman의 인스턴스를 참조하는 변수의 타입을 Salesman, Employee, Object로 선언할 수 있는 것도 다형성 중 하나에 속합니다.

그렇다면 다음의 코드를 살펴보겠습니다.

```
Manager s = new Salesman();
```

참조변수의 타입과 인스턴스의 타입이 다른 것을 보니 다형성을 적용한 것 같은데 올바른 코드일까요? 다형성이란, 참조변수의 타입을 참조하는 인스턴스의 조상 타입으로 선언하는 것입니다. 그런데 앞에서 살펴본 상속 관계도에 따르면 Manager가 Salesman의 조상은 아닙니다.

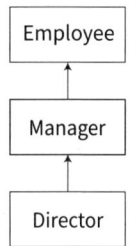

그림 Manager 상속 관계도

다형성은 직계존속에서만 유효합니다. 가족관계를 예로 들자면 직계 친족 중 본인부터 위의 계열에 있는 이들만 가능하다는 것입니다. Manager는 Salesman의 직계존속이 아닙니다. 따라서 Manager s = new Salesman() 코드는 사용할 수 없습니다. 직계존속이 아니므로 다형성을 적용할 수 없습니다. 왜냐하면 힙에 인스턴스가 생성되지 않았기 때문입니다.

추상 클래스로 선언된 Manager 클래스를 다음과 같이 수정합니다.

```
HRSTest.java
...
class Manager extends Employee {    //abstract 키워드 삭제
    public void calcSalary() {
        System.out.println("Manager 급여 = 기본급 + 팀 성과 수당");
    }
    public void calcBonus() {
        System.out.println("Manager 보너스 = 기본급 * 12 * 6");
    }
}
...
```

위와 같이 수정된 Manager 객체를 생성하고 참조변수에 인스턴스를 참조시킬 때 다음 중 올바르지 않은 코드는 무엇일까요?

① Object m1 = new Manager();

② Employee m2 = new Manager();

③ Manager m3 = new Manager();

④ Director m4 = new Manager();

잘못된 코드는 ④번입니다. 자바의 다형성을 적용한 참조변수의 타입은 직계존속만 가능합니다. Director는 Manager의 자손입니다. 자손의 타입으로 선언된 참조변수에 부모의 주소를 저장할 수는 없습니다. 왜냐하면 new Manager( ) 명령문은 Object → Employee → Manager 순으로 인스턴스를 생성합니다. Director는 생성하지 않습니다.

예제를 통해 학습한 내용을 확인해 보겠습니다.

HRSTest.java

```
...
public class HRSTest {
  public static void calcTax(Employee e) {
    System.out.println("소득세를 계산합니다.");
  }

  public static void main(String[] args) {
    Salesman s1 = new Salesman();
    Employee s2 = new Salesman();
    Object s3 = new Salesman();

    Object m1 = new Manager();
    Employee m2 = new Manager();
    Manager m3 = new Manager();
    Director m4 = new Manager(); // 오류 발생
  }
}
```

다형성을 적용하여 생성된 인스턴스들을 참조하고 있습니다. Manager의 인스턴스를 참조하는 Director m4 변수는 오류가 발생합니다.

(4) 인터페이스 다형성

다음 객체 간의 상속 관계도는 7장의 com.ruby.java.ch07.abstraction에서 실습했던 예제입니다.

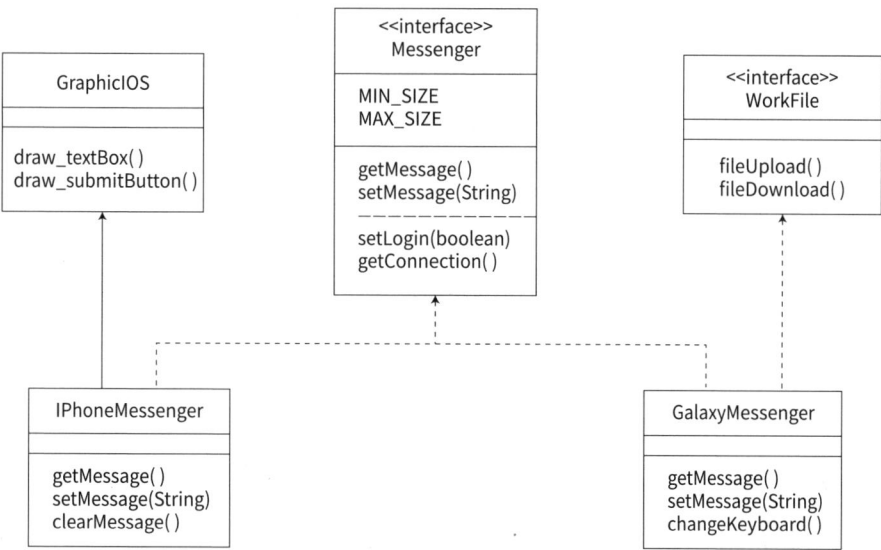

위의 구조도를 보면 IPhoneMessenger와 GalaxyMessenger 클래스가 Messenger 인터페이스를 상속받고 있습니다. 이런 경우 다형성을 적용하여 다음처럼 상속하고 있는 인터페이스 타입으로 변수를 선언할 수 있습니다. 인터페이스도 클래스와 마찬가지로 다형성이란 개념이 적용되기 때문입니다.

```
Messenger iphone = new IPhoneMessenger();
Messenger galaxy = new GalaxyMessenger();
```

8.1.3. 다형성의 필요성

(1) 메서드

자바의 다형성을 사용하는 이유는 다음처럼 하나의 메서드 선언으로 다양한 타입의 인자를 받아 처리하기 위해서입니다. 지금까지 살펴본 내용이므로 자세한 설명은 생략하겠습니다.

```
public static void main(String[] args)    {
    Salesman s = new Salesman();
    Consultant c = new Consultant();
    Director d = new Director();

    calcTax(s);
    calcTax(c);
    calcTax(d);
}

public static void calcTax(Employee e)    {
    // 인자로 전달된 인스턴스의 소득세 계산
}
```

그림 다형성이 필요한 예

(2) 배열

다형성이 필요한 또 다른 예를 살펴보겠습니다. HRSTest 클래스의 main( ) 메서드에서 다양한 타입으로 참조변수들을 만들었고 초기화하였습니다. 그런데 이 참조변수들을 하나로 묶어서 저장하고 싶다면 어떻게 해야 할까요?

```
public class HRSTest   {
    public static void calcTax(Employee e)   {
        System.out.println("소득세를 계산합니다.");
    }
    public static void main(String[ ] args)   {
        Salesman s1 = new Salesman( );
        Employee s2 = new Salesman( );
        Object s3 = new Salesman( );

        Object m1 = new Manager( );
        Employee m2 = new Manager( );
        Manager m3 = new Manager( );
    }
}
```
한곳에 저장하고 싶다면?

그림 다형성이 필요한 예

우리는 앞에서 타입이 같은 여러 값을 하나로 묶어서 저장하는 방법을 배웠습니다. 바로 배열을 이용하는 방법이었습니다. 그렇다면 위의 코드에서 s1, s2, s3, m1, m2, m3 변수의 값을 배열에 저장하고자 한다면 배열의 타입을 어떻게 선언해야 할까요? 다음 네 가지 타입의 배열 중 6개의 값을 저장할 수 있는 배열은 무엇일까요?

① new Salesman[6]
② new Employee[6]
③ new Object[6]
④ new Manager[6]

정답은 ③번입니다. 코드에 나와 있는 변숫값 6개를 모두 저장하려면 ③번 Object 타입의 배열을 생성해야 합니다. 다음은 각 배열에 저장할 수 있는 값을 나타냅니다.

① Saleman 타입 배열: s1
② Employee 타입 배열: s1, s2, m2, m3
③ Object 타입 배열: s1, s2, s3, m1, m2, m3
④ Manger 타입 배열: m3

이 내용을 실습을 통해 확인해 보겠습니다.

HRSTest.java

```java
...
public class HRSTest {
  ...
  public static void main(String[] args) {
    Salesman s1 = new Salesman();
    Employee s2 = new Salesman();
    Object s3 = new Salesman();

    Object m1 = new Manager();
    Employee m2 = new Manager();
    Manager m3 = new Manager();

    Object arr[] = new Object[6];
    arr[0] = s1;
    arr[1] = s2;
    arr[2] = s3;
    arr[3] = m1;
    arr[4] = m2;
    arr[5] = m3;

    for(int i = 0; i < arr.length; i++) {
      System.out.println(arr[i]);
    }
  }
}
```

【실행결과】

```
com.ruby.java.ch08.polymorphism.Salesman@15db9742
com.ruby.java.ch08.polymorphism.Salesman@6d06d69c
com.ruby.java.ch08.polymorphism.Salesman@7852e922
com.ruby.java.ch08.polymorphism.Manager@4e25154f
com.ruby.java.ch08.polymorphism.Manager@70dea4e
com.ruby.java.ch08.polymorphism.Manager@5c647e05
```

8.1.4. 다형성의 활용

다음 코드를 보면 04번 줄에서 calcTax(Employee) 메서드를 선언하고 13~15번 줄에서 메서드를 호출하고 있습니다.

```java
01: package com.ruby.java.ch08.polymorphism;
02:
03: public class HRSTest {
04:     public static void calcTax(Employee e) {
05:         System.out.println("소득세를 계산합니다.");
06:     }
07:
08:     public static void main(String[] args) {
09:         Salesman s = new Salesman();
10:         Manager m = new Manager();
11:         Consultant c = new Consultant();
12:
13:         calcTax(s);
14:         calcTax(m);
15:         calcTax(c);
16:     }
17: }
```

04번 줄에 선언한 calcTax( ) 메서드는 인자로 전달된 직원의 소득세를 계산합니다. 만일 소득세를 계산할 때 직원에 따라 다른 세율을 적용해야 한다고 가정해봅시다. calcTax( ) 메서드는 전달받은 인자를 Employee 타입 매개변수로 받으므로 구체적인 세율을 적용할 수 없습니다. 이 경우는 다형성이 적용된 변수가 참조하는 인스턴스의 원래 타입을 파악한 후 구체적인 처리를 해야 합니다.

이처럼 다형성이 적용된 변수를 사용하기 전에 원래 타입을 파악해 활용하는 방법에 대해 살펴보겠습니다.

(1) instanceof 연산자

앞에서 작성한 calcTax( ) 메서드는 다형성을 적용해 하나의 메서드로 여러 자손 객체를 처리할 수 있게 만들었습니다. 그런데 calcTax( ) 메서드의 목적은 소득세를 계산하는 것이고, 이때 세율은 객체마다 다르다고 가정했습니다. 따라서 calcTax( ) 메서드가 소득세를 올바르게 계산하려면 매개변수로 전달받은 인자값의 실제 타입을 파악해야 합니다.

이처럼 참조변수가 참조하는 인스턴스의 타입을 검사해야 할 때 instanceof 연산자를 사용합니다. instanceof는 참조변수가 참조하는 인스턴스의 타입을 검사하는 연산자로서 if 문과 함께 사용합니다.

다음은 instanceof 연산자를 사용하는 형식입니다.

【instanceof 연산자】

if(참조변수 instanceof 객체 타입) { 실행문; }

실습을 통해 확인해 보겠습니다. 다음과 같은 HRSTest2.java 파일을 생성합니다. Employee, Salesman, Consultant, Manager 클래스는 HRSTest.java에서 선언된 내용 그대로 사용합니다.

HRSTest2.java

```
01: package com.ruby.java.ch08.polymorphism;
02:
03: public class HRSTest2 {
04:
05:     public static void calcTax(Employee e) {
06:         if(e instanceof Salesman) {
07:             System.out.println("Salesman 입니다.");
08:         } else if(e instanceof Manager) {
09:             System.out.println("Manager 입니다.");
10:         } else if(e instanceof Consultant) {
11:             System.out.println("Consultant 입니다.");
12:         } else {
13:             System.out.println("Employee 입니다.");
14:         }
15:     }
16:
17:     public static void main(String[] args) {
18:         Salesman s = new Salesman();
19:         Manager m = new Manager();
20:         Consultant c = new Consultant();
21:
22:         calcTax(s);
23:         calcTax(m);
24:         calcTax(c);
25:     }
26: }
```

【실행결과】

Salesman 입니다.
Manager 입니다.
Consultant 입니다.

소스에 대한 자세한 설명은 다음과 같습니다.

```
18: Salesman s = new Salesman();
19: Manager m = new Manager();
20: Consultant c = new Consultant();
```

Salesman, Manger, Consultant 클래스의 인스턴스를 생성한 후 참조변수 s, m, c에 각각의 주솟값을 저장합니다.

```
22: calcTax(s);
23: calcTax(m);
24: calcTax(c);
```

calcTax( ) 메서드를 호출하면서 각각 Salesman, Manager, Consultant 인스턴스의 주솟값을 전달합니다.

```
05: public static void calcTax(Employee e) {
```

매개변수의 타입을 Employee로 선언했으므로 Employee를 비롯해 자손 타입의 모든 인스턴스를 받아서 처리할 수 있습니다. 전달된 인자는 참조변수 e에 저장합니다.

```
06: if(e instanceof Salesman) {
07:     System.out.println("Salesman 입니다.");
08: } else if(e instanceof Manager) {
09:     System.out.println("Manager 입니다.");
10: } else if(e instanceof Consultant) {
11:     System.out.println("Consultant 입니다.");
12: } else {
13:     System.out.println("Employee 입니다.");
14: }
```

instanceof 연산자를 이용해 매개변수 e에 저장된 인스턴스 타입을 확인하고, true일 때 확인 문자열을 출력합니다. else 문까지 도달했다는 의미는 인자값의 타입이 Salesman, Manager, Consultant가 아니었다는 의미입니다. Employee 또는 Employee를 상속하는 객체 중 Salesman, Manager, Consultant 아닌 경우는 else 문이 실행됩니다.

(2) 타입 변경

메서드가 실행될 때 자바의 다형성 때문에 매개변수로 선언된 타입뿐만 아니라 자손 타입도 받을 수 있었습니다. 그리고 메서드 내에서는 인자의 타입을 instanceof 연산자를 활용하여 확인할 수 있었습니다.

instanceof 연산자를 활용하여 타입을 확인하는 이유는 다형성으로 인해 여러 타입이 전달될 수 있으므로 각각의 인스턴스 타입에 따라 서로 다른 작업을 하기 위해서입니다. 따라서 instanceof 연산자로 타입을 확인한 다음에는 타입을 변경하여 각각의 타입에 따라 서로 다른 작업을 진행합니다.

1. 매개변수의 타입을 부모 타입으로 선언한다.
2. instanceof 연산자를 사용해 타입을 검사한다.
3. 타입 변경 후 차별적인 작업을 한다.

먼저, 부모 타입으로 선언된 참조변수를 원래 타입으로 변경하지 않고 사용하면 어떤 문제가 발생하는지 확인해 보겠습니다. 기존의 HRSTest.java 자바 소스에 다음과 같은 필드를 추가한 후 저장합니다.

HRSTest.java

```
...
class Salesman extends Employee {
  int annual_sales; // 연간 판매 실적
  ...
}
class Consultant extends Employee {
  int num_project; // 컨설팅 참여 수
  ...
}
class Manager extends Employee {
  int num_team; // 관리 팀 수
  ...
}
...
```

그리고 HRSTest2 클래스의 calcTax( ) 메서드에 다음과 같은 코드를 추가합니다.

HRSTest2.java

```
...
05 :    public static void calcTax(Employee e) {
06 :      if(e instanceof Salesman) {
07 :        System.out.println("Salesman 입니다.");
08 :        System.out.println(e.annual_sales);
09 :      } else if(e instanceof Manager) {
10 :        System.out.println("Manager 입니다.");
11 :        System.out.println(e.num_team);
12 :      } else if(e instanceof Consultant) {
13 :        System.out.println("Consultant 입니다.");
```

```
14 :        System.out.println(e.num_project);
15 :    } else {
16 :        System.out.println("Employee 입니다.");
17 :    }
18 : }
...
```

추가한 코드에 에러가 발생합니다. 변수를 참조할 때 오류가 발생하면 대부분 두 가지 이유입니다. 변수 선언이 되지 않았거나 접근 권한이 없는 경우입니다. 그러나 지금 상황은 두 가지 모두 아닙니다. 변수 선언도 되었고 접근 권한도 문제없습니다.

그렇다면 왜 오류가 발생했을까요? 원인은 다형성 때문입니다. calcTax( ) 메서드를 호출하면서 전달되는 인자값들은 Salesman, Manager, Consultant이지만 calacTax( ) 메서드에서는 모두 Employee 타입의 매개변수에 저장합니다.

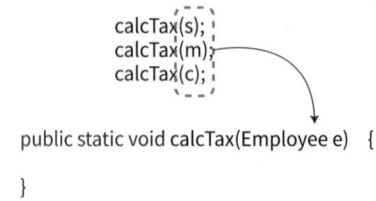

그림 다형성이 적용된 calcTax( ) 메서드

다형성을 적용하면 다양한 자손들의 타입을 한번에 전달받아 처리할 수 있어서 좋지만, 조상 타입으로 선언된 참조변수를 통해 접근할 수 있는 범위는 선언된 조상 타입의 인스턴스가 포함하는 멤버로만 제한됩니다.

다음 그림에서 보는 것처럼 힙에는 Salesman이 생성되어 있고 Salesman이 상속하고 있는 Employee, Object 모두 생성되어 있습니다. 만일, 참조변수의 타입을 Object로 하면 Object의 멤버에만 접근할 수 있고, Employee로 하면 Object부터 Employee 멤버까지 접근할 수 있고, Salesman으로 하면 Object부터 Salesman의 멤버까지 접근할 수 있습니다.

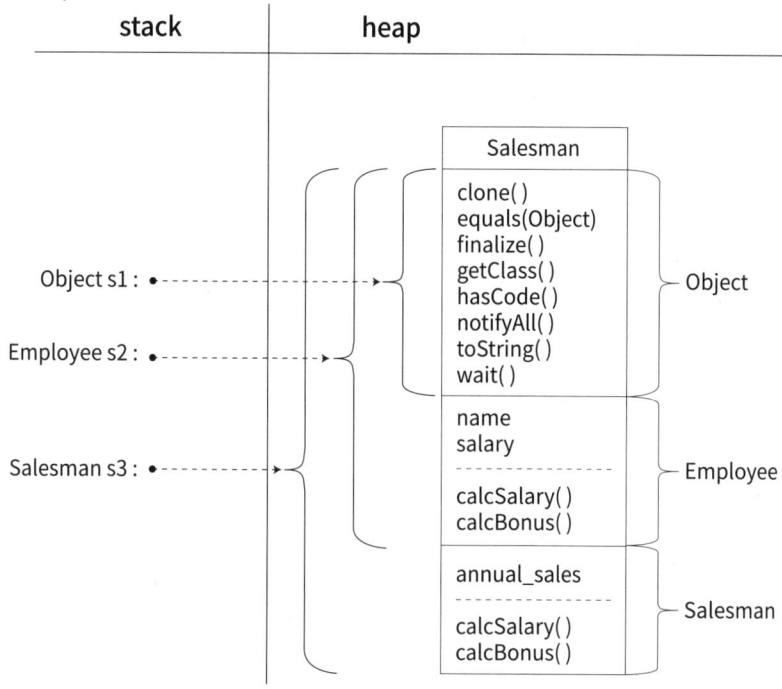

그림 참조변수 타입에 따른 접근 범위

이해를 돕고자 위의 그림과 동일한 내용을 다른 형태로 표현해보면 다음과 같습니다.

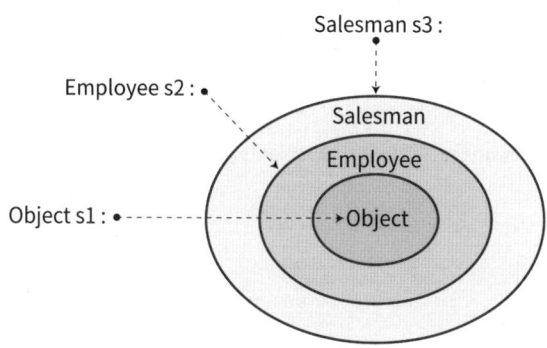

그림 참조변수 타입에 따른 접근 범위

Object s1 변수는 Object, Employee s2는 Employee, Salesman s3은 Salesman 단위로 접근할 수 있습니다.

calcTax( ) 메서드에서 매개변수의 타입을 보면 Employee입니다. 그렇다면 참조변수 e로 접근할 수 있는 범위는 Employee로 한정됩니다. 즉, 방금 추가한 annual_sales, num_team, num_project 필드는 각각 Salesman, Manager, Consultant 클래스에 선언했으므로 접근할 수 없습니다. 오류가 발생한 원인을 찾았으니 문제를 해결해보겠습니다.

힙 영역에 만들어진 인스턴스의 모든 내용을 사용하려면 원래 인스턴스의 타입으로 변경(type casting) 해야 합니다. 타입을 변경하는 문법은 다음과 같습니다.

【타입 변경】

(데이터 타입)참조변수

이때 변경할 수 있는 타입은 메모리에 생성되어 있는 타입만 가능합니다. 따라서 Salesman 인스턴스의 경우 Object, Employee, Salesman 등 세 가지 타입 중 한 가지로만 변경할 수 있습니다. 만약 Salesman의 인스턴스를 참조하는 참조변수에 대해 Manager 타입으로 변경하면 오류가 발생합니다. Manager는 Salesman과 관계가 없기 때문입니다.

다음은 매개변수를 타입으로 변경한 후 사용하는 예제 코드입니다.

```java
public static void calcTax(Employee e) {
  if(e instanceof Salesman) {
    Salesman s = (Salesman) e;
    s.annual_sales = 6500000;
    System.out.println("Salesman 입니다." + s.annual_sales);
  } else if(e instanceof Manager) {
    Manager m = (Manager) e;
    m.num_team = 5;
    System.out.println("Manager 입니다." + m.num_team);
  } else if(e instanceof Consultant) {
    Consultant c = (Consultant) e;
    c.num_project = 35;
    System.out.println("Consultant 입니다." + c.num_project);
  } else {
    System.out.println("Employee 입니다.");
  }
}
```

위의 코드처럼 참조변수의 타입을 변경한 후 또 다른 참조변수에 저장하지 않고 타입 변경과 동시에 다른 실행문을 실행할 때는 다음과 같은 형식으로 작성할 수도 있습니다.

【타입 변경 후 실행】

((데이터 타입)참조변수).변수
((데이터 타입)참조변수).메서드()

다음은 위와 같은 형식으로 타입을 변경하는 예제 코드입니다.

```
Salesman s = (Salesman) e;              = ((Salesman)e).annual_sales = 6500000
s.annual_sales = 6500000;
```

실습을 통해 학습한 내용을 확인해 보겠습니다.

HRSTest2.java

```java
01: package com.ruby.java.ch08.polymorphism;
 ...
03: public class HRSTest2 {
04:
05:     public static void calcTax(Employee e) {
06:         if(e instanceof Salesman) {
07:             Salesman s = (Salesman) e;
08:             s.annual_sales = 6500000;
09:             System.out.println("Salesman 입니다." + s.annual_sales);
10:         } else if(e instanceof Manager) {
11:             Manager m = (Manager) e;
12:             m.num_team = 5;
13:             System.out.println("Manager 입니다." + m.num_team);
14:         } else if(e instanceof Consultant) {
15:             Consultant c = (Consultant) e;
16:             c.num_project = 35;
17:             System.out.println("Consultant 입니다." + c.num_project);
18:         } else {
19:             System.out.println("Employee 입니다.");
20:         }
21:     }
22:
23:     public static void main(String[] args) {
24:         Salesman s = new Salesman();
25:         Manager m = new Manager();
26:         Consultant c = new Consultant();
27:
28:         calcTax(s);
29:         calcTax(m);
30:         calcTax(c);
31:     }
32: }
33:
```

【실행결과】

```
Salesman 입니다.6500000
Manager 입니다.5
Consultant 입니다.35
```

8.2. 내부 클래스

우리가 지금까지 작성한 클래스는 필드와 생성자, 메서드로 구성되었습니다. 이러한 클래스의 구성요소를 멤버라고 했습니다. 그런데 클래스의 멤버로 또 다른 클래스를 선언할 수도 있습니다. 이번 절에서는 이처럼 클래스를 어떤 클래스의 멤버로 중첩해서 선언하는 방법과 얻을 수 있는 효과 등을 알아봅니다.

8.2.1. 내부 클래스란

자바 클래스를 선언할 때 구성요소는 다음과 같습니다.

【클래스 선언】

```
제어자 class 클래스명 {
    필드 선언;
    생성자 선언
    메서드 선언
}
```

그런데 자바 클래스는 멤버로 클래스도 포함할 수 있습니다. 즉, 클래스 안에 필드나 메서드를 선언하듯이 클래스도 선언할 수 있습니다. 이처럼 클래스 안에 선언된 클래스를 "내부 클래스(Inner Class)"라고 부르며, 내부 클래스를 멤버로 포함하는 클래스는 "외부 클래스(Outer Class)"라고 합니다.

【내부 클래스 선언】

```
제어자 class 클래스명 {         ← 외부 클래스
    필드 선언;
    생성자 선언
    메서드 선언
    클래스 선언                ← 내부 클래스
}
```

그런데 왜 이처럼 클래스를 중첩해서 선언할까요? 그냥 일반 클래스로 선언하면 될 것을 굳이 내부 클래스로 선언하는 이유는 뭘까요? 지금부터 살펴보겠습니다.

다음의 MyLinkedList 클래스는 Node 타입의 필드 head를 포함합니다.

```java
public class MyLinkedList {
    private Node head = null;
}
```

MyLinkedList 클래스에서 Node 타입의 필드를 사용하고 있으니 다음처럼 선언된 Node 클래스가 있어야 합니다.

```java
public class Node {
}
```

그런데 Node 클래스는 오직 MyLinkedList 클래스에서만 사용한다고 가정해봅시다. 그러면 Node 클래스를 이처럼 독립적인 클래스로 선언하는 것이 효율적일까요? 그렇지 않습니다. 프로그램을 구현하다 보면 특정 클래스에서만 사용할 클래스가 필요합니다. 그때마다 이렇게 독립적인 클래스로 구현하다 보면 코드가 복잡해져서 관리가 어렵고 그만큼 유지 보수가 힘들어집니다.

이처럼 Node 클래스가 MyLinkedList 클래스에서만 사용된다면 MyLinkedList 클래스 내에 중첩해서 선언하는 게 좋습니다. 그러면 MyLinkedList와 Node 두 클래스는 서로의 멤버들에 쉽게 접근할 수 있으며, 서로의 관계가 명확해짐으로써 관리가 쉬워집니다.

프로그램을 개발할 때 "관련 있는 것은 모으고 관련 없는 것은 서로 분리한다"는 원칙을 지키는 것이 좋습니다. 앞의 예에서 Node처럼 한 클래스에만 관련 있는 클래스는 내부 클래스로 선언하는 것이 이러한 원칙에 부합하게 설계한 것입니다.

```java
package com.ruby.java.ch08.innerClass;

public class MyLinkedList   {

    private Node head = null;

    private class Node   {
        private String data;
        private Node link;

        public Node(String data)   {
            this.data = data;
        }
    }
}
```

외부 클래스 / 내부 클래스

그림 외부 클래스와 내부 클래스

내부 클래스는 클래스이면서 동시에 다른 클래스의 멤버라는 두 가지 성격이 있습니다. 그래서 내부 클래스는 외부 클래스를 컴파일하면서 자동으로 컴파일되며 독립적인 클래스 파일이 아니라 외부 클래스에 종속적으로 생성됩니다. 따라서 MyLinkedList 클래스를 컴파일하면 다음처럼 두 개의 파일이 생성됩니다.

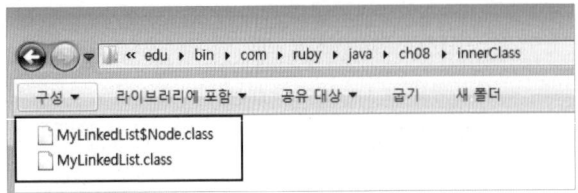

그림 외부 클래스와 내부 클래스 파일

이 중 MyLinekList$Node.class 파일은 MyLinkedList 클래스에서 선언된 내부 클래스 Node라는 의미입니다. 내부 클래스는 클래스이지만 외부 클래스의 멤버이므로 **외부 클래스$내부 클래스** 형식으로 클래스 이름이 생성됩니다.

(1) 내부 클래스 예제

실습을 통해 내부 클래스를 선언하고 활용해 보겠습니다. com.ruby.java.ch08.innerClass 패키지를 새로 생성한 후 예제를 작성해 보겠습니다.

```
MyLinkedList.java
01: package com.ruby.java.ch08.innerClass;
02:
03: public class MyLinkedList {
04:
05:     private Node head = null;
06:
07:     private class Node {
08:         private String data;
09:         private Node link;
10:
11:         public Node(String data) {
12:             this.data = data;
13:         }
14:     }
15:
16:     public void add(String data) {
17:         Node newNode = new Node(data);
```

```
18:      if(head == null) {
19:        head = newNode;
20:      } else {
21:        Node next = head;
22:        while(next.link != null) {
23:          next = next.link;
24:        }
25:        next.link = newNode;
26:      }
27:    }
28:
29:    public void print() {
30:      if(head == null) {
31:        System.out.println("등록된 데이터가 없습니다.");
32:      } else {
33:        System.out.println("등록된 데이터는 다음과 같습니다.");
34:        Node next = head;
35:        while(next != null) {
36:          System.out.println(next.data);
37:          next = next.link;
38:        }
39:      }
40:    }
41: }
```

MyLinkedList 소스에 대한 간략한 설명은 다음과 같습니다.

```
03: public class MyLinkedList {
04:
05:    private Node head = null;
06:
07:    private class Node {
```

MyLinkedList 클래스를 선언하고 있습니다. 클래스의 멤버로 head 필드와 내부 클래스 Node를 선언하고 있습니다. head 필드와 Node 내부 클래스 모두 private으로 선언하여 외부에서 직접 접근하지 못하도록 하였습니다.

```
07: private class Node {
08:    private String data;
09:    private Node link;
10:
```

```
11:    public Node(String data) {
12:       this.data = data;
13:    }
14: }
```

내부 클래스 Node를 선언하고 있습니다. data, link 필드와 Node(String) 생성자를 선언하고 있으며, MyLinkedList 클래스 내에서만 사용하고자 선언한 내부 클래스입니다.

```
16: public void add(String data) {
...
27: }
```

MyLinkedList 클래스의 add(String) 메서드는 실행할 때마다 내부 클래스 Node의 인스턴스를 생성합니다.

```
29: public void print() {
...
40: }
```

MyLinkedList 클래스의 print( ) 메서드는 MyLinkedList 인스턴스의 내부 객체인 Node의 data 값을 모두 출력합니다.

MyLinkedListTest.java

```
01: package com.ruby.java.ch08.innerClass;
02:
03: public class MyLinkedListTest {
04:    public static void main(String[] args) {
05:       MyLinkedList myList = new MyLinkedList();
06:       myList.print();
07:
08:       myList.add("JAVA");
09:       myList.add("JSP");
10:       myList.add("Servlet");
11:       myList.print();
12:    }
13: }
```

【실행결과】

등록된 데이터가 없습니다.
등록된 데이터는 다음과 같습니다.

```
JAVA
JSP
Servlet
```

MyLinkedListTest 소스에 대한 자세한 설명은 다음과 같습니다.

```
05: MyLinkedList myList = new MyLinkedList();
```

스택에 참조변수 myList가 생성되고 힙에는 MyLinkedList 인스턴스가 생성됩니다. 생성된 인스턴스는 myList 변수가 참조합니다.

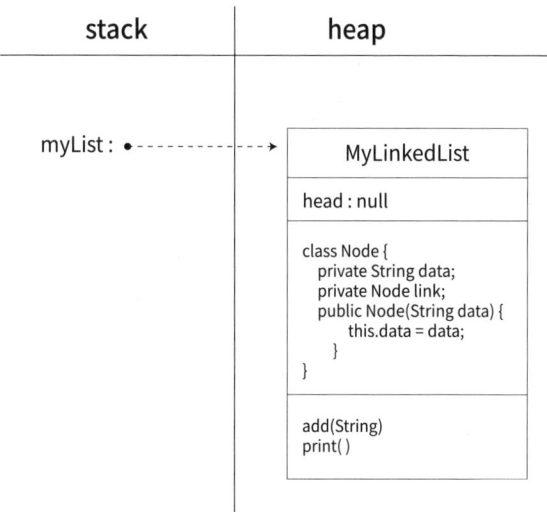

그림 myList 참조

```
06: myList.print();
```

myList.print( ) 메서드를 호출합니다. print( ) 메서드는 head 값이 null인지 판단한 후 null이면 "등록된 데이터가 없습니다." 문자열을 출력합니다.

```
08: myList.add("JAVA");
```

myList의 add( ) 메서드를 호출합니다. 실행되는 add( ) 메서드는 다음처럼 선언되었습니다.

```
public void add(String data) {
    Node newNode = new Node(data);
    if(head == null) {
```

```
      head = newNode;
    } else {
      Node next = head;
      while(next.link != null) {
        next = next.link;
      }
      next.link = newNode;
    }
  }
```

add( ) 메서드 호출 시 전달한 "JAVA" 문자열이 매개변수 data에 저장되고 스택에 Node 타입의 newNode 변수가 생성되며, new Node(data) 명령문에 의해 새로운 Node 인스턴스가 생성됩니다. 클래스 Node는 다음처럼 선언되었습니다.

```
private class Node {
  private String data;
  private Node link;

  public Node(String data) {
    this.data = data;
  }
}
```

힙에 Node의 data, link 필드가 생성되고 Node(String) 생성자에 의해 "JAVA" 문자열이 data 필드에 저장됩니다. 생성된 인스턴스의 주소는 newNode 변수에 저장합니다. 객체 생성 후 head의 값을 판단하여 null이면 head 변수에 newNode 변숫값을 저장합니다. 메서드 실행 후 메모리 구조는 다음과 같습니다.

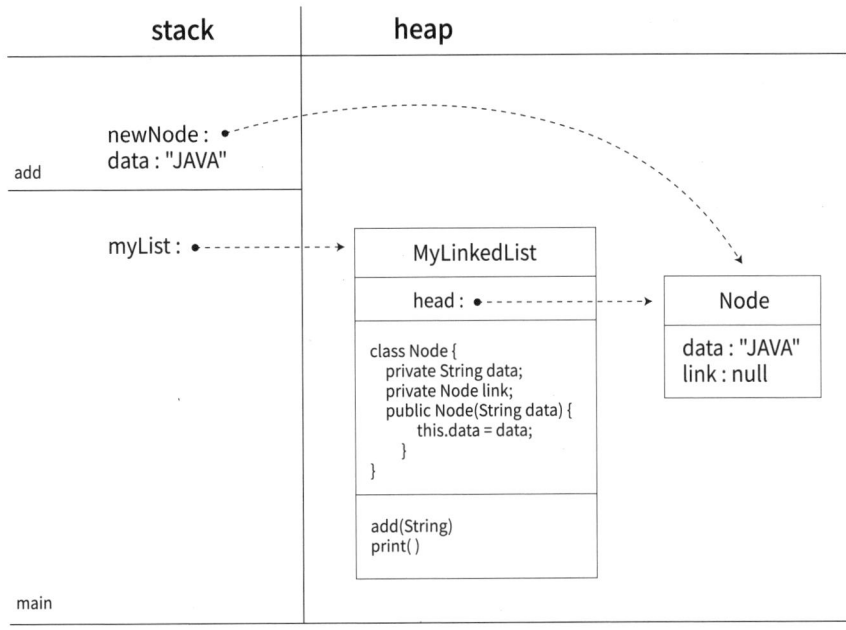

그림 add( ) 메서드 실행 후 메모리

```
09: myList.add("JSP");
```

myList의 add( ) 메서드를 호출합니다. 매개변수 data에 "JSP"가 저장되고 Node 인스턴스 생성 후 newNode 변수가 참조합니다. if 문에서는 현재 MyLinkedList의 head가 null 값이 아니므로 else 문이 실행됩니다. else 문에서는 새로운 Node 타입의 참조변수를 선언한 후 head 값을 저장합니다.

```
} else {
  Node next = head;
```

next는 Node를 참조하며 Node의 link는 다른 노드를 참조합니다. 반복문의 조건은 next.link가 null이 아닐 때만 실행합니다. 즉, Node의 link가 더 이상 다른 Node를 참조하지 않을 때까지 반복 실행하겠다는 의미입니다. 반복되는 실행문은 next.link의 값을 계속 가집니다.

```
while(next.link != null) {
  next = next.link;
}
```

반복문이 완료되면 next는 가장 마지막에 생성된 Node를 참조합니다. 마지막 생성된 Node의 link에 새로 생성된 인스턴스 값을 저장합니다.

```
next.link = newNode;
```

다음은 지금까지 실행된 실행문의 메모리 구조입니다.

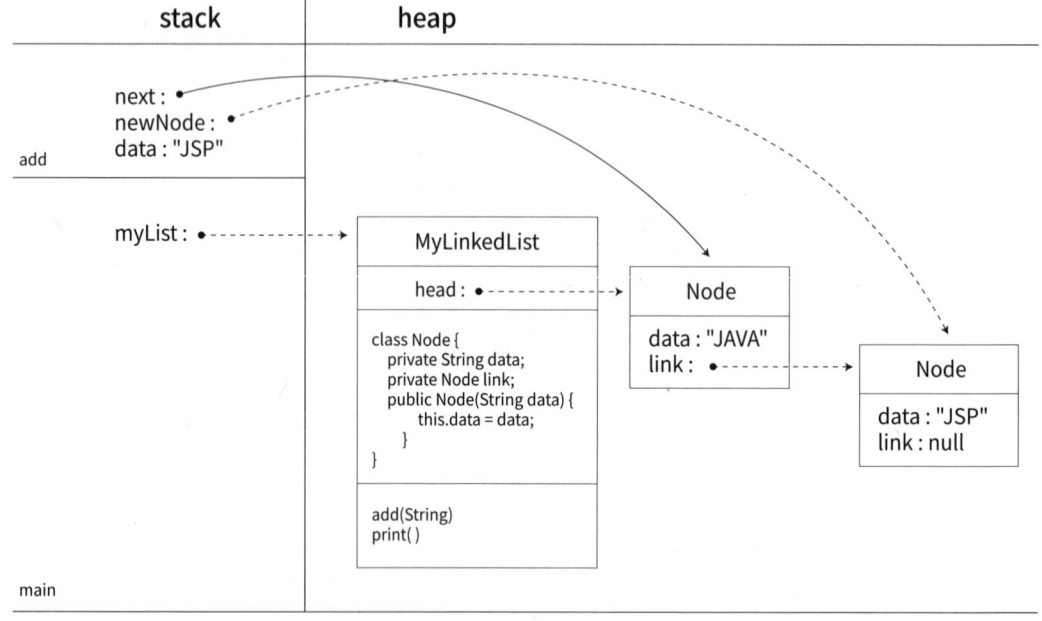

그림 09번 줄 실행 후 메모리

add( ) 메서드가 실행이 완료되고 다시 main( ) 메서드로 돌아와 다음 명령문이 실행됩니다.

```
10: myList.add("Servlet");
```

myList의 add( ) 메서드를 다시 호출하면서 "Servlet" 문자열을 전달합니다. add( ) 메서드의 실행은 이전의 설명과 같습니다. 새로운 Node 인스턴스가 생성되고 data 필드에는 "Servlet"이 저장되면 새로 생성된 Node 인스턴스는 바로 이전에 생성된 Node의 link에서 참조합니다.

다음 그림은 현재 메서드가 실행되었을 때의 메모리 구조입니다. MyLinkedList의 head에는 첫 번째 생성된 Node를 참조하고, 첫 번째 Node의 link는 두 번째 생성된 Node를 참조하며, 두 번째 생성된 Node의 link는 세 번째 생성된 Node를 참조합니다. 세 번째 생성된 Node 이후에는 새로 생성된 Node가 없으므로 link에 null이 저장되어 있습니다.

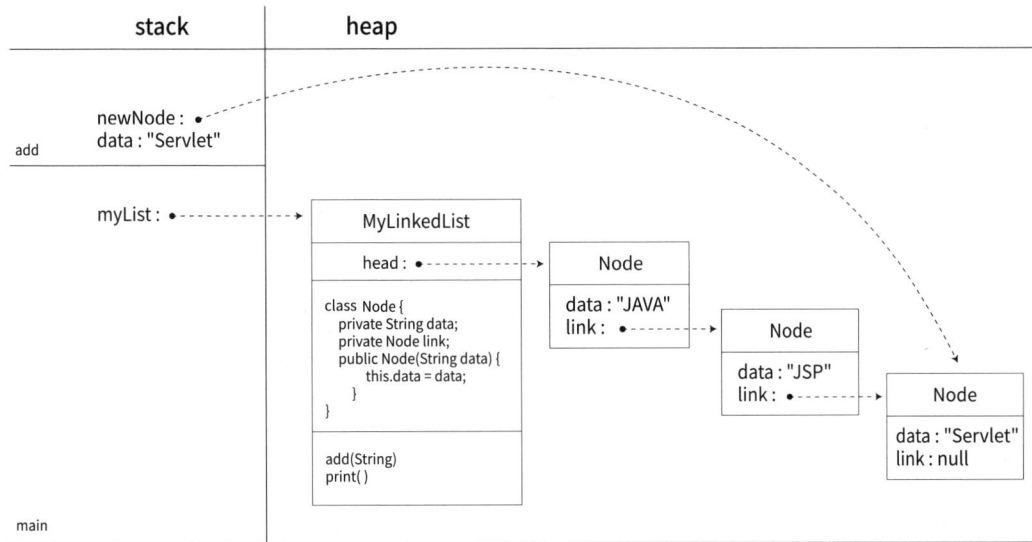

그림 10번 줄 실행 후 메모리

main( ) 메서드에서 호출하는 마지막 메서드는 print( )입니다.

```
11: myList.print();
```

myList의 print( ) 메서드는 다음과 같이 선언된 메서드입니다.

```
public void print() {
  if(head == null) {
    System.out.println("등록된 데이터가 없습니다.");
  } else {
    System.out.println("등록된 데이터는 다음과 같습니다.");
    Node next = head;
    while(next != null) {
      System.out.println(next.data);
      next = next.link;
    }
  }
}
```

현재 head 값이 null이 아니므로 if 문의 else 문이 실행됩니다. head 값을 Node 타입의 next에 저장합니다. head에는 처음 생성된 Node 인스턴스의 참조값이 저장되어 있습니다.

```
Node next = head;
```

next 변숫값이 null 값이 아닐 때까지 반복 실행됩니다. next 변수는 MyLinkedList에서 생성한 Node를 참조하는 변수이며, null일 때는 마지막으로 생성된 Node를 참조하고 있다는 의미입니다.

```
while(next != null) {
```

next가 참조하는 Node 인스턴스의 data 필드값을 출력합니다.

```
System.out.println(next.data);
```

next.link는 현재 Node 다음에 생성된 Node를 참조하고 있습니다. next를 다음 Node로 변경합니다.

```
next = next.link;
```

myList.print( ) 메서드의 실행이 완료되면 다음과 같은 문자열들이 출력됩니다.

【실행결과】

등록된 데이터는 다음과 같습니다.
JAVA
JSP
Servlet

8.2.2. 내부 클래스 종류

내부 클래스는 클래스 내에 선언하는데 선언하는 위치와 모습이 다양합니다. 앞의 Node 클래스처럼 단순하게 선언할 수도 있고, 또는 static을 명시하여 static 멤버로도 선언할 수 있습니다. 그리고 클래스의 멤버가 아니라 메서드 내에서만 사용할 목적이라면 메서드 내에서도 내부 클래스를 선언할 수 있습니다.

다음은 클래스 내에서 선언하는 다양한 형태의 내부 클래스 선언 방법과 어떤 위치에서 선언했느냐에 따라 또는 제어자 유무에 따라 내부 클래스를 부르는 이름을 나타내고 있습니다.

```
public class OuterClass {
    class InstanceClass { … }           ← 인스턴스 멤버 클래스
    static class StaticClass { … }       ← 정적 멤버 클래스
    public void method1() {
        class LocalClass { … }           ← 로컬 클래스
    }
}
```

(1) 인스턴스 멤버 클래스

우리가 지금까지 학습한 클래스 중 가장 일반적인 형태는 인스턴스 클래스입니다. 즉, 인스턴스를 생성한 후 접근해야 합니다. 여기에는 static 키워드가 붙지 않습니다. 이러한 인스턴스 클래스를 어떤 클래스의 멤버로 선언해 내부 클래스로 이용할 수 있습니다. 이러한 내부 클래스를 '인스턴스 멤버 클래스'라고 합니다. 인스턴스 멤버 클래스는 자신이 속한 외부 클래스의 인스턴스를 통해서만 접근할 수 있습니다. 또한, 정적 필드와 메서드를 선언할 수 없습니다.

다음은 인스턴스 멤버 클래스를 선언하는 예입니다. 외부 클래스 OuterClass의 멤버로서 내부 클래스 InstanceClass를 선언하였고, InstanceClass는 필드 a와 메서드 method2( )로 구성되었습니다.

```java
public class OuterClass {
  class InstanceClass {
    int a;
    void method2() {
      System.out.println("Instance Class : " + a);
    }
  }
}
```

다음은 OuterClass에 선언된 내부 클래스 InstanceClass를 외부에서 사용하는 예입니다.

```java
public class OuterClassTest {
  public static void main(String[] args) {
    OuterClass outer = new OuterClass();
    OuterClass.InstanceClass inner01 = outer.new InstanceClass();
    inner01.a = 123;
    inner01.method2();
  }
}
```

인스턴스 멤버 클래스를 사용하려면 먼저 외부 클래스의 인스턴스를 생성해야 합니다. 인스턴스 멤버 클래스는 일반 클래스처럼 생성할 수 없으며, 자신이 속한 외부 클래스의 참조변수를 이용해서 생성해야 합니다. 문법은 다음과 같습니다.

【인스턴스 멤버 클래스】

<u>외부 클래스 참조변수</u>.new <u>내부 클래스명</u>()

인스턴스 멤버 클래스의 참조변수 타입도 **외부 클래스명.내부 클래스명** 형태로 지정합니다.

```
OuterClass.InstanceClass inner01 = outer.new InstanceClass();
```

인스턴스 멤버 클래스가 생성된 후에는 참조변수를 통해 인스턴스 멤버 클래스의 멤버에 접근할 수 있습니다.

```
inner01.a = 123;
inner01.method2();
```

실습을 통해 학습한 내용을 확인해 보겠습니다.

OuterClass.java

```java
01: package com.ruby.java.ch08.innerClass;
02:
03: public class OuterClass {
04:
05:    class InstanceClass {
06:       int a ;
07:
08:       void method2() {
09:          System.out.println("Instance Class : " + a);
10:       }
11:    }
12: }
```

OuterClassTest.java

```java
01: package com.ruby.java.ch08.innerClass;
02:
03: public class OuterClassTest {
04:    public static void main(String[] args) {
05:       OuterClass outer = new OuterClass();
06:       OuterClass.InstanceClass inner01 = outer.new InstanceClass();
07:       inner01.a = 123;
08:       inner01.method2();
09:    }
10: }
```

【실행결과】

Instance Class : 123

(2) 정적 멤버 클래스

내부 클래스 중 static이 선언된 클래스를 '정적 멤버 클래스'라고 합니다. 앞에서 static 키워드는 공유에 목적이 있다고 하였습니다. 따라서 클래스 선언 시 static으로 선언된 필드와 메서드 그리고 클래스는 main( ) 메서드가 실행되기 전에 메모리에 사용 준비가 완료되는 특징이 있습니다.

다음 소스처럼 정적 멤버 클래스는 인스턴스 필드와 메서드, 그리고 static 필드와 메서드를 선언할 수 있습니다.

```java
public class OuterClass {
  static class StaticClass {
    int b;
    static int c;
    void method3() {
      System.out.println("Static Class : " + b);
    }
    static void method4() {
      System.out.println("Static Class : " + c);
    }
  }
}
```

우리는 앞에서 인스턴스 필드와 메서드를 사용하려면 클래스의 인스턴스를 생성한 후 참조변수를 통해 접근해야 하고, static 필드와 메서드는 인스턴스 생성 없이 클래스명.멤버 형식으로 바로 사용할 수 있다는 것을 학습했습니다. 이러한 내용을 정적 멤버 클래스에서는 어떻게 사용하는지 알아보겠습니다.

```java
public class OuterClassTest {
  public static void main(String[] args) {
    OuterClass.StaticClass inner02 = new OuterClass.StaticClass();
    inner02.b = 456;
    inner02.method3();
    OuterClass.StaticClass.c = 789;
    OuterClass.StaticClass.method4();
```

앞서 인스턴스 멤버 클래스와 비교하면 외부 클래스의 인스턴스가 필요없습니다. static 키워드를 사용해 내부 클래스를 정적 멤버 클래스로 선언한 효과입니다. 문법은 다음과 같습니다.

【정적 멤버 클래스】

new **외부 클래스명.내부 클래스명()**

정적 멤버 클래스의 필드 b와 메서드 method3( )을 사용하려면 다음 코드처럼 **외부 클래스명.내부 클래스명**을 생성한 후 참조변수를 선언해 참조합니다. 참조변수의 타입 역시 **외부 클래스명.내부 클래스명**입니다.

```
OuterClass.StaticClass inner02 = new OuterClass.StaticClass();
```

StaticClass를 참조하는 변수는 inner02입니다. inner02를 통해 StaticClass의 인스턴스 멤버들에 접근할 수 있습니다.

```
inner02.b = 456;
inner02.method3();
```

그런데 정적 멤버 클래스의 static으로 선언된 변수와 메서드는 인스턴스 생성 없이 바로 사용할 수 있습니다. 사용하는 방법은 **외부 클래스명.내부 클래스명.멤버** 형태로 접근합니다.

```
OuterClass.StaticClass.c = 789;
OuterClass.StaticClass.method4();
```

실습을 통해 학습한 내용을 확인해 보겠습니다. 기존 코드에 다음 코드를 추가합니다.

OuterClass.java
```java
package com.ruby.java.cha08.innerClass;

public class OuterClass {
    ...
    static class StaticClass {
        int b;
        static int c;

        void method3() {
            System.out.println("Static Class : " + b);
        }

        static void method4() {
            System.out.println("Static Class : " + c);
        }
    }
}
```

```
OuterClassTest.java
package com.ruby.java.ch08.innerClass;

public class OuterClassTest {
  public static void main(String[] args) {
    ...
    OuterClass.StaticClass inner02 = new OuterClass.StaticClass();
    inner02.b = 456;
    inner02.method3();

    OuterClass.StaticClass.c = 789;
    OuterClass.StaticClass.method4();
  }
}
```

【실행결과】

```
...
Static Class : 456
Static Class : 789
```

(3) 로컬 클래스

로컬 클래스는 메서드에서 사용하기 위해 메서드 내에 선언하는 내부 클래스입니다. 로컬 클래스는 메서드 내부에서만 사용하므로 내부 클래스 선언 시 접근 제한자(public, protected, private)를 지정할 수 없습니다. 또한, 로컬 클래스는 필드와 메서드를 static으로 선언할 수 없습니다.

다음은 OuterClass의 method1( ) 메서드에 로컬 클래스 LocalClass를 선언하는 예입니다. LocalClass는 필드 d와 메서드 method5( )로 구성되었습니다.

```
public class OuterClass {
  public void method1() {
    class LocalClass {
      int d;
      void method5() {
        System.out.println("LocalClass : " + d);
      }
    }
    LocalClass inner = new LocalClass();
    inner.d = 1004;
```

```
      inner.method5();
   }
}
```

로컬 클래스는 메서드 내에서 사용하기 위해 선언된 내부 클래스이므로 메서드 내에서 일반 인스턴스를 생성하듯이 생성합니다.

```
LocalClass inner = new LocalClass();
```

로컬 클래스의 멤버는 메서드 내에서 생성된 참조변수를 통해 사용할 수 있습니다.

```
inner.d = 1004;
inner.method5();
```

다음은 로컬 클래스를 테스트하기 위한 코드입니다.

```
public class OuterClassTest {
   public static void mian(String[] args) {
      OuterClass outer = new OuterClass();
      outer.method1();
   }
}
```

로컬 클래스를 사용하려면 로컬 클래스가 선언된 메서드를 사용할 수 있도록 외부 클래스를 생성해야 합니다.

```
OuterClass outer = new OuterClass();
```

그다음 참조변수를 통해 메서드를 실행하면 메서드 내에서 선언된 클래스를 사용하는 명령문이 처리됩니다.

```
                              public void method1() {
                                 class LocalClass {
       ①                           int d;
                                    void method5() {
 outer.method1();                      System.out.println("LocalClass : " + d);
                                    }
                                 }

       ②                        LocalClass inner = new LocalClass();
                                 inner.d = 1004;
                                 inner.method5();
                              }
```

그림 로컬 클래스 실행 순서

실습을 통해 학습한 내용을 확인해 보겠습니다. 기존의 소스 파일에 추가하여 테스트합니다.

OuterClass.java

```java
package com.ruby.java.ch08.innerClass;

public class OuterClass {
    ...
    public void method1() {
        class LocalClass {
            int d;

            void method5() {
                System.out.println("LocalClass : " + d);
            }
        }

        LocalClass inner = new LocalClass();
        inner.d = 1004;
        inner.method5();
    }
}
```

OuterClassTest.java

```java
package com.ruby.java.ch08.innerClass;

public class OuterClassTest {
    public static void main(String[] args) {
        ...
        outer.method1();
    }
}
```

【실행결과】

```
...
LocalClass : 1004
```

8.2.3. 익명 클래스

우리가 지금까지 작성한 일반 클래스는 언제든지 인스턴스를 생성한 후 사용할 수 있습니다. 그런데 어떤 클래스는 마치 일회용처럼 딱 한 번만 인스턴스를 생성하여 사용하고 더는 사용하지 않을 수 있습니다. 이처럼 일회용 클래스는 인터페이스를 구현한 클래스일 때가 많습니다. 이번 절에서는 이처럼 일회용 클래스를 익명 클래스로 선언해 사용하는 방법을 다룹니다.

다음은 7장에서 작성한 Messenger 소스입니다. Messenger는 모든 Messenger 기능을 가지는 객체에서 꼭 구현해야 할 인터페이스입니다.

```java
public interface Messenger {
  String getMessage();
  void setMessage(String msg);
}
```

GalaxyMessenger는 Messenger 인터페이스를 구현한 클래스입니다.

```java
public class GalaxyMessenger implements Messenger {
  public String getMessage() {
    return "galaxy";
  }

  public void setMessage(String msg) {
    System.out.println("galaxy에서 메시지를 설정합니다 : " + msg);
  }

  public void chanageKeyboard() {
    System.out.println("키보드아이콘 터치후 키보드를 변경합니다.");
  }

}
```

그리고 다음은 GalaxyMessenger 클래스의 인스턴스를 생성하여 사용하는 소스입니다.

```java
public class MessengerTest {
  public static void main(String[] args) {
    GalaxyMessenger galaxy = new GalaxyMessenger();
    galaxy.getMessage();
    galaxy.setMessage("hi");
    galaxy.chanageKeyboard();

  }
}
```

이처럼 GalaxyMessenger 클래스는 언제든지 인스턴스를 생성한 후 사용할 수 있습니다. 그런데 GalaxyMessenger처럼 인터페이스를 구현하지만 딱 한 번만 사용되는 클래스도 있습니다. 즉 일회용 클래스인 것입니다. 일회용 클래스는 일반 클래스를 선언하는 방법과 다른 방법으로 선언해야 합니다. 우선은 한 번만 사용하므로 클래스 이름이 필요 없습니다. 그래서 이름이 없는 클래스, 즉 "익명 클래스(Anonymous Class)"라고 합니다.

(1) 선언 방법

익명 클래스를 선언하는 문법은 다음과 같습니다.

【익명 클래스 선언】

<u>인터페이스명</u> <u>변수명</u> = new <u>인터페이스명</u>() {
    <u>인터페이스의 메서드 오버라이딩</u>
}

다음은 인터페이스 Messenger를 구현하는 익명 클래스 선언입니다. 코드의 구조를 자세히 살펴보면 다음과 같습니다.

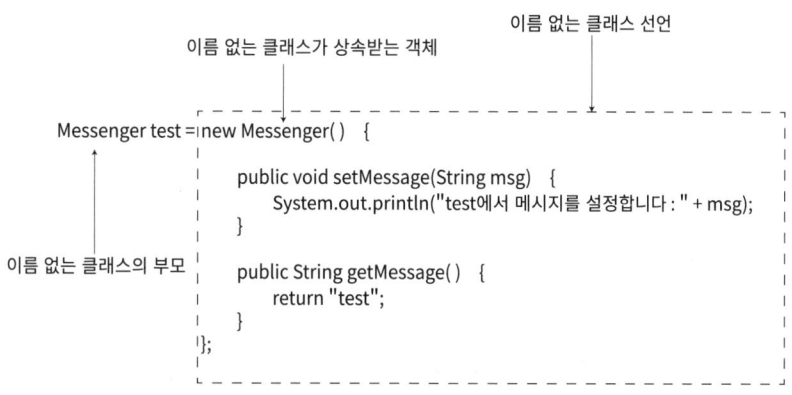

그림 익명 클래스 구조

익명 클래스는 클래스 선언과 동시에 힙에 인스턴스가 생성된 후 test 변수에 생성된 인스턴스의 주솟값을 저장합니다. 익명 클래스는 이름이 없기 때문에 참조변수의 타입과 new 명령문에서 사용하는 객체 이름을 상속받는 객체(인터페이스 또는 클래스)를 지정합니다.

(2) 사용 방법

일반 클래스는 다음과 같이 인스턴스를 생성한 후 참조변수를 통해 인스턴스의 멤버에 접근했습니다.

```
GalaxyMessenger galaxy = new GalaxyMessenger();
galaxy.getMessage();
```

익명 클래스도 일반 클래스를 사용하는 방법과 같습니다. 단지 new 명령문으로 인스턴스 생성과 동시에 선언된다는 것과 참조변수의 타입을 상위 객체로 지정한다는 것만 다릅니다.

```
Messenger test = new Messenger() { … }
String msg = test.getMessage();
test.setMessage("have a nice day!");
```

실습을 통해 학습한 내용을 확인해보겠습니다.

Messenger.java
```
01: package com.ruby.java.ch08.innerClass;
02:
03: public interface Messenger {
04:
05:     String getMessage();
06:     void setMessage(String msg);
07:
08: }
```

MessengerTest.java
```
01: package com.ruby.java.ch08.innerClass;
02:
03: public class MessengerTest {
04:     public static void main(String[] args) {
05:
06:         Messenger test = new Messenger() {
07:
08:           public void setMessage(String msg) {
09:             System.out.println("test에서 메시지를 설정합니다 : " + msg);
10:           }
11:
12:           public String getMessage() {
13:             return "test";
14:           }
15:         };
16:
17:         System.out.println(test.getMessage());
18:         test.setMessage("have a nice day!");
```

```
19:    }
20: }
```

【실행결과】

```
test
test에서 메시지를 설정합니다 : have a nice day!
```

8.3. 열거형 클래스

프로그램을 구현할 때 고정된 데이터 값을 사용할 때가 있습니다. 이럴 때 일반적으로 public static final로 상숫값을 선언하여 사용합니다. 다음은 클래스에 선언된 상숫값을 사용하는 예입니다.

NonEnumTest
```
01: package com.ruby.java.ch08.nonEnum;
02:
03: class Status {
04:     public static final int READY = 1;
05:     public static final int SEND = 2;
06:     public static final int COMPLETE = 3;
07:     public static final int CLOSE = 4;
08: }
09:
10: public class NonEnumTest {
11:     public static void main(String[] args) {
12:         int work = 0;
13:         int n = 2;
14:
15:         switch (n) {
16:         case 1:
17:             work = Status.READY;
18:             break;
19:         case 2:
20:             work = Status.SEND;
21:             break;
22:         case 3:
23:             work = Status.COMPLETE;
24:             break;
25:         case 4:
26:             work = Status.CLOSE;
```

```
27:            break;
28:        }
29:        System.out.println("현재 작업 상태 : " + work);
30:    }
31: }
```

【실행결과】

현재 작업 상태 : 2

위의 예제 코드를 보면 변수의 이름은 의미가 있지만 변숫값인 1, 2, 3, 4는 상태를 구분하기 위해 사용할 뿐 값 자체는 의미가 없습니다. 이럴 때 열거형 클래스를 사용하면 코드는 짧게, 의미는 강하게 나타낼 수 있어서 가독성이 좋아집니다.

```
class Status {
  public static final int READY = 1;
  public static final int SEND = 2;
  public static final int COMPLETE = 3;
  public static final int CLOSE = 4;
}
```

열거형 클래스를 이용하면 위의 코드와 똑같은 선언을 다음처럼 할 수 있습니다.

```
enum Status {
  READY, SEND, COMPLETE, CLOSE
}
```

열거형 클래스를 선언할 때는 class 대신 enum 키워드를 사용합니다. 그리고 변수 이름으로 사용했던 문자열을 콤마(,)를 구분자로 나열합니다. 이것을 "열거 상수(enumeration constants)"라고 하며 열거 상수는 자동으로 public static final로 선언되므로 별도로 지정하지 않아도 됩니다. 열거 상수들의 타입은 enum으로 선언된 클래스입니다. 이 예제에서는 Status입니다.

예제를 통해 자세히 살펴보겠습니다.

? 상위 패키지에 클래스 생성하기

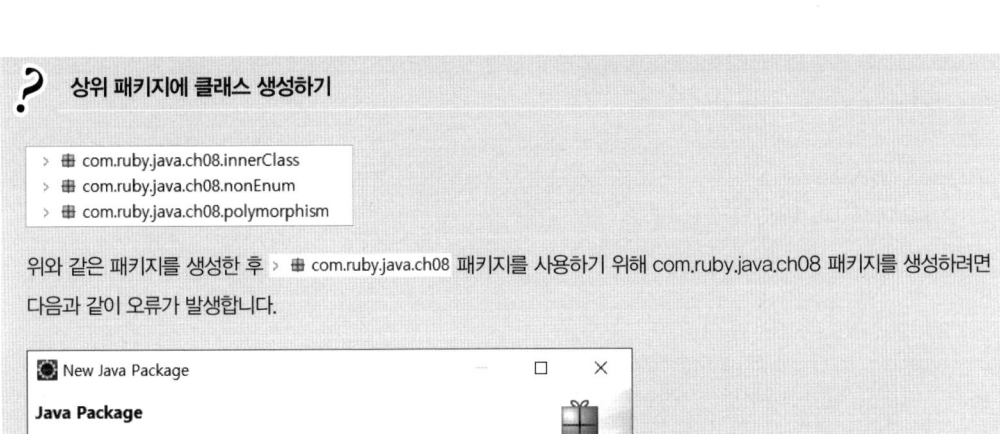

위와 같은 패키지를 생성한 후 ▸ ⊞ com.ruby.java.ch08 패키지를 사용하기 위해 com.ruby.java.ch08 패키지를 생성하려면 다음과 같이 오류가 발생합니다.

오류가 발생하는 원인은 화면에는 보이지 않을 뿐 이미 패키지가 생성되었기 때문입니다. com.ruby.java.ch08 패키지에 클래스를 만들기 위해서는 클래스 생성 시 패키지명을 지정하면 됩니다.

EnumTest01.java

```java
01: package com.ruby.java.ch08;
02:
03: enum Status {
04:    READY, SEND, COMPLETE, CLOSE
05: }
06:
07: public class EnumTest01 {
08:    public static void main(String[] args) {
09:       Status work = null;
10:
11:       int n = 2;
12:
13:       switch (n) {
14:       case 1:
15:          work = Status.READY;
16:          break;
17:       case 2:
18:          work = Status.SEND;
19:          break;
20:       case 3:
21:          work = Status.COMPLETE;
22:          break;
23:       case 4:
24:          work = Status.CLOSE;
25:          break;
26:       }
27:
28:       System.out.println("현재 작업 상태 : " + work);
29:    }
30: }
```

【실행결과】

현재 작업 상태 : SEND

소스에 대한 자세한 설명은 다음과 같습니다.

```
03: enum Status {
04:    READY, SEND, COMPLETE, CLOSE
05: }
```

READY, SEND, COMPLETE, CLOSE 열거 상수를 가지는 Status 열거형 클래스를 선언하고 있습니다.

```
09: Status work = null;
```

work 변수의 타입은 Status로 열거형 클래스 타입입니다. work 변수에는 Status의 열거 상수가 저장됩니다.

```
13: switch (n) {
14: case 1:
15:    work = Status.READY;
...
26: }
```

변수 n의 값에 따라 work 변수에 Status.READY, 즉 **클래스명.상수** 형태로 값을 저장합니다.

(1) 클래스 Enum

java.lang.Enum 클래스는 열거형 클래스가 공통으로 사용하는 기본 클래스입니다. Enum 클래스에 선언된 메서드는 다음과 같으며 모든 열거형 클래스에서 사용할 수 있습니다.

표 Enum 클래스의 주요 메서드

메서드	설명
name()	열거 상수의 이름 반환
toString()	name() 메서드와 동일
ordinal()	열거 상수의 선언된 위치값 반환
compareTo()	열거 상수의 상대적 위치를 구함
valueOf	인자로 지정한 이름의 열거 상수를 반환
values()	모든 열거 상수 반환

예제를 통해 메서드들을 확인해보겠습니다.

EnumTest02.java
```
01: package com.ruby.java.ch08;
02:
03: enum Mandarin {
04:    금귤, 한라봉, 레드향, 천혜향, 황금향;
05: }
```

```
06:
07: public class EnumTest02 {
08:    public static void main(String[] args) {
09:
10:        Mandarin ma = Mandarin.한라봉;
11:
12:        System.out.println("이름 : " + ma.name());
13:        System.out.println("위치 : " + ma.ordinal());
14:        System.out.println("황금향과의 상대 위치 : " + ma.compareTo(Mandarin.황금향));
15:
16:        Mandarin ma2 = Mandarin.valueOf("레드향");
17:        System.out.println(ma2);
18:
19:        Mandarin list[] = Mandarin.values();
20:        System.out.println("== 귤의 종류 ==");
21:        for(Mandarin m : list)
22:            System.out.println(m);
23:    }
24: }
```

【실행결과】

이름 : 한라봉
위치 : 1
황금향과의 상대 위치 : -3
레드향
== 귤의 종류 ==
금귤
한라봉
레드향
천혜향
황금향

소스에 대한 자세한 설명은 다음과 같습니다.

```
10: Mandarin ma = Mandarin.한라봉;
```

Mandarin 타입의 ma 변수에 Mandarin.한라봉을 저장합니다.

```
12: System.out.println("이름 : " + ma.name());
```

ma.name( ) 메서드는 ma 변수가 가지는 열거 상수의 이름을 반환합니다.

```
13: System.out.println("위치 : " + ma.ordinal());
```

ma.ordinal( ) 메서드는 ma 변수가 가지는 열거 상수의 선언된 순서를 반환합니다.

```
14: System.out.println("황금향과의 상대 위치 : " + ma.compareTo(Mandarin.황금향));
```

ma.comparTo( ) 메서드는 인자로 전달한 상수를 기준으로 ma 변수가 가지는 상수가 어느 위치에 있는지 반환합니다. 반환값이 -3인 경우 3번째 앞에 위치하고 있다는 의미입니다.

```
16: Mandarin ma2 = Mandarin.valueOf("레드향");
```

valueOf( ) 메서드는 인자로 전달한 문자열과 동일한 열거 상수를 찾아 열거형 클래스 타입으로 반환합니다.

```
19: Mandarin list[] = Mandarin.values();
```

values( ) 메서드는 Mandarin에 선언된 열거 상수 모두를 Mandarin 객체로 생성하여 배열로 반환합니다.

(2) 생성자, 메서드, 변수

열거형 클래스에도 일반 클래스처럼 필드와 생성자, 메서드를 포함할 수 있습니다. 열거형 클래스의 생성자는 열거형 타입의 변수가 선언될 때 각 열거 상수에 대해 한 번씩 호출되며, 생성자에 전달하는 인자값은 열거 상수 다음 괄호 안에 지정한 값입니다.

EnumTest02.java
```
01: package com.ruby.java.ch08;
02:
03: enum Mandarin {
04:     금귤(600), 한라봉(500), 레드향(300), 천혜향(400), 황금향(800);
05:
06:     private int price;
07:
08:     Mandarin(int p) {
09:         price = p;
10:     }
11:
12:     int getPrice() {
```

```
13:        return price;
14:    }
15: }
16:
17: public class EnumTest02 {
18:    public static void main(String[] args) {
19:
20:        Mandarin ma = Mandarin.한라봉;
21:        if(ma == Mandarin.한라봉)
22:           System.out.println("ma는 한라봉입니다.");
23:        System.out.println(ma + " 가격 : " + ma.getPrice());
24:
25:        Mandarin list[] = Mandarin.values();
26:        System.out.println("== 귤의 종류 ==");
27:        for(Mandarin m : list)
28:           System.out.println(m + ":" + m.getPrice());
29:    }
30: }
```

【실행결과】

```
ma는 한라봉입니다.
한라봉 가격 : 500
== 귤의 종류 ==
금귤:600
한라봉:500
레드향:300
천혜향:400
황금향:800
```

소스에 대한 자세한 설명은 다음과 같습니다.

```
03: enum Mandarin {
04:    금귤(600), 한라봉(500), 레드향(300), 천혜향(400), 황금향(800);
```

열거형 클래스 Mandarin을 선언하고 열거 상수들을 나열하고 있습니다. 괄호 안의 숫자들은 생성자 호출 시 전달하는 값입니다.

```
08: Mandarin(int p) {
09:    price = p;
10: }
```

각 열거 상수에 대하여 호출되는 생성자입니다. 생성자가 호출되면 각 열거 상수의 괄호 안에 지정된 값이 인자로 전달됩니다.

```
06: private int price;
...
12: int getPrice() {
13:     return price;
14: }
```

열거형 클래스의 필드 price와 메서드 getPrice( ) 선언입니다.

```
20: Mandarin ma = Mandarin.한라봉;
```

Mandarin 타입의 ma 변수에 Mandarin의 상숫값 한라봉이 저장됩니다.

```
21: if(ma == Mandarin.한라봉)
```

변수 ma의 값이 Madarin.한라봉과 같은지 판단합니다.

```
23: System.out.println(ma + " 가격 : " + ma.getPrice());
```

ma.getPrice( ) 메서드는 ma의 price 필드값을 반환합니다.

```
25: Mandarin list[] = Mandarin.values();
```

Mandarin.values( )는 열거 상수 목록을 Mandarin 타입으로 반환합니다.

```
27: for(Mandarin m : list)
28:     System.out.println(m + ":" + m.getPrice());
29: }
```

list 안의 모든 요소를 m 변수에 저장한 후 m.getPrice( ) 메서드를 실행하여 price 값을 반환받습니다.

❓ 이클립스에서 열거형 클래스 생성하기

이클립스에서 열거형 클래스를 생성할 때 클래스를 생성할 패키지 위에서 마우스 오른쪽을 누른 후 단축 메뉴에서 [New → Enum]을 선택합니다.

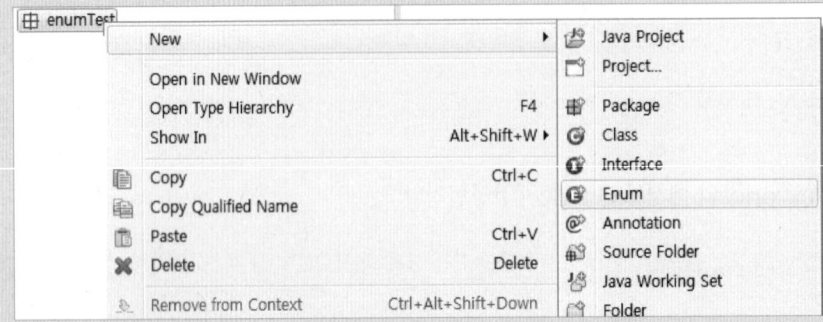

그림 열거형 클래스 생성 메뉴

열거형 클래스 이름을 지정한 후 〈Finish〉를 누릅니다.

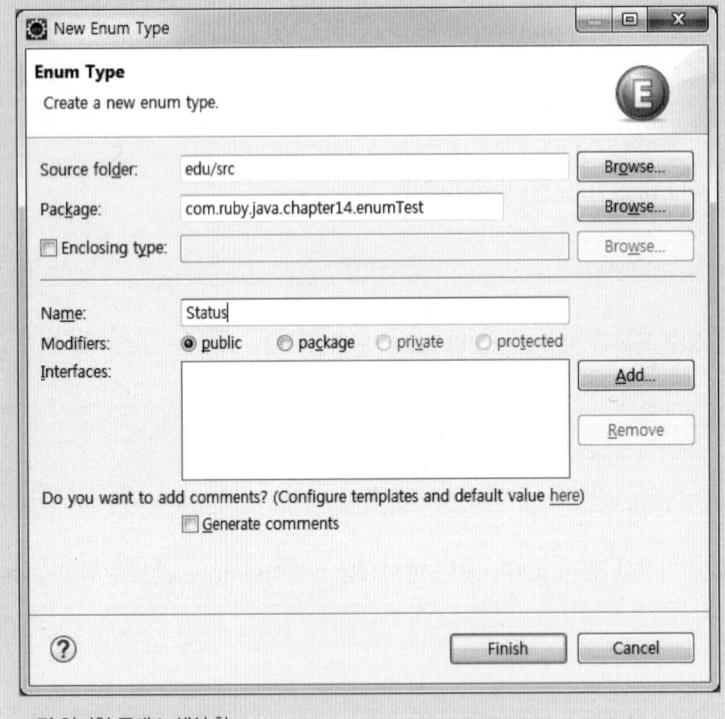

그림 열거형 클래스 생성 창

09
기본 API 활용하기

프로그램을 구현하면서 기본적으로 자주 사용하는 기능들은 자바에서 미리 만들어 제공하고 있습니다. 이러한 객체 모음을 API라고 합니다. API를 사용하면 개발에 투자하는 시간과 노력 그리고 비용을 절감할 수 있습니다. 이번 장에서는 자바에서 제공하는 기본적인 API의 종류와 특징 그리고 사용 방법에 대해 알아보겠습니다.

9.1. API 문서

9.1.1. 라이브러리란

라이브러리(library)는 IT 전반에 걸쳐 빈번하게 사용하는 용어입니다. 그러나 IT 분야에 처음 입문한 사람이라면 생소하게 느껴지는 용어이기도 합니다. library란 단어의 의미는 '도서관'이란 뜻입니다. 도서관은 다양한 책들이 모여있는 곳이고 필요한 책이 있을 때마다 방문해서 꺼내 볼 수 있습니다.

그림 라이브러리

IT 분야에서 사용하는 라이브러리도 도서관과 같은 개념입니다. 다양한 코드들이 모여있는 집합을 라이브러리라고 합니다. 우리가 지식이 필요할 때 책에서 얻듯 개발 중 필요한 기능이 있다면 라이브러리에서 얻을 수 있습니다.

세계에서 가장 큰 도서관인 미국의회 도서관(https://www.loc.gov)에는 1억 6천만 점 이상의 자료를 보관하고 있다고 합니다. IT 분야의 라이브러리도 미국의회 도서관만큼이나 많습니다. 거의 모든 기능을 라이브러리로 제공하고 있습니다. 따라서 필요한 책이 있을 때 도서관을 방문하여 책을 꺼내 읽듯이, 필요한 기능이 있을 때 라이브러리를 활용할 수 있어야 합니다.

9.1.2. 자바 API

라이브러리란 여러 가지 기능을 구현하여 제공하는 파일입니다. 자바도 라이브러리를 제공하는데 자바에서는 라이브러리는 이름 대신 API(Application Programming Interface)란 용어를 사용합니다. 자바 API는 자바 클래스 파일(*.class)들로 구성되어 있습니다. Java SE에서 제공하는 API는 자바 프로그램을 개발하기 위해 설치한 JDK에 포함되어 있습니다. 다음은 Java SE에서 제공하는 API가 위치하는 폴더입니다.

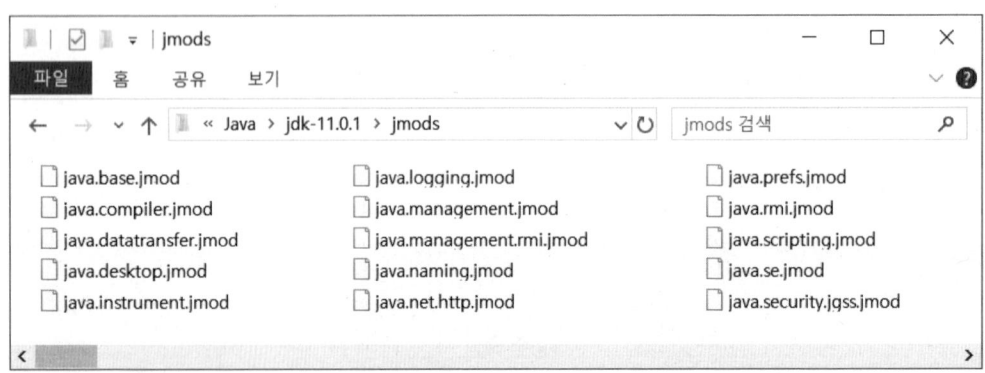

그림 Java SE의 API 폴더

Java SE의 API는 JDK 설치 폴더 하위의 jmods 폴더에 jmod 파일 형태로 저장되어 있습니다. jmod 파일은 자바 9에서 도입된 모듈 파일입니다. 모듈은 관련 있는 여러 개의 자바 패키지를 하나로 묶어놓은 단위입니다. 모듈을 구성하는 패키지들에는 여러 개의 자바 클래스 파일(*.class), 즉 API가 존재합니다.

(1) 자바 API 문서

오라클에서는 자바에서 제공하는 API를 편리하게 사용할 수 있도록 API 문서를 제공합니다. API 문서를 참조하려면 검색 사이트에서 "java11 api docs" 키워드로 검색해봅시다. 또는 웹브라우저에서 https://docs.oracle.com/en/java/javase/11/docs/api/index.html 주소로 접속합니다.

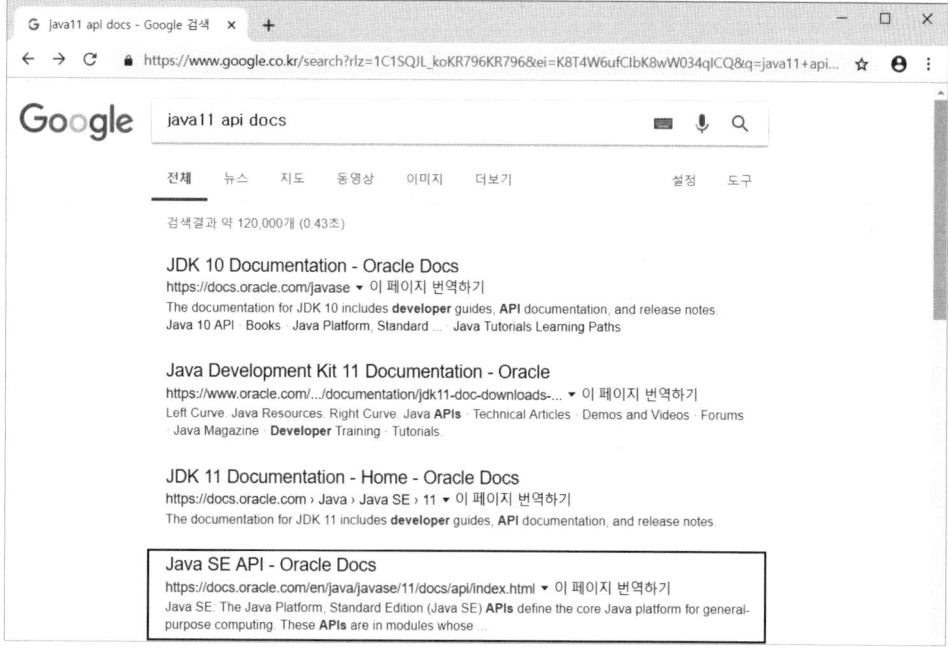

그림 Java API 검색

결과 화면에서 Java SE API – Oracle Docs 결과를 선택하면 다음처럼 JDK 11의 모듈 목록이 나타납니다. 자바 프로그램을 구현할 때 사용되는 기본적인 기능이 구현된 모듈은 java.base입니다. Java.base를 선택합니다.

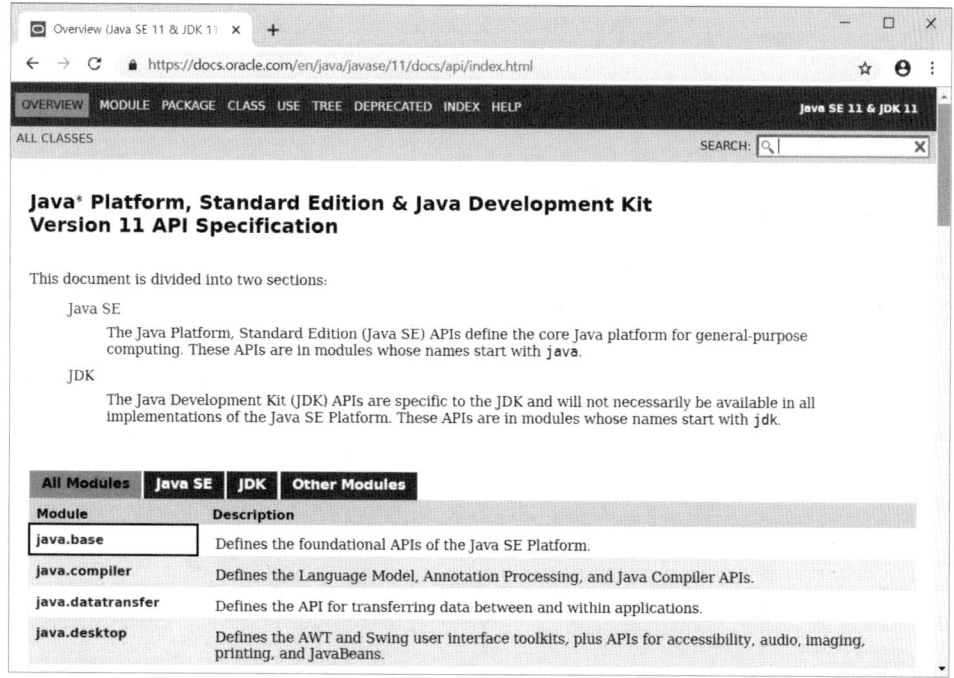

그림 모듈 보기

다음은 java.base 모듈의 패키지 목록입니다.

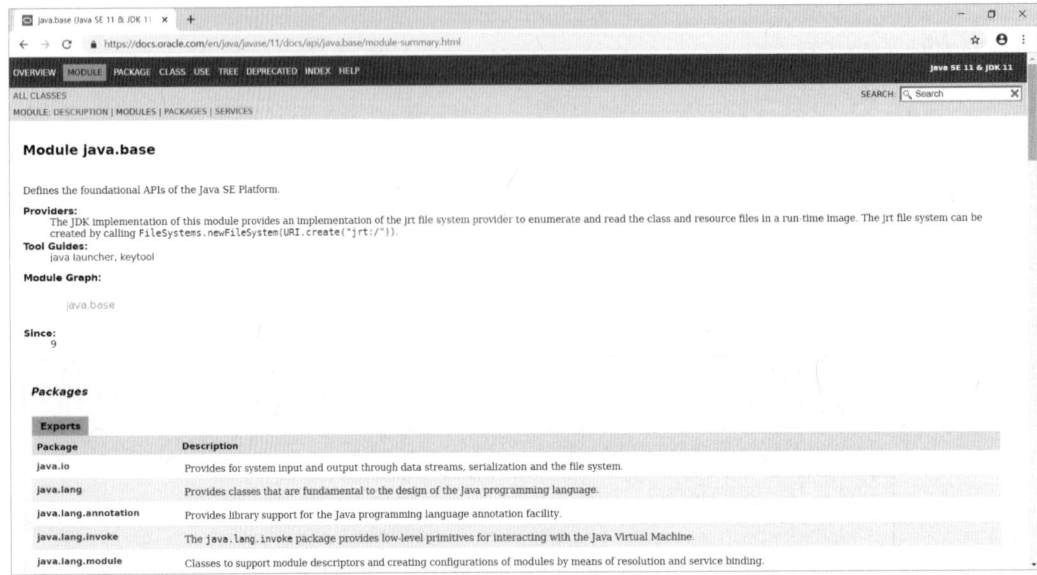

java.base 모듈에서 자주 사용하는 패키지는 다음과 같습니다.

표 java.base 모듈에서 자주 사용하는 패키지

패키지 이름	기능
java.io	외부 데이터 입출력을 처리하는 기능
java.lang	프로그램 개발 시 기본적으로 필요한 기능
java.util	날짜, 시간, 컬렉션(Collection) 처리에 관한 기능

(2) 생성자

자바 API를 사용하려면 먼저 해당 클래스의 인스턴스를 생성해야 합니다. 인스턴스를 생성하려면 해당 클래스에 어떤 생성자가 있는지를 알아야 합니다. API 문서에서 생성자를 확인하려면 문서의 상단 메뉴에서 [CONSTR]를 선택합니다. CONSTR는 생성자(Constructor)를 의미합니다.

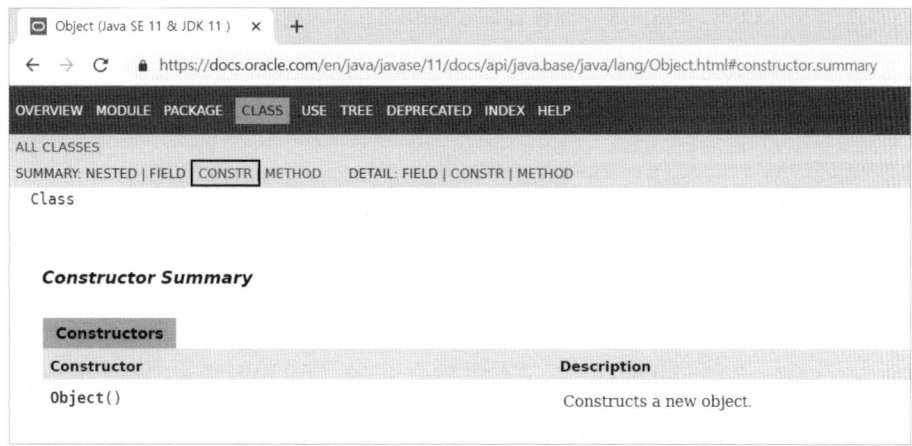

그림 생성자 확인 메뉴

필자는 java.base 모듈에서 java.lang 패키지를 선택하고 Object 클래스의 생성자를 살펴보았습니다. 위의 그림처럼 Object 클래스의 생성자는 기본 생성자 하나만 선언되어 있습니다. 그렇다면 Object 클래스는 항상 new Object( ) 형태로 인스턴스를 생성해야 합니다.

다음은 java.lang 패키지의 String 클래스의 생성자입니다. Object 클래스와는 달리 String 클래스의 생성자는 여러 형태로 제공하고 있습니다. new String( ) 또는 new String("java") 등 여러 생성자 중 원하는 형식의 생성자를 사용하여 인스턴스를 생성할 수 있습니다.

Constructor	Description
String()	Initializes a newly created String object so that it represents an empty character sequence.
String(byte[] bytes)	Constructs a new String by decoding the specified array of bytes using the platform's default charset.
String(byte[] ascii, int hibyte)	Deprecated. This method does not properly convert bytes into characters.
String(byte[] bytes, int offset, int length)	Constructs a new String by decoding the specified subarray of bytes using the platform's default charset.
String(byte[] ascii, int hibyte, int offset, int count)	Deprecated. This method does not properly convert bytes into characters.
String(byte[] bytes, int offset, int length, String charsetName)	Constructs a new String by decoding the specified subarray of bytes using the specified charset.
String(byte[] bytes, int offset, int length, Charset charset)	Constructs a new String by decoding the specified subarray of bytes using the specified charset.
String(byte[] bytes, String charsetName)	Constructs a new String by decoding the specified array of bytes using the specified charset.
String(byte[] bytes, Charset charset)	Constructs a new String by decoding the specified array of bytes using the specified charset.
String(char[] value)	Allocates a new String so that it represents the sequence of characters currently contained in the character array argument.
String(char[] value, int offset, int count)	Allocates a new String that contains characters from a subarray of the character array argument.
String(int[] codePoints, int offset, int count)	Allocates a new String that contains characters from a subarray of the Unicode code point array argument.
String(String original)	Initializes a newly created String object so that it represents the same sequence of characters as the argument; in other words, the newly created string is a copy of the argument string.
String(StringBuffer buffer)	Allocates a new string that contains the sequence of characters currently contained in the string buffer argument.
String(StringBuilder builder)	Allocates a new string that contains the sequence of characters currently contained in the string builder argument.

그림 String 클래스 생성자 확인

API 문서에서 다른 모듈, 패키지, 클래스를 선택할 때는 상단의 메뉴를 선택합니다.

예를 들어 java.base 모듈의 java.lang 패키지에 있는 Object 클래스 문서를 보다가 java.lang 패키지의 String 클래스를 선택할 때는 PACKAGE를 선택하여 java.lang 패키지 화면으로 이동한 후 String을 선택합니다. 패키지가 다른 경우는 MODULE을, 모듈이 다른 경우는 OVERVIEW를 선택하여 원하는 객체를 찾습니다.

(3) 필드

자바 객체(클래스, 인터페이스)는 필드를 가질 수 있습니다. 현재 선택된 객체의 필드를 확인하고 싶다면 메뉴에서 [FIELD]를 선택합니다. 다음은 java.lang 패키지의 Math 클래스를 선택한 화면입니다. Math 클래스의 필드를 확인해 보겠습니다.

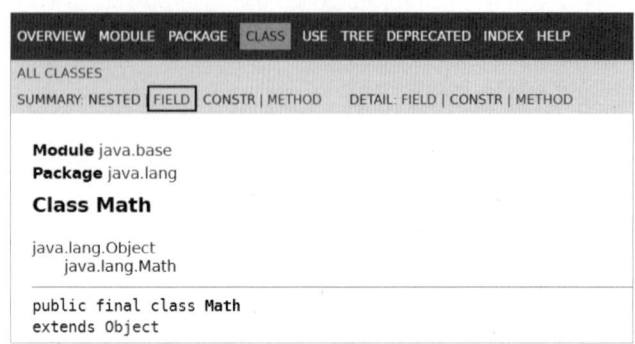

그림 필드 확인 메뉴

Math 클래스에는 static double 타입의 필드 E와 PI가 선언되어 있습니다. 필드 이름을 클릭하면 자세한 내용을 확인할 수 있습니다.

Modifier and Type	Field	Description
static double	E	The double value that is closer than any other to *e*, the base of the natural logarithms.
static double	PI	The double value that is closer than any other to *pi*, the ratio of the circumference of a circle to its diameter.

그림 Math 클래스의 필드 확인

다음은 필드 E를 클릭한 화면입니다. 필드 선언부를 보면 E 필드는 public static final double로 선언되어 있습니다. public은 공개 멤버를 의미하며 static은 공유 멤버, final은 불변, double은 타입을 지정한 것입니다.

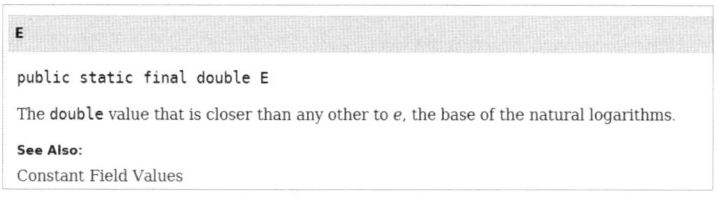

그림 E 필드 확인

(4) 메서드

일반적으로 프로그램을 개발하면서 필요한 기능이 있을 때 무조건 새로 개발하는 것이 아니라, 먼저 내가 필요한 기능을 가진 API가 있는지를 살펴보고 있다면 가져다 사용합니다. 자바 API는 기능 구현을 메서드로 하므로 API의 메서드를 활용하는 일은 자주 있습니다. 자바 API는 다른 누군가가 만들어서 제공하는 것이므로 메서드를 사용하려면 메서드 정보를 충분히 알아야 하는데 이때 참고하는 것이 API 문서입니다.

선택한 객체에 구현된 메서드들을 확인하려면 메뉴에서 [METHOD]를 선택합니다.

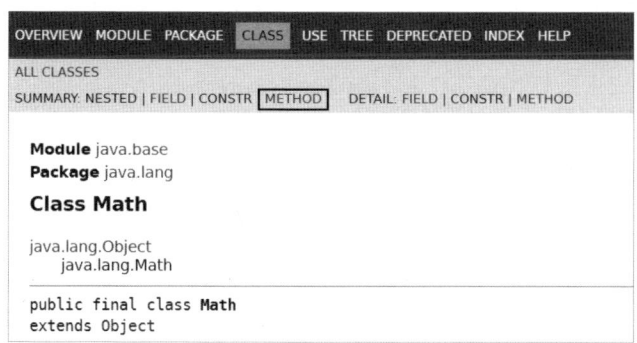

그림 METHOD 확인 메뉴

METHOD를 클릭하면 선택한 객체의 메서드 목록이 나타납니다.

Modifier and Type	Method	Description
static double	abs(double a)	Returns the absolute value of a double value.
static float	abs(float a)	Returns the absolute value of a float value.
static int	abs(int a)	Returns the absolute value of an int value.
static long	abs(long a)	Returns the absolute value of a long value.
static double	acos(double a)	Returns the arc cosine of a value; the returned angle is in the range 0.0 through *pi*.
static int	addExact(int x, int y)	Returns the sum of its arguments, throwing an exception if the result overflows an int.
static long	addExact(long x, long y)	Returns the sum of its arguments, throwing an exception if the result overflows a long.

그림 METHOD 확인 메뉴

메서드에 대한 자세한 설명을 원하면 메서드 이름을 클릭합니다. 그러면 다음처럼 클릭한 메서드에 대한 구체적인 내용을 확인할 수 있습니다.

① **abs**

public static double abs(double a)

Returns the absolute value of a double value. If the argument is not negative, the argument is returned. If the argument is negative, the negation of the argument is returned. Special cases:
②
- If the argument is positive zero or negative zero, the result is positive zero.
- If the argument is infinite, the result is positive infinity.
- If the argument is NaN, the result is NaN.

API Note:
As implied by the above, one valid implementation of this method is given by the expression below which computes a double with the same exponent and significand as the argument but with a guaranteed zero sign bit indicating a positive value:
Double.longBitsToDouble((Double.doubleToRawLongBits(a)<<1)>>>1)

③ **Parameters:**
a - the argument whose absolute value is to be determined

④ **Returns:**
the absolute value of the argument.

① 이름

② 기능

③ 매개변수

④ 반환값

메서드를 사용하려면 선언부의 형식에 맞게 사용하고 리턴값이 있을 때는 리턴값을 받아 처리해주어야 합니다.

9.2. 기본 API

이번 절에서는 자바 API 중에서 java.lang 패키지에 있는 기본 API 중 Object, String, StringBuffer, StringBuilder, Math 클래스에 대해 살펴보겠습니다. 지면상 각각의 클래스에 대해 모두 설명할 수 없으므로 자주 사용하는 기능 위주로 살펴보겠습니다.

9.2.1. Object 클래스

Object 클래스는 모든 자바 클래스의 상속 구조에서 가장 루트(root)에 있는 클래스입니다. 왜냐하면 클래스를 선언할 때 extends 키워드를 지정하지 않으면 컴파일할 때 "extends Object" 코드가 자동으로 추가되기 때문입니다. 모든 자바 객체는 Object 클래스가 포함하는 메서드들을 모두 상속받아 사용할 수 있습니다.

(1) 해시 코드

【프로토타입】

```
public int hashCode()
```

우리는 새로운 생명이 탄생하면 출생 신고를 하고 주민번호를 부여 받아야 합니다. 부여되는 주민번호는 특정한 원리에 의해 생성되는데 다음 그림처럼 각 자리마다 의미를 부여하여 번호가 만들어집니다.

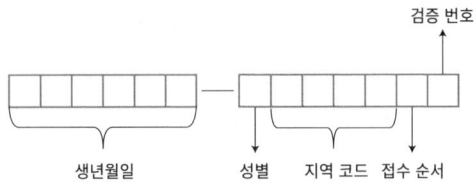

그림 주민등록번호 생성 원리

자바 프로그래밍에서 new 명령문으로 힙 메모리에 새로운 인스턴스를 만드는 것은 새로운 생명이 탄생하는 것과 같습니다. 힙 메모리에 만들어진 인스턴스도 주민번호와 같은 일련번호가 만들어지는데 그런 역할을 하는 메서드가 hashCode( )입니다.

hashCode( )는 메모리에 생성된 인스턴스의 주솟값을 가지고 일련번호를 만들어 반환하는 메서드입니다. hashCode( ) 메서드가 반환하는 일련번호를 "해시 코드(Hash Code)"라고 하며, 해시 코드는 인스턴스가 메모리에 생성되는 주솟값을 기초로 만들어지는 만큼 서로 다른 인스턴스는 해시 코드값이 같을 수 없습니다.

예제를 통해 hashCode( ) 메서드를 확인해보겠습니다.

Test01.java

```java
01: package com.ruby.java.ch09;
02:
03: public class Test01 {
04:     public static void main(String[] args) {
05:         Object obj1 = new Object();
06:         Object obj2 = new Object();
07:         Object obj3 = new Object();
08:
09:         System.out.println(obj1.hashCode());
10:         System.out.println(obj2.hashCode());
11:         System.out.println(obj3.hashCode());
12:     }
13: }
```

【실행결과】

366712642
1829164700
2018699554

실행 결과에는 생성된 3개의 Object 클래스의 인스턴스에 부여된 해시 코드값이 출력되었습니다. 참고로 해시 코드값은 실행할 때 마다 계산되는 값이 다르기 때문에 실행 결과와 동일하게 나오지 않을 수 있습니다.

(2) 클래스 정보

【프로토타입】

public final Class<?> getClass()

getClass( ) 메서드는 Class 타입의 인스턴스를 생성해 반환합니다. Class는 java.lang 패키지에 있는 클래스로서 현재 클래스에 대한 정보를 다룹니다. getClass( ) 메서드는 클래스에 대한 정보만 담는 객체를 새로 생성하여 활용하고자 할 때 사용합니다.

위에서 작성한 Test01.java의 main( ) 메서드에 다음 코드를 추가한 후 실행하여 결과를 확인합니다.

```
Test01.java
  package com.ruby.java.ch09;

  public class Test01 {
    public static void main(String[] args) {
      …
      Class c = obj1.getClass();

      System.out.println(c.getName());
      …
```

【실행결과】

java.lang.Object

obj1.getClass( )는 ob1 인스턴스의 정보를 가지는 Class 객체를 생성하여 반환합니다. 반환값은 Class 타입 c 변수에 저장합니다. 그리고 변수 c가 참조하는 Class 객체가 가지고 있는 객체 정보 중 getName( ) 메서드는 객체의 이름을 반환합니다. obj1은 Object 인스턴스를 참조하므로 "java.lang. Object"라는 문자열이 반환됩니다.

(3) 문자열로 표현

【프로토타입】

public String toString()

toString( ) 메서드는 인스턴스에 대한 정보를 문자열로 반환하는 메서드입니다. toString( ) 메서드에서 반환하는 문자열은 다음 형식의 값입니다.

getClass( ).getName( ) + '@' + Integer . toHexString(hashCode( ))
　　　　①　　　　　　　　　⑤　　　　　　　　　　③
　　　　　②　　　　　　　　　　　　　　　　④

① getClass( ) 메서드는 현재 클래스에 대한 정보를 가진 Class 객체를 반환한다.

② Class의 getName( ) 메서드는 현재 클래스의 이름을 반환한다.

③ hashCode( ) 메서드는 현재 인스턴스의 해시 코드값을 반환한다.

④ Integer.toHexString( ) 메서드는 java.lang.Integer 클래스에서 static으로 선언된 메서드로서 인자로 전달된 int 값을 16진수 문자열로 변환하여 반환한다.

⑤ ②번 반환값과 ④번 반환값 사이에 '@' 문자를 삽입한다.

toString( ) 메서드를 테스트해 보겠습니다. Test01.java 자바의 main( ) 메서드에 다음 코드를 추가한 후 실행하여 결과를 확인합니다.

Test01.java

```java
package com.ruby.java.ch09;

public class Test01 {
    public static void main(String[] args) {
        ...
        System.out.println(obj1.toString());
        System.out.println(obj2.toString());
        System.out.println(obj3.toString());
    }
}
```

【실행결과】

```
...
java.lang.Object@15db9742
java.lang.Object@6d06d69c
java.lang.Object@7852e922
```

Test01.java 자바 소스에서 obj1.toString( ), obj2.toString( ), obj3.toString( ) 부분을 obj1, obj2, obj3으로 수정한 후 실행하여 결과를 확인합니다.

Test01.java

```java
package com.ruby.java.ch09;

public class Test01 {
    public static void main(String[] args) {
        ...
        System.out.println(obj1);
        System.out.println(obj2);
        System.out.println(obj3);
    }
}
```

【실행결과】

```
...
java.lang.Object@15db9742
java.lang.Object@6d06d69c
java.lang.Object@7852e922
```

실행 결과를 보면 다음 두 가지 명령문은 모두 같은 결과를 출력하는 것을 알 수 있습니다.

```
System.out.println(obj1.toString());
System.out.println(obj1);
```

두 명령문이 같은 이유는 참조변수를 출력할 때 toString( ) 메서드를 명시하지 않으면 컴파일러가 자동으로 toString( ) 메서드를 호출하는 코드로 변환하기 때문입니다. 참조변수를 출력한다는 것은 인스턴스에 대한 정보를 출력하겠다는 의도이므로 참조변수를 출력할 때 toString( ) 메서드가 자동으로 호출되는 것입니다. 따라서 참조변수의 toString( ) 메서드가 반환한 값을 출력할 때는 toString( ) 메서드 호출을 생략하고 참조변수 이름만 지정해도 됩니다.

toString( ) 메서드 오버라이딩

Object 클래스의 toString( ) 메서드는 객체에 대한 정보를 **클래스명@16진수해시코드** 형태로 출력합니다. 자바의 모든 객체도 이 메서드를 상속받아 사용하므로 같은 형태의 값을 출력합니다. 만약 객체 정보를 다른 값으로 출력하고 싶다면, toString( ) 메서드를 오버라이딩하여 원하는 문자열을 반환하게 하면 됩니다.

Object 클래스의 toString( ) 메서드를 오버라이딩 해보겠습니다. 새로운 클래스 MyObject을 선언합니다.

MyObject.java

```
01: package com.ruby.java.ch09;
02:
03: public class MyObject {
04:
05: }
```

MyObject 클래스는 상속 관계를 지정하지 않았습니다. 그러면 컴파일할 때 자동으로 extends Object가 선언되므로 Object의 자식 클래스가 됩니다. 이어서 Test01.java의 main( ) 메서드에 다음 코드를 추가합니다.

Test01.java

```
package com.ruby.java.ch09;

public class Test01 {
  public static void main(String[] args) {
    ...
    MyObject obj4 = new MyObject();
    System.out.println(obj4);
  }
}
```

【실행결과】

```
...
com.ruby.java.ch09.MyObject@4e25154f
```

MyObject 인스턴스를 생성한 후 obj4 변수에 담고서 출력하였습니다. obj4.toString( ) 메서드를 호출하는 것과 같은 결과입니다. MyObject 클래스는 Object로부터 상속받은 toString( ) 메서드가 실행되므로 위와 같은 실행 결과가 나옵니다.

Object 클래스의 toString( ) 메서드의 결과와 다른 결과를 얻고 싶다면 다음처럼 MyObject 클래스에서 toString( ) 메서드를 오버라이딩하면 됩니다. 오버라이딩할 때 메서드 선언부는 변경할 수 없다는 원칙은 지켜야 합니다.

MyObject.java

```
01: package com.ruby.java.ch09;
02:
03: public class MyObject {
04:   public String toString() {
05:     return "MyObject";
06:   }
07: }
```

【실행결과】

```
...
MyObject
```

Test01의 main( ) 메서드를 다시 실행하면 MyObject에서 오버라이딩한 toString( ) 메서드가 실행된 것을 확인할 수 있습니다.

(4) 같은지 비교

【프로토타입】

public boolean equals(Object obj)

equals( ) 메서드는 인자로 전달된 객체와 현재 객체가 같은지를 판단합니다. 이때 판단 기준은 해시 코드값입니다. 서로 다른 인스턴스들은 해시 코드값이 다르기 때문입니다.

equals( ) 메서드를 실습을 통해 확인해 보겠습니다. Test01 클래스의 main( ) 메서드에 다음 코드를 추가하겠습니다.

Test01.java
```java
01: package com.ruby.java.ch09;
02:
03: public class Test01 {
04:     public static void main(String[] args) {
05:         ...
06:         MyObject obj4 = new MyObject();
07:         MyObject obj5 = new MyObject();
08:         if(obj4.equals(obj5)) {
09:             System.out.println("동일 객체이다.");
10:         } else {
11:             System.out.println("다른 객체이다.");
12:         }
13:
14:         if(obj4 == obj5) {
15:             System.out.println("동일 객체이다.");
16:         } else {
17:             System.out.println("다른 객체이다.");
18:         }
19:     }
20: }
```

【실행결과】

...
다른 객체이다.
다른 객체이다.

06~07번 줄에서 MyObject 클래스의 인스턴스를 두 개 생성한 후 각각 참조변수 obj4와 obj5에서 주솟값을 저장하고 있습니다. 08번 줄에서 obj4.equals( ) 메서드를 실행합니다. obj4는 MyObject 인스턴스이고 MyObject에는 equals( ) 메서드를 오버라이딩하지 않았으므로 Object의 equals( ) 메서드가 실행됩니다.

Object의 equals( ) 메서드는 주솟값을 기반으로 만들어지는 해시 코드가 인자로 전달된 객체와 같은지 비교합니다. 즉, obj4의 해시 코드와 인자로 전달된 obj5의 해시 코드가 같은지 비교합니다. 서로 다른 주소에 위치한 객체들이므로 당연히 다르다는 결과(false)가 나옵니다.

```
14: if(obj4 == obj5) {
```

14번 줄 if 문 조건식의 == 연산자는 단순히 변숫값이 같은지를 비교합니다. obj4와 obj5 변수는 서로 다른 인스턴스 주솟값을 가지므로 당연히 다르다는 결론이 납니다.

Object 클래스의 equals( )는 인스턴스가 같은지 판단하는 메서드입니다. 그런데 다른 조건으로 서로 같은지 판단해야 할 때도 있습니다. 이때는 Object 클래스의 equals( ) 메서드를 오버라이딩하여 판단 조건을 새로 지정하면 됩니다.

equals( ) 메서드를 오버라이딩하는 예제를 작성해 보겠습니다. MyObject.java 소스를 다음처럼 수정합니다.

MyObject.java
```
01: package com.ruby.java.ch09;
02:
03: public class MyObject {
04:
05:     int num;
06:
07:     MyObject(int num) {
08:         this.num = num;
09:     }
10:
11:     public String toString() {
12:         return "MyObject";
13:     }
14:
15:     public boolean equals(Object obj) {
16:         boolean result = false;
17:         MyObject arg = (MyObject) obj;
18:
```

```
19:        if(this.num == arg.num) {
20:            result = true;
21:        }
22:        return result;
23:    }
24: }
```

MyObject 클래스에 num 필드를 선언하였고 생성자에서 값을 전달받아 초기화합니다. 그리고 15번 줄에서 Object 클래스의 equals( ) 메서드를 오버라이딩하였습니다.

equals( )는 오버라이딩한 메서드이므로 선언부는 변경할 수 없습니다. 매개변수 타입이 Object로 선언되었습니다. Object는 어떤 타입이든 저장할 수 있으며 사용하기 전에 원래 인스턴스 타입으로 변경해야만 인스턴스가 가진 모든 내용을 사용할 수 있습니다. 따라서 17번 줄에서는 인자로 전달된 값을 Object 타입에서 MyObject 타입으로 변경하여 arg 참조변수에 저장합니다.

19번 줄에 this는 현재 인스턴스이고 arg는 메서드 호출 시 전달된 인자입니다. if 문에서 현재 인스턴스의 num 값과 인자의 num 값을 비교해서 같으면 result 변수에 true 값을 저장합니다. result는 boolean 타입의 변수로서 초깃값은 false로 지정되었고 equals( ) 메서드에서 반환하는 값입니다.

MyObject에서 오버라이딩한 equals( ) 메서드는 각 인스턴스의 num 필드값이 같으면 true를 반환하고 그렇지 않으면 false를 반환합니다.

Test01 클래스의 main( ) 메서드에서는 생성자에 전달하는 인자값만 수정한 후 실행합니다.

Test01.java

```
01 : package com.ruby.java.ch09;
02 :
03 : public class Test01 {
04 :     public static void main(String[] args) {
05 :         ...
06 :         MyObject obj4 = new MyObject(123);
07 :         MyObject obj5 = new MyObject(123);
08 :
09 :         if(obj4.equals(obj5)) {
10 :             System.out.println("동일 객체이다.");
11 :         } else {
12 :             System.out.println("다른 객체이다.");
13 :         }
14 :
15 :         if(obj4 == obj5) {
16 :             System.out.println("동일 객체이다.");
```

```
17 :        } else {
18 :            System.out.println("다른 객체이다.");
19 :        }
20 :    }
21 : }
```

【실행결과】

...
동일 객체이다.
다른 객체이다.

06~07번 줄에서 MyObject 인스턴스를 생성하면서 정수 123을 전달합니다. 123은 각 인스턴스의 num 필드에 초기화됩니다.

09번 줄에서 obj4 참조변수의 equals( ) 메서드를 호출하면서 인자값으로 obj5 참조 변숫값을 전달합니다. obj4.equals( )는 MyObject의 equals( ) 메서드를 실행합니다. MyObject의 equals( ) 메서드는 obj4의 num 값과 obj5의 num 값을 비교하여 값이 같으면 true 다르면 false를 반환합니다. 현재 obj4와 obj5의 num 변숫값이 같으므로 true를 반환합니다.

15번 줄에서 obj4 참조 변숫값과 obj5 참조 변숫값이 같은지 비교합니다. obj4와 obj5는 서로 다른 인스턴스의 주솟값이 저장되었으므로 false를 반환합니다.

9.2.2. String 클래스

문자열 처리는 어떤 프로그램을 개발하든 필요한 기능입니다. 이러한 문자열 처리 기능을 돕는 API는 String 클래스입니다. String 클래스를 사용할 수 있는 생성자들은 다음과 같습니다. 구체적인 내용은 API 문서를 참조하면 됩니다.

- String()
- String(byte[] bytes)
- String(byte[] bytes, Charset charset)
- String(byte[] bytes, int offset, int length)
- String(byte[] bytes, int offset, int length, Charset charset)
- String(byte[] bytes, int offset, int length, String charsetName)
- String(byte[] bytes, String charsetName)
- String(char[] value)

- String(char[] value, int offset, int count)
- String(int[] codePoints, int offset, int count)
- String(String original)
- String(StringBuffer buffer)
- String(StringBuilder builder)

자바에서 객체를 생성해서 사용할 때는 new 명령문으로 생성해야 하는데 유일하게 String 클래스만 new가 아닌 큰따옴표(" ")로도 객체를 생성할 수 있습니다. 다음 두 가지 코드는 모두 String 객체를 생성합니다.

```java
String s1 = new String("java");
String s2 = "java";
```

그러나 String 객체를 생성할 때 new로 생성했는지, 큰따옴표로 생성했는지에 따라 다르게 동작하는 부분이 있습니다. 차이점을 알아봅시다.

Test02.java

```java
01: package com.ruby.java.ch09;
02:
03: public class Test02 {
04:
05:     public static void main(String[] args) {
06:
07:         String s1 = new String("java");
08:         String s2 = "java";
09:
10:         String s3 = new String("java");
11:         String s4 = "java";
12:
13:         if(s1 == s3) {
14:             System.out.println("동일 객체이다.");
15:         } else {
16:             System.out.println("다른 객체이다.");
17:         }
18:         if(s2 == s4) {
19:             System.out.println("동일 객체이다.");
20:         } else {
21:             System.out.println("다른 객체이다.");
22:         }
```

```
23:     }
24: }
```

【실행결과】

다른 객체이다.
동일 객체이다.

07~08, 10~11번 줄 모두 메모리에 String 인스턴스를 생성한 후 참조변수에 해당 주솟값을 저장해 참조합니다. 그런데 new가 아닌 큰따옴표를 사용해 생성하면 힙 메모리에 String 인스턴스를 무조건 생성하는 것이 아닙니다.

다음 그림은 s1, s2, s3, s4 변수들이 인스턴스를 참조하는 메모리 구조입니다. String 인스턴스를 생성할 때 s1, s3 처럼 new 명령문으로 생성하면 무조건 힙 메모리에 인스턴스가 새로 생성되고 새로 생성된 주솟값이 참조변수에 저장됩니다.

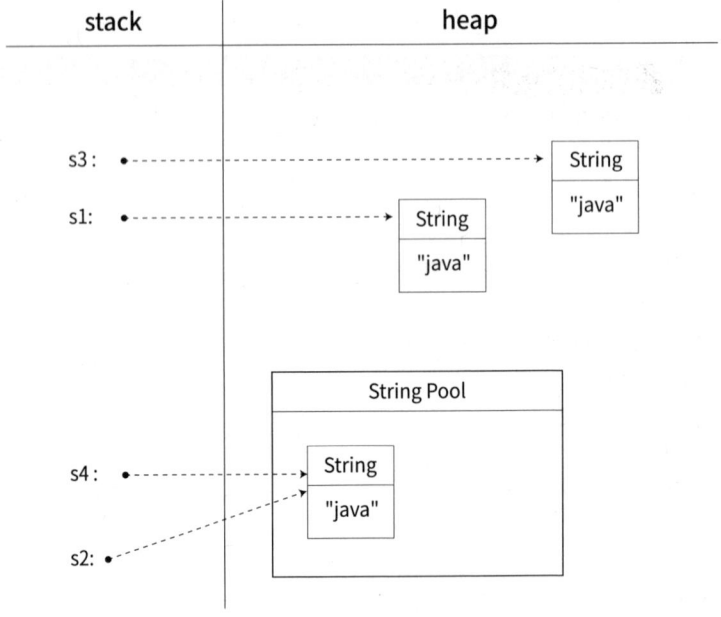

그림 문자열 저장 구조

그러나 s2, s4처럼 큰따옴표로 생성하면 무조건 인스턴스를 생성하는 것이 아니고 힙 메모리에 고유한 영역인 String Pool을 찾아갑니다. String Pool은 큰따옴표로 생성된 String 인스턴스들이 위치하는 논리적으로 구분된 영역입니다. 만약, Strig Pool에서 생성하려는 문자열과 똑같은 문자열을 가진 String 인스턴스가 있다면 새로 생성하지 않고 기존 인스턴스의 주솟값을 반환합니다. 물론 없다면 String Pool

에 새로운 String 인스턴스를 생성합니다. 그래서 s2와 s4는 결국 똑같은 인스턴스 주솟값을 참조하게 됩니다.

따라서 13번 줄에서 참조변수 s1과 s3의 값은 다르다고 하지만, 18번 줄에서 s2와 s4의 값은 서로 같다고 판단합니다.

(1) 문자열 비교

String 클래스는 Object로부터 상속받은 equals( ) 메서드를 오버라이딩하였습니다. String의 equals( ) 메서드는 String 인스턴스의 문자열을 비교하여 같으면 true, 다르면 false를 반환합니다. String이 가지는 또 다른 문자열 비교 메서드는 equalsIgnoreCase( ) 메서드입니다. equals( ) 메서드는 문자열을 비교할 때 대소문자를 구분하여 비교하지만, equalsIgnoreCase( ) 메서드는 대소문자는 상관하지 않고 철자만 같은지 비교합니다.

【프로토타입】

```
boolean equals(Object anObject)
boolean equalsIgnoreCase(String anotherString)
```

Test02 클래스의 main( ) 메서드에 다음 코드를 추가한 후 실행 결과를 확인합니다.

Test02.java
```
01: package com.ruby.java.ch09;
02:
03: public class Test02 {
04:
05:     public static void main(String[] args) {
06:         …
07:         if(s1.equals(s3)) {
08:             System.out.println("동일 문자열을 가집니다.");
09:         } else {
10:             System.out.println("다른 문자열을 가집니다.");
11:         }
12:         if(s2.equals(s4)) {
13:             System.out.println("동일 문자열을 가집니다.");
14:         } else {
15:             System.out.println("다른 문자열을 가집니다.");
16:         }
17:         String s5 = "JAVA";
18:
19:         if(s1.equals(s5)) {
```

```
20:         System.out.println("동일 문자열을 가집니다.");
21:      } else {
22:         System.out.println("다른 문자열을 가집니다.");
23:      }
24:
25:      if(s1.equalsIgnoreCase(s5)) {
26:         System.out.println("동일 문자열을 가집니다.");
27:      } else {
28:         System.out.println("다른 문자열을 가집니다.");
29:      }
30:   }
31: }
```

【실행결과】

...
동일 문자열을 가집니다.
동일 문자열을 가집니다.
다른 문자열을 가집니다.
동일 문자열을 가집니다.

s1의 equals( ) 메서드는 인자(s3)의 문자열과 자신의 문자열을 비교하여 같으면 true, 다르면 false를 반환하는데, 현재 s1과 s3은 같은 문자열을 참조하므로 true를 반환합니다. 마찬가지로 s2와 s4의 비교도 true입니다.

s5에는 문자열 "JAVA"가 저장되어 있습니다. 따라서 equals( ) 메서드로 s1과 비교하면 철자는 같아도 대소문자가 다르므로 false를 반환합니다. 그러나 equalsIgnoreCase( ) 메서드는 대소문자는 상관없고 철자만 같으면 같다고 판단하므로 s1과 s5의 비교 결과는 true입니다.

(2) 문자열 출력

String 클래스는 Object로부터 상속받은 toString( ) 메서드를 오버라이딩하였습니다. toString( ) 메서드는 참조변수를 출력할 때 자동으로 호출되는 메서드로서 문자열을 반환하도록 재정의하였습니다.

【프로토타입】

```
String toString()
```

Test02 클래스의 main( ) 메서드에 다음 코드를 추가한 후 실행해 보겠습니다.

```
Test02.java
```
```java
package com.ruby.java.ch09;

public class Test02 {

    public static void main(String[] args) {
        ...
        System.out.println(s1);
        System.out.println(s2);
        System.out.println(s3);
        System.out.println(s4);
    }
}
```

【실행결과】
```
...
java
java
java
java
```

추가된 코드에서 s1, s2, s3, s4 변수를 출력합니다. 모두 참조변수입니다. 참조변수를 출력할 때는 자동으로 toString( ) 메서드가 호출됩니다. String 클래스의 toString( ) 메서드는 문자열을 반환하므로 모든 인스턴스들이 가진 "java"가 출력됩니다.

(3) 문자열 정보

String의 length( ) 메서드는 문자열의 전체 길이를 반환하고, charAt( ) 메서드는 인자값으로 전달받은 인덱스의 문자를 반환합니다. 예제를 통해 메서드의 기능을 확인해 보겠습니다.

【프로토타입】
```
int length()
char charAt(int index)
```

```
Test03.java
```
```
01: package com.ruby.java.ch09;
02:
03: public class Test03 {
```

```
04:    public static void main(String[] args) {
05:
06:        String s = "have a good day!";
07:
08:        int length = s.length();
09:        System.out.println("총 글자 수 : " + length);
10:        char c;
11:
12:        for(int i = 0; i < length; i++) {
13:            c = s.charAt(i);
14:            System.out.print(c);
15:        }
16:    }
17: }
```

【실행결과】

총 글자 수 : 16
have a good day!

소스에 대한 자세한 설명은 다음과 같습니다.

```
06: String s = "have a good day!";
```

"hava a good day!" 문자열을 가진 String 인스턴스가 생성됩니다. String이 가지는 문자열은 내부적으로 char 타입의 배열로 처리되므로 다음처럼 문자열의 위치에 따라 인덱스가 지정됩니다.

```
     String s ●─────→ h a v e   a   g o o d   d a y !
              index ─→ 0 1 2 3 4 5 6 7 8 9 10 11 12 13 14 15
              length : 16
```

그림 문자열의 인덱스

```
08: int length = s.length();
```

String의 length( ) 메서드는 문자열의 총 글자 수를 반환합니다. s.length( )는 s 변수가 참조하는 문자열의 길이를 반환합니다.

```
12: for(int i = 0; i < length; i++) {
```

반복문을 실행합니다. i가 0부터 length 값보다 작을 때까지 i를 1씩 증가하며 반복 실행됩니다. i는 문자열 s의 인덱스로 사용하려 합니다. 따라서 s 문자열 길이보다 작아야 합니다. 문자열의 인덱스는 0부터 시작하므로 항상 문자열의 마지막 인덱스는 문자열의 총 길이보다 -1만큼 작아야 합니다.

```
13:    c = s.charAt(i);
```

String의 charAt( ) 메서드는 인자로 전달받은 인덱스에 해당하는 문자를 추출합니다. 문자 하나를 추출하므로 char 타입으로 반환합니다. c 변수의 타입은 char입니다.

```
14:    System.out.print(c);
```

13번 줄에서 추출한 문자를 출력합니다. c 변수는 charAt( ) 메서드에서 인덱스로 지정한 문자를 가지고 있습니다. System.out.print( ) 메서드는 인자를 출력한 후 줄바꿈을 하지 않습니다. 이와는 달리 System.out.println( ) 메서드는 인자를 출력한 뒤 줄바꿈을 해주는 차이점이 있습니다.

(4) 문자열 공백

String의 trim( ) 메서드는 문자열의 양끝에 있는 공백을 제거하며, isEmpty( ) 메서드는 문자열의 길이가 0인지를 판단합니다. 즉, String에 지정된 문자열이 있는지를 판단합니다. 예제를 통해 메서드의 기능을 확인해 보겠습니다.

【프로토타입】

```
String trim()
boolean isEmpty()
```

Test04.java

```
01: package com.ruby.java.ch09;
02:
03: public class Test04 {
04:     public static void main(String[] args) {
05:         String s = "    Amy    ";  // Amy 앞뒤로 공백 4개가 있습니다.
06:         int len1 = s.length();
07:
08:         String s2 = s.trim();
09:         int len2 = s2.length();
10:
11:         System.out.println(len1);  // 11
12:         System.out.println(len2);  // 3
13:
```

```
14:        s = "";
15:        System.out.println(s.length());  // 0
16:        System.out.println(s.isEmpty()); // true
17:    }
18: }
```

【실행결과】

11
3
0
true

05번 줄에서 참조변수 s는 "   Amy   " 문자열을 가진 인스턴스를 참조합니다. Amy 앞뒤에 공백이 있습니다. 공백들도 하나의 문자로 처리됩니다. 그래서 06번 줄의 s.length( ) 메서드 결과는 공백까지 센 글자 수를 반환합니다.

08번 줄의 s.trim( )은 s 변수의 문자열 앞뒤 공백을 제거한 후 문자열의 길이를 구해 참조변수 s2에 저장합니다. String은 원본이 변경되지 않는다는 특징이 있습니다. 따라서 기존 문자열을 변경한 후 변경된 값을 유지하고 싶다면 참조변수에 저장해야 합니다. s2 변수는 s 변수가 가리키는 문자열에서 공백이 제거된 문자열을 가리키므로 09번 줄에서 s2.length( ) 메서드로 전체 문자열 길이를 구하면 3을 반환합니다.

14번 줄에서는 참조변수 s에 문자열 ""을 지정합니다. ""은 빈 문자열(null string)을 의미합니다. s 변수가 빈 문자열을 가리키므로 15번 줄에서 s.length( )의 리턴값은 0입니다.

16번 줄의 isEmpty( )는 JDK1.6 버전부터 지원하는 메서드로서 null 문자열인지를 판단할 때 사용합니다. 이전에는 null 문자열인지를 판단할 때 length( ) 메서드로 문자열 길이를 구한 다음, 0인지를 비교하였습니다.

(5) 문자열 검색

indexOf( ) 메서드와 lastIndexOf( ) 메서드는 인자로 지정된 문자 또는 문자열이 시작되는 인덱스를 구할 때 사용합니다. 그런데 두 메서드는 검색의 시작점이 다릅니다. indexOf( ) 메서드는 문자열의 처음부터 검색하고, lastIndexOf( ) 메서드는 문자열의 끝에서부터 검색합니다. 만일 검색할 문자열이 없으면(null 문자열) -1을 반환합니다.

【프로토타입】

```
int indexOf(int ch)
int indexOf(int ch, int fromIndex)
int indexOf(String str)
int indexOf(String str, int fromIndex)
int lastIndexOf(int ch)
int lastIndexOf(int ch, int fromIndex)
int lastIndexOf(String str)
int lastIndexOf(String str, int fromIndex)
```

startsWith( )와 endsWith( ) 메서드는 인자로 전달받은 문자열이 대상 문자열의 시작 부분 또는 끝 부분에 포함되었는지를 판단할 때 사용합니다. startsWith( ) 메서드는 인자로 전달받은 문자열로 시작하는지를 판단하며, endsWith( ) 메서드는 인자로 전달받은 문자열로 끝나는지를 판단합니다.

【프로토타입】

```
boolean startsWith(String prefix)
boolean startsWith(String prefix, int toffset)
boolean endsWith(String suffix)
```

예제를 통해 메서드 기능을 확인해 보겠습니다.

Test05.java

```
01: package com.ruby.java.ch09;
02:
03: public class Test05 {
04:   public static void main(String[] args) {
05:     String address[] = { "경기도 남양주 별내동", "서울시 영등포구 당산동",
                             "충남 천안시 서북구", "서울시 양천구 목동",
                             "서울시 송파구 석촌동" , "전북 부안군 부안읍" };
06:
07:     System.out.println("1");
08:     for(int i = 0; i < address.length; i++) {
09:       if(address[i].indexOf("서울시") != -1) {
10:         System.out.println(address[i]);
11:       }
12:     }
13:     System.out.println("2");
14:     for(int i = 0; i < address.length; i++) {
15:       if(address[i].lastIndexOf("별내동") != -1) {
16:         System.out.println(address[i]);
```

```
17:        }
18:      }
19:      System.out.println("3");
20:      for(int i = 0; i < address.length; i++) {
21:        if(address[i].startsWith("서울시")) {
22:          System.out.println(address[i]);
23:        }
24:      }
25:      System.out.println("4");
26:      for(int i = 0; i < address.length; i++) {
27:        if(address[i].endsWith("별내동")) {
28:          System.out.println(address[i]);
29:        }
30:      }
31:    }
32: }
```

【실행결과】

1
서울시 영등포구 당산동
서울시 양천구 목동
서울시 송파구 석촌동
2
경기도 남양주 별내동
3
서울시 영등포구 당산동
서울시 양천구 목동
서울시 송파구 석촌동
4
경기도 남양주 별내동

소스에 대한 자세한 설명은 다음과 같습니다.

```
08: for(int i = 0; i < address.length; i++) {
09:   if(address[i].indexOf("서울시") != -1) {
10:     System.out.println(address[i]);
11:   }
12: }
```

변수 i가 0부터 시작해서 1씩 증가하면서 배열의 길이(address.length)보다 작을 때까지, 즉 배열의 길이만큼 반복문을 실행합니다. 또한 i 변수는 배열의 인덱스로 사용됩니다.

address[i]는 배열의 각 문자열을 의미합니다. indexOf("서울시")는 배열의 각 문자열에서 "서울시" 문자열을 찾고, 만약 찾으면 "서울시" 문자열이 시작되는 인덱스를 반환합니다. if 문의 조건식에서는 indexOf( ) 메서드의 반환값이 −1이 아닌지를 검사합니다. indexOf( ) 메서드가 −1을 반환한다는 것은 인자로 전달한 문자열이 존재하지 않는 경우입니다. 결국, indexOf( )의 반환값이 −1이 아니라는 것은 인자로 전달한 문자열이 포함되었다는 의미입니다.

```
14: for(int i = 0; i < address.length; i++) {
15:     if(address[i].lastIndexOf("별내동") != -1) {
16:         System.out.println(address[i]);
17:     }
18: }
```

배열 전체의 문자열을 하나씩 검사하면서 특정 문자열을 찾습니다. lastIndexOf( ) 메서드는 indexOf( ) 메서드처럼 인자로 전달한 문자열을 찾아 시작 위치를 반환합니다. 다만, 문자열의 시작부터가 아니라 끝부분부터 검색합니다. 예제처럼 주소의 끝부분을 조건으로 검색할 때는 indexOf( ) 메서드보다 lastIndexOf( ) 메서드를 사용하는 것이 효율적입니다. lastIndexOf( ) 메서드가 지정된 문자열을 찾지 못하면 −1을 반환합니다.

```
21: if(address[i].startsWith("서울시")) {
```

배열 address의 주소 중 "서울시"로 시작하는 주소만을 추출하는 코드입니다. startsWith( ) 메서드는 "서울시" 문자열로 시작하는 경우 true을 반환하며 그렇지 않으면 false를 반환합니다.

```
27: if(address[i].endsWith("별내동")) {
```

배열 address의 주소 중 "별내동"으로 끝나는 주소만을 추출하는 코드입니다. endsWith( ) 메서드는 문자열이 "별내동"으로 끝날 때만 true을 반환하고 그렇지 않으면 false를 반환합니다.

(6) 문자열 편집

자바에서 문자열은 기본적으로 String으로 작업합니다. 수정, 추가, 대체 등의 문자열 편집 작업도 String에서 제공하는 메서드를 이용합니다. 그러나 String에서 제공하는 메서드를 이용하여 문자열을 편집할 때 항상 염두에 두어야 하는 사실은 String은 "원본 변경 불가"라는 원칙이 있다는 것입니다. 따라서 문자열을 수정할 때마다 새로운 문자열이 만들어집니다.

String의 문자열 편집 메서드를 사용해 문자열을 편집한 후 계속 유지하려면 편집한 문자열을 참조변수에 저장해야 합니다. 따라서 문자열은 편집 전의 문자열이 메모리에 남아있어서 편집 작업이 많을수록 메모리 낭비를 초래하기도 합니다.

String의 문자열을 편집하는 메서드는 대표적으로 다음과 같습니다.

【프로토타입】

```
String concat(String str)
String replace(char oldChar, char newChar)
String replaceAll(String regex, String replacement)
String replaceFirst(String regex, String replacement)
String toLowerCase()
String toUpperCase()
```

concat( ) 메서드는 새로운 문자열을 추가하고, replace( ) 메서드는 기존 문자열을 변경하며, toLowerCase( ) 메서드는 대문자를 소문자로, toUpperCase( ) 메서드는 소문자를 대문자로 변경합니다.

실습을 통해 메서드의 기능을 확인해보겠습니다.

Test06.java

```java
01: package com.ruby.java.ch09;
02:
03: public class Test06 {
04:
05:     public static void main(String[] args) {
06:         String s = "Everything in your world is created";
07:
08:         String s2 = s.concat(" by what you think.");
09:
10:         System.out.println(s2);
11:
12:         String s3 = s2.replaceAll("by what you think.", "by your thoughts.");
13:
14:         System.out.println(s3);
15:
16:         String s4 = s3.toLowerCase();
17:         String s5 = s3.toUpperCase();
18:
19:         System.out.println(s4);
20:         System.out.println(s5);
21:
22:     }
23:
24: }
```

【실행결과】

```
Everything in your world is created by what you think.
Everything in your world is created by your thoughts.
everything in your world is created by your thoughts.
EVERYTHING IN YOUR WORLD IS CREATED BY YOUR THOUGHTS.
```

08번 줄은 s 변수의 문자열에 (" by what you think.")를 추가한 후 s2 변수에서 참조합니다. 12번 줄은 s2에서 "by what you think." 문자열을 찾아 "by your thoughts." 문자열로 변경합니다. 새롭게 변경된 문자열은 s3 변수에서 참조합니다.

16번 줄은 s3의 문자열을 모두 소문자로 변경한 후 s4 변수에서 참조하고, 17번 줄은 s3의 문자열을 모두 대문자로 변경한 후 s5 변수에서 참조합니다.

(7) 문자열 추출

【프로토타입】

```
String[] split(String regex)
String[] split(String regex, int limit)
String substring(int beginIndex)
String substring(int beginIndex, int endIndex)
```

split( ) 메서드는 인자로 구분자를 지정하면 지정된 구분자로 문자열을 자른 후 String[ ] 배열로 반환합니다. split( ) 메서드에 인자값을 하나만 지정하면 문자열 전체를 지정된 구분자로 분리하여 String[ ] 배열로 반환합니다.

문자열을 분리할 구분자
↓
split(String regex)

그림 매개변수가 1개인 split( ) 메서드

split( ) 메서드에 인자를 두 개 지정할 수도 있습니다. 첫 번째 인자는 분리하는 구분자이고, 두 번째 인자는 분리하는 문자열의 개수입니다. 만약 두 번째 인자값에 2를 지정하면 분리되는 전체 문자열 개수는 2개로 한정됩니다.

문자열을 분리할 구분자
↓
split(String regex, int limit)
↑
분리되는 문자열 개수

그림 매개변수가 2개인 split( ) 메서드

substring( ) 메서드는 문자열에서 원하는 문자열 일부분만 추출할 때 사용합니다. substring( ) 메서드는 인자값으로 추출할 문자열의 인덱스를 전달하는데, 다음처럼 하나의 인자값만 지정하면 지정된 위치부터 마지막까지 문자열을 추출하여 반환합니다.

문자를 추출할 시작 위치
substring(int beginIndex)

그림 매개변수가 1개인 substring( ) 메서드

문자열의 중간 부분을 추출할 때는 다음처럼 시작과 끝 인덱스를 전달합니다. 이때 주의 사항은 두 번째 인자로 전달한 인덱스 바로 앞까지만 추출하므로 끝 인덱스를 전달할 때 +1만큼 더해서 지정해야 합니다.

문자를 추출할 시작 위치   문자를 추출할 끝 위치 + 1
substring(int beginIndex, int endIndex)

그림 매개변수가 2개인 substring( ) 메서드

예제를 통해 메서드들을 확인해 보겠습니다.

Test07.java
```java
01: package com.ruby.java.ch09;
02:
03: public class Test07 {
04:     public static void main(String[] args) {
05:         String s = "한국,일본,중국,미국,독일,프랑스";
06:
07:         String[] list = s.split(",");
08:         String[] list2 = s.split(",", 2);
09:
10:         for(String item : list) {
11:             System.out.println(item);
12:         }
13:         System.out.println("==================");
14:         for(String item : list2) {
15:             System.out.println(item);
16:         }
17:         System.out.println("==================");
18:
19:         String email = "purum@rubypaper.co.kr";
20:         int i = email.indexOf("@");
```

```
21:        String id = email.substring(0, i);
22:        String company = email.substring(i + 1);
23:        System.out.println(id);
24:        System.out.println(company);
25:
26:    }
27: }
```

【실행결과】
한국
일본
중국
미국
독일
프랑스
================
한국
일본,중국,미국,독일,프랑스
================
purum
rubypaper.co.kr

05번 줄에서 s 변수에 저장한 문자열을 07번 줄에서 콤마(,)를 기준으로 분리한 후 list 배열에 저장합니다. 그리고 08번 줄에서 다시 한번 s 변수의 문자열을 콤마(,)를 기준으로 분리하는데 이번에는 문자열의 개수를 2개로 한정합니다. 따라서 list2 배열의 길이는 2가 됩니다.

20번 줄은 email 문자열에서 @ 문자의 인덱스를 알아내고 i 변수에 저장합니다. 그리고 21번 줄에서 substring( ) 메서드의 두 번째 인자로 i 변수를 전달해 email 문자열의 0번지부터 i − 1번지까지의 문자열을 추출합니다.

변수 i는 문자 @의 인덱스값을 나타내므로 22번 줄에서 i + 1 번지는 @ 문자 다음을 의미합니다. 따라서 @ 문자 다음 문자부터 문자열의 끝까지, 즉 이메일 주소의 계정을 추출합니다.

(8) 문자열 변환

자바 프로그램에서 사용할 수 있는 데이터 타입은 기본 타입과 참조 타입이 있습니다. valueOf( ) 메서드는 이러한 타입의 데이터를 String으로 변환해줍니다. String의 valueOf( ) 메서드는 자바의 대부분 타입을 인자로 받을 수 있게 오버로딩되어 있고 static으로 선언되어 있어서 String.valueOf( ) 형태로 사용할 수 있습니다.

【프로토타입】

```
static String valueOf(boolean b)
static String valueOf(char c)
static String valueOf(char[] data)
static String valueOf(char[] data, int offset, int count)
static String valueOf(double d)
static String valueOf(float f)
static String valueOf(int i)
static String valueOf(long l)
static String valueOf(Object obj)
```

예제를 통해 valueOf( ) 메서드를 확인해 보겠습니다. 다양한 타입의 데이터를 valueOf( ) 메서드에 전달해 보겠습니다. 인자로 전달한 모든 타입의 데이터는 String으로 변환되며 문자열은 전달한 값으로 처리됩니다. 앞에서 알아본 바와 같이 참조변수를 출력하면 toString( ) 메서드가 문자열을 반환합니다.

Test08.java
```
01: package com.ruby.java.ch09;
02:
03: public class Test08 {
04:     public static void main(String[] args) {
05:         String s1 = String.valueOf(true);
06:         String s2 = String.valueOf('A');
07:         String s3 = String.valueOf(3.14);
08:         String s4 = String.valueOf(123);
09:         String s5 = String.valueOf(new MyObject(123));
10:
11:         System.out.println(s1);
12:         System.out.println(s2);
13:         System.out.println(s3);
14:         System.out.println(s4);
15:         System.out.println(s5);
16:     }
17: }
```

【실행결과】

```
true
A
3.14
123
MyObject
```

9.2.3. StringBuffer/StringBuilder 클래스

StringBuffer와 StringBuilder도 String처럼 문자열을 처리하는 클래스입니다. String 클래스가 제공하는 메서드를 거의 동일하게 제공합니다. 이처럼 문자열을 처리하는 클래스는 여러 개이지만 저마다 특성이 다릅니다.

앞에서 학습한 String 클래스는 커다란 단점이 하나 있습니다. 바로 원본이 변경되지 않는다는 점입니다. 원본 문자열이 변경되지 않으니 문자열을 수정할 때마다 메모리에 새로운 문자열이 생성되고, 이전 문자열은 메모리에 남아 쓸데없는 자리만 차지하게 됩니다. 즉, String은 메모리 사용에 있어서 비효율적인 면이 있습니다.

String의 이런 단점을 보완하는 클래스가 StringBuffer와 StringBuilder입니다. 이 클래스들은 문자열을 처음 만들 때 넉넉한 메모리 공간을 확보해서 그 안에 문자열을 저장하고 수정하도록 합니다. 문자열을 처리하기 위해 확보한 넉넉한 메모리 공간을 버퍼(buffer)라고 부릅니다. 버퍼에서 문자열을 수정하므로 StringBuffer와 StringBuilder는 수정할 때마다 String처럼 새로운 문자열을 만들 필요가 없습니다.

이제 StringBuffer와 StringBuilder 클래스의 차이점을 알아보겠습니다. 두 클래스 모두 버퍼를 이용하여 문자열을 수정하므로 효율적으로 메모리를 관리할 수 있다는 공통점이 있고, 멤버로 가지고 있는 메서드도 거의 같습니다. 사실 특별한 경우를 빼고는 두 클래스의 차이점은 없습니다. 평상시에는 어떤 클래스를 사용해도 무방합니다. 그런데 딱 하나 차이가 나는 경우는 생성된 인스턴스를 동시에 여러 곳에서 접근하여 사용할 때입니다.

예를 들어 지금 공연 좌석 예매를 하려고 합니다. 하나의 좌석에 여러 명이 동시에 예매를 시도할 때 예매 시스템은 어떻게 처리해야 할까요? 먼저 예매를 시도한 사람이 있다면 그 사람이 작업을 완료할 때까지 다른 사람은 그 좌석을 선택할 수 없도록 해야 합니다.

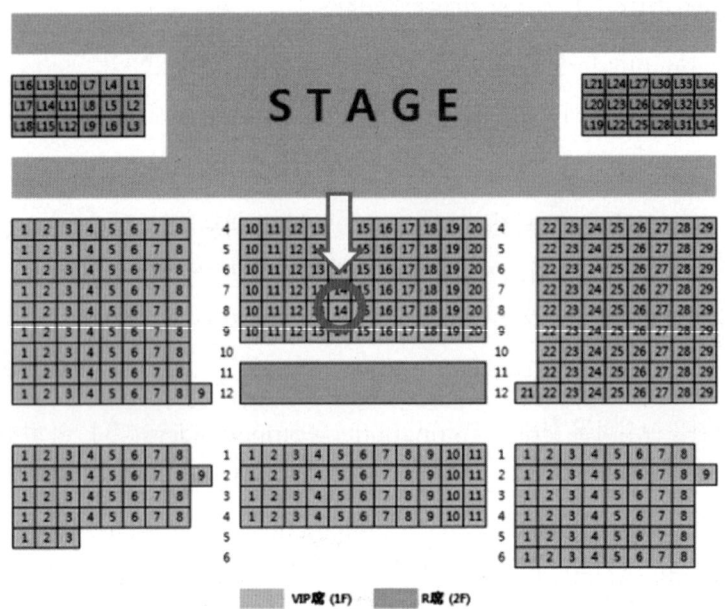

그림 좌석 예매

만약 이러한 제약을 두지 않고 동시에 예매할 수 있도록 한다면 한 좌석을 여러 명이 예매하게 되는 사태가 벌어집니다. StringBuffer 클래스는 이처럼 동시에 접근하는 상황에 대처할 수 있고, StringBuilder는 대처할 수 없습니다.

여러 곳에서 동시에 접근해야 한다면 당연히 StringBuffer를 사용해 오류가 발생하지 않도록 해야 합니다. 그런데 이처럼 동시에 접급하는 상황이 발생할 가능성이 없다면 StringBuilder를 사용하는 것이 더 효율적입니다. 왜냐하면 StringBuffer는 동시에 접근하는 상황을 처리하기 위해 StringBuilder보다 내부적으로 많은 처리를 하기 때문입니다. 따라서 일반적으로 사용할 때는 StringBuilder가 더 효율적입니다.

표 StringBuilder 클래스의 생성자

생성자	설명
StringBuilder()	처음 크기가 16인 StringBuilder 생성
StringBuilder(int capacity)	지정된 크기의 StringBuilder 생성
StringBuilder(String str)	지정된 문자열을 가진 StringBuilder 생성

다음은 StringBuilder 클래스의 주요 메서드입니다. * 표시는 메서드 오버로딩이 되어서 여러 타입이 올 수 있다는 것을 의미합니다.

표 StringBuilder 클래스의 메서드

제어자 및 타입	메서드	설명
StringBuilder	append(*)	매개변수로 전달받은 값을 추가
int	capacity()	현재 크기 반환
char	charAt(int)	매개변수로 전달받은 인덱스의 문자 반환
StringBuilder	delete(int, int)	매개변수로 전달받은 인덱스 사이의 문자열 삭제
StringBuilder	deleteCharAt(int)	매개변수로 전달받은 인덱스의 문자 삭제
int	indexOf(*)	매개변수로 전달받은 문자열의 시작 인덱스 반환
StringBuilder	insert(int, *)	첫 번째 매개변수로 전달받은 위치 다음에 두 번째 매개변수를 삽입
int	lastIndexOf(*)	매개변수로 전달받은 문자열을 뒤에서부터 검색하여 시작 인덱스 반환
int	length()	문자열 전체 길이 반환
StringBuilder	replace(int, int, String)	매개변수로 전달받은 범위를 세 번째 매개변수의 문자열로 대체
StringBuilder	reverse()	문자열을 거꾸로 뒤집기
void	setCharAt(int , char)	특정 위치에 문자 삽입
void	setLength(int)	문자열의 길이를 새로 지정
String	substring(int)	매개변수로 전달받은 위치부터 문자열 추출
String	substring(int, int)	문자열 일부 추출
String	toString()	문자열 반환
void	trimToSize()	StringBuilder의 크기를 저장된 문자 수에 맞춤

예제를 통해 StringBuilder를 사용해 보겠습니다.

Test09.java

```
01: package com.ruby.java.ch09;
02:
03: public class Test09 {
04:    public static void main(String[] args) {
05:        StringBuilder sb = new StringBuilder("날이 좋아서 ");
06:
07:        System.out.println(sb);
08:        System.out.println(sb.append("날이 적당해서"));
09:        System.out.println(sb.insert(8, "날이 좋지 않아서 "));
10:        System.out.println(sb.append(" 모든 날이 좋았다 "));
11:
12:        int start = sb.indexOf("모든 날이 좋았다 ");
13:        int end = sb.length();
```

```
14:        System.out.println(sb.replace(start, end, "너와 함께 한 시간 모두 눈부셨다"));
15:    }
16: }
```

【실행결과】

날이 좋아서
날이 좋아서 날이 적당해서
날이 좋아서 날이 좋지 않아서 날이 적당해서
날이 좋아서 날이 좋지 않아서 날이 적당해서 모든 날이 좋았다
날이 좋아서 날이 좋지 않아서 날이 적당해서 너와 함께 한 시간 모두 눈부셨다

05번 줄에서 "날이 좋아서 " 문자열을 가진 StringBuilder 인스턴스를 생성합니다. 그리고 07번 줄에서 참조변수를 출력하였으므로 StringBuilder의 toString( ) 메서드가 실행됩니다. StringBuilder의 toString( ) 메서드는 문자열을 반환합니다.

08번 줄에서 StringBuilder의 문자열에 append( ) 메서드의 인자로 전달한 문자열을 추가합니다. 앞에서 설명한 것처럼 StringBuilder는 원본이 변경됩니다. 09번 줄에서 insert( ) 메서드는 StringBuilder 문자열의 8번 인덱스에 "날이 좋지 않아서 " 문자열을 삽입합니다. 12번 줄에서 indexOf( ) 메서드는 인자로 전달한 문자열이 시작되는 인덱스를 반환합니다. start 변수에는 문자열의 시작 인덱스가 저장됩니다.

13번 줄에서 sb의 전체 문자열 길이를 추출하여 end 변수에 저장하고, 14번 줄에서 start부터 end 바로 앞까지의 내용을 세 번째 인자로 지정한 문자열로 대체합니다.

9.2.4. Math 클래스

Math는 수학적인 계산에 관한 처리를 하는 클래스입니다. Math 클래스가 가지는 필드, 메서드는 모두 static으로 선언되었으므로 'Math.변수' 또는 'Math.메서드( )' 형태로 사용합니다. 또한, Math 클래스는 생성자가 private 접근 제한자로 선언되었으므로 인스턴스를 생성할 수 없습니다.

표 Math 클래스의 필드

제어자 및 타입	필드	설명
static double	E	자연 로그 (2.71828...)
static double	PI	원주율 (3.141592...)

표 Math 클래스의 메서드(* 표시는 오버로딩 메서드)

제어자 및 타입	메서드	설명	예
static *	abs(*)	절댓값을 구함	Math.abs(-12) → 12
static double	ceil(double a)	매개변수 값을 올림함	Math.ceil(12.5) → 13.0
static double	floor(double a)	매개변수 값을 내림함	Math.floor(12.5) → 12.0
static *	max(*)	최댓값을 구함	Math.max(5, 8) → 8
static *	min(*)	최솟값을 구함	Math.min(5, 8) → 5
static double	pow(double a, double b)	a의 b승을 구함	Math.pow(2, 3) → 8
static double	random()	0.0 이상 1.0 미만의 난수를 구함	Math.random() → 실행할 때마다 값이 달라짐
static *	round(*)	소수점 첫째 자리에서 반올림함	Math.round(12.5) → 13.0
static double	sqrt(double a)	a의 제곱근을 구함	Math.sqrt(4) → 2.0

Test10.java

```
01: package com.ruby.java.ch09;
02:
03: public class Test10 {
04:     public static void main(String[] args) {
05:         System.out.println(Math.E);      // 2.718281828459045
06:         System.out.println(Math.PI);     // 3.141592653589793
07:
08:         System.out.println(Math.abs(-12));      // 12
09:         System.out.println(Math.ceil(12.5));    // 13.0
10:         System.out.println(Math.floor(12.5));   // 12.0
11:         System.out.println(Math.max(5, 8));     // 8
12:         System.out.println(Math.min(5, 8));     // 5
13:         System.out.println(Math.pow(2, 3));     // 8
14:         System.out.println(Math.random());      // 0.0 <= x < 1.0
15:         System.out.println(Math.round(12.5));   // 13
16:         System.out.println(Math.sqrt(4));       // 2.0
17:     }
18: }
```

【실행결과】

2.718281828459045

3.141592653589793

12

```
13.0
12.0
8
5
8.0
0.08725724914474176
13
2.0
```

9.2.5. Wrapper 클래스

Wrapper 클래스는 Wrapper라는 이름의 클래스가 존재하는 것이 아니라 java.lang 패키지에 있는 클래스 중 자바의 기본 데이터 타입과 매핑되는 클래스들을 의미합니다.

표 Wrapper 클래스

Wrapper 클래스	기본 데이터 타입
Boolean	boolean
Byte	byte
Character	char
Double	double
Float	float
Integer	int
Long	long
Short	short

(1) 박싱과 언박싱

기본 데이터는 값 자체만 저장되어 있으므로 데이터에 대해 처리할 때 메서드를 사용할 수 없습니다. 따라서 데이터에 대한 처리 기능이 필요할 때는 기본 데이터를 Wrapper 클래스로 생성한 후 해당 클래스에서 제공하는 메서드를 활용합니다.

Wrapper 클래스를 생성할 때는 Wrapper 클래스에서 static으로 제공하는 valueOf( ) 메서드를 사용하여 생성합니다. 이렇게 기본 데이터를 Wrapper 객체로 만드는 과정을 '박싱(Boxing)'이라고 합니다.

기본 데이터를 클래스 형태로 생성하여 사용하다가 반대로 기본 타입으로 변경하고자 할 때는 Wrapper 클래스에서 제공하는 '**데이터 타입.valueOf( )**' 메서드를 사용합니다. Wrapper 클래스 형태의 데이터를 기본 타입으로 변경하는 과정은 '언박싱(Unboxing)'이라고 합니다.

표 박싱과 언박싱

기본 타입 → 클래스 타입 (Boxing)	클래스 타입 → 기본 타입 (Unboxing)
Boolean.valueOf(boolean b) Boolean.valueOf(String s)	boolean booleanValue()
Byte.valueOf(byte b) Byte.valueOf(String s)	byte byteValue()
Character.valueOf(char c)	char charValue()
Double.valueOf(double d) Double.valueOf(String s)	double doubleValue()
Float.valueOf(float f) Float.valueOf(String s)	float floatValue()
Integer.valueOf(int i) Integer.valueOf(String s)	int intValue()
Long.valueOf(long l) Long.valueOf(String s)	long longValue()
Short.valueOf(short s) Short.valueOf(String s)	short shortValue()

박싱(Boxing)과 언박싱(Unboxing)하는 코드를 작성해보겠습니다.

Test11.java

```
01: package com.ruby.java.ch09;
02:
03: public class Test11 {
04:
05:     public static void main(String[] args) {
06:         boolean bool = true;
07:         byte b = 12;
08:         char c = 'A';
09:         double d = 3.14;
10:         float f = 10.5f;
11:         int i = 123;
12:         long l = 123456789;
13:         short s = 256;
14:
15:         Boolean obj1 = Boolean.valueOf(bool);
16:         Byte obj2 = Byte.valueOf(b);
17:         Character obj3 = Character.valueOf(c);
18:         Double obj4 = Double.valueOf(d);
```

```
19:        Float obj5 = Float.valueOf(f);
20:        Integer obj6 = Integer.valueOf(i);
21:        Long obj7 = Long.valueOf(l);
22:        Short obj8 = Short.valueOf(s);
23:
24:        boolean bool2 = obj1.booleanValue();
25:        byte b2 = obj2.byteValue();
26:        char c2 = obj3.charValue();
27:        double d2 = obj4.doubleValue();
28:        float f2 = obj5.floatValue();
29:        int i2 = obj6.intValue();
30:        long l2 = obj7.longValue();
31:        short s2 = obj8.shortValue();
32:    }
33: }
```

(2) 오토박싱

기본 데이터를 Wrapper 객체로 만들려면 Wrapper 클래스의 valueOf( ) 메서드를 사용해야 했습니다. 또한, Wrapper 객체를 기본 데이터로 변환하기 위해 ~Value( ) 메서드를 사용했습니다. 기본 데이터 → 참조 데이터 변환은 박싱, 참조 데이터 → 기본 데이터 변환은 언박싱이라 하는데, 박싱과 언박싱 작업을 JDK 1.5부터는 자동으로 처리되며 이것을 '오토박싱(autoboxing)'이라고 합니다. 오토박싱은 컴파일 시에 처리 코드가 자동으로 생성되어서 이루어집니다.

다음 코드를 살펴보면 n1은 기본 타입이고 obj1은 참조 타입인데 n1의 값을 obj1에 대입하고 있습니다. 오류가 발생할 것 같지만 오류가 발생하지 않습니다. 내부적으로 오토박싱이 이루어진 것입니다. 두 번째 명령문이 컴파일되면서 Integer obj1 = Integer.valueOf(n1);으로 변환되기 때문입니다.

```
int n1 = 10;
Integer obj1 = n1; // Integer obj1 = Integer.valueOf(n1);
```

다음 코드는 위 코드와 반대로 기본 타입 변수에 참조 타입 변숫값을 저장하고 있습니다. 역시 오토박싱이 이루어진 것이고 컴파일 시에 두 번째 명령문이 int n2 = obj2.intValue();으로 변환됩니다.

```
Integer obj2 = Integer.valueOf("20");
int n2 = obj2; // int n2 = obj2.intValue();
```

다음 코드는 참조변수 obj3에 상수를 대입하고 있습니다. 참조변수는 new로 생성된 인스턴스의 주솟값을 가지는 변수로서 다음 코드처럼 상수를 대입할 수 없습니다. 그러나 오류가 발생하지 않습니다. 다음 코드는 컴파일하면서 Integer obj3 = Integer.valueOf(30);으로 변환되기 때문입니다.

```
Integer obje3 = 30; // Integer obj3 = Integer.valueOf(30);
```

다음 코드의 이상한 점은 참조 데이터와 기본 데이터가 연산을 하고 있습니다. 이것도 가능합니다. Wrapper 클래스는 내부적으로 기본 데이터로 변경되어 처리되기 때문입니다.

```
int n3 = obj3 + 40;
```

학습한 내용을 예제를 통해 확인해 보겠습니다.

Test12.java
```
01: package com.ruby.java.ch09;
02:
03: public class Test12 {
04:
05:     public static void main(String[] args) {
06:         int n1 = 10;
07:         Integer obj1 = n1;    // Integer.valueOf(n1)
08:
09:         Integer obj2 = Integer.valueOf("20");
10:         int n2 = obj2;    // obj2.intValue()
11:
12:         Integer obj3 = 30;    // new Integer(30)
13:
14:         int n3 = obj3 + 40;
15:
16:         System.out.println(n1 + " : " + obj1);
17:         System.out.println(obj2 + " : " + n2);
18:         System.out.println(n3);
19:     }
20: }
```

【실행결과】

```
10 : 10
20 : 20
70
```

(3) 문자열 변환

Wrapper 클래스는 문자열 타입의 데이터를 기본 데이터 타입으로 변환하는 메서드들을 제공합니다. 문자열에서 기본 데이터 타입으로 변환하는 메서드는 다음과 같습니다. 모두 static으로 선언되어 있습니다. 올바르게 문자열을 기본 데이터 타입으로 변환 처리하려면 기본 데이터로 표현할 수 있는 유효한 값을 전달해야 합니다. 변환할 수 없는 잘못된 문자열을 전달하면 오류가 발생합니다.

메서드	설명
static boolean parseBoolean(String s)	문자열 → boolean
static byte parseByte(String s)	문자열 → byte
static double parseDouble(String s)	문자열 → double
static float parseFloat(String s)	문자열 → float
static int parseInt(String s)	문자열 → int
static long parseLong(String s)	문자열 → long
static short parseShort(String s)	문자열 → short

Test13.java

```
01: package com.ruby.java.ch09;
02:
03: public class Test13 {
04:     public static void main(String[] args) {
05:         boolean bool3 = Boolean.parseBoolean("true");
06:         byte b3 = Byte.parseByte("12");
07:         double d3 = Double.parseDouble("3.14");
08:         float f3 = Float.parseFloat("10.5f");
09:         int i3 = Integer.parseInt("123");
10:         long l3 = Long.parseLong("123456789");
11:         short s3 = Short.parseShort("256");
12:     }
13: }
```

9.3. 유틸리티 API

이번 절에서는 자바 API 중에서 java.util 패키지에 있는 유틸리티 API들에 대하여 살펴보겠습니다.

9.3.1. StringTokenizer 클래스

StringTokenizer 클래스는 String의 split( ) 메서드처럼 문자열을 분리하는 기능이 있습니다. String의 split( ) 메서드는 String[ ] 배열로 분리된 문자열을 반환하지만, StringTokenizer 클래스는 자체적으로 분리된 문자열을 처리합니다. StringTokenizer가 자체적으로 가지는 분리된 문자열을 '토큰(token)'이라고 부릅니다.

표 StringTokenizer 클래스의 생성자

생성자	설명
StringTokenizer(String str)	매개변수로 전달받은 문자열을 대상으로 공백을 기준으로 문자를 분리
StringTokenizer(String str, String delim)	첫 번째 매개변수로 전달받은 문자열을 두 번째 매개변수로 전달받은 구분자를 사용하여 분리
StringTokenizer(String str, String delim, boolean returnDelims)	첫 번째 매개변수로 전달받은 문자열을 두 번째 매개변수로 전달받은 구분자를 사용하여 분리할 때 구분자를 포함할지 지정

표 StringTokenizer 클래스의 메서드

메서드	설명
int countTokens()	추출하지 않고 남아 있는 토큰 수 반환
boolean hasMoreElements()	커서 다음에 토큰이 있는지 판단
boolean hasMoreTokens()	커서 다음에 토큰이 있는지 판단
Object nextElement()	커서 다음의 토큰을 Object 형태로 반환
String nextToken()	커서 다음의 토큰을 String 형태로 반환
String nextToken(String delim)	커서 다음의 토큰을 지정된 구분자로 분리

```
String s = "id=guest name=Amy pwd=1004";
StringTokenizer st = new StringTokenizer(s);
```

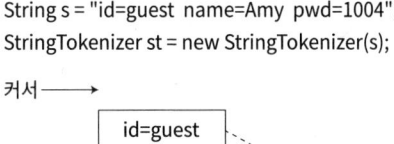

그림 토큰

StringTokenizer 생성 시 문자열만 지정하면 공백을 기준으로 문자열이 분리됩니다. 분리된 각 문자열은 토큰(token)이라고 하며 StringTokenizer는 토큰들의 집합입니다. 토큰을 처리하는 방법은 StringTokenizer가 커서(cusor)라는 정보를 가지고 있는데 커서는 토큰의 위치를 나타내는 역할을 합니다. StringTokenizer를 생성했을 때 초기 커서의 위치는 첫 번째 토큰 앞에 위치합니다.

커서를 기반으로 수행되는 메서드를 살펴보면 countTokens( ) 메서드는 커서 다음에 존재하는 토큰들의 수를 반환합니다. 다음 실행문의 결과는 3입니다.

```
String s = "id=guest name=Amy pwd=1004";
StringTokenizer st = new StringTokenizer(s);
st.countTokens();
```

커서 다음에 토큰이 있는지 판단할 때는 hasMoreTokens( ) 메서드를 사용합니다. 현재 커서 다음에 토큰이 있다면 true, 없다면 false를 반환합니다.

```
st.hasMoreTokens();
```

StringTokenizer의 nextToken( ), nextElement( ) 메서드는 커서 다음에 위치한 토큰을 반환하고 커서를 다음 토큰으로 이동합니다. 두 메서드의 차이점은 nextToken( )은 String 타입으로 반환하고, nextElement( )는 Object 타입으로 반환합니다.

```
st.nextToken();
st.nextElement();
```

위 실행문 중 하나가 실행이 완료되었다면 커서의 위치는 첫 번째 토큰으로 이동됩니다.

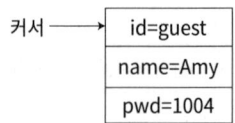

그림 커서 위치

StringTokenzier를 생성할 때 다음처럼 세 번째 인자에 true 또는 false를 지정할 수 있습니다. 이것은 구분자를 토큰에 포함할지 지정합니다. true로 지정하면 토큰에 구분자들도 포함됩니다.

```
StringTokenizer st2 = new StringTokenizer(s, "&", true);
```

예제를 통해 StringTokenzier를 확인해 보겠습니다.

Test14.java

```
01: package com.ruby.java.ch09;
02:
03: import java.util.StringTokenizer;
04:
05: public class Test14 {
06:     public static void main(String[] args) {
07:
08:         String msg = "Although the world is full of suffering, it is full also of the overcoming of it.";
09:         StringTokenizer st1 = new StringTokenizer(msg);
10:         System.out.println("단어 수 : " + st1.countTokens());
11:
12:         System.out.println("==============");
13:         String s = "id=guest&name=Amy&pwd=1004";
```

```
14:        StringTokenizer st2 = new StringTokenizer(s, "&");
15:        while(st2.hasMoreTokens()) {
16:            System.out.println("남아있는 토큰 수 : " + st2.countTokens());
17:            System.out.println(st2.nextToken());
18:        }
19:
20:        System.out.println("==============");
21:        StringTokenizer st3 = new StringTokenizer(s, "=&");
22:        while(st3.hasMoreTokens()) {
23:            System.out.println(st3.nextToken());
24:        }
25:    }
26: }
```

【실행결과】

```
단어 수 : 16
==============
남아있는 토큰 수 : 3
id=guest
남아있는 토큰 수 : 2
name=Amy
남아있는 토큰 수 : 1
pwd=1004
==============
id
guest
name
Amy
pwd
1004
```

소스에 대한 자세한 설명은 다음과 같습니다.

```
08: String msg = "Although the world is full of suffering, it is full also of the overcoming of it.";
09: StringTokenizer st1 = new StringTokenizer(msg);
10: System.out.println("단어 수 : " + st1.countTokens());
```

msg 문자열을 공백을 기준으로 분리한 후 st1에 토큰들을 저장합니다. st1.countTokens( )는 msg의 분리된 토큰 수를 반환합니다. 문자열을 공백으로 기준으로 분리한 후 토큰들을 세는 것은 결과적으로 단어의 수를 세는 것입니다.

```
13: String s = "id=guest&name=Amy&pwd=1004";
14: StringTokenizer st2 = new StringTokenizer(s, "&");
```

문자열 s를 "&" 기준으로 분리한 후 st2에 토큰들을 저장합니다.

```
15: while(st2.hasMoreTokens()) {
```

st2의 커서 다음에 토큰이 있는지 판단합니다. 토큰이 존재하면 true, 존재하지 않으면 false를 반환합니다. 커서 다음에 더는 토큰이 존재하지 않을 때까지 반복 실행하기 위한 조건입니다.

```
16: System.out.println("남아있는 토큰 수 : " + st2.countTokens());
17: System.out.println(st2.nextToken());
```

countTokens( ) 메서드는 커서 다음에 존재하는 토큰 수를 세어서 반환합니다. nextToken( ) 메서드는 커서 다음의 토큰을 String 타입으로 반환하고 커서의 위치를 다음 토큰으로 이동시킵니다.

```
21: StringTokenizer st3 = new StringTokenizer(s, "=&");
```

문자열을 분리하는 기준으로 사용하는 구분자를 한 개가 아니라 여러 개로 지정하고 있습니다. "=" 문자 또는 "&" 두 개의 문자를 구분자로 사용합니다.

9.3.2. Random 클래스

난수(random number)란 정해진 순서나 규칙 없이 만들어지는 수를 의미합니다. 난수가 가장 많이 사용되는 곳은 게임입니다. 컴퓨터와 하는 가위, 바위, 보 게임에서 다음에 무엇이 나올지 게임자가 예상할 수 없어야 합니다. 지뢰 게임에서는 지뢰가 위치한 곳을, 카드 게임에서는 상대 카드 패를 예상할 수 없게 해야 합니다. 이처럼 예상할 수 없는 게임을 진행하려면 매 게임이 시작할 때마다 예측할 수 없는 값을 기반으로 가위, 바위, 보 중 하나를 선택한다거나 지뢰의 위치를 정한다거나 카드 패를 구성해야 합니다. 이때의 예측할 수 없는 값이 바로 난수입니다.

그림 가위 바위 보

게임으로 난수의 사용 예를 들었지만 난수가 가장 독보적으로 사용되는 곳은 보안 부분입니다. 보안을 위한 암호를 생성하거나 해독할 때도 사용되고 여러분이 은행 업무를 볼 때 사용하는 OTP의 숫자도 난수를 사용한 암호입니다.

그림 OTP

java.util 패키지의 Random 클래스가 난수에 관한 기능을 처리하는 API입니다.

표 Random 클래스의 생성자

생성자	설명
Random()	난수를 발생하기 위한 Random 객체 생성
Random(long seed)	매개변수로 전달받은 값을 기초로 하는 난수를 발생하는 Random 객체 생성

표 Radndom 클래스의 메서드

제어자 및 타입	메서드	설명
boolean	nextBoolean()	true 또는 false 난수를 반환
double	nextDouble()	0.0 ~ 1.0 사이의 난수를 반환(1.0 미포함)
int	nextInt()	int 범위의 난수 반환
int	nextInt(int bound)	0 ~ bound 사이의 난수 반환(bound 미포함)
long	nextLong()	long 범위의 난수 반환
void	setSeed(long seed)	난수를 발생하기 위한 기본값 설정

예제를 통해 Random 클래스를 테스트해 보겠습니다.

Test15.java

```java
01: package com.ruby.java.ch09;
02:
03: import java.util.Random;
04:
05: public class Test15 {
06:     public static void main(String[] args) {
07:         Random r1 = new Random();
08:         for(int i = 0; i < 5; i++) {
09:             System.out.print(r1.nextInt()+"\t");
10:             System.out.print(r1.nextInt(10)+"\t");
11:             System.out.print(r1.nextBoolean()+"\t");
```

```
12:         System.out.print(r1.nextDouble()+"\t");
13:         System.out.println();
14:     }
15: }
16: }
```

【실행결과】

-1004630131	1	true	0.19940465693659437
-219444362	7	true	0.778501040150012
-660006064	5	true	0.9145349455258247
1132303598	2	true	0.4262284833489808
-832221576	2	false	0.7232462499263005

실행결과는 실행할 때마다 새로운 난수가 발생하므로 결괏값이 책과 다릅니다. 소스에 대한 자세한 설명은 다음과 같습니다.

```
07: Random r1 = new Random();
```

난수를 생성하기 위한 클래스 Random 클래스의 인스턴스를 생성합니다.

```
09: System.out.print(r1.nextInt()+"\t");
```

nextInt( ) 메서드는 int로 표현할 수 있는 범위의 숫자 중 하나를 반환합니다.

```
10: System.out.print(r1.nextInt(10)+"\t");
```

nextInt(10) 메서드는 0 ~ 9 사이의 난수를 반환합니다.

```
11: System.out.print(r1.nextBoolean()+"\t");
```

nextBoolean( ) 메서드는 true 또는 false 값을 반환합니다.

```
12: System.out.print(r1.nextDouble()+"\t");
```

nextDouble( ) 메서드는 double로 표현할 수 있는 범위의 숫자 중 하나를 반환합니다.

앞에서 작성한 Test15 클래스의 main( ) 메서드에 다음 코드를 추가하겠습니다.

```
Test15.java
01: package com.ruby.java.ch09;
02:
03: import java.util.Random;
04:
05: public class Test15 {
06:     public static void main(String[] args) {
...
08:         Random r2 = new Random(123);
09:         for(int i = 0; i < 5; i++) {
10:             System.out.println(r2.nextInt(10));
11:         }
12:     }
13: }
```

【실행결과】

```
...
2
0
6
9
5
```

소스에 대한 자세한 설명은 다음과 같습니다.

```
08: Random r2 = new Random(123);
```

Random 인스턴스를 생성하면서 인자값을 전달하였습니다. 이 값은 난수를 생성할 때 사용하는 기본값이 됩니다. 계산을 할 때 기본값으로 사용되는 값을 '시드(seed)'라고 합니다. 시드가 123인 Random 객체를 생성한 것입니다.

```
10: System.out.println(r2.nextInt(10));
```

시드가 123인 Random r2를 이용해 0~9 사이의 난수를 생성합니다.

Test15를 여러 번 실행하면서 추가된 코드의 결괏값을 확인해봅시다. 몇 번을 실행하든 동일한 난수가 생성되는 것을 확인할 수 있습니다. 이유는 난수를 발생하는 Random 객체의 시드값이 같기 때문입니다. 이처럼 Random 객체에 시드를 지정하는 작업은 같은 환경에서 여러 번 테스트하려고 할 때 사용하며 실제 프로그램에서는 활용되지 않습니다.

9.3.3. Arrays 클래스

java.util 패키지의 Arrays 클래스는 배열에 관한 여러 가지 기능을 제공합니다. Arrays 클래스에서 제공되는 모든 메서드가 static으로 선언되어 있으므로 'Arrays.메서드( )' 형태로 사용합니다.

표 Arrays 클래스의 메서드(* 표시는 오버로딩)

제어자 및 타입	메서드	설명
static int	binarySearch(*)	배열에서 매개변수로 전달받은 값을 검색한 후 인덱스를 반환
static *[]	copyOf(*[] original, int len)	original 배열을 len 길이만큼 복사한 배열을 반환
static boolean	equals(*[] a, *[] a2)	매개변수로 전달받은 두 배열이 같은지 비교
static void	sort(*[] a)	배열 내용을 정렬
static String	toString(*[] a)	배열 내용을 문자열로 반환

예제를 통해 Arrays 클래스의 메서드를 확인해보겠습니다.

Test16.java

```java
01: package com.ruby.java.ch09;
02:
03: import java.util.Arrays;
04:
05: public class Test16 {
06:
07:     public static void main(String[] args) {
08:         int score[] = { 85, 90, 95, 100, 75 };
09:         int score2[] = Arrays.copyOf(score, score.length);
10:         int score3[] = Arrays.copyOfRange(score, 3, 5);
11:
12:         int score4[] = new int[score.length];
13:         System.arraycopy(score, 0, score4, 0, score.length);
14:
15:         System.out.println(Arrays.toString(score));
16:         System.out.println(Arrays.toString(score2));
17:         System.out.println(Arrays.toString(score3));
18:         System.out.println(Arrays.toString(score4));
19:
20:         System.out.println(Arrays.equals(score, score2));
21:
22:         Arrays.sort(score);
23:         System.out.println(Arrays.toString(score));
24:         System.out.println(Arrays.equals(score, score2));
25:
```

```
26:        int index = Arrays.binarySearch(score, 100);
27:        System.out.println(index);
28:    }
29: }
```

【실행결과】

```
[85, 90, 95, 100, 75]
[85, 90, 95, 100, 75]
[100, 75]
[85, 90, 95, 100, 75]
true
[75, 85, 90, 95, 100]
false
4
```

소스에 대한 자세한 설명은 다음과 같습니다.

```
09: int score2[] = Arrays.copyOf(score, score.length);
```

score 배열을 0번지부터 score.length 길이만큼, 즉 score 배열 전체를 복사한 후 새로운 배열에 담아 반환합니다.

```
10: int score3[] = Arrays.copyOfRange(score, 3, 5);
```

score 배열을 3번지부터 5번지 바로 앞까지 복사한 후 새로운 배열에 담아 반환합니다.

```
12: int score4[] = new int[score.length];
```

score 배열의 길이와 같은 int 배열을 생성합니다

```
13: System.arraycopy(score, 0, score4, 0, score.length);
```

arraycopy( ) 메서드는 java.lang 패키지의 System 클래스에서 static으로 선언된 메서드로서 배열을 복사하는 기능을 합니다. arraycopy( ) 메서드에 전달하는 인자값의 의미는 다음과 같습니다.

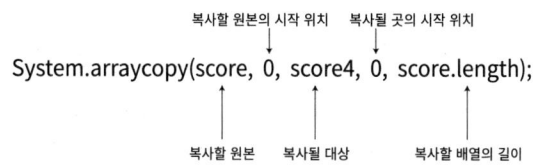

그림 arraycopy( ) 메서드의 매개변수

```
15: System.out.println(Arrays.toString(score));
16: System.out.println(Arrays.toString(score2));
17: System.out.println(Arrays.toString(score3));
18: System.out.println(Arrays.toString(score4));
```

Arrays 클래스의 toString( ) 메서드는 매개변수로 전달받은 배열의 내용을 문자열로 반환합니다.

```
20: System.out.println(Arrays.equals(score, score2));
```

equals( ) 메서드는 매개변수로 전달받은 두 배열의 내용을 비교합니다.

```
22: Arrays.sort(score);
```

sort( ) 메서드는 매개변수로 전달받은 배열을 오름차순을 정렬합니다.

```
26: int index = Arrays.binarySearch(score, 100);
```

binarySearch( ) 메서드는 첫 번째 매개변수로 전달받은 score 배열에서 두 번째 매개변수 값을 찾아 해당 인덱스를 반환합니다.

9.3.4. Date / Calendar 클래스

java.util 패키지의 Date와 Calendar 클래스는 날짜와 시간에 관련된 처리를 하는 API입니다.

(1) Date 클래스

Date는 시스템의 날짜와 시간 정보를 가지는 API입니다. 그런데 Date 객체에서 지원하는 날짜와 시간 정보는 여러 국가들의 날짜 형식을 지원하지 않기 때문에 간단하게 날짜와 시간 정보가 필요할 때 사용합니다. Date 객체를 생성할 때는 다음의 기본 생성자를 사용합니다.

```
Date d = new Date();
```

생성된 Date 객체의 날짜 시간 정보를 문자열로 변환할 때는 Date의 toString( ) 메서드를 사용합니다.

```
String date_str = d.toString();
```

(2) Calendar 클래스

Calendar는 날짜와 시간 정보를 설정히여 사용할 수 있는 API입니다. 날짜와 시간은 타임존과 로케일(locale)에 따라 다르게 지정할 수 있으므로 Calendar에는 날짜, 시간 처리에 관한 기본적인 메서드만 존재하고, 기본적인 날짜와 시간 정보는 설정해서 사용할 수 있도록 추상 클래스로 선언되어 있습니다.

```
public abstract class Calendar extends Object implements Serializable, Cloneable,
Comparable<Calendar>
```

Calendar는 추상 클래스이므로 new 명령문으로 생성하지 못하고 Calendar에서 제공하는 getInstance( ) 메서드를 사용해 생성합니다.

```
static Calendar getInstance()
static Calendar getInstance(Locale aLocale)
static Calendar getInstance(TimeZone zone)
static Calendar getInstance(TimeZone zone, Locale aLocale)
```

매개변수가 없는 getInstance( )는 기본 타임존과 로케일 정보를 바탕으로 날짜와 시간 정보를 갖는 Calendar 객체를 생성하고, 특정한 타임존과 로케일을 바탕으로 날짜와 시간 정보를 갖고자 할 때는 getInstance( )의 인자로 타임존과 로케일 정보를 지정합니다.

현재 시스템에 설정된 기본 정보(time zone, locale)를 바탕으로 Calendar 객체를 생성할 때는 다음과 같은 명령문을 사용합니다.

```
Calendar c = Calendar.getInstacne();
```

Calendar 객체가 생성된 후에는 Calendar 객체에 포함된 필드를 사용하여 날짜와 시간을 자세하게 다룰 수 있습니다. 다음은 Calendar에 선언된 YEAR 필드입니다.

```
public static final int YEAR
```

YEAR처럼 Calendar에 선언된 필드들은 모두 int 타입의 값을 가지며 final로 선언되어 값을 수정할 수 없습니다. 또한, static으로 선언되어 '**클래스명.변수명**' 형식으로 접근하여 사용할 수 있습니다. 다음은 Calendar 필드와 값의 의미입니다.

표 Calendar 필드

필드 이름	의미
YEAR	연도
MONTH	월(0~11)
HOUR	시간(0~11)
HOUR_OF_DAY	24시간을 기준으로 한 시간
SECOND	초

필드 이름	의미
DAY_OF_MONTH	한 달의 날짜
DAY_OF_WEEK	한 주의 요일
AM_PM	오전 또는 오후
MINUTE	분
MILLISECOND	밀리초

예제를 통해 지금까지의 내용을 확인해 보겠습니다.

Test17.java

```java
01: package com.ruby.java.ch09;
02:
03: import java.util.Calendar;
04: import java.util.Date;
05:
06: public class Test17 {
07:     public static void main(String[] args) {
08:         Date d = new Date();
09:         System.out.println(d);
10:
11:         Calendar c = Calendar.getInstance();
12:
13:         System.out.println(c.get(Calendar.YEAR));
14:         System.out.println(c.get(Calendar.MONTH) + 1);
15:         System.out.println(c.get(Calendar.DAY_OF_MONTH));
16:         System.out.println(c.get(Calendar.HOUR));
17:         System.out.println(c.get(Calendar.MINUTE));
18:     }
19: }
```

【실행결과】

```
Sun Feb 25 20:33:33 KST 2018
2018
2
25
8
33
```

날짜와 시간 정보 설정

생성된 Calendar의 날짜와 시간 정보를 설정할 때는 다음의 세터 메서드를 사용합니다.

```
void set(int field, int value)
void set(int year, int month, int date)
void set(int year, int month, int date, int hourOfDay, int minute)
void set(int year, int month, int date, int hourOfDay, int minute, int second)
```

Test17.java 소스에 다음 코드를 추가합니다.

Test17.java
```
01: package com.ruby.java.ch09;
02:
03: import java.util.Calendar;
04: import java.util.Date;
05:
06: public class Test17 {
07:   public static void main(String[] args) {
...
09:     c.clear();
10:     c.set(2020, 3, 19);
11:     int year = c.get(Calendar.YEAR);
12:     int month = c.get(Calendar.MONTH);
13:     int day = c.get(Calendar.DAY_OF_MONTH);
14:     System.out.println("날짜 정보 : " + year + "/" + month + "/" + day);
15:   }
16: }
```

【실행결과】

```
...
날짜 정보 : 2020/3/19
```

소스에 대한 자세한 설명은 다음과 같습니다.

```
09: c.clear();
```

Calendar 타입의 c 변수는 현재 시스템의 날짜와 시간 정보를 가지고 있습니다. clear( ) 메서드는 기존의 정보를 지웁니다.

```
10: c.set(2020, 3, 19);
```

Calendar c의 날짜 정보를 설정합니다. set(int year, int month, int date) 메서드를 사용하여 연도, 월, 일자의 정보를 인자값으로 전달합니다.

```
11: int year = c.get(Calendar.YEAR);
12: int month = c.get(Calendar.MONTH);
13: int day = c.get(Calendar.DAY_OF_MONTH);
```

Calendar c의 정보에서 연도, 월, 일자 정보를 추출하여 지역변수 year, month, day에 저장합니다.

9.3.5. Pattern 클래스

(1) 정규표현식

정규표현식(Regular Expression)은 문자열을 찾기 위한 조건을 문자열로 표현한 것으로서 텍스트에서 새로운 문자열로 치환하거나 올바른 값인지 검사할 때 사용합니다. 정규표현식을 활용하는 예를 살펴보면 텍스트 문서에서 korea란 단어를 찾아 south korea로 모두 변경할 수도 있고 이메일 문자열을 대상으로 이메일 패턴에 맞게 입력되었는지 유효성을 검사할 수 있습니다.

이렇게 특정 문자열을 찾아 치환하거나 유효성을 검사하려면 우선 특정 문자열을 찾아야 하며 특정 문자열을 찾기 위한 패턴, 즉 정규표현식을 만들어야 합니다. 정규표현식을 만들 때는 특정한 의미가 있는 기호들을 사용합니다. 이러한 기호를 '메타 문자'라고 합니다. 다음은 정규표현식에서 문자를 지정하는 데 사용하는 메타 문자와 의미입니다.

표 정규표현식의 문자 지정 메타 문자와 의미

메타 문자	의미
\d	숫자
\D	숫자가 아님
\w	문자 또는 숫자
\W	문자 또는 숫자가 아님
\s	공백
\S	공백이 아닌 것
a-z	a부터 z 사이에 있는 모든 소문자
A-Z	A부터 Z 사이에 있는 모든 대문자
0-9	0부터 9까지의 모든 숫자

메타 문자	의미
[]	한 개의 문자 [abc] : a, b, c 중 하나 [^abac] : a, b, c가 아닌 문자 하나 [a-zA-Z] : a부터 z 또는 A부터 Z 사이의 문자 하나
()	그룹 지정

다음은 정규표현식에서 횟수를 지정하는 데 사용하는 메타 문자와 의미입니다.

표 정규표현식의 횟수 지정 메타 문자와 의미

메타 문자	횟수
*	0 또는 1번 이상
+	1번 이상
?	0 또는 1번
{n}	n번
{n,}	n번 이상
{n, m}	n번 이상 m번 이하

정규표현식의 간단한 예제를 살펴보겠습니다.

    [A-Z][a-zA-Z]*

첫 문자는 A부터 Z 사이의 한 글자가 오고 두 번째 문자는 a부터 z 또는 A부터 Z 사이의 문자가 0개 이상(*) 올 수 있는 표현식입니다.

    [a-zA-Z]+(['-][a-zA-Z]+)*

시작 문자는 알파벳 대문자 또는 소문자가 오고 1개 이상(+) 올 수 있으며 다음에 오는 문자열은 (['-][a-zA-Z]+) 그룹 패턴의 문자열이 0개 이상(*) 올 수 있는 패턴입니다.

    (['-][a-zA-Z]+)

첫 문자는 ' 또는 - 기호가 올 수 있으며 두 번째 글자부터 알파벳이 1개 이상 올 수 있는 표현식입니다.

    01[0-9]-\\d{3,4}-\\d{4}

숫자 3자리 - 숫자 3자리 또는 4자리 - 숫자 4자리가 나오는 표현식입니다.

```
\\w+@\\w+\\.\\w+(\\.\\w+)?
```

\w+는 한 개 이상의 알파벳 또는 숫자를 의미하고 \.은 점(.)을 의미합니다. 위 표현식은 문자가 1개 이상 나오고 @이 나오고 점(.)과 문자들이 반복해서 나오는 패턴입니다.

(2) 패턴 검사

정규표현식으로 패턴을 완성한 후에는 특정 문자열들이 패턴에 맞는지 검사할 수 있습니다. 문자열의 패턴을 검사할 때는 java.util.regex.Pattern 클래스의 matches( ) 메서드를 사용합니다. 다음은 Pattern의 matches( ) 메서드 선언부입니다.

```
static boolean matches(String regex, CharSequence input)
```

matches( ) 메서드의 첫 번째 매개변수에는 정규표현식을 지정하고 두 번째 매개변수에는 패턴을 검사할 문자열을 지정합니다. 그리고 지정한 문자열이 패턴과 일치하면 true를 그렇지 않으면 false를 반환합니다.

다음은 정규표현식 작성과 패턴을 검사하는 matches( ) 메서드를 사용한 예입니다.

Test18.java

```
01: package com.ruby.java.ch09;
02:
03: import java.util.regex.Pattern;
04:
05: public class Test18 {
06:
07:   public static void main(String[] args) {
08:
09:     String firstName = "Oh";
10:     String lastName = "Jung-Im";
11:     String tel = "010-1234-5678";
12:     String email = "purum@ruby.com";
13:
14:     boolean firstName_check = Pattern.matches("[A-Z][a-zA-Z]*", firstName);
15:     boolean lastName_check = Pattern.matches("[a-zA-Z]+(['-][a-zA-Z]+)*", lastName);
16:
17:     String tel_pat = "01[0-9]-\\d{3,4}-\\d{4}";
18:     String email_pat = "\\w+@\\w+\\.\\w+(\\.\\w+)?";
19:
20:     boolean tel_check = Pattern.matches(tel_pat, tel);
21:     boolean email_check = Pattern.matches(email_pat, email);
```

```
22:
23:        System.out.println("first Name :" + firstName_check);
24:        System.out.println("Last Name :" + lastName_check);
25:        System.out.println("tel :" + tel_check);
26:        System.out.println("email:" + email_check);
27:
28:        System.out.println(Pattern.matches("\\w", "!"));
29:    }
30: }
```

【실행결과】

first Name :true
Last Name :true
tel :true
email :true

(3) String 적용

다음은 String 클래스에서 제공하는 메서드입니다. 3개의 메서드 모두 첫 번째 매개변수로 정규표현식의 문자열을 전달받습니다. 문자열을 치환하거나 나눌 때 정규표현식을 사용하면 훨씬 더 유용하게 사용되는 메서드입니다.

String **replaceAll**(String regex, String replacement)
→ 지정된 패턴의 문자열을 찾아 두 번째 매개변수 문자열로 대체합니다.

String **replaceFirst**(String regex, String replacement)
→ 지정된 패턴의 첫 번째 문자열을 찾아 두 번째 매개변수 문자열로 대체합니다.

String[] **split**(String regex)
→ 지정된 패턴의 조건에 따라 문자열을 분리합니다.

예제를 통해 자세한 내용을 살펴보겠습니다.

Test19.java

```
01: package com.ruby.java.ch09;
02:
03: import java.util.Arrays;
04:
05: public class Test19 {
06:
```

```
07:    public static void main(String[] args) {
08:        String title = "**** 2018 Olympic ****";
09:        title = title.replaceAll("\\*", "=");
10:        System.out.println(title);
11:        title = title.replaceAll("\\w+", "Winter");
12:        System.out.println(title);
13:        title = title.replaceAll("Winter", "Olympic");
14:        System.out.println(title);
15:
16:        String str = "1, 2, 3, 4, 5, 6, 7, 8";
17:        String[] result = str.split(",\\s*");
18:        System.out.println(Arrays.toString(result));
19:
20:        String temp= "-20";
21:        temp = temp.replaceFirst("\\W", "+");
22:        System.out.println(temp);
23:    }
24: }
```

【실행결과】

```
==== 2018 Olympic ====
==== Winter Winter ====
==== Olympic Olympic ====
[1, 2, 3, 4, 5, 6, 7, 8]
+20
```

소스에 대한 자세한 설명은 다음과 같습니다.

```
09: title = title.replaceAll("\\*", "=");
```

* 표현식은 *를 횟수를 나타내는 메타 문자가 아닌 일반 문자 *로 처리합니다. * 기호를 찾아 =로 변환합니다.

```
11: title = title.replaceAll("\\w+", "Winter");
```

\\w+는 1개 이상의 알파벳 또는 숫자로 이루어진 문자열을 찾아 Winter 문자열로 변환합니다.

```
13: title = title.replaceAll("Winter", "Olympic");
```

Winter 문자열을 찾아 Olympic 문자열로 변환합니다.

```
17: String[] result = str.split(",\\s*");
```

,\\s*은 콤마(,) 그리고 0개 이상의 공백으로 이루어진 문자열을 기준으로 str 문자열을 분리하여 배열로 반환합니다.

```
18: System.out.println(Arrays.toString(result));
```

Arrays.toString( ) 메서드는 인자로 전달한 배열의 요소들을 문자열로 반환합니다. 18번 줄은 result 배열의 요소들을 출력하는 명령문입니다.

```
21: temp = temp.replaceFirst("\\W", "+");
```

replaceFirst( ) 메서드는 문자열 중에서 첫 번째로 패턴과 일치하는 부분만 변환합니다. \\W 표현식은 알파벳 또는 숫자가 아닌 문자를 찾는 패턴입니다. temp에서 첫 번째로 알파벳 또는 숫자가 아닌 것을 찾아 +로 변환합니다.

9.3.6. Format 클래스

날짜와 시간 그리고 숫자를 표현할 때 사용하는 형식은 국가마다 다릅니다. 같은 데이터를 표현할 때 여러 가지 형식으로 표현할 수 있도록 java.text 패키지에는 다음과 같이 데이터 포맷에 관련된 API를 제공합니다.

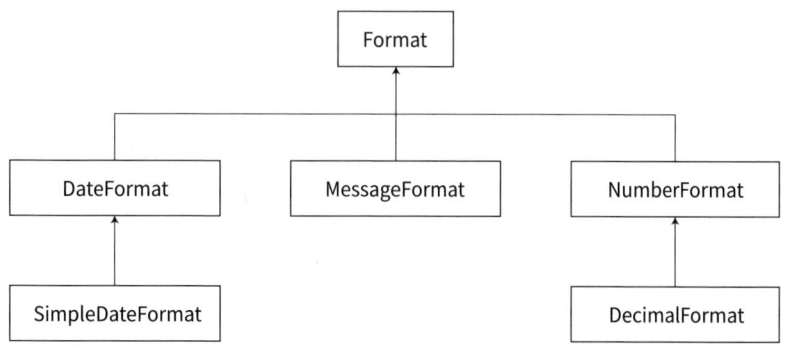

그림 java.text 패키지의 포맷 객체들

Format 클래스를 상속하는 객체들은 데이터 형식에 관련된 기능을 처리하는 하위 객체들로서 날짜 형식은 DateFormat, 문자열 형식은 MessageFormat, 숫자 형식은 DecimalFormat에서 지원합니다.

(1) SimpleDateFormat 클래스

SimpleDateFormat은 날짜의 표현 형식을 지원하는 객체입니다. SimpleDateFormat 클래스에 선언된 생성자는 다음과 같습니다.

```
SimpleDateFormat()
SimpleDateFormat(String pattern)
SimpleDateFormat(String pattern, DateFormatSymbols formatSymbols)
SimpleDateFormat(String pattern, Locale locale)
```

생성자에서 매개변수가 있을 때는 첫 번째 매개변수에 날짜의 패턴을 지정합니다. 패턴은 날짜를 표현하기 위한 형식으로서 다음의 기호들을 사용하여 패턴을 만들 수 있습니다.

패턴 문자	설명	패턴 문자	설명
y	연도	H	시(0~23)
M	월	h	시(1~12) am/pm
d	일	K	시(0~11) am/pm
D	1~365	k	시(1~24)
E	월, 화, 수, 목, 금, 토, 일	m	분
a	오전/오후	s	초
z	타임존		

패턴 문자를 사용하여 날짜의 형식을 지정하는 예제를 작성해 보겠습니다.

Test20.java

```java
01: package com.ruby.java.ch09;
02:
03: import java.text.ParseException;
04: import java.text.SimpleDateFormat;
05: import java.util.Calendar;
06: import java.util.Date;
07: import java.util.Locale;
08:
09: public class Test20 {
10:
11:     public static void main(String[] args) throws ParseException {
12:
13:         Date date = new Date();
14:
15:         SimpleDateFormat f1 = new SimpleDateFormat("hh 'o''clock' a, zzzz");
```

```
16:        SimpleDateFormat f2 = new SimpleDateFormat("K:mm a, z");
17:        SimpleDateFormat f3 = new SimpleDateFormat("yy년 MM월 dd일  E요일 hh시 mm분 ss초   a");
18:        SimpleDateFormat f4 = new SimpleDateFormat("EEE, MMM d, ''yy", new Locale("en"));
19:        SimpleDateFormat f5 = new SimpleDateFormat("yyyy.MMMMM.dd hh:mm aaa", new Locale("en"));
20:        System.out.println(f1.format(date));
21:        System.out.println(f2.format(date));
22:        System.out.println(f3.format(date));
23:        System.out.println(f4.format(date));
24:        System.out.println(f5.format(date));
25:
26:        SimpleDateFormat f6 = new SimpleDateFormat("yyyy-MM-dd");
27:        Date date2 = f6.parse("2022-03-19");
28:        System.out.println(f4.format(date2));
29:
30:    }
31: }
```

【실행결과】

```
04 o'clock 오후, 대한민국 표준시
4:27 오후, KST
18년 02월 26일  월요일 04시 27분 39초   오후
Mon, Feb 26, '18
2018.February.26 04:27 PM
Sat, Mar 19, '22
```

소스에 대한 자세한 설명은 다음과 같습니다.

```
11:    public static void main(String[] args) throws ParseException {
```

throws ParseException은 main() 메서드를 실행하면서 발생하는 포맷 관련 오류에 대해 처리를 하지 않겠다라고 선언하는 명령문입니다. 자세한 내용은 11장 예외 처리하기에서 다루겠습니다.

```
18: SimpleDateFormat f4 = new SimpleDateFormat("EEE, MMM d, ''yy", new Locale("en"));
```

java.util 패키지에 있는 Locale은 특정한 지리적, 정치적 또는 문화적 영역을 나타내는 객체입니다. 다음은 Locale 클래스에 선언된 생성자입니다.

```
Locale(String language)
Locale(String language, String country)
Locale(String language, String country, String variant)
```

Locale( ) 생성자의 인자값으로 지리적 영역을 나타내는 언어코드 또는 국가코드를 지정할 수 있습니다. 언어코드의 예를 들면 "en"은 English, "ja"는 Japanese, "ko"는 Korean입니다. 국가코드는 "US" 는 United States, "CN"은 China, "KR"은 한국을 나타냅니다. SimpleDateFormat 객체 생성 시 Locale을 영어로 지정했으므로 US 환경으로 날짜 시간 형식을 맞춥니다.

```
27: Date date2 = f6.parse("2022-03-19");
```

SimpleDateFormat의 parse( ) 메서드는 매개변수로 전달받은 문자열을 SimpleDateFormat에 지정된 패턴을 적용한 Date 객체로 생성하여 반환합니다.

(2) MessageFormat 클래스

MessageFormat은 문자열을 특정한 형식으로 표현할 수 있도록 지원하는 객체입니다. 문자열의 패턴을 지정할 때는 다음과 같은 형식으로 문자열이 다른 값으로 대체될 위치에 { } 기호를 사용합니다. { } 안에 있는 숫자는 대체될 값이 인자값으로 전달될 때 위치입니다.

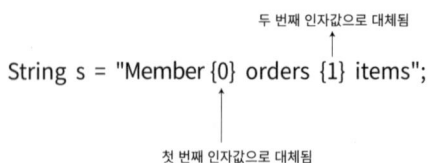

MessageFormat은 생성자를 사용하여 객체를 생성해 사용할 수도 있지만, MessageFormat에서 제공하는 format( ) 메서드를 사용하여 바로 사용할 수도 있습니다. format( ) 메서드는 다음처럼 첫 번째 매개변수에 문자열 패턴, 두 번째 매개변수부터는 문자열 패턴에 대체될 값을 지정합니다.

```
public static String format(String pattern, Object... arguments)
```

Test21.java

```java
01: package com.ruby.java.ch09;
02:
03: import java.text.MessageFormat;
04:
05: public class Test21 {
06:
07:     public static void main(String[] args) {
08:         String s = "Member {0} orders {1} items";
09:         String name = "Amy";
10:         int item = 5;
```

```
11:        Object data[] = { name, item };
12:        String msg = MessageFormat.format(s, data);
13:        System.out.println(msg);
14:        String msg2 = MessageFormat.format(s, "Purum", 12);
15:        System.out.println(msg2);
16:    }
17:
18: }
```

【실행결과】

```
Member Amy orders 5 items
Member Purum orders 12 items
```

소스에 대한 자세한 설명은 다음과 같습니다.

```
12: String msg = MessageFormat.format(s, data);
```

format의 첫 번째 인자 s는 문자열 패턴입니다. 두 번째 인자 data는 Object 타입의 배열입니다. 두 번째 인자로 Object 타입을 전달할 때는 문자열의 대체될 위치와 배열의 인덱스가 같습니다.

```
14: String msg2 = MessageFormat.format(s, "Purum", 12);
```

format( ) 메서드의 두 번째 인자값으로 배열이 아니라 하나의 값을 전달하였습니다. 이럴 때는 두 번째 인자부터 문자열의 대체될 위치에 순서대로 값이 전달됩니다. {0}에는 "Purum", {1}에는 12가 대체됩니다.

(3) DecimalFormat 클래스

DecimalFormat은 숫자에 관련된 표현 형식을 지원하는 객체입니다. 숫자의 표현 형식 패턴을 만들 때 사용하는 기호는 다음과 같습니다.

기호	의미	패턴	예제 (1234.23)
0	하나의 숫자를 의미함. 지정된 자리에 숫자가 없으면 0으로 표시됨	0 0.0 0.000	1234 1234.2 1234.230
#	하나의 숫자를 의미함. 지정된 자리에 숫자가 없으면 어떤 숫자도 표시하지 않음	# #.# #.###	1234 1234.2 1234.23

기호	의미	패턴	예제 (1234.23)
.	소수점 표시	#.##	1234.23
-	음수부호 표시	-#.##	-1234.23
,	콤마(,) 표시	#,###,###.##	1,234.23
E	지수 기호 표시	#.#E0	1.2E3
;	음수와 양수 포맷 동시 지정	+#,###;-#,###	+1,234
%	100 곱한 후 % 표시	#.#%	123423%
\u00A4	₩ 표시	\u00A4#,###	₩1,234

Test22.java

```
01: package com.ruby.java.ch09;
02:
03: import java.text.DecimalFormat;
04:
05: public class Test22 {
06:
07:     public static void main(String[] args) {
08:         double n = 1234.23;
09:
10:         DecimalFormat df1 = new DecimalFormat("0");
11:         System.out.println(df1.format(n)); // 1234
12:
13:         DecimalFormat df2 = new DecimalFormat("0.000");
14:         System.out.println(df2.format(n)); // 1234.230
15:
16:         DecimalFormat df3 = new DecimalFormat("#");
17:         System.out.println(df3.format(n)); // 1234
18:
19:         DecimalFormat df4 = new DecimalFormat("#.###");
20:         System.out.println(df4.format(n)); // 1234.23
21:
22:         DecimalFormat df5 = new DecimalFormat("#,###,###.##");
23:         System.out.println(df5.format(n)); // 1,234.23
24:
25:         DecimalFormat df6 = new DecimalFormat("0,000,000.000");
26:         System.out.println(df6.format(n)); // 0,001,234.230
27:
28:         DecimalFormat df7 = new DecimalFormat("+#,###;-#,###");
29:         System.out.println(df7.format(n)); // +1,234
```

```
30:
31:     DecimalFormat df8 = new DecimalFormat("#.#%");
32:     System.out.println(df8.format(n)); // 123423%
33:   }
34: }
```

【실행결과】

1234
1234.230
1234
1234.23
1,234.23
0,001,234.230
+1,234
123423%

10

컬렉션 API 활용하기

컴퓨터공학에서는 "자료구조"라는 분야가 있습니다. 자료구조는 많은 양의 데이터를 효율적으로 관리(추가, 검색, 삭제, 삽입)하고자 데이터를 저장하는 방법입니다. 자바는 여러 가지 자료구조 알고리즘을 API로 제공합니다. 덕분에 우리는 복잡한 알고리즘을 몰라도 API를 사용해 자료구조를 구현할 수 있습니다.

자바 API를 이용해 데이터를 처리하는 메서드를 실행하면 내부적으로 구현된 자료구조를 통해 데이터를 저장, 추가, 삭제, 수정할 수 있습니다. 이처럼 자료구조를 통해 데이터 그룹을 효율적으로 처리할 수 있도록 지원하는 자바 API들을 "자바 컬렉션 프레임워크(Java Collection Framework, JCF)"라고 합니다. 이번 장에서는 컬렉션 프레임워크의 자바 API 종류와 특징 그리고 사용 방법에 대해 학습합니다.

10.1. 컬렉션 개요

10.1.1. 배열의 특성

프로그램은 사람이 하는 일을 컴퓨터로 처리하기 위해서 프로그래밍 언어를 사용해 처리 기능을 구현하는 것입니다. 예를 들어 만일 인사 관리 시스템(프로그램)이 없다면 인사팀에서는 사원에 대한 정보가 있는 사원 카드를 가져야 하며, 사원에 대한 인사 정보가 필요할 때마다 사원 카드를 한 장씩 넘기면서 원하는 사원의 정보를 찾아야 할 것입니다.

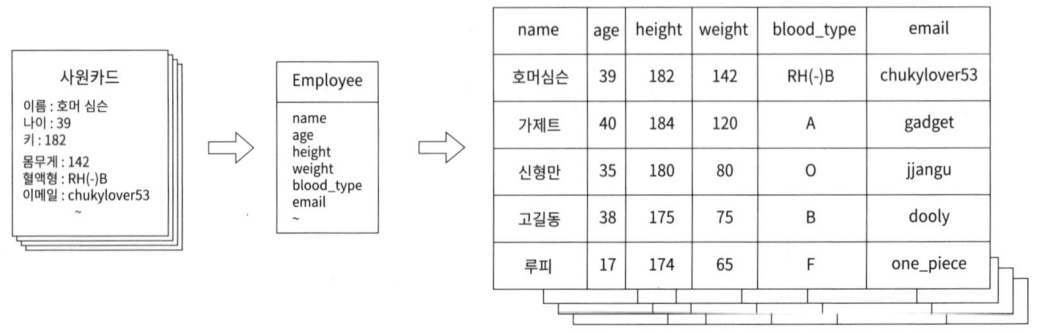

그림 전산화

이처럼 종이로 작성된 자료를 사람이 일일이 찾아서 하던 작업을 프로그램으로 처리하려면 한 사원에 대한 정보, 즉 사원 카드에 해당하는 객체(Employee)를 만들고 인스턴스를 생성한 후 필드에 사원의 정보를 저장합니다.

Employee 인스턴스 하나는 하나의 사원 카드라고 생각하면 됩니다. 만약 기업의 직원 수가 만 명이라고 가정한다면 메모리에 만 개의 Employee 인스턴스를 만들어야 합니다. 그런데 인스턴스는 힙 메모리에 만들어지며 힙은 개발자가 직접 접근할 수 없는 메모리이므로 스택에 참조변수를 만들어 접근해야 합니다. 그렇다면 다음 그림처럼 참조변수 만 개를 만들어 참조해야 할까요?

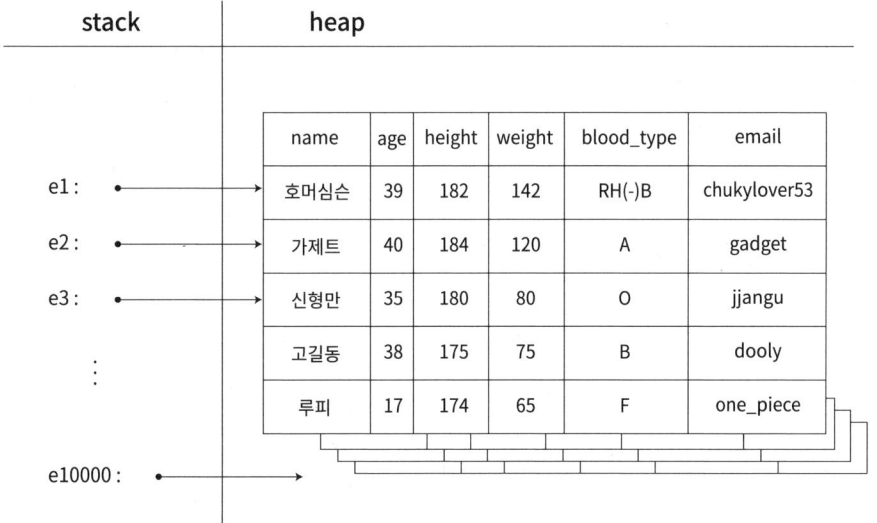

그림 인스턴스 개별 참조

이 방법은 비효율적입니다. 효율적으로 처리하는 방법 중 하나는 힙 메모리에 생성될 인스턴스는 모두 Employee 타입이므로 Employee 타입의 배열로 처리하는 것입니다. 스택에는 배열을 참조하는 변수 하나만 있으면 됩니다. 배열 참조변수를 통해 힙에 만들어진 Employee 인스턴스를 일괄적으로 처리할 수 있습니다.

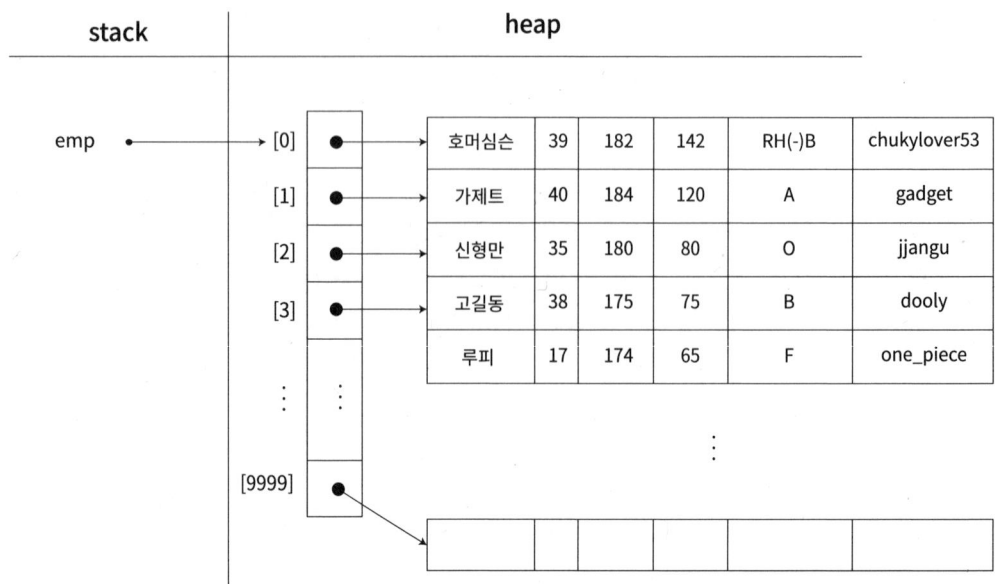

그림 인스턴스 배열 참조

사원의 인사 정보를 담기 위해 Employee 클래스를 생성한 후 사원 정보를 가진 Employee 인스턴스들을 생성하여 배열에 담아 놓았습니다. 이제 사원 정보가 필요하다면 배열에서 원하는 사원 정보를 검색하면 됩니다. 그리고 신입사원이 입사했다면 배열에 Employee 인스턴스를 생성해 신입사원 정보를 저장한 후 추가하면 되고, 기존 사원이 퇴사했다면 배열에서 해당하는 사원의 인스턴스를 찾아 삭제하면 됩니다. 이처럼 프로그램에서 메모리에 저장된 데이터를 검색, 추가, 삭제하는 작업은 자주 발생합니다.

프로그램에서 데이터를 검색, 추가, 삭제할 때 우리가 고려해야 할 사항이 있습니다. 그것은 데이터를 메모리에 어떤 구조로 저장할 것이냐는 것입니다. 데이터를 처리(검색, 추가, 삭제)할 때 저장된 데이터가 소량이면 상관없지만 많다면 어떤 구조로 메모리에 저장했느냐에 따라 검색, 추가, 삭제하는 데 걸리는 시간이 다릅니다.

배열 구조로 저장된 데이터를 검색, 추가, 삭제하는 과정을 살펴보겠습니다. 처음 크기가 7이고 초깃값이 다음처럼 저장된 배열이 있다고 가정하겠습니다.

[0]	[1]	[2]	[3]	[4]	[5]	[6]
4	9	11	23			

그림 배열 예

배열에서 23을 검색하려고 합니다. 23은 3번지에 위치하고 있습니다. 23을 찾기 위해 배열의 첫 번째 데이터부터 순서대로 살펴보아야 합니다. 23을 찾기까지 3번의 비교 작업이 이루어집니다.

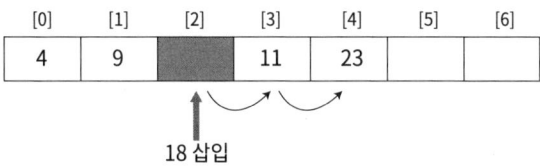

그림 배열에서 데이터 찾기

배열의 2번지에 18을 삽입하려고 합니다. 삽입할 위치는 2번지입니다. 데이터를 삽입하려면 삽입하려는 위치에 있는 값부터 마지막 값까지 오른쪽으로 한 칸씩 이동하여 인덱스 2번지를 비워야 합니다.

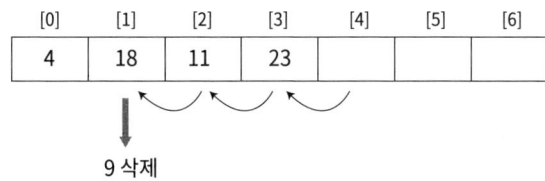

그림 배열에서 데이터 삽입

이번에는 배열의 1번지 데이터를 삭제하려고 합니다. 배열에서 데이터 삭제는 데이터를 삭제한 후 오른쪽에 있는 데이터를 왼쪽으로 하나씩 이동해야 합니다.

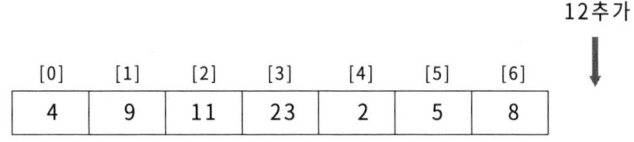

그림 배열에서 데이터 삭제

배열에 데이터를 추가하려고 합니다. 그런데 이미 배열에는 저장될 빈곳이 없는 상황입니다. 이때는 새로운 데이터를 추가할 수 없습니다. 배열은 생성 시 지정한 크기를 변경할 수 없기 때문입니다.

```
         [0]  [1]  [2]  [3]  [4]  [5]  [6]      12 추가
          4    9   11   23    2    5    8         ↓
```

그림 배열에서 데이터 추가

지금까지 살펴본것처럼 배열 구조에서 데이터 작업을 할 때는 다음과 같은 문제점이 있습니다.

- 데이터의 삽입/삭제 연산 과정에서 데이터들의 위치를 이동하는 작업이 필요하다.
- 데이터 개수가 많고 삽입/삭제 작업이 많다면 작업 소요 시간이 크게 증가한다.
- 배열 크기는 변경이 불가능하므로 처음 크기의 데이터만큼만 저장할 수 있다.

이 중 가장 큰 문제점은 크기 변경이 불가능하다는 사실입니다. 메모리 크기를 정할 때 실제로 사용될 메모리보다 크게 지정하면 메모리 낭비를 초래할 수 있고, 반대로 크기를 너무 작게하면 빈번하게 새로운 배열을 생성해야 하는 일이 발생할 수 있습니다. 이러한 문제들로 인해 단순한 배열만 가지고 많은 데이터를 관리하기에는 적절하지 않습니다.

10.1.2. 컬렉션 프레임워크

컬렉션 프레임워크(Collection Framework)는 여러 가지 자료구조 알고리즘을 미리 구현하여 데이터를 효율적으로 처리할 수 있도록 제공하는 자바 API입니다. 그러나 컬렉션 프레임워크의 API들을 효율적으로 사용하려면 API에 구현된 자료구조와 특징들을 알아야 합니다.

다음은 자바의 컬렉션 프레임워크 API들의 상속 관계도입니다.

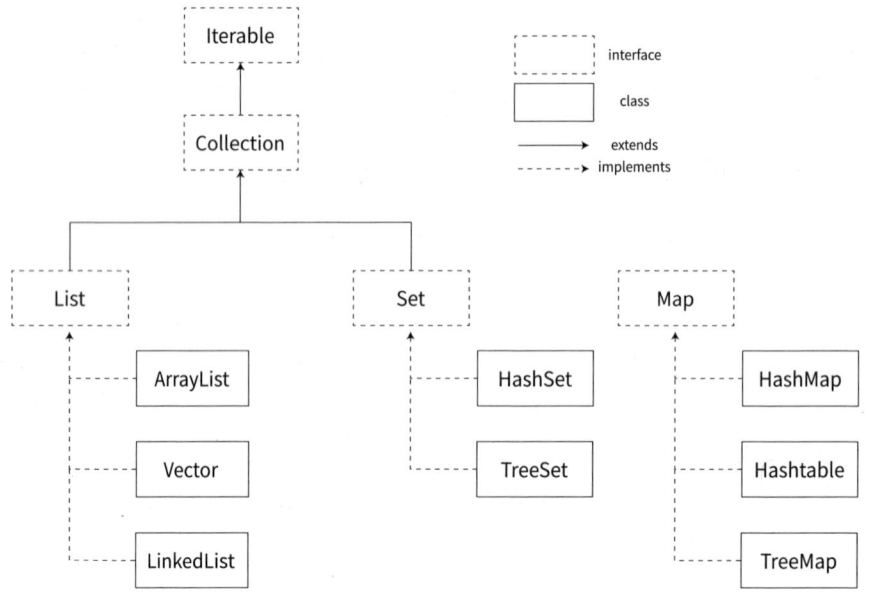

그림 자바 컬렉션 프레임워크

컬렉션 API는 List, Set, Map 3가지 계열이 있습니다. Map을 상속하는 클래스는 HashMap, Hashtable, TreeMap이 있고 List를 상속하는 클래스는 ArrayList, Vector, LinkedList가 있고 Set을 상속하는 클래스는 HashSet, TreeSet이 있습니다. List와 Set은 Iterable과 Collection을 상속하고 있으므로 하위 클래스에서 다음의 메서드를 공통으로 사용할 수 있습니다.

표 Iterable 인터페이스의 메서드

제어자 및 타입	메서드	설명
default void	forEach(Consumer<? super T> action)	컬렉션의 모든 데이터에 대해 지정된 명령문 실행
Iterator<T>	iterator()	T 타입의 Iterator 생성
default Spliterator<T>	spliterator()	병렬 처리할 수 있는 SplIterator 생성

표 Collection 인터페이스의 메서드

제어자 및 타입	메서드	설명
boolean	add(E e)	매개변수로 전달받은 객체를 컬렉션에 추가
boolean	addAll(Collection<? extends E> c)	매개변수로 전달받은 컬렉션의 요소들을 컬렉션에 추가
void	clear()	void 컬렉션의 모든 요소 삭제
boolean	contains(Object o)	매개변수로 전달받은 객체의 컬렉션 포함 여부 판단
Boolean	containsAll(Collection<?> c)	매개변수로 전달받은 컬렉션 요소들의 컬렉션 포함 여부 판단
boolean	equals(Object o)	매개변수로 전달받은 객체와 현재 컬렉션의 동일 여부 판단
int	hashCode()	현재 컬렉션의 해시 코드값 반환
boolean	isEmpty()	컬렉션의 요소 존재 여부 판단
default Stream<E>	parallelStream()	소스로서 병렬 스트림 생성
boolean	remove(Object o)	매개변수로 전달받은 객체를 컬렉션에서 삭제
boolean	removeAll(Collection<?> c)	매개변수로 전달받은 컬렉션 요소들을 현재 컬렉션에서 삭제
default boolean	removeIf(Predicate<? super E> filter	매개변수로 전달받은 조건에 해당하는 요소 삭제
boolean	retainAll(Collection<?> c)	매개변수로 전달받은 컬렉션의 요소들만 남기고 나머지는 모두 삭제
int	size()	컬렉션의 요소 개수
default Stream<E>	stream()	컬렉션을 소스로 하는 스트림 생성
Object[]	toArray()	컬렉션의 요소들을 가지는 Object 타입의 배열 생성
<T> T[]	toArray(T[] a)	컬렉션의 요소들을 가지는 T 타입의 배열 생성

10.2. List 계열

List의 특징은 저장되는 데이터의 순서가 보장된다는 것입니다. List를 상속하는 ArrayList와 Vector는 배열처럼 데이터가 저장될 때마다 인덱스가 부여되며, LinkedList는 데이터가 저장될 때 이전에 저장된 데이터와 이후에 저장된 데이터의 정보를 포함합니다. List는 인덱스 또는 데이터의 위치 정보를 포함하므로 저장된 순서를 알 수 있고 처음 저장된 데이터와 가장 마지막에 저장된 데이터에 대한 처리도 독립적으로 가능합니다. 또한, List는 위치 정보(인덱스 또는 주소)로 처리되므로 같은 값의 데이터를 중복해서 저장할 수 있습니다.

다음은 List 인터페이스에서 선언하고 있는 메서드입니다. 데이터를 저장할 때마다 인덱스가 부여되므로 인덱스를 이용하여 데이터를 처리할 수 있다는 특징을 생각하면서 살펴보기 바랍니다. List를 상속하는 모든 클래스에서 사용할 수 있습니다.

표 List 인터페이스의 메서드

제어자 및 타입	메서드	설명
void	add(int index, E element)	매개변수로 전달받은 인덱스(index)에 요소(element)를 삽입
boolean	addAll(int index, Collection<? extends E> c)	매개변수로 전달받은 인덱스(index)에 컬렉션 요소(c)를 삽입
E	get(int index)	매개변수로 전달받은 인덱스(index)에 해당하는 요소 추출
int	indexOf(Object o)	매개변수로 전달받은 요소의 인덱스 추출
int	lastIndexOf(Object o)	매개변수로 전달받은 요소의 인덱스 추출(역순으로 탐색)
ListIterator<E>	listIterator()	양방향 탐색이 가능한 ListIterator 생성
ListIterator<E>	listIterator(int index)	매개변수로 전달받은 인덱스(index)부터 ListIterator 생성
static<E> List<E>	of()	(Java 9에서 추가) 수정이 불가능한 List 생성
E	remove(int index)	매개변수로 전달받은 인덱스(index)에 해당하는 요소 삭제
default void	replaceAll(UnaryOperator<E> operator)	매개변수로 전달받은 조건에 따라 컬렉션의 요소들을 수정
E	set(int index, E element)	매개변수로 전달받은 인덱스(indext)를 두 번째 매개변수(element)로 수정
default void	sort(Comparator<? super E> c)	매개변수로 전달받은 조건에 따라 컬렉션 정렬
List<E>	subList(int fromIndex, int toIndex)	매개변수로 전달받은 인덱스(fromIndex, toIndex) 사이의 요소들을 추출

10.2.1. ArrayList 클래스

다음은 이번 절에서 다룰 ArrayList 클래스의 상속 구조입니다.

```
Module java.base
Package java.util
Class ArrayList<E>

java.lang.Object
    java.util.AbstractCollection<E>
        java.util.AbstractList<E>
            java.util.ArrayList<E>

Type Parameters:
E - the type of elements in this list

All Implemented Interfaces:
Serializable, Cloneable, Iterable<E>, Collection<E>, List<E>, RandomAccess

Direct Known Subclasses:
AttributeList, RoleList, RoleUnresolvedList
```

그림 ArrayList의 상속 구조

(1) 생성자

ArrayList는 배열과 거의 유사합니다. 데이터 저장은 배열처럼 메모리에 연속적으로 하고, 데이터 접근은 인덱스를 통해 접근합니다. 또한 배열처럼 데이터를 삽입할 때는 오른쪽의 데이터들을 다음 인덱스로 이동한 후 삽입되고 삭제할 때는 데이터를 삭제한 후 오른쪽의 데이터들을 이전 인덱스로 이동합니다. 따라서 ArrayList도 배열처럼 데이터를 추가, 삭제할 때 많은 부하가 생긴다는 단점과 검색 속도가 빠르다는 장점이 있습니다.

【ArrayList 클래스 생성자】

```
ArrayList()
ArrayList(int initialCapacity)
ArrayList(Collection<? extends E> c)
```

다음 그림은 배열의 모습입니다. 동시에 ArrayList의 구조이기도 합니다. 이처럼 ArrayList와 배열은 유사해 보이지만 가장 큰 차이점이 있습니다. 그것은 배열의 크기를 변경할 수 있느냐입니다.

[0]	[1]	[2]	[3]	[4]	[5]	[6]
4	9	11	23			

그림 ArrayList 구조

다음은 배열을 생성하는 코드입니다. 크기가 10인 배열이 생성되며 배열의 크기는 변경되지 않습니다. arr 배열에는 10개의 데이터만 저장할 수 있습니다.

```
int arr[] = new int[10];
```

다음 코드는 ArrayList 인스턴스를 생성하는 코드입니다. 기본 생성자로 ArrayList를 생성했을 때는 크기가 10인 배열이 생성됩니다. 그러나 ArrayList가 일반 배열하고 다른 점은 처음에는 크기가 10인 배열이 생성되지만 11번째 데이터를 추가하면 배열의 크기가 자동으로 늘어난다는 점입니다.

```
ArrayList list = new ArrayList();
```

ArrayList로 생성되는 배열의 크기는 기본값이 10이지만 배열의 초기 크기를 변경하고 싶다면 다음 코드처럼 ArrayList의 인스턴스를 생성하면서 생성자에 크기를 지정하면 됩니다.

```
ArrayList list = new ArrayList(50);
```

그런데 이때 주의 사항이 있습니다. ArrayList는 배열에 더 이상 저장할 공간이 없을 때 배열 크기를 자동으로 변경하는데 변경되는 크기는 초기 지정한 배열의 크기만큼으로 제한됩니다. 따라서 필요한 크기보다 너무 작게 생성하면 배열 생성이 빈번하게 발생하고, 너무 크게 생성하면 메모리가 낭비되는 결과를 초래할 수 있습니다.

다음 두 줄의 코드는 동일하게 동작합니다.

```
Object arr[] = new Object[10];
ArrayList list = new ArrayList();
```

new Object[10];은 크기가 10인 배열을 생성하며 Object 타입의 데이터를 저장합니다. new ArryList( );도 크기가 10이고 Object 타입의 데이터를 저장하는 배열이 생성됩니다. ArrayList에서 생성되는 배열의 타입은 기본적으로 Object입니다.

그런데 String s = "Java", Integer i = 123 변수를 선언한 후 다음 코드를 실행하면 오류가 발생합니다.

```
Object arr[] = new Object[10];
String s = "java";
Integer i = 123;
arr[0] = s;
arr[1] = i;
int len = arr[0].length(); // 오류 발생
```

왜 arr[0].length( ) 코드에서 오류가 발생할까요? arr[ ] 배열은 Object 타입으로 데이터를 저장합니다. 즉, 다형성이 적용되어 자식 인스턴스들의 주소를 저장할 수 있습니다. 그러나 부모 타입으로 참조하는 인스턴스를 접근할 때는 부모로부터 상속한 내용에만 접근할 수 있습니다. 이러한 내용은 8장에서 다룬

바 있습니다. length( ) 메서드는 Object에서 상속받은 것이 아니라 String에 선언된 메서드이기 때문에 접근할 수 없어서 오류가 발생하였습니다.

오류를 해결하려면 다음처럼 String 타입으로 변경한 후 접근해야 합니다.

```
int len = ((String)arr[0]).length();
```

다음 코드는 위의 배열과 동일합니다.

```
ArrayList list = new ArrayList();
String s = "java";
Integer i = 123;
list.add(s);
list.add(i);
int len2 = list.get(0).length(); // 오류 발생
```

ArrayList 인스턴스를 생성하면 Object 타입의 배열이 만들어지고 add( ) 메서드를 사용해 데이터를 추가합니다. 데이터를 추출할 때는 get( ) 메서드를 사용하며 인자값으로 추출할 데이터의 인덱스를 전달합니다. 역시 오류가 발생한 이유는 Object 타입으로 반환되기 때문입니다.

오류를 해결하려면 String 타입으로 변경한 후 접근해야 합니다.

```
int len2 = ((String)list.get(0)).length();
```

그런데 컬렉션 API의 사용 목적은 효율적인 데이터 그룹 처리에 있습니다. 그룹으로 처리되는 데이터들은 일반적으로 같은 타입의 데이터일 때가 많고 다른 타입의 데이터들이 그룹으로 묶이는 일은 별로 없습니다. 그래서 자바 5부터 컬렉션에 저장된 데이터의 타입을 변경하는 작업을 생략할 수 있도록 제네릭 기능이 도입되었습니다.

제네릭이란?

제네릭(Generic)은 컬렉션 객체를 생성할 때 저장되는 데이터의 타입을 미리 지정하는 기능을 말합니다. 제네릭 기능을 사용하면 데이터가 저장될 때 지정된 타입이 맞는지 검사하고 데이터를 추출할 때 지정된 타입으로 변환한 후 반환합니다. 따라서 데이터를 저장할 때 잘못된 타입의 데이터가 저장되는 것을 예방할 수 있고, 데이터를 추출할 때는 타입을 변경하지 않아도 돼서 편리합니다.

제네릭을 사용할 때의 문법은 다음과 같습니다. 클래스 이름 다음에 〈 〉 기호 안에 사용할 타입을 지정합니다. 〈 〉 기호 안에 타입을 지정한 것을 **타입 매개변수**라고 합니다.

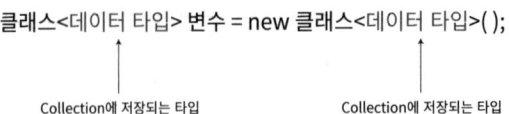

다음 코드는 제네릭을 사용하여 ArrayList에 저장되는 데이터 타입을 선언했습니다.

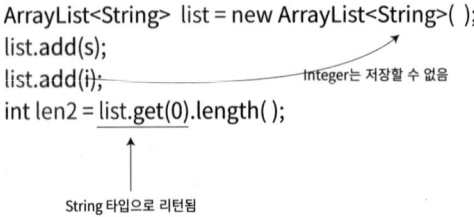

list는 타입 매개변수를 String으로 선언했으므로 String이 아닌 다른 타입을 저장하려 하면 list.add(i); 처럼 오류가 발생합니다. 그리고 list.get(0) 메서드는 list의 0번지에 있는 데이터가 자동으로 String으로 변환되어 반환합니다. String으로 반환되었으므로 length( ) 메서드를 사용할 수 있습니다.

다음은 API 문서에 있는 메서드 선언부입니다. 메서드의 리턴 타입, 매개변수 선언에 E, T 문자와 ? 기호가 있습니다.

```
boolean add(E e)
E get(int index)
Iterator<E> iterator()
<T> T[] toArray(T[] a)
boolean addAll(Collection<? extends E> c)
```

E와 T 그리고 ? 기호는 제네릭으로 선언한 데이터 타입을 의미합니다. 실제 실행 시 E, T 그리고 ? 기호는 선언한 타입으로 대체됩니다. 예를 들어 ArryList<String> list = new ArrayList<String>(); 으로 선언한 후 메서드를 사용할 때는 E가 String으로 대체되고 ArryList<Integer> list = new ArrayList<Integer>();으로 선언하면 E가 Integer로 대체됩니다.

지금까지 학습한 내용을 예제를 통해 확인해 보겠습니다.

Test01.java

```
01: package com.ruby.java.ch10;
02:
03: import java.util.ArrayList;
04:
05: public class Test01 {
06:     public static void main(String[] args) {
```

```
07:     ArrayList<String> list = new ArrayList<String>();
08:     list.add("서울");  list.add("북경");  list.add("상해");
09:     list.add("서울");  list.add("도쿄");  list.add("뉴욕");
10:
11:     for(int i = 0; i < list.size(); i++) {
12:       System.out.println(list.get(i));
13:     }
14:   }
15: }
```

【실행결과】

서울
북경
상해
서울
도쿄
뉴욕

소스에 대한 자세한 설명은 다음과 같습니다.

```
07: ArrayList<String> list = new ArrayList<String>();
```

크기가 10인 배열이 생성됩니다. 그러나 이 배열은 ArrayList 객체이므로 일반 배열과는 다르게 크기를 변경할 수 있습니다.

그림 크기가 10인 ArrayList 배열 생성 후 list 변수가 참조

```
08: list.add("서울");  list.add("북경");  list.add("상해");
09: list.add("서울");  list.add("도쿄");  list.add("뉴욕");
```

ArrayList의 add( ) 메서드는 값을 순서대로 배열에 저장합니다. ArryList는 배열의 인덱스를 사용하고 값을 순서대로 저장하므로 순서가 유지되며 중복된 값을 저장할 수 있습니다.

그림 ArrayList 배열에 값 저장

```
11: for(int i = 0; i < list.size(); i++) {
```

ArrayList의 size( ) 메서드는 ArrayList에 저장된 데이터 개수를 반환합니다. list에는 6개의 데이터가 저장되었으므로 6을 반환합니다.

```
12: System.out.println(list.get(i));
```

ArrayList의 get( ) 메서드는 인자로 전달한 인덱스에 해당하는 데이터를 제네릭으로 선언한 타입으로 변환해줍니다. 예에서 list는 String으로 선언했으므로 i 번지의 데이터를 String으로 반환합니다.

다음은 예제를 통해 ArrayList의 크기가 자동으로 변경되는 것을 확인해 보겠습니다. Test01.java 소스에서 main( ) 메서드의 list가 참조하는 ArrayList에 데이터를 추가해 보겠습니다.

Test01.java
```
...
public class Test01 {
  public static void main(String[] args) {
    ...
    list.add("런던");  list.add("로마");  list.add("방콕");
    list.add("북경");  list.add("도쿄");  list.add("서울");

    System.out.println("1 : " + list.toString());
  }
}
```

【실행결과】

...
1 : [서울, 북경, 상해, 서울, 도쿄, 뉴욕, 런던, 로마, 방콕, 북경, 도쿄, 서울]

배열의 크기가 원래 10이었지만 11번째 데이터를 추가해도 문제없이 실행되는 것을 확인할 수 있습니다. 왜냐하면 다음과 같이 데이터가 저장할 공간이 부족하면 자동으로 크기가 확장되기 때문입니다.

list	0	1	2	3	4	5	6	7	8	9	10	11	12	13	14	15	16	17	18	19
	서울	북경	상해	서울	도쿄	뉴욕	런던	로마	방콕	북경	도쿄	서울								

그림 ArrayList 배열에 값 추가. 크기가 자동으로 확장됨

```
System.out.println("1 : " + list.toString());
```

ArrayList 클래스에는 toString( ) 메서드가 오버라이딩되어 있습니다. ArrayList의 toString( ) 메서드는 ArrayList에 저장된 모든 데이터를 문자열로 반환합니다. 이 명령문은 참조변수 list가 가리키는 ArrayList에 저장된 데이터를 모두 출력합니다.

(2) 메서드

ArrayList는 Iterable, Collection, List 인터페이스와 Object, AbstractCollection, AbstractList 클래스를 상속하는 클래스로서 다음과 같은 메서드를 포함하고 있습니다. API 문서에서 상속 구조를 정확하게 확인할 수 있습니다.

예제를 통해서 ArrayList의 메서드를 확인해 보겠습니다. Test01.java 소스를 다음처럼 수정합니다.

Test01.java
```java
01: package com.ruby.java.ch10;
02:
03: import java.util.ArrayList;
04: import java.util.Arrays;
05: import java.util.List;
06:
07: public class Test01 {
08:     public static void main(String[] args) {
...
10:         // void add(int index, E element)
11:         list.add(1, "LA"); print(2, list);
12:
13:         // int indexOf(Object o) / int lastIndexOf(Object o)
14:         System.out.println("3 : " + list.indexOf("서울"));
15:         System.out.println("4 : " + list.lastIndexOf("서울"));
16:
17:         // boolean remove(Object o)
18:         list.remove("LA"); print(5, list);
19:
20:         // E remove(int index)
21:         list.remove(2); print(6, list);
22:
23:         // boolean contains(Object o)
24:         System.out.println("7 : " + list.contains("LA"));
25:
26:         // Object[] toArray()
27:         Object obj[] = list.toArray();
28:         System.out.println("8 : " + Arrays.toString(obj));
```

```
29:
30:        // <T> T[] toArray(T[] a)
31:        String cities[] = new String[0];
32:        cities = list.toArray(cities);
33:        System.out.println("9 : " + Arrays.toString(cities));
34:
35:        // void clear()
36:        list.clear();    print(10, list);
37:
38:        // boolean isEmpty()
39:        System.out.println("11: " + list.isEmpty());
40:
41:        list.add("파리");
42:        list.add("방콕");
43:        list.add("LA");
44:
45:        // Arrays 클래스의 static <T> List<T> asList(T... a)
46:        List<String> list2 = Arrays.asList("서울", "뉴욕", "상해");
47:        print(12, list2);
48:
49:        // boolean addAll(Collection<? extends E> c)
50:        list.addAll(list2);    print(13, list);
51:
52:        // boolean containsAll(Collection<?> c)
53:        System.out.println("14: " + list.containsAll(list2));
54:
55:        // boolean retainAll(Collection<?> c)
56:        list.retainAll(list2);    print(15, list);
57:
58:        // boolean removeAll(Collection<?> c)
59:        list.removeAll(list2);    print(16, list);
60:    }
61:    public static void print(int n, List<String> list) {
62:        System.out.println(n+" : " + list);
63:    }
64: }
```

【실행결과】

...
2 : [서울, LA, 북경, 상해, 서울, 도쿄, 뉴욕, 런던, 로마, 방콕, 북경, 도쿄, 서울]
3 : 0

```
 4 : 12
 5 : [서울, 북경, 상해, 서울, 도쿄, 뉴욕, 런던, 로마, 방콕, 북경, 도쿄, 서울]
 6 : [서울, 북경, 서울, 도쿄, 뉴욕, 런던, 로마, 방콕, 북경, 도쿄, 서울]
 7 : false
 8 : [서울, 북경, 서울, 도쿄, 뉴욕, 런던, 로마, 방콕, 북경, 도쿄, 서울]
 9 : [서울, 북경, 서울, 도쿄, 뉴욕, 런던, 로마, 방콕, 북경, 도쿄, 서울]
10 : []
11: true
12: [서울, 뉴욕, 상해]
13: [파리, 방콕, LA, 서울, 뉴욕, 상해]
14: true
15: [서울, 뉴욕, 상해]
16: []
```

소스에 대한 자세한 설명은 다음과 같습니다.

```
10: // void add(int index, E element)
11: list.add(1, "LA"); print(2, list);
```

list의 1번 인덱스에 "LA"를 삽입합니다. 추가 후 list의 내용은 다음과 같습니다.

[서울, LA, 북경, 상해, 서울, 도쿄, 뉴욕, 런던, 로마, 방콕, 북경, 도쿄, 서울]

print( )는 List의 데이터를 출력하기 위해 다음처럼 선언한 사용자 정의 메서드입니다.

```
61: public static void print(int n, List<String> list) {
62:     System.out.println(n+" : " + list);
63: }
```

print( ) 메서드는 출력 창에 매개변수로 전달받은 n 값과 list의 데이터를 출력합니다. System.out.prinln(list)는 System.out.println(list.toString()) 명령문과 동일합니다.

```
13: // int indexOf(Object o) / int lastIndexOf(Object o)
14: System.out.println("3 : " + list.indexOf("서울"));
15: System.out.println("4 : " + list.lastIndexOf("서울"));
```

인자로 전달한 데이터의 위치(인덱스)를 찾습니다. indexOf( ) 메서드는 앞에서 검색을 시작하여 처음 검색된 데이터의 인덱스를 반환하고, lastIndexOf( ) 메서드는 끝에서부터 앞으로 검색하면서 역시 처음 검색된 데이터의 인덱스를 반환합니다.

그림 데이터의 위치 찾기

```
17: // boolean  remove(Object o)
18: list.remove("LA"); print(5, list);
```

remove( ) 메서드는 인자로 전달한 데이터를 삭제합니다. 삭제 후 오른쪽의 데이터가 왼쪽으로 이동됩니다.

그림 데이터 삭제하기(값으로 검색 후 삭제)

```
20: // E remove(int index)
21: list.remove(2); print(6, list);
```

remove( ) 메서드에 전달한 인자는 삭제할 데이터의 인덱스입니다. 전달한 인덱스의 데이터를 삭제한 후 오른쪽의 데이터들을 왼쪽으로 이동합니다.

그림 데이터 삭제하기(인덱스로 삭제)

```
23: // boolean  contains(Object o)
24: System.out.println("7 : " + list.contains("LA"));
```

contains( ) 메서드는 인자로 전달한 데이터가 list에 포함되어 있는지 판단합니다. LA는 리스트에 존재하지 않으므로 false를 반환합니다.

```
26: // Object[] toArray()
27: Object obj[] = list.toArray();
28: System.out.println("8 : " + Arrays.toString(obj));
```

toArray( ) 메서드는 ArrayList의 데이터들을 가진 Object 타입의 배열을 생성하여 변환합니다.

그림 ArrayList 배열 생성

```
30: // <T> T[] toArray(T[] a)
31: String cities[] = new String[0];
32: cities = list.toArray(cities);
33: System.out.println("9 : " + Arrays.toString(cities));
```

객체를 일반 배열로 변환할 때 toArray( ) 메서드를 사용하면 Object 타입의 배열로 반환합니다. Object 타입이 아니라 원하는 타입의 배열이 필요할 때는 인자값으로 특정 타입의 배열을 전달합니다. toArray(cities)는 cities가 String 타입이므로 list의 데이터들을 String 타입으로 변환하여 배열에 저장합니다.

배열의 크기보다 ArrayList의 크기가 클 때는 자동으로 배열의 크기가 변경되므로 new String[0]으로 배열을 생성했습니다.

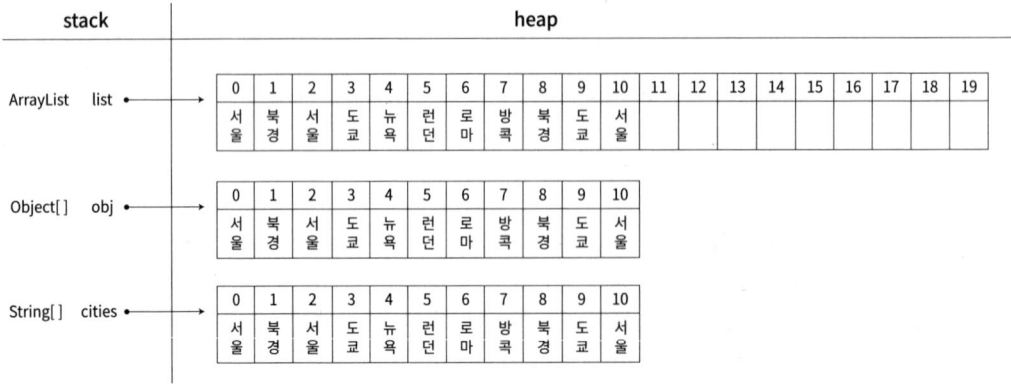

그림 일반 배열로 변환

```
35: // void clear()
36: list.clear();  print(10, list);
37:
38: // boolean isEmpty()
39: System.out.println("11: " + list.isEmpty());
```

clear( ) 메서드는 ArrayList의 모든 데이터를 삭제합니다. isEmpty( ) 메서드는 배열이 비었는지를 판단합니다. clear( ) 메서드로 모두 삭제한 후 isEmpty( ) 메서드를 호출했으므로 true를 반환합니다.

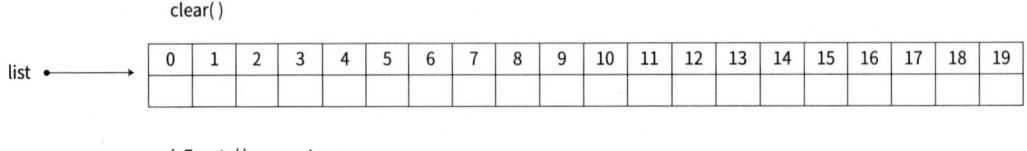

그림 배열이 비었는지 확인

```
41: list.add("파리");
42: list.add("방콕");
43: list.add("LA");
```

비어 있는 list에 다시 데이터를 추가합니다.

	0	1	2	3	4	5	6	7	8	9	10	11	12	13	14	15	16	17	18	19
list	파리	방콕	LA																	

list.add("파리"); list.add("방콕"); list.add("LA");

그림 배열에 데이터 추가

```
45: // Arrays 클래스의 static <T> List<T> asList(T... a)
46: List<String> list2 = Arrays.asList("서울", "뉴욕", "상해");
47: print(12, list2);
```

java.util 패키지의 Arrays는 배열 처리에 관련된 다양한 메서드를 포함하고 있는 클래스입니다. Arrays의 asList( ) 메서드는 인자로 전달한 데이터를 가지는 List 객체를 생성하여 반환합니다. asList( ) 메서드의 인자 개수는 원하는 개수만큼 지정할 수 있습니다. asList(T... a)는 T 타입의 인자값을 고정된 개수가 아니라 동적인 개수로 받을 수 있음을 의미합니다.

List<String> list2 = Arrays.asList ("서울", "뉴욕", "상해");

List list2 →	0	1	2	3	4	5	6	7	8	9
	서울	뉴욕	상해							

그림 여러 개의 인자값을 받을 수 있는 asList( ) 메서드

```
49: // boolean addAll(Collection<? extends E> c)
50: list.addAll(list2);  print(13, list);
```

addAll( ) 메서드에 인자값으로 컬렉션을 전달하면 현재 컬렉션과 하나로 통합됩니다. list.addAll(list2)는 list에 list2의 데이터들을 다음처럼 추가합니다.

list →	0	1	2	3	4	5	6	7	8	9	10	11	12	13	14	15	16	17	18	19
	파리	방콕	LA	서울	뉴욕	상해														

그림 컬렉션을 합치는 addAll( ) 메서드 결과

```
52: // boolean containsAll(Collection<?> c)
53: System.out.println("14: " + list.containsAll(list2));
```

list.containsAll(list2)는 list에 list2의 내용이 포함되어 있는지 판단합니다. 이전 작업에서 list와 list2의 데이터를 합쳤으므로 true를 반환합니다.

```
55: // boolean retainAll(Collection<?> c)
56: list.retainAll(list2);  print(15, list);
```

list.retainAll(list2) 명령문은 list에서 list2의 데이터들만 남겨두고 나머지 데이터는 모두 삭제합니다.

		0	1	2	3	4	5	6	7	8	9	10	11	12	13	14	15	16	17	18	19
list	→	서울	뉴욕	상해																	

그림 인자로 전달한 내용만 남겨두고 모두 삭제하는 retainAll( ) 메서드 결과

```
58: // boolean removeAll(Collection<?> c)
59: list.removeAll(list2);   print(16, list);
```

list에서 list2의 모든 내용을 삭제합니다.

		0	1	2	3	4	5	6	7	8	9	10	11	12	13	14	15	16	17	18	19
list	→																				

그림 인자로 전달한 내용을 모두 삭제하는 removeAll( ) 메서드 결과

(3) Iterator 인터페이스

Iterator는 컬렉션에 저장된 일부 데이터만 사용하는 것이 아니라 모든 데이터를 사용해야 할 때 편리한 객체입니다. Iterator는 컬렉션에 저장된 데이터의 위치 정보를 포함한 커서가 있어서 인덱스 등을 사용하지 않고도 쉽게 데이터에 접근할 수 있습니다. 이처럼 컬렉션에 저장된 모든 데이터를 순차적으로 접근하여 사용할 목적으로 사용하는 Iterator를 '컬렉션 뷰(Collection view)'라고 합니다. 컬렉션 뷰에는 Iterator 외에 Enumeration, ListIterator도 있습니다.

표 Iterator 인터페이스 메서드

제어자 및 타입	메서드	설명
default void	forEachRemaining(Consumer<? super E> action)	모든 요소에 대해 매개변수로 전달받은 작업 수행
boolean	hasNext()	커서 다음에 요소가 있는지 판단
E	next()	커서 다음에 요소 반환 후 커서 다음 요소로 이동
default void	remove()	커서 다음 요소 삭제

예제를 통해 Iterator의 메서드들을 확인해보겠습니다.

Test02.java

```
01: package com.ruby.java.ch10;
02:
```

```
03: import java.util.ArrayList;
04: import java.util.Iterator;
05:
06: public class Test02 {
07:
08:     public static void main(String[] args) {
09:
10:         ArrayList<String> list = new ArrayList<String>();
11:         list.add("서울");
12:         list.add("북경");
13:         list.add("상해");
14:         list.add("서울");
15:         list.add("도쿄");
16:         list.add("뉴욕");
17:
18:         for(int i = 0; i < list.size(); i++) {
19:             System.out.println(list.get(i));
20:         }
21:
22:         System.out.println("===========");
23:
24:         Iterator<String> iter = list.iterator();
25:         while(iter.hasNext()) {
26:             System.out.println(iter.next());
27:         }
28:     }
29: }
```

【실행결과】

서울
북경
상해
서울
도쿄
뉴욕
===========
서울
북경
상해
서울
도쿄
뉴욕

소스에 대한 자세한 설명은 다음과 같습니다.

```
24: Iterator<String> iter = list.iterator();
```

iterator( ) 메서드는 컬렉션 객체를 Iterator 객체로 변환하여 반환합니다. iterator( ) 메서드는 List와 Set에서 상속하고 있는 Collection 인터페이스에서 선언한 메서드이므로 List, Set 계열의 모든 컬렉션에서 사용할 수 있습니다. 즉, 필요하다면 모든 List, Set 계열의 컬렉션 객체를 Iterator로 변환하여 사용할 수 있다는 의미입니다.

다음은 list.iterator( ) 메서드가 반환한 Iterator 객체입니다. 첫 번째 데이터 앞에 커서가 위치하고 있습니다

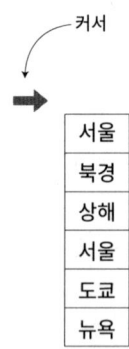

그림 Iterator 객체의 커서 위치

```
25: while(iter.hasNext()) {
```

hasNext( )는 현재 커서 다음에 데이터가 존재하는지 판단합니다. 커서 다음에 데이터가 있다면 true, 없다면 false를 반환합니다.

```
26: System.out.println(iter.next());
```

next( )는 커서 다음의 데이터를 반환하고 커서를 다음 데이터로 이동합니다.

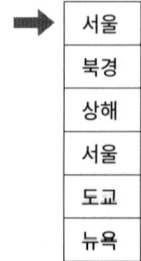

그림 next( ) 호출 후 커서 위치

while 문이 반복 실행할 때마다 커서 다음에 데이터가 있는지 판단하고(hasNext( )) 있다면 커서 다음의 데이터를 반환(next( ))하고, 커서는 계속해서 다음 데이터로 이동합니다. 반복문이 계속 실행되어 커서가 마지막 데이터("뉴욕")에 위치했을 때 hasNext( )가 실행되면 더 이상 데이터가 없으므로 false를 반환하여 while 문을 빠져나옵니다.

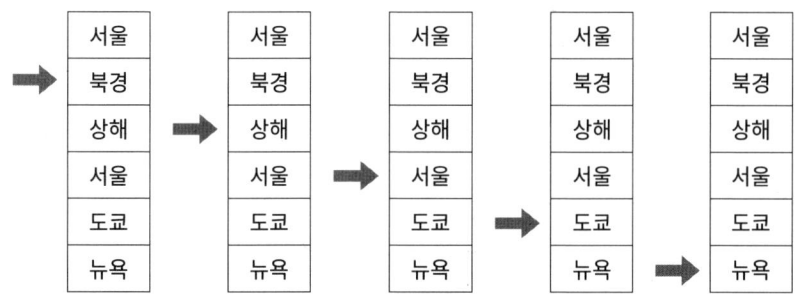

그림 next( ) 메서드 반복 호출로 Iterator 객체의 커서 위치 변화

Iterator는 이처럼 커서라는 개념을 사용하여 컬렉션의 모든 데이터를 순차적으로 접근하여 사용할 수 있도록 해주는 헬퍼(Helper) 객체입니다.

> 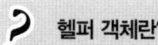 **헬퍼 객체란?**
>
> 헬퍼 객체란 어떤 작업을 효율적으로 처리하기 위해 유용한 기능들을 제공하는 객체를 말합니다.

10.2.2. Vector 클래스

다음은 이번 절에서 다룰 Vector 클래스의 상속 구조입니다.

그림 Vector 클래스의 상속 구조

Vector는 ArrayList와 동일한 클래스입니다. 동일하다는 의미는 ArrayList처럼 크기가 변경될 수 있는 배열에 데이터를 저장하며 데이터를 처리하고자 사용하는 메서드도 같습니다. 9장에서 StringBuilder와 StringBuffer 클래스 차이점에 대해 공연 좌석 예매를 예로 들어 설명하였습니다. 여러 사람이 한 좌석을 동시에 예매하려고 시도할 때 StringBuffer는 동시 예매를 막을 수 있고, StringBuilder는 동시 예매를 막을 수 없다고 하였습니다. 따라서 동시 처리가 발생할 수 있는 상황에서는 StringBuffer를 사용하고, 그렇지 않은 상황에서는 StringBuilder를 사용하는 것이 효율적이라고 했습니다. 왜냐하면 동시 요청이 발생하지 않는 상황에 StringBuffer를 사용하면 동시 처리 시 발생하는 문제들을 해결하기 위한 불필요한 작업들이 실행되기 때문입니다.

Vector와 ArrayList의 차이점도 StringBuffer와 StringBuilder의 차이점과 같습니다. Vector는 동시 사용을 안전하게 처리할 수 있도록 설계된 클래스이지만, ArrayList는 동시 사용을 허용하지 않는 클래스입니다. 즉, Vector는 동기화 처리를 지원하고 ArrayList는 동기화 처리를 지원하지 않습니다. 동기화 처리란, 여러 곳에서 동시에 하나의 자원을 사용할 때 문제없이 동작하도록 하는 기능입니다. 동기화가 필요한 상황에서는 Vector를, 동기화 처리가 필요없는 상황에서는 ArrayList를 사용하는 것이 효율적입니다.

(1) 생성자

다음은 Vector 클래스의 생성자입니다.

【Vector 클래스의 생성자】

```
Vector()
Vector(int initialCapacity)
Vector(int initialCapacity, int capacityIncrement)
Vector(Collection<? extends E> c)
```

다음 코드는 인자를 전달하지 않았으므로 기본으로 크기가 10인 Vector를 생성합니다. 기본 크기의 Vector에 10개를 초과하는 데이터를 삽입하면 자동으로 크기가 확장되는데, 이때 크기는 10 단위로 확장됩니다.

```
Vector<String> list1 = new Vector<String>();
```

다음 코드는 크기가 8인 Vector를 생성하며 크기 확장 단위는 8입니다.

```
Vector<String> list2 = new Vector<String>(8);
```

다음 코드는 크기가 20인 Vector를 생성하며 크기 확장 단위는 5입니다.

```
Vector<String> list3 = new Vector<String>(20, 5);
```

(2) 메서드

Vector 클래스가 포함하는 메서드는 다음과 같습니다. Vector 클래스는 ArrayList 클래스와 상속 구조가 같아서 ArrayList에서 사용했던 메서드와 똑같은 메서드도 있는 것을 알 수 있습니다.

표 Vector 클래스의 메서드

제어자 및 타입	메서드	설명
int	capacity()	Vector 전체 용량 추출
void	copyInto(Object[] anArray)	매개변수로 전달받은 배열에 Vector를 복사
E	elementAt(int index)	매개변수로 전달받은 인덱스(index)에 위치한 요소 추출
Enumeration<E>	elements()	Vector를 처리하는 Enumeration 생성
void	ensureCapacity(int minCapacity)	Vector의 최소 용량 지정
E	firstElement()	첫 번째 요소 추출
void	insertElementAt(E obj, int index)	매개변수로 전달받은 (index) 위치에 요소(obj)를 삽입
E	lastElement()	마지막 요소 추출
int	lastIndexOf(Object o, int index)	매개변수로 전달받은 인덱스(index)부터 역순으로 요소(o)를 탐색한 후 인덱스 반환
void	removeAllElements()	Vector의 모든 요소 삭제
boolean	removeElement(Object obj)	Vector에서 매개변수로 전달받은 요소(obj) 삭제
void	removeElementAt(int index)	Vector에서 매개변수로 전달받은 인덱스(index)의 요소 삭제
boolean	removeIf(Predicate<? super E> filter)	매개변수로 전달받은 조건에 해당하는 요소 삭제
void	removeRange(int fromIndex, int toIndex)	매개변수로 전달받은 인덱스(fromIndex, toIndex) 사이의 요소 삭제
void	setElementAt(E obj, int index)	매개변수로 전달받은 인덱스(index)에 요소(obj) 설정
void	setSize(int newSize)	Vector의 크기 설정
String	toString()	Vector의 요소들을 문자열로 변환하여 반환
void	trimToSize()	Vector의 크기를 현재 저장된 요소 수로 변경

ArrayList에서 확인했던 메서드는 제외하고 Vector에 추가된 메서드를 중심으로 예제를 작성해보겠습니다.

Test03.java
```
01: package com.ruby.java.ch10;
02:
03: import java.util.Arrays;
04: import java.util.List;
```

```
05: import java.util.Vector;
06:
07: public class Test03 {
08:
09:     public static void main(String[] args) {
10:
11:         Vector<String> vector = new Vector<String>(20);
12:
13:         vector.addElement("서울");
14:         vector.addElement("도쿄");
15:         vector.addElement("뉴욕");
16:
17:         for(int i = 0; i < vector.size(); i++) {
18:             System.out.print(vector.elementAt(i)+"\t");
19:         }
20:
21:         System.out.println("\n");
22:
23:         System.out.println("1 : " + vector.firstElement());
24:         System.out.println("2 : " + vector.lastElement());
25:
26:         vector.insertElementAt("파리", 2);   print(3, vector);
27:         vector.setElementAt("런던", 1);     print(4, vector);
28:
29:         System.out.println("3 : " + vector.capacity());
30:         System.out.println("4 : " + vector.size());
31:         vector.trimToSize();
32:         System.out.println("5 : " + vector.capacity());
33:
34:         vector.removeElement("뉴욕");   print(6, vector);
35:         vector.removeElementAt(1);      print(7, vector);
36:         vector.removeAllElements();     print(8, vector);
37:
38:         List<String> list = Arrays.asList("서울", "도쿄", "뉴욕");
39:         vector.addAll(list);    print(9, vector);
40:         vector.setSize(6);      print(10, vector);
41:
42:     }
43:
44:     public static void print(int n, List<String> vector) {
45:         System.out.println(n+" : " + vector);
46:     }
47: }
```

【실행결과】

서울   도쿄   뉴욕

1 : 서울
2 : 뉴욕
3 : [서울, 도쿄, 파리, 뉴욕]
4 : [서울, 런던, 파리, 뉴욕]
3 : 20
4 : 4
5 : 4
6 : [서울, 런던, 파리]
7 : [서울, 파리]
8 : []
9 : [서울, 도쿄, 뉴욕]
10 : [서울, 도쿄, 뉴욕, null, null, null]

소스에 대한 자세한 설명은 다음과 같습니다.

```
11: Vector<String> vector = new Vector<String>(20);
```

배열의 크기는 20이고 저장되는 데이터 타입은 String인 Vector를 생성합니다.

```
13: vector.addElement("서울");
14: vector.addElement("도쿄");
15: vector.addElement("뉴욕");
```

addElement( )는 새로운 데이터를 추가하는 메서드입니다. ArrayList의 add( ) 메서드와 같습니다.

```
17: for(int i = 0; i < vector.size(); i++) {
18:     System.out.print(vector.elementAt(i)+"\t");
19: }
```

elementAt( ) 메서드는 인자로 전달한 인덱스에 해당하는 데이터를 반환합니다. ArrayList의 get( ) 메서드와 같습니다.

```
23: System.out.println("1 : " + vector.firstElement());
24: System.out.println("2 : " + vector.lastElement());
```

firstElement( ) 메서드는 첫 번째 데이터를, lastElement( ) 메서드는 마지막 데이터를 추출하여 반환합니다.

```
26: vector.insertElementAt("파리", 2); print(3, vector);
27: vector.setElementAt("런던", 1);    print(4, vector);
```

insertElementAt( ) 메서드는 두 번째 인자로 전달한 인덱스 위치에 첫 번째 인자값을 삽입합니다. setElementAt( ) 메서드는 두 번째 인자로 전달한 인덱스 위치에 첫 번째 인자값을 설정합니다.

```
29: System.out.println("3 : " + vector.capacity());
30: System.out.println("4 : " + vector.size());
31: vector.trimToSize();
32: System.out.println("5 : " + vector.capacity());
```

capacity( ) 메서드는 현재 벡터의 크기를 추출합니다. size( ) 메서드는 벡터의 크기가 아니라 벡터 안에 저장된 데이터의 개수를 추출합니다. trimToSize( ) 메서드는 벡터의 크기를 데이터의 크기로 변경하여 데이터가 저장되지 않은 공간을 삭제해줍니다.

```
34: vector.removeElement("뉴욕"); print(6, vector);
35: vector.removeElementAt(1);    print(7, vector);
36: vector.removeAllElements();   print(8, vector);
```

removeElement( ) 메서드는 인자로 전달한 데이터 또는 인덱스에 해당하는 데이터를 삭제합니다. ArrayList의 remove( ) 메서드와 같습니다. removeAllElement( ) 메서드는 벡터의 모든 데이터를 삭제합니다. ArrayList의 clear( ) 메서드와 같고 isEmpty( ) 메서드를 실행하면 true를 반환합니다.

```
38: List<String> list = Arrays.asList("서울", "도쿄", "뉴욕");
39: vector.addAll(list);   print(9, vector);
40: vector.setSize(6);     print(10, vector);
```

addAll( ) 메서드는 인자로 전달한 컬렉션의 데이터들을 추가합니다. 그리고 setSize( ) 메서드는 Vector의 크기를 변경합니다. 크기를 변경할 때 현재 데이터의 수보다 크면 데이터가 없는 위치에 null 값이 저장되며, 변경되는 크기가 데이터의 수보다 작을 때는 데이터의 손실이 발생합니다.

(3) Enumeration 클래스

Enumeration 클래스는 Iterator와 마찬가지로 컬렉션 뷰 역할을 합니다. 즉, 컬렉션의 모든 데이터를 순차적으로 쉽게 접근하여 사용할 수 있도록 해줍니다. 다음은 Enumeration 클래스의 메서드입니다.

표 Enumeration 인터페이스 메서드

제어자 및 타입	메서드	설명
boolean	hasMoreElements()	현재 커서 다음에 요소가 있는지 여부 판단
E	nextElement()	커서 다음의 요소를 반환하고 커서를 다음 요소로 이동
default Iterator<E>	asIterator()	(Java 9에서 추가됨) Enumeration의 커서 다음 요소들을 Iterator로 생성

hasMoreElements( ) 메서드는 커서 다음에 데이터가 있는지 판단합니다. nextElement( ) 메서드는 커서 다음의 데이터를 반환하고 커서를 다음 데이터로 이동합니다. Iterator의 hasNext( )와 next( ) 메서드와 같습니다. asIterator( )는 자바 9에서 추가된 메서드로서 Enumeration 객체를 Iterator 객체로 변환해서 반환해줍니다.

Iterator와 Enumeration은 모두 컬렉션 뷰 역할을 하는 객체입니다. 그러나 동기화 처리에서 차이점이 있습니다. 컬렉션 뷰 역할을 하는 Iterator나 Enumeration 객체는 생성 시 기존의 컬렉션 데이터를 복사하는 것이 아니라 컬렉션 데이터에 접근할 수 있는 기능만 가집니다.

다음 그림처럼 컬렉션 뷰(Iterator, Enumeration)는 컬렉션 데이터에 접근할 수 있는 통로와 같은 객체입니다. 컬렉션의 데이터는 원본 형태로 존재할 뿐 컬렉션 뷰에 포함되지는 않습니다.

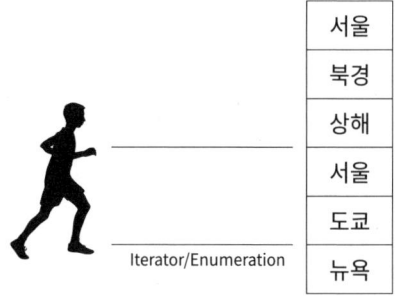

그림 컬렉션 데이터에 접근하는 통로인 컬렉션 뷰

다만, Iterator는 컬렉션 데이터에 대한 정보를 가지고 있습니다. 따라서 컬렉션 데이터에 접근해 사용하려는 순간 다른 누군가가 접근해 데이터를 변경한다면 자신이 가지고 있는 정보와 실제 사용하려는 데이터가 일치하지 않아서 오류가 발생합니다. 즉, 동기화 처리를 지원하는 것입니다.

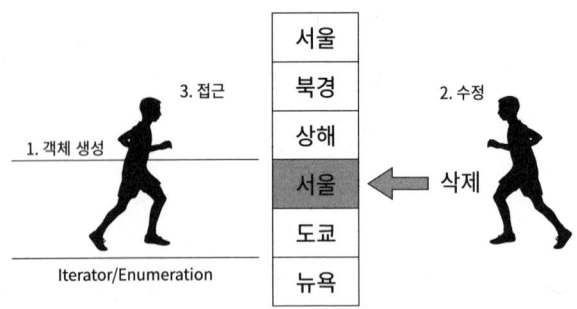

그림 컬렉션 뷰의 동기화 처리

그러나 Enumeration은 객체 생성 시 컬렉션 데이터에 대한 정보를 따로 가지지 않기 때문에 오류가 발생하지 않습니다. 즉, 동기화 처리를 지원하지 않습니다.

예제를 통해 Enumeratin 객체에 대해 자세히 살펴보겠습니다.

Test04.java
```
01: package com.ruby.java.ch10;
02:
03: import java.util.Enumeration;
04: import java.util.Iterator;
05: import java.util.Vector;
06:
07: public class Test04 {
08:
09:     public static void main(String[] args) {
10:         Vector<String> vector = new Vector<String>(20);
11:
12:         vector.addElement("서울");
13:         vector.addElement("도쿄");
14:         vector.addElement("뉴욕");
15:
16:         Enumeration<String> en = vector.elements();
17:
18:         while(en.hasMoreElements()) {
19:             String city = en.nextElement();
20:             System.out.println(city);
21:         }
22:
23:         System.out.println("=====");
24:
25:         Enumeration<String> en2 = vector.elements();
26:         Iterator<String> iter = en2.asIterator();
```

```
27:        while(iter.hasNext()) {
28:            System.out.println(iter.next());
29:        }
30:    }
31: }
```

【실행결과】
서울
도쿄
뉴욕
======
서울
도쿄
뉴욕

16번 줄의 vector.elements( )는 vector 객체에 접근할 수 있는 Enumeration 객체를 반환합니다. 18번 줄에서 Enumeration en의 커서 다음에 데이터가 존재하는지 판단하고, 데이터가 존재하면 19번 줄에서 en의 커서 다음 데이터를 반환하고 커서를 다음 데이터로 이동합니다. 25번 줄의 Enumeration en2는 26번 줄에서 Iterator 객체로 변환하여 추출합니다.

10.2.3. LinkedList 클래스

다음은 이번 절에서 다루는 LinkedList 클래스의 상속 구조입니다.

```
Module java.base
Package java.util

Class LinkedList<E>

java.lang.Object
    java.util.AbstractCollection<E>
        java.util.AbstractList<E>
            java.util.AbstractSequentialList<E>
                java.util.LinkedList<E>

Type Parameters:
E - the type of elements held in this collection

All Implemented Interfaces:
Serializable, Cloneable, Iterable<E>, Collection<E>, Deque<E>, List<E>, Queue<E>
```

그림 LinkedList 클래스의 상속 구조

LinkedList는 ArrayList처럼 메모리에 순서대로 데이터를 저장하는 것이 아니고 메모리의 저장할 수 있는 공간이 있다면 위치에 상관없이 저장합니다. 즉, ArrayList의 데이터는 다음 그림처럼 연속적으로 저장되지만 LinkedList의 데이터는 연속적으로 저장되지 않고 임의의 위치에 저장됩니다.

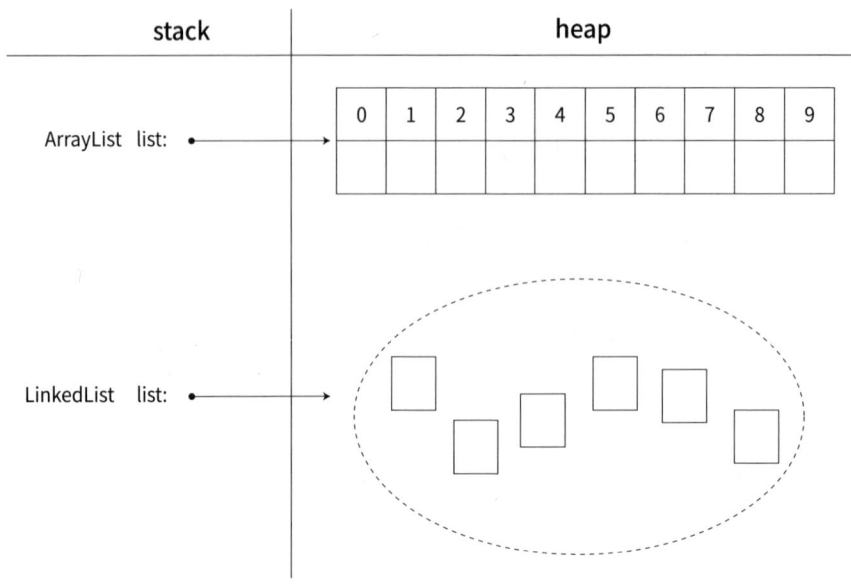

그림 LinkedList의 저장 방식

이처럼 연속과 비연속이라는 특성 때문에 ArrayList와 LinkedList의 차이가 분명하게 드러납니다. 메모리 효율 면에서는 연속적인 공간이 필요 없는 LinkedList가 더 유리하고, 데이터 검색 면에서는 차례대로 접근할 수 있는 ArrayList가 유리합니다.

LinkedList는 이처럼 비연속적으로 저장된 데이터들을 하나의 그룹으로 처리하기 위해 데이터를 저장할 때 부가적인 정보를 추가로 저장합니다. 추가되는 정보는 바로 다음 데이터의 주소입니다. 다음 그림에서 보는 것처럼 LinkedList는 데이터에서 다음 데이터의 위치 정보를 가집니다. 데이터와 다음 데이터의 위치 정보를 합친 하나의 단위를 '노드(node)'라고 합니다.

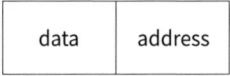

그림 LinkedList의 노드

LinkedList는 단일 링크드리스트(Singly LinkedList)와 이중 링크드리스트(Doubly LinkedList) 두 가지 종류가 있습니다. 단일 링크드리스트(Singly LinkedList)는 노드가 데이터와 다음 데이터의 정보만 가지는 형태입니다.

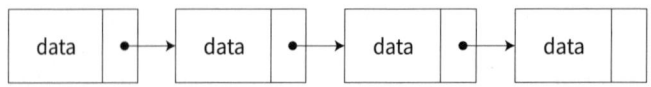

그림 단일 링크드리스트

이중 링크드리스트(Doubly LinkedList)는 노드에서 다음 데이터뿐만 아니라 이전 데이터의 위치 정보도 가지는 구조입니다.

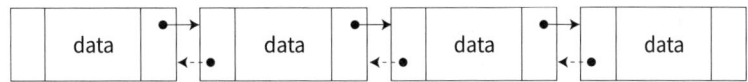

그림 이중 링크드리스트

단일 링크드리스트는 노드가 다음 데이터의 정보만 가지고 있어서 한 방향으로만 탐색되고, 이중 링크드리스트는 노드가 이전 데이터와 다음 데이터의 정보를 가지고 있어서 양방향 탐색을 할 수 있습니다. 자바에서 사용하는 LinkedList는 이중 링크드리스트입니다.

링크드리스트에서 탐색 작업을 위해 필요한 정보가 있습니다. 바로 첫 노드의 위치와 마지막 노드의 위치입니다. 시작 위치와 끝 위치를 알아야 탐색을 시작할 수 있고 종료할 수 있기 때문입니다. 시작 위치는 처음 생성된 노드이고, 끝 위치는 마지막 생성된 노드를 의미합니다. LinkedList에서 가장 처음 생성된 노드는 머리(header)라고 부르고 가장 마지막에 생성된 노드는 꼬리(tail)라고 부릅니다.

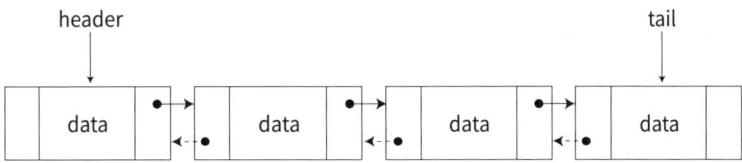

그림 링크드리스트의 머리와 꼬리

LinkedList의 머리와 꼬리 정보는 변수를 선언하고 값을 저장해서 사용합니다. 따라서 노드를 탐색할 때 처음 노드는 머리 정보로, 마지막 노드는 꼬리 정보로 알 수 있고, 중간 노드를 탐색할 때는 머리 노드부터 시작합니다. 자신의 다음 노드는 자신이 가지고 있는 다음 노드 정보를 보고 찾아가고 꼬리 노드까지 찾아왔다면 모든 노드의 탐색이 완료됩니다.

ArrayList는 메모리에 연속으로 저장되므로 커다란 메모리 공간이 확보되어야 하지만, LinkedList는 하나의 데이터를 저장할 수 있는 공간만 확보되면 나머지 데이터는 연속된 위치가 아니어도 저장할 수 있으므로 메모리를 좀 더 효율적으로 사용합니다. 그러나 데이터만 저장되는 ArrayList에 반해 LinkedList는 데이터와 함께 노드에 대한 위치 정보까지 포함하는 노드 단위로 저장되므로 메모리를 더 많이 차지합니다.

LinkedList가 ArrayList보다 더 많은 메모리를 사용하지만 가장 큰 장점은 데이터의 삭제, 삽입 작업이 간단하다는 것입니다. ArrayList는 데이터를 삽입하거나 삭제할 때 주변에 있는 데이터를 이동해야 합니다. 따라서 데이터가 많으면 많을수록 삽입이나 삭제 작업에 소요되는 시간이 길어집니다. 그러나

LinkedList는 데이터의 이동 없이 노드들의 위치 정보만 변경하면 간단하게 데이터를 삽입하거나 삭제할 수 있습니다.

데이터 추가

LinkedList에 데이터를 추가하려면 꼬리 노드에 추가한 노드의 위치를 저장하고 새로 추가한 노드에 이전 노드 정보를 저장합니다.

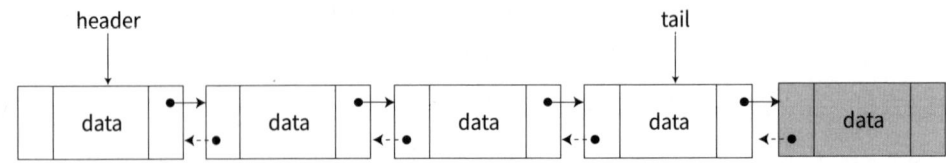

그림 링크드리스트에 데이터 추가

새로운 노드를 추가한 다음에는 꼬리의 값을 마지막 노드 정보로 변경합니다.

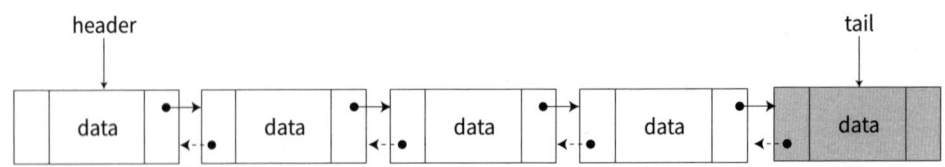

그림 데이터 추가 후 꼬리 값 변경

데이터 삽입

LinkedList에 데이터를 삽입하려면 먼저 삽입할 위치를 선정해야 합니다.

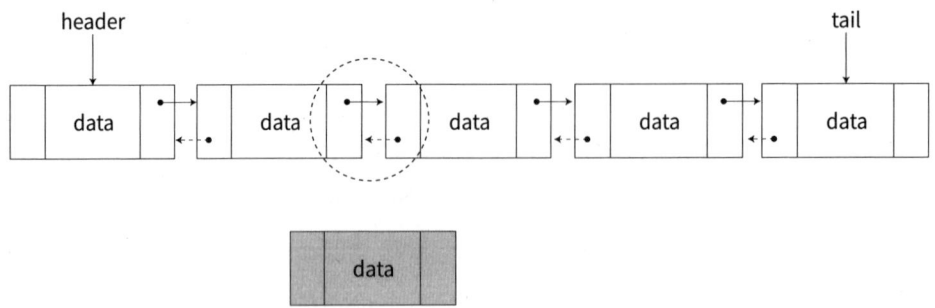

그림 데이터 삽입을 위한 위치 선정

위치가 선정되었다면 근접한 노드의 위치 정보와 삽입할 노드의 위치 정보를 설정함으로써 데이터가 삽입됩니다.

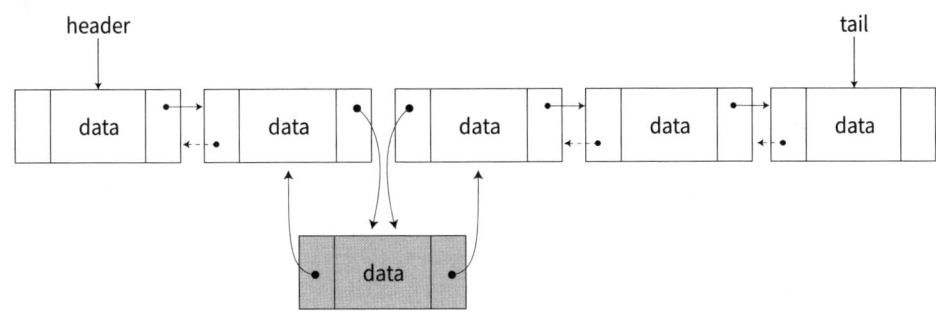

그림 데이터 삽입을 위한 위치 정보 설정

데이터 삭제

LinkedList에서 데이터를 삭제하려면 삭제할 노드의 위치 정보가 필요합니다.

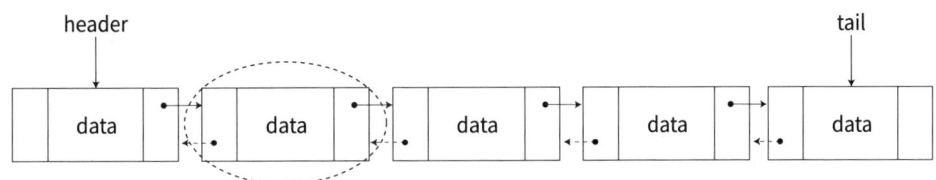

그림 삭제할 노드의 위치 정보 획득

삭제할 노드의 위치 정보를 이전 노드와 다음 노드에 저장하면 데이터가 삭제됩니다.

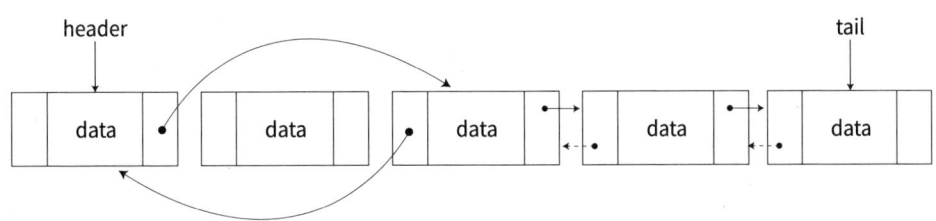

그림 노드 삭제를 위한 위치 정보 변경

(1) 생성자

다음은 LinkedList 클래스의 생성자입니다.

【LinkedList 클래스의 생성자】

```
LinkedList()
LinkedList(Collection<? extends E> c)
```

새로운 LinkedList 객체를 생성하는 코드는 다음과 같습니다.

```
LinkedList<String> list = new LinkedList<String>();
```

제네릭에 String으로 지정했으므로 String 타입의 데이터를 저장하는 LinkedList가 생성되며, 내부적으로 머리와 꼬리에 각각 null 값이 저장됩니다. 즉, 비어 있는 LinkedList가 생성됩니다.

다음 코드는 인자로 전달한 컬렉션의 데이터로 초기화된 LinkedList 객체를 생성합니다.

```
List<String> list2 = Arrays.asList("서울", "대전", "대구");
LinkedList<String> list3 = new LinkedList<String>(list2);
```

list3 변수가 참조하는 LinkedList에는 인자로 전달한 데이터들이 순서대로 저장됩니다.

(2) 메서드

LinkedList 클래스도 ArrayList처럼 List 인터페이스를 상속하고 있으므로 ArrayList와 동일한 메서드를 가지며 추가로 링크드리스트라는 저장 구조에서 활용할 수 있는 여러 메서드를 제공합니다.

표 LinkedList 클래스 메서드

제어자 및 타입	메서드	설명
void	addFirst(E e)	리스트의 첫 번째 노드로 추가
void	addLast(E e)	LinkedList의 마지막 노드로 추가
Iterator<E>	descendingIterator()	리스트의 순서를 거꾸로 가지는 Iterator 생성
E	element()	리스트의 head 추출
E	getFirst()	리스트의 첫 번째 요소 추출
E	getLast()	리스트의 마지막 요소 추출
boolean	offer(E e)	리스트의 tail에 요소 추가
boolean	offerFirst(E e)	리스트의 첫 번째 요소로 추가
boolean	offerLast(E e)	리스트의 마지막 요소로 추가
E	peek()	리스트의 head 추출
E	peekFirst()	리스트의 첫 번째 요소 추출
E	peekLast()	리스트의 마지막 요소 추출
E	poll()	리스트의 head 추출 후 삭제
E	pollFirst()	리스트의 첫 번째 요소 추출 후 삭제
E	pollLast()	리스트의 마지막 요소 추출 후 삭제
E	pop()	리스트의 첫 번째 요소 추출 후 삭제

제어자 및 타입	메서드	설명
void	push(E e)	리스트의 첫 번째 요소로 추가
E	removeFirst()	리스트의 첫 번째 요소 삭제
Boolean	removeFirstOccurrence(Object o)	매개변수로 전달받은 객체를 header에서 tail 방향으로 탐색 후 삭제
E	removeLast()	리스트의 마지막 요소 삭제
boolean	removeLastOccurrence(Object o)	매개변수로 전달받은 객체를 tail에서 header 방향으로 탐색 후 삭제

실습 예제를 통해서 LinkedList의 메서드를 확인해 보겠습니다.

Test05.java

```java
01: package com.ruby.java.ch10;
02:
03: import java.util.Arrays;
04: import java.util.LinkedList;
05: import java.util.List;
06:
07: public class Test05 {
08:
09:     public static void main(String[] args) {
10:         LinkedList<String> list = new LinkedList<String>();
11:
12:         list.add("서울");
13:         list.add("북경");
14:         list.add("상해");
15:
16:         for(int i = 0; i < list.size(); i++) {
17:             System.out.println(list.get(i)+"\t");
18:         }
19:
20:         list.add(1, "LA");         print(1, list);
21:         list.addFirst("런던");      print(2, list);
22:         list.addLast("서울");       print(3, list);
23:
24:         list.offer("파리");         print(4, list);
25:         list.offerFirst("로마");    print(5, list);
26:         list.offerLast("베른");     print(6, list);
27:
28:         System.out.println("7 : " + list.peek());
29:         System.out.println("8 : " + list.peekFirst());
30:         System.out.println("9 : " + list.peekLast());
```

```
31:
32:     list.poll();      print(10, list);
33:     list.pollFirst(); print(11, list);
34:     list.pollLast();  print(12, list);
35:
36:     list.push("제주");   print(13, list);
37:     System.out.println("14 : " + list.pop());
38:
39:     System.out.println("15 : " + list.get(3));
40:     System.out.println("16 : " + list.getFirst());
41:     System.out.println("17 : " + list.getLast());
42:
43:     System.out.println("18 : " + list.indexOf("서울"));
44:     System.out.println("19 : " + list.lastIndexOf("서울"));
45:
46:     list.removeFirst();   print(20, list);
47:     list.removeLast();    print(21, list);
48:     list.remove(3);       print(22, list);
49:     list.remove("LA");    print(23, list);
50:
51:     List<String> list2 = Arrays.asList("북경", "상해");
52:     list.addAll(list2);
53:
54:     Object obj[] = list.toArray();
55:     System.out.println("24 : " + Arrays.toString(obj));
56:
57:     String cities[] = new String[0];
58:     cities = list.toArray(cities);
59:     System.out.println("25 : " + Arrays.toString(cities));
60:
61:     list.removeAll(list2); print(26, list);
62:   }
63:
64:   public static void print(int n, List<String> list) {
65:     System.out.println(n+" : " + list);
66:   }
67: }
```

【실행결과】

서울
북경
상해

```
 1 : [서울, LA, 북경, 상해]
 2 : [런던, 서울, LA, 북경, 상해]
 3 : [런던, 서울, LA, 북경, 상해, 서울]
 4 : [런던, 서울, LA, 북경, 상해, 서울, 파리]
 5 : [로마, 런던, 서울, LA, 북경, 상해, 서울, 파리]
 6 : [로마, 런던, 서울, LA, 북경, 상해, 서울, 파리, 베른]
 7 : 로마
 8 : 로마
 9 : 베른
10 : [런던, 서울, LA, 북경, 상해, 서울, 파리, 베른]
11 : [서울, LA, 북경, 상해, 서울, 파리, 베른]
12 : [서울, LA, 북경, 상해, 서울, 파리]
13 : [제주, 서울, LA, 북경, 상해, 서울, 파리]
14 : 제주
15 : 상해
16 : 서울
17 : 파리
18 : 0
19 : 4
20 : [LA, 북경, 상해, 서울, 파리]
21 : [LA, 북경, 상해, 서울]
22 : [LA, 북경, 상해]
23 : [북경, 상해]
24 : [북경, 상해, 북경, 상해]
25 : [북경, 상해, 북경, 상해]
26 : [ ]
```

소스에 대한 자세한 설명은 다음과 같습니다.

```
10: LinkedList<String> list = new LinkedList<String>();
11:
12: list.add("서울");
13: list.add("북경");
14: list.add("상해");
15:
16: for(int i = 0; i < list.size(); i++) {
17:     System.out.println(list.get(i)+"\t");
18: }
```

데이터가 없는 빈 LinkedList를 생성한 후 add( ) 메서드로 데이터를 추가합니다. list.size( )는 list에 저장된 데이터의 개수를 반환하는 메서드로 저장된 데이터 개수만큼 반복 실행하면서 get( ) 메서드로 데이터를 추출합니다.

```
20: list.add(1, "LA");        print(1, list);
21: list.addFirst("런던");     print(2, list);
22: list.addLast("서울");      print(3, list);
```

list.add(1, "LA") 명령문은 인덱스 1에 해당하는 위치에 "LA"를 추가합니다. addFirst( ) 메서드는 가장 첫 노드로 추가하고 addLast( ) 메서드는 가장 마지막 노드로 추가합니다.

```
24: list.offer("파리");        print(4, list);
25: list.offerFirst("로마");   print(5, list);
26: list.offerLast("베른");    print(6, list);
```

위 3개의 메서드는 add( ), addFirst( ), addLast( ) 메서드와 동일하게 동작합니다. 차이점이 있다면 add( ) 메서드는 데이터를 추가할 때 문제가 발생하면 프로그램에서 오류가 발생합니다. 그러나 offer( ) 메서드는 데이터가 올바르게 추가되면 true를 그렇지 않으면 false를 반환합니다.

```
28: System.out.println("7 : " + list.peek());
29: System.out.println("8 : " + list.peekFirst());
30: System.out.println("9 : " + list.peekLast());
```

peek( ) 메서드는 데이터를 추출합니다. peek( )과 peekFirst( )는 첫 번째 데이터를 추출하고 peekLast( )는 마지막 데이터를 추출합니다.

```
32: list.poll();       print(10, list);
33: list.pollFirst();  print(11, list);
34: list.pollLast();   print(12, list);
```

poll( ) 메서드는 peek( ) 메서드처럼 데이터를 추출합니다. 차이점이 있다면 peek( ) 메서드는 추출하는 데이터를 삭제하지 않지만, poll( ) 메서드는 추출하는 데이터를 리스트에서 삭제합니다.

```
36: list.push("제주");  print(13, list);
37: System.out.println("14 : " + list.pop());
```

push( ) 메서드는 첫 번째 위치에 데이터를 추가하고 pop( ) 메서드는 첫 번째에 위치한 데이터를 추출합니다.

```
39: System.out.println("15 : " + list.get(3));
40: System.out.println("16 : " + list.getFirst());
41: System.out.println("17 : " + list.getLast());
```

get( ) 메서드는 저장된 데이터를 추출합니다. 특정 인덱스를 가진 데이터를 추출할 수 있고 getFirst( ) 메서드는 가장 처음에 위치한 데이터를, getLast( ) 메서드는 가장 마지막에 위치한 데이터를 추출합니다.

```
43: System.out.println("18 : " + list.indexOf("서울"));
44: System.out.println("19 : " + list.lastIndexOf("서울"));
```

indexOf( )는 데이터가 위치한 인덱스를 찾는 메서드로서 리스트의 앞에서부터 검색하고, lastIndexOf( ) 메서드는 뒤에서부터 검색합니다.

```
46: list.removeFirst();     print(20, list);
47: list.removeLast();      print(21, list);
48: list.remove(3);         print(22, list);
49: list.remove("LA");      print(23, list);
```

remove( ) 메서드는 데이터를 삭제합니다. removeFirst( )는 첫 번째 데이터를, removeLast( )는 마지막 데이터를 삭제합니다. remove(3)은 3번 인덱스에 위치한 데이터를 삭제하고 remove("LA")는 "LA" 데이터를 찾아서 삭제합니다.

```
51: List<String> list2 = Arrays.asList("북경", "상해");
52: list.addAll(list2);
```

Arrays.asList( ) 메서드는 인자로 전달한 값들을 가진 List 객체를 생성하여 반환합니다. addAll(list2)는 인자로 전달한 list2의 모든 내용을 list에 추가합니다.

```
54: Object obj[] = list.toArray();
55: System.out.println("24 : " + Arrays.toString(obj));
```

toArray( ) 메서드는 List 객체를 Object 타입의 일반 배열로 변환하여 반환합니다.

```
57: String cities[] = new String[0];
58: cities = list.toArray(cities);
59: System.out.println("25 : " + Arrays.toString(cities));
```

toArray( ) 메서드의 인자로 특정 타입의 배열을 전달하면 해당 타입의 배열로 List를 변환하여 반환합니다.

```
61: list.removeAll(list2); print(26, list);
```

list에서 인자로 전달한 list2의 내용을 모두 삭제합니다.

10.3. Map 계열

List의 특징은 데이터가 추가되는 순서대로 메모리에 저장되며 저장될 때마다 인덱스 또는 위치 정보가 부여되어 저장된 데이터들의 순서를 알 수 있습니다. 그런데 Map은 인덱스 또는 다른 데이터의 위치 정보를 가지지 않습니다. 위치 정보(인덱스나 다른 데이터의 주소)를 가지지 않는다는 것은 데이터들이 저장된 순서를 보장하지 않는다는 의미입니다.

Map의 특징은 데이터가 키(Key)와 밸류(Value)로 구성된다는 것입니다. Map에서 데이터마다 가지는 키값은 List의 인덱스 역할과 같습니다. 즉, 데이터에 접근할 때 사용하는 정보입니다.

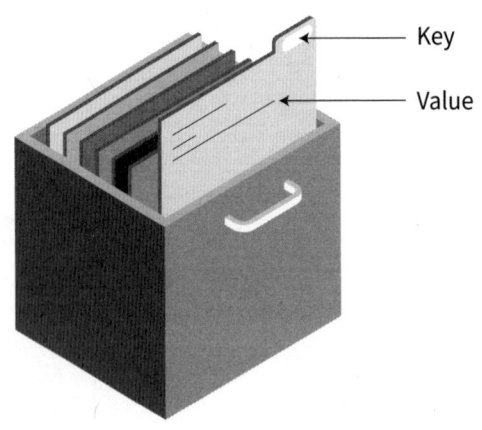

Map은 위 그림처럼 서랍 속의 파일철과 비슷합니다. 서랍을 열면 파일철이 들어있고 파일철마다 태그가 붙어 있습니다. 태그에는 해당 파일철의 내용을 나타내는 글자가 써있습니다. 각 파일철에 붙어 있는 태그와 같은 역할이 Map의 키입니다. Map의 키는 데이터마다 하나씩 부여되어야 합니다.

태그를 사용하는 목적은 자료를 찾을 때 쉽게 찾기 위해서입니다. 태그를 사용하면 파일철 안의 서류 내용을 보지 않고도 원하는 자료를 바로 찾을 수 있습니다. 만일 태그가 없다면 자료들을 처음부터 하나씩 살펴보면서 찾아야 하므로 시간이 오래 걸릴 것입니다.

Map을 사용하는 목적도 바로 이것입니다. 파일철의 태그처럼 데이터마다 키를 만들어 놓으면 데이터를 쉽고 빠르게 찾을 수 있습니다. 즉, Map의 장점은 데이터의 검색 속도가 빠르다는 것입니다. 또한, Map은 키를 사용하여 데이터를 처리하므로 중복된 키가 존재하면 안 됩니다. 서랍 속의 파일철은 태그가 똑같더라도 사람이 파일철 내용들을 살펴보면서 원하는 자료를 찾을 수 있지만, 컴퓨터는 똑같은 키가 여러 개 있으면 처리할 수 없습니다. 따라서 Map에 저장되는 키는 중복되지 않는 값을 사용해야 합니다.

표 Map 인터페이스의 메서드

제어자 및 타입	메서드	설명
void	clear()	맵의 모든 요소를 제거
default V	compute(K, BiFunction)	매개변수로 전달받은 키값(K)에 매개변수로 전달받은 작업(BiFunction) 수행
default V	computeIfAbsent(K, Function)	매개변수로 전달받은 키값(K)이 없을 때 매개변수로 전달받은 작업(BiFunction) 수행
default V	computeIfPresent(K, BiFunction)	매개변수로 전달받은 키값(K)이 있을 때 매개변수로 전달받은 작업(BiFunction) 수행
boolean	containsKey(Object key)	매개변수로 전달받은 키값(key) 존재 유무 판단
boolean	containsValue(Object value)	매개변수로 전달받은 밸류(value)의 존재 유무 판단
Set<Map.Entry<K, V>>	entrySet()	맵의 요소들에 대한 정보(Map.Entry)를 가진 Set 생성
boolean	equals(Object o)	매개변수로 전달받은 객체와 동일한지 판단
default void	forEach(BiConsumer)	맵의 모든 요소에 대해 작업 수행
V	get(Object key)	매개변수로 전달받은 키값(key)에 해당하는 밸류 추출
default V	getOrDefault(Object key, V defaultValue)	매개변수로 전달받은 키값(key)에 해당하는 밸류 추출. 만일 매핑된 값이 없으면 기본값 반환
Set<K>	keySet()	맵의 키값들에 대한 정보를 가진 Set 생성
default V	merge(K, V , BiFunction)	맵의 모든 요소에 대해 병합 작업 수행
static <K, V> Map<K, V>	of()	Java 9에서 추가됨. 정보가 없는 수정불가능한 맵 반환
static <K, V> Map<K, V>	ofEntries(Map.Entry... entries)	Java 9에서 추가됨. 매개변수로 전달받은 Entry로부터 추출된 키와 밸류 반환
V	put(K key, V value)	매개변수로 전달받은 키와 밸류를 추가
void	putAll(Map<? extends K, ? extends V> m)	매개변수로 전달받은 맵의 요소들을 복사
default V	putIfAbsent(K key, V value)	매개변수로 전달받은 키가 없으면 밸류 추가
V	remove(Object key)	매개변수로 전달받은 키를 탐색 후 삭제
default boolean	remove(Object key, Object value)	매개변수로 전달받은 키와 밸류를 탐색 후 삭제
default V	replace(K key, V value)	매개변수로 전달받은 키를 찾아 밸류로 변경
default boolean	replace(K key, V oldValue, V newValue)	매개변수로 전달받은 키와 oldValue를 찾아 newValue로 수정
default void	replaceAll(BiFunction)	매개변수로 전달받은 조건에 따라 모든 요소 수정
Collection<V>	values()	맵의 모든 값에 대한 정보를 가지는 컬렉션 생성

API 문서의 리턴 타입과 매개변수에 사용된 K와 V는 Map 생성 시 제네릭으로 선언된 키의 타입과 밸류 타입을 의미합니다.

10.3.1. Entry 인터페이스

Entry는 Map 인터페이스에 선언된 내부 인터페이스입니다. 내부 클래스나 내부 인터페이스는 **외부객체명.내부객체명**으로 표현합니다. 따라서 Map 인터페이스의 내부 인터페이스로 선언된 Entry는 Map.Entry로 표현해야 합니다.

그림 Entry 인터페이스 상속 구조

Map은 하나의 데이터가 키와 밸류로 구성되어 있습니다. Entry는 Map에 저장되는 데이터 단위인 키와 밸류를 가지는 객체입니다. Map은 여러 개의 Entry로 구성된 컬렉션입니다.

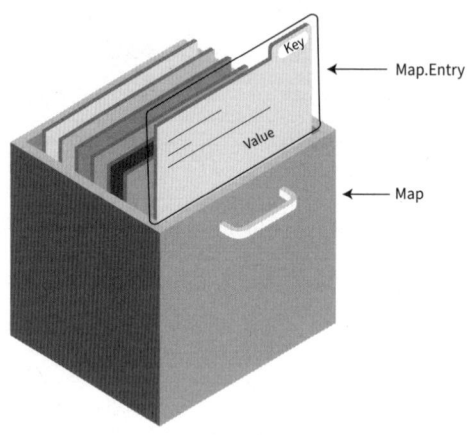

그림 여러 개의 Entry로 구성된 Map

표 Map.Entry의 메서드

제어자 및 타입	메서드	설명
static ⟨K, V⟩ Comparator⟨Map.Entry⟨K, V⟩⟩	comparingByKey()	일반적인 키의 순서로 비교 처리하는 Comparator 생성
static ⟨K, V⟩ Comparator⟨Map.Entry⟨K, V⟩⟩	comparingByKey(Comparator)	매개변수로 전달받은 Comparator를 기준으로 키를 비교 처리하는 Comparator 생성
static ⟨K, V⟩ Comparator⟨Map.Entry⟨K, V⟩⟩	comparingByValue()	일반적인 밸류의 순서로 비교 처리하는 Comparator 생성
static ⟨K, V⟩ Comparator⟨Map.Entry⟨K, V⟩⟩	comparingByValue(Comparator)	매개변수로 전달받은 Comparator를 기준으로 밸류를 비교 처리하는 Comparator 생성
Boolean	equals(Object o)	매개변수로 전달받은 객체와 동일한지 판단
K	getKey()	Entry의 키 반환
V	getValue()	Entry의 밸류 반환
V	setValue(V value)	매개변수로 전달받은 값으로 Entry의 밸류 설정

10.3.2. HashMap 클래스

다음은 이번 절에서 다룰 HashMap 클래스의 상속 구조입니다.

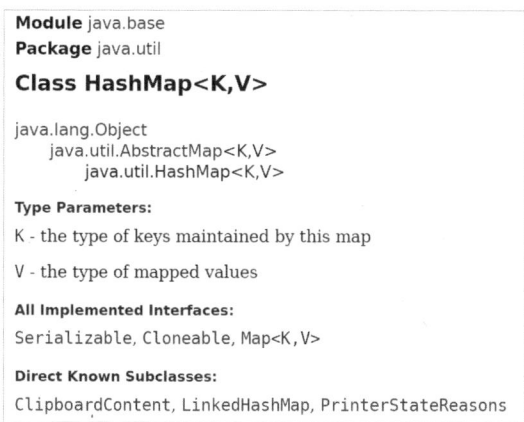

그림 HashMap 클래스

HashMap은 Map 인터페이스를 구현하고 있습니다. 따라서 데이터가 키(Key)와 밸류(Value)로 구성됩니다. HashMap은 해싱(hashing)이란 검색 방법을 사용하기 때문에 많은 양의 데이터를 검색할 때 효율적입니다. 해싱이란 메모리에 저장된 데이터를 빨리 찾을 수 있도록 주소에 직접 접근할 수 있는 짧은 길이의 값이나 키로 변환하는 것입니다.

(1) 생성자

HashMap 클래스의 생성자는 다음과 같습니다.

【HashMap 클래스의 생성자】
```
HashMap()
HashMap(int initialCapacity)
HashMap(int initialCapacity, float loadFactor)
HashMap(Map<? extends K,? extends V> m)
```

다음은 HashMap 객체를 생성하는 코드입니다. HashMap은 키와 밸류가 함께 저장되는 구조이므로 객체를 생성할 때 키 타입과 밸류 타입을 지정해야 합니다.

```
HashMap<String, String> users = new HashMap<String, String>();
           ①       ②                        ①       ②
```

① 키 타입

② 밸류 타입

자바 API 문서에서 HashMap 생성자에 대한 설명을 보면, "초기 용량(capacity) 16, 사용률(load factor) 0.75로 지정된 비어 있는 HashMap을 생성하는 생성자"라고 되어 있습니다. 여기서 용량과 사용률이란 무엇일까요?

용량(capacity)

HashMap의 용량이라는 것은 다음 그림에서 보는 것처럼 캐비닛에서 서랍의 개수라고 생각하면 됩니다. HashMap( ) 생성자는 16개의 서랍을 가진 비어 있는 캐비닛을 생성합니다. 캐비닛에 보관하는 자료는 서랍이 몇 개냐에 따라 자료를 찾는 속도가 달라집니다. 만약 보관하는 자료가 120개가 있다고 가정했을 때 서랍이 한 개라면 120개의 자료를 한 서랍에 모두 보관해야 하고 자료를 찾을 때는 120개 중 하나를 선택해야 합니다. 서랍이 2개라면 서류를 두 개로 분류하여 각 서랍에 나누어 보관합니다. 그리고 서류를 찾을 때는 찾는 자료와 관련 있는 서랍을 선택한 후 60개 중 하나를 선택하면 됩니다. 서랍이 3개라면 자료를 3개로 분류한 후 각 서랍에는 40개씩 자료를 보관하고 자료를 선택할 때는 40개 중 하나를 선택합니다. 이렇게 여러 개의 서랍을 가진 캐비닛을 사용하면 원하는 자료를 빨리 찾을 수 있는 장점이 있습니다.

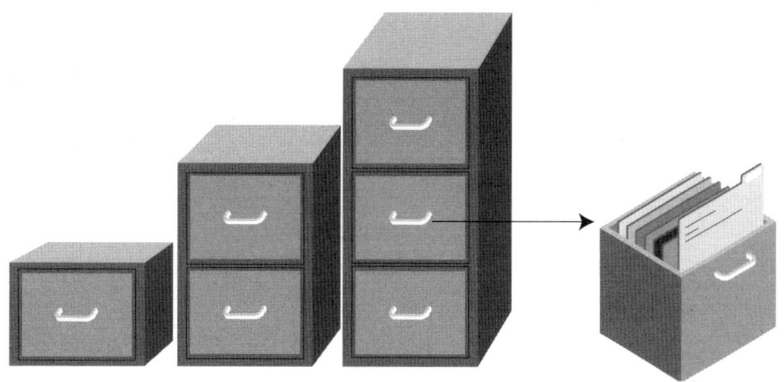

그림 캐비닛의 서랍 수

기본 용량을 변경하고 싶다면 HashMap(int initialCapacity) 생성자를 사용하여 기본 용량을 지정할 수 있습니다. HashMap의 용량을 지정할 때 고려해야 할 사항은 데이터의 양에 따라 적절하게 지정해야 합니다.

사용률(load factor)

사용률은 HashMap의 용량을 변경할 조건을 의미합니다. 사용률을 0.75로 지정하면 HashMap 전체 용량에서 데이터가 75% 저장되면 현재 용량의 2배 정도로 용량이 변경됩니다. HashMap(int initialCapacity, float loadFactor) 생성자를 사용하면 HashMap의 용량을 변경하는 시점을 변경할 수 있습니다.

(2) 메서드

예제를 통해 HashMap 클래스의 메서드들을 확인해 보겠습니다.

```
Test06.java
01: package com.ruby.java.ch10;
02:
03: import java.util.HashMap;
04:
05: public class Test06 {
06:
07:     public static void main(String[] args) {
08:
09:         String word[] = {"BUMBLEBEE", "HEAVEN", "ALTHOUGH", "WONDER"};
10:         String meaning[] = {"꿀벌과에 속하는 호박벌", "천국", "그럼에도 불구하고", "호기심이 들다"};
11:
12:         HashMap<String, String> dic = new HashMap<String, String>();
13:
```

```
14:     for(int i = 0; i < word.length; i++) {
15:       dic.put(word[i], meaning[i]);
16:     }
17:
18:     System.out.println(dic);
19:     System.out.println(dic.size()); // 4
20:
21:     System.out.println(dic.keySet()); // [HEAVEN, BUMBLEBEE, WONDER, ALTHOUGH]
22:     System.out.println(dic.values()); // [천국, 꿀벌과에 속하는 호박벌, 호기심이 들다, 그럼에도 불구하고]
23:
24:     System.out.println("HEAVEN : " + dic.get("HEAVEN"));
25:     dic.replace("HEAVEN", "아주 행복한 감정");
26:     System.out.println("HEAVEN : " + dic.get("HEAVEN"));
27:     dic.put("HEAVEN", "이상적인 세상");
28:     System.out.println("HEAVEN : " + dic.get("HEAVEN"));
29:
30:     System.out.println(dic.containsKey("BUMBLEBEE")); // true
31:     System.out.println(dic.containsValue("자장가"));   // false
32:
33:     dic.remove("HAVEN");
34:     System.out.println(dic.containsKey("HAVEN")); // false
35:
36:     dic.clear();
37:     System.out.println(dic.isEmpty()); // true
38:     System.out.println(dic.size());    // 0
39:   }
40: }
```

【실행결과】

{HEAVEN=천국, BUMBLEBEE=꿀벌과에 속하는 호박벌, WONDER=호기심이 들다, ALTHOUGH=그럼에도 불구하고}
4
[HEAVEN, BUMBLEBEE, WONDER, ALTHOUGH]
[천국, 꿀벌과에 속하는 호박벌, 호기심이 들다, 그럼에도 불구하고]
HEAVEN : 천국
HEAVEN : 아주 행복한 감정
HEAVEN : 이상적인 세상
true
false
false
true
0

소스에 대한 자세한 설명은 다음과 같습니다.

```
12: HashMap<String, String> dic = new HashMap<String, String>();
```

String 타입의 키와 String 타입의 밸류(값)를 저장할 수 있는 HashMap을 생성합니다.

```
14: for(int i = 0; i < word.length; i++) {
15:    dic.put(word[i], meaning[i]);
16: }
```

dic.put( ) 메서드는 HashMap에 데이터를 저장합니다. 인자값으로 전달한 word[i]는 키값으로, meaning[i]는 밸류로 저장됩니다.

```
18: System.out.println(dic);
19: System.out.println(dic.size());   // 9
```

dic을 출력하면 dic.toString( ) 메서드가 호출되어 반환한 문자열을 출력합니다. HashMap의 toString( )은 저장된 데이터의 키와 밸류를 반환합니다. 반환된 값은 다음과 같습니다.

```
{HEAVEN=천국, BUMBLEBEE=꿀벌과에 속하는 호박벌, WONDER=호기심이 들다, ALTHOUGH=그럼에도 불구하고}
```

dic.size( ) 메서드는 HashMap에 저장된 데이터의 수를 반환합니다.

```
21: System.out.println(dic.keySet());  // [HEAVEN, BUMBLEBEE, WONDER, ALTHOUGH]
22: System.out.println(dic.values());  // [천국, 꿀벌과에 속하는 호박벌, 호기심이 들다, 그럼에도 불구하고]
```

keySet( ) 메서드는 HashMap의 키값들만 추출하여 컬렉션 형태로 반환합니다. values( ) 메서드는 반대로 밸류만 추출하여 컬렉션 형태로 반환합니다.

```
24: System.out.println("HEAVEN : " + dic.get("HEAVEN"));
25: dic.replace("HEAVEN", "아주 행복한 감정");
26: System.out.println("HEAVEN : " + dic.get("HEAVEN"));
```

get( )은 HashMap에 저장된 데이터를 추출하는 메서드로서 키값을 인자로 전달합니다. replace( ) 메서드는 첫 번째 인자의 키값에 해당하는 밸류를 두 번째 인자의 내용으로 변경합니다.

```
27: dic.put("HEAVEN", "이상적인 세상");
28: System.out.println("HEAVEN : " + dic.get("HEAVEN"));
```

put( )은 HashMap에 데이터를 추가하는 메서드입니다. 만일 기존에 동일한 키의 데이터가 있었다면 새로운 값으로 대치됩니다.

```
30: System.out.println(dic.containsKey("BUMBLEBEE"));  // true
31: System.out.println(dic.containsValue("자장가"));    // false
```

containsKey( ) 메서드는 인자로 전달한 키가 있는지 판단하며, containsValue( ) 메서드는 인자로 전달한 밸류가 HashMap에 존재하는지 판단합니다.

```
33: dic.remove("HAVEN");
34: System.out.println(dic.containsKey("HAVEN"));  // false
```

remove( ) 메서드는 인자로 전달한 키에 해당하는 데이터를 찾아 삭제합니다.

```
36: dic.clear();
37: System.out.println(dic.isEmpty());  // true
38: System.out.println(dic.size());     // 0
```

clear( ) 메서드는 HashMap에 저장된 데이터를 모두 삭제합니다. 모두 삭제 후 isEmpty( ) 메서드를 실행하면 true를 반환하며 데이터 개수를 반환하는 size( ) 메서드는 0을 반환합니다.

다음 예제는 HashMap에 저장된 모든 데이터를 접근하는 여러 가지 방법을 사용하고 있습니다.

Test07.java

```
01: package com.ruby.java.ch10;
02:
03: import java.util.HashMap;
04: import java.util.Iterator;
05: import java.util.Map;
06:
07: public class Test07 {
08:
09:     public static void main(String[] args) {
10:
11:         HashMap<String, String> dic = new HashMap<String, String>();
12:
13:         dic.put("고진감래", "고생 끝에 즐거움이 옴");
14:         dic.put("분골쇄신", "몸이 부서질정도로 노력을 다함");
15:         dic.put("권토중래", "실패를 발판삼아 재기함");
16:         dic.put("교학상장", "가르치고 배우면서 서로 성장함");
17:         dic.put(null, null);  // HashMap은 null 값 지장 가능
```

```
18:
19:      // 방법1
20:      Iterator<String> keys = dic.keySet().iterator();
21:      while(keys.hasNext()) {
22:          String key = keys.next();
23:          System.out.println(String.format("%s : %s", key, dic.get(key)));
24:      }
25:
26:      // 방법2
27:      for(Map.Entry<String, String> elem : dic.entrySet()) {
28:          System.out.println(String.format("%s : %s", elem.getKey(), elem.getValue()));
29:      }
30:
31:      // 방법3
32:      for(String key : dic.keySet()) {
33:          System.out.println(String.format("%s : %s", key, dic.get(key)));
34:      }
35:   }
36: }
```

【실행결과】

null : null
권토중래 : 실패를 발판삼아 재기함
분골쇄신 : 몸이 부서질정도로 노력을 다함
교학상자 : 가르치고 배우면서 서로 성장함
고진감래 : 고생 끝에 즐거움이 옴
null : null
권토중래 : 실패를 발판삼아 재기함
분골쇄신 : 몸이 부서질정도로 노력을 다함
교학상자 : 가르치고 배우면서 서로 성장함
고진감래 : 고생 끝에 즐거움이 옴
null : null
권토중래 : 실패를 발판삼아 재기함
분골쇄신 : 몸이 부서질정도로 노력을 다함
교학상자 : 가르치고 배우면서 서로 성장함
고진감래 : 고생 끝에 즐거움이 옴

10.3.3. Hashtable 클래스

다음은 이번 절에서 다룰 Hashtable 클래스의 상속 구조입니다.

```
Module java.base
Package java.util
Class Hashtable<K,V>

java.lang.Object
    java.util.Dictionary<K,V>
        java.util.Hashtable<K,V>

Type Parameters:
K - the type of keys maintained by this map
V - the type of mapped values

All Implemented Interfaces:
Serializable, Cloneable, Map<K,V>

Direct Known Subclasses:
Properties, UIDefaults
```

그림 Hashtable 클래스

Hastable 클래스는 HashMap과 동일합니다. 차이가 있다면 HashMap은 null 키와 null 값을 저장할 수 있지만, Hashtable은 저장할 수 없다는 것입니다. 그래서 null 값을 저장면 오류가 발생합니다. 두 번째 차이는 Hashtable은 동기화 처리가 되어 있는 객체입니다. 따라서 하나의 자원을 동시에 여러 곳에서 사용할 때 안전하게 사용할 수 있습니다. 이런 경우가 아니라면 HashMap을 사용하는 것이 더 효율적입니다.

(1) 생성자

다음은 Hashtable 클래스의 생성자입니다.

【Hashtable 클래스의 생성자】

```
Hashtable()
Hashtable(int initialCapacity)
Hashtable(int initialCapacity, float loadFactor)
Hashtable(Map<? extends K,? extends V> t)
```

(2) 메서드

예제를 통해 Hashtable의 메서드들을 살펴보겠습니다.

Test08.java

```
01: package com.ruby.java.ch10;
02:
03: import java.util.Hashtable;
04:
05: public class Test08 {
```

```
06:
07:    public static void main(String[] args) {
08:        Hashtable<String, String> dic = new Hashtable<String, String>();
09:
10:        dic.put("고진감래", "고생 끝에 즐거움이 옴");
11:        dic.put("분골쇄신", "몸이 부서질정도로 노력을 다함");
12:        dic.put("권토중래", "실패를 발판삼아 재기함");
13:        dic.put("교학상자", "가르치고 배우면서 서로 성장함");
14:
15:        System.out.println(dic);
16:        System.out.println(dic.keySet());
17:        System.out.println(dic.values());
18:
19:        System.out.println(dic.get("고진감래"));
20:        System.out.println(dic.get("사필귀정"));
21:
22:        System.out.println(dic.containsKey("분골쇄신"));
23:        System.out.println(dic.containsValue("고생 끝에 즐거움이 옴"));
24:
25:        dic.remove("고진감래");
26:        System.out.println(dic.containsKey("고진감래")); // false
27:
28:        dic.clear();
29:        System.out.println(dic.isEmpty());  // true
30:        System.out.println(dic.size());     // 0
31:    }
32: }
```

【실행결과】

{권토중래=실패를 발판삼아 재기함, 교학상자=가르치고 배우면서 서로 성장함, 고진감래=고생 끝에 즐거움이 옴, 분골쇄신=몸이 부서질정도로 노력을 다함}
[권토중래, 교학상자, 고진감래, 분골쇄신]
[실패를 발판삼아 재기함, 가르치고 배우면서 서로 성장함, 고생 끝에 즐거움이 옴, 몸이 부서질정도로 노력을 다함]
고생 끝에 즐거움이 옴
null
true
true
false
true
0

10.3.4. TreeMap 클래스

다음은 이번 절에서 다룰 TreeMap 클래스의 상속 구조입니다.

```
Module java.base
Package java.util
Class TreeMap<K,V>
java.lang.Object
    java.util.AbstractMap<K,V>
        java.util.TreeMap<K,V>
Type Parameters:
K - the type of keys maintained by this map
V - the type of mapped values
All Implemented Interfaces:
Serializable, Cloneable, Map<K,V>, NavigableMap<K,V>, SortedMap<K,V>
```

그림 TreeMap 클래스 상속 구조

ArrayList는 메모리의 연속된 위치에 데이터를 순차적으로 저장하고, LinkedList는 메모리에 연속적으로 저장하지 않으며 값과 위치 정보를 가진 노드 형태로 저장합니다. 이처럼 컬렉션들은 저마다 고유한 특징이 있습니다. 이번에 학습할 컬렉션은 TreeMap입니다.

TreeMap은 데이터가 트리 형태로 저장되는 특징이 있습니다. 트리 형태는 데이터가 저장될 때 기존의 데이터와 새롭게 저장되는 데이터를 비교하여 저장되는 위치를 결정합니다. 트리 형태로 저장되는 데이터 역시 '노드(node)'라고 부릅니다.

다음 그림을 보면 꼭 나무를 뒤집어 놓은 구조로 되어 있습니다. 트리 자료구조는 이처럼 나무를 거꾸로 한 모양처럼 데이터가 저장됩니다. 가장 첫 번째 위치를 루트(root, 뿌리)라고 하며 여기서부터 데이터의 저장 또는 탐색 작업을 시작합니다.

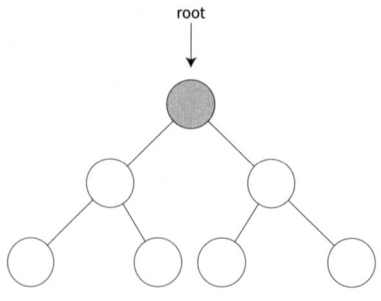

그림 트리 구조

트리 구조의 컬렉션에서 데이터 저장, 삽입, 삭제, 검색 작업은 항상 루트부터 탐색을 시작하여 원하는 위치나 데이터를 찾아 작업합니다.

만일 트리 구조의 컬렉션에 9가 저장된 상태에서 4를 저장하려고 하면 새로 저장할 데이터(4)를 기존의 데이터(9)와 비교해 작으면 왼쪽, 크면 오른쪽으로 이동합니다. 이동한 자리에 데이터가 없으면 저장합니다.

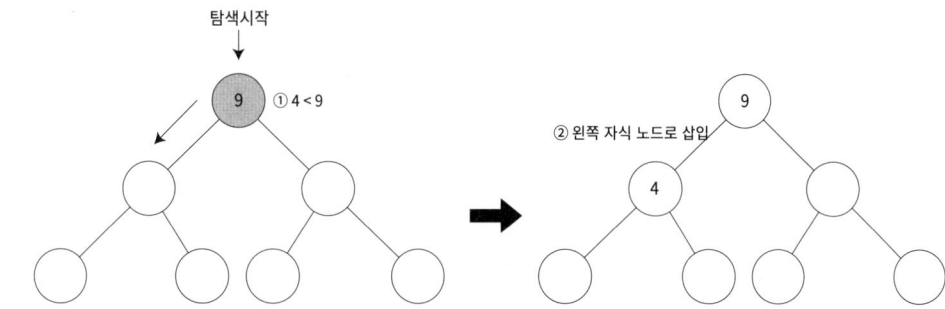

그림 트리 구조에서 데이터 추가 과정

트리 구조에 다음과 같은 데이터들이 저장되었다면 이 상태에서 5를 추가하기 위해 동작하는 순서를 알아봅시다.

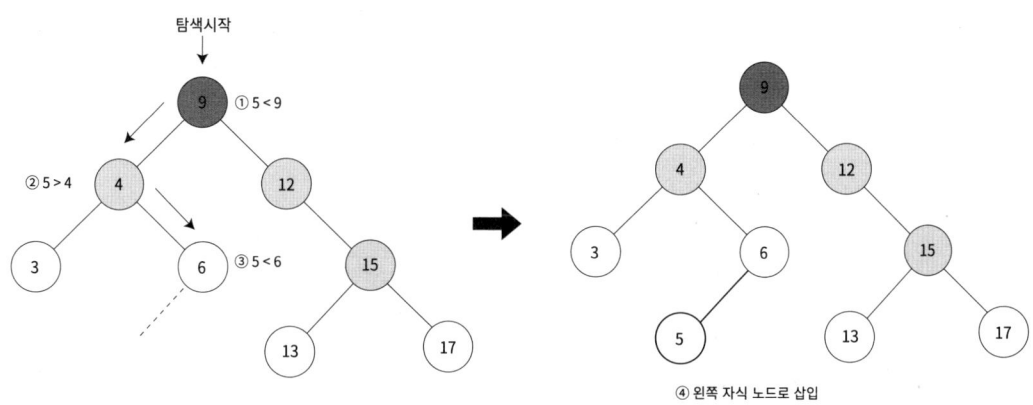

그림 트리 구조에서 데이터 추가 과정

① 9와 5를 비교합니다. 5가 작으니 왼쪽을 선택합니다.

② 선택된 위치의 4와 5를 비교합니다. 5가 크므로 오른쪽을 선택합니다.

③ 선택된 위치의 6과 5를 비교합니다. 5가 작으므로 왼쪽을 선택합니다.

④ 선택된 위치에 데이터가 없습니다. 5를 저장하고 추가 작업을 완료합니다.

트리 구조는 이와 같은 방식으로 데이터를 저장하므로 정렬이 자동으로 이루어집니다. TreeMap은 트리와 맵의 특징이 모두 있습니다. 즉, 데이터가 저장될 때는 키와 밸류로 구성된 Entry로 저장되며 저장되는 구조는 트리 형태입니다.

(1) 생성자

TreeMap 클래스의 생성자는 다음과 같습니다.

【TreeMap 클래스의 생성자】

```
TreeMap()
TreeMap(Comparator<? super K> comparator)
TreeMap(Map<? extends K,? extends V> m)
TreeMap(SortedMap<K,? extends V> m)
```

(2) 메서드

표 TreeMap 클래스 메서드

제어자 및 타입	메서드	설명
Map.Entry<K, V>	ceilingEntry(K key)	매개변수로 전달받은 키와 크거나 같은 값 중 가장 작은 Entry 반환
K	ceilingKey(K key)	매개변수로 전달받은 키와 크거나 같은 값 중 가장 작은 키 반환
NavigableSet<K>	descendingKeySet()	맵의 키값들을 역순으로 가진 NavigableSet 생성
NavigableMap<K, V>	descendingMap()	현재 맵의 순서와 거꾸로 된 정보를 가진 NavigableMap 생성
Set<Map.Entry<K, V>>	entrySet()	현재 맵의 Entry 정보를 가진 Set 생성
Map.Entry<K, V>	firstEntry()	첫 번째 Entry 추출
K	firstKey()	첫 번째 Entry 키값 추출
Map.Entry<K, V>	floorEntry(K key)	지정된 키와 같거나 작은 값 중 가장 큰 키값의 Entry 반환
K	floorKey(K key)	지정된 키와 같거나 작은 값 중 가장 큰 키값의 키 반환
SortedMap<K, V>	headMap(K toKey)	지정된 키보다 작은 Entry 정보를 가진 SortedMap 생성
NavigableMap<K, V>	headMap(K toKey, boolean inclusive)	지정된 키보다 작은 Entry 정보를 가진 SortedMap 생성. 두 번째 인자가 true일 때 지정된 키도 포함
Map.Entry<K, V>	higherEntry(K key)	지정된 키보다 큰 값 중 가장 작은 키값의 Entry 반환
K	higherKey(K key)	지정된 키보다 큰 값 중 가장 작은 키값 반환
Map.Entry<K, V>	lastEntry()	현재 맵에서 가장 큰 키값을 가지는 Entry 반환
K	lastKey()	현재 맵에서 가장 큰 키값 반환
Map.Entry<K, V>	lowerEntry(K key)	지정된 키보다 작은 값 중 가장 큰 키값의 Entry 반환
K	lowerKey(K key)	지정된 키보다 작은 값 중 가장 큰 키값 반환
NavigableSet<K>	navigableKeySet()	현재 맵의 키에 대한 정보를 가진 NavigableSet 생성
Map.Entry<K, V>	pollFirstEntry()	현재 맵의 가장 작은 키값의 Entry를 반환 후 삭제
Map.Entry<K, V>	pollLastEntry()	현재 맵의 가장 큰 키값의 Entry를 반환 후 삭제

제어자 및 타입	메서드	설명
NavigableMap<K, V>	subMap(K1, boolean, K2, boolean)	매개변수로 전달받은 K1과 K2 사이의 키값의 Entry 정보를 반환. boolean 값의 지정 여부에 따라 K1, K2를 포함 또는 제외할 수 있음
SortedMap<K, V>	subMap(K1, K2)	매개변수로 전달받은 K1과 K2 사이 키값의 Entry 정보를 반환. K1은 포함되고 K2는 포함되지 않음
SortedMap<K, V>	tailMap(K fromKey)	매개변수로 전달받은 키와 같거나 큰 Entry 정보를 반환
NavigableMap<K, V>	tailMap(K fromKey, boolean inclusive)	매개변수로 전달받은 키와 같거나 큰 Entry 정보를 반환. boolean 값에 따라 fromKey가 포함 또는 제외될 수 있음

예제를 통해서 TreeMap 메서드를 확인해 보겠습니다.

Test09.java

```java
01: package com.ruby.java.ch10;
02:
03: import java.util.Map;
04: import java.util.TreeMap;
05:
06: public class Test09 {
07:
08:   public static void main(String[] args) {
09:     TreeMap<String, String> users = new TreeMap<String, String>();
10:
11:     users.put("20080319", "김푸름");
12:     users.put("20070620", "김하늘");
13:     users.put("20050817", "오정임");
14:     users.put("20120728", "김유빈");
15:     users.put("20120924", "김용빈");
16:
17:     System.out.println(users);
18:
19:     Map.Entry<String, String> entry = null;
20:
21:     entry = users.firstEntry();
22:     print("입사일자가 가장 빠른 사람 ", entry);
23:
24:     entry = users.lastEntry();
25:     print("입사일자가 가장 늦은 사람", entry);
26:
27:     entry = users.lowerEntry("20121231");
28:     print("2012년도에 가장 늦게 입사한 사람", entry);
```

```
29:
30:     entry = users.higherEntry("20120101");
31:     print("2012년도에 가장 빠르게 입사한 사람", entry);
32:
33:     while(!users.isEmpty()) {
34:         entry = users.pollFirstEntry();
35:         print("퇴직한 사람", entry);
36:         System.out.println("남아있는 직원 수 : " + users.size());
37:     }
38: }
39:
40: public static void print(String s, Map.Entry<String, String> entry) {
41:     System.out.println(s + " : " + entry.getKey() + " / " + entry.getValue());
42: }
43: }
```

【실행결과】

{20050817=오정임, 20070620=김하늘, 20080319=김푸름, 20120728=김유빈, 20120924=김용빈}
입사일자가 가장 빠른 사람 : 20050817 / 오정임
입사일자가 가장 늦은 사람 : 20120924 / 김용빈
2012년도에 가장 늦게 입사한 사람 : 20120924 / 김용빈
2012년도에 가장 빠르게 입사한 사람 : 20120728 / 김유빈
퇴직한 사람 : 20050817 / 오정임
남아있는 직원 수 : 4
퇴직한 사람 : 20070620 / 김하늘
남아있는 직원 수 : 3
퇴직한 사람 : 20080319 / 김푸름
남아있는 직원 수 : 2
퇴직한 사람 : 20120728 / 김유빈
남아있는 직원 수 : 1
퇴직한 사람 : 20120924 / 김용빈
남아있는 직원 수 : 0

소스에 대한 자세한 설명은 다음과 같습니다.

```
09: TreeMap<String, String> users = new TreeMap<String, String>();
```

키와 밸류를 String으로 데이터를 저장하는 TreeMap을 생성합니다.

```
11: users.put("20080319", "김푸름");
12: users.put("20070620", "김하늘");
```

```
13: users.put("20050817", "오정임");
14: users.put("20120728", "김유빈");
15: users.put("20120924", "김용빈");
```

TreeMap에 데이터를 저장할 때는 루트 데이터의 키값부터 비교하기 시작합니다. 트리 구조에서는 비교하는 데이터의 키값보다 작으면 왼쪽, 그렇지 않으면 오른쪽을 선택하면서 저장할 위치를 결정합니다. 다음은 11~15번 줄까지 put( ) 메서드 실행이 완료된 후 트리 구조입니다.

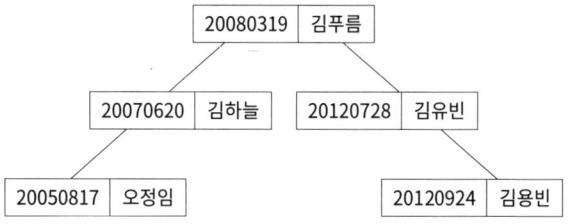

그림 트리 구조에 저장된 데이터

```
17: System.out.println(users);
```

17번 줄은 System.out.println(users.toString()); 명령문과 같습니다. TreeMap의 toString( ) 메서드 저장된 데이터의 키와 밸류를 다음과 같은 문자열로 반환합니다.

{20050817=오정임, 20070620=김하늘, 20080319=김푸름, 20120728=김유빈, 20120924=김용빈}

```
21: entry = users.firstEntry();
22: print("입사일자가 가장 빠른 사람 ", entry);
```

firstEntry( ) 메서드는 TreeMap에서 가장 작은 키값을 갖는 Entry를 반환합니다. 반환 타입은 Map.Entry<K, V>입니다. K와 V 표시는 제네릭으로 선언된 키와 밸류 타입을 의미합니다.

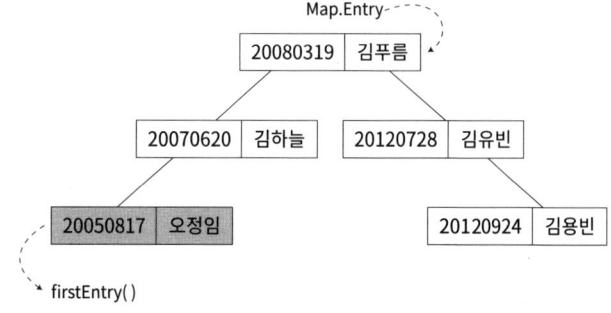

그림 firstEntry( ) 메서드가 반환하는 엔트리

```
40: public static void print(String s, Map.Entry<String, String> entry) {
41:     System.out.println(s + " : " + entry.getKey() + " / " + entry.getValue());
42: }
```

Map.Entry<String, String>은 Map에 저장된 하나의 데이터 정보를 가진 객체입니다. Map.Entry의 getKey( ) 메서드는 키값을, getValue( ) 메서드는 밸류를 반환합니다.

```
24: entry = users.lastEntry();
25: print("입사일자가 가장 늦은 사람", entry);
```

lastEntry( ) 메서드는 TreeMap에서 가장 큰 키값을 갖는 Entry를 반환합니다.

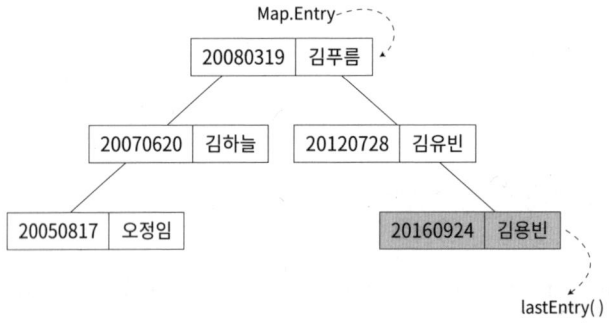

그림 lastEntry( ) 메서드가 반환하는 엔트리

```
27: entry = users.lowerEntry("20130101");
28: print("2012년도에 가장 늦게 입사한 사람", entry);
```

lowerEntry( ) 메서드는 인자로 전달한 키값 바로 이전의 키값을 가진 Entry를 찾아서 반환합니다.

```
30: entry = users.higherEntry("20111231");
31: print("2012년도에 가장 빠르게 입사한 사람", entry);
```

higherEntry( ) 메서드는 인자로 전달한 키값 바로 다음의 키값을 가진 Entry를 찾아서 반환합니다.

```
33: while(!users.isEmpty()) {
```

isEmpty( ) 메서드는 저장된 Entry가 하나도 없으면 false를 반환합니다. 앞에 부정 연산자인 !를 붙였으니 저장된 Entry가 있을 때만 반복해서 실행하겠다는 의미입니다.

```
34: entry = users.pollFirstEntry();
```

pollFirstEntry( ) 메서드는 Map의 Entry 중 가장 작은 키값을 가진 Entry를 추출한 후 삭제합니다. pollFirstEntry( )와 반대되는 메서드는 pollLastEntry( )로서 가장 큰 키값을 가진 Entry를 추출한 후 삭제합니다.

10.4. Set 계열

Set은 List와 다르게 저장되는 데이터의 순서는 의미가 없습니다. List는 데이터가 순차적으로 저장되므로 첫 번째 데이터, 마지막 데이터라는 저장된 순서가 의미 있었지만, Set은 해시코드라는 개념을 사용하여 데이터를 저장하므로 데이터가 저장된 순서를 알 수 없습니다. 또한, 저장되는 데이터의 해시코드는 데이터를 구분하는 값으로 사용되므로 중복될 수 없습니다. 기본적으로 해시코드는 Object 클래스의 hashCode( ) 메서드에서 반환하는 값을 사용합니다. Set의 가장 큰 장점은 해시코드를 사용하여 데이터를 처리하므로 컬렉션 중에서 가장 빠르게 검색합니다.

10.4.1. HashSet 클래스

다음은 이번 절에서 다룰 HashSet 클래스의 상속 구조입니다.

```
Module java.base
Package java.util
Class HashSet<E>

java.lang.Object
    java.util.AbstractCollection<E>
        java.util.AbstractSet<E>
            java.util.HashSet<E>

Type Parameters:
    E - the type of elements maintained by this set
All Implemented Interfaces:
    Serializable, Cloneable, Iterable<E>, Collection<E>, Set<E>
Direct Known Subclasses:
    JobStateReasons, LinkedHashSet
```

그림 HashSet 클래스 상속 구조

HashSet 클래스의 역할을 설명할 때 좋은 예가 바로 로또입니다. 로또는 1부터 45까지의 숫자 중 6개의 숫자를 추첨하는 방식으로 진행합니다. 다음은 5개의 로또를 구매한 전표입니다. 그림에서 A만 직접 번호를 선정했고, 나머지 4개는 무작위 번호 추출 프로그램에서 자동으로 선정한 번호입니다.

그림 로또 번호 선정

로또 번호를 자동으로 추출하는 프로그램은 숫자 6개를 만들 때 1에서부터 45 사이의 숫자를 순서에 상관없이 랜덤하게 선택하고 중복된 숫자가 있을 때는 중복을 제거하도록 구현되어 있습니다. 이처럼 저장되는 데이터의 순서가 중요하지 않고 데이터가 중복되지 않는 컬렉션이 필요할 때 HashSet을 사용합니다.

다음 5개의 로또 번호는 5개의 HashSet 객체가 있고, 각 HashSet에는 중복되지 않은 6개의 숫자들이 저장되었다고 볼 수 있습니다. HashSet에서 데이터가 저장되는 순서는 어떠한 의미도 없습니다. 다음의 로또 번호는 출력할 때 숫자를 정렬해서 보여준 것뿐입니다.

(1) 생성자

HashSet 클래스의 생성자는 다음과 같습니다.

【HashSet 클래스의 생성자】

```
HashSet()
HashSet(Collection<? extends E> c)
HashSet(int initialCapacity)
HashSet(int initialCapacity, float loadFactor)
```

(2) 메서드

예제를 통해서 HashSet의 메서드들을 확인해보겠습니다.

Test10.java

```
01: package com.ruby.java.ch10;
02:
03: import java.util.ArrayList;
04: import java.util.Collections;
05: import java.util.HashSet;
06: import java.util.List;
07: import java.util.Random;
08:
09: public class Test10 {
10:
11:     public static void main(String[] args) {
12:
13:         lotto_generator(5);
14:
15:     }
16:
17:     public static void lotto_generator(int n) {
18:         Random number = new Random();
19:         HashSet<Integer> lotto = null;
20:         for(int i = 0; i < n; i++) {
21:
22:             lotto = new HashSet<Integer>();
23:
24:             for(int j = 0; lotto.size() <= 6; j++) {
25:                 lotto.add(number.nextInt(45)+1);
26:             }
27:
28:             List<Integer> L = new ArrayList<Integer>(lotto);
29:             Collections.sort(L);
30:             System.out.println(L);
31:         }
32:     }
33: }
```

【실행결과】 (숫자는 랜덤이므로 실행 때마다 다릅니다)

[3, 6, 22, 28, 29, 34, 37]
[5, 8, 14, 19, 20, 27, 31]
[18, 20, 21, 22, 33, 35, 38]
[4, 10, 18, 22, 30, 36, 45]
[3, 11, 15, 17, 37, 38, 39]

소스에 대한 자세한 설명은 다음과 같습니다.

```
11: public static void main(String[] args) {
13:    lotto_generator(5);
15: }
```

lotto_generator(5);는 lotto_generator( ) 메서드를 호출하면서 인자값으로 5를 전달합니다. lotto_generator( ) 메서드는 static으로 선언했으므로 객체 생성 없이 사용할 수 있습니다.

```
17: public static void lotto_generator(int n) {
18:    Random number = new Random();
```

매개변수 n에는 5가 저장됩니다. 1~45 사이의 랜덤한 숫자를 선택하기 위해 Random 클래스를 생성하였습니다.

```
19:    HashSet<Integer> lotto = null;
```

Integer 타입의 값을 저장하는 HashSet을 참조할 lotto 지역변수를 선언한 후 초깃값으로 null을 지정하였습니다. 지역변수는 선언한 다음 초기화해서 사용해야 합니다.

```
20:    for(int i = 0; i < n; i++) {
22:       lotto = new HashSet<Integer>();
```

반복문 안에서 HashSet 객체를 생성합니다. 변수 n의 값은 5이므로 5개의 HashSet 객체를 생성합니다.

```
24:       for(int j = 0; lotto.size() <= 6; j++) {
```

24번 줄의 반복문은 각 HashSet에 저장되는 숫자의 개수만큼 반복합니다. 6개의 숫자가 저장되어야 하므로 lotto.size( )가 6이 될 때까지 반복 실행합니다. 반복문에서는 하나의 HashSet에 저장될 중복되지 않는 숫자를 생성합니다.

```
25:          lotto.add(number.nextInt(46));
```

lotto.add( ) 메서드는 HashSet에 새로운 데이터를 추가합니다. number.nextInt(46)은 1부터 45사이의 정수 중 임의의 수 하나를 선택하여 반환합니다. 만일 number.nextInt( )에서 반환한 값이 HashSet에 이미 저장된 값이라면 저장하지 않습니다. Set 컬렉션은 중복된 값을 저장할 수 없기때문입니다.

```
28:    List<Integer> L = new ArrayList<Integer>(lotto);
```

HashSet인 lotto를 초깃값으로 갖는 새로운 ArrayList를 생성합니다. 로또 번호를 출력하기 전에 정렬 작업을 하려고 합니다.

```
29: Collections.sort(L);
```

Collections.sort( ) 메서드는 인자로 전달한 List의 값을 오름차순 정렬합니다. Collections.sort( ) 메서드는 List 계열만 인자로 받을 수 있습니다.

(3) 객체 비교

Set 계열의 컬렉션 객체들은 중복된 값을 저장할 수 없는 특징을 가지고 있습니다. 그렇다면 내부적으로 기존의 저장된 데이터와 새로 저장될 데이터를 비교하는 작업이 수행된다는 의미인데 데이터의 비교 작업이 어떻게 이루어지는 살펴보겠습니다.

Set 계열의 컬렉션 API들은 데이터를 비교할 때 다음과 같은 순서로 작업합니다.

- Object 클래스의 hasCode( ) 메서드의 반환값을 비교한다.
- Object 클래스의 equals( ) 메서드의 반환값으로 판단한다.

비교 작업은 대상 객체들의 hashCode( )에서 반환되는 값을 비교하고 만일 같으면 equals( ) 메서드를 실행하여 한 번 더 판단합니다. hashCode( )와 equals( ) 메서드 모두 Object 클래스에 선언된 메서드입니다. 비교 내용를 변경하려면 메서드를 오버라이딩하면 됩니다.

다음은 hashCode( )와 equals( ) 메서드를 오버라이딩하여 비교 내용을 변경한 예제입니다.

Test11.java
```
01: package com.ruby.java.ch10;
02:
03: import java.util.HashSet;
04: import java.util.Iterator;
05:
06: class User {
07:     String ssn;  // 주민번호
08:     String name; // 이름
09:
10:     User(String ssn, String name) {
11:         this.ssn = ssn;
12:         this.name = name;
13:     }
14:
```

```
15 :    @Override
16 :    public String toString() {
17 :            return ssn + ":" + name;
18 :    }
19 : }
20 :
21 : public class Test11 {
22 :
23 :    public static void main(String[] args) {
24 :            User u1 = new User("123", "김푸름");
25 :            User u2 = new User("123", "김푸름");
26 :
27 :            HashSet<User> users = new HashSet<User>();
28 :
29 :            users.add(u1);
30 :            users.add(u2);
31 :
32 :            Iterator<User> iter = users.iterator();
33 :            while(iter.hasNext())
34 :                    System.out.println(iter.next());
35 :    }
36: }
```

【실행결과】

123:김푸름
123:김푸름

결과를 보면 두 개의 User 객체에 저장된 주민번호(ssn)가 같은 것을 알 수 있습니다. 이처럼 데이터가 같은데도 저장된 이유는 new로 생성된 User 객체 u1과 u2의 해시코드값은 다르게 부여되기 때문입니다. 따라서 데이터는 같지만 다른 객체로 처리된 것입니다.

```
24: User u1 = new User("123", "김푸름");
25: User u2 = new User("123", "김푸름");
```

User의 주민번호가 같으면 같은 데이터로 처리하여 중복되지 않게 하고 싶습니다. 그러려면 Object의 hashCode( )와 equals( ) 메서드를 오버라이딩하여 원하는 비교 조건으로 구현합니다. 다음은 hashCode( )와 equals( ) 메서드를 오버라이딩한 예입니다.

Test11.java

```
...
03: class User {
04:     String ssn;  // 주민번호
05:     String name; // 이름
06:
07:     User(String ssn, String name) {
08:         this.ssn = ssn;
09:         this.name = name;
10:     }
11:
12:     @Override
13:     public String toString() {
14:         return ssn + ":" + name;
15:     }
16:
17:     @Override
18:     public int hashCode() {
19:         return Integer.parseInt(ssn);
20:     }
21:
22:     @Override
23:     public boolean equals(Object obj) {
24:         boolean result = false;
25:         User u = (User) obj;
26:         if(this.ssn.equals(u.ssn))
27:             result = true;
28:         return result;
29:     }
30: }
31:
32: public class Test05 {
33:
34:     public static void main(String[] args) {
...
36:     }
37: }
```

【실행결과】

123:김푸름

소스에 대한 자세한 설명은 다음과 같습니다.

```
17: @Override
18: public int hashCode() {
19:     return Integer.parseInt(ssn);
20: }
```

Object의 hashCode( ) 메서드를 오버라이딩하였습니다. ssn 값을 int 타입으로 변환하여 반환했습니다. 다음 두 User 객체의 hashCode 값은 같습니다. hashCode 값이 같으면 이제 equals( ) 메서드를 실행하여 또 다시 비교해봅니다.

```
User u1 = new User("123", "김푸름");
User u2 = new User("123", "김푸름");
```

```
22: @Override
23: public boolean equals(Object obj) {
24:     boolean result = false;
25:     User u = (User) obj;
```

Object의 equals( ) 메서드를 오버라이딩하였습니다. equals( ) 메서드에서 반환하는 값을 저장하기 위해 result 변수를 선언하고 false 초깃값을 지정했습니다. 상위 메서드를 오버라이딩할 때는 선언부를 변경할 수 없습니다. 따라서 모든 매개변수를 Object 타입으로 받아야 합니다. Object 타입의 변수는 사용 전에 원래 타입으로 변경해야 합니다. 예제에서는 User 타입으로 변경하였습니다.

```
26: if(this.ssn.equals(u.ssn))
27:     result = true;
```

현재 객체의 ssn 변숫값과 매개변수로 전달받은 ssn 변숫값이 같은지 비교한 다음, 같으면 result 변수에 true를 저장합니다. 즉, User의 ssn 필드값이 같으면 같은 객체로 처리하도록 재정의하였습니다.

10.4.2. TreeSet 클래스

다음은 이번 절에서 다룰 TreeSet 클래스의 상속 구조입니다.

```
Module java.base
Package java.util
Class TreeSet<E>

java.lang.Object
    java.util.AbstractCollection<E>
        java.util.AbstractSet<E>
            java.util.TreeSet<E>

Type Parameters:
E - the type of elements maintained by this set

All Implemented Interfaces:
Serializable, Cloneable, Iterable<E>, Collection<E>, NavigableSet<E>, Set<E>, SortedSet<E>
```

그림 TreeSet 클래스의 상속 구조

TreeSet은 Tree와 Set의 특성을 동시에 가지는 컬렉션입니다. 즉, 저장되는 데이터의 순서가 보장되지 않고 중복된 데이터를 저장할 수 없으며 트리 구조로 저장됩니다.

(1) 생성자

TreeSet 클래스의 생성자는 다음과 같습니다.

【TreeSet 클래스의 생성자】

```
TreeSet()
TreeSet(Collection<? extends E> c)
TreeSet(Comparator<? super E> comparator)
TreeSet(SortedSet<E> s)
```

(2) 메서드

예제를 통해 TreeSet의 메서드들을 확인해 보겠습니다. TreeSet의 메서드들은 TreeMap의 메서드와 거의 유사합니다. 따라서 예제에서 사용한 메서드 자체의 설명은 TreeMap 예제를 참고 바랍니다.

Test12.java

```
01: package com.ruby.java.ch10;
02:
03: import java.util.TreeSet;
04:
05: public class Test12 {
06:
07:     public static void main(String[] args) {
08:         TreeSet<Integer> score = new TreeSet<Integer>();
09:
10:         score.add(90);
```

```
11:        score.add(100);
12:        score.add(85);
13:        score.add(65);
14:        score.add(50);
15:        score.add(75);
16:
17:        System.out.println(score);
18:
19:        Integer value = null;
20:
21:        value = score.first();        print("가장 낮은 점수", value);
22:        value = score.last() ;        print("가장 높은 점수", value);
23:        value = score.lower(85);      print("85 바로 이전 점수", value);
24:        value = score.higher(85);     print("85 바로 다음 점수", value);
25:        value = score.floor(85);      print("85 또는 바로 이전 점수", value);
26:        value = score.ceiling(85);    print("85 또는 바로 다음 점수", value);
27:
28:        while(!score.isEmpty()) {
29:          value = score.pollLast();
30:          print("현재 가장 높은 점수", value);
31:        }
32:    }
33:
34:    public static void print(String s, Integer value) {
35:        System.out.println(s +" : " + value);
36:    }
37: }
```

【실행결과】

```
[50, 65, 75, 85, 90, 100]
가장 낮은 점수 : 50
가장 높은 점수 : 100
85 바로 이전 점수 : 75
85 바로 다음 점수 : 90
85 또는 바로 이전 점수 : 85
85 또는 바로 다음 점수 : 85
현재 가장 높은 점수 : 100
현재 가장 높은 점수 : 90
현재 가장 높은 점수 : 85
현재 가장 높은 점수 : 75
현재 가장 높은 점수 : 65
현재 가장 높은 점수 : 50
```

소스에 대한 자세한 설명은 다음과 같습니다.

```
08: TreeSet<Integer> score = new TreeSet<Integer>();
```

Integer 타입의 데이터가 저장되는 TreeSet 객체를 생성합니다.

```
10: score.add(90);
11: score.add(100);
12: score.add(85);
13: score.add(65);
14: score.add(50);
15: score.add(75);
```

score 컬렉션 객체에 데이터를 추가합니다. java.util 패키지에 정의된 컬렉션에는 공통적으로 객체 타입의 데이터 그룹만 저장할 수 있습니다. 즉, add( ) 메서드에는 8번 줄에서 선언한 Integer 객체 타입의 값만 전달할 수 있습니다. 그런데 10~15번 줄에서 90, 100 등 정수를 전달하였습니다. 정수는 기본 데이터 타입이므로 컬렉션의 데이터로 사용할 수 없지만, 이 예제에서는 에러가 발생하지 않았습니다. 왜냐하면 컬렉션에 기본 데이터 값을 저장하면 자동으로 Wrapper 클래스(9.2.5절 참고) 객체로 변환해 주기 때문입니다. 즉, 오토 박싱(auto-boxing) 작업이 일어나 int 타입의 90을 new Integer(90)으로 처리합니다.

```
21: value = score.first();      print("가장 낮은 점수", value);
```

TreeSet은 저장 시 트리 구조로 저장되므로 자동으로 정렬됩니다. 첫 번째 노드를 추출하는 first( ) 메서드는 가장 낮은 점수를 가진 노드입니다.

```
22: value = score.last() ;      print("가장 높은 점수", value);
```

last( ) 메서드는 가장 마지막 노드를 추출합니다. 가장 마지막 노드는 가장 높은 점수를 가집니다.

```
23: value = score.lower(85);    print("85 바로 이전 점수", value);
```

lower( ) 메서드는 인자로 전달한 값 바로 이전의 값을 가진 노드를 추출합니다.

```
24: value = score.higher(85);   print("85 바로 다음 점수", value);
```

higher( ) 메서드는 인자로 전달한 값 바로 다음의 값을 가진 노드를 추출합니다.

```
25: value = score.floor(85);    print("85 또는 바로 이전 점수", value);
26: value = score.ceiling(85);  print("85 또는 바로 다음 점수", value);
```

floor( ) 메서드는 인자로 전달한 값을 포함한 이전 값 중 가장 큰 값을 추출합니다. 즉, 85점 이하 값 중 가장 큰 값을 추출합니다. ceiling( ) 메서드는 인자로 전달한 값을 포함한 이후 값 중 가장 작은 값을 추출합니다. 즉, 85점 이상 값 중 가장 가장 낮은 값을 추출합니다.

```
28: while(!score.isEmpty()) {
29:     value = score.pollLast();
```

score 컬렉션에 데이터가 존재하는 동안 pollLast( ) 메서드를 실행하여 마지막 노드를 추출한 후 삭제합니다.

11

예외 처리하기

우리가 개발한 프로그램이 항상 정상적으로 동작하면 좋겠지만 실상은 그렇지 못할 때가 많습니다. 여러 가지 오류가 발생하기 마련입니다. 이처럼 프로그램이 정상적으로 실행되지 않을 때 우리는 "오류가 발생했다"고 말합니다. 오류가 발생하면 프로그램이 강제로 중단되거나 원하는 결괏값을 도출할 수 없으므로 개발 단계에서 오류를 예측하고 적절하게 대처해야 합니다.

자바에서 발생하는 오류는 예외(Exception)와 에러(Error) 두 가지 종류가 있습니다. 이 중 '예외'는 프로그램을 잘못 구현해서 발생하고 프로그램 내에서 처리할 수 있는 오류입니다. 따라서 이번 장에서는 우리가 처리할 수 있는 예외(Exception)에 대한 내용만 살펴보겠습니다.

11.1. 예외 처리 개요

여러분은 은행 계좌에서 현금을 찾기 위해 ATM기를 사용하신 경험이 있을 겁니다. ATM기는 대부분은 다음과 같은 순서로 이용합니다.

1. 기계에 카드를 넣는다.
2. 출금 메뉴를 선택한다.
3. 비밀번호를 누른다.
4. 출금액을 입력한다.
5. 지폐가 나온다.

그림 ATM 기기

그런데 3번의 "비밀번호를 누른다" 단계에서 비밀번호를 잘못 입력한 경험이 있지요? 비밀번호를 잘못 입력했을 때 ATM기는 어떻게 반응할까요? 다음 단계로 진행하지 못하고 "비밀번호를 잘못 입력하셨습니다. 다시 입력해주세요"라고 안내 메시지를 보여줍니다. 그리고 올바른 비밀번호를 다시 입력하면 다음 단계로 진행할 수 있습니다.

그런데 만약 비밀번호를 잘못 입력했을 때 다시 입력할 기회도 없이 ATM기가 꺼져버리면 어떨까요? 삽입한 카드도 돌려주지 않은 상태로 말입니다. 많이 당황스러울 겁니다. 이와 같은 황당한 상황이 발생하지 않도록 하려면 프로그램을 구현할 때 오류가 발생하여도 프로그램이 강제로 중단되지 않도록 반드시 예외 처리를 해야 합니다.

11.2. 자바 예외 API

자바는 객체지향 언어이므로 모든 기능은 객체에 기반을 두고 처리합니다. 오류 처리 또한 객체로 처리하며 오류 처리에 관련된 API를 Java SE에서 제공합니다. 기본적인 오류 처리 객체들은 java.lang 패키지의 Exception 항목과 Error 항목으로 구분되어 있습니다.

Exception Summary	
Exception	Description
ArithmeticException	Thrown when an exceptional arithmetic condition has occurred.
ArrayIndexOutOfBoundsException	Thrown to indicate that an array has been accessed with an illegal index.
ArrayStoreException	Thrown to indicate that an attempt has been made to store the wrong type of object into an array of objects.
ClassCastException	Thrown to indicate that the code has attempted to cast an object to a subclass of which it is not an instance.
ClassNotFoundException	Thrown when an application tries to load in a class through its string name using: The forName method in class Class.
CloneNotSupportedException	Thrown to indicate that the clone method in class Object has been called to clone an object, but that the object's class does not implement the Cloneable interface.
EnumConstantNotPresentException	Thrown when an application tries to access an enum constant by name and the enum type contains no constant with the specified name.
Exception	The class Exception and its subclasses are a form of Throwable that indicates conditions that a reasonable application might want to catch.

Error Summary	
Error	Description
AbstractMethodError	Thrown when an application tries to call an abstract method.
AssertionError	Thrown to indicate that an assertion has failed.
BootstrapMethodError	Thrown to indicate that an invokedynamic instruction or a dynamic constant failed to resolve its bootstrap method and arguments, or for invokedynamic instruction the method has failed to provide a call site with a target of the correct method type, or for a dynamic constant the bootstrap method has failed to provide a constant value of the required type.
ClassCircularityError	Thrown when the Java Virtual Machine detects a circularity in the superclass hierarchy of a class being loaded.
ClassFormatError	Thrown when the Java Virtual Machine attempts to read a class file and determines that the file is malformed or otherwise cannot be interpreted as a class file.
Error	An Error is a subclass of Throwable that indicates serious problems that a reasonable application should not try to catch.

그림 자바의 오류 처리 객체

11.2.1. 예외 처리 객체 구조

다음은 Java SE API에서 제공하는 오류에 관련된 일부 객체의 구조입니다. 오류에 관련된 최상위 객체는 java.lang의 Throwable 클래스이며 자바 프로그램에서 발생하는 모든 오류는 Throwable 클래스의 하위 객체로 정의되었습니다.

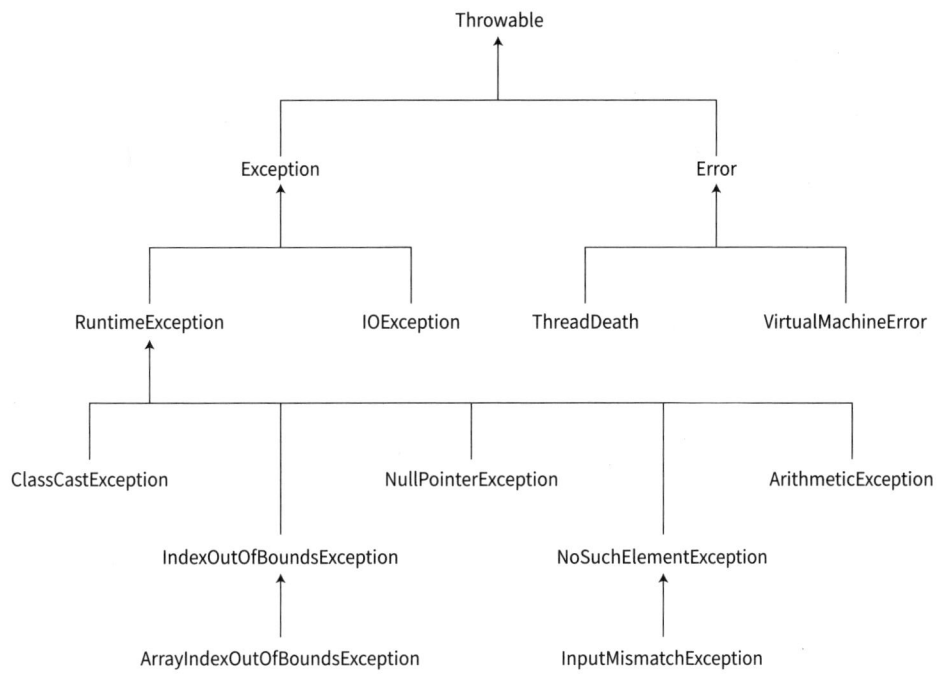

그림 Throwable 클래스의 상속 구조

Throwable을 상속하는 하위 객체는 Exception과 Error 계열로 분류됩니다. 두 계열의 차이점은 Exception은 프로그램 내에서 발생하는 예외로서 프로그램 내에서 처리가 가능하고, Error는 JVM 내에서 발생하는 에러로서 프로그램 내에서 처리가 불가능하다는 것입니다. 따라서 우리가 프로그램 구현 시 처리할 수 있는 오류는 Exception 계열입니다.

Exception 계열 예외는 다시 '확인된 예외(checked exception)'와 '미확인 예외(unchecked exception)'로 분류할 수 있습니다. 미확인 예외는 RuntimeException과 직간접적으로 관련된 객체들로서 잘못 구현된 프로그램 코드 때문에 발생합니다. 예를 들면 배열에서 존재하지 않는 인덱스에 접근하거나 어떤 수를 0으로 나눌 때 발생하는 오류가 미확인 예외에 속합니다.

확인된 예외는 Exception을 상속하는 객체 중 RuntimeException과 관련 없는 객체들로서 프로그램 내에서 통제할 수 없는 조건 때문에 발생합니다. 예를 들면 존재하지 않는 외부 파일을 사용할 때 발생합니다. 존재하지 않는 파일을 대상으로 그 어떤 작업도 실행할 수 없습니다. 따라서 확인된 예외가 발생할 수 있는 명령문을 사용할 때는 오류가 발생할 것에 대비해 예외 처리도 함께 해주어야 합니다.

만일 확인된 예외에 대한 예외 처리를 구현하지 않으면 컴파일 시 오류가 발생합니다. 확인된 예외는 소스 파일이 컴파일될 때 컴파일러가 예외 처리를 했는지 검사하기 때문입니다.

11.2.2. 예외 객체 종류

다음은 자바에서 지원하는 예외 객체의 종류입니다.

- `NullPointerException`: 참조변수가 null 값을 가지는 상태에서 참조변수를 통해 변수에 접근 또는 메서드를 호출하는 예외가 정의된 객체
- `IndexOutOfBoundsExcetpion`: 배열에서 존재하지 않는 인덱스에 접근하는 예외가 정의된 객체
- `ClassNotFoundException`: 존재하지 않는 클래스를 사용하는 예외가 정의된 객체
- `NoSuchFieldException`: 선언되지 않은 필드를 사용하는 예외가 정의된 객체
- `NoSuchMethodException`: 선언되지 않은 메서드를 호출하는 예외가 정의된 객체
- `IOException`: 외부 자원과 입출력 작업을 하면서 발생하는 예외가 정의된 객체
- `NumberFormatException`: 문자열을 숫자로 변환할 때 숫자로 변환할 수 없는 문자열을 사용하는 예외가 정의된 객체
- `ArithmeticException`: 어떤 수를 0으로 나누는 등과 같은 산술 연산에 관련된 예외가 정의된 객체

11.2.3. 예외 발생 원리

프로그램에서 예외가 발생하는 원리를 알고자 간단한 코드를 살펴보겠습니다.

```
01: int arr[] = new int[3];
02: arr[3] = 30;
03: System.out.println("OK");
```

01번 줄은 int 타입의 값 3개를 저장할 수 있는 배열을 생성한 후 배열의 시작 주솟값을 arr이 참조합니다.

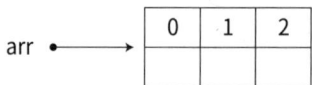

그림 크기가 3인 배열 참조

02번 줄은 arr 변수가 참조하는 배열의 3번 인덱스에 30을 저장합니다. 그런데 arr[3]을 처리하기 위해 arr이 참조하는 배열의 인덱스 3번지를 찾아가지만, 참조하는 배열에는 3번지가 존재하지 않습니다.

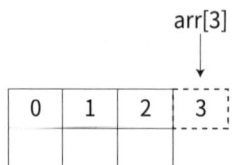

그림 3번지가 존재하지 않음

따라서 02번 줄은 존재하지 않는 배열에 값을 저장하는 명령문이므로 실행할 수 없습니다. 따라서 예외가 발생합니다. 예외가 발생하면 JVM은 Exception을 상속하는 객체 중 발생한 예외가 정의된 객체(예에서는 ArrayIndexOutOfBoundsException)를 생성합니다.

```
01: int arr[] = new int[3];
02: arr[3] = 30;  // new ArrayIndexOutOfBoundsException()
03: System.out.println("OK");
```

프로그램이 실행될 때 JVM이 Exception의 하위 객체를 생성했다는 것은 예외가 발생했다는 의미입니다. 따라서 프로그램은 더는 진행하지 못하고 강제로 종료됩니다.

11.3. 예외 처리 방법

예외가 발생했다고 해서 프로그램이 강제로 종료되는 상황이 발생하면 안 됩니다. 예외가 발생하더라도 프로그램이 정상적으로 실행될 수 있도록 적절하게 대처해야 합니다. 자바에서 예외에 적절하게 대처하려면 try-catch 문을 사용합니다.

11.3.1. try-catch 문

자바에서는 예외를 처리할 때 다음과 같은 구조의 try-catch 문을 사용합니다.

【try-catch 문】

```
try {
   // 실행문
} catch(변수 선언) {
   // 예외 처리
}
```

위와 같은 형식으로 예외가 발생할 수 있는 명령문을 try 블록으로 감싸줍니다. 명령문을 try 블록으로 감싼다는 것은 이 블록 내에서 예외가 발생하면 별도로 처리하겠다는 의미입니다. 앞에서 작성한 코드를 try 블록에 넣어보겠습니다.

```
01: try {
02:    int arr[] = new int[3];
03:    arr[3] = 30;  // new ArrayIndexOutOfBoundsException()
04:    System.out.println("OK");
05: } catch(ArrayIndexOutOfBoundsException e) {
06:    // ArrayIndexOutOfBoundsException에 대응하는 실행문
07: }
```

try 블록 안에 작성한 명령문에서 예외가 발생하면 catch 블록이 실행됩니다. 즉, catch 블록에 작성한 명령문은 정상적일 때는 실행되지 않고 try 블록에서 예외가 발생했을 때만 실행됩니다.

catch 문의 소괄호 ( ) 안에는 try 블록에서 발생할 수 있는 예외 객체를 참조하는 변수를 선언합니다. 예에서는 ArrayIndexOutOfBoundsException이 발생할 것을 예상해서 이 객체를 참조하는 변수를 선언하였습니다.

try 블록에서 예외가 발생하면 JVM은 해당 예외 객체를 생성하고 예외 처리를 했는지 살펴봅니다. JVM이 생성한 예외 객체를 참조할 수 있는 변수가 catch 문에 선언되었다면 해당 변수에 예외 객체를 저장하고 catch 블록을 실행합니다. 그리고 try-catch 문 다음에 작성한 명령문이 정상적으로 실행됩니다. 만약 try 블록에서 발생한 예외를 catch 블록에서 처리하지 않았다면 프로그램은 그대로 종료됩니다.

다음 코드는 try-catch 문으로 예외 처리를 했지만 try 문에서 발생하는 예외를 처리하지 못하고 프로그램이 강제로 중단됩니다.

```
01: try {
02:     String s = new String("java");
03:     s.length();   // new NullPointerException()
04:     s = null;
05:     s.length();
06:     int arr[] = new int[3];
07:     arr[3] = 30;  // new ArrayIndexOutOfBoundsException()
08:     System.out.println("OK");
09: } catch(ArrayIndexOutOfBoundsException e) {
10:     // ArrayIndexOutOfBoundsException에 대응하는 실행문
11: }
```

02번 줄은 힙 영역에 String 인스턴스를 생성하고 변수 s가 참조합니다. 03번 줄은 변수 s가 참조하는 인스턴스의 length( ) 메서드를 실행합니다. 04번 줄은 변수 s에 null 값을 저장합니다. 따라서 변수 s는 null 값, 즉 아무 값도 없는 상태입니다.

그림 null 값이 대입된 s 변수

s.length( ) 명령문은 변수 s가 참조하는 인스턴스의 length( ) 메서드를 실행합니다. 그런데 현재 s 변수는 null입니다. 즉, 변수 s가 참조하는 인스턴스가 존재하지 않으므로 s.length( ) 명령문은 실행될 수 없습니다. 이처럼 참조변수가 null인 상태에서 인스턴스에 접근하면 NullPointerException이 발생합니다. 즉, JVM이 NullPointerException 객체를 생성합니다.

JVM은 예외 객체인 NullPointerException을 생성한 후 catch 문에서 해당 예외를 처리하고 있는지 살펴봅니다. 그런데 catch 문에 선언된 변수 e의 타입은 ArrayIndexOutOfBoundsException이라서 NullPointerException 객체의 주소를 저장할 수 없습니다. 따라서 catch 문이 실행되지 못하고 프로그램은 종료됩니다.

try 블록에서 발생한 NullPointerException 예외도 처리할 수 있게 하려면 다음처럼 catch 문을 추가로 지정한 후 NullPointerException 타입 변수를 선언합니다. 이처럼 try 문과 함께 사용하는 catch 문은 여러 개 지정할 수 있습니다.

```
01: try {
02:     String s = new String("java");
03:     s.length();   // new NullPointerException()
04:     s = null;
05:     s.length();
06:     int arr[] = new int[3];
07:     arr[3] = 30;  // new ArrayIndexOutOfBoundsException()
08:     System.out.println("OK");
09: } catch(ArrayIndexOutOfBoundsException e1) {
10:     // ArrayIndexOutOfBoundsException에 대응하는 실행문
11: } catch(NullPointerException e2) {
12:     // NullPointerException에 대응하는 실행문
13: }
```

JVM은 try 블록의 명령문 실행 중 예외가 발생하면 해당 예외 객체를 생성하고 catch 문을 살펴 예외 객체를 저장할 변수가 선언되었는지, 즉 예외 처리가 되었는지 검사합니다. 만약 catch 문이 여러 개이면 작성한 순서대로 검사해서 예외 객체를 저장할 변수를 찾습니다. 만약, 찾으면 해당 catch 블록에 선언된 변수에 예외 객체를 저장 후 예외 처리를 실행합니다. 그러나 try 문에서 발생한 예외와 맞는 타입을 catch 문에서 찾지 못하면 프로그램 실행을 중단합니다.

따라서 우리는 특별히 예외가 발생했을 때 대응하는 코드를 작성고자 한다면 try 블록으로 예외가 발생할 수 있는 코드를 묶고, 발생할 수 있는 예외의 종류별로 catch 블록을 작성해 예외 처리를 해주어야 합니다.

try 문에 사용되는 catch 문은 몇 개를 작성하든 상관 없다고 했습니다. 그런데 다음과 같은 코드는 컴파일 오류가 발생합니다.

```
09: } catch(Exception e) {
10:     // 모든 예외에 대응하는 실행문
11: } catch(ArrayIndexOutOfBoundsException e1) {
12:     // ArrayIndexOutOfBoundsException에 대응하는 실행문
13: } catch(NullPointerException e2) {
14:     // NullPointerException에 대응하는 실행문
15: }
```

try 블록에서 예외가 발생하면 JVM은 catch 문을 소스에 작성된 순서대로 살펴본다고 하였습니다. 그런데 첫 번째 catch 문에 선언된 변수의 타입이 Exception입니다. Exception은 모든 예외 객체의 상위 객체입니다. 따라서 try 블록에서 어떤 예외가 발생하든지 모두 첫 번째 catch 문에 선언된 Exception e가 받아서 처리합니다. 즉, 두세 번째 catch 문은 절대로 실행되지 않으므로 컴파일 오류가 발생합니다.

다음 코드를 살펴보겠습니다. 다음 코드는 오류가 발생하지 않고 정상적으로 동작합니다. 앞에서와 마찬가지로 3개의 catch 문을 작성하였으나 모든 예외 타입을 처리하는 Exception 예외 처리를 제일 나중에 작성하였습니다. JVM이 제일 나중에 작성한 catch 문까지 찾아왔다는 의미는 위에서 작성한 catch 문으로는 해당 예외를 처리할 수 없었다는 의미입니다. 따라서 나머지 모든 예외는 세 번째 catch 문이 처리합니다.

```
09: } catch(ArrayIndexOutOfBoundsException e1) {
10:     // ArrayIndexOutOfBoundsException에 대응하는 실행문
11: } catch(NullPointerException e2) {
12:     // NullPointerException에 대응하는 실행문
13: } catch(Exception e) {
14:     // 모든 예외에 대응하는 실행문
15: }
```

try 블록에서 발생하는 예외를 구체적으로 처리하고자 할 때는 앞에서처럼 처리할 예외 타입으로 catch 문에 변수를 선언합니다. 그러나 만일 여러 가지 예외 타입을 한 가지 방법으로 처리하고 싶을 때는 다음 코드처럼 catch 문의 변수 타입을 Exception으로 선언합니다. 그러면 try 문에서 어떤 예외가 발생하더라도 모두 받아서 처리할 수 있습니다.

```
01: try {
02:     String s = new String("java");
03:     s.length();    // new NullPointerException()
```

```
04:     s = null;
05:     s.length();
06:     int arr[] = new int[3];
07:     arr[3] = 30;    // new ArrayIndexOutOfBoundsException()
08:     System.out.println("OK");
09: } catch(Exception e) {
10:     // 모든 예외에 대응하는 실행문
11: }
```

예제를 통해 지금까지 학습한 내용을 살펴보겠습니다.

Test01.java

```
01: package com.ruby.java.ch11;
02:
03: public class Test01 {
04:
05:     public static void main(String[] args) {
06:         int arr[] = new int[3];
07:         arr[3] = 30;
08:         System.out.println("OK");
09:     }
10: }
```

【실행결과】

```
Exception in thread "main" java.lang.ArrayIndexOutOfBoundsException: 3
        at com.ruby.java.ch11.Test01.main(Test01.java:7)
```

실행 결과는 Test01.java의 07번 줄에서 java.lang.ArrayIndexOutOfBoundsException이 발생하여 프로그램 실행이 강제로 중단되었습니다.

Test01.java 소스를 다음과 같이 수정합니다.

Test01.java

```
01: package com.ruby.java.ch11;
02:
03: public class Test01 {
04:
05:     public static void main(String[] args) {
06:         try {
07:             int arr[] = new int[3];
```

```
08:        arr[3] = 30;
09:        System.out.println("OK");
10:     } catch(ArrayIndexOutOfBoundsException e) {
11:        System.out.println("잘못된 배열의 인덱스 사용!");
12:     }
13:     System.out.println("GOOD");
14:   }
15: }
```

【실행결과】

```
잘못된 배열의 인덱스 사용!
GOOD
```

소스에 대한 자세한 설명은 다음과 같습니다.

```
06: try {
    ...
10: }
```

06~10번 줄까지 try 블록을 지정했습니다. 블록 내에서 예외 상황이 발생하면 예외 처리를 하기 위해서입니다.

```
10: } catch(ArrayIndexOutOfBoundsException e) {
11:    System.out.println("잘못된 배열의 인덱스 사용!");
12: }
```

try 블록에서 ArrayIndexOutOfBoundsException이 발생할 경우 예외를 처리하는 코드입니다. 실행된 순서는 07 → 08 → 10 → 11 → 12 → 13입니다.

Test01.java 소스를 다음과 같이 수정합니다.

Test01.java
```
01: package com.ruby.java.ch11;
02:
03: public class Test01 {
04:
05:   public static void main(String[] args) {
06:     try {
07:        String s = new String("java");
08:        int len = s.length();
```

```
09:        s = null;
10:        s.length();
11:        int arr[] = new int[3];
12:        arr[3] = 30;
13:        System.out.println("OK");
14:     } catch(ArrayIndexOutOfBoundsException e1) {
15:        System.out.println("잘못된 배열의 인덱스 사용!");
16:     } catch(NullPointerException e2) {
17:        System.out.println("잘못된 참조!");
18:     }
19:     System.out.println("GOOD");
20:   }
21: }
```

【실행결과】

잘못된 참조!
GOOD

소스에 대한 자세한 설명은 다음과 같습니다.

```
09: s = null;
10: s.length();   // NullPointerException 발생
```

변수 s에는 null 값이 있으므로 s.length( ) 명령문이 실행될 때 NullPointerException이 발생합니다.

```
14: } catch(ArrayIndexOutOfBoundsException e1) {
```

10번 줄에서 발생한 NullPointerException은 14번 catch 문이 처리하지 못합니다. 왜냐하면 e1 변수의 타입이 NullPointerException과 상관없는 ArrayIndexOutOfBoundsException으로 선언되었기 때문입니다.

```
16: } catch(NullPointerException e2) {
17:    System.out.println("잘못된 참조!");
18: }
```

16번 줄에 작성한 catch 문에는 NullPointerException 타입의 변수를 선언하였습니다. 10번 줄에서 발생한 예외 타입과 일치하므로 해당 예외를 처리할 수 있습니다. 따라서 10번 줄에서 발생한 예외 객체의 주소를 e2 변수에 저장하고 17번 명령문을 실행한 후 프로그램의 실행 흐름은 try-catch 문을 빠져나와 다음 명령문을 실행합니다.

11.3.2. 예외 처리 메서드

앞에서 모든 예외 객체는 Throwable을 상속받는다고 하였습니다. Throwable에 선언된 메서드 중 예외 처리에 자주 사용하는 메서드는 다음과 같습니다.

표 Throwable 클래스의 자주 사용하는 메서드

제어자 및 타입	메서드	설명
String	getMessage()	발생한 예외 객체의 메시지 추출
void	printStackTrace()	예외가 발생하기까지 호출된 순서를 거꾸로 출력
String	toString()	발생한 예외 객체를 문자열로 추출

예제를 통해 예외 처리 메서드를 확인해보겠습니다. Test01.java 소스를 다음과 같이 수정합니다.

Test01.java

```java
01: package com.ruby.java.ch11;
02:
03: public class Test01 {
04:
05:     public static void main(String[] args) {
06:         try {
07:             String s = new String("java");
08:             int len = s.length();
09:             s = null;
10:             s.length();  // new NullPointerException()
11:             int arr[] = new int[3];
12:             arr[3] = 30; // new ArrayIndexOutOfBoundsException()
13:             System.out.println("OK");
14:         } catch(ArrayIndexOutOfBoundsException e1) {
15:             System.out.println(e1.getMessage());
16:         } catch(NullPointerException e2) {
17:             e2.printStackTrace();
18:         } catch(Exception e) {
19:             System.out.println("오류 발생 : " + e);
20:         }
21:         System.out.println("GOOD");
22:     }
23: }
```

【실행결과】

```
java.lang.NullPointerException
        at com.ruby.java.ch11.Test01.main(Test01.java:10)
GOOD
```

11.3.3. finally 문

finally 문은 catch 문 다음에 선언하며 사용하는 목적은 try 블록에서 사용했던 자원을 해제하기 위해서입니다. try 블록에서 파일 열기, 네트워크 연결, 데이터베이스 연결과 같은 작업을 했다면 작업이 완료된 후에는 파일 닫기, 네트워크 연결 종료, 데이터베이스 연결 종료와 같은 자원 해제 작업을 해야 합니다. 만일 자원 해제 작업을 하지 않으면 다른 프로그램에서 자원들이 필요할 때 사용할 수 없는 상황이 발생할 수도 있습니다.

finally 블록은 자원 해제 기능을 담당하므로 예외 발생과는 상관 없이 항상 실행됩니다. 다음 코드는 오류가 발생하지 않는 코드로서 실행 순서를 보면 try 블록의 실행이 완료된 후 finally 블록이 실행되고 try-catch-finally 문은 종료합니다.

```java
try {
    System.out.println("1");         // ①
    System.out.println("2");         // ②
    System.out.println("3");         // ③
} catch(Exception e) {
    System.out.println("오류 발생");
} finally {
    System.out.println("OK");        // ④
}
System.out.println("4");             // ⑤
```

다음 코드는 오류가 발생하는 코드로서 실행 순서는 보면 ③에서 예외 상황이 발생한 후 catch 블록이 실행됩니다. catch 문 다음에는 finally 블록이 실행된 후 try-catch-finally 문은 종료합니다.

```java
try {
    System.out.println("1");         // ①
    String s = null;                 // ②
    s.length();                      // ③
    System.out.println("2");
    System.out.println("3");
} catch(Exception e) {
    System.out.println("오류 발생"); // ④
```

```
} finally {
  System.out.println("OK");          // ⑤
}
System.out.println("4");             // ⑥
```

예제를 통해 살펴보겠습니다.

Test02.java
```
01: package com.ruby.java.ch11;
02:
03: public class Test02 {
04:
05:   public static void main(String[] args) {
06:     try {
07:       System.out.println("1");
08:       System.out.println("2");
09:       System.out.println("3");
10:     } catch(Exception e) {
11:       System.out.println("오류 발생");
12:     } finally {
13:       System.out.println("OK");
14:     }
15:     System.out.println("4");
16:   }
17: }
```

【실행결과】

1
2
3
OK
4

Test02.java 소스를 다음과 같이 수정합니다.

Test02.java
```
01: package com.ruby.java.ch11;
02:
03: public class Test02 {
04:
```

```
05:    public static void main(String[] args) {
06:        try {
07:            System.out.println("1");
08:            String s = null;
09:            s.length();
10:            System.out.println("2");
11:            System.out.println("3");
12:        } catch(Exception e) {
13:            System.out.println("오류 발생");
14:        } finally {
15:            System.out.println("OK");
16:        }
17:        System.out.println("4");
18:    }
19: }
```

【실행결과】

```
1
오류 발생
OK
4
```

11.3.4. try-with-resources

try-catch 문에서 finally 블록을 사용하는 목적은 try 블록에서 사용한 자원을 해제하는 데 있습니다. Java SE 7부터 try-catch-finally 문을 간단하게 사용할 수 있도록 try-with-resource 문을 지원합니다. try-with-resources 문은 finally 문을 지정하지 않아도 try 문이 정상으로 실행됐든 예외가 발생했든 try-catch 문이 완료되면 자동으로 자원을 해제해줍니다.

try-with-resources 문을 사용하는 형식은 다음과 같습니다.

【try-with-resources】

```
try(클래스명 변수명 = new 클래스명()) {
    // 실행문
} catch(Exception e) {
    // 예외 처리
}
```

try 문의 소괄호 ( ) 안에 try-catch 문이 완료되면 자동으로 해제할 자원 객체를 생성합니다. 예를 들면 다음과 같습니다.

```
try(FileInputStream fi = new FileInputStream("a.txt")) {
   // 파일 처리 명령문
} catch(Exception e) {
   // 예외에 대응하는 명령문
}
```

try( ) 문 안에 생성된 fi 객체는 try-catch 문이 완료되면 자동으로 해제됩니다. 만약 try-with-resources 문을 사용하지 않았다면 다음처럼 finally 문으로 자원 해제 작업을 해줘야 합니다.

```
try {
   FileInputStream fi = new FileInputStream("a.txt");
   // 파일 처리 명령문
} catch(Exception e) {
   // 예외에 대응하는 명령문
} finally {
   fi.close();
}
```

finally 문보다 try-with-resources 문을 사용하면 코드가 더 간편해지고 가독성이 높아지는 것을 확인할 수 있습니다. 그런데 try-with-resources에서 자동으로 해제할 수 있는 객체는 java.lang.AutoCloseable 인터페이스를 구현한 객체만 가능합니다. AutoCloseable 인터페이스에 선언된 메서드는 자원을 해제해주는 void close( ) 하나입니다.

한 걸음 더 나아가 Java SE 9 부터는 try-with-resources 코드를 더 간소화할 수 있도록 try 문의 괄호 ( ) 안에 자동 해제할 객체를 생성하지 않고, try 문 밖에서 생성한 후 변수만 지정할 수 있도록 하였습니다. 다음 예제 코드를 보면 try 문의 괄호 ( ) 안에 지역변수 fi만을 지정하고 있음을 확인할 수 있습니다.

```
public void test_java9() {
   FileInputStream fi = new FileInputStream("a.txt");
   try(fi) {
      // 파일 처리 명령문
   } catch(Exception e) {
      // 예외에 대응하는 명령문
   }
}
```

Java SE 9 이전에는 try 문의 괄호 ( ) 안에 변수를 선언하기 위해서는 다음 코드처럼 또 다른 변수를 선언한 후 값을 대입했어야 했습니다.

```java
public void test_java8() {
  FileInputStream fi = new FileInputStream("a.txt");
  try(FileInputStream input = fi) {
    // 파일 처리 명령문
  } catch(Exception e) {
    // 예외에 대응하는 명령문
  }
}
```

try 문의 괄호 ( ) 안에 여러 개의 객체 생성, 또는 변수를 지정할 수 있습니다. 이때는 세미콜론(;)을 구분자로 사용합니다.

예제를 통해 자세한 내용을 살펴보겠습니다.

Test03.java

```java
01: package com.ruby.java.ch11;
02:
03: import java.io.FileInputStream;
04: import java.io.IOException;
05:
06: public class Test03 {
07:
08:   public static void main(String[] args) {
09:
10:     try(FileInputStream fi = new FileInputStream("a.txt")) {
11:       int c = fi.read();
12:       System.out.println((char) c);
13:     } catch(IOException e) {
14:       e.printStackTrace();
15:     }
16:   }
17: }
```

위 예제를 실행하기 전에 프로젝트에 a.txt 파일이 필요합니다. 이클립스에서 edu 프로젝트를 마우스 오른쪽 버튼으로 누르고 [New → File]을 선택합니다.

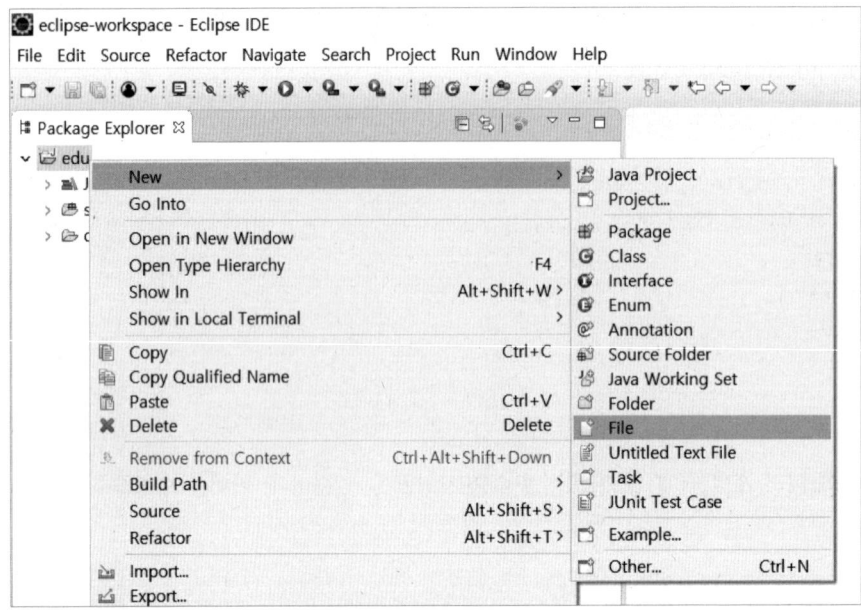

그림 새 파일 추가 메뉴

파일 이름에 **a.txt**를 입력한 후 〈Finish〉를 누릅니다.

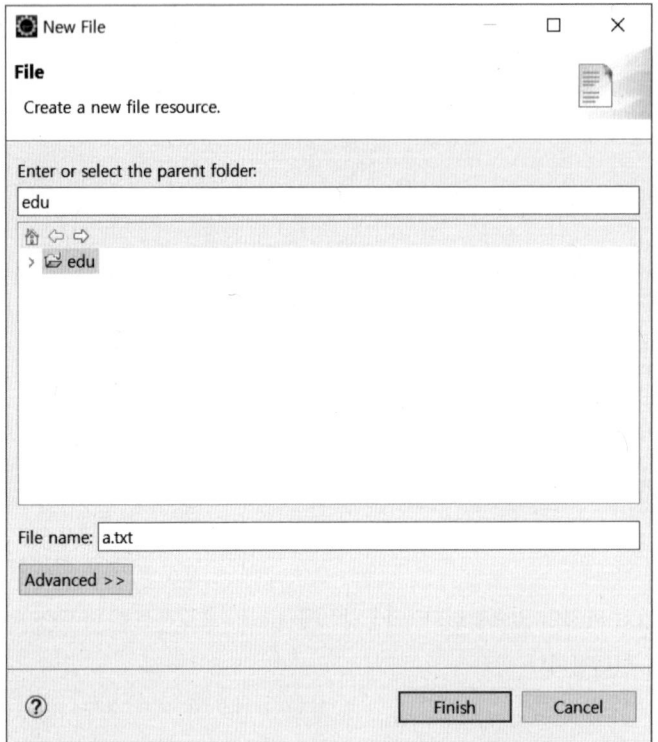

그림 a.txt 파일 추가

방금 프로젝트에 추가한 a.txt 파일을 열어서 **"Hello"**를 입력한 후 저장합니다.

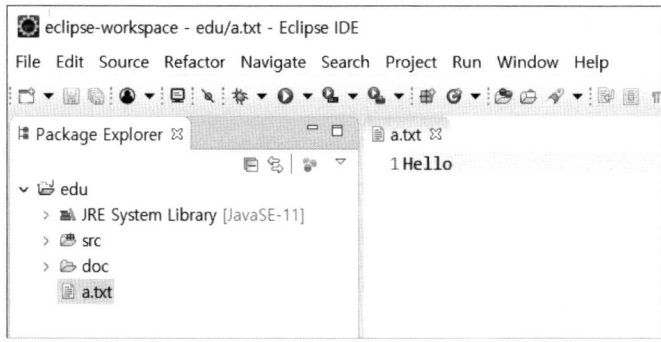

그림 a.txt 파일에 "Hello" 문자열 저장

이클립스에서 Test03.java를 실행합니다. 실행 결과는 다음과 같습니다.

【실행결과】

```
Console
<terminated> Test03 [Java Application] C:\Program Files\Java\jdk-11.0.1\bin\javaw.exe
H
```

소스에 대한 자세한 설명은 다음과 같습니다.

`10: try(FileInputStream fi = new FileInputStream("a.txt")) {`

fi는 a.txt 파일과 연결하는 객체입니다. FileInputStream 객체에 대해서는 12장에서 자세하게 다룹니다. 여기서는 파일을 사용한다는 정도로만 이해하면 됩니다. fi는 파일 자원을 사용했으므로 작업을 마친 후에는 자원을 해제해야 합니다. 자원을 자동으로 해제하고자 try( ) 문 안에 객체를 생성했습니다. FileInputStream 객체는 AutoCloseable 인터페이스를 구현하였으므로 자동으로 해제되도록 사용할 수 있습니다.

`11: int c = fi.read();`

fi는 a.txt 파일 자원과 연결되어 있습니다. fi.read( )는 a.txt 파일에서 한 글자를 읽어 정수로 반환합니다.

`12: System.out.println((char) c);`

a.txt에서 읽어 들인 문자를 char 타입으로 변경해 출력합니다.

11.4. 예외 던지기 : throws 문

이번 절에서는 throws 문에 대해 알아봅니다. throws는 메서드를 호출하는 곳의 상황에 맞게 동적인 오류 처리를 하기 위해 사용하는 명령문입니다. 예를 들어 다음처럼 메서드의 명령문에서 예외가 발생할 수 있는 코드가 있다고 가정하겠습니다.

```java
public void c() {
  // 예외 발생
}
```

예외가 발생할 수 있는 코드를 다음과 같이 try-catch 문으로 처리할 수 있습니다.

```java
public void c() {
  try {
    // 예외 발생
  } catch(Exception e) {
    // 예외 처리
  }
}
```

그런데 메서드 내에서 try-catch 문으로 예외 처리를 하면 이 메서드가 실행될 때는 항상 똑같은 예외 처리를 하게 됩니다.

이처럼 고정된 예외 처리 방식이 아니라 메서드를 호출하는 곳에서 상황에 맞게 동적으로 예외 처리를 하고 싶다면 메서드 선언부에서 throws 다음에 메서드 내에서 처리할 Exception 객체를 선언하면 됩니다.

```java
public void c() throws Exception {
  // 예외 발생
}
```

throws가 선언된 메서드는 메서드를 호출한 곳에서 throws 다음에 선언된 예외들을 처리하도록 위임합니다.

다음 코드를 살펴보면 b( ) 메서드에서 c( ) 메서드를 호출하고 있습니다. 호출받은 c( ) 메서드에는 throws Exception이 선언되었으므로 c( ) 메서드를 호출하는 b( ) 메서드에서 Exception을 처리해야 합니다. 그렇지 않으면 컴파일 오류가 발생합니다.

```
public void b()  {         public void c() throws Exception{
    c();                       //오류 발생
}                          }
```

호출받은 메서드에 throws가 선언되었다면 호출하는 메서드에 다음처럼 try-catch 문으로 예외 처리를 해주어야 합니다. throws는 메서드를 호출한 곳으로 예외를 던지는 명령문이기 때문입니다.

```
public void b() {
  try {
    c();
  } catch(Exception e) {
    // 예외 처리
  }
}
```

만일 b( ) 메서드에서 예외 처리를 하지 않고 다시 b( ) 메서드를 호출한 곳으로 예외를 던지고 싶다면 다음처럼 throws를 선언할 수도 있습니다. 그러면 throws에 선언된 예외는 b( ) 메서드를 호출한 곳에서 처리해야 합니다.

```
public void b() throws Exception {
  c();
}
```

예제를 통해 학습한 내용을 살펴보겠습니다.

Test04.java
```
01: package com.ruby.java.ch11;
02:
03: import java.io.*;
04:
05: public class Test04 {
06:
07:     public static void main(String[] args) {
08:         FileInputStream fi = new FileInputStream("a.txt");
09:         int c = fi.read();
10:         System.out.println((char) c);
11:     }
12: }
```

위와 같은 소스를 작성하면 다음처럼 컴파일 오류가 발생합니다.

```
Test04.java
 1  package com.ruby.java.ch11;
 2
 3  import java.io.*;
 4
 5  public class Test04 {
 6
 7      public static void main(String[] args) {
 8          FileInputStream fi = new FileInputStream("a.txt");
 9          int c = fi.read();
10          System.out.println((char) c);
11      }
12  }
13
```

그림 컴파일 오류

위 소스는 Test03.java 소스와 같습니다. 그런데 오류가 발생하였습니다. 왜냐하면 08~09번 줄에서 호출하는 생성자와 메서드에 throws가 선언되었기 때문입니다. 다음은 08~09번 줄에서 사용한 FileInputStream( ) 생성자와 read( ) 메서드의 선언부입니다.

```
public FileInputStream(String name) throws FileNotFoundException
public int read() throws IOException
```

생성자에서는 FileNotFoundException을, read( ) 메서드에서는 IOException을 던지고(throws) 있습니다. 따라서 이 메서드를 호출한 곳에서 예외를 처리해주어야 하는데, 이를 생략해서 오류가 발생하였습니다.

예외를 처리하는 방법은 try-catch 문을 사용하거나 아니면 throws를 사용해 예외를 다시 던질 수 있습니다. 다음은 try-catch 문으로 처리했습니다. catch 문에서 Exception 타입으로 처리해도 되고, FileNotFoundException, IOException을 각각 처리하는 두 개의 catch 문을 작성해도 됩니다.

```
public static void main(String[] args) {
  try {
    FileInputStream fi = new FileInputStream("a.txt");
    int c = fi.read();
    System.out.println((char) c);
  } catch(Exception e) {
    e.printStackTrace();
  }
}
```

다음은 main( ) 메서드에서 예외를 직접 처리하지 않고 throws로 던지는 예입니다. 그러면 main( ) 메서드를 호출한 곳에서 예외 처리를 해줘야 합니다. main( ) 메서드는 JVM에서 호출하므로 결국은 예외 처리를 하지 않은 것과 마찬가지입니다.

```java
public static void main(String[] args) throws FileNotFoundException, IOException {
   FileInputStream fi = new FileInputStream("a.txt");
   int c = fi.read();
   System.out.println((char) c);
}
```

11.5. 사용자 정의 예외 객체

사용자 정의 예외 객체는 Java SE API에서 제공하는 예외 객체 외에 개발자가 선언해서 사용하는 객체를 의미합니다. 사용자 정의 예외 객체를 선언할 때는 Exception이나 Exception을 상속하는 클래스를 반드시 상속받아야 합니다.

다음은 사용자 정의 예외 객체를 정의한 예입니다.

```java
public class NagativeNumberException extends Exception {
}
```

일반적으로 사용자 정의 예외 객체는 다음의 Exception에서 선언된 형태의 생성자 외에는 다른 멤버를 가지지 않습니다.

```
Exception()
Exception(String message)
Exception(String message, Throwable cause)
Exception(Throwable cause)
```

다음의 사용자 정의 예외 객체는 기본 생성자를 선언하고 super 문으로 Exception의 생성자를 호출합니다. 따라서 Exception(String messages) 생성자가 호출되며 예외 메시지를 지정합니다.

```java
public class NagativeNumberException extends Exception {
   public NagativeNumberException() {
      super("음수는 허용하지 않습니다");
   }
}
```

예외 객체는 예외 상황이 발생하면 JVM이 자동으로 객체를 생성합니다. 그러나 사용자 정의 예외 객체는 개발자가 필요해서 생성한 것이므로 JVM이 예외 상황을 인지하여 자동으로 예외 객체를 생성할 수 없습니다. 사용자 정의 예외 객체는 프로그램 내에서 예외 상황과 예외 객체 생성을 처리해주어야 합니다. 예외 상황은 조건문으로 처리하고 예외 객체 생성은 throw 문으로 할 수 있습니다.

예외 상황을 강제로 발생하게 하는 throw 문 사용법은 다음과 같습니다.

【throw 문】

```
throw new 예외 객체명();
```

다음 코드는 time 변숫값이 0보다 작을 때, 즉 음수일 때 예외 상황으로 인식하고 NagativeNumberException이 발생하게 합니다.

```java
public void charge(int time) {
  if(time < 0) {
    throw new NagativeNumberException();
  }
}
```

throw는 예외를 강제로 발생하게 하는 것이므로 다음처럼 try-catch 문으로 예외를 처리합니다.

```java
public void charge(int time) {
  if(time < 0) {
    try {
      throw new NagativeNumberException();
    } catch(NagativeNumberException e) {
      // 예외 처리
    }
  }
}
```

만일 예외 처리를 하고 싶지 않다면 다음처럼 메서드 선언부에 throws 문을 이용해서 호출한 곳으로 예외를 던질 수 있습니다.

```java
public void charge(int time) throws NagativeNumberException {
  if(time < 0) {
    throw new NagativeNumberException();
  }
}
```

예제를 통해 학습한 내용을 살펴보겠습니다.

NagativeNumberException.java

```java
01: package com.ruby.java.ch11;
02:
03: public class NagativeNumberException extends Exception {
```

```
04:    public NagativeNumberException() {
05:        super("음수는 허용하지 않습니다");
06:    }
07: }
```

Test05.java

```
01: package com.ruby.java.ch11;
02:
03: public class Test05 {
04:
05:    int battery = 0;
06:
07:    public void charge(int time) {
08:
09:        if(time < 0) {
10:            time = 0;
11:            try {
12:                throw new NagativeNumberException();
13:            } catch(NagativeNumberException e) {
14:                e.printStackTrace();
15:            }
16:        }
17:        battery += time;
18:        System.out.println("현재 배터리 : " + battery);
19:
20:    }
21:
22:    public static void main(String[] args) {
23:
24:        Test05 test = new Test05();
25:        test.charge(30);
26:        test.charge(20);
27:        test.charge(-10);
28:    }
29: }
```

【실행결과】

현재 배터리 : 30
현재 배터리 : 50
com.ruby.java.ch11.NagativeNumberException: 음수는 허용되지 않습니다.
        at com.ruby.java.ch11.Test05.charge(Test05.java:12)

```
        at com.ruby.java.ch11.Test05.main(Test05.java:27)
현재 배터리 : 50
```

소스에 대한 자세한 설명은 다음과 같습니다.

```
24: Test05 test = new Test05();
```

Test05 인스턴스를 생성합니다. 클래스 Test05는 05번 줄에서 선언한 battery 필드를 가집니다. battery 필드는 0으로 초기화됩니다.

```
25: test.charge(30);
```

test가 참조하는 Test05 클래스의 charge( ) 메서드를 호출하면서 인자값으로 30을 전달합니다.

```
07: public void charge(int time) {
```

메서드 호출 시 전달받은 인자값을 매개변수 time에 저장합니다.

```
09: if(time < 0) {
10:     time = 0;
11:     try {
12:         throw new NagativeNumberException();
13:     } catch(NagativeNumberException e) {
14:         e.printStackTrace();
15:     }
```

time 변숫값이 0보다 작으면 time 변숫값을 0으로 설정하고 NagativeNumberException 예외 객체를 강제로 생성합니다. 이처럼 throw 문으로 예외 객체를 생성하면 해당 예외 상황이 발생합니다. 12번 줄에서 발생한 예외를 13~14번 줄에서 처리합니다.

```
17: battery += time;
```

battery 변수에 time 변숫값을 누적합니다.

```
26: test.charge(20);
27: test.charge(-10);
```

26번 줄에서 20을 인자값으로 charge( ) 메서드를 호출하고, 27번 줄에서 −10을 인자값으로 charge( ) 메서드를 호출합니다. charge( ) 메서드는 인자값이 음수이면 NagativeNumberException이 발생합니다.

12

입출력 작업하기

우리는 프로그램을 구현할 때 많은 종류의 데이터를 다루어야 합니다. 데이터는 프로그램 안에서 만들어 사용할 수도 있고, 프로그램 외부에 존재하는 데이터를 가져와서 사용할 수도 있습니다. 또한 프로그램에서 생성된 데이터를 외부로 출력할 수도 있습니다. 프로그램 안에서 만드는 데이터는 단순히 변수에 저장해서 사용하지만, 프로그램 외부의 데이터를 읽어오거나 프로그램의 데이터를 외부로 출력할 때는 java.io의 IO 객체들 또는 java.nio의 NIO 객체들을 사용하여 처리합니다. 이번 장에서는 외부 데이터를 읽거나 쓰기를 지원하는 객체의 종류와 특징, 사용 방법을 알아보고 다양한 파일 처리에 대한 방법도 학습합니다.

12.1. 입출력 개요

12.1.1. 입출력 원리

외부 데이터란 프로그램 외부에 존재하는 모든 데이터를 의미합니다. 다음 그림처럼 외부 데이터는 하드디스크상에 있는 파일이 될 수도 있고 네트워크상에 존재하는 자원이 될 수도 있고 메모리에 있는 자원이 될 수도 있습니다. 외부 데이터의 타입이 무엇이든 자바는 외부 데이터를 읽거나 쓰기 작업을 할 때 동일하게 처리합니다.

그림 외부 데이터 입출력

만일 다음처럼 하드디스크에 있는 a.txt 파일의 내용을 읽고 자바 프로그램에서 생성된 데이터를 b.txt 파일에 저장하는 작업을 한다고 가정하겠습니다. 즉, 외부 데이터를 다루는 작업입니다.

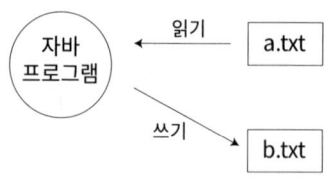

그림 외부 데이터 작업

외부 데이터를 대상으로 작업할 때 가장 먼저 해야 할 일은 자바 프로그램과 외부 데이터를 연결하는 것입니다. 다음 그림에서 프로그램과 a.txt 간의 연결된 길은 외부 데이터가 들어오는 길이고, 프로그램과 b.txt 간의 연결된 길은 데이터가 외부로 나가는 길이라고 볼 수 있습니다.

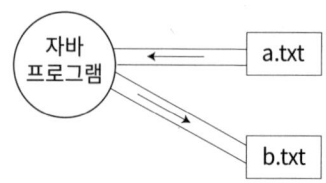

그림 입출력 통로

자바에서는 이처럼 프로그램과 외부 데이터가 연결된 길을 스트림(stream)이라고 합니다. 데이터를 읽어오기 위한 길은 '입력스트림', 데이터를 출력하기 위한 길은 '출력스트림'이라고 부릅니다. 이처럼 입력스트림과 출력스트림으로 분류하는 이유는 스트림이 단방향이기 때문입니다. 즉, 데이터를 읽거나 출력하는 기능 중 하나만 처리할 수 있습니다.

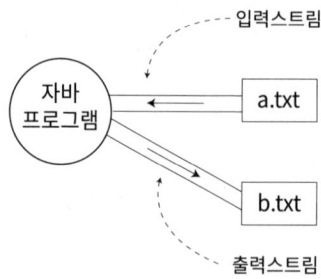

그림 입력스트림과 출력스트림

12.1.2. 입출력 API

다음은 Java SE API 중에서 java.io 패키지의 목록입니다. java.io 패키지에는 외부 데이터를 읽거나 외부로 데이터를 출력하는 기능을 가진 객체들이 있습니다.

Interface Summary	
Interface	Description
Closeable	A `Closeable` is a source or destination of data that can be closed.
DataInput	The `DataInput` interface provides for reading bytes from a binary stream and reconstructing from them data in any of the Java primitive types.
DataOutput	The `DataOutput` interface provides for converting data from any of the Java primitive types to a series of bytes and writing these bytes to a binary stream.
Externalizable	Only the identity of the class of an Externalizable instance is written in the serialization stream and it is the responsibility of the class to save and restore the contents of its instances.
FileFilter	A filter for abstract pathnames.
FilenameFilter	Instances of classes that implement this interface are used to filter filenames.
Flushable	A `Flushable` is a destination of data that can be flushed.
ObjectInput	ObjectInput extends the DataInput interface to include the reading of objects.
ObjectInputFilter	Filter classes, array lengths, and graph metrics during deserialization.
ObjectInputFilter.FilterInfo	FilterInfo provides access to information about the current object being deserialized and the status of the `ObjectInputStream`.
ObjectInputValidation	Callback interface to allow validation of objects within a graph.
ObjectOutput	ObjectOutput extends the DataOutput interface to include writing of objects.
ObjectStreamConstants	Constants written into the Object Serialization Stream.
Serializable	Serializability of a class is enabled by the class implementing the java.io.Serializable interface.

Class Summary	
Class	Description
BufferedInputStream	A BufferedInputStream adds functionality to another input stream-namely, the ability to buffer the input and to support the mark and reset methods.
BufferedOutputStream	The class implements a buffered output stream.
BufferedReader	Reads text from a character-input stream, buffering characters so as to provide for the efficient reading of characters, arrays, and lines.
BufferedWriter	Writes text to a character-output stream, buffering characters so as to provide for the efficient writing of single characters, arrays, and strings.
ByteArrayInputStream	A ByteArrayInputStream contains an internal buffer that contains bytes that may be read from the stream.
ByteArrayOutputStream	This class implements an output stream in which the data is written into a byte array.
CharArrayReader	This class implements a character buffer that can be used as a character-input stream.
CharArrayWriter	This class implements a character buffer that can be used as an Writer.
Console	Methods to access the character-based console device, if any, associated with the current Java virtual machine.
DataInputStream	A data input stream lets an application read primitive Java data types from an underlying input stream in a machine-independent way.
DataOutputStream	A data output stream lets an application write primitive Java data types to an output stream in a portable way.
File	An abstract representation of file and directory pathnames.
FileDescriptor	Instances of the file descriptor class serve as an opaque handle to the underlying machine-specific structure representing an open file, an open socket, or another source or sink of bytes.
FileInputStream	A FileInputStream obtains input bytes from a file in a file system.

그림 java.io 패키지

java.io 패키지의 객체 이름을 살펴보면 ~InputStream 또는 ~Reader로 끝나는 객체를 볼 수 있습니다. 이러한 객체들은 외부 데이터를 읽어오는 기능을 가진 입력스트림입니다. 그리고 객체 이름이 ~OutputStream 또는 ~Writer로 끝나는 객체도 있습니다. 이 객체들은 외부로 데이터를 출력하는 기능을 가진 출력스트림입니다.

데이터 입출력 시 처리 단위를 기준으로 보면 InputStream과 OutputStream 계열은 1바이트 단위로 작업하고, Reader와 Writer 계열은 2바이트 단위로 작업합니다.

입력스트림은 외부 데이터와 연결되는 길과 같고, 각 스트림은 단방향으로 자바 프로그램과 일대일로만 연결됩니다. 자바 프로그램과 연결되는 외부 데이터의 타입이 무엇인지는 객체 이름에서 알 수 있습니다. 객체 이름에서 InputStream, Reader, OutputStream, Writer 단어를 빼고 남은 단어가 바로 외부 데이터 타입입니다.

예를 들어 java.io에 FileInputStream 객체를 살펴보겠습니다. 먼저 객체명에 InputStream 단어가 있으므로 외부 데이터를 1바이트씩 읽어오는 입력스트림인 것을 알 수 있습니다. 그다음 InputStream을 제외하면 File이란 단어만 남습니다. 즉, FileInputStream은 파일과 연결되는 입력스트림으로 유추할 수 있습니다.

ByteArrayOutputStream은 어떤 기능을 가진 객체일까요? OutputStream이 있으니 출력스트림이고 OutputStream을 제외한 ByteArray 단어를 보면 데이터가 바이트 배열(Byte Array)에 출력됨을 알 수 있습니다.

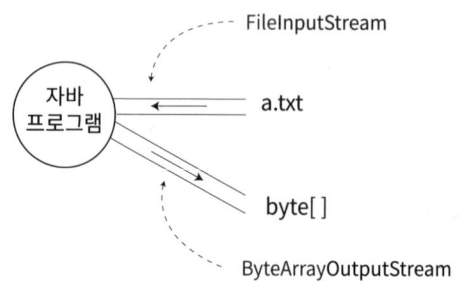

그림 입출력 타입

12.2. 기본 입출력 작업

12.2.1. 파일 입출력

(1) 파일 입력

파일로부터 데이터를 읽어오는 기능을 가진 객체는 FileInputStream과 FileReader입니다. FileInputStream과 FileReader는 생성자의 매개변수로 전달받은 파일로부터 데이터를 읽어오는 입력 스트림 역할을 합니다.

FileInputStream의 생성자는 다음과 같습니다.

- `FileInputStream(File file)`: 데이터를 읽어올 파일을 File 타입으로 지정
- `FileInputStream(FileDescriptor fdObj)`: 데이터를 읽어올 파일을 FileDescriptor 타입으로 지정
- `FileInputStream(String name)`: 데이터를 읽어올 파일의 이름을 문자열로 지정

다음은 FileReader 생성자입니다. FileReader 생성자는 FileInputStream 생성자와 매개변수 타입이 똑같습니다. FileReader는 데이터를 2바이트 단위로 처리합니다.

- `FileReader(File file)`
- `FileReader(FileDescriptor fd)`
- `FileReader(String fileName)`

파일에서 데이터를 읽어오는 메서드는 다음과 같습니다.

- `int read()`: 한 글자 읽어 정수로 반환
- `int read(byte[] b)`: 매개변수로 전달받은 바이트 배열의 개수만큼 읽은 후 b 배열에 저장
- `int read(byte[] b, int off, int len)`: len 개수만큼 읽은 후 b 배열의 off 번지부터 저장

(2) 파일 출력

파일로 데이터를 출력하는 기능을 가진 객체는 FileOutputStream과 FileWriter입니다. FileOutputStream과 FileWriter는 생성자의 매개변수로 전달받은 파일에 데이터를 출력하는 출력스트림 역할을 합니다.

FileOutputStream의 생성자는 다음과 같습니다.

- `FileOutputStream(File file)`: 데이터를 출력할 파일을 File 타입으로 지정
- `FileOutputStream(FileDescriptor fdObj)`: 데이터를 출력할 파일을 FileDescriptor 타입으로 지정
- `FileOutputStream(File file, boolean append)`: 데이터를 출력할 파일을 File 타입으로 지정하고 append 값이 true이면 파일의 기존 내용에 추가, false이면 새로운 내용으로 대체
- `FileOutputStream(String name)`: 데이터를 출력할 파일의 이름을 지정
- `FileOutputStream(String name, boolean append)`: 데이터를 출력할 파일의 이름을 지정하고 append 값이 true이면 파일의 기존 내용에 추가, false이면 새로운 내용으로 대체

다음은 FileWriter 생성자입니다. FileWriter 생성자는 FileOutputStream 생성자와 매개변수 타입이 같습니다. FilteWriter는 데이터를 2바이트 단위로 처리됩니다.

- `FileWriter(File file)`
- `FileWriter(FileDescriptor fd)`
- `FileWriter(File file, boolean append)`
- `FileWriter(String fileName)`
- `FileWriter(String fileName, boolean append)`

파일에 데이터를 출력하는 메서드는 다음과 같습니다.

- `void write(int b)`: 매개변수로 전달받은 정수를 문자로 출력
- `void write(byte[] b)`: 매개변수로 전달받은 배열의 데이터를 출력
- `void write(byte[] b, int off, int len)`: b 배열의 off 번지부터 len 개수만큼 출력

(3) 예제

다음 코드는 a.txt 파일에서 데이터를 읽어오고 b.txt 파일로 데이터를 출력하는 코드입니다. 앞서 11장에서 배운 예외 처리 기법을 사용하였습니다.

```
try {
  FileInputStream fi = new FileInputStream("a.txt");
  FileOutputStream fo = new FileOutputStream("b.txt");
} catch(Exception e) {
  e.printStackTrace();
}
```

new FileInputStream("a.txt")는 a.txt 파일과 연결된 입력스트림을 생성한 후 fi 변수가 참조하며, new FileOutputStream("b.txt")는 b.txt 파일과 연결된 출력스트림을 생성한 후 fo 변수가 참조합니다. 위의 코드를 그림으로 표현하면 다음과 같습니다. fi는 a.txt와 연결된 입력스트림, fo는 b.txt와 연결된 출력스트림입니다.

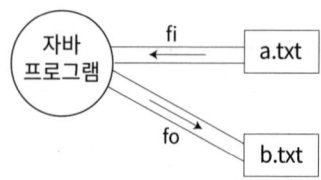

그림 입출력 스트림

a.txt 파일에는 다음과 같은 내용이 있다고 가정하겠습니다. 앞서 11장에서 작성했던 a.txt 파일을 그대로 사용하겠습니다. b.txt 파일은 별도로 생성하지 않아도 됩니다. 파일이 없으면 자동으로 생성하기 때문입니다.

```
a.txt
1 You have to trust in something
2 - your gut, destiny, life, karma, whatever.
3 This approach has never let me down,
4 and it has made all the difference in my life.
```
그림 a.txt 내용

다음 코드는 a.txt 파일과 연결된 FileInputStream fi를 통해 a.txt 파일의 데이터를 읽어옵니다.

```
int c = fi.read();
fo.write(c);
```

fi.read( )는 fi 입력스트림에 연결된 a.txt 파일에서 1바이트를 읽어 정수로 반환합니다. 예를 들어 문자 'A'를 읽었다면 'A'의 문자 코드값인 65를 반환합니다.

파일에는 포인터(pointer)라는 개념이 있습니다. 파일 포인터는 파일에서 데이터의 위치를 가리킵니다. 프로그램에서 파일을 읽거나 쓸 때는 파일 포인터가 가리키는 곳부터 작업을 시작하며, 작업이 끝나면 작업한 만큼 파일 포인터가 이동합니다.

초기의 포인터는 시작 지점(첫 글자)에 위치합니다. 그러다 fi.read( ) 메서드가 실행되면 파일 포인터가 위치한 문자 한 개를 읽어오고 포인터는 다음 문자를 가리킵니다. 이러한 작업을 read( ) 메서드가 실행될 때마다 반복한 다음, 비로서 모든 문자를 읽으면 파일 포인터는 파일의 끝을 가리킵니다.

fo는 b.txt 파일과 연결된 출력스트림입니다. fo.write(c) 명령문을 실행하면 인자로 전달한 c 변숫값이 b.txt 파일에 문자로 출력됩니다.

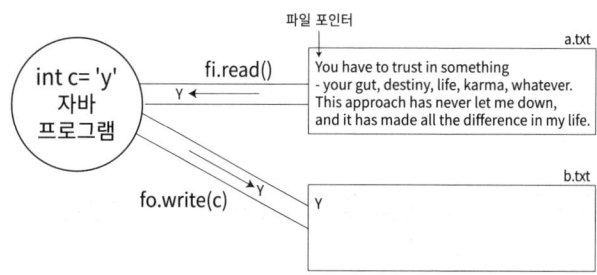

그림 파일 포인터

fi.read( ) 메서드를 한 번만 실행하면 한 글자만 읽어옵니다. 파일의 모든 내용을 읽어오려면 파일의 문자 수만큼 fi.read( ) 메서드를 반복 실행해야 합니다. 즉, 파일 포인터가 파일의 끝을 가리킬 때까지 데이터를 읽어야 합니다. 포인터가 파일의 끝을 가리킬 때 fi.read( ) 메서드를 실행하면 -1을 반환합니다. 따라서 다음 코드처럼 fi.read( ) 메서드로 읽은 문자가 -1이 아닐 때까지 반복 실행하면 파일의 모든 데이터를 읽어올 수 있습니다.

```
int c = 0;
while((c = fi.read()) != -1) {
  fo.write(c);
}
```

다음 그림처럼 포인터가 파일의 끝을 가리킬 때 fi.read( ) 메서드를 실행하면 더는 문자가 존재하지 않기 때문에 -1을 반환합니다. 파일의 끝까지 모든 데이터를 읽었는지를 판단할 때는 fi.read( ) 메서드의 반환값이 -1인지를 검사하면 됩니다.

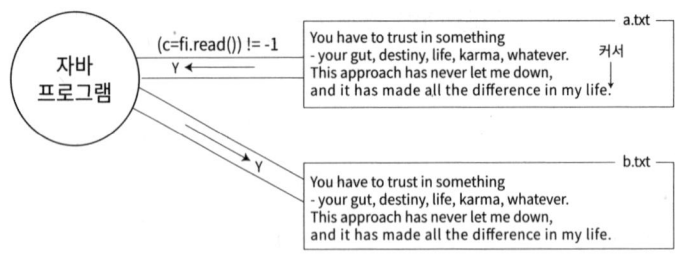

그림 파일의 끝인지 검사

while((c = fi.read())!= -1) 명령문의 실행 순서는 다음과 같습니다.

1. fi.read()   fi 입력스트림에서 한 글자를 읽어온다.
2. (c = fi.read())   파일에서 읽어온 문자를 변수 c에 저장한다.
3. if((c = fi.read()) != -1)   변수 c에 저장된 값이 -1이 아닌지 검사한다.

반복문에서 실행하는 fo.write(c)는 fi.read( ) 메서드에서 읽어들인 문자를 b.txt 파일에 출력하고 있습니다.

```
Test01.java
01: package com.ruby.java.ch12;
02:
03: import java.io.FileInputStream;
04: import java.io.FileOutputStream;
05:
06: public class Test01 {
07:
08:     public static void main(String[] args) {
09:         try(FileInputStream fi = new FileInputStream("a.txt");
10:             FileOutputStream fo = new FileOutputStream("b.txt");) {
11:             int c = 0;
12:             while((c = fi.read()) != -1) {
13:                 fo.write(c);
14:             }
15:
16:         } catch(Exception e) {
17:             e.printStackTrace();
18:         }
19:     }
20: }
```

```
a.txt
You have to trust in something
- your gut, destiny, life, karma, whatever.
This approach has never let me down,
and it has made all the difference in my life.
```

Test01.java를 실행한 후 edu 프로젝트를 〈F5〉 키를 눌러 새로 고침하면 b.txt 파일이 보입니다. b.txt 파일을 열어 실행 결과를 확인합니다.

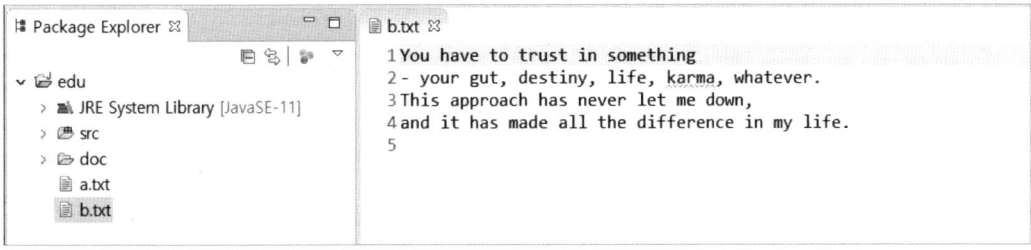

그림 b.txt 내용 확인

(4) 표준 입출력

표준 입출력이란 입출력 대상을 지정하지 않았을 경우에 사용되는 입출력 대상을 의미합니다. 프로그램에서 표준 입력은 키보드이고 표준 출력은 모니터입니다. 자바 프로그램에서는 키보드와 모니터도 외부로부터 데이터를 입력받고, 외부로 데이터를 출력하는 것이므로 입출력 스트림을 사용해야 합니다. Java SE API는 키보드와 연결된 표준 입력스트림과 모니터와 연결된 표준 출력스트림을 제공합니다.

다음은 java.lang 패키지에 포함된 System 클래스의 필드입니다. 모두 static으로 선언되었으므로 System.in, System.out 형식으로 사용합니다.

표 System 클래스의 필드

제어자 및 타입	필드	설명
static PrintStream	err	표준 에러 출력스트림
static InputStream	in	표준 입력스트림
static PrintStream	out	표준 출력스트림

System.in은 키보드와 연결된 표준 입력스트림입니다. System.out은 모니터 정확히는 콘솔에 연결된 출력스트림입니다. 표준 입력스트림과 표준 출력스트림이 필요하면 객체를 별도로 생성하지 않고도 System.in과 System.out처럼 바로 사용할 수 있습니다.

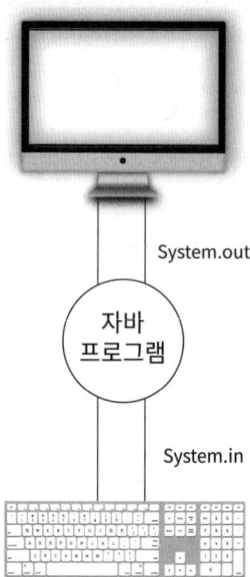

그림 표준 입출력 스트림

예제를 통해 자세한 내용을 살펴보겠습니다.

```java
Test02.java
01: package com.ruby.java.ch12;
02:
03: import java.io.InputStream;
04: import java.io.PrintStream;
05:
06: public class Test02 {
07:
08:     public static void main(String[] args) {
09:         try(InputStream keyboard = System.in; PrintStream console = System.out;) {
10:             int c = 0;
11:             while((c = keyboard.read()) != -1) {
12:                 console.write(c);
13:             }
14:         } catch(Exception e) {
15:             e.printStackTrace();
16:         }
17:     }
18: }
```

콘솔 창에 문자열을 입력한 후 엔터 키를 누르면 똑같은 문자열이 출력됩니다.

【실행결과】

```
Test02 (1) [Java Application] C:\Program Files\Java\jdk-11.0.1\bin\javaw.exe (2018. 11. 24. 오후 3:40:47)
You have to trust in something
You have to trust in something
-your gut, destiny, life, karma, whatever.
-your gut, destiny, life, karma, whatever.
This approach has never let me down,
This approach has never let me down,
and it has made all the difference in my life.
and it has made all the difference in my life.
```

소스에 대한 자세한 설명은 다음과 같습니다.

```
09: try(InputStream keyboard = System.in; PrintStream console = System.out;) {
```

keyboard 변수는 표준 입력스트림을, console 변수는 표준 출력스트림을 참조합니다.

```
11: while((c = keyboard.read()) != -1) {
```

keyboard.read( ) 메서드는 키보드에서 1바이트를 읽어 변수 c에 저장합니다. while 문은 변수 c의 값이 -1이 아닐 때까지 실행합니다. keyboard.read( ) 메서드는 키보드에서 〈Ctrl〉+〈Z〉를 눌러 프로그램을 강제로 중단하면 -1 값을 반환합니다.

```
12: console.write(c);
```

console은 표준 출력 장치인 콘솔과 연결된 출력 스트림입니다. 인자로 전달한 변수 c의 값을 콘솔에 출력합니다.

12.2.3. 필터 스트림 활용

java.io의 입출력 스트림들은 '기본 스트림'과 '필터 스트림'으로 분류할 수 있습니다. 기본 스트림은 읽거나 출력하는 외부 데이터와 직접 연결되는 스트림이고, 필터 스트림은 외부 데이터와 직접 연결되는 것이 아니라 기본 스트림에 추가로 사용할 수 있는 스트림입니다. 기본 스트림인지 필터 스트림인지는 생성자를 보면 알 수 있습니다.

다음은 FileReader의 생성자입니다.

```
FileReader(String fileName)
```

생성자의 매개변수로 파일 이름을 받습니다. 즉, 매개변수로 전달받은 파일과 직접 연결되는 스트림입니다. 그래서 FileReader는 기본 스트림입니다.

다음은 BufferedReader의 생성자입니다.

`BufferedReader(Reader in)`

생성자의 매개변수로 입력스트림 타입을 받습니다. BufferedReader는 매개변수로 전달받은 Reader 계열의 스트림에 추가로 사용하는 스트림입니다. 이런 스트림을 필터 스트림이라고 합니다. 필터 스트림은 외부 데이터와 직접 연결되는 것이 아니므로 독립적으로 사용할 수 없습니다.

예제 코드를 통해 기본 스트림과 필터 스트림을 살펴보겠습니다. 다음 코드에서 fr은 기본 스트림이고 br은 필터 스트림입니다. fr은 a.txt 파일과 직접 연결되었고 br은 fr에 추가로 연결한 스트림입니다.

```
FileReader fr = new FileReader("a.txt");
BufferedReader br = new BufferedReader(fr);
```

필터 스트림을 사용하는 이유는 외부 데이터와 입출력 작업을 할 때 좀 더 편리한 기능을 사용하기 위해서입니다. 예를 들어 FileReader에는 데이터를 읽을 때 read( ) 메서드로 사용합니다. FileReader의 read( ) 메서드는 한 바이트 또는 인자로 전달한 바이트 배열의 수만큼 읽습니다.

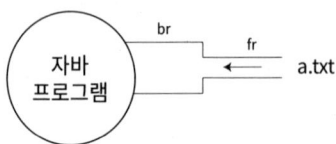

그림 기본 스트림과 필터 스트림

필터 스트림인 BufferedReader는 외부 데이터와 프로그램 중간에 버퍼(buffer)라는 것을 사용합니다. 버퍼는 외부로부터 읽은 데이터가 잠시 저장되는 공간입니다. 프로그램에서는 버퍼에 있는 데이터를 읽어오므로 처리 속도도 빠르고 바이트 단위가 아니라 줄 단위로 데이터를 읽을 수 있는 readLine( ) 메서드를 제공합니다. 필터 스트림은 이처럼 편리한 기능을 부가적으로 사용하기 위해 사용합니다.

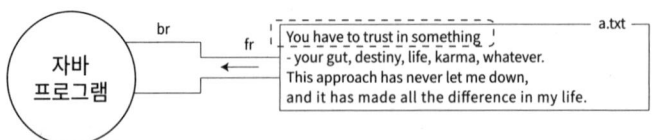

그림 필터 스트림으로 줄 단위 읽기

필터 스트림은 기본 스트림에 추가해서 사용합니다. 현재 사용하는 기본 스트림에 필터 스트림을 추가해서 사용할 수 있는지는 필터 스트림의 생성자를 확인하면 알 수 있습니다. 앞서 BufferedReader의 생성자를 보면 매개변수가 Reader 타입입니다. 즉, BufferedReader는 Reader 계열의 스트림에 추가해서 사용할 수 있습니다.

몇 가지 예를 더 살펴봅시다. 다음은 DataInputStream의 생성자입니다.

```
DataInputStream(InputStream in)
```

DataInputStream 생성자의 매개변수는 InputStream 타입입니다. InputStream 계열의 스트림에 추가해서 사용할 수 있습니다.

다음은 PrintWriter의 생성자입니다.

```
PrintWriter(OutputStream out)
PrintWriter(Writer out)
PrintWriter(String fileName)
```

PrintWriter는 필터 스트림과 기본 스트림 둘 다 가능합니다. 생성자의 매개변수로 OutputStream과 Wrtier 계열을 받으면 필터 스트림으로 사용되고, 문자열로 받으면 파일 이름으로 처리되어 파일과 직접 연결되는 기본 스트림으로 사용됩니다.

(1) BufferedReader / BufferedWriter

BufferedReader와 BufferedWriter는 Reader 계열과 Writer 계열의 스트림에 추가해서 사용할 수 있는 필터 스트림입니다. 특징은 외부의 데이터를 읽거나 출력할 때 버퍼를 사용하여 문자를 처리한다는 것입니다.

【BufferedReader 생성자】

- `BufferedReader(Reader in)`: 매개변수로 전달받은 Reader 객체에 추가로 기본 크기의 버퍼를 사용하는 문자 입력스트림 생성
- `BufferedReader(Reader in, int sz)`: 매개변수로 전달받은 Reader 객체에 추가로 sz 크기의 버퍼를 사용하는 문자 입력스트림 생성

【BufferedWriter 생성자】

- `BufferedWriter(Writer out)`: 매개변수로 전달받은 Writer 객체에 기본 크기의 버퍼를 사용하는 문자 출력스트림 생성
- `BufferedWriter(Writer out, int sz)`: 매개변수로 전달받은 Writer 객체에 sz 크기의 버퍼를 사용하는 문자 출력스트림 생성

예제를 통해 학습한 내용을 살펴보겠습니다.

Test03.java
```java
01: package com.ruby.java.ch12;
02:
03: import java.io.BufferedReader;
04: import java.io.InputStreamReader;
05:
06: public class Test03 {
07:
08:     public static void main(String[] args) {
09:         try(BufferedReader br = new BufferedReader(new InputStreamReader(System.in))) {
10:             System.out.println("이름을 입력하세요");
11:             String name = br.readLine();
12:             System.out.println("Hello " + name);
13:         } catch(Exception e) {
14:             e.printStackTrace();
15:         }
16:     }
17: }
```

예제를 실행하고 이클립스의 콘솔창에서 이름을 입력 후 엔터 키를 누릅니다.

【실행결과】

이름을 입력하세요
Amy   ← 사용자 입력
Hello Amy

소스에 대한 자세한 설명은 다음과 같습니다.

```
09: try(BufferedReader br = new BufferedReader(new InputStreamReader(System.in))) {
```

System.in은 키보드로부터 문자를 읽어들이는 표준 입력장치입니다. 키보드로부터 문자를 읽을 때 줄 단위로 읽으려면 BufferedReader의 readLine( ) 메서드를 사용해야 합니다. readLine( ) 메서드를 사용하기 위해 BufferedReader 객체를 생성하면서 인자값으로 System.in을 전달합니다.

그러나 System.in은 BufferedReader의 인자로 사용할 수 없습니다. BufferedReader는 Reader 타입만 받을 수 있기 때문입니다. System.in의 타입은 InputStream입니다. 그래서 new InputStreamReader(System.in) 명령문으로 Reader 계열의 System.in을 인자로 전달해 InputStreamReader 객체를 생성한 후 이 객체를 BufferedReader 생성 시 인자로 전달했습니다. 09번 줄에서 생성한 입력스트림은 다음과 같은 구조로 연결됩니다.

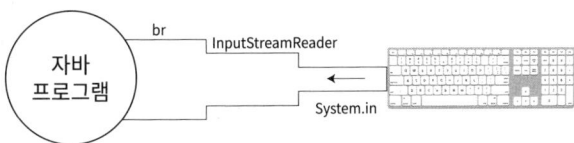

그림 입력스트림 연결 구조

```
11: String name = br.readLine();
```

br로부터 한 줄 읽어들여 name 변수에 저장합니다. readLine( ) 메서드는 한 줄을 읽어 String 타입으로 반환하는 메서드입니다.

(2) BufferedInputStream / BufferedOutputStream

BufferedInputStream과 BufferedOutputStream은 InputStream 계열과 OutputStream 계열의 스트림에 추가해서 사용할 수 있는 필터 스트림입니다. 특징은 외부의 데이터를 읽거나 출력할 때 버퍼를 사용한다는 것입니다.

【BufferedInputStream 생성자】

- `BufferedInputStream(InputStream in)`: 매개변수로 전달받은 InputStream 객체에 추가로 기본 크기의 버퍼를 사용하는 문자 입력스트림 생성
- `BufferedInputStream(InputStream in, int size)`: 매개변수로 전달받은 InputStream 객체에 추가로 sz 크기의 버퍼를 사용하는 문자 입력스트림 생성

【BufferedOutputStream 생성자】

- `BufferedOutputStream(OutputStream out)`: 매개변수로 전달받은 OutputStream 객체에 추가로 기본 크기의 버퍼를 사용하는 문자 출력스트림 생성
- `BufferedOutputStream(OutputStream out, int size)`: 매개변수로 전달받은 OutputStream 객체에 추가로 sz 크기의 버퍼를 사용하는 문자 출력스트림 생성

예제를 통해 학습한 내용을 살펴보겠습니다.

Test04.java

```
01: package com.ruby.java.ch12;
02:
03: import java.io.BufferedInputStream;
04: import java.io.BufferedReader;
05: import java.io.ByteArrayOutputStream;
06: import java.io.FileInputStream;
07:
```

```
08: public class Test04 {
09:
10:    public static void main(String[] args) {
11:        try(BufferedInputStream in = new BufferedInputStream(new FileInputStream("a.txt"));
12:            ByteArrayOutputStream out = new ByteArrayOutputStream();) {
13:            byte[] buf = new byte[1024];
14:            int len = 0;
15:            while((len = in.read(buf)) != -1) {
16:                out.write(buf, 0, len);
17:            }
18:            byte[] arr = out.toByteArray();
19:            String s = new String(arr);
20:            System.out.println(s);
21:
22:        } catch(Exception e) {
23:            e.printStackTrace();
24:        }
25:    }
26: }
```

【실행결과】

You have to trust in something
- your gut, destiny, life, karma, whatever.
This approach has never let me down,
and it has made all the difference in my life.

소스에 대한 자세한 설명은 다음과 같습니다.

```
11: try(BufferedInputStream in = new BufferedInputStream(new FileInputStream("a.txt"));
```

a.txt 파일과 연결된 FileInputStreame를 생성한 후 추가로 버퍼 처리가 가능한 BufferedInputStream을 생성합니다.

```
12: ByteArrayOutputStream out = new ByteArrayOutputStream();) {
```

ByteArrayOutputStream은 바이트 배열에 출력할 수 있는 출력스트림입니다.

```
13: byte[] buf = new byte[1024];
```

1024 크기의 바이트 배열 buf를 생성합니다.

```
15: while((len = in.read(buf)) != -1) {
```

in.read(buf)는 in 입력스트림에서 buf의 배열 크기만큼 읽어들여 buf 배열에 저장합니다. len 변수에는 in.read( ) 메서드에서 읽어들인 전체 바이트 수가 저장됩니다. 만일 더는 읽을 데이터가 없으면 -1이 저장됩니다.

```
16: out.write(buf, 0, len);
```

out은 ByteArrayOutputStream 객체입니다. out.write(buf, 0, len)은 바이트 배열 출력스트림에 buf에 있는 데이터를 0번지부터 len 개수만큼 출력합니다.

```
18: byte[] arr = out.toByteArray();
```

out.toByteArray( ) 메서드는 out 바이트 배열 스트림으로 출력된 데이터를 byte 배열로 반환합니다.

Test04.java 예제에서 입출력 스트림의 연결 구조는 다음과 같습니다.

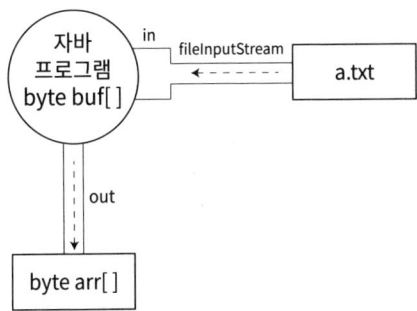

그림 입출력 스트림 연결 구조

Test04.java 소스를 다음과 같이 수정합니다.

Test04.java
```
01: package com.ruby.java.ch12;
02:
03: import java.io.BufferedInputStream;
04: import java.io.BufferedOutputStream;
05: import java.io.BufferedReader;
06: import java.io.ByteArrayOutputStream;
07: import java.io.FileInputStream;
08: import java.io.FileOutputStream;
09:
10: public class Test04 {
11:
12:     public static void main(String[] args) {
13:             byte[] arr = null;
```

```
14:            try(BufferedInputStream in = new BufferedInputStream(new FileInputStream("a.txt"));
15:                ByteArrayOutputStream out = new ByteArrayOutputStream();) {
16:                byte[] buf = new byte[1024];
17:                int len = 0;
18:                while((len = in.read(buf)) != -1) {
19:                    out.write(buf, 0, len);
20:                }
21:                arr = out.toByteArray();
22:                String s = new String(arr);
23:                System.out.println(s);
24:
25:            } catch(Exception e) {
26:                e.printStackTrace();
27:            }
28:
29:            try(BufferedOutputStream bo = new BufferedOutputStream(new FileOutputStream("a2.txt"))) {
30:                bo.write(arr);
31:            } catch(Exception e) {
32:                e.printStackTrace();
33:            }
34:        }
35: }
```

【실행결과】

You have to trust in something
- your gut, destiny, life, karma, whatever.
This approach has never let me down,
and it has made all the difference in my life.

소스에 대한 자세한 설명은 다음과 같습니다.

`13: byte[] arr = null;`

try 블록 내에서 선언한 변수는 try 블록 안에서만 사용할 수 있습니다. 05번 줄의 try 블록 밖에서 사용하기 위해 04번 줄에서 arr 변수를 선언합니다.

`21: arr = out.toByteArray();`

04번 줄에서 선언한 arr 변수에 값을 저장합니다.

`291: try(BufferedOutputStream bo = new BufferedOutputStream(new FileOutputStream("a2.txt"))) {`

a2.txt 파일과 연결된 FileOutputStream 객체를 생성하고 출력 시 버퍼를 사용하기 위해 BufferedOutput 객체를 생성합니다.

```
30: bo.write(arr);
```

bo 스트림은 다음 그림처럼 a2.txt 파일과 연결된 출력스트림입니다. 인자로 전달한 arr 배열의 내용을 파일에 출력합니다.

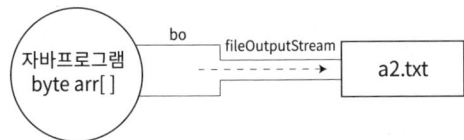

그림 출력스트림 연결 구조

12.3. 파일 처리

Java SE API에서는 파일을 대상으로 작업하는 객체를 제공합니다. 이와 같은 파일 처리 객체는 두 가지 종류가 있는데 하나는 Java 1.0부터 지원하는 java.io.File이고, 다른 하나는 Java 7부터 지원하는 java.nio.file 패키지의 객체들입니다. java.nio.file 패키지에 포함된 파일 처리 객체들은 'NIO(New Input Output)2'라고 부릅니다. NIO2는 일관성과 확장성이 떨어지는 java.io.File의 기능을 보완한 API입니다.

그러나 java.io.File도 여전히 많이 사용하고 있습니다. 왜냐하면 NIO2만을 사용해서 파일을 조작하기 어려울 때가 많기 때문입니다. File과 NIO2는 서로 변환할 수 있으므로 병행해서 작업하면 효율적입니다.

12.3.1. File 클래스

java.io 패키지의 File 클래스는 java 1.0부터 지원하는 API로서 파일 처리를 수행하는 대표적인 객체입니다.

【File 클래스의 생성자】

```
File(File parent, String child)
File(String pathname)
File(String parent, String child)
File(URI uri)
```

File 생성자의 매개변수로 전달받은 parent는 작업하려는 파일의 상위 경로를 의미하고, child는 작업하려는 파일 또는 디렉터리를 의미합니다. pathname은 작업 대상의 경로를 의미합니다. 예를 들면 다음과 같습니다.

```
File(String pathname)                  → File f1 = new File("c:\\work\\a.txt");
File(String parent, String child)      → File f1 = new File ("c:\\work", "a.txt");
```

File 생성자에 경로 지정 시 디렉터리 구분자는 운영체제에 맞게 사용해야 합니다. 윈도우에서는 \를 사용하고 유닉스 계열은 /를 사용합니다. 윈도우에서 \ 기호를 디렉터리 구분자로 사용하려면 이스케이프 문자(\\)로 처리해야 합니다.

클래스 File에 선언된 메서드는 다음과 같습니다.

표 File 클래스의 메서드

제어자 및 타입	메서드	설명
boolean	exists()	파일 또는 디렉터리가 존재하는지 판단
boolean	isDirectory()	디렉터리인지 판단
boolean	isFile()	파일인지 판단
boolean	delete()	파일 또는 디렉터리 삭제
boolean	renameTo(File dest)	파일 이름 변경
long	length()	파일의 길이값 추출
boolean	canRead()	파일이 읽기 가능한지 판단
boolean	canWrite()	파일이 쓰기 가능한지 판단
boolean	canExecute()	파일이 실행 가능한지 판단
boolean	isHidden()	숨김 파일인지 판단
boolean	setReadable(boolean readable)	파일의 읽기 권한 설정
boolean	setWritable(boolean writable)	파일의 쓰기 권한 설정
boolean	setExecutable(boolean executable)	파일의 실행 권한 설정
String	getPath()	파일 또는 디렉터리의 상대 경로 추출
String	getAbsolutePath()	파일 또는 디렉터리의 절대 경로 추출
File	getAbsoluteFile()	절대 경로를 갖는 File 객체 생성
String	getParent()	현재 파일의 상위 경로 추출
File	getParentFile()	현재 파일의 상위 경로를 가진 File 객체 생성
String[]	list()	현재 경로의 파일 또는 디렉터리 목록 추출
File[]	listFiles()	현재 경로의 파일 또는 디렉터리들을 File로 생성한 배열 추출

예제를 통해 파일을 다루는 방법을 살펴보겠습니다.

Test05.java

```
01: package com.ruby.java.ch12;
02:
03: import java.io.File;
04: import java.io.PrintWriter;
05:
06: public class Test05 {
07:
08:   public static void main(String[] args) {
09:     try {
10:       File dir = new File("c:\\work");
11:       dir.mkdir();
12:
13:       File file = new File(dir, "file1.txt");
14:       file.createNewFile();
15:
16:       // 파일 또는 디렉터리 여부 판단
17:       if(dir.isDirectory())
18:         System.out.println(dir.getName() + "은 디렉터리입니다.");
19:       if(file.isFile())
20:         System.out.println(file.getName() + "은 파일입니다.");
21:
22:       // 파일에 데이터 출력 후 읽기
23:       if(file.exists()) {
24:         try(PrintWriter out = new PrintWriter(file)) {
25:           out.println("hello java!");
26:         }
27:         System.out.println("파일 이름 : " + file.getName());
28:         System.out.println("파일 경로 : " + file.getPath());
29:         System.out.println("쓰기 가능 : " + file.canWrite());
30:         System.out.println("읽기 가능 : " + file.canRead());
31:         System.out.println("파일 길이 : " + file.length() + " 바이트");
32:
33:       } else {
34:         System.out.println("작업할 파일이 존재하지 않음");
35:       }
36:
37:       File subDir = new File("c:\\work\\subDir");
38:       subDir.mkdir();
39:       File file2 = new File(subDir, "file2.txt");
40:       file2.createNewFile();
```

```
41:
42:         // 파일 절대 경로
43:         String file2Path = file2.getAbsolutePath();
44:         System.out.println("절대 경로 : " + file2Path);
45:
46:         // 부모 디렉터리
47:         String parentDir = file2.getParent();
48:         System.out.println("부모 경로 : " + parentDir);
49:
50:         // 디렉터리 목록 구하기
51:         File parentFile = file.getParentFile();
52:         String[] fileNames = parentFile.list();
53:         System.out.println(parentDir + " 목록 =>");
54:         for(String name : fileNames) {
55:           System.out.println(name);
56:         }
57:
58:     } catch(Exception e) {
59:         e.printStackTrace();
60:     }
61:   }
62: }
```

예제를 실행하면 다음과 같이 출력되며 "c:\work\subDir" 디렉터리에 file1.txt, file2.txt 파일이 생성되었습니다.

【실행결과】

```
work은 디렉터리입니다.
file1.txt은 파일입니다.
파일 이름 : file1.txt
파일 경로 : c:\work\file1.txt
쓰기 가능 : true
읽기 가능 : true
파일 길이 : 13 바이트
절대 경로 : c:\work\subDir\file2.txt
부모 경로 : c:\work\subDir
c:\work\subDir 목록 =>
file1.txt
subDir
```

소스에 대한 자세한 설명은 다음과 같습니다.

```
10: File dir = new File("c:\\work");
11: dir.mkdir();
```

c:\work 경로를 가지는 File 객체를 생성합니다. mkdir( ) 메서드는 지정된 경로의 디렉터리를 생성합니다.

```
13: File file = new File(dir, "file1.txt");
```

dir은 c:\work 경로를 가집니다. dir은 file1.txt 파일의 상위 경로입니다. c:\work\file1.txt 경로를 가지는 File 객체가 생성됩니다.

```
14: file.createNewFile();
```

지정된 경로를 가진 파일을 실제로 생성합니다.

```
17: if(dir.isDirectory())
18:     System.out.println(dir.getName() + "은 디렉터리입니다.");
```

isDirectory( ) 메서드는 File 객체가 디렉터리이면 true 그렇지 않으면 false를 반환합니다. dir은 c:\work 디렉터리이므로 true를 반환합니다.

```
19: if(file.isFile())
```

isFile( ) 메서드는 파일인지를 판단합니다. file은 c:\work\a.txt 파일이므로 true를 반환합니다.

```
23: if(file.exists()) {
```

exists( ) 메서드는 파일이 실제로 존재하는지를 판단합니다. 앞에서 createNewFile( ) 메서드로 실제로 파일을 생성했으므로 true를 반환합니다.

```
24: try(PrintWriter out = new PrintWriter(file)) {
```

new PrintWriter(file)은 file, 즉 c:\work\a.txt와 연결된 출력스트림을 생성합니다. try-with-resource 문을 사용해서 out 출력스트림은 작업 후 자동으로 자원이 해제되도록 했습니다.

```
25:     out.println("hello java!");
```

out은 c:\work\a.txt 파일과 연결된 출력스트림입니다. out.println( ) 메서드는 인자로 전달한 문자열을 a.txt 파일에 출력합니다.

```
27:     System.out.println("파일 이름 : " + file.getName());
28:     System.out.println("파일 경로 : " + file.getPath());
29:     System.out.println("쓰기 가능 : " + file.canWrite());
30:     System.out.println("읽기 가능 : " + file.canRead());
31:     System.out.println("파일 길이 : " + file.length() + " 바이트");
```

getName( ) 메서드는 파일 이름을, getPath( ) 메서드는 파일 경로를, canWrite( ), canRead( ) 메서드는 파일 읽기, 쓰기 속성을, length( ) 메서드는 파일의 크기를 추출합니다.

```
51:     File parentFile = file.getParentFile();
```

getParentFile( ) 메서드는 현재 파일의 상위 경로를 가진 File 객체를 생성합니다.

```
52:     String[] fileNames = parentFile.list();
```

list( ) 메서드는 현재 File 객체가 가지고 있는 목록을 String 배열로 반환합니다. 디렉터리라면 디렉터리에 저장된 파일들 또는 하위 디렉터리의 이름을 추출합니다.

12.3.2. Path 클래스

Java 7에서 도입된 NIO2는 java.nio.file.Path 객체로 경로를 나타냅니다. Path 객체를 생성할 때는 다음 두 가지 방법을 사용할 수 있습니다.

① java.nio.file.FileSystem의 getPath( ) 메서드

```
FileSystem fs = FileSystems.getDefault();
Path path1 = fs.getPath("c:\\work\\file1.txt");
Path path2 = fs.getPath("c:", "work", "file1.txt");
```

② java.nio.file.Paths의 get( ) 메서드

```
Path path = Paths.get("c:\\work\\file1.txt");
```

Path 인터페이스의 메서드는 다음과 같습니다.

표 Path 클래스의 메서드

제어자 및 타입	메서드	설명
int	compareTo(Path other)	other와 경로가 같으면 0, 상위 경로면 음수, 하위 경로면 양수를 반환.
Path	getFileName()	파일의 이름을 가진 Path 객체 추출
Path	getName(int index)	c:\work\a.txt인 경우 index가 0이면 work, 1이면 a.txt의 Path 객체 생성
int	getNameCount()	c:\work\a.txt인 경우 2를 반환
Path	getParent()	부모 디렉터리 경로를 구함
Path	getRoot()	루트 디렉터리 경로를 구함
Path	normalize()	정규화된 경로를 구함
Path	resolve(String other)	매개변수로 전달받은 경로의 Path 객체 생성
File	toFile()	파일로 변환
String	toString()	Path의 경로를 문자열로 반환
URI	toUri()	Path의 경로를 URI 객체로 반환

NIO2에서 경로 자체는 Path에서 처리하고 파일이나 디렉터리 처리는 java.nio.file.Files 클래스에서 제공하는 메서드를 사용합니다.

표 Files 클래스의 메서드

제어자 및 타입	메서드	설명
static long	copy(Path, OutputStream)	파일 복사
static Path	createDirectories(Path)	새로운 디렉터리 생성
static Path	createFile(Path path)	새로운 파일 생성
static void	delete(Path path)	파일 삭제
static boolean	deleteIfExists(Path path)	파일이 존재할 때만 삭제
static boolean	exists(Path)	파일 존재 여부 판단
static boolean	notExists(Path)	파일이 존재하지 않는지 판단
static byte[]	readAllBytes(Path path)	파일을 바이트 배열로 읽음
static List\<String\>	readAllLines(Path path)	파일의 내용을 줄 단위로 읽어서 String에 저장 후 List로 반환
static long	size(Path path)	파일의 크기 추출
static Path	write(Path path, byte[] bytes)	파일에 바이트 배열 출력

Path와 Files를 이용하여 기본적인 파일 처리를 수행하는 예제를 작성해보겠습니다.

Test06_1.java
```
01: package com.ruby.java.ch12;
02:
03: import java.io.File;
04: import java.io.PrintWriter;
05: import java.nio.file.Files;
06: import java.nio.file.Path;
07: import java.nio.file.Paths;
08:
09: public class Test06_1 {
10:
11:     public static void main(String[] args) {
12:
13:         try {
14:
15:             // 디렉터리 생성
16:             Path dir = Paths.get("c:", "work2", "subDir");
17:             Files.createDirectories(dir);
18:
19:             // 파일 생성
20:             Path file1 = Paths.get("c:\\work2\\file1.txt");
21:             Files.createFile(file1);
22:
23:             // File을 Path로 변환
24:             File f1 = new File("c:\\work2\\file1.txt");
25:             Path p1 = f1.toPath();
26:
27:             // Path를 File로 변환
28:             File f2 = file1.toFile();
29:
30:             Path file2 = dir.resolve("file2.txt");
31:             Path normalPath = file2.normalize();   // 정규화된 경로
32:             Path root = file2.getRoot();           // root 경로
33:             Path parent = file2.getParent();       // parent 경로
34:             System.out.println("Path normalize : " + normalPath);
35:             System.out.println("root 경로 : " + root);
36:             System.out.println("parent 경로 : " + parent);
37:
38:             if(Files.exists(file1)) {  // 경로가 존재하는지 검사
39:                 System.out.println(file1 + " 존재");
```

```
40:        try(PrintWriter out = new PrintWriter(f2)) {
41:            out.println("hello java!");
42:        }
43:     }
44:
45:     if(Files.notExists(file2)) {   // 경로가 존재하지 않는지 검사
46:        System.out.println(file2 + " 존재하지 않음");
47:     }
48:
49:     Path file3 = dir.resolve("file3.txt");
50:     Files.copy(file1, file3);    // 파일 복사
51:     // Files.delete(file3);      // 파일 삭제
52:
53:   } catch(Exception e) {
54:     e.printStackTrace();
55:   }
56:  }
57: }
```

【실행결과】

Path normalize : c:\work2\subDir\file2.txt
root 경로 : c:\
parent 경로 : c:\work2\subDir
c:\work2\file1.txt 존재
c:\work2\subDir\file2.txt 존재하지 않음

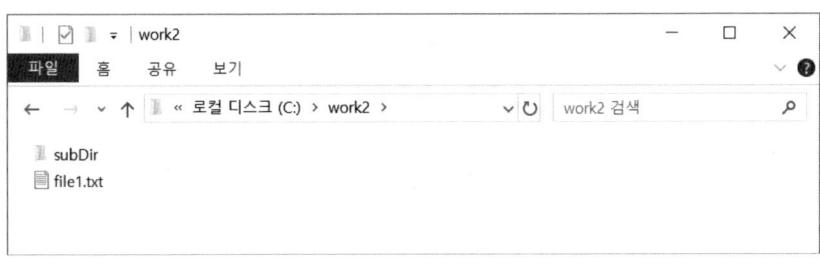

Path와 Files를 이용하여 파일 내용을 읽어오고 파일에 데이터를 출력하는 예제를 작성해보겠습니다.

Test06_2.java

```java
01: package com.ruby.java.ch12;
02:
03: import java.io.IOException;
04: import java.nio.file.Files;
05: import java.nio.file.Path;
06: import java.nio.file.Paths;
07: import java.util.List;
08:
09: public class Test06_2 {
10:
11:   public static void main(String[] args) {
12:
13:     try {
14:
15:       // 파일 읽기
16:       Path input = Paths.get("a.txt");
17:
18:       byte[] bytes = Files.readAllBytes(input);
19:       System.out.println("== readAllBytes ==");
20:       System.out.println(new String(bytes));
21:
22:       System.out.println("\n== readAllInes( ) ==");
23:       List<String> lines = Files.readAllLines(input);
24:       for(String line : lines) {
25:         System.out.println(line);
26:       }
27:
28:       // 파일 쓰기
29:       Path out1 = Paths.get("c.txt");
30:       Files.write(out1, bytes);
31:
32:       Path out2 = Paths.get("d.txt");
33:       Files.write(out2, lines);
34:
35:     } catch(IOException e) {
36:       e.printStackTrace();
37:     }
38:   }
39: }
```

【실행결과】

소스에 대한 자세한 내용은 다음과 같습니다.

```
16: Path input = Paths.get("a.txt");
```

이전 예제에서는 경로를 지정할 때 c:\work\file1.txt 식으로 지정했습니다. C 드라이브부터 경로를 지정하는 방식은 절대 경로입니다. 그리고 드라이브 이름부터 시작하지 않고 바로 a.txt 파일명이 나오는 것은 상대 경로입니다. 상대 경로는 경로를 지정하는 파일의 위치를 기준으로 합니다. 이클립스에서 파일명만 입력하면 프로젝트와 같은 위치를 의미합니다.

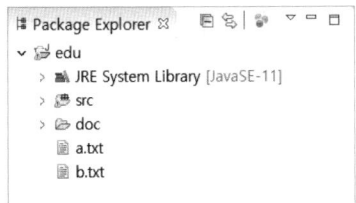

그림 이클립스에서 파일 구조

a.txt는 앞의 예제에서 사용했던 파일입니다.

```
18: byte[] bytes = Files.readAllBytes(input);
```

Files.readAllBytes( ) 메서드는 인자로 전달한 Path의 모든 내용을 바이트 배열로 읽어들입니다. bytes 배열에는 a.txt 파일의 내용이 저장됩니다.

```
23: List<String> lines = Files.readAllLines(input);
```

Files.readAllLines( ) 메서드는 인자로 전달한 Path의 모든 내용을 문자열로 읽어들입니다. 줄 단위 문자열로 처리하여 List에 저장합니다.

```
29: Path out1 = Paths.get("c.txt");
30: Files.write(out1, bytes);
```

Files.write( ) 메서드는 out1에 바이트 배열 bytes의 내용을 출력합니다.

```
32: Path out2 = Paths.get("d.txt");
33: Files.write(out2, lines);
```

Files.write( ) 메서드는 out2에 저장된 List 내용을 출력합니다.

12.3.3. RandomAccessFile 클래스

InputStream/Reader, OutputStream/Writer의 입출력 스트림을 사용하여 파일의 내용을 읽거나 쓰기 작업을 할 때는 파일의 처음부터 순서대로 읽기, 쓰기 작업을 해야 합니다. 만약 파일의 일부분만 변경하거나 읽어올 때는 불필요한 부분을 건너뛰는 작업을 해야 하기 때문에 비효율적입니다. 이런 문제점을 해결하는 객체가 java.io.RandomAccessFile입니다.

【RandomAccessFile 클래스의 생성자】

RandomAccessFile(File file, String mode)

RandomAccessFile(String name, String mode)

생성자의 첫 번째 매개변수는 작업 대상이 되는 파일이고, 두 번째 매개변수는 파일의 접근 모드입니다. mode에는 다음과 같은 값을 지정할 수 있습니다.

표 mode에 지정할 수 있는 값

mode	설명
r	읽기 전용 파일. 쓰기 작업을 하면 IOException 발생
rw	읽기, 쓰기 가능 파일. 파일이 존재하지 않으면 새로 생성함
rws	읽기, 쓰기 가능 파일. 파일 내용이나 메타데이터가 변경되면 기억 장치에도 동시에 저장
rwd	rws와 동일. 다만 메타데이터가 변경되었을 때 기억 장치에 저장하지 않음

표 RandomAccessFile 클래스의 메서드

제어자 및 타입	메서드	설명
void	seek(long pos)	파일 포인터의 위치를 매개변수로 전달받은 바이트 수만큼 이동
int	read()	파일로부터 한 바이트 읽어옴
int	read(byte[] b)	매개변수로 전달받은 바이트 배열의 길이만큼 읽어와 배열에 저장
void	write(byte[] b)	매개변수로 전달받은 바이트 배열의 내용을 파일에 출력

예제를 통해 자세히 살펴보겠습니다.

Test07.java

```
01: package com.ruby.java.ch12;
02:
03: import java.io.File;
04: import java.io.RandomAccessFile;
05:
06: public class Test07 {
07:
08:     public static void main(String[] args) {
09:         File f = new File("a.txt");
10:         try(RandomAccessFile raf = new RandomAccessFile(f, "rw")) {
11:             raf.seek(1);
12:             byte b = raf.readByte();
13:             System.out.println((char) b);
14:
15:             byte[] arr = new byte[4];
16:             raf.read(arr);
17:             System.out.println(new String(arr));
18:
19:             raf.seek(2);
20:             raf.write("good".getBytes());
21:
22:         } catch(Exception e) {
23:             e.printStackTrace();
24:         }
25:     }
26: }
```

【실행결과】

o
u ha

```
a.txt
1 Yogoodve to trust in something
2 - your gut, destiny, life, karma, whatever.
3 This approach has never let me down,
4 and it has made all the difference in my life.
5
```

소스에 대한 설명은 다음과 같습니다.

```
09: File f = new File("a.txt");
```

a.txt 파일을 File 객체로 생성합니다.

```
10: try(RandomAccessFile raf = new RandomAccessFile(f, "rw")) {
```

a.txt 파일에 대해 비순차적인 접근을 하기 위해 rw(읽기, 쓰기) 모드로 RandomAccessFile raf를 생성합니다.

```
11: raf.seek(1);
```

파일 포인터의 위치를 1바이트 이동합니다.

```
12: byte b = raf.readByte();
```

현재 파일 포인터가 위치한 곳에서 1 바이트를 읽어 변수 b에 저장합니다.

```
15: byte[] arr = new byte[4];
16: raf.read(arr);
```

4바이트 크기의 바이트 배열 arr를 생성한 후 raf로부터 4바이트 읽어 arr 배열에 저장합니다. 12줄에서 한 바이트를 읽었기 때문에 파일 포인터는 3번째 글자에 위치하고 있습니다. 3번째부터 4바이트를 읽습니다.

```
19: raf.seek(2);
```

raf.seek(2)은 파일 포인터의 위치를 가장 처음부터 2바이트 이동을 시킵니다.

```
20: raf.write("good".getBytes());
```

raf의 파일 포인터 위치에 "good" 문자열을 바이트 배열로 변환하여(getBytes()) 출력합니다.

12.3.4. 프로퍼티 파일

프로그램을 구현할 때 값을 설정해야 하는 때가 많습니다. 예를 들어 아이디, 비밀번호와 같은 값들입니다. 아이디와 비밀번호를 이용하여 어떤 기능을 처리할 때 프로그램 내에서 각각의 값을 직접 지정하면 나중에 값이 변경될 때 프로그램을 수정해야 하는 일이 발생합니다. 따라서 변경될 가능성이 있는 값들은 외부 파일에 저장해 두고 프로그램에서 읽어와 사용합니다. 그러면 프로그램 변경 없이 외부 파일만 변경함으로써 간단하게 값을 변경할 수 있습니다.

이처럼 프로그램에서 사용할 값을 저장할 목적으로 만드는 파일을 "프로퍼티 파일(properties file)"이라고 합니다. 프로퍼티 파일은 "key=value" 형식으로 기술되며 주석을 선언할 때는 # 기호를 사용합니다. 프로퍼티 파일은 텍스트 파일이며 확장자는 properties입니다.

다음은 프로퍼티 파일의 예입니다.

```
user.properties
id = guest
password = 1004
name = Amy
```

위처럼 "key=value" 형식으로 기술된 프로퍼티 파일의 내용을 프로그램에서 읽거나 프로퍼티 파일에 출력할 수 있도록 지원하는 객체는 java.util.Properties 클래스입니다.

(1) 읽기

Properties 객체를 활용하여 프로퍼티 파일에 기술된 값을 읽어오는 예제를 작성하겠습니다. 먼저 edu 프로젝트에 다음과 같이 user.properties 파일을 작성합니다. 파일 작성은 edu 프로젝트에서 마우스 오른쪽 버튼을 누른 후 [New → File] 메뉴를 선택하고 파일 이름을 입력합니다. 그리고 위에서 예로 든 파일 내용을 작성합니다.

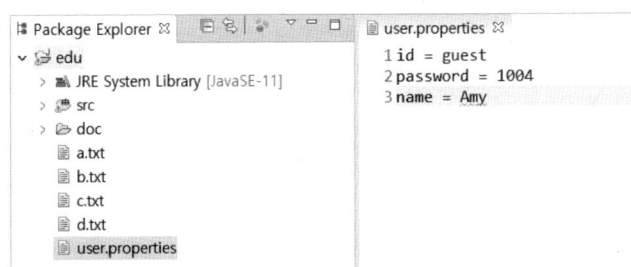

그림 프로퍼티 파일 생성 및 내용 작성

프로퍼티 파일을 만들었으면 이제 소스 파일을 작성합니다.

Test08.java
```java
01: package com.ruby.java.ch12;
02:
03: import java.io.*;
04: import java.util.Properties;
05:
06: public class Test08 {
07:
08:     public static void main(String[] args) {
09:         try(Reader reader = new FileReader("user.properties")) {
10:             Properties user = new Properties();
11:             user.load(reader);
12:
13:             System.out.println(user.getProperty("id"));
14:             System.out.println(user.getProperty("name"));
15:             System.out.println(user.getProperty("password"));
16:         } catch(Exception e) {
17:             e.printStackTrace();
18:         }
19:     }
20: }
```

【실행결과】

guest
Amy
1004

소스에 대한 자세한 설명은 다음과 같습니다.

```
09: try(Reader reader = new FileReader("user.properties")) {
```

user.properties 파일과 연결된 입력스트림 FileReader를 생성하고 reader 변수에서 참조합니다.

```
10: Properties user = new Properties();
```

프로퍼티 파일 작업을 하기 위해 Porperties 객체를 생성합니다.

```
11: user.load(reader);
```

load( ) 메서드는 인자로 전달한 입력스트림의 프로퍼티 파일로부터 Key=Value의 목록을 읽어옵니다. user 변수는 user.properties 파일의 목록을 가집니다.

```
13: System.out.println(user.getProperty("id"));
14: System.out.println(user.getProperty("name"));
15: System.out.println(user.getProperty("password"));
```

user.getProperty( ) 메서드는 user가 가지는 목록에서 인자로 전달한 Key에 해당하는 값을 반환합니다.

(2) 쓰기

프로퍼티 파일의 값을 읽어올 수도 있지만 반대로 프로그램에서 key=value 형식으로 기술되는 프로퍼티 파일을 생성할 수도 있습니다. Properties 객체를 활용하여 프로퍼티 파일을 생성하는 예제를 작성하겠습니다.

Test09.java
```
01: package com.ruby.java.ch12;
02:
03: import java.io.*;
04: import java.util.Properties;
05:
06: public class Test09 {
07:
08:     public static void main(String[] args) {
09:         try(Writer writer = new FileWriter("car.properties")) {
10:             Properties car = new Properties();
11:             car.setProperty("model", "X5");
12:             car.setProperty("engine", "2000");
13:             car.setProperty("fuel", "3.3");
14:
15:             car.store(writer, "car information");
16:
17:         } catch(Exception e) {
18:             e.printStackTrace();
19:         }
20:     }
21: }
```

【실행결과】

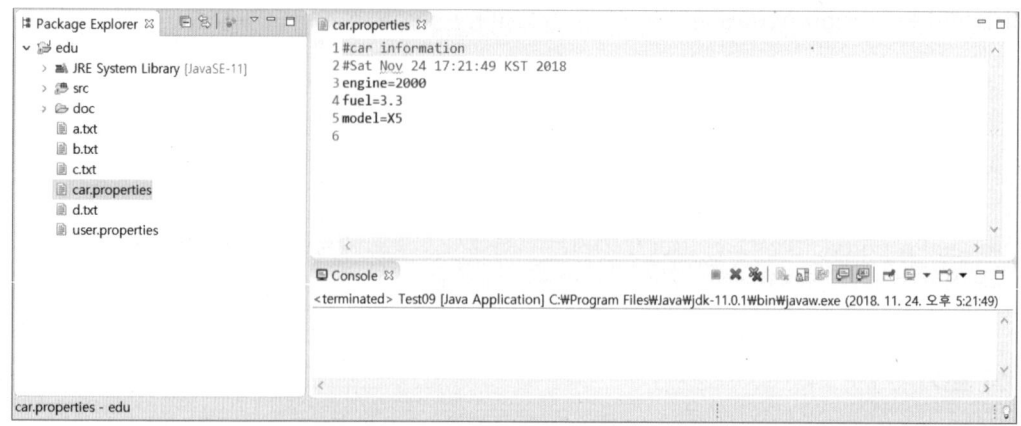

소스에 대한 설명은 다음과 같습니다.

```
09: try(Writer writer = new FileWriter("car.properties")) {
```

car.properties 파일로 출력하기 위한 출력스트림을 생성합니다.

```
10: Properties car = new Properties();
```

프로퍼티 파일을 작업할 수 있는 Properties 객체를 생성합니다.

```
11: car.setProperty("model", "X5");
12: car.setProperty("engine", "2000");
13: car.setProperty("fuel", "3.3");
```

Properties 객체 car의 목록에 새로운 key=value를 추가합니다.

```
15: car.store(writer, "car infomation");
```

Properties 객체 car가 가지고 있는 목록을 저장합니다. 저장하는 출력 위치는 첫 번째 인자값 writer이고, 두 번째 인자 "car infomation"는 프로퍼티 파일의 주석문입니다.

12.3.5. FileChannel 클래스

외부 데이터 작업을 지원하는 API는 java.io와 NIO2 두 가지가 있는데 차이점은 다음과 같습니다.

① IO는 입출력을 위해 입력스트림, 출력스트림 2개를 생성해야 합니다. 왜냐하면 스트림은 단방향만 가능하기 때문입니다. 그러나 NIO는 스트림이 아니라 채널(Channel)이라는 방식을 사용하는데 채널

은 입출력 시 한 개만 생성하면 됩니다. 채널은 하나의 채널에서 양방향으로 데이터를 전송할 수 있습니다.

② IO는 기본적으로 입출력 속도가 느리지만, NIO는 버퍼를 사용하므로 입출력 속도가 **빠릅니다**.

다음은 NIO에서 사용하는 버퍼의 종류입니다. 버퍼는 입출력되는 데이터가 잠시 저장되는 장소로서 버퍼의 이름을 보면 어떤 타입의 데이터가 저장되는지 알 수 있습니다.

Class Summary

Class	Description
Buffer	A container for data of a specific primitive type.
ByteBuffer	A byte buffer.
ByteOrder	A typesafe enumeration for byte orders.
CharBuffer	A char buffer.
DoubleBuffer	A double buffer.
FloatBuffer	A float buffer.
IntBuffer	An int buffer.
LongBuffer	A long buffer.
MappedByteBuffer	A direct byte buffer whose content is a memory-mapped region of a file.
ShortBuffer	A short buffer.

그림 NIO에서 사용하는 버퍼의 종류

java.nio의 모든 버퍼 객체는 Buffer를 상속받습니다. 따라서 Buffer에 선언된 메서드를 모두 상속받아 사용할 수 있습니다. 다음은 Buffer 클래스의 메서드입니다.

표 Buffer 클래스의 메서드

제어자 및 타입	메서드	설명
int	capacity()	버퍼의 전체 크기 반환
Buffer	clear()	버퍼의 내용을 지움
abstract Buffer	duplicate()	현재 버퍼를 복사한 버퍼 생성
Buffer	flip()	버퍼의 한곗값을 현재 position으로 설정 후 position은 0으로 설정
int	limit()	버퍼의 한곗값 추출
Buffer	limit(int newLimit)	버퍼의 한곗값 설정
Buffer	mark()	현재의 위치를 mark 설정
int	position()	버퍼의 position 값 추출
Buffer	position(int newPosition)	버퍼의 position 값 설정
Buffer	reset()	position을 mark 위치로 이동
Buffer	rewind()	position을 0 인덱스로 이동

버퍼에서 사용되는 용어 중 position은 버퍼에서 현재 읽거나 쓰는 위치를 의미하며, limit은 버퍼에서 읽거나 쓸 수 있는 최대 위치를 의미하며, mark는 reset( ) 메서드 실행 시 이동될 위치를 의미합니다.

NIO2에서 파일의 읽기/쓰기를 지원하는 API는 java.nio.channels.FileChannel입니다. 파일에 대한 작업을 하기 위해 FileChannel 객체를 생성할 때는 FileInputStream, FileOutputStream, RandomAccessFile에서 제공하는 다음 메서드를 사용합니다.

```
public FileChannel getChannel()
```

다음은 FileChannel 클래스에 선언된 메서드입니다.

표 FileChannel 클래스의 메서드

제어자 및 타입	메서드	설명
static FileChannel	open(Path)	매개변수로 전달받은 Path의 FileChannel 생성
abstract int	read(ByteBuffer dst)	매개변수로 전달받은 버퍼의 내용을 읽음
abstract long	size()	파일을 크기를 추출
abstract int	write(ByteBuffer src)	매개변수로 전달받은 버퍼의 내용을 출력

(1) 읽기

FileChannel을 사용해서 파일로부터 데이터를 읽어오는 예제를 작성하겠습니다.

```
Test10.java
01: package com.ruby.java.ch12;
02:
03: import java.io.RandomAccessFile;
04: import java.nio.ByteBuffer;
05: import java.nio.channels.Channels;
06: import java.nio.channels.FileChannel;
07: import java.nio.channels.WritableByteChannel;
08:
09: public class Test10 {
10:
11:     public static void main(String[] args) {
12:         try(RandomAccessFile file = new RandomAccessFile("a.txt", "rw");
13:             FileChannel channel = file.getChannel();) {
14:
15:             int bufferSize = 1024;
16:
```

```
17:        ByteBuffer buffer = ByteBuffer.allocate(bufferSize);
18:
19:        WritableByteChannel out = Channels.newChannel(System.out);
20:
21:        while(channel.read(buffer) != -1) {
22:          buffer.flip();
23:          out.write(buffer);
24:          buffer.clear();
25:        }
26:    } catch(Exception e) {
27:      e.printStackTrace();
28:    }
29:  }
30: }
```

【실행결과】

Yogoodve to trust in something
- your gut, destiny, life, karma, whatever.
This approach has never let me down,
and it has made all the difference in my life.

소스에 대한 자세한 설명은 다음과 같습니다.

`12: try(RandomAccessFile file = new RandomAccessFile("a.txt", "rw");`

a.txt 파일에 읽기, 쓰기 모드로 연결된 RandomAccessFile 객체를 생성합니다.

`13: FileChannel channel = file.getChannel();) {`

file은 12번 줄에서 생성한 a.txt 파일과 연결된 RandomAccessFile입니다. getChannel( ) 메서드는 a.txt 파일에 대한 작업을 FileChannel 객체를 생성합니다.

`17: ByteBuffer buffer = ByteBuffer.allocate(bufferSize);`

ByteBuffer의 allocate( ) 메서드는 인자로 전달한 크기의 버퍼를 생성합니다. 버퍼는 데이터 입출력 기능을 향상시키기 위해 사용합니다.

`19: WritableByteChannel out = Channels.newChannel(System.out);`

java.nio.channels.Channels의 newChannel( ) 메서드는 인자로 전달한 OutputStream에 바이트 단위로 데이터를 출력하는 WritableByteChannel 객체를 생성합니다.

```
21: while(channel.read(buffer) != -1) {
```

channel.read( ) 메서드는 channel과 연결된 파일로부터 데이터를 읽어 들여 인자로 전달한 ByteBuffer 타입의 buffer에 저장합니다. read( ) 메서드의 반환값은 읽어들인 바이트 수입니다. 만일 파일의 끝이면 -1을 반환합니다.

```
22: buffer.flip();
```

버퍼에서 position은 현재 작업 위치, limit은 작업 한계 위치를 나타냅니다. flip( ) 메서드는 현재 position 값을 limit 값으로 설정하고 position은 0으로 설정합니다. 만일 buffer에 "JAVA SE" 문자열이 있고 position은 7, limit은 10인 경우에 buffer.flip( ) 메소드가 실행되면 position은 0, limit은 7로 변경됩니다.

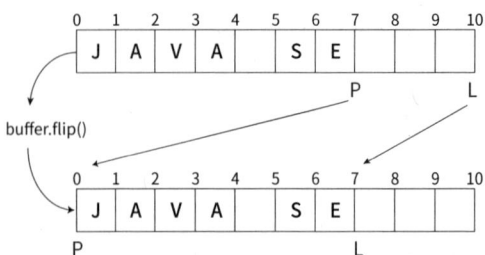

```
23: out.write(buffer);
```

out은 System.out 표준 출력장치와 연결된 WritableByteChannel입니다. out.write(buffer)는 인자로 전달한 buffer의 내용을 표준 출력장치에 출력합니다.

```
24: buffer.clear();
```

clear( ) 메서드는 버퍼의 내용을 지웁니다.

(2) 쓰기

FileChannel을 사용해서 파일로 데이터를 출력하는 예제를 작성하겠습니다.

Test11.java
```
01: package com.ruby.java.ch12;
02:
03: import java.io.FileOutputStream;
```

```
04: import java.nio.ByteBuffer;
05: import java.nio.channels.FileChannel;
06:
07: public class Test11 {
08:
09:    public static void main(String[] args) {
10:       try(FileOutputStream file = new FileOutputStream("a2.txt");
11:          FileChannel channel = file.getChannel();) {
12:
13:          int bufferSize = 1024;
14:
15:          ByteBuffer buffer = ByteBuffer.allocate(bufferSize);
16:
17:          String str = "And most important, have the courage to follow your heart and intuition.";
18:
19:          buffer.put(str.getBytes());
20:          buffer.flip();
21:          channel.write(buffer);
22:       } catch(Exception e) {
23:          e.printStackTrace();
24:       }
25:    }
26: }
```

【실행결과】

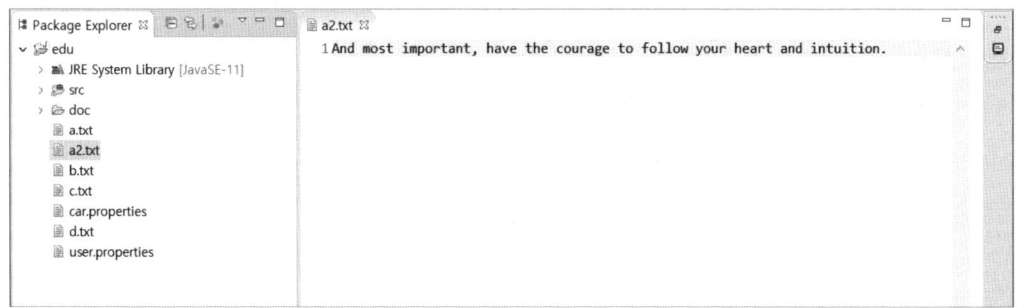

소스에 대한 자세한 설명은 다음과 같습니다.

```
10: try(FileOutputStream file = new FileOutputStream("a2.txt");
```

a2.txt 파일과 연결된 출력스트림 FileOutputStream 객체를 생성합니다.

```
11:    FileChannel channel = file.getChannel();) {
```

file.getChannel( ) 메서드는 a2.txt 파일을 작업할 수 있는 FileChannel 객체를 생성합니다.

```
15: ByteBuffer buffer = ByteBuffer.allocate(bufferSize);
```

인자로 전달한 bufferSize 크기를 가진 ByteBuffer 객체를 생성합니다.

```
19: buffer.put(str.getBytes());
```

str.getBytes( ) 메서드는 str 문자열을 바이트 배열로 반환합니다. 반환된 바이트 배열을 buffer에 put( ) 메서드를 사용하여 출력합니다.

```
20: buffer.flip();
```

buffer의 limit 값은 현재 position으로 설정한 후 position 값을 0으로 설정합니다.

```
21: channel.write(buffer);
```

channel은 a2.txt 파일과 연결되어 있습니다. write(buffer) 메서드는 buffer의 내용을 a2.txt 파일에 출력합니다.

(3) 읽기/쓰기

하나의 채널을 사용해 파일에 읽기/쓰기 작업을 하는 예제를 작성해보겠습니다. 다음처럼 a3.txt 파일을 작성합니다.

그림 a3.txt 파일 생성 및 내용 작성

```
Test12.java
01: package com.ruby.java.ch12;
02:
03: import java.io.RandomAccessFile;
04: import java.nio.ByteBuffer;
05: import java.nio.channels.Channels;
06: import java.nio.channels.FileChannel;
```

```
07: import java.nio.channels.WritableByteChannel;
08:
09: public class Test12 {
10:    public static void main(String[] args) {
11:       try(RandomAccessFile file = new RandomAccessFile("a3.txt", "rw");
12:           FileChannel channel = file.getChannel();) {
13:
14:          int bufferSize = 1024;
15:          ByteBuffer buffer = ByteBuffer.allocate(bufferSize);
16:
17:          buffer.put("hello".getBytes());
18:          buffer.flip();
19:          channel.write(buffer);
20:
21:          channel.position(0);
22:          buffer.clear();
23:
24:          WritableByteChannel out = Channels.newChannel(System.out);
25:          while(channel.read(buffer) != -1) {
26:             buffer.flip();
27:             out.write(buffer);
28:             buffer.clear();
29:          }
30:
31:       } catch(Exception e) {
32:          e.printStackTrace();
33:       }
34:    }
35: }
```

【실행결과】

hello Amy!

소스에 대한 자세한 설명은 다음과 같습니다.

```
11: try(RandomAccessFile file = new RandomAccessFile("a3.txt", "rw");
```

비순차적으로 a3.txt 파일을 처리하기 위해 RandomAccessFile 객체를 생성합니다.

```
12:     FileChannel channel = file.getChannel();) {
```

RandomAccessFile file로부터 FileChannel 객체를 생성합니다.

```
14:     int bufferSize = 1024;
15:     ByteBuffer buffer = ByteBuffer.allocate(bufferSize);
```

1024바이트 크기의 ByteBuffer를 생성합니다.

```
17:     buffer.put("hello".getBytes());
```

buffer에 "hello" 문자열을 바이트 배열로 변환하여(getBytes( )) 저장(put( ))합니다.

```
18:     buffer.flip();
```

buffer의 limit은 현재 position 값으로 설정하고 position 값을 0으로 설정합니다.

```
19:     channel.write(buffer);
```

buffer에 저장된 데이터를 channel에 출력합니다. channel은 a3.txt 파일을 작업합니다. a3.txt 파일의 position 0, 즉 첫 위치에 "hello" 문자열을 출력합니다.

```
21:     channel.position(0);
22:     buffer.clear();
```

channel의 position은 0으로 설정하고 buffer의 내용을 삭제합니다.

12.3.6. 압축 파일

java.util.zip 패키지에는 여러 개의 파일을 zip 파일로 압축하거나 압축된 zip 파일을 압축 해제하는 API들을 제공합니다.

(1) 압축 파일 생성

압축된 zip 파일을 생성할 때는 java.util.zip.ZipOutputStream 객체를 사용합니다. 압축 파일을 구성하는 파일들은 java.util.zip.ZipEntry 객체로 존재합니다. 다음은 압축 파일을 생성하는 예제입니다.

Test13.java
```java
01: package com.ruby.java.ch12;
02:
03: import java.io.FileOutputStream;
04: import java.nio.file.Files;
05: import java.nio.file.Paths;
06: import java.util.zip.ZipEntry;
07: import java.util.zip.ZipOutputStream;
08:
09: public class Test13 {
10:
11:     public static void main(String[] args) {
12:         try(ZipOutputStream zos = new ZipOutputStream(new FileOutputStream("a.zip"))) {
13:             ZipEntry entry = new ZipEntry("a.txt");
14:             zos.putNextEntry(entry);
15:             byte[] data = Files.readAllBytes(Paths.get("a.txt"));
16:             zos.write(data);
17:
18:             entry = new ZipEntry("a2.txt");
19:             zos.putNextEntry(entry);
20:             zos.write(Files.readAllBytes(Paths.get("a2.txt")));
21:
22:             entry = new ZipEntry("a3.txt");
23:             zos.putNextEntry(entry);
24:             zos.write(Files.readAllBytes(Paths.get("a3.txt")));
25:
26:         } catch(Exception e) {
27:             e.printStackTrace();
28:         }
29:     }
30: }
```

【실행결과】

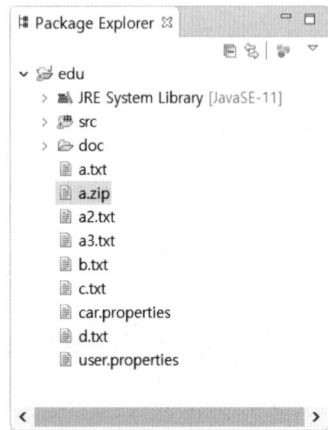

소스에 대한 자세한 설명은 다음과 같습니다.

```
12: try(ZipOutputStream zos = new ZipOutputStream(new FileOutputStream("a.zip"))) {
```

ZipOutputStream은 압축 파일을 생성하는 객체이며 인자값으로 OutputStream 타입을 전달할 수 있습니다. OutputStream은 압축 파일의 출력스트림입니다.

```
13: ZipEntry entry = new ZipEntry("a.txt");
```

압축 파일에 포함하는 파일들은 ZipEntry 타입이어야 합니다. a.txt 파일을 압축 파일에 포함하기 위해 ZipEntry 객체로 생성합니다.

```
14: zos.putNextEntry(entry);
```

zos, 즉 a.zip 파일에 putNextEntry( ) 메서드의 인자로 전달한 entry를 추가합니다.

```
15: byte[] data = Files.readAllBytes(Paths.get("a.txt"));
```

a.txt 경로를 가진 Path를 생성한 후 Files.readAllBytes( ) 메서드를 실행하여 a.txt 파일의 모든 내용을 읽어 바이트 배열로 반환합니다.

```
16: zos.write(data);
```

zos 압축 파일에 data 바이트 배열을 출력합니다. 14번 줄에서 추가한 entry에 내용이 출력됩니다.

(2) 압축 파일 해제

zip 파일을 압축 해제할 때는 ZipInputStream을 사용합니다. 다음은 압축 파일을 해제하는 예제입니다.

Test14.java
```java
01: package com.ruby.java.ch12;
02:
03: import java.io.File;
04: import java.io.FileInputStream;
05: import java.io.FileOutputStream;
06: import java.util.zip.ZipEntry;
07: import java.util.zip.ZipInputStream;
08:
09: public class Test14 {
10:
11:     public static void main(String[] args) {
12:         try(ZipInputStream zis = new ZipInputStream(new FileInputStream("a.zip"))) {
13:             ZipEntry entry = null;
14:             while((entry = zis.getNextEntry()) != null) {
15:
16:                 try(FileOutputStream out = new FileOutputStream("c:\\work\\" + entry.getName())) {
17:                     byte[] buf = new byte[1024];
18:                     int len = 0;
19:                     while((len = zis.read(buf)) != -1) {
20:                         out.write(buf, 0, len);
21:                     }
22:                 }
23:             }
24:         } catch(Exception e) {
25:             e.printStackTrace();
26:         }
27:     }
28: }
```

【실행결과】

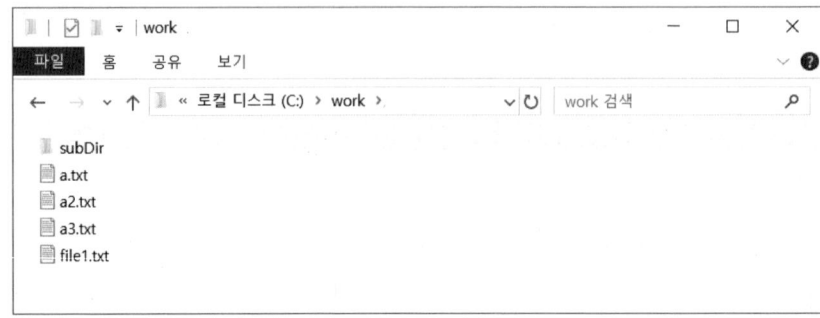

소스에 대한 자세한 설명은 다음과 같습니다.

```
12: try(ZipInputStream zis = new ZipInputStream(new FileInputStream("a.zip"))) {
```

a.zip 파일을 압축 해제하기 위해 FileInputStream과 연결한 후 ZipInputStream 객체의 인자로 전달합니다.

```
13: ZipEntry entry = null;
```

ZipEntry는 압축 파일을 구성하는 객체입니다. 압축된 파일 항목 하나하나를 저장하기 위해 선언한 변수입니다.

```
14: while((entry = zis.getNextEntry()) != null) {
```

zis.getNextEntry( ) 메서드는 zis를 구성하는 ZipEntry 객체들을 순서대로 추출합니다. 더 추출할 ZipEntry가 없을 때는 null을 반환합니다.

```
16: try(FileOutputStream out = new FileOutputStream("c:\\work\\" + entry.getName())) {
```

entry.getName( ) 메서드는 entry의 파일 이름을 추출합니다. 추출된 파일 이름으로 c:\work 디렉터리에 출력할 파일 출력스트림을 생성합니다.

```
19: while((len = zis.read(buf)) != -1) {
```

zis.read(buf)는 zip의 entry를 바이트 배열로 읽어드립니다. 파일의 끝을 만나면 -1를 반환합니다.

```
20: out.write(buf, 0, len);
```

out은 16번 줄에서 선언한 출력스트림입니다. 16번 줄에서 선언한 이름의 파일에 buf에 있는 내용을 0번지부터 len 길이만큼 출력합니다.

12.4. 객체 직렬화

12.4.1. Serializable 인터페이스

객체 직렬화(serialize)는 자바 객체를 외부 데이터로 저장할 수 있는 타입으로 변환하는 것입니다. 반대로 변환된 외부 데이터를 다시 자바 객체로 변환하는 것을 '역직렬화(deserialize)'라고 합니다.

(1) 직렬화

직렬화 작업을 하려면 우선 대상 클래스가 java.io.Serializable 인터페이스를 구현해야 합니다. Serializable 인터페이스는 직렬화가 가능함을 표시하는 기능이므로 실제로 구현할 메서드는 없습니다.

다음 예제는 UserBean 클래스를 선언하면서 Serializable 인터페이스를 구현하고 있습니다.

UserBean.java
```java
01: package com.ruby.java.ch12;
02:
03: import java.io.Serializable;
04:
05: public class UserBean implements Serializable {
06:
07:     private String id;
08:     private String name;
09:     private String tel;
10:     private String address;
11:
12:     public UserBean() {
13:     }
14:
15:     public UserBean(String id, String name, String tel, String address) {
16:         super();
17:         this.id = id;
18:         this.name = name;
19:         this.tel = tel;
20:         this.address = address;
21:     }
22:
```

```
23:    public String getId() {
24:        return id;
25:    }
26:
27:    public void setId(String id) {
28:        this.id = id;
29:    }
30:
31:    public String getName() {
32:        return name;
33:    }
34:
35:    public void setName(String name) {
36:        this.name = name;
37:    }
38:
39:    public String getTel() {
40:        return tel;
41:    }
42:
43:    public void setTel(String tel) {
44:        this.tel = tel;
45:    }
46:
47:    public String getAddress() {
48:        return address;
49:    }
50:
51:    public void setAddress(String address) {
52:        this.address = address;
53:    }
54:
55:    @Override
56:    public String toString() {
57:        return "UserBean [id=" + id + ", name=" + name + ", tel=" + tel + ", address=" + address + "]";
58:    }
59: }
```

Serializable을 구현한 UserBean 객체를 파일로 출력해보겠습니다.

Test15.java

```
01: package com.ruby.java.ch12;
02:
03: import java.io.FileOutputStream;
04: import java.io.ObjectOutputStream;
05:
06: public class Test15 {
07:
08:     public static void main(String[] args) {
09:
10:         UserBean user = new UserBean("purum", "오정임", "010-123-4567", "서울");
11:
12:         try(ObjectOutputStream out =
                new ObjectOutputStream(new FileOutputStream("user.txt"))) {
13:             out.writeObject(user);
14:         } catch(Exception e) {
15:             e.printStackTrace();
16:         }
17:     }
18: }
```

【실행결과】

소스에 대한 자세한 설명은 다음과 같습니다.

```
10: UserBean user = new UserBean("purum", "오정임", "010-123-4567", "서울");
```

UserBean 객체를 생성합니다. 생성 시 필드 id, name, tel, address를 초기화합니다.

```
12: try(ObjectOutputStream out =
        new ObjectOutputStream(new FileOutputStream("user.txt"))) {
```

user.txt 파일에 출력하기 위해 FileOutputStream을 생성합니다. 그리고 이 객체를 인자로 하는 필터 스트림 ObjectOutputStream을 생성합니다. ObjectOutputStream은 자바의 데이터 타입을 유지하면서 출력할 수 있는 기능을 제공합니다.

```
13: out.writeObject(user);
```

out 출력스트림에 UserBean 객체를(타입을 유지하면서) 출력합니다.

(2) 역직렬화

직렬화하여 객체를 외부 데이터로 저장한 것을 다시 객체로 변환하는 것을 '역직렬화(desrialize)'라고 합니다. 앞의 예제에서 파일에 저장된 데이터를 자바 객체로 읽어오는 예제를 작성하겠습니다.

Test16.java

```
01: package com.ruby.java.ch12;
02:
03: import java.io.FileInputStream;
04: import java.io.ObjectInputStream;
05:
06: public class Test16 {
07:
08:     public static void main(String[] args) {
09:
10:         try(ObjectInputStream in =
                 new ObjectInputStream(new FileInputStream("user.txt"))) {
11:             UserBean user = (UserBean) in.readObject();
12:             System.out.println(user);
13:
14:         } catch(Exception e) {
15:             e.printStackTrace();
16:         }
17:     }
18: }
```

【실행결과】
```
UserBean [id=purum, name=오정임, tel=010-123-4567, address=서울]
```

소스에 대한 자세한 설명은 다음과 같습니다.

```
10: try(ObjectInputStream in =
        new ObjectInputStream(new FileInputStream("user.txt"))) {
```

user.txt 파일로부터 데이터를 읽어오기 위해 FileInputStream을 생성합니다. user.txt 파일은 ObjectOutputStream 출력스트림을 사용해 Object 타입으로 출력했으므로 출력한 타입 그대로 읽어오기 위해 ObjectOutputStream을 필터 스트림으로 추가합니다.

```
11: UserBean user = (UserBean) in.readObject();
```

in.readObject( ) 메서드는 Object 타입으로 데이터를 읽어옵니다. readObject( ) 메서드는 Object 타입으로 반환하므로 원래 타입인 UserBean으로 타입을 변경해서 user에 저장합니다.

```
12: System.out.println(user);
```

읽어들인 user 객체의 toString( ) 메서드를 실행하여 출력합니다.

12.4.2. serialVersionUID 필드

이전에 작성했던 UserBean.java 파일 소스를 보면 다음처럼 05번 줄에서 경고가 나오는 것을 볼 수 있습니다.

```
1 package com.ruby.java.ch12;
2
3 import java.io.Serializable;
4
5 public class UserBean implements Serializable {
6
```

그림 UserBean 파일 소스

경고 메시지의 내용은 다음처럼 serialVersionUID를 선언하지 않았다는 것입니다.

```
The serializable class UserBean does not declare a static final serialVersionUID field of type long
```

serialVersionUID는 역직렬화할 때 객체를 식별하기 위한 번호로 static final long 타입으로 선언합니다. 만약 선언하지 않으면 자바 소스 파일이 컴파일될 때 자동으로 만들어집니다.

자바 객체를 외부 데이터로 출력한 후 자바 소스 파일의 내용을 수정하면 또 다시 컴파일할 때 serialVersionUID가 생성됩니다. 이때 번호는 외부 데이터로 출력할 때의 번호와 다릅니다. 따라서 외부 데이터를 역직렬화할 때 현재 자바 객체가 가지는 serialVersionUID와 외부 데이터의 번호가 다르기 때문에 오류가 발생합니다.

예제를 통해 확인해 보겠습니다. UserBean에 test( ) 메서드 선언을 추가하겠습니다. 수정된 내용 때문에 재컴파일되면서 serialVersionUID가 새롭게 부여됩니다.

UserBean.java

```
...
public class UserBean implements Serializable {
    ...
    public void test() {  }
    ...
```

그리고 Test16.java 파일을 다시 실행합니다. 실행하면 다음과 같은 오류 메시지가 나타납니다. Test15에서는 UserBean 객체가 저장된 user.txt 파일을 읽어오는 명령문이 실행되는데, UserBean이 파일에 저장될 때와 프로그램으로 읽어올 때 serialVersionUID가 다르기 때문입니다.

```
java.io.InvalidClassException: com.ruby.java.ch12.UserBean; local class incompatible: stream classdesc serialVersionUID = 4454527598900286442, loca
    at java.base/java.io.ObjectStreamClass.initNonProxy(ObjectStreamClass.java:689)
    at java.base/java.io.ObjectInputStream.readNonProxyDesc(ObjectInputStream.java:1903)
    at java.base/java.io.ObjectInputStream.readClassDesc(ObjectInputStream.java:1772)
    at java.base/java.io.ObjectInputStream.readOrdinaryObject(ObjectInputStream.java:2060)
    at java.base/java.io.ObjectInputStream.readObject0(ObjectInputStream.java:1594)
    at java.base/java.io.ObjectInputStream.readObject(ObjectInputStream.java:430)
    at com.ruby.java.ch12.Test16.main(Test16.java:12)
```

그림 오류 메시지

직렬화 후 객체를 수정해도 역직렬화가 가능하도록 하려면 소스 파일에 다음처럼 serialVersionUID를 지정하면 됩니다. serialVersionUID를 직접 지정하면 컴파일 시 자동으로 부여되지 않으므로 똑같은 serialVersionUID를 유지할 수 있습니다.

UserBean.java

```
public class UserBean implements Serializable {
    static final long serialVersionUID = 123;
    ...
}
```

serialVersionUID 값을 직접 지정하면 역직렬화를 시도해도 문제가 없는 것을 확인하기 위해 다음과 같은 순서로 실습해봅니다.

1. UserBean.java 소스 파일에 다음과 같은 코드를 추가합니다.

   private static final long serialVersionUID = 123;

2. UserBean.java 파일에 test( ) { } 메서드를 삭제합니다.

3. Test15.java 파일을 실행하여 다시 user.txt 파일에 UserBean 객체를 출력합니다.

4. UserBean.java 파일에 test( ) { } 메서드를 추가합니다.

5. Test16.java를 실행합니다.

6. 결과가 정상적으로 출력됩니다.

【실행결과】

UserBean [id=purum, name=오정임, tel=010-123-4567, address=서울]

13

제네릭과 어노테이션

새로운 JDK 버전이 발표되면서 자바는 계속 발전하고 있습니다. JDK 1.0 이후 가장 큰 변화는 JDK 5에서 추가된 제네릭(generic)입니다. 제네릭을 사용함으로써 안전한 데이터 타입과 동적인 코드를 작성할 수 있게 되었으며, 많은 자바 API에도 적지 않은 영향을 주었습니다. 제네릭은 자바의 핵심 기능으로서 반드시 이해하고 있어야 합니다. 이번 장에서는 제네릭의 선언과 활용 방법에 대해 학습합니다. 그리고 자바 언어로 개발할 때 자바 컴파일러와 JVM, 개발도구 등에서 사용하는 설정 정보인 어노테이션(annotation)에 대해서도 학습합니다.

13.1. 제네릭

13.1.1. 제네릭 개요

자바는 90년대 1.0이 발표된 이후 꾸준하게 업데이트되어 현재 자바 11 버전까지 발표되었습니다. 새로운 버전이 발표될 때마다 기능이 추가되었는데 그중 자바 언어의 많은 변화를 가져온 것이 JDK 5에서 소개된 제네릭입니다. 제네릭은 소스에서 데이터 타입을 프로그래밍할 때 결정하는 것이 아니고 실행할 때 결정하게 하는 기능입니다. 프로그램을 실행할 때 매개변수로 받아서 데이터 타입을 결정한다고 해서 제네릭을 '매개변수 타입(parameter type)'이라고도 부릅니다. JDK에 제네릭이 포함됨으로써 기본 자바 API들도 많이 변경되었습니다.

(1) 제네릭이란?

다음 그림처럼 가방에 책, 연필통, 노트를 담는 작업을 자바 언어로 구현한다고 가정해봅시다.

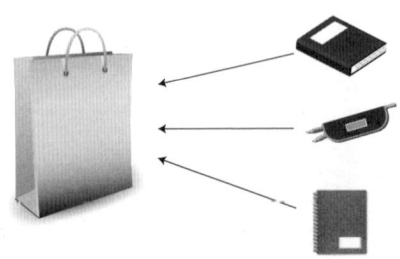

그림 가방과 책, 연필통, 노트

가방과 책, 연필통, 노트는 객체이므로 다음 코드처럼 각각 클래스로 만들어야 합니다.

```
class Bag { }
class Book { }
class PencilCase { }
class Notebook { }
```

클래스 선언이 완료되었으면 Bag에 Book, PencilCase, Notebook을 담는 작업을 해야 합니다. Bag에 객체를 담는 작업은 자바에서 "has a" 관계로 표현하고 has a 관계는 필드 선언으로 나타냅니다. 그런데 Bag이 가지는 객체를 필드로 선언할 때 데이터 타입을 무엇으로 선언할까요? 만약 다음 코드처럼 선언하면 Bag 클래스는 선언된 타입의 필드만 포함합니다.

```
// Book 타입 필드만 포함하는 예
class Bag {
  Book book;
}
// PencilCase 타입 필드만 포함하는 예
class Bag {
  PencilCase pencilCase;
}
// Notebook 타입 필드만 포함하는 예
class Bag {
  Notebook notebook;
}
```

그렇다면 다음 코드는 어떤가요? 모든 타입의 필드를 선언했습니다. 이렇게 선언하면 Bag은 Book, PencilCase, Notebook 모두를 포함합니다. 그러나 만일 Bag 클래스를 사용할 때 Book만 사용한다면 PencilCase, Notebook은 사용되지 않으므로 메모리를 낭비하는 코드가 됩니다.

```
class Bag {
  Book book;
  PencilCase pencilCase;
  Notebook notebook;
}
```

위의 문제점들을 해결하기 위한 방법이 바로 제네릭입니다. 제네릭이란 데이터 타입을 매개변수로 지정하는 것을 의미합니다. 타입 매개변수란 실행 시 인자로 전달하는 타입을 변수의 타입으로 지정하는 것입니다. 타입 매개변수는 클래스, 인터페이스, 메서드에서 사용할 수 있으며, 이것을 각각 제네릭 클래스, 제네릭 인터페이스, 제네릭 메서드라고 합니다.

제네릭 클래스

제네릭 클래스를 선언할 때는 클래스 선언부에서 클래스 이름 다음에 꺾쇠 기호 〈 〉를 표시합니다. 그리고 〈 〉 안에는 **타입 매개변수**의 이름을 적습니다. 그러면 제네릭 클래스의 인스턴스를 생성할 때 타입 매개변수는 인자로 전달받은 타입으로 대체됩니다. 일반적으로 타입 매개변수의 이름은 T, V처럼 알파벳 대문자 한 글자로 표현합니다.

제네릭 클래스를 선언하는 문법은 다음과 같습니다.

【제네릭 클래스 선언】

```
class 클래스명<타입 매개변수>{
}
```

다음은 Bag 클래스를 제네릭 클래스로 선언한 예입니다. T를 타입 매개변수 이름으로 선언했습니다.

```java
public class Bag<T> {
  T thing;
  public Bag(T thing) {
    this.thing = thing;
  }
}
```

Bag 클래스에서 사용한 〈T〉는 인스턴스 생성 시 전달되는 타입으로 대체됩니다. 타입 매개변수로 전달되는 값을 '**타입 인자**'라고 합니다.

제네릭 클래스 생성

제네릭 클래스의 타입 매개변수에 타입 인자를 전달하려면 다음처럼 new 명령문으로 클래스 생성 시 클래스 이름 다음에 타입 인자를 〈 〉 기호로 감쌉니다. 제네릭 클래스의 인스턴스를 생성하는 문법은 다음과 같습니다.

【제네릭 클래스의 인스턴스 생성】

```
new 클래스명<타입 인자>();
```

다음은 제네릭 클래스의 인스턴스를 생성하는 코드입니다.

```java
new Bag<Book>(new Book());
new Bag<PencilCase>(new PencilCase());
new Bag<Notebook>(new Notebook());
```

다음 코드를 살펴보면 타입 인자를 Book으로 전달했으므로 Bag의 T는 모두 Book으로 대체됩니다.

```
new Bag<Book>(new Book( ));

public class Bag<T>  {
    T thing;

    public Bag(T thing){
        this. thing = thing;
    }
}
```

그림 Book으로 대체되는 T

다음 코드에서 Bag의 T는 모두 PencilCase로 대체됩니다.

```
new Bag<PencilCase>(new PencilCase( ));

public class Bag<T>  {
    T thing;

    public Bag(T thing){
        this. thing = thing;
    }
}
```

그림 PencilCase로 대체되는 T

이처럼 제네릭 클래스를 사용하면 인스턴스 생성 시 타입을 지정할 수 있으므로 동적으로 코드를 재사용할 수 있는 장점이 있습니다. 참고로 제네릭 클래스의 인스턴스를 생성할 때 JDK 7부터는 다음 코드처럼 타입 인자를 생략할 수 있습니다.

```
new Bag<>(new Book());
new Bag<>(new PencilCase());
new Bag<>(new Notebook());
```

제네릭 클래스의 인스턴스를 생성할 때 타입 인자를 생략하면 컴파일러가 자동으로 생성자의 인자로 전달되는 객체의 타입으로 지정합니다.

```
new Bag<   >(new Book( ));
```

그림 생성자 이름을 제네릭 클래스의 타입 인자로 지정

제네릭 클래스 참조

제네릭 클래스의 인스턴스를 생성한 후 참조하는 변수가 있어야 계속 사용할 수 있습니다. 제네릭 인스턴스의 참조변수 타입을 선언하는 문법은 다음과 같습니다.

【제네릭 클래스 참조】

<u>클래스명〈타입 인자〉</u>

예제 코드를 보면 다음과 같습니다.

```
Bag<Book> bag = new Bag<>(new Book());
Bag<PencilCase> bag2 = new Bag<>(new PencilCase());
Bag<Notebook> bag3 = new Bag<>(new Notebook());
```

지금까지 설명한 내용으로 완성된 코드는 다음과 같습니다.

BagTest.java

```
01: package com.ruby.java.ch13;
02:
03: class Bag<T> {
04:    private T thing;
05:
06:    public Bag(T thing) {
07:       this.thing = thing;
08:    }
09:
10:    public T getThing() {
11:       return thing;
12:    }
13:
14:    public void setThing(T thing) {
15:       this.thing = thing;
16:    }
17:
18:    void showType() {
19:       System.out.println("T의 타입은 " + thing.getClass().getName());
20:    }
21: }
22:
23: class Book { }
24: class PencilCase{ }
```

```
25: class Notebook { }
26:
27: public class BagTest {
28:
29:    public static void main(String[] args) {
30:        Bag<Book> bag = new Bag<>(new Book());
31:        Bag<PencilCase> bag2 = new Bag<>(new PencilCase());
32:        Bag<Notebook> bag3 = new Bag<>(new Notebook());
33:
34:        bag.showType();
35:        bag2.showType();
36:        bag3.showType();
37:    }
38: }
```

【실행결과】

T의 타입은 com.ruby.java.ch13.Book
T의 타입은 com.ruby.java.ch13.PencilCase
T의 타입은 com.ruby.java.ch13.Notebook

소스 코드에 대한 자세한 설명은 다음과 같습니다.

```
03: class Bag<T> {
```

클래스 이름 다음에 <T>를 지정하여 Bag을 제네릭 클래스로 선언합니다. Bag에 선언된 모든 T는 인스턴스 생성 시 전달되는 타입으로 변경됩니다.

```
30: Bag<Book> bag = new Bag<>(new Book());
```

Bag<Book> bag은 제네릭 타입으로 Book을 포함하는 Bag 객체를 참조하는 변수입니다. new Bag<>은 제네릭 클래스의 인스턴스를 생성하는 명령문으로 JDK 7 이상부터 < > 안에 타입을 생략할 수 있습니다. (new Book( ))은 Bag 클래스의 인스턴스를 생성하면서 Book을 생성한 후 인자로 전달합니다.

```
34: bag.showType();
```

현재 인스턴스의 타입을 출력해주는 bag.showType( ) 메서드를 호출합니다.

```
18: void showType() {
19:    System.out.println("T의 타입은 " + thing.getClass().getName());
20: }
```

thing 필드의 데이터 타입은 Bag 인스턴스 생성 시 전달한 타입 매개변수입니다. 34번 줄에서 호출했을 때 thing의 타입은 Book, 35번 줄에서 호출했을 때는 PencilCase, 36번 줄에서 호출했을 때는 NoteBook입니다. getClass( ).getName( ) 메서드는 thing의 타입을 추출하는 메서드입니다.

(2) 제네릭의 장점

제네릭은 JDK 5에서 추가되었습니다. 그렇다면 이전 버전에서는 제네릭과 동일한 효과를 내기 위해 어떻게 구현했을까요? 기존 구현 방법은 변수의 타입을 Object로 선언하는 것이었습니다. Object는 모든 자바 클래스의 최상위 객체이므로 어떤 타입의 값도 저장할 수 있습니다.

다음은 기존 방법대로 Object로 선언하여 모든 타입을 저장할 수 있도록 하였습니다.

```java
class Bag {
    private Object thing;
    public Bag(Object thing) {
        this.thing = thing;
    }
    public Object getThing() {
        return thing;
    }
    public void setThing(Object thing) {
        this.thing = thing;
    }
    void showType() {
        System.out.println("T의 타입은 " + thing.getClass().getName());
    }
}
```

Bag 생성자의 매개변수 타입을 Object로 선언했기 때문에 다음과 같이 Bag 객체를 생성하면서 인자값으로 어떤 자바 객체 타입도 전달하여 생성할 수 있습니다.

```java
Bag bag = new Bag(new Book());
Bag bag2 = new Bag(new PencilCase());
Bag bag3 = new Bag(new Notebook());
```

그렇다면 Object 선언으로 처리할 수 있는 코드를 제네릭으로 구현해야만 하는 이유는 무엇일까요?

제네릭은 불필요한 타입 변경을 없애준다

위 코드처럼 객체를 생성할 때는 문제가 없는데 다음처럼 메서드를 호출할 때는 오류가 발생합니다.

```
Book book = bag.getThing();
PencilCase pc = bag2.getThing();
Notebook nb = bag3.getThing();
```

다음은 Bag 클래스의 getThing( ) 메서드입니다. 리턴 타입이 Object입니다. 이처럼 메서드에서 반환하는 타입이 Object이면 사용하기 전에 원래 타입으로 변경(type casting)해주어야 합니다. 그렇지 않으면 Object에서 상속한 메서드만 사용할 수 있기 때문입니다.

```
public Object getThing() {
  return thing;
}
```

다음은 타입을 변경하는 코드를 추가한 코드입니다. 오류가 해결되었습니다.

```
public static void main(String[] args) {
  Bag bag = new Bag(new Book());
  Bag bag2 = new Bag(new PencilCase());
  Bag bag3 = new Bag(new Notebook());

  Book book = (Book)bag.getThing();
  PencilCase pc = (PencilCase)bag2.getThing();
  Notebook nb = (Notebook)bag3.getThing();
}
```

다음은 같은 코드를 제네릭 클래스로 선언한 예입니다.

```
public static void main(String[] args) {
  Bag<Book> bag = new Bag<>(new Book());
  Bag<PencilCase> bag2 = new Bag<>(new PencilCase());
  Bag<Notebook> bag3 = new Bag<>(new Notebook());

  Book book = bag.getThing();
  PencilCase pc = bag2.getThing();
  Notebook nb = bag3.getThing();
}
```

getThing( ) 메서드를 실행한 후 반환값을 지역변수에 저장할 때 오류가 발생하지 않습니다. 제네릭 클래스는 타입 매개변수에 지정한 타입으로 자동 변경되기 때문입니다. 이처럼 제네릭은 불필요한 타입 변경을 줄임으로써 성능을 좋게 해줍니다.

제네릭은 엄격한 타입 검사를 통해 안전성을 높여준다

제네릭의 또 다른 장점을 살펴보겠습니다. 다음 코드에서 bag = bag2 명령문은 의미적으로 잘못된 코드이지만 컴파일 오류가 발생하지 않습니다.

```
Bag bag = new Bag(new Book());
Bag bag2 = new Bag(new PencilCase());
Bag bag3 = new Bag(new Notebook());

bag = bag2;   // 오류가 발생하지 않음
```

오류가 발생하지 않는 이유는 bag, bag2 모두 Bag 타입이기 때문입니다. 그러나 의미상 bag은 Book를 가진 Bag, bag2는 PencilCase를 가지는 Bag 객체를 참조하므로 bag = bag2는 잘못된 코드입니다.

이처럼 의미상 잘못된 코드이지만 컴파일러가 오류라고 해석하지 않는 코드도 제네릭을 사용하면 오류로 해석해줍니다. 다음은 위와 같은 내용을 제네릭으로 작성한 코드입니다. 오류가 발생합니다.

```
Bag<Book> bag = new Bag<>(new Book());
Bag<PencilCase> bag2 = new Bag<>(new PencilCase());
Bag<Notebook> bag3 = new Bag<>(new Notebook());

bag = bag2   // 오류 발생!
```

이처럼 제네릭은 컴파일러가 타입 검사를 엄격하게 해서 타입의 안전성을 보장받을 수 있습니다.

제네릭을 사용하지 않고 Object 타입으로 선언하여 작업한 예제 소스는 다음과 같습니다. 예제에서 사용하는 클래스 이름이 같으므로 패키지 이름을 nonGen으로 달리해서 파일을 생성합니다.

BagTest.java

```
01: package com.ruby.java.ch13.nonGen;
02:
03: class Bag {
04:     private Object thing;
05:
06:     public Bag(Object thing) {
07:         this.thing = thing;
08:     }
```

```
09:
10:    public Object getThing() {
11:        return thing;
12:    }
13:
14:    public void setThing(Object thing) {
15:        this.thing = thing;
16:    }
17:
18:    void showType() {
19:        System.out.println("T의 타입은 " + thing.getClass().getName());
20:    }
21: }
22:
23: class Book { }
24: class PencilCase { }
25: class Notebook { }
26:
27: public class BagTest {
28:
29:    public static void main(String[] args) {
30:        Bag bag = new Bag(new Book());
31:        Bag bag2 = new Bag(new PencilCase());
32:        Bag bag3 = new Bag(new Notebook());
33:
34:        Book book = (Book) bag.getThing();
35:        PencilCase pc = (PencilCase) bag2.getThing();
36:        Notebook nb = (Notebook) bag3.getThing();
37:
38:        bag = bag2;
39:    }
40: }
```

com.ruby.java.ch13 패키지의 제네릭 클래스로 작성한 BagTest의 소스를 다음과 같이 수정합니다. 10번 줄에서 오류가 발생합니다.

com.ruby.java.ch13.BagTest.java

```
...
01:    public static void main(String[] args) {
02:        Bag<Book> bag = new Bag<>(new Book());
03:        Bag<PencilCase> bag2 = new Bag<>(new PencilCase());
```

```
04:        Bag<Notebook> bag3 = new Bag<>(new Notebook());
05:
06:        Book book = bag.getThing();
07:        PencilCase pc = bag2.getThing();
08:        Notebook nb = bag3.getThing();
09:
10:        // bag = bag2;   // 오류 발생!
11:    }
```

13.1.2. 타입 매개변수

(1) 멀티 타입 매개변수

제네릭 클래스를 선언할 때 타입 매개변수는 여러 개 선언할 수 있습니다. 2개 이상의 타입 매개변수를 선언할 때는 콤마(,)를 구분자로 사용합니다. 다음은 2개의 타입 매개변수를 선언하는 예입니다.

```
public class Bag<T, N> {
  private T thing;
  private N name;

  public T getThing() {
    return thing;
  }
  public void setThing(T thing) {
    this.thing = thing;
  }
  public N getName() {
    return name;
  }
  public void setName(N name) {
    this.name = name;
  }
}
```

Bag 클래스는 2개의 타입 매개변수를 선언하고 있으므로 참조변수 타입에도, 객체를 생성할 때도 2개의 타입 인자를 지정해야 합니다.

```
Bag<Book, String> bag = new Bag<Book, String>(new Book(), "과학");
```

Bag 객체 생성 시 지정한 타입 인자는 다음처럼 순서대로 지정됩니다. Bag 클래스 내의 T는 모두 Book으로, N은 String으로 대체됩니다.

```
              new Bag<Book, String>(new Book( ), "과학");


              class Bag<T, N>  {
                  private T thing;
                  private N name;
```

제네릭 클래스를 생성한 후 인스턴스를 참조하는 변수를 선언하는 완전한 문법은 다음과 같습니다.

【제네릭 클래스 생성 후 참조변수 선언】

클래스명<타입 인자 목록> 변수명 = new 클래스명<타입 인자 목록>(생성자 인자 목록);

다음은 멀티 타입 매개변수를 지정하는 예제입니다. com.ruby.java.ch13.multiGen 패키지를 생성한 후 BagTest.java 소스를 작성합니다.

BagTest.java

```java
01: package com.ruby.java.ch13.multiGen;
02:
03: class Bag<T, N> {
04:     private T thing;
05:     private N name;
06:
07:     public Bag(T thing, N name) {
08:         this.thing = thing;
09:         this.name = name;
10:     }
11:
12:     public T getThing() {
13:         return thing;
14:     }
15:
16:     public void setThing(T thing) {
17:         this.thing = thing;
18:     }
19:
20:     public N getName() {
21:         return name;
22:     }
23:
24:     public void setName(N name) {
25:         this.name = name;
26:     }
```

```
27:
28:    void showType() {
29:        System.out.println("T의 타입은 " + thing.getClass().getName());
30:        System.out.println("N의 타입은 " + name.getClass().getName());
31:    }
32: }
33:
34: class Book {
35:    public String toString() {
36:        return "책";
37:    }
38: }
39: class PencilCase{ }
40: class Notebook { }
41:
42: public class BagTest {
43:
44:    public static void main(String[] args) {
45:
46:        Bag<Book, String> bag = new Bag<Book, String>(new Book(), "과학");
47:
48:        bag.showType();
49:
50:        Book book = bag.getThing();
51:        String name = bag.getName();
52:
53:        System.out.println("Thing is : " + book);
54:        System.out.println("name is : " + name);
55:    }
56: }
```

【실행결과】

T의 타입은 com.ruby.java.ch13.multiGen.Book
N의 타입은 java.lang.String
Thing is : 책
name is : 과학

(2) 타입 제한

제네릭 클래스 Bag이 다음처럼 선언되었다면 Bag은 객체 생성 시 어떤 타입 인자도 받을 수 있습니다.

```
class Bag<T> {
  private T thing;
  public Bag(T thing) {
    this.thing = thing;
  }
```

그런데 다음과 같이 Bag에 담을 수 있는 객체에 제한을 두려고 합니다. 책, 필통, 노트처럼 고체로 되어 있는 물건은 담을 수 있지만, 물이나 커피처럼 액체로 된 물건은 담을 수 없도록 하려고 합니다.

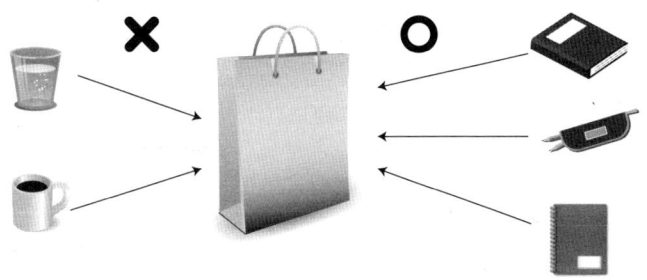

그림 가방에 담을 수 있는 것과 담을 수 없는 것 구분

즉, 타입 매개변수에 제한을 두겠다는 의미입니다. 타입 매개변수에 제한을 설정하기 위해 사용하는 문법은 다음과 같습니다.

【타입 매개변수 제한 설정】

```
<T extends superclass>
```

위와 같이 선언하면 T를 대체할 수 있는 타입은 슈퍼클래스나 슈퍼클래스를 상속받는 하위 객체들만 가능합니다. 예를 들어 봅시다. 다음처럼 선언된 제네릭 클래스의 T는 모든 자바 객체로 대체할 수 있습니다.

```
class Bag<T> {
```

다음처럼 선언된 제네릭 클래스의 T는 Solid 또는 Solid를 상속하는 객체로만 대체할 수 있습니다.

```
class Bag<T extends Solid> {
```

우리가 예제로 작성하고 있는 Bag의 타입 매개변수로 Book, PencilCase, Notebook 등 고체로 되어 있는 객체만 지정할 수 있게 하고자 코드를 다음처럼 수정하겠습니다.

```java
class Solid { }
class Liquid { }
class Book extends Solid { }
class PencilCase extends Solid{ }
class Notebook extends Solid { }
class Water extends Liquid{ }
class Coffee extends Liquid{ }
```

Solid는 고체, Liquid는 액체를 나타내고자 선언한 클래스입니다. 그리고 고체 특성이 있는 객체들은 모두 Soild를 상속받고, 액체 특성이 있는 객체들은 Liquid를 상속받습니다. Solid 계열과 Liquid 계열로 분류한 것입니다.

그리고 다음처럼 Bag의 타입 매개변수를 〈T extends Solid〉로 선언하면 타입 매개변수로 지정할 수 있는 것은 Solid 또는 Solid를 상속받는 Book, PencilCase, NoteBook만 가능합니다.

```java
public class Bag<T extends Solid> {
  private T thing;
  public Bag(T thing) {
    this.thing = thing;
  }
  public T getThing() {
    return thing;
  }
  public void setThing(T thing) {
    this.thing = thing;
  }
}
```

다음 코드처럼 Bag 객체 생성 시 Solid를 상속하지 않는 Water와 Coffee를 타입 인자로 사용하면 오류가 발생합니다. 타입 매개변수에 Solid 계열만 받겠다고 선언했기 때문입니다.

```java
Bag<Water> bag4 = new Bag<>(new Water());
Bag<Coffee> bag5 = new Bag<>(new Coffee());
```

타입 제한에 대한 예제는 다음과 같습니다. com.ruby.java.ch13.boundGen 패키지를 생성한 후 실행해봅시다.

BagTest.java

```
01: package com.ruby.java.ch13.boundGen;
02:
03:
04: class Bag<T extends Solid> {
05:    private T thing;
06:
07:    public Bag(T thing) {
08:       this.thing = thing;
09:    }
10:
11:    public T getThing() {
12:       return thing;
13:    }
14:
15:    public void setThing(T thing) {
16:       this.thing = thing;
17:    }
18:
19:    void showType() {
20:       System.out.println("T의 타입은 " + thing.getClass().getName());
21:    }
22: }
23:
24: class Solid { }
25: class Liquid{ }
26:
27: class Book extends Solid{ }
28: class PencilCase extends Solid{ }
29: class Notebook extends Solid { }
30:
31: class Water extends Liquid{ }
32: class Coffee extends Liquid{ }
33:
34: public class BagTest {
35:
36:    public static void main(String[] args) {
37:       Bag<Book> bag = new Bag<>(new Book());
38:       Bag<PencilCase> bag2 = new Bag<>(new PencilCase());
39:       Bag<Notebook> bag3 = new Bag<>(new Notebook());
40:
41:       Bag<Water> bag4 = new Bag<>(new Water());    // 오류 발생
```

```
42:        Bag<Coffee> bag5 = new Bag<>(new Coffee()); // 오류 발생
43:    }
44: }
```

(3) 와일드카드

다음은 바로 앞에서 작성했던 예제입니다. Bag 클래스에 owner 변수를 선언하고 게터/세터 메서드와 isSameOwner( ) 메서드를 추가하였습니다.

Bag 클래스

```
01: package com.ruby.java.ch13.boundGen;
02:
03: class Bag<T extends Solid> {
04:    private T thing;
05:    private String owner;
06:
07:    public Bag(T thing) {
08:       this.thing = thing;
09:    }
10:
11:    public T getThing() {
12:       return thing;
13:    }
14:
15:    public void setThing(T thing) {
16:       this.thing = thing;
17:    }
18:
19:    void showType() {
20:       System.out.println("T의 타입은 " + thing.getClass().getName());
21:    }
22:
23:    public String getOwner() {
24:       return owner;
25:    }
26:
27:    public void setOwner(String owner) {
28:       this.owner = owner;
29:    }
30:
31:    boolean isSameOwner(Bag<T> obj) {
```

```
32:     if(this.owner.equals(obj.getOwner()))
33:       return true;
34:     return false;
35:   }
36: }
...
```

Bag 클래스를 수정한 후 main( ) 메서드에 다음과 같이 setOwner( ) 메서드와 isSameOwner( ) 메서드를 호출하면 isSameOwner( ) 메서드에서 컴파일 오류가 발생합니다.

```
bag.setOwner("김푸름");
bag2.setOwner("김푸름");
bag.isSameOwner(bag2);   // 오류 발생!
```

오류가 발생하는 이유는 bag과 bag2 객체의 타입 매개변수가 다르기 때문입니다. 다음 명령문으로 제네릭 클래스를 생성했으므로 타입 매개변수가 bag은 Book, bag2는 PencilCase입니다.

```
Bag<Book> bag = new Bag<>(new Book());
Bag<PencilCase> bag2 = new Bag<>(new PencilCase());
```

따라서 bag의 isSameOwner( ) 메서드에서 사용하는 T와 인자로 전달된 obj의 T 값이 서로 달라서 오류가 발생합니다.

```
31: boolean isSameOwner(Bag<T> obj) {
32:     if(this.owner.equals(obj.getOwner()))
33:       return true;
34:     return false;
35: }
```

isSameOwner( ) 메서드에서 구현하고 싶은 것은 Bag 안의 물품이 무엇인지와 상관없이 현재 Bag의 물품과 인자로 전달된 Bag 안의 물품 소유주가 같은지를 비교하여 같으면 true, 다르면 false를 반환하는 것입니다. 따라서 인자로 지정된 Bag의 타입 매개변수와 현재 객체의 타입 매개변수가 같을 필요가 없습니다.

이럴 때 사용할 수 있는 것이 와일드카드입니다. 와일드카드는 ? 기호로 표현합니다. ? 기호는 어떤 타입 매개변수도 지정할 수 있다는 의미입니다. 다음처럼 <?> 와일드카드를 사용하면 현재 객체의 타입 매개변수와 같지 않은 타입의 Bag을 인자로 받을 수 있습니다.

```
boolean isSameOwner(Bag<?> obj) {
```

위와 같이 지정하면 isSameOwner( ) 메서드 호출 시 발생하던 오류가 사라집니다.

예제를 통해 확인해 보겠습니다.

BagTest.java

```java
01: package com.ruby.java.ch13.boundGen;
02:
03: class Bag<T extends Solid> {
04:    private T thing;
05:    private String owner;
06:
07:    public Bag(T thing) {
08:       this.thing = thing;
09:    }
10:
11:    public T getThing() {
12:       return thing;
13:    }
14:
15:    public void setThing(T thing) {
16:       this.thing = thing;
17:    }
18:
19:    void showType() {
20:       System.out.println("T의 타입은 " + thing.getClass().getName());
21:    }
22:
23:    public String getOwner() {
24:       return owner;
25:    }
26:
27:    public void setOwner(String owner) {
28:       this.owner = owner;
29:    }
30:
31:    boolean isSameOwner(Bag<?> obj) {
32:       if(this.owner.equals(obj.getOwner()))
33:          return true;
34:       return false;
35:    }
36: }
37:
    ...
```

```
40: public class BagTest {
41:
42:   public static void main(String[] args) {
43:     Bag<Book> bag = new Bag<>(new Book());
44:     Bag<PencilCase> bag2 = new Bag<>(new PencilCase());
45:
46:     bag.setOwner("김푸름");
47:     bag2.setOwner("김푸름");
48:
49:     boolean result = bag.isSameOwner(bag2);
50:     if(result) System.out.println("소유자가 동일합니다.");
51:     else System.out.println("소유자가 다릅니다.");
52:   }
53: }
```

【실행결과】

소유자가 동일합니다.

(4) 와일드카드 제한

타입 매개변수를 지정할 때 〈T extends Solid〉 형식으로 지정하면 타입 매개변수 T에 지정할 수 있는 타입은 Solid 또는 Solid의 하위 클래스 타입으로 제한을 두는 것이었습니다. 와일드카드(?)에도 이처럼 타입을 제한할 수 있습니다.

와일드카드를 제한하는 방법은 상위 제한, 하위 제한 두 가지가 있습니다. 와일드카드를 제한하는 문법은 다음과 같습니다.

【상위 제한】

〈? extends 슈퍼클래스〉

위 문법은 상위 제한을 설정한 것입니다. 와일드카드에 상위 제한을 두면 슈퍼클래스 또는 슈퍼클래스를 상속받은 하위 객체만 타입으로 지정할 수 있습니다.

【하위 제한】

〈? super 서브클래스〉

위 문법은 하위 제한을 설정한 것입니다. 와일드카드에 하위 제한을 두면 서브클래스 또는 서브클래스가 상속하고 있는 상위 객체만 타입으로 지정할 수 있습니다.

와일드카드에 제한을 두는 예제를 살펴보겠습니다. 다음 코드에서 sum( ) 메서드의 매개변수 타입을 확인합니다. java.util에 정의된 List 타입으로 선언했습니다. List는 제네릭 인터페이스입니다. 타입 인자에 와일드카드 ?를 지정했습니다. 즉 모든 타입을 받겠다는 것입니다.

```java
public static double sum(List<?> list) {
  double total = 0;
  for(Number v : list) {
    total += v.doubleValue();
  }
  return total;
}
```

sum( )은 인자로 전달한 List 요소들의 합을 구하는 메서드입니다. for 문에서 list의 요소들을 저장할 변수로 Number v를 선언하였습니다. 그런데 for 문이 정상적으로 동작하려면 list 요소들이 숫자여야 합니다. 숫자가 아니면 실행될 수 없습니다. sum( ) 메서드의 매개변수에 List의 요소 타입으로 와일드카드 ?를 선언했기 때문에 숫자가 아닌 다른 타입의 요소를 가진 List도 인자로 받을 수 있습니다. 이럴 때는 for 문에서 Number v가 아니라 Object v로 변경하면 오류를 해결할 수 있습니다.

그런데 List 요소가 숫자가 아니라면 합계를 구할 필요도 없고 구할 수도 없습니다. 따라서 sum( ) 메서드는 List 요소가 숫자일 때만 받아서 처리해야 합니다. 자바에서 숫자 타입은 Byte, Short, Integer, Long, Float, Double이며 모두 Number를 상속받습니다. 따라서 Number를 상속받는 타입이 넘어올 때만 매개변수로 받아서 처리하면 됩니다. 이러한 조건은 다음과 같이 선언할 수 있습니다.

```java
public static double sum(List<? extends Number> list) {
```

예제를 통해 자세히 살펴보겠습니다.

```
WildCardTest.java
01: package com.ruby.java.ch13;
02:
03: import java.util.Arrays;
04: import java.util.List;
05:
06: public class WildCardTest {
07:
08:   public static void main(String[] args) {
09:     Integer[] inum = { 1, 2, 3, 4, 5 };
10:     Double[]  dnum = { 1.0, 2.0, 3.0, 4.0, 5.0 };
11:     String[]  snum = { "1", "2", "3", "4", "5" };
12:
```

```
13:        List<Integer> iList = Arrays.asList(inum);
14:        List<Double>  dList = Arrays.asList(dnum);
15:        List<String>  sList = Arrays.asList(snum);
16:
17:        double isum = sum(iList);
18:        double dsum = sum(dList);
19:        // sum(sList); //오류 발생
20:
21:        System.out.println("inum의 합계 : " + isum);
22:        System.out.println("dnum의 합계 : " + dsum);
23:    }
24:
25:    public static double sum(List<? extends Number> list) {
26:        double total = 0;
27:        for(Number v : list) {
28:           total += v.doubleValue();
29:        }
30:        return total;
31:    }
32: }
```

【실행결과】

```
inum의 합계 : 15.0
dnum의 합계 : 15.0
```

소스에 대한 자세한 설명은 다음과 같습니다.

```
09: Integer[] inum = { 1, 2, 3, 4, 5 };
10: Double[]  dnum = { 1.0, 2.0, 3.0, 4.0, 5.0 };
```

int, double 타입의 배열을 선언하고 Integer, Double 등 Wrapper 타입으로 참조합니다. int는 Integer로 double은 Double 타입으로 자동 처리됩니다.

```
13: List<Integer> iList = Arrays.asList(inum);
```

Arrays.asList( ) 메서드는 인자로 전달한 배열을 리스트 객체로 변환하여 반환합니다. java.util에 정의된 List는 제네릭 인터페이스이므로 List<Integer> 타입 매개변수를 전달합니다.

```
17: double isum = sum(iList);
18: double dsum = sum(dList);
19: // sum(sList); //오류 발생
```

sum( ) 메서드를 호출하면서 List⟨Integer⟩, List⟨Double⟩, List⟨String⟩ 타입의 인자를 전달합니다.

```
25: public static double sum(List<? extends Number> list) {
```

sum( ) 메서드는 Number를 상속받은 타입만 매개변수로 전달받을 수 있도록 제한했습니다. 매개변수로 전달받을 수 있는 타입을 Number를 상속받는 타입으로 제한했습니다. 따라서 17, 18번 줄에서 전달한 인자는 받을 수 있지만, 19번 줄에서 전달한 sList는 List⟨String⟩ 타입이므로 받을 수 없습니다.

```
27: for(Number v : list) {
28:     total += v.doubleValue();
29: }
```

인자로 전달한 list의 요소 수만큼 반복문을 실행합니다. v.doubleValue( ) 메서드는 리스트의 각 요소를 double 타입의 값으로 변환합니다. total 변수에는 리스트에 있는 요소들의 합이 저장됩니다.

13.1.3. 다양한 적용

(1) 제네릭 메서드

다음의 Bag 제네릭 클래스에 선언된 메서드들을 살펴보면 매개변수와 리턴 타입에서 타입 매개변수를 사용하였습니다. 이처럼 타입 매개변수를 사용하는 메서드를 '제네릭 메서드'라고 합니다.

```
public class Bag<T, N> {
  private T thing;
  private N name;

  public T getThing() {
    return thing;
  }
  public void setThing(T thing) {
    this.thing = thing;
  }
  public N getName() {
    return name;
  }
  public void setName(N name) {
    this.name = name;
  }
}
```

제네릭 메서드는 제네릭 클래스뿐만 아니라 일반 클래스에서도 선언해서 사용할 수 있습니다. 다음은 제네릭 메서드에서 타입 매개변수를 선언하는 문법입니다.

【제네릭 메서드에 타입 매개변수 선언】

〈타입 매개변수 목록〉 리턴 타입 메서드명(매개변수 목록) { … }

리턴 타입 앞에 〈 〉 기호를 지정하고 〈 〉 안에 타입 매개변수에 대한 조건을 지정합니다. 다음은 메서드의 타입 매개변수에 조건을 지정하는 예입니다.

```
static <T extends Number, V extends T> boolean isInclude(T num, V[] array) {
```

isInclude( ) 메서드에서 타입 매개변수 T, V를 선언했습니다. T와 V의 조건을 지정하고자 리턴 타입 앞에 T는 Number 또는 Number를 상속하는 하위 타입만 받겠다고 선언했고, V는 T 또는 T를 상속하는 타입만 받겠다고 선언했습니다.

예제를 통해 자세히 살펴보겠습니다.

GenMethodTest.java

```
01: package com.ruby.java.ch13;
02:
03: public class GenMethodTest {
04:
05:   static <T extends Number, V extends T> boolean isInclude(T num, V[] array) {
06:
07:     for(int i = 0; i < array.length; i++) {
08:       if(array[i] == num)
09:         return true;
10:     }
11:     return false;
12:   }
13:
14:   public static void main(String[] args) {
15:     Integer[] inum = { 1, 2, 3, 4, 5 };
16:     Double[]  dnum = { 1.0, 2.0, 3.0, 4.0, 5.0 };
17:     String[]  snum = { "one", "two", "three", "four", "five" };
18:
19:     boolean b1 = isInclude(3, inum);
20:     System.out.println("결과 : " + b1);
21:
22:     boolean b2 = isInclude(5.0, dnum);
```

```
23:        System.out.println("결과 : " + b2);
24:
25:        // isInclude("one", snum);
26:
27:        GenMethodTest.<Integer, Integer>isInclude(3, inum);
28:        GenMethodTest.<Double, Double>isInclude(5.0, dnum);
29:        // GenMethodTest.<String, String>isInclude("one", snum);
30:    }
31: }
```

【실행결과】

결과 : true
결과 : false

(2) 제네릭 생성자

생성자에도 제네릭을 지정할 수 있으며 제네릭 클래스가 아니어도 가능합니다. 선언하는 방법은 메서드와 동일합니다.

GenConsTest.java

```
01: package com.ruby.java.ch13;
02:
03: class StringUtil {
04:    private String value;
05:
06:    <T extends CharSequence> StringUtil(T value) {
07:        this.value = value.toString();
08:    }
09:
10:    void printVal() {
11:        System.out.println("value: " + value);
12:    }
13: }
14:
15: public class GenConsTest {
16:
17:    public static void main(String[] args) {
18:        String s = new String("서울");
19:        StringBuffer sbuf = new StringBuffer("대전");
20:        StringBuilder sbui = new StringBuilder("대구");
```

```
21:
22:     StringUtil su1 = new StringUtil(s);
23:     StringUtil su2 = new StringUtil(sbuf);
24:     StringUtil su3 = new StringUtil(sbui);
25:
26:     su1.printVal();
27:     su2.printVal();
28:     su3.printVal();
29:   }
30: }
```

【실행결과】

value: 서울
value: 대전
value: 대구

(3) 제네릭 인터페이스

제네릭 인터페이스는 제네릭 클래스처럼 타입 매개변수를 사용하는 것입니다. 선언하는 방법은 제네릭 클래스와 동일합니다.

GenInterfaceTest.java

```
01: package com.ruby.java.ch13;
02:
04: interface Maximum<T extends Comparable<T>> {
05:   T max();
06: }
07:
08: class NumUtil<T extends Comparable<T>> implements Maximum<T> {
09:   T[] value;
10:
11:   NumUtil(T[] value) {
12:     this.value = value;
13:   }
14:
15:   public T max() {
16:     T v = value[0];
17:
18:     for(int i = 0; i < value.length; i++) {
19:       if(value[i].compareTo(v) > 0) v = value[i];
```

```
20:     }
21:     return v;
22:   }
23: }
24:
25: public class GenInterfaceTest {
26:
27:   public static void main(String[] args) {
28:     Integer[] inum = { 1, 2, 3, 4, 5 };
29:     Double[]  dnum = { 1.0, 2.0, 3.0, 4.0, 5.0 };
30:     String[]  snum = { "1", "2", "3", "4", "5" };
31:
32:     NumUtil<Integer> iutil = new NumUtil<Integer>(inum);
33:     NumUtil<Double>  dutil = new NumUtil<Double>(dnum);
34:     NumUtil<String>  sutil = new NumUtil<String>(snum);
35:
36:     System.out.println("inum 최댓값 : " + iutil.max());
37:     System.out.println("dnum 최댓값 : " + dutil.max());
38:     System.out.println("snum 최댓값 : " + sutil.max());
39:   }
40: }
```

【실행결과】

```
inum 최댓값 : 5
dnum 최댓값 : 5.0
snum 최댓값 : 5
```

소스에 대한 자세한 설명은 다음과 같습니다.

`04: interface Maximum<T extends Comparable<T>> {`

제네릭 인터페이스를 선언했습니다. 타입 매개변수는 extends Comparable로 선언했으므로 Comparable을 상속받는 타입만 전달받을 수 있습니다. Comparable<T>는 java.lang에 제네릭 인터페이스로서 compareTo(T o) 메서드가 선언되었습니다. compareTo( ) 메서드는 현재 객체와 매개변수로 전달받은 객체의 순서를 비교하여 작으면 음수, 같으면 0, 크면 양수를 반환합니다.

`08: class NumUtil<T extends Comparable<T>> implements Maximum<T> {`

제네릭 클래스 NumUtil을 선언합니다. 타입 매개변수로 T extends Comparable<T> 조건을 지정했고 implements Maximum<T> 선언에 따라 제네릭 인터페이스 Maximun을 구현합니다.

```
11: NumUtil(T[] value) {
12:     this.value = value;
13: }
```

제네릭 생성자를 선언했습니다. 매개변수로 전달받은 배열을 value 필드에서 참조합니다.

```
15: public T max() {
```

max( ) 메서드의 리터 타입은 타입 매개변수로 지정했습니다.

```
16: T v = value[0];
```

변수 v에 value 배열의 첫 번째 값을 저장합니다.

```
18: for(int i = 0; i < value.length; i++) {
19:     if(value[i].compareTo(v) > 0) v = value[i];
20: }
```

배열의 모든 요소에 대한 값을 비교합니다. value[i]의 값이 더 크면 v 변숫값에 저장합니다. 배열의 마지막 요소까지 작업이 완료되면 변수 v에는 배열의 가장 큰 값이 저장됩니다.

```
32: NumUtil<Integer> iutil = new NumUtil<Integer>(inum);
33: NumUtil<Double>  dutil = new NumUtil<Double>(dnum);
```

타입 매개변수를 Integer, Double로 지정하는 제네릭 클래스의 인스턴스를 생성합니다.

```
34: NumUtil<String>  sutil = new NumUtil<String>(snum);
```

```
36: System.out.println("inum 최댓값 : " + iutil.max());
```

iutil.max( ) 메서드는 iutil이 참조하는 인스턴스의 value 배열 중 가장 큰 값을 반환합니다.

13.2. 어노테이션

어노테이션은(annotation)은 실행하고는 상관없이 자바 소스코드에 주석문처럼 추가하는 부가적인 정보입니다. 어노테이션은 서로 다른 이름으로 구성된 정보들을 가지는 하나의 단위이며 이것을 메타데이터(metadata)라고 합니다. 어노테이션과 메타데이터는 같은 의미이며 보편적으로 많이 사용하는 용어는 어노테이션입니다.

어노테이션은 컴파일러를 비롯하여 개발에 사용되는 여러 가지 도구에 정보를 제공할 목적으로 사용합니다.

13.2.1. 어노테이션 개요

(1) 어노테이션 선언

어노테이션은 관련 있는 데이터를 가진 하나의 정보입니다. 새로운 정보를 나타내고자 어노테이션을 생성하는 문법은 다음과 같습니다.

【어노테이션 선언】

```
@interface 어노테이션명 {
    데이터 타입 변수명();
}
```

어노테이션을 생성하는 방법은 인터페이스를 선언하는 방법과 비슷합니다. 단지 차이가 있다면 interface 대신 @interface 키워드를 사용한다는 것입니다. 다음은 어노테이션을 생성하는 예입니다.

```
@interface Check {
    String name();
    int val();
}
```

이름은 Check이고 name과 val이라는 데이터 정보를 나타내는 어노테이션을 선언한 예입니다. @Check 어노테이션에 name과 val은 추상 메서드로 선언했습니다. 그러나 name과 val은 값을 가지는 변수처럼 사용되므로 필드라고 생각해도 괜찮습니다.

@interface로 선언한 어노테이션은 자동으로 Annotation 인터페이스를 상속받습니다. 즉, Annotation은 모든 어노테이션의 상위 객체입니다. 따라서 Annotation에 선언된 모든 메서드를 어노테이션 객체에서 사용할 수 있습니다.

java.lang.annotation의 Annotation에 선언된 메서드는 다음과 같습니다.

표 Annotation의 메서드

제어자 및 타입	메서드	설명
Class<? extends Annotation>	annotationType()	어노테이션의 클래스 객체 반환
boolean	equals(Object obj)	매개변수로 전달받은 어노테이션과 논리적으로 동일한지 판단

제어자 및 타입	메서드	설명
int	hashCode()	어노테이션의 해시코드값 반환
String	toString()	어노테이션의 문자열값 반환

(2) 어노테이션 사용

어노테이션 선언은 인터페이스 선언과 비슷하지만 어노테이션 블록 안에 선언된 추상 메서드들은 값을 저장하는 변수처럼 처리한다고 했습니다. 이러한 어노테이션을 사용하는 방법은 클래스, 메서드, 변수, 열거 상수를 선언할 때 앞부분에 다음과 같은 형식으로 사용합니다.

【어노테이션 사용】

@어노테이션명(변수명 = 값, 변수명 = 값)

'@어노테이션명'은 사용하려는 어노테이션을 나타냅니다. 어노테이션에 데이터를 저장하려면 괄호 ( ) 안에 어노테이션에서 선언한 '변수명 = 값' 형식으로 지정하며, 여러 개의 값을 지정할 때는 콤마(,)를 구분자로 사용합니다.

앞에서 예시로 선언한 @Check 어노테이션을 사용하는 코드는 다음과 같습니다.

```
@Check(name = "first", val = 123)
public static void test() { … }
```

위 코드는 test( ) 메서드 앞에 어노테이션을 지정함으로써 test( ) 메서드에 @Check 어노테이션을 적용합니다. @Check 어노테이션을 생성하고 name 변수에는 "first", val 변수에는 123이라는 값을 저장합니다.

(3) 어노테이션 유지 정책

어노테이션은 실행과 상관없이 소스코드에 추가하는 정보들입니다. 이 정보들은 유지 범위 값에 따라 서로 다른 범위로 사용할 수 있습니다. 어노테이션에 지정할 수 있는 유지 범위 값을 가지는 객체는 lang. annotation.RetentionPolicy 열거형 클래스입니다. RetentionPolicy에 정의된 열거 상수는 다음과 같습니다.

- **SOURCE:** 소스 파일에서만 유지하고 컴파일 때 삭제함
- **CLASS:** 컴파일된 바이트코드(.class)에서 유지됨. 그러나 실행 때 JVM이 사용할 수 없음
- **RUNTIME:** 컴파일된 바이트코드(.class)에서 유지되고 실행 때 JVM이 사용 가능함

SOURCE, CLASS, RUNTIME 세 가지 중 가장 오래 유지되는 것은 RUNTIME입니다. 참고로 지역변수에 선언된 어노테이션은 바이트코드(.class) 파일에서 유지되지 않습니다.

어노테이션에 유지 정책을 적용해 선언하려면 자바에서 기본적으로 제공하는 @Retention 어노테이션을 지정합니다. 다음은 @Retention 어노테이션을 사용하는 방법입니다. 열거 상수는 SOURCE, CLASS, RUNTIME입니다.

【@Retention 어노테이션 사용】

@Retention(RetentionPolicy.<u>열거 상수</u>)

다음은 RUNTIME으로 유지 범위를 @Check 어노테이션에 적용하는 예입니다.

```
@Retention(RetentionPolicy.RUNTIME)
@interface Check {
  String name();
  int val();
}
```

13.2.2. 정보 추출

어노테이션은 개발 또는 배치(deployment) 도구에서 사용하고자 소스코드에 추가하는 정보입니다. 프로그램 실행 시 어노테이션 정보를 사용할 때는 리플렉션(reflection)을 사용해 정보를 추출해야 합니다. 리플렉션은 클래스의 정보(선언된 클래스, 메서드, 변수에 대한 정보)를 처리할 수 있게 해주는 기능입니다. 리플렉션 기능은 java.lang.reflect 패키지의 API에서 제공합니다.

(1) 리플렉션을 위한 Class 객체

리플렉션(reflection)을 사용하려면 가장 먼저 Class 객체를 생성해야 합니다. Class 객체는 클래스에 대한 정보를 가지는 객체로 다음 두 가지 방법으로 생성할 수 있습니다.

첫 번째 방법은 java.lang.Object에 선언된 getClass( ) 메서드를 사용하는 것입니다.

```
final Class<?> getClass()
```

두 번째 방법은 객체 이름 다음에 .class를 추가하는 것입니다.

```
Test.class 또는 Check.class
```

만약 Test가 일반 클래스라면 Test.class는 Test 클래스에 대한 정보를 갖는 Class 객체가 생성되고, Check가 어노테이션이라면 Check.class는 Check 어노테이션에 대한 정보를 갖는 Class 객체가 생성됩니다.

다음은 Class 객체에서 클래스에 대한 정보를 추출하는 메서드입니다.

- `Method getMethod(String)`: 인자로 지정된 이름의 메서드를 Method 객체로 반환
- `boolean isAnnotationPresent(Class)`: 매개변수로 전달받은 어노테이션의 적용 여부 판단
- `Annotation getAnnotation(Class)`: 매개변수로 전달받은 어노테이션을 Annotation 객체로 반환
- `Annotation[] getAnnotations()`: 적용한 모든 어노테이션을 Annotation 객체로 반환

다음은 Class 객체를 생성한 후 메서드에 대한 정보를 추출하는 예제입니다.

AnnoTest.java

```
01: package com.ruby.java.ch13.annotation;
02:
03: import java.lang.annotation.Retention;
04: import java.lang.annotation.RetentionPolicy;
05: import java.lang.reflect.Method;
06:
07: @Retention(RetentionPolicy.RUNTIME)
08: @interface Check {
09:     String name();
10:     int val();
11: }
12:
13: public class AnnoTest {
14:
15:     @Check(name = "first", val = 123)
16:     public static void test() {
17:         AnnoTest obj = new AnnoTest();
18:         try {
19:             Class<?> c = obj.getClass();
20:             Method m = c.getMethod("test");
21:
22:             Check check = m.getAnnotation(Check.class);
23:             System.out.println(check.name() + " : " + check.val());
24:
25:         } catch(Exception e) {
26:             e.printStackTrace();
27:         }
```

```
28:     }
29:
30:     public static void main(String[] args) {
31:         test();
32:     }
33: }
```

【실행결과】

first : 123

소스에 대한 자세한 설명은 다음과 같습니다.

```
07: @Retention(RetentionPolicy.RUNTIME)
```

선언하려는 어노테이션의 적용 범위를 실행 시에도 유지될 수 있도록 설정합니다.

```
08: @interface Check {
09:     String name();
10:     int val();
11: }
```

name과 val 값을 가지는 @Check 어노테이션을 선언합니다.

```
15: @Check(name = "first", val = 123)
16: public static void test() {
```

test( ) 메서드에 @Check 어노테이션을 지정하며 name 값은 "first", val 값은 123으로 설정합니다.

```
17: AnnoTest obj = new AnnoTest();
19: Class<?> c = obj.getClass();
```

obj는 AnnoTest 객체를 참조합니다. obj.getClass( ) 메서드는 AnnoTest 객체에 대한 정보를 가지는 Class 객체를 생성하여 반환합니다.

```
20: Method m = c.getMethod("test");
```

c는 AnnoTest의 Class 객체입니다. c.getMethod( ) 메서드는 클래스 정보 중 인자로 전달한 이름의 메서드를 Method 객체로 생성하여 반환합니다. Method 객체는 메서드에 대한 정보 처리를 지원합니다.

```
22: Check check = m.getAnnotation(Check.class);
```

객체에 대한 정보를 가진 Class 객체를 생성하는 방법은 두 가지입니다. 첫 번째는 19번 줄처럼 Object 의 getClass( ) 메서드를 사용하는 방법이고, 두 번째는 **객체이름.class**로 표현하는 방법입니다. Check.class는 Check 객체에 대한 정보를 가진 Class 객체가 생성되며 getAnnotation( ) 메서드에 인자로 전달합니다. getAnnotation( ) 메서드는 인자로 전달한 이름의 어노테이션을 찾아 Annotation 객체로 생성하여 반환합니다.

```
23:     System.out.println(check.name() + " : " + check.val());
```

check 변수는 @Check 어노테이션 객체입니다. check.val( ) 메서드는 @Check 어노테이션에서 val 값을 추출합니다.

(2) 여러 개의 어노테이션 선언 및 활용

다음은 여러 개의 어노테이션을 선언하고 활용하는 예제입니다.

AnnoTest2.java
```
01: package com.ruby.java.ch13.annotation;
02:
03: import java.lang.annotation.Annotation;
04: import java.lang.annotation.Retention;
05: import java.lang.annotation.RetentionPolicy;
06: import java.lang.reflect.Method;
07:
08: @Retention(RetentionPolicy.RUNTIME)
09: @interface Mapping {
10:     String mode();
11:     int value();
12: }
13:
14: @Retention(RetentionPolicy.RUNTIME)
15: @interface Comment {
16:     String msg();
17: }
18:
19: @Mapping(mode = "class", value = 100)
20: @Comment(msg = "Annotation2 클래스")
21: public class AnnoTest2 {
22:
23:     @Mapping(mode = "method", value = 200)
24:     @Comment(msg = "test() 메서드")
25:     public static void test() {
```

```
26:     AnnoTest2 obj = new AnnoTest2();
27:     try {
28:       Class<?> c = obj.getClass();
29:       Annotation annoList[] = c.getAnnotations();
30:       System.out.println("클래스의 annotation 목록");
31:       for(Annotation item : annoList)
32:         System.out.println(item);
33:
34:       Method m = c.getMethod("test");
35:       annoList = m.getAnnotations();
36:       System.out.println();
37:       System.out.println("test()메서드의 annotation 목록");
38:       for(Annotation item : annoList)
39:         System.out.println(item);
40:
41:     } catch(Exception e) {
42:       e.printStackTrace();
43:     }
44:   }
45:
46:   public static void main(String[] args) {
47:     test();
48:   }
49: }
```

【실행결과】

클래스의 annotation 목록
@com.ruby.java.ch13.annotation.Mapping(mode="class", value=100)
@com.ruby.java.ch13.annotation.Comment(msg="Annotation2 클래스")

test()메서드의 annotation 목록
@com.ruby.java.ch13.annotation.Mapping(mode="method", value=200)
@com.ruby.java.ch13.annotation.Comment(msg="test() 메서드")

소스에 대한 자세한 설명은 다음과 같습니다.

```
08: @Retention(RetentionPolicy.RUNTIME)
09: @interface Mapping {
10:   String mode();
11:   int value();
12: }
```

@Mapping 어노테이션을 선언합니다. @Mapping 어노테이션이 가지는 정보 값은 mode와 value입니다. 08번 줄에서 @Mapping 어노테이션은 실행 시에도 사용할 수 있도록 선언했습니다.

```
14: @Retention(RetentionPolicy.RUNTIME)
15: @interface Comment {
16:     String msg();
17: }
```

@Comment 어노테이션을 선언합니다. @Comment가 가지는 정보 값은 msg입니다.

```
19: @Mapping(mode = "class", value = 100)
20: @Comment(msg = "Annotation2 클래스")
21: public class AnnoTest2 {
```

AnnoTest2 클래스 선언 앞에 어노테이션을 지정했으므로 19~20번 줄에 지정한 어노테이션이 적용됩니다.

```
23: @Mapping(mode = "method", value = 200)
24: @Comment(msg = "test() 메서드")
25: public static void test() {
```

test 메서드 선언 앞에 어노테이션을 지정했으므로 23~24번 줄에 지정한 어노테이션이 적용됩니다.

```
28: Class<?> c = obj.getClass();
```

getClass( ) 메서드는 obj 객체의 정보를 가진 Class 객체를 생성하여 반환합니다.

```
29: Annotation annoList[] = c.getAnnotations();
```

Class 객체의 getAnnotations( ) 메서드는 클래스에 정의된 어노테이션들을 Annotation 객체로 생성한 후 배열에 저장하여 반환합니다. 클래스에 정의된 어노테이션은 19~20번 줄입니다. 따라서 annoList[ ] 배열에는 두 개의 Annotation 객체가 저장됩니다.

```
34: Method m = c.getMethod("test");
```

getMethod("test")는 test 이름으로 선언된 메서드의 정보를 가진 Method 객체를 생성하여 반환합니다.

```
35: annoList = m.getAnnotations();
```

m.getAnnotations( ) 메서드는 m이 참조하는 메서드에 정의된 어노테이션들을 Annotation 객체로 생성한 후 배열에 저장하여 반환합니다. test( ) 메서드에 정의된 어노테이션은 23~24번 줄입니다. 따라서 annoList[ ] 배열에는 두 개의 Annotation 객체가 저장됩니다.

(3) 어노테이션 적용 여부 판단

다음은 어노테이션의 적용 여부를 판단하는 예제입니다.

```
AnnoTest3.java
01: package com.ruby.java.ch13.annotation;
02:
03: import java.lang.annotation.Retention;
04: import java.lang.annotation.RetentionPolicy;
05:
06: @Retention(RetentionPolicy.RUNTIME)
07: @interface Service {
08: }
09:
10: @Service
11: public class AnnoTest3 {
12:
13:     public static void main(String[] args) {
14:         AnnoTest3 obj = new AnnoTest3();
15:         try {
16:             Class<?> c = obj.getClass();
17:             if(c.isAnnotationPresent(Service.class))
18:                 System.out.println("Service 어노테이션을 지정함");
19:         } catch(Exception e) {
20:             e.printStackTrace();
21:         }
22:     }
23: }
```

【실행결과】

Service 어노테이션을 지정함

소스에 대한 자세한 설명은 다음과 같습니다.

```
06: @Retention(RetentionPolicy.RUNTIME)
07: @interface Service {
08: }
```

실행 시에도 사용할 수 있는 @Service 어노테이션을 선언합니다.

```
10: @Service
11: public class AnnoTest3 {
```

클래스에 @Service 어노테이션을 지정합니다.

```
16:     Class<?> c = obj.getClass();
```

AnnoTest3 클래스에 대한 정보를 가지는 Class 객체 c를 얻어냅니다.

```
17:     if(c.isAnnotationPresent(Service.class))
```

c.isAnnotationPresent( ) 메서드는 c의 정보 중 인자로 전달한 어노테이션이 지정되었는지를 판단합니다. 현재 예제에서는 11번 줄에서 @Service 어노테이션을 지정했으므로 true를 반환합니다. isAnnotationPresent( ) 메서드에 인자로 어노테이션을 전달할 때는 Class 객체 형태로 전달해야 하므로 Service.class로 작성했습니다.

13.2.3. 기본값 지정

어노테이션은 데이터의 집합입니다. 따라서 어노테이션을 사용할 때는 데이터값을 지정해야 합니다. 그런데 어노테이션을 사용할 때마다 값을 지정하지 않고 기본값을 지정하여 사용할 수 있습니다. 기본값을 지정할 때 사용하는 키워드는 default입니다.

(1) default 키워드

어노테이션의 기본값을 지정하는 문법은 다음과 같습니다.

【어노테이션 기본값 지정】

```
@interface 어노테이션명{
    데이터 타입 변수명() default 값;
}
```

예제를 통해 자세하게 살펴보겠습니다.

AnnoTest4.java

```java
01: package com.ruby.java.ch13.annotation;
02:
03: import java.lang.annotation.Retention;
04: import java.lang.annotation.RetentionPolicy;
05: import java.lang.reflect.Method;
06:
07: @Retention(RetentionPolicy.RUNTIME)
08: @interface MyAnno {
09:     String str() default "guest";
10:     int val() default 1004;
11: }
12:
13: public class AnnoTest4 {
14:
15:     @MyAnno
16:     public static void test() {
17:         AnnoTest4 obj = new AnnoTest4();
18:         try {
19:             Class<?> c = obj.getClass();
20:             Method m = c.getMethod("test");
21:             MyAnno anno = m.getAnnotation(MyAnno.class);
22:             System.out.println(anno.str() + " : " + anno.val());
23:         } catch(Exception e) {
24:             e.printStackTrace();
25:         }
26:     }
27:
28:     public static void main(String[] args) {
29:         test();
30:     }
31:
32: }
```

【실행결과】

guest : 1004

소스에 대한 자세한 설명은 다음과 같습니다.

```
08: @interface MyAnno {
09:    String str() default "guest";
10:    int val() default 1004;
11: }
```

@MyAnno 어노테이션을 선언합니다. 09~10번 줄에서 어노테이션의 정보 값으로 str과 val을 선언합니다. default 키워드는 정보에 기본값을 지정할 때 사용합니다. 값을 별도로 지정하지 않으면 str은 "guest", val은 1004를 기본값으로 사용합니다.

(2) value

어노테이션을 사용할 때 문법은 다음과 같습니다.

【어노테이션 사용】

@어노테이션명(변수명 = 값, 변수명 = 값)

그런데 어노테이션에 지정하는 데이터값이 하나라면 다음처럼 사용할 수 있습니다.

【데이터값이 하나일 때】

@어노테이션명(값)

어노테이션에 하나의 값만 지정할 때는 값만 지정할 수 있는데 이때는 반드시 어노테이션에 value 이름으로 선언된 변수가 있어야 합니다. 값이 하나일 때는 name 값이 자동으로 value로 지정되기 때문입니다.

다음 코드에서는 @Bean("Member") 형식으로 값만 지정하였습니다. "Member" 문자열은 Bean의 value에 저장됩니다.

```
@interface Bean {
  String value();
}
...
@Bean("Member")
```

예제를 통해 자세하게 살펴보겠습니다.

AnnoTest5.java

```
01: package com.ruby.java.ch13.annotation;
02:
03: import java.lang.annotation.Retention;
04: import java.lang.annotation.RetentionPolicy;
05:
06:
07: @Retention(RetentionPolicy.RUNTIME)
08: @interface Bean {
09:    String value();
10: }
11:
12: @Bean("Member")
13: public class AnnoTest5 {
14:
15:    public static void main(String[] args) {
16:       AnnoTest5 obj = new AnnoTest5();
17:       try {
18:          Class<?> c = obj.getClass();
19:          Bean b = c.getAnnotation(Bean.class);
20:          System.out.println(b.value());
21:       } catch(Exception e) {
22:          e.printStackTrace();
23:       }
24:    }
25: }
```

【실행결과】

Member

소스에 대한 자세한 설명은 다음과 같습니다.

```
08: @interface Bean {
09:    String value();
10: }
```

value 정보를 가지는 Bean 어노테이션을 선언합니다.

```
12: @Bean("Member")
13: public class AnnoTest5 {
```

AnnoTest5 클래스에 Bean 어노테이션을 적용합니다. 어노테이션에 정보 값을 지정할 때는 (이름=값, 이름=값) 형태로 해야 합니다. 그런데 (값) 형식으로 지정했습니다. 이렇게 하면 자동으로 value의 정보 값으로 지정됩니다. 대신, 해당 어노테이션에 반드시 value라는 이름으로 변수가 선언되어 있어야지만 올바르게 작동합니다.

13.2.4. 표준 어노테이션

표준 어노테이션은 자바 API에서 기본으로 제공하는 어노테이션을 말하며 java.lang.annotation과 java.lang 패키지에서 제공합니다.

(1) java.lang.annotation

`@Retention`

현재 선언하는 어노테이션의 유지 범위를 설정합니다.

`@Document`

현재 선언하는 어노테이션을 자바 문서를 작성할 때 포함할 것인지 설정합니다. @Document는 문서에 포함을 표시하는 어노테이션으로서 별도의 값을 지정할 필요가 없습니다.

`@Target`

현재 선언하는 어노테이션의 적용 대상을 설정합니다. @Target의 값은 ElementType 열거형 클래스에서 정의된 상수를 사용합니다. ElementType의 열거 상수는 다음과 같습니다.

표 ElementType의 열거 상수

상수	적용 대상
ANNOTATION_TYPE	어노테이션 선언
CONSTRUCTOR	생성자 선언
FIELD	필드 선언
LOCAL_VARIABLE	지역변수 선언
METHOD	메서드 선언
MODULE	모듈 선언
PACKAGE	패키지 선언
PARAMETER	매개변수 선언
TYPE	클래스, 인터페이스, 열거형 클래스 선언

상수	적용 대상
TYPE_PARAMETER	타입 매개변수 선언
TYPE_USE	타입 사용

예를 들어 다음처럼 선언하면 클래스, 인터페이스, 열거형 클래스를 선언하는 부분에서 사용할 수 있는 어노테이션입니다.

```
@Target(ElementType.TYPE)
```

여러 대상을 지정할 때는 다음처럼 중괄호 { } 안에 콤마(,)로 구분하여 ElementType 상수를 지정합니다.

```
@Target({ElementType.TYPE, ElementType.METHOD})
@Inherited
```

상위 객체에 선언된 어노테이션에 @Inherited가 설정되면 하위 객체에서도 상속받아 사용할 수 있습니다. @Inherited는 상속을 표시하는 어노테이션으로서 값을 지정할 필요가 없습니다.

(2) java.lang

@Override

메서드에만 적용할 수 있는 어노테이션으로 메서드가 오버라이딩되었음을 나타냅니다. @Override 어노테이션은 오버라이딩된 메서드임을 표시하기 위한 것이므로 사용할 때 값을 지정할 필요가 없습니다. 만일 오버라이딩 메서드가 아닌데 사용하면 컴파일 오류가 발생합니다.

@Deprecated

@Deprecated 어노테이션은 더 이상 사용하지 않거나 사용하지 않을 것을 권장합니다. JDK 9부터는 향후 삭제될지 여부와 삭제되는 자바 버전을 값으로 지정할 수 있습니다.

@FunctionalInterface

@FunctionalInterface는 인터페이스를 선언할 때 사용하는 어노테이션입니다. @FunctionalInterface가 지정된 인터페이스를 함수형 인터페이스라고 합니다. 함수형 인터페이스는 하나의 추상 메서드만 가지는 인터페이스를 의미하는데, 이 책의 14장에서 학습할 람다식에서 자세하게 살펴봅니다. 그런데 함수형 인터페이스를 선언할 때 반드시 @FunctionalInterface를 지정해야 하는 것은 아닙니다. @FunctionalInterface를 지정하지 않고 하나의 메서드만 선언된 인터페이스도 함수형 인터페이스입니다.

그렇다면 @FunctionalInterface를 지정하는 이유는 무엇일까요? 답은 컴파일 시 오류 검사가 가능하기 때문입니다. 다음 코드처럼 1개 이상의 메서드가 선언된 인터페이스에 @FunctionalInterface를 지정하면 밑줄 친 곳에 컴파일 오류가 발생합니다.

```
@FunctionalInteface
public interface MyInterface {
    public void put();
    public void get();
}
```

@FunctionalInterface가 지정된 인터페이스는 함수형 인터페이스, 즉 하나의 메서드만 선언된 인터페이스라는 의미이므로 하나 이상의 메서드를 선언하면 컴파일 오류가 발생합니다. 만일 @FunctionalInterface 어노테이션을 지정하지 않았다면 이 오류는 발생하지 않았을 것입니다.

@SafeVarargs

@SafeVarargs 어노테이션은 메서드와 생성자에 사용할 수 있으며 가변길이 인자를 사용할 때 발생하는 경고를 무시하려는 목적으로 사용합니다. @SafeVarargs 어노테이션을 적용하는 메서드는 반드시 접근 제한자를 static, final 또는 private으로 선언해야 합니다.

다음과 같은 코드는 가변길이 인자를 사용하는 곳(밑줄로 표시)에 경고가 발생합니다.

```
public class Box {
    ArrayList<?> list = null;
    public static void init(List<String>... elements) {
        Object[] args = elements;
        for(int i = 0; i < args.length; i++) {
            System.out.println(args[i]);
        }
    }
    public static void main(String[] args) {
        List<String> list1 = Arrays.asList("책", "필통", "노트");
        List<String> list2 = Arrays.asList("참고서", "문제지", "사전");
        Box.init(list1, list2);
    }
}
```

이때 init 메서드 선언부 앞에 @SafeVarargs 어노테이션을 지정하면 경고가 사라집니다.

@SuppressWarning

@SuppressWarning 어노테이션은 컴파일러의 경고를 무시하고자 할 때 지정합니다.

14

람다식

이번 장에서 살펴볼 람다식은 JDK 8에서 추가된 기능으로 자바 언어에 큰 변화를 가져왔습니다. 람다식은 이전에 자바 언어에서 존재하지 않았던 새로운 문법을 제공합니다. 람다식을 사용하면 이전 방식에 비해 구현 코드를 간소화할 수 있습니다. 코드가 간소화되면 개발자의 수고는 줄고 가독성과 유지보수성은 높아지고 오류 발생은 낮아집니다. 이번 장에서는 이처럼 강력한 기능인 람다식을 선언하고 활용하는 방법을 살펴봅니다.

14.1. 람다식 이전 프로그램 구현 방식

람다식이 나오기 전과 후로 프로그램 구현 방식을 구분하자면 람다식이 소개되기 이전에 구현하던 방식을 '명령형 스타일', 람다식으로 구현하는 방식을 '함수형 스타일'이라고 합니다. 명령형 스타일은 프로그램 구현 시 모든 작업 내용을 자바 코드로 자세하게 작성하는 방식입니다. 그래서 구현해야 할 코드양이 많습니다. 그런데 함수형 스타일은 개발자가 핵심 내용만 구현하고 나머지는 자바 언어에서 자동으로 처리하는 방식이어서 코드가 간결합니다.

(1) 명령형 스타일

다음은 명령형 스타일로 구현한 간단한 코드입니다.

```java
List<String> list = Arrays.asList("서울", "북격", "상해", "뉴욕");
boolean result = false;
for(String city : list) {
  if(city.equals("서울")) {
    result = true;
    break;
  }
}
System.out.println(result);
```

for 문을 이용해 list에서 "서울"을 검색합니다. "서울"을 발견하면 result 변수에 true를 저장하고 종료합니다. result 변수는 검색 결과를 저장하고자 선언한 변수입니다.

(2) 서술형 스타일

다음은 명령형 스타일의 코드를 서술형 스타일로 변경한 코드입니다.

```
List<String> list = Arrays.asList("서울", "북경", "상해", "뉴욕");
System.out.println(list.contains("서울"));
```

List에서 제공하는 contains( ) 메서드를 사용하고 있습니다. 서술형 스타일은 명령형 스타일처럼 변수와 로직을 구현해서 실행하는 것이 아니라, 처리 로직이 구현된 메서드를 호출해서 처리합니다. 따라서 불필요한 작업이 생략되고 코드가 간결해져 유지보수가 편리합니다.

(3) 함수형 스타일

함수형 스타일은 앞에서 살펴본 서술형 스타일에 객체의 개념과 명령문을 추가하여 처리하는 방식입니다. 이 방식을 지원하는 핵심 기능이 바로 람다식입니다. 람다식은 잠시 후 자세하게 다루기로 하고, 먼저 람다식이 등장하게 된 배경을 알기 위해 인터페이스를 구현하는 방식을 살펴보겠습니다.

14.2. 인터페이스 구현 방법

이번 절에서는 명령형 스타일로 인터페이스를 구현하는 세 가지 방식에 대해 살펴보겠습니다. 구현하고자 하는 인터페이스는 다음과 같습니다.

```
interface MyInterface {
  public void print();
}
```

14.2.1. 방법 1 : implements 키워드로 클래스 선언

인터페이스를 구현하는 가장 일반적인 방법은 클래스를 선언할 때 `implements` 인터페이스명을 선언한 후 인터페이스에 선언된 추상 메서드를 오버라이딩하는 것입니다. 예제 코드는 다음과 같습니다.

```
class MyClass1 implements MyInterface {
  @Override
  public void print() {
    System.out.println("MyClass1");
```

```
  }
}
class MyClass2 implements MyInterface {
  @Override
  public void print() {
    System.out.println("MyClass2");
  }
}
```

인터페이스에 선언된 메서드를 실행할 때는 인터페이스를 구현한 클래스의 인스턴스를 생성한 후 참조 변수를 이용해 호출합니다. 예제 코드는 다음과 같습니다.

```
MyClass1 mc1 = new MyClass1();
MyClass2 mc2 = new MyClass2();
mc1.print();
mc2.print();
```

mc1.print( ), mc2.print( ) 메서드가 실행되면 콘솔 창에 다음처럼 출력됩니다.

【실행결과】

```
MyClass1
MyClass2
```

14.2.2. 방법 2 : 익명 클래스 사용

인터페이스를 구현하는 방법 중 하나는 익명 클래스를 사용하는 것입니다. 익명 클래스로 인터페이스를 구현할 때는 클래스를 별도로 선언할 필요 없이 인터페이스 구현과 동시에 인스턴스를 생성할 수 있습니다.

익명 클래스로 인터페이스를 구현할 때 문법은 다음과 같습니다.

【익명 클래스로 인터페이스 구현】

```
인터페이스명 변수명 = new 인터페이스명() {
    메서드 오버라이딩
};
```

익명 클래스로 MyInterface 인터페이스를 구현하는 코드는 다음과 같습니다.

```
MyInterface mi = new MyInterface() {
  @Override
  public void print() {
    System.out.println("익명 클래스로 구현");
  }
}
```

위의 코드는 MyInterface를 구현한 익명 클래스가 생성되고 mi 변수가 참조합니다. 이때 익명 클래스는 이름이 없으므로 mi 변수의 타입은 인터페이스 타입으로 지정합니다.

익명 클래스에서 구현된 print( ) 메서드를 호출할 때는 참조변수를 이용합니다.

```
mi.print();
```

mi.print( ) 메서드가 실행되면 콘솔 창에 다음처럼 출력됩니다.

【실행결과】

익명 클래스로 구현

14.2.3. 방법 3 : 선언, 생성, 호출을 한번에 처리

인터페이스를 구현하는 마지막 방법은 앞에서 살펴본 '방법 1'처럼 인터페이스를 구현하는 클래스도 필요 없고, '방법 2'처럼 익명 클래스를 참조하는 참조변수도 필요 없습니다. 왜냐하면 인터페이스 구현과 동시에 객체가 생성되고 메서드 호출이 실행되기 때문입니다.

다음은 인터페이스를 구현하는 익명 클래스의 선언, 생성, 메서드 호출을 한번에 처리하는 문법입니다.

【익명 클래스 선언, 생성, 메서드 호출】

```
(new 인터페이스명() {
  메서드 오버라이딩
}).메서드명();
```

예제 코드는 다음과 같습니다.

```
(new MyInterface() {
  @Override
  public void print() {
    System.out.println("선언, 생성, 호출을 한번에 처리");
  }
}).print();
```

위 명령문이 실행되면 MyInterface 인터페이스의 print( ) 메서드를 구현한 익명 클래스가 생성되고 난 후 print( ) 메서드를 호출합니다. 따라서 콘솔 창에 다음처럼 출력됩니다.

【실행결과】
선언, 생성, 호출을 한번에 처리

선언과 동시에 메서드를 호출하는 이 방법은 선언된 익명 클래스를 참조하는 변수가 없으므로 한 번밖에 사용할 수 없다는 특징이 있습니다.

14.2.4. 매개변수

인터페이스 타입으로 매개변수가 선언된 경우를 살펴보겠습니다. 다음의 test( ) 메서드는 MyInterface 타입으로 매개변수가 선언되어 있습니다.

```java
public static void test(MyInterface mi) {
   mi.print();
}
```

test( ) 메서드 호출 시 인터페이스를 구현한 클래스의 참조변수 또는 익명 클래스의 참조변수를 인자로 전달할 수 있습니다. 예제 코드는 다음과 같습니다.

```java
MyClass1 mc1 = new MyClass1();
MyClass2 mc2 = new MyClass2();
MyInterface mi = new MyInterface() {
   @Override
   public void print() {
      System.out.println("익명 클래스로 구현");
   }
};
test(mc1);   // 구현 방법 1
test(mi);    // 구현 방법 2
```

test( ) 메서드가 실행된 결과는 다음과 같습니다.

【실행결과】
MyClass1
익명 클래스로 구현

14.2.5. 리턴 타입

인터페이스 타입으로 반환값이 선언된 메서드를 살펴보겠습니다. 다음의 test2( ) 메서드는 MyInterface 타입을 반환합니다.

```java
public static MyInterface test2() {
  MyInterface mi = new MyInterface() {
    @Override
    public void print() {
      System.out.println("test2() 메서드에서 반환된 MyInterface");
    }
  };
  return mi;
}
```

다음은 인터페이스를 반환하는 메서드를 호출하는 예제 코드입니다.

```java
MyInterface mi2 = test2();
mi2.print();
```

mi2.print( ) 메서드가 실행되면 콘솔 창에 다음처럼 출력됩니다.

【실행결과】

```
test2() 메서드에서 반환된 MyInterface
```

지금까지 설명한 내용에 대한 예제 코드는 다음과 같습니다.

Test01.java
```java
01: package com.ruby.java.ch14;
02:
03: interface MyInterface {
04:   public void print();
05: }
06:
07: class MyClass1 implements MyInterface {
08:   @Override
09:   public void print() {
10:     System.out.println("MyClass1");
11:   }
12: }
13:
```

```
14: class MyClass2 implements MyInterface {
15:     @Override
16:     public void print() {
17:         System.out.println("MyClass2");
18:     }
19: }
20:
21: public class Test01 {
22:     public static void test(MyInterface mi) {
23:         mi.print();
24:     }
25:
26:     public static MyInterface test2() {
27:         MyInterface mi = new MyInterface() {
28:             @Override
29:             public void print() {
30:                 System.out.println("test2()메서드에서 반환된 MyInterface");
31:             }
32:         };
33:         return mi;
34:     }
35:
36:     public static void main(String[] args) {
37:
38:         MyClass1 mc1 = new MyClass1();
39:         MyClass2 mc2 = new MyClass2();
40:         mc1.print();  // MyClass1
41:         mc2.print();  // MyClass2
42:
43:         MyInterface mi = new MyInterface() {
44:             @Override
45:             public void print() {
46:                 System.out.println("익명 클래스로 구현");
47:             }
48:         };
49:         test(mc1);   // MyClass1
50:         test(mi);    // 익명 클래스로 구현
51:
52:         mi.print(); // 익명 클래스로 구현
53:
54:         (new MyInterface() {
55:             @Override
```

```
56:        public void print() {
57:            System.out.println("선언, 생성, 호출을 한번에 처리");
58:        }
59:     }).print();    // 선언, 생성, 호출을 한번에 처리
60:
61:     MyInterface mi2 = test2();
62:     mi2.print();   // test2() 메서드에서 반환된 MyInterface
63:   }
64: }
```

【실행결과】

```
MyClass1
MyClass2
MyClass1
익명 클래스로 구현
익명 클래스로 구현
선언, 생성, 호출을 한번에 처리
test2()메서드에서 반환된 MyInterface
```

14.3. 람다식 사용하기

14.3.1. 람다식 기본

이번 절에서는 람다식을 사용해 인터페이스를 구현하고 생성한 후 사용하는 함수형 스타일로 코드를 작성하겠습니다.

(1) 일반 인터페이스 구현

다음 test3( ) 메서드는 MyInterface를 구현한 익명 클래스를 생성해 반환합니다.

```
public static MyInterface test3() {
  return new MyInterface() {
    @Override
    public void print() {
      System.out.println("hello");
    }
  };
}
```

test3( ) 메서드에서 반환한 익명 클래스를 사용하려면 다음처럼 test3( ) 메서드를 호출하고, 반환되는 값을 저장합니다. 이때 반환되는 익명 클래스가 구현한 MyInterface 타입으로 참조변수를 선언한 후 참조변수를 이용해 print( ) 메서드를 호출합니다.

```
MyInterface m = test3();
m.print();
```

(2) 람다식 구현

바로 앞에서 구현한 코드를 람다식으로 구현하면 다음과 같습니다.

```
MyInterface m = () -> System.out.println("hello");
m.print();
```

일반 인터페이스 구현과 람다식 구현은 동일한 기능을 수행합니다. 단지 람다식에서 함수형 스타일로 코드만 달라졌을 뿐입니다.

다음은 명령형 스타일과 함수형 스타일 코드를 비교한 것입니다.

```
public static MyInterface test3( ) {
    return new MyInterface( ) {
        @Override
        public void print( ) {
            System.out.println("hello");
        }
    };
}

MyInterface m = test3( );
m.print( );


MyInterface m = ( ) -> System.out.ptintln("hello");
m.print( );
```

그림 명령 스타일과 함수형 스타일 비교

람다식에서는 test3( )과 같은 메서드 선언이 필요 없습니다. 메서드의 매개변수들이 선언되는 괄호 ( )는 그대로 표현하고, 인터페이스에 선언된 추상 메서드의 본문을 구현할 때는 화살표(->) 기호 다음에 작성합니다. 본문을 구현할 때 명령문이 한 줄이면 예와 같이 사용하고, 여러 줄일 때는 중괄호 { }로 감싸줍니다.

화살표(->) 기호 다음에는 인터페이스에 선언된 추상 메서드의 본문을 구현한다고 했습니다. 그런데 인터페이스에 선언된 추상 메서드가 여러 개일 때는 어떤 메서드의 본문인지 구별할 방법이 없습니다. 따라서 람다식으로 구현하려는 인터페이스는 반드시 하나의 메서드만 선언되어야 합니다. 그리고 하나의 메서드만 선언된 인터페이스를 "함수형 인터페이스"라고 합니다. 정리하면 람다식으로 구현할 수 있는 인터페이스는 함수형 인터페이스만 가능합니다.

(3) 기본 문법

람다식의 문법은 다음과 같습니다.

【람다식】

() -> 명령문;   ← 함수형 인터페이스의 추상 메서드 구현 시 명령문이 한 개일 때
() -> {   ← 함수형 인터페이스의 추상 메서드 구현 시 명령문이 여러 개일 때
   명령문1;
   명령문2;
   명령문n;
};

예제를 통해 자세하게 살펴보겠습니다.

Test02.java
```
01: package com.ruby.java.ch14;
02:
03: interface Multiply {
04:     double getValue();
05: }
06:
07: public class Test02 {
08:
09:     public static void main(String[] args) {
10:
11:         Multiply m;
12:         m = () -> 3.14 * 2;
13:         System.out.println(m.getValue());
14:
15:         m = () -> 10 * 3;
16:         System.out.println(m.getValue());
17:     }
18: }
```

【실행결과】

6.28
30.0

소스에 대한 자세한 설명은 다음과 같습니다.

```
03: interface Multiply {
04:    double getValue();
05: }
```

Multiply라는 이름의 인터페이스에 getValue( )라는 추상 메서드를 하나 선언합니다. 이 메서드는 매개 변수가 없고 double 타입의 값을 반환합니다. 이처럼 하나의 메서드만 선언된 인터페이스를 함수형 인터페이스라고 합니다.

```
11: Multiply m;
```

인터페이스 Multiply 타입을 참조하는 변수 m을 선언합니다.

```
12: m = () -> 3.14 * 2;
```

변수 m의 타입은 Multiply 인터페이스입니다. 그리고 "= ( ) -> 3.14 * 2" 코드는 Multiply 인터페이스를 구현하는 람다식입니다. Multiply 인터페이스에 선언된 메서드는 04번 줄의 getValue( )입니다. 따라서 ( ) -> 3.14 * 2는 getValue( ) 메서드를 오버라이딩하는 코드입니다. 괄호 ( ) 안이 비어 있으므로 인자값을 전달하지 않으며 3.14 * 2를 계산해 반환합니다.

```
13: System.out.println(m.getValue());
```

13번 줄에 있는 m.getValue( )는 12번 줄에서 구현한 메서드를 실행합니다.

```
15: m = () -> 10 * 3;
```

Multiply 인터페이스의 getValue( ) 메서드를 다시 오버라이딩합니다. 10 * 3을 계산해 반환합니다.

```
16: System.out.println(m.getValue());
```

16번 줄에 있는 m.getValue( )는 15번 줄에서 구현한 메서드를 실행합니다.

(4) @FunctionalInterface 어노테이션

람다식으로 구현할 수 있는 인터페이스는 하나의 추상 메서드를 포함하는 함수형 인터페이스만 가능합니다. 따라서 함수형 인터페이스를 작성할 때 두 개 이상의 추상 메서드가 선언되는 오류를 예방하고자 @FunctionalInterface 어노테이션을 사용할 수 있습니다.

인터페이스 선언부 앞 줄에 @FunctionalInterface 어노테이션을 지정하면 하나 이상의 추상 메서드가 선언될 때 다음 밑줄 친 곳에 컴파일 오류가 발생합니다.

```
@FunctionalInterface
public interface MyInterface {
    public void put();
    public void get();
}
```

인터페이스를 선언할 때 @FunctionalInterface 어노테이션 지정은 필수가 아니라 선택입니다. @FunctionalInterface를 지정하지 않아도 추상 메서드를 한 개만 선언했다면 함수형 인터페이스인 것입니다. @FunctionalInterface는 단지 인터페이스에 추상 메서드를 둘 이상 선언할 때 오류를 발생시켜 줌으로써 개발자가 함수형 인터페이스를 선언하려는 의도에 벗어나지 않도록 돕습니다.

(5) 람다식 매개변수

앞에서 선언한 함수형 인터페이스의 추상 메서드에는 매개변수가 없었습니다. 이번에는 매개변수가 있는 추상 메서드를 선언하였을 때 람다식으로 구현하는 방법을 알아봅니다.

【매개변수가 있는 람다식 구현】

(변수명) -> 명령문;   ← 매개변수가 한 개일 때
(변수명1, 변수명2, …, 변수명n) -> 명령문;   ← 매개변수가 여러 개일 때

람다식으로 매개변수를 선언할 때는 괄호 ( ) 안에 매개변수 개수만큼 변수명을 지정합니다. 특이한 점은 변수명 앞에 타입을 지정하지 않는다는 것입니다. 이처럼 변수의 타입을 지정하지 않으면 자바 언어에서 자동으로 인터페이스에 선언된 추상 메서드의 매개변수 타입으로 처리해주므로 생략해도 상관없습니다. 이처럼 함수형 스타일은 개발자가 핵심적인 내용만 구현하고 부가적인 처리는 자바 언어에 맡기는 특징이 있습니다.

물론, 괄호 ( ) 안에 타입을 지정하고 싶다면 다음처럼 할 수도 있습니다. 그러나 인터페이스의 메서드를 구현할 때 매개변수의 타입이 변경될 일은 없으므로 생략하는 것이 효율적입니다.

(타입 변수명) -> 명령문;

람다식에서 매개변수를 사용하는 예를 살펴보겠습니다. 다음의 Verify 인터페이스에 선언된 check( ) 메서드는 int n 매개변수가 선언되었습니다.

```
interface Verify {
    boolean check(int n);
}
```

다음 코드는 Verify 인터페이스의 check( )를 일반 메서드로 구현한 예입니다.

```
public boolean check(int n) {
   return (n % 2) == 0;
}
```

위와 같은 코드를 람다식으로 구현하면 다음과 같습니다.

```
(n) -> (n % 2) == 0;
```

이번에는 매개변수가 두 개 있는 추상 메서드를 선언하는 예입니다.

```
interface Verify2 {
   boolean check(int n, int d);
}
```

다음 코드는 Verify2 인터페이스의 check( )를 일반 메서드로 구현한 예입니다.

```
public boolean check(int n, int d) {
   return (n % d) == 0;
}
```

위와 같은 코드를 람다식으로 구현하면 다음과 같습니다.

```
(n, d) -> (n % d) == 0;
```

이처럼 람다식을 이용하면 구현 코드가 줄어드는 효과를 확인할 수 있습니다.

매개변수를 한 개 사용하는 람다식

다음은 한 개의 매개변수가 선언된 메서드를 구현하는 람다식 예제입니다.

Test03.java

```
01: package com.ruby.java.ch14;
02:
03: interface Verify {
04:    boolean check(int n);
05: }
06:
07: public class Test03 {
08:    public static void main(String[] args) {
09:       Verify isEven = (n) -> (n % 2) == 0;
```

```
10:     System.out.println(isEven.check(10));
11:
12:     Verify isPositive = (n) -> n >= 0;
13:     System.out.println(isPositive.check(-5));
14:   }
15: }
```

【실행결과】

true
false

소스에 대한 자세한 설명은 다음과 같습니다.

```
03: interface Verify {
04:   boolean check(int n);
05: }
```

리턴 타입은 boolean, 매개변수 타입은 int인 check( ) 메서드를 포함하는 함수형 인터페이스 Verify를 선언합니다.

```
09: Verify isEven = (n) -> (n % 2) == 0;
```

Verify 인터페이스의 check( ) 메서드를 구현한 후 isEven 변수가 해당 메서드를 참조하도록 하였습니다. (n) -> (n % 2) == 0 람다식을 일반 메서드로 표현하면 다음과 같습니다.

```
boolean check(int n) {
  return (n % 2) == 0;
}
```

매개변수로 전달받은 n을 2로 나눈 나머지가 0이면 true, 아니면 false를 반환합니다.

```
10: System.out.println(isEven.check(10));
```

isEven.check(10) 코드는 isEven이 참조하는 check( ) 메서드를 호출합니다. 즉, 09번 줄에서 구현한 람다식을 실행합니다. 이때 인자값으로 전달한 10은 매개변수 n에 전달됩니다.

Verify isEven = (n) -> (n % 2) == 0;
                 ↑   ↑
           isEven.check(10)

그림 인자값 전달

```
12: Verify isPositive = (n) -> n >= 0;
```

Verify 인터페이스의 check( ) 메서드를 람다식으로 구현한 후 isPositive 변수가 해당 메서드를 참조하도록 하였습니다. (n) -> n >= 0 람다식을 일반 메서드로 표현하면 다음과 같습니다.

```
boolean check(int n) {
   return n >= 0;
}
```

매개변수로 전달받은 n이 0 이상이면 true, 그렇지 않으면 false를 반환합니다.

```
13: System.out.println(isPositive.check(-5));
```

isPositive.check(-5) 코드는 isPositive가 참조하는 check( ) 메서드를 호출합니다. 즉, 12번 줄에서 구현한 람다식을 실행합니다.

매개변수를 여러 개 사용하는 람다식

다음은 여러 개의 매개변수가 선언된 메서드를 구현하는 람다식 예제입니다.

Test04.java
```
01: package com.ruby.java.ch14;
02:
03: interface Verify2 {
04:    boolean check(int n, int d);
05: }
06:
07: public class Test04 {
08:    public static void main(String[] args) {
09:       Verify2 vf = (n, d) -> (n % d) == 0;
10:       System.out.println(vf.check(24, 3));
11:    }
12: }
```

【실행결과】

true

소스에 대한 자세한 설명은 다음과 같습니다.

```
03: interface Verify2 {
04:    boolean check(int n, int d);
05: }
```

int, int 타입으로 매개변수가 선언된 check( ) 추상 메서드를 포함하는 함수형 인터페이스 Verify2를 선언합니다.

```
09: Verify2 vf = (n, d) -> (n % d) == 0;
```

Verify2 인터페이스의 check( ) 메서드를 구현한 람다식입니다. (n, d)는 check(int n, int d)를 의미합니다. 09번 줄을 익명 클래스로 선언하면 다음과 같습니다.

```
Verify2 vf = new Verify2() {
  public boolean check(int n, int d) {
    return (n % d) == 0;
  }
}
```

매개변수로 전달받은 n을 d로 나눈 나머지가 0이면 true, 그렇지 않으면 false를 반환합니다.

```
10: System.out.println(vf.check(24, 3));
```

vf.check(24, 3) 코드는 09번 줄에서 구현한 람다식을 실행합니다. 람다식의 n은 24, d는 3을 전달받습니다.

(6) 람다식 블록

람다식 문법에서 ( ) -> 기호 다음 부분은 람다식의 본문입니다. 람다식 본문의 명령문이 한 줄이면 다음처럼 표현하며 이때는 return 문을 생략해도 명령문에서 처리된 값이 자동으로 반환됩니다.

【람다식 본문이 한 줄일 때】

 () -> 명령문;

람다식 본문에 명령문을 여러 줄로 구현하려면 다음처럼 블록 { }으로 감싸야 합니다.

【람다식 본문이 여러 줄일 때】

 () -> {
  명령문1;
  명령문2;
  return 값;
 };

이때 주의사항은 반환값이 있을 때는 반드시 return 문을 지정해야 한다는 것입니다. 람다식에서 return 문은 명령문이 한 줄일 때는 생략해도 되지만, 블록 { }을 사용하면 생략할 수 없습니다.

다음은 람다식 본문을 블록으로 처리하는 예제입니다.

Test05.java

```java
01: package com.ruby.java.ch14;
02:
03: interface NumberFunc {
04:     int func(int n);
05: }
06:
07: public class Test05 {
08:
09:     public static void main(String[] args) {
10:         NumberFunc sum = (n) -> {
11:             int result = 0;
12:             for(int i = 0; i <= n; i++) {
13:                 result += i;
14:             }
15:             return result;
16:         };
17:
18:         System.out.println("1부터 10까지의 합 : " + sum.func(10));
19:         System.out.println("1부터 100까지의 합 : " + sum.func(100));
20:     }
21:
22: }
```

【실행결과】

1부터 10까지의 합 : 55
1부터 100까지의 합 : 5050

(7) 제네릭 함수형 인터페이스

다음 코드는 함수형 인터페이스를 선언합니다.

```java
interface StringFunc {
    String modify(String s);
}
```

```
interface IntegerFunc {
    Integer modify(Integer n);
}
```

StringFunc와 IntegerFunc 인터페이스에 선언한 메서드의 공통점은 리턴 타입과 매개변수의 타입이 같습니다. 이럴 때 제네릭 함수형 인터페이스로 선언하면 한 번의 인터페이스 선언으로 모든 타입을 인자로 받아 처리할 수 있습니다.

다음은 StringFunc와 IntegerFunc 두 개의 인터페이스를 한번에 처리할 수 있는 제네릭 함수형 인터페이스입니다.

```
interface MyFunc<T> {
    T modify(T t);
}
```

제네릭 함수형 인터페이스에서 타입 매개변수 T에 전달할 타입 인자는 람다식을 참조하는 참조변수에 지정해야 합니다. 람다식에서는 제네릭을 사용할 수 없습니다. 다음은 제네릭 인터페이스에 타입 인자를 전달하는 문법입니다.

【제네릭 인터페이스에 타입 인자 전달】

인터페이스명<타입 인자> 변수명 = () -> 명령문

예제 코드는 다음과 같습니다.

```
MyFunc<String> mf1 = (str) -> str.toUpperCase() + ":" + str.length();
MyFunc<Integer> mf2 = (n) -> n * 2;
```

mf1의 람다식은 타입 인자를 String으로 전달하고, mf2의 람다식은 타입 인자를 Integer로 전달합니다.

예제를 통해 자세히 살펴보겠습니다.

Test06.java
```
01: package com.ruby.java.ch14;
02:
03: interface MyFunc<T> {
04:     T modify(T t);
05: }
06:
07: public class Test06 {
```

```
08:
09:    public static void main(String[] args) {
10:
11:        MyFunc<String> mf1 = (str) -> str.toUpperCase() + ":" + str.length();
12:        System.out.println(mf1.modify("java"));
13:        System.out.println(mf1.modify("java programming"));
14:
15:        MyFunc<Integer> mf2 = (n) -> n * 2;
16:        System.out.println(mf2.modify(23));
17:        System.out.println(mf2.modify(42));
18:    }
19: }
```

【실행결과】

```
JAVA:4
JAVA PROGRAMMING:16
46
84
```

소스에 대한 자세한 설명은 다음과 같습니다.

```
03: interface MyFunc<T> {
04:     T modify(T t);
05: }
```

제네릭 함수형 인터페이스를 선언합니다. 타입 매개변수 T에는 람다식을 참조하는 참조변수에서 지정하는 타입 인자로 대체됩니다.

```
11: MyFunc<String> mf1 = (str) -> str.toUpperCase() + ":" + str.length();
```

11번 줄의 람다식은 인자로 전달받은 문자열 str을 대문자로 변경하고 글자 수를 알려주는 문자열로 반환하는 명령문입니다. MyFunc<String>은 인터페이스의 타입 매개변수 T에 String을 지정합니다.

(str) 코드는 modify( ) 메서드 호출 시 전달되는 인자를 받는 매개변수입니다. str.toUpperCase( ) + ":" + str.length( ) 코드는 modify( ) 메서드의 본문이며 동시에 반환하는 값입니다. str.toUpperCase( ) 코드는 str 문자를 대문자로 변경하고, str.length( ) 코드는 str의 글자 수를 반환합니다.

```
12: System.out.println(mf1.modify("java"));
13: System.out.println(mf1.modify("java programming"));
```

mf1.modify( ) 코드는 11번 줄에 선언한 람다식을 실행합니다. 인자로 전달한 "java", "java programming" 문자열은 람다식의 매개변수 str에 저장됩니다.

```
15: MyFunc<Integer> mf2 = (n) -> n * 2;
```

MyFunc<Integer> 코드는 인터페이스의 타입 매개변수 T에 Integer를 지정합니다. (n)은 modify( ) 메서드 호출 시 전달되는 인자를 받는 매개변수입니다. -> n * 2 코드는 매개변수로 전달받은 n 값에 2를 곱해서 반환하는 명령문입니다.

```
16: System.out.println(mf2.modify(23));
17: System.out.println(mf2.modify(42));
```

mf2.modify( ) 코드는 15번 줄에 선언한 람다식을 실행합니다. 인자로 전달한 23과 42는 매개변수 n에 저장되고 반환값은 n * 2입니다.

14.3.2. 람다식 활용

(1) 람다식 인자

호출하는 메서드의 매개변수 타입이 인터페이스로 선언되었다면 인터페이스를 구현한 객체를 인자로 전달하면 됩니다. 람다식은 인터페이스 구현과 동시에 객체를 생성하는 방식이므로 람다식도 인자로 전달할 수 있습니다.

다음 코드의 sf1은 람다식으로 함수형 인터페이스 StringFunc을 구현하고 생성된 객체를 참조하는 변수입니다. 이 객체를 test( ) 메서드를 호출하면서 첫 번째 인자로 전달하였습니다. test( ) 메서드의 첫 번째 매개변수 타입은 StringFunc으로 지정된 것입니다.

```
StringFunc sf1 = (s) -> {
                    String result = "";
                    char c;
                    for (int i = 0; i < s.length( ); i++) {
                        c = s.charAt(i);
                        if (c == ',')
                            result += " ";
                        else
                            result += c;
                    }
                    return result;
                };

String s1 = test(sf1, str);
```

그림 람다식 인자

앞의 예제 코드는 참조변수 sf1을 통해 람다식을 메서드의 첫 번째 인자로 전달했습니다. 그런데 참조변수를 통하지 않고 인자를 지정하는 부분에 람다식을 직접 선언할 수도 있습니다. 아래 코드는 test(람다식, str) 형식으로 test( ) 메서드를 호출합니다.

```
String s2 = test((s) -> {
  int max = 0;
  int index = 0;
  String[] word = s.split(",");
  for(int i = 0; i < word.length; i++) {
    if(max < word[i].length()) {
      max = word[i].length();
      index = i;
    }
  }
  return word[index];
}, str);
```

람다식을 참조변수를 통하든 직접 지정하든 인자로 전달된 람다식을 받는 매개변수의 타입은 람다식이 구현한 인터페이스입니다. 예제에서는 StringFunc 인터페이스를 구현하였으므로 test( ) 메서드의 매개변수는 다음처럼 선언해야 합니다.

```
static String test(StringFunc sf, String s) {
```

메서드 호출 시 람다식을 인자로 전달하는 조금 더 간단한 예를 보겠습니다. 람다식의 명령문이 한 줄일 때는 이해하기가 수월합니다.

```
String s3 = test((s) -> s.toUpperCase(), "java");
```

이처럼 람다식을 인자로 직접 지정하는 예는 기본 API에서 제공하는 함수형 인터페이스를 사용할 때입니다. 프로그램을 개발하면서 함수형 인터페이스 API들을 자주 사용하므로 꼭 이해하고 넘어가길 바랍니다.

예제를 통해 자세히 살펴보겠습니다.

Test07.java

```
01: package com.ruby.java.ch14;
02:
03: interface StringFunc {
04:   String modify(String s);
05: }
```

```
06:
07: public class Test07 {
08:
09:     static String test(StringFunc sf, String s) {
10:         return sf.modify(s);
11:     }
12:
13:     public static void main(String[] args) {
14:
15:         String str = "Korea,Australia,China,Germany,Spain,Turkey";
16:         StringFunc sf1 = (s) -> {
17:             String result = "";
18:             char c;
19:             for(int i = 0; i < s.length(); i++) {
20:                 c = s.charAt(i);
21:                 if(c == ',')
22:                     result += " ";
23:                 else
24:                     result += c;
25:             }
26:             return result;
27:         };
28:
29:         String s1 = test(sf1, str);
30:         System.out.println(s1);
31:
32:         String s2 = test((s) -> {
33:             int max = 0;
34:             int index = 0;
35:             String[] word = s.split(",");
36:             for(int i = 0; i < word.length; i++) {
37:                 if(max < word[i].length()) {
38:                     max = word[i].length();
39:                     index = i;
40:                 }
41:             }
42:             return word[index];
43:         }, str);
44:         System.out.println(s2);
45:     }
46: }
```

【실행결과】
```
Korea Australia China Germany Spain Turkey
Australia
```

소스에 대한 자세한 설명은 다음과 같습니다.

```
03: interface StringFunc {
04:     String modify(String s);
05: }
```

String 타입 인자를 받아 String 타입으로 반환하는 추상 메서드 modify( )가 선언된 함수형 인터페이스 StringFunc을 선언합니다.

```
16: StringFunc sf1 = (s) -> {
```

(s) -> { 코드는 람다식의 매개변수 s를 선언합니다. StringFunc의 modify( ) 메서드 호출 시 전달받은 인자값을 매개변수 s에 저장합니다.

```
17:     String result = "";
18:     char c;
19:     for(int i = 0; i < s.length(); i++) {
20:         c = s.charAt(i);
21:         if(c == ',')
22:             result += " ";
23:         else
24:             result += c;
25:     }
26:     return result;
```

17~26번 줄은 람다식의 본문입니다. 매개변수 s로 전달받은 문자열의 길이만큼 반복 실행하는 반복문이 있습니다. s.charAt(i) 코드는 s에서 i번지에 해당하는 문자를 반환합니다. 이 값을 c 변수에 저장한 다음 if~else 문에서 c 변숫값이 콤마(,)이면 result 변수에 공백(" ")을 추가하고, 아니면 문자 그대로 result 변수에 추가합니다. 결국, 반복문이 종료되면 s 변수의 문자열 중 콤마(,)만 공백으로 변환한 문자열이 result 변수에 그대로 저장되어 반환됩니다.

```
29: String s1 = test(sf1, str);
```

test( ) 메서드를 호출하면서 첫 번째 인자는 람다식 sf1을, 두 번째 인자는 문자열 str을 전달합니다. test( ) 메서드 선언부를 보면 첫 번째 매개변수 타입은 함수형 인터페이스 StringFunc입니다. 즉, test( ) 메서드를 호출할 때 첫 번째 인자는 StringFunc를 구현한 람다식을 전달할 수 있습니다.

```
10:    return sf.modify(s);
```

10번 줄의 sf.modify(s) 코드는 매개변수로 전달받은 람다식의 modify( ) 메서드를 호출하면서 test( ) 메서드의 두 번째 매개변수로 받은 s 값을 전달합니다. modify( )는 String을 반환하는 메서드입니다. 결국 test( ) 메서드는 람다식을 실행한 후 반환된 값을 다시 반환합니다.

```
32:  String s2 = test((s) -> {
33:    int max = 0;
34:    int index = 0;
35:    String[] word = s.split(",");
36:    for(int i = 0; i < word.length; i++) {
37:      if(max < word[i].length()) {
38:        max = word[i].length();
39:        index = i;
40:      }
41:    }
42:    return word[index];
43:  }, str);
```

32~43번 줄까지 String s2 = test( ) 명령문입니다. test( ) 메서드의 인자값으로 "test(람다식, str)"을 전달하고 있는 형식입니다. 이때 첫 번째 인자로 전달하는 람다식은 콤마(,)를 기준으로 s 문자열을 나눈 후 String[ ] 배열 word에 저장합니다. 그리고 word 배열에 저장된 단어 개수만큼 반복문을 실행하여 max 변수에 가장 긴 문자열이 저장되도록 합니다. 이때 가장 긴 문자열이 저장된 배열의 인덱스를 index 변수에 저장해서 반복문 완료 후 해당 인덱스에 저장된 문자열, 즉 word 배열 중 길이가 가장 긴 단어를 반환합니다.

(2) 람다식 예외 처리

람다식을 구현할 때 예외가 발생하게 할 수 있습니다. 람다식 본문에서 예외가 발생하게 하려면 반드시 함수형 인터페이스의 추상 메서드 선언에서 throws 키워드를 지정해주어야 합니다.

예제를 통해 자세히 살펴보겠습니다.

Test08.java

```
01: package com.ruby.java.ch14;
02:
03: import java.util.Arrays;
04:
05: interface StringFunc2 {
06:   String[] modify(String s) throws EmptyStringException;
```

```
07: }
08:
09: class EmptyStringException extends Exception {
10:    EmptyStringException() {
11:       super("빈 문자열");
12:    }
13: }
14:
15: public class Test08 {
16:
17:    public static void main(String[] args) throws EmptyStringException {
18:
19:       String str = "Korea,Australia,China,Germany,Spain,Turkey";
20:
21:       StringFunc2 sf = (s) -> {
22:          if(s.length() == 0)
23:             throw new EmptyStringException();
24:          return s.split(",");
25:       };
26:
27:       String result[] = sf.modify(str);
28:       System.out.println(Arrays.toString(result));
29:
30:       String str2 = "";
31:       String result2[] = sf.modify(str2);
32:       System.out.println(Arrays.toString(result2));
33:    }
34: }
```

【실행결과】

```
Exception in thread "main" [Korea, Australia, China, Germany, Spain, Turkey]
com.ruby.java.ch14.EmptyStringException: 빈 문자열
        at com.ruby.java.ch14.Test08.lambda$0(Test08.java:23)
        at com.ruby.java.ch14.Test08.main(Test08.java:31)
```

소스에 대한 자세한 설명은 다음과 같습니다.

```
05: interface StringFunc2 {
06:    String[] modify(String s) throws EmptyStringException;
07: }
```

modify( ) 메서드를 포함하는 함수형 인터페이스 StringFunc2를 선언합니다. modify( ) 추상 메서드에서는 throws 키워드를 이용하여 EmptyStringException을 던집니다. EmptyStringException은 사용자 정의 예외 객체입니다.

```
09: class EmptyStringException extends Exception {
10:     EmptyStringException() {
11:         super("빈 문자열");
12:     }
```

사용자 정의 예외 객체 EmptyStringException을 선언합니다. 예외 객체이므로 09번 줄에서 Exception을 상속받습니다. 11번 줄에서 상위 객체의 생성자를 호출하면서 "빈 문자열"이라는 메시지를 전달합니다. 이 메시지는 예외가 발생하였을 때 출력합니다.

```
21: StringFunc2 sf = (s) -> {
22:     if(s.length() == 0)
23:         throw new EmptyStringException();
24:     return s.split(",");
```

StringFunc2 함수형 인터페이스를 구현하는 람다식입니다. 매개변수로 s를 선언합니다. if(s.length( ) == 0) 코드는 변수 s의 길이가 0인지 검사합니다. 만약 빈 문자열이면 23번 줄에서 EmptyStringException이 발생하게 합니다. 그리고 예외가 발생하지 않았다면 s 문자열을 콤마(,)를 구분자로 분리한 다음 String[ ] 배열로 반환합니다.

그런데 람다식을 구현하고 있는 17번 줄의 main( ) 메서드에서 EmptyStringException을 throws 하고 있으므로 try-catch로 예외 처리를 하지 않았습니다.

```
27: String result[] = sf.modify(str);
28: System.out.println(Arrays.toString(result));
```

sf의 modify( ) 메서드를 호출하면 str 문자열을 인자로 전달합니다. 21번 줄에서 구현한 람다식이 실행됩니다. 그리고 Arrays.toString(result) 코드는 인자로 전달한 배열의 값들을 문자열로 반환합니다.

```
30: String str2 = "";
31: String result2[] = sf.modify(str2);
```

sf의 modify( ) 메서드를 호출하면서 str2 문자열을 인자로 전달합니다. 30번 줄에서 str2는 빈 문자열이므로 21번 줄에서 구현한 람다식이 실행되면서 EmptyStringException이 발생합니다. 그러나 예제에서는 예외 처리를 하지 않아서 실행이 강제로 중지됩니다.

(3) 변수 사용

자바에서 사용하는 변수는 크게 필드와 지역변수가 있습니다. 필드는 클래스의 멤버로 선언된 변수로서 인스턴스가 생성될 때마다 힙 영역에 생성됩니다. 지역변수는 메서드 안이나 특정한 블록에 선언된 변수로서 메서드나 블록이 실행될 때마다 스택 영역에 생성됩니다.

람다식의 본문을 구현할 때 필드와 람다식이 구현된 메서드의 지역변수를 사용할 수 있습니다. 그런데 필드는 값을 사용하거나 수정할 수 있지만, 지역변수는 사용만 할 수 있고 수정은 할 수 없습니다. 람다식이 구현된 메서드의 지역변수는 마치 final이 선언된 변수처럼 사용되는 것입니다.

예제를 통해 자세히 살펴보겠습니다.

Test09.java

```java
01: package com.ruby.java.ch14;
02:
03: interface Calculator {
04:     int func();
05: }
06:
07: public class Test09 {
08:
09:     static int num1 = 10;
10:     int num2 = 20;
11:
12:     public static void main(String[] args) {
13:         Test09 test = new Test09();
14:         int num3 = 30;
15:
16:         Calculator calc = () -> {
17:             int num4 = 40;
18:             Test09.num1++;
19:             test.num2++;
20:             num3++;   // 오류 발생
21:             num4++;
22:             return num4;
23:         };
24:     }
25: }
```

소스에 대한 자세한 설명은 다음과 같습니다.

```
03: interface Calculator {
04:     int func();
05: }
```

함수형 인터페이스 Calculator를 선언합니다. 매개변수는 없고 리턴 타입은 int인 추상 메서드 func( )를 선언합니다.

```
09: static int num1 = 10;
10: int num2 = 20;
```

클래스 변수 num1과 인스턴스 변수 num2를 선언하고 각각 10과 20으로 초기화합니다.

```
13: Test09 test = new Test09();
14: int num3 = 30;
```

Test09 클래스의 인스턴스를 생성한 후 test 변수에서 참조합니다. num3은 main( ) 메서드 안에 선언했으므로 지역변수입니다. 지역변수는 람다식에서 사용만 할 수 있고 값을 수정할 수 없습니다. 즉, final이 선언된 변수처럼 사용되는 것입니다.

```
16: Calculator calc = () -> {
17:     int num4 = 40;
```

람다식 본문에서 num4를 선언합니다. num4도 람다식 블록 { }에서 사용하고자 선언한 변수입니다.

```
18: Test09.num1++;    // 클래스 변수
19: test.num2++;      // 인스턴스 변수
20: num3++;           // 메서드에 선언된 지역변수
21: num4++;           // 람다식에 선언된 지역변수
```

각 변숫값을 1만큼 증가시키는 명령문입니다. 20번 줄의 num3++ 명령문에서 오류가 발생합니다. 왜냐하면 람다식이 구현된 메서드에 선언된 지역변수는 값을 수정할 수 없기 때문입니다.

14.3.3. 메서드 참조

다음은 람다식 본문에 여러 줄의 명령문을 구현한 예입니다. 람다식 본문에 복잡한 로직을 구현할 때는 가독성이 떨어질 수 있습니다. 그래서 람다식을 메서드 형태로 구현하는 기능을 지원합니다. 이 기능 또한 람다식과 더불어 JDK 8에서 추가되었습니다.

```java
interface StringFunc {
  String modify(String s);
}
public class Test07 {
  static String test(StringFunc sf, String s) {
    return sf.modify(s);
  }
  public static void main(String[] args) {
    String str = "Korea,Australia,China,Germany,Spain,Turkey";
    StringFunc sf1 = (s) -> {
      String result = "";
      char c;
      for(int i = 0; i < s.length(); i++) {
        c = s.charAt(i);
        if(c == ',')
          result += " ";
        else
          result += c;
      }
      return result;
    };
    String s1 = test(sf1, str);
```

다음은 위의 코드에서 람다식 본문을 메서드로 구현한 코드입니다.

```java
static String func(String s) {
  String result = "";
  char c;
  for(int i = 0; i < s.length(); i++) {
    c = s.charAt(i);
    if(c == ',')
      result += " ";
    else
      result += c;
  }
  return result;
}
```

func( ) 메서드의 본문이 앞에서 살펴본 람다식 본문과 동일합니다. 람다식을 구현하는 메서드의 리턴 타입과 매개변수는 함수형 인터페이스의 추상 메서드와 동일해야 합니다. 그러나 메서드 이름은 상관없습니다. 왜냐하면 인터페이스의 추상 메서드를 구현하고자 선언된 메서드이기 때문입니다.

이처럼 인터페이스의 추상 메서드를 구현하고자 선언된 메서드를 사용하여 인터페이스 객체를 생성하는 문법은 다음과 같습니다.

【인터페이스 객체 생성】

클래스명::메서드명   ← static 메서드로 선언했을 때
참조변수명::메서드명   ← 인스턴스 메서드로 선언했을 때

func( )는 StringFunc 인터페이스를 구현하기 위한 메서드이고, Test07 클래스에서 static으로 선언된 경우에 인터페이스 객체를 생성하는 명령문은 다음과 같습니다.

```
StringFunc sf = Test07::func
```

"클래스명::메서드명" 또는 "참조변수명::메서드명" 명령문은 지정한 메서드로 인터페이스의 추상 메서드를 구현한 객체를 생성합니다. 인터페이스 구현 시 메서드를 참조하기 때문에 이러한 구현 방식을 "메서드 참조(Method Reference)"라고 합니다.

지금까지 함수형 인터페이스를 구현한 후 객체를 생성하는 방법은 다음의 세 가지였습니다.

1. 명령형 스타일
2. 람다식   ➔ () -> { }
3. 메서드 참조   ➔ 클래스명::메서드명

(1) static 메서드 참조

static으로 선언된 메서드를 사용하여 함수형 인터페이스를 구현하는 예제를 살펴보겠습니다.

Test10.java

```
01: package com.ruby.java.ch14.methodRef;
02:
03: interface StringFunc {
04:     String modify(String s);
05: }
06:
07: public class Test10 {
08:
09:     static String func(String s) {
10:         String result = "";
11:         char c;
12:         for(int i = 0; i < s.length(); i++) {
```

```
13:         c = s.charAt(i);
14:         if(c == ',')
15:            result += " ";
16:         else
17:            result += c;
18:      }
19:      return result;
20:   }
21:
22:   public static void main(String[] args) {
23:
24:      StringFunc sf = Test10::func;
25:
26:      String str = "Korea,Australia,China,Germany,Spain,Turkey";
27:      String result = sf.modify(str);
28:      System.out.println(result);
29:
30:      String str2 = "서울,북경,도쿄,뉴욕,발리";
31:      result = sf.modify(str2);
32:      System.out.println(result);
33:   }
34: }
```

【실행결과】

```
Korea Australia China Germany Spain Turkey
서울 북경 도쿄 뉴욕 발리
```

소스에 대한 자세한 설명은 다음과 같습니다.

```
03: interface StringFunc {
04:    String modify(String s);
05: }
```

String modify(String)으로 선언된 추상 메서드를 포함하는 함수형 인터페이스 StringFunc를 선언합니다.

```
09: static String func(String s) {
...
19:    return result;
20: }
```

static func( ) 메서드는 매개변수로 전달받은 문자열의 콤마(,)를 공백으로 변환하여 반환합니다. 람다식 본문으로 처리될 메서드입니다.

```
24: StringFunc sf = Test10::func;
```

StringFunc 함수형 인터페이스를 구현한 객체가 생성되어 반환됩니다. StringFunc 인터페이스 구현은 Test10::func 코드로 대체합니다. 즉, Test10 클래스의 func( )는 StringFunc의 modify( )를 구현한 메서드입니다.

```
27: String result = sf.modify(str);
```

sf.modify( )를 구현한 메서드는 09번 줄에 선언된 func( )입니다. str을 인자로 전달하며 func( ) 메서드가 실행됩니다.

(2) 인스턴스 메서드 참조

인스턴스 메서드를 사용하여 함수형 인터페이스를 구현하는 예제를 살펴보겠습니다. 앞에서 작성한 Test10.java 소스를 수정합니다.

Test10.java 수정

```
...
09:    String func(String s) {    // static 제어자 삭제
...
20:    } // 함수 종료
21:
22:    public static void main(String[] args) {
23:
24:        Test10 obj = new Test10();
25:        StringFunc sf = obj::func;
26:
27:        String str = "Korea,Australia,China,Germany,Spain,Turkey";
28:        String result = sf.modify(str);
29:        System.out.println(result);
30:
...
34:    }
```

【실행결과】

Korea Australia China Germany Spain Turkey
서울 북경 도쿄 뉴욕 발리

소스에 대한 자세한 설명은 다음과 같습니다.

```
09: String func(String s) {      // static 제어자 삭제
```

static 키워드를 삭제하여 인스턴스 메서드로 선언합니다.

```
24: Test10 obj = new Test10();
25: StringFunc sf = obj::func;
```

09번 줄에 선언된 func( ) 인스턴스 메서드를 사용하기 위해 Test10 객체를 생성합니다. 그리고 StringFunc 인터페이스를 obj가 참조하는 func( ) 메서드로 구현한 객체를 생성합니다.

(3) 제네릭 메서드 참조

함수형 인터페이스 구현 시 제네릭 메서드를 참조할 때는 다음처럼 타입 매개변수를 메서드명 앞에 지정합니다.

【제네릭 메서드 참조】

클래스명::<타입>메서드명

다음은 제네릭 메서드를 참조하여 인터페이스를 구현하고 객체를 생성하는 예제입니다.

Test11.java
```
01: package com.ruby.java.ch14.methodRef;
02:
03: interface MyFunc<T> {
04:     int func(T[] arr, T val);
05: }
06:
07: class MyUtil {
08:     static <T> int count(T[] arr, T val) {
09:         int cnt = 0;
10:         for(int i = 0; i < arr.length; i++) {
11:             if(arr[i] == val)
12:                 cnt++;
13:         }
14:         return cnt;
15:     }
16: }
17:
```

```
18: public class Test11 {
19:     static <T> int test(MyFunc<T> mf, T[] arr, T val) {
20:         return mf.func(arr, val);
21:     }
22:
23:     public static void main(String[] args) {
24:         String[] list1 = {"blue", "red", "yellow", "blue", "red", "blue"};
25:         Integer[] list2 = {10, 50, 10, 50, 40, 10, 20, 10, 20};
26:
27:         int cnt = 0;
28:         cnt = test(MyUtil::<String>count, list1, "blue");
29:         System.out.println("개수 : " + cnt);
30:
31:         cnt = test(MyUtil::<Integer>count, list2, 10);
32:         System.out.println("개수 : " + cnt);
33:     }
34: }
```

【실행결과】

개수 : 3
개수 : 4

소스에 대한 자세한 설명은 다음과 같습니다.

```
03: interface MyFunc<T> {
04:     int func(T[] arr, T val);
05: }
```

함수형 인터페이스 MyFunc을 선언합니다. 이때 타입 매개변수를 사용하기 위해 T를 선언합니다.

```
08: static <T> int count(T[] arr, T val) {
```

count( ) 제네릭 메서드를 선언합니다. 매개변수에 타입 매개변수 T를 지정합니다. count( ) 메서드는 T 타입의 배열과 T 타입의 값을 매개변수로 받습니다.

```
09: int cnt = 0;
10: for(int i = 0; i < arr.length; i++) {
11:     if(arr[i] == val)
12:         cnt++;
13: }
14: return cnt;
```

09번~14번 줄은 매개변수로 전달받은 arr 배열에서 val 값이 몇 개 존재하는지 세고 있습니다.

```
19: static <T> int test(MyFunc<T> mf, T[] arr, T val) {
20:     return mf.func(arr, val);
21: }
```

test( )는 람다식으로 구현된 함수형 인터페이스의 func( ) 메서드를 호출하고자 선언한 메서드입니다. 첫 번째 인자는 MyFunc을 구현한 객체를 받겠다는 의미입니다. 매개변수로 받은 MyFunc mf의 func( ) 메서드를 20번 줄에서 호출합니다. func( ) 메서드를 호출하면서 test( ) 메서드의 두세 번째 매개변수인 arr과 val을 전달합니다.

```
28: cnt = test(MyUtil::<String>count, list1, "blue");
```

test( ) 메서드를 호출하면서 세 가지 인자값을 전달합니다. 첫 번째 인자(MyUtil::<String>count)는 MyFunc 함수형 인터페이스의 func( ) 메서드 구현을 MyUtil 클래스의 count( ) 메서드로 대체하는 객체를 생성합니다. 이 객체는 test( ) 메서드의 첫 번째 매개변수 MyFunc<T> mf에 저장됩니다. 제네릭 메서드를 사용할 때는 MyUtil::<String>count처럼 메서드 이름 앞에 타입 인자를 지정합니다.

두 번째 인자(list1)는 String[ ] list1 = {"blue", "red", "yellow", "blue", "red", "blue"} 문자열 배열입니다. test( ) 메서드의 두 번째 매개변수 T[ ] arr에 저장됩니다. 그리고 세 번째 인자("blue")는 test( ) 메서드의 세 번째 매개변수 T val에 저장됩니다.

```
31: cnt = test(MyUtil::<Integer>count, list2, 10);
```

MyUtil::<Integer>count는 타입 인자를 Integer로 지정한 MyUtil의 count( ) 메서드를 참조하는 인터페이스의 객체를 생성합니다.

(4) 생성자 참조

앞에서 알아본 바와 같이 함수형 인터페이스를 메서드 참조를 통해 생성할 수 있었습니다. 메서드를 참조해서 인터페이스 객체를 생성한 것처럼 생성자를 참조해서도 가능합니다. 생성자 참조로 인터페이스를 구현하고 객체를 생성하는 문법은 다음과 같습니다.

【생성자 참조로 인터페이스 객체 생성】

클래스명:: new

예를 들어 다음처럼 UserFunc 인터페이스가 선언되었다고 가정합시다.

```
interface UserFunc {
  User func(int n);
}
```

그리고 다음의 명령문을 실행하면 User의 생성자로 func( ) 메서드가 구현된 UserFunc 인터페이스 객체가 생성됩니다.

```
UserFunc uf = User::new;
```

그리고 생성자 참조로 구현된 인터페이스 객체 uf의 func(123) 메서드를 실행하면 User의 생성자 중 int 값 한 개를 매개변수로 전달받는 생성자가 실행되어 User 객체를 생성하고 반환합니다.

```
User u = uf.func(123);
```

생성자 참조가 메서드 참조와 다른 점은 새로운 클래스 객체가 생성되어 반환된다는 것입니다.

예제를 통해 자세히 살펴보겠습니다.

Test12.java
```
01: package com.ruby.java.ch14.methodRef;
02:
03: interface UserFunc {
04:   User func(int n);
05: }
06:
07: class User {
08:   private int value;
09:
10:   User() {
11:     value = 0;
12:   }
13:
14:   User(int value) {
15:     this.value = value;
16:   }
17:
18:   int getVal() {
19:     return value;
20:   }
21: }
```

```
22:
23: public class Test12 {
24:     public static void main(String[] args) {
25:         UserFunc uf = User::new;
26:         User u = uf.func(123);
27:         System.out.println(u.getVal());
28:     }
29: }
```

【실행결과】

```
123
```

소스에 대한 자세한 설명은 다음과 같습니다.

```
03: interface UserFunc {
04:     User func(int n);
05: }
```

함수형 인터페이스 UserFunc를 선언합니다. func( ) 메서드의 리턴 타입은 User, 매개변수는 int n입니다.

```
25: UserFunc uf = User::new;
```

User::new 명령문은 User 클래스의 생성자를 참조하는 인터페이스 객체를 생성합니다. User 클래스의 생성자는 10번 줄의 기본 생성자, 14번 줄의 int 값을 전달받는 생성자가 있습니다. UserFunc 인터페이스의 메서드를 User func(int n)으로 선언했으므로 14번 줄의 생성자를 참조합니다.

```
26: User u = uf.func(123);
```

uf.func(123)은 14번 줄의 생성자를 실행하는 새로운 User 객체를 생성해 반환합니다.

```
27: System.out.println(u.getVal());
```

u.getVal( )의 u는 26번 줄에서 반환받은 User 객체입니다. 26번 줄에서 User 객체가 생성되면서 생성자에서 123을 value 변수에 저장했으므로 getVal( )의 반환값은 123입니다.

(5) 제네릭 클래스 생성자 참조

다음 예제는 제네릭 클래스의 생성자를 참조하는 예제입니다.

Test12.java 수정

```java
01: package com.ruby.java.ch14.methodRef;
02:
03: interface UserFunc<T> {
04:     User<T> func(T n);
05: }
06:
07: class User<T> {
08:     private T value;
09:
10:     User() {
11:         value = null;
12:     }
13:
14:     User(T value) {
15:         this.value = value;
16:     }
17:
18:     T getVal() {
19:         return value;
20:     }
21: }
22:
23: public class Test12 {
24:     public static void main(String[] args) {
25:         UserFunc<Integer> uf = User<Integer>::new;
26:         User<Integer> u = uf.func(123);
27:         System.out.println(u.getVal());
28:     }
29: }
```

【실행결과】

123

소스에 대한 자세한 설명은 다음과 같습니다.

```
25: UserFunc<Integer> uf = User<Integer>::new;
26: User<Integer> u = uf.func(123);
```

25번 줄의 UserFunc⟨Integer⟩ uf는 03번 줄에서 선언한 함수형 인터페이스입니다. 타입 매개변수 T에 Integer를 지정합니다. 그리고 User⟨Integer⟩::new는 14번 줄에서 선언한 생성자를 참조하여 인터페이스를 구현합니다.

그리고 26번 줄의 uf.func(123)은 04번 줄에 선언된 func( ) 메서드로서 uf가 구현한 func( ) 메서드는 14번 줄의 생성자를 참조하여 구현되었습니다.

멀티 타입 매개변수 사용

다음은 멀티 타입 매개변수를 사용하는 함수형 인터페이스를 생성자 참조로 구현하는 예제입니다.

Test13.java
```
01: package com.ruby.java.ch14.methodRef;
02:
03: interface ObjectFunc<R, T> {
04:    R func(T n);
05: }
06:
07: class Student<T> {
08:    private T value;
09:
10:    Student() {
11:       value = null;
12:    }
13:
14:    Student(T value) {
15:       this.value = value;
16:    }
17:
18:    T getVal() {
19:       return value;
20:    }
21: }
22:
23: class Professor {
24:    private String subject;
25:
26:    Professor() {
27:       subject = null;
28:    }
29:
30:    Professor(String subject) {
```

```
31:        this.subject = subject;
32:     }
33:
34:     String getVal() {
35:        return subject;
36:     }
37: }
38:
39: public class Test13 {
40:
41:     static <R, T> R test(ObjectFunc<R, T> obj, T v) {
42:        return obj.func(v);
43:     }
44:
45:     public static void main(String[] args) {
46:
47:        ObjectFunc<Student<Integer>, Integer> of1 = Student::new;
48:        Student<Integer> s = test(of1, 1004);
49:        System.out.println(s.getVal());
50:
51:        ObjectFunc<Professor, String> of2 = Professor::new;
52:        Professor p = test(of2, "Java");
53:        System.out.println(p.getVal());
54:     }
55: }
```

【실행결과】

1004
Java

소스에 대한 자세한 설명은 다음과 같습니다.

```
03: interface ObjectFunc<R, T> {
04:    R func(T n);
```

함수형 인터페이스 ObjectFunc에는 R과 T 두 개의 타입 매개변수를 선언합니다. 그리고 func( ) 추상 메서드의 매개변수에는 T 타입 매개변수를 선언하고, 리턴 타입에은 R 타입 매개변수를 선언합니다.

```
07: class Student<T> {
```

제네릭 클래스 Student에는 타입 매개변수 T를 선언합니다.

```
23: class Professor {
```

일반 클래스 Professor를 선언합니다.

```
41:   static <R, T> R test(ObjectFunc<R, T> obj, T v) {
```

test( ) 메서드에는 타입 매개변수 R과 T를 선언합니다. 첫 번째 매개변수 ObjectFunc<R, T> obj는 함수형 인터페이스 ObjectFunc을 구현한 객체를 첫 번째 매개변수로 받겠다는 의미입니다. ObjectFunc은 04번 줄에서 func( ) 메서드에 R은 리턴 타입으로, T는 매개변수로 선언되었습니다. 그리고 두 번째 매개변수는 T 타입으로 받습니다.

```
42:     return obj.func(v);
```

test( ) 메서드는 첫 번째 매개변수로 전달받은 ObjectFunc의 func( ) 메서드에서 반환하는 값을 다시 반환합니다. func( ) 메서드 호출 시 test( ) 메서드의 두 번째 매개변수로 받은 값을 전달합니다.

```
47:   ObjectFunc<Student<Integer>, Integer> of1 = Student::new;
```

of1의 타입을 함수형 인터페이스 ObjectFunc으로 선언합니다. 제네릭은 다음처럼 Student<Integer>는 R, Integer는 T 타입 매개변수에 대체됩니다.

```
ObjectFunc<Student<Integer>, Integer> of1 =

interface ObjectFunc<R, T> {
    R func(T n);
}
```

그림 타입 매개변수 대체

Student::new 코드는 Student의 생성자를 참조하여 ObjectFunc의 func( ) 메서드를 구현합니다.

```
Student :: new;  ┌ Student(T value) {          interface ObjectFunc<R, T> {
                 │     this.value = value;   →     R func(T n);
                 └ }                             }
```

그림 생성자를 참조하여 메서드 구현

```
48:   Student<Integer> s = test(of1, 1004);
```

test( ) 메서드를 호출하면 람다식 of1과 Integer 값 1004를 전달합니다. test( ) 메서드는 of1의 func(1004) 메서드를 호출한 후 Student〈Integer〉 객체를 반환합니다.

```
51: ObjectFunc<Professor, String> of2 = Professor::new;
```

of2의 타입을 함수형 인터페이스 ObjectFunc으로 선언합니다. Professor는 R, String은 T 타입 매개 변수에 대체됩니다.

```
        ObjectFunc<Professor, String> of2 =

    interface ObjectFunc<R,  T> {
        R func(T  n);
    }
```

그림 타입 매개변수 대체

Professor::new 코드는 Professor의 생성자를 참조하여 ObjectFunc의 func( ) 메서드를 구현합니다.

```
                    Professor(String subject)  {        interface ObjectFunc<R, T> {
    Professor :: new;    this.subject = subject;           R func(T  n);
                    }                                    }
```

그림 생성자를 참조하여 메서드 구현

```
52: Professor p = test(of2, "Java");
```

test( ) 메서드를 호출하면 람다식 of2와 String 값 "Java"를 전달합니다. test( ) 메서드는 of2의 func("Java") 메서드를 호출한 후 Professor 객체를 반환합니다.

14.3.4. 함수형 인터페이스 API

지금까지 다룬 예제는 함수형 인터페이스를 선언한 후 사용하였습니다. 그러나 기본적인 함수형 인터페이스는 java.util.function 패키지에서 제공합니다. 사용하려는 함수형 인터페이스의 매개변수와 리턴 타입이 같다면 새로 선언하지 말고 API를 사용하는 것이 효율적입니다.

java.util.function 패키지에서 제공하는 기본적인 함수형 인터페이스는 다음과 같습니다. 선언된 매개 변수와 반환 타입을 참고바랍니다.

표 java.util.function 패키지에서 제공하는 기본적인 함수형 인터페이스

인터페이스	메서드	설명
Function<T, R>	R apply(T)	T 타입 인자 처리 후 R 타입 값 반환
Predicate<T>	boolean test(T)	T 타입 인자 처리 후 boolean 값 반환
Consumer<T>	void accept(T)	T 타입 인자 처리(반환값 없음)
Supplier<T>	T get()	인자 없이 처리 후 T 타입 값 반환

(1) Function

- **인터페이스**: Function<T, R>
- **메서드**: R apply(T)

Function 함수형 인터페이스에 선언된 메서드는 apply( )입니다. apply( ) 메서드는 매개변수 T와 리턴 타입 R로 선언되었습니다. 다음은 T 타입으로 인자를 받아 처리한 후 R 타입으로 반환하는 Function 인터페이스를 구현한 예제입니다.

Test14.java

```java
01: package com.ruby.java.ch14;
02:
03: import java.util.function.Function;
04:
05: public class Test14 {
06:     public static void main(String[] args) {
07:         Function<String, Integer> func = (s) -> {
08:             int cnt = 0;
09:             String[] word = s.split(" ");
10:             cnt = word.length;
11:             return cnt;
12:         };
13:
14:         int wordCnt = func.apply("고개를 들어 별들을 보라 당신 발만 내다 보지말고");
15:         System.out.println("단어 수 : " + wordCnt);
16:     }
17: }
```

【실행결과】

단어 수 : 8

(2) Predicate

- 인터페이스: Predicate<T>
- 메서드: boolean test(T)

Predicate 함수형 인터페이스에 선언된 메서드는 test( )입니다. test( ) 메서드는 매개변수 T와 리턴 타입은 boolean으로 선언되었습니다. 다음은 T 타입으로 인자를 받아 처리한 후 boolean 타입으로 반환하는 Predicate 인터페이스를 구현한 예제입니다.

Test15.java
```
01: package com.ruby.java.ch14;
02:
03: import java.util.function.Predicate;
04:
05: public class Test15 {
06:     public static void main(String[] args) {
07:         Predicate<Integer> func = (n) -> n % 2 == 0;
08:         if(func.test(123))
09:             System.out.println("짝수입니다.");
10:         else
11:             System.out.println("홀수입니다.");
12:     }
13: }
```

【실행결과】
홀수입니다.

(3) Consumer

- 인터페이스: Consumer<T>
- 메서드: void accept(T)

Consumer 함수형 인터페이스에 선언된 메서드는 accept( )입니다. accept( ) 메서드는 매개변수 T와 리턴 타입은 void로 선언되었습니다. 다음은 T 타입으로 인자를 받아 처리한 후 반환값 없이 종료하는 Consumer 인터페이스를 구현한 예제입니다.

Test16.java

```java
01: package com.ruby.java.ch14;
02:
03: import java.text.SimpleDateFormat;
04: import java.util.Date;
05: import java.util.function.Consumer;
06:
07: public class Test16 {
08:
09:   public static void main(String[] args) {
10:     Consumer<Date> date = (d) -> {
11:       String s = new SimpleDateFormat("YY-MM-dd").format(d);
12:       System.out.println(s);
13:     };
14:
15:     date.accept(new Date());
16:   }
17: }
```

【실행결과】

18-03-16

(4) Supplier

- **인터페이스**: Supplier<T>
- **메서드**: T get()

Supplier 함수형 인터페이스에 선언된 메서드는 get( )입니다. get( ) 메서드는 전달받는 인자가 없고 리턴 타입은 T로 선언되었습니다. 다음은 전달받는 인자 없이 처리된 후 T 타입으로 반환하는 Supplier 인터페이스를 구현한 예제입니다.

Test17.java

```java
01: package com.ruby.java.ch14;
02:
03: import java.text.SimpleDateFormat;
04: import java.util.Date;
05: import java.util.function.Supplier;
06:
```

```
07: public class Test17 {
08:
09:     public static void main(String[] args) {
10:         Supplier<String> day = () -> new SimpleDateFormat("E요일").format(new Date());
11:         String result = day.get();
12:         System.out.println(result);
13:     }
14: }
```

【실행결과】

금요일

15

스트림 API

지금까지 우리는 배열이나 컬렉션에 저장된 데이터를 처리할 때 반복문을 이용해 왔습니다. 그러다 보니 매번 요소의 개수만큼 반복문을 돌리면서 인덱스를 생각하고 중간 처리 값을 저장하는 등 복잡한 작업을 직접 구현해야 했습니다. 그러나 이번 장에서 소개할 스트림 방식으로 처리하면 우리가 직접 구현하지 않고서도 자동으로 요소의 개수만큼 반복되며, 저장된 요소들을 차례대로 처리하거나 병렬로 처리할 수 있습니다. 또한, 복잡한 연산을 람다식으로 구현해서 코드를 간소화할 수 있습니다. 이번 장에서는 이처럼 기존의 데이터 처리 방식보다 많은 장점이 있는 스트림 처리 방식을 살펴봅니다.

15.1. 스트림이란?

스트림 API는 배열이나 컬렉션처럼 데이터 그룹을 간단하고 효율적으로 처리할 목적으로 JDK 8부터 지원하는 API입니다. 스트림 API는 java.util.stream 패키지에 정의되어 있습니다. 스트림도 배열이나 컬렉션처럼 데이터 그룹을 처리하는 객체이지만 몇 가지 차이점이 있습니다.

첫 번째는 배열과 컬렉션 데이터는 메모리에 저장되지만, 스트림 데이터는 처리 과정에서 임시로 존재할 뿐입니다. 스트림 데이터는 작업 후 자동으로 소멸합니다. 두 번째는 스트림을 이용하면 데이터 소스 원본을 변경하지 않고서도 데이터 처리 작업을 수행할 수 있습니다. 세 번째는 지연 연산을 수행합니다. 이와 관련한 내용은 잠시 후 자세하게 살펴보겠습니다.

15.1.1. 스트림 사용 3단계

스트림 API를 사용하려면 다음 세 단계를 구성합니다.

① 스트림 생성

배열이나 컬렉션의 요소들을 스트림으로 처리하려면 가장 먼저 요소들을 갖는 스트림을 생성해야 합니다.

② 중개 연산

중개 연산은 스트림을 받아서 스트림을 반환합니다. 데이터를 추출, 변환, 조합하는 작업 등을 수행할 수 있으며 여러 개의 중개 연산을 지정할 수 있습니다. 중개 연산은 람다식으로 구현해 코드를 간소화할 수 있으며, 일반적으로 지연 연산을 수행합니다. 지연 연산은 잠시 후 자세하게 다룹니다. 다음 예에서는 스트림에서 홀수값만 추출해 반환합니다.

③ 최종 연산

결과를 산출하기 위한 최종 연산을 수행합니다. 이때 중개 연산에서 미뤘던 지연 연산을 수행합니다. 최종 연산 이후로 스트림은 자동 소멸하여 더는 사용할 수 없습니다. 다음 예에서는 스트림의 데이터들을 모두 합하여 9라는 최종값을 반환합니다.

15.1.2. 스트림 특징

명령형 프로그래밍에서는 배열이나 컬렉션의 요소들을 처리하기 위해 for, while 등의 반복문을 사용하여 처음 요소부터 마지막 요소까지 인덱스로 접근해 처리합니다.

명령형 프로그래밍 방식
```
int[] num = {1, 2, 3, 4, 5};
int sum = 0;
for(int i = 0; i < num.length; i++) {
  if((num[i] % 2) == 1)
    sum += num[i];
}
```

이처럼 개발자가 직접 반복문을 구현해서 요소에 순차적으로 접근해 처리하는 것을 "외부 반복"이라고 합니다. 외부 반복은 반복의 흐름을 개발자가 직접 제어할 수 있어서 자유도가 높은 대신 코드가 복잡해지고 인덱스를 다루면서 개발자의 실수로 인한 오류가 발생할 수 있습니다.

그러나 스트림 구현 방식은 반복문이 필요 없습니다. 스트림은 내부적으로 스트림 요소의 개수만큼 자동으로 반복하기 때문입니다. 이것을 "내부 반복"이라고 합니다. 내부 반복은 반복의 흐름을 직접 제어할 수는 없지만 코드가 단순해지고 그만큼 가독성이 좋아지며, 개발자가 인덱스를 직접 다루지 않음으로써 실수로 인한 오류 발생 확률이 줄어듭니다.

스트림 방식
```
int sum = Arrays.stream(num).filter((n) -> n % 2 == 1).sum();
```

Arrays.stream(num) 코드는 num 배열의 요솟값을 입력으로 스트림을 생성합니다. filter( ) 메서드는 스트림을 대상으로 요소의 개수만큼 괄호 안의 명령문을 반복해서 실행합니다. 이때 filter( ) 메서드의 괄호 안에 람다식을 사용하였습니다. 람다식 (n) -> n % 2 = 1은 스트림에서 각 요솟값을 나타내는 변수 n을 2로 나눈 나머지가 1인 값, 즉, 홀수만 추출합니다. 그리고 sum( ) 메서드는 최종 연산으로 홀수만 더한 값을 반환합니다.

명령형 방식의 관심사는 '무엇'을 처리하느냐에 있다면, 스트림 방식은 무엇보다는 '어떻게' 처리하느냐에 관심이 더 많습니다.

(1) 파이프-필터 패턴

이처럼 스트림을 이용하여 각종 중개 연산을 수행한 다음 최종 연산을 수행해 결괏값을 산출하는 방식을 "파이프-필터(Pipe and Filter)" 패턴이라고 합니다.

```
int sum = Arrays.stream(num).filter((n) -> n % 2 ==1).sum();
                     ↓                  ↓              ↓
                 1, 2, 3, 4, 5        1, 3, 5          9
                   ① 입력             ② 필터링        ③ 출력
```

스트림은 데이터가 저장되는 곳이 아니라 데이터가 흐르는 파이프(pipe, 관)로 생각할 수 있습니다. 위의 코드를 보면 파이프가 점(.) 연산자로 연결되어 있으며 중간에 필요한 데이터만 걸러주는 필터가 있습니다. 그리고 최종 연산 작업을 통해 결괏값을 산출합니다.

(2) 지연 연산

명령형 방식의 반복문에서는 반복될 때마다 각 요솟값을 합한 값이 sum 변수에 저장됩니다.

```
if((num[i] % 2) == 1)  sum += num[i];
```

이처럼 명령형 구현 방식에서는 반복문이 실행되면서 그때그때 연산이 이루어져 결괏값이 산출됩니다.

그러나 파이프-필터 패턴으로 구현된 스트림 방식은 데이터를 처리하면서 파이프로 연결된 각종 필터를 사용할 수 있습니다. 각 필터에서는 람다식으로 데이터를 추출하거나 변환, 조합 등의 중개 연산을 구현할 수 있습니다. 이러한 작업은 대기하고 있다가 최종 연산이 시작되면 그때 처리됩니다.

다음의 명령문에서 filter( ) 메서드의 람다식은 sum( ) 메서드가 실행되기 전에는 처리되지 않고 있다가 sum( ) 메서드가 실행될 때 처리됩니다. 즉, 최종 연산이 수행될 때 미뤘던 중개 연산을 수행합니다.

```
Arrays.stream(num)              ← 스트림 생성
    .filter((n) -> n % 2 == 1)  ← 중개 연산
    .sum();                     ← 최종 연산
```

이러한 기능을 "지연 연산(lazy evaluation)"이라고 합니다. 지연 연산이란, 어떤 값이 실제로 쓰이기 전까지 그 값의 계산을 미루는 것입니다. 지연 연산은 값을 미리 계산하여 저장하지 않으므로 메모리를 절약할 수 있고, 값이 필요할 때만 계산하므로 프로그램 성능에도 긍정적인 영향을 줍니다.

(3) 재사용 불가

스트림 방식으로 데이터를 처리한 다음에는 스트림이 자동으로 소멸하므로 재사용할 수는 없습니다. 즉, 스트림 방식은 데이터를 메모리에 저장해두고 계속 사용하는 방식이 아니라, 처리가 필요한 순간에만 사용했다가 완료 후 자동 소멸하는 특징이 있습니다.

15.2. 스트림 종류

스트림 API는 java.util.stream 패키지에 정의되어 있으며 상속 구조는 다음과 같습니다.

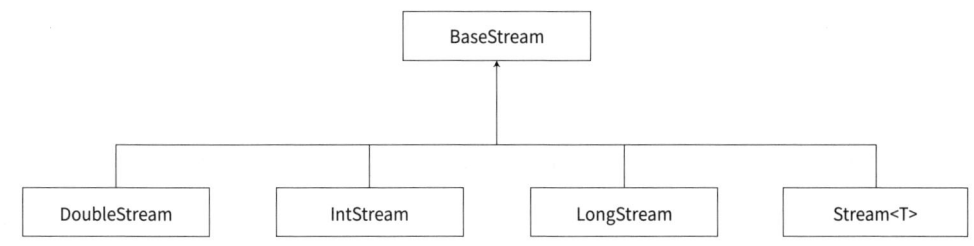

그림 스트림 API 상속 구조

- **BaseStream**: 모든 스트림 API의 상위 객체로서 가장 기본 스트림
- **Stream<T>**: T 타입의 데이터를 처리하기 위한 스트림
- **DoubleStream**: double 타입의 데이터를 처리하기 위한 스트림
- **IntStream**: int 타입의 데이터를 처리하기 위한 스트림
- **LongStream**: long 타입의 데이터를 처리하기 위한 스트림

15.2.1. 스트림 생성 방법

스트림은 데이터 소스의 종류에 따라 스트림을 생성하는 메서드가 다릅니다. 데이터 소스별로 스트림을 생성하는 방법을 알아보겠습니다.

(1) 컬렉션

컬렉션으로부터 스트림을 생성하려면 java.util.Collection의 stream( ) 메서드를 사용합니다. stream( ) 메서드는 Collection 인터페이스에 기본(default) 메서드로 선언되었으며 순차 스트림을 생성하여 반환합니다.

```
default Stream<E> stream()
```

Collection의 parallelStream( ) 메서드는 병렬 처리 스트림을 생성하여 반환합니다. 만약 병렬 처리 스트림이 생성될 수 없는 환경이면 순차 스트림을 생성합니다.

```
default Stream<E> parallelStream()
```

Collection 인터페이스는 모든 컬렉션 객체에서 구현하므로 stream( ), parallelStream( ) 메서드는 어떤 컬렉션 객체에서도 사용할 수 있습니다. stream( ), parallelStream( )은 JDK 8에서 추가된 메서드입니다.

다음은 Collection의 stream( ) 메서드를 사용해 스트림을 생성하는 예입니다.

```
ArrayList<Integer> myList = new ArrayList<>();
myList.add(50);
myList.add(10);
myList.add(10);
myList.add(10);
Stream<Integer> myStream = myList.stream();
```

(2) 배열

배열로부터 스트림을 생성하려면 java.util.Arrays의 stream( ) 메서드를 사용합니다.

```
static <T> Stream<T> stream(T[] array)
```

다음은 Arrays의 stream( ) 메서드를 사용하여 스트림을 생성하는 예입니다.

```
String[] str = {"one", "two", "three"};
Stream<String> myStream = Arrays.stream(str);
```

다음은 Arrays에 오버로딩된 stream( ) 메서드들입니다. 기본 타입 스트림을 생성할 때 사용합니다.

```
static DoubleStream stream(double[] array)
static IntStream stream(int[] array)
static LongStream stream(long[] array)
```

사용하는 예는 다음과 같습니다.

```
int[] score = {50, 10, 80, 70, 90, 60, 20};
IntStream is = Arrays.stream(score);
```

기본 타입 스트림을 생성할 때 java.util.stream의 기본 타입 스트림(IntStream, DoubleStream, LongStream)에서 제공하는 of( ) 메서드를 사용할 수도 있습니다.

```
DoubleStream DoubleStream.of(double[] array)
IntStream IntStream.of(int[] array)
LongStream LongStream.of(long[] array)
```

사용하는 예는 다음과 같습니다.

```
int[] score = {50, 10, 80, 70, 90, 60, 20};
IntStream is = IntStream.of(score);
```

(3) 범위

스트림를 생성할 때 데이터 소스로 배열과 컬렉션 말고 범위를 지정할 수도 있습니다. 데이터 소스로 범위를 사용할 때는 정수값만 가능하며 IntStream과 DoubleStream의 range( ) 또는 rangeClosed( ) 메서드를 사용합니다.

```
IntStream IntStream.range(int, int)
IntStream IntStream.rangeClosed(int, int)
LongStream LongStream.range(int, int)
LongStream LongStream.rangeClosed(int, int)
```

range( )와 rangeClosed( ) 메서드는 정수 두 개를 매개변수로 받습니다. 첫 번째 매개변수는 정수의 시작 값이고, 두 번째 매개변수는 마지막 값을 의미합니다. 만일 range(1, 10)과 같이 지정했다면 1부터 10 사이의 1씩 증가된 정수값이 데이터 소스입니다.

range( ) 메서드와 rangeClosed( ) 메서드의 차이점은 마지막 값의 포함 여부입니다. range( ) 메서드는 마지막 값을 포함하지 않으며 rangeClosed( ) 메서드는 마지막 값을 포함합니다.

```
IntStream.range(1, 5)        // 1, 2, 3, 4
IntStream.rangeClosed(1, 5)  // 1, 2, 3, 4, 5
```

사용하는 예는 다음과 같습니다.

```
IntStream myStream = IntStream.rangeClosed(1, 10);
```

(4) 가변길이 인자

다음은 가변길이 인자를 받아 스트림을 생성하는 메서드입니다.

- Stream의 of( )

  ```
  static <T> Stream<T> of(T t)
  static <T> Stream<T> of(T... values)
  ```

- IntStream의 of( )

  ```
  static IntStream of(int t)
  static IntStream of(int... values)
  ```

- LongStream의 of( )

  ```
  static LongStream of(long t)
  static LongStream of(long... values)
  ```

- DoubleStream의 of( )

  ```
  static DoubleStream of(double t)
  static DoubleStream of(double... values)
  ```

사용하는 예는 다음과 같습니다.

```
String[] str = {"one", "two", "three"};
Stream<String> myStream1 = Stream.of(str);
Stream<String> myStream2 = Stream.of("four", "five", "six");
```

```
IntStream is = IntStream.of(50, 10, 50, 70);
```

15.2.2. BaseStream 인터페이스

BaseStream은 모든 스트림 API에서 구현하는 기본 스트림 객체입니다. 다음은 BaseStream 인터페이스에 선언된 메서드입니다. 모든 스트림 API가 BaseStream을 구현하고 있으므로 공통으로 사용되는 메서드입니다.

표 BaseStream 인터페이스에 선언된 메서드

제어자 및 타입	메서드	설명
void	close()	스트림 닫기
boolean	isParallel()	스트림의 병행처리 여부 판단
Iterator<T>	iterator()	현재 스트림 기반으로 Iterator 객체 생성

제어자 및 타입	메서드	설명
S	onClose(Runnable r)	close 처리자를 가진 새로운 스트림 생성
S	parallel()	현재 스트림 기반으로 병렬 스트림 생성
S	sequential()	현재 스트림 기반으로 순차 스트림 생성
Spliterator<T>	spliterator()	현재 스트림 기반으로 Spliterator 객체 생성
S	unordered()	현재 스트림 기반으로 순서 없는 스트림 생성

15.2.3. Stream 인터페이스

Stream은 객체 타입의 데이터를 처리하기 위한 스트림 API입니다. 다음은 Stream 인터페이스에 선언된 메서드입니다.

<R, A> R **collect**(Collector<? super T, A, R> collector)
→ 스트림 요소들을 기반으로 새로운 컬렉션 생성

long **count**()
→ 스트림 요소들의 개수를 반환

Stream<T> **filter**(Predicate<? super T> predicate)
→ 스트림 요소들을 기반으로 조건에 만족하는 요소만 선택하여 새로운 스트림 생성

void **forEach**(Consumer<? super T> action)
→ 스트림의 모든 요소에 대한 반복문을 실행

<R> Stream<R> **map**(Function<? super T,? extends R> mapper)
→ 스트림의 요소들을 조건에 지정된 값으로 변환하여 새로운 스트림 생성

DoubleStream **mapToDouble**(ToDoubleFunction<? super T> mapper)
→ 스트림의 요소들을 조건에 지정된 값으로 변환하여 새로운 DoubleStream 스트림 생성

IntStream **mapToInt**(ToIntFunction<? super T> mapper)
→ 스트림의 요소들을 조건에 지정된 값으로 변환하여 새로운 IntStream 스트림 생성

LongStream **mapToLong**(ToLongFunction<? super T> mapper)
→ 스트림의 요소들을 조건에 지정된 값으로 변환하여 새로운 LongStream 스트림 생성

Optional<T> **max**(Comparator<? super T> comparator)
→ 스트림의 요소 중 가장 큰 값을 추출하여 Optional 객체로 반환

Optional<T> **min**(Comparator<? super T> comparator)

→ 스트림의 요소 중 가장 작은 값을 추출하여 Optional 객체로 반환

Optional<T> **reduce**(BinaryOperator<T> accumulator)

→ 스트림의 요소들을 기반으로 조건에 따라 처리된 결괏값을 Optional 객체로 반환

Stream<T> **sorted**()

→ 스트림의 요소들을 정렬한 후 새로운 스트림으로 반환

Object[ ] **toArray**()

→ 스트림의 요소들을 배열로 변환 후 반환

(1) 기본 예제

예제를 통해 Stream 인터페이스의 메서드들을 살펴보겠습니다.

Test01.java
```java
01: package com.ruby.java.ch15;
02:
03: import java.util.ArrayList;
04: import java.util.Optional;
05: import java.util.stream.Stream;
06:
07: public class Test01 {
08:
09:     public static void main(String[] args) {
10:         ArrayList<Integer> myList = new ArrayList<>();
11:         myList.add(50);
12:         myList.add(10);
13:         myList.add(80);
14:         myList.add(70);
15:         myList.add(90);
16:         myList.add(60);
17:         myList.add(20);
18:
19:         System.out.print("점수 목록 : ");
20:         Stream<Integer> myStream = myList.stream();
21:         myStream.forEach((n) -> System.out.print(n + " "));
22:         System.out.println();
23:
24:         Optional<Integer> minVal = myList.stream().min(Integer::compare);
```

```java
25:        System.out.println("최저 점수 : " + minVal.get());
26:
27:        Optional<Integer> maxVal = myList.stream().max(Integer::compare);
28:        System.out.println("최고 점수 : " + maxVal.get());
29:
30:        System.out.print("점수 정렬 : ");
31:        Stream<Integer> myStream2 = myList.stream().sorted();
32:        myStream2.forEach((n) -> System.out.print(n + " "));
33:        System.out.println();
34:
35:        System.out.print("낙제 점수 : ");
36:        Stream<Integer> failScore = myList.stream().filter((n) -> n < 60);
37:        failScore.forEach((n) -> System.out.print(n + " "));
38:        System.out.println();
39:
40:        System.out.print("점수 합계 : ");
41:        Optional<Integer> totalScore = myList.stream().reduce((a, b) -> a + b);
42:        System.out.println(totalScore.get());
43:
44:        System.out.print("5점 추가 : ");
45:        Stream<Integer> addScore = myList.stream().map((n) -> n + 5);
46:        addScore.forEach((n) -> System.out.print(n + " "));
47:        System.out.println();
48:
49:        long cnt = myList.stream().count();
50:        System.out.println("점수 개수 : " + cnt);
51:
52:        System.out.println("점수 평균 : " + totalScore.get() / cnt);
53:    }
54: }
```

【실행결과】

점수 목록 : 50 10 80 70 90 60 20
최저 점수 : 10
최고 점수 : 90
점수 정렬 : 10 20 50 60 70 80 90
낙제 점수 : 50 10 20
점수 합계 : 380
5점 추가 : 55 15 85 75 95 65 25
점수 개수 : 7
점수 평균 : 54

소스에 대한 자세한 설명은 다음과 같습니다.

```
10: ArrayList<Integer> myList = new ArrayList<>();
...
17: myList.add(20);
```

Integer 타입의 ArrayList를 생성한 후 Integer 데이터를 추가합니다.

```
20: Stream<Integer> myStream = myList.stream();
```

myList.stream( ) 메서드는 myList 요소들을 데이터로 갖는 Stream 객체를 생성하여 반환합니다.

myList	50	10	80	70	90	60	20
myStream	50	10	80	70	90	60	20

그림 스트림 생성

```
21: myStream.forEach((n) -> System.out.print(n + " "));
```

forEach(람다식) 메서드는 스트림의 모든 요소에 대하여 람다식을 실행합니다. 람다식의 n 변수에는 각 요솟값이 전달되며 현재 람다식은 모든 요소들을 출력하는 명령문입니다.

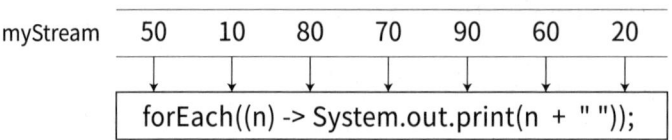

그림 요솟값 출력 람다식

```
24: Optional<Integer> minVal = myList.stream().min(Integer::compare);
```

min( ) 메서드는 스트림의 요솟값을 비교하면서 가장 작은 값을 찾아 반환합니다.

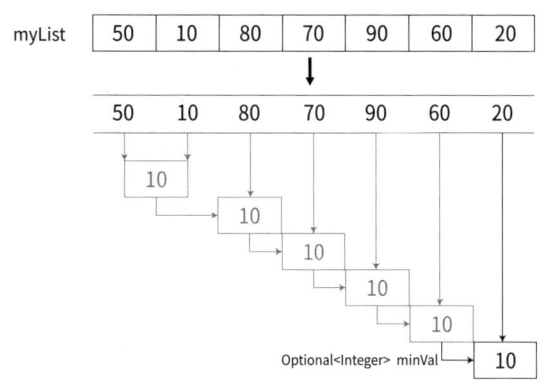

그림 가장 작은 요솟값 반환

요솟값 비교는 java.lang.Integer의 compare( ) 메서드가 수행하는데, 이때 메서드 참조 방식을 이용하여 Integer::compare로 표현하였습니다. 람다식은 실행할 내용을 새로 구현하는 것이고, 메서드 참조는 기존에 구현된 내용을 재사용하는 방식입니다. Integer의 compare( ) 메서드는 두 값(a, b)을 비교하여 a와 b가 같으면 0, a가 크면 양수, a가 작으면 음수를 반환합니다. min( ) 메서드는 스트림의 모든 요소를 대상으로 compare( ) 메서드를 실행한 후 가장 작은 값을 구합니다.

min( ) 메서드의 리턴 타입은 Optional⟨T⟩입니다. Optional은 java.util에 정의된 제네릭 클래스로서 Optional⟨Integer⟩는 Integer 타입의 타입 매개변수를 갖는 객체입니다. Optional은 스트림의 연산이 완료된 최종값을 갖는 객체입니다.

```
25: System.out.println("최저 점수 : " + minVal.get());
```

get( ) 메서드는 연산 처리된 스트림의 최종값을 갖는 Optional의 값을 추출합니다. Optional 타입의 minVal 변수는 myList의 최솟값을 가지고 있습니다.

```
27: Optional<Integer> maxVal = myList.stream().max(Integer::compare);
```

max( ) 메서드는 스트림의 요솟값을 비교하면서 가장 큰 값을 찾아 Optional 타입으로 반환합니다.

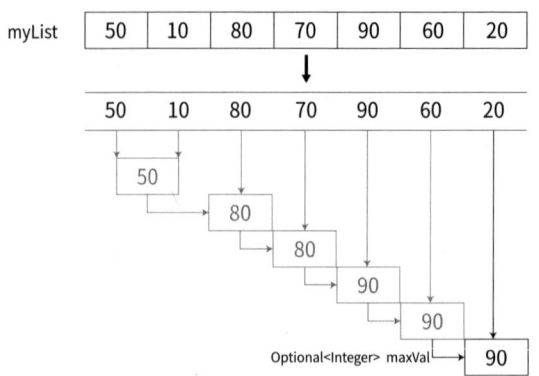

그림 가장 큰 요솟값 반환

```
31: Stream<Integer> myStream2 = myList.stream().sorted();
```

sorted( ) 메서드는 현재 스트림의 요솟값을 오름차순으로 정렬해서 새로운 스트림을 생성합니다.

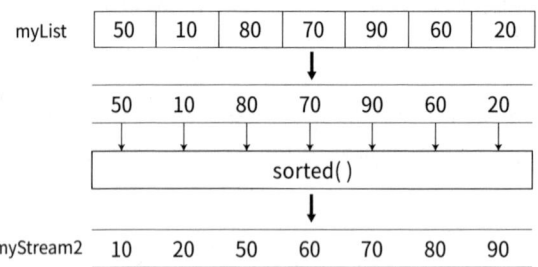

그림 요솟값 정렬

```
32: myStream2.forEach((n) -> System.out.print(n + " "));
```

myStream2의 모든 요솟값을 출력합니다.

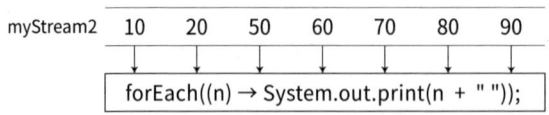

그림 요솟값 출력

```
36: Stream<Integer> failScore = myList.stream().filter((n) -> n < 60);
```

filter( ) 메서드는 현재 스트림의 모든 요소를 대상으로 람다식의 조건식을 실행한 다음, 결과가 true이면 새로 생성되는 스트림에 포함하고 false이면 포함하지 않습니다. filter( ) 메서드는 조건에 만족하는 요소들로 이루어진 새로운 스트림을 생성합니다.

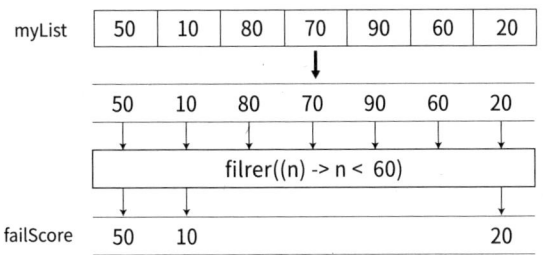

그림 60보다 작은 값으로 구성된 스트림 생성

```
41: Optional<Integer> totalScore = myList.stream().reduce((a, b) -> a + b);
```

reduce( ) 메서드는 스트림의 모든 요소를 대상으로 람다식을 실행한 다음 최종값을 구합니다. 람다식의 인자로 전달하는 a는 이전 결괏값, b는 현재 요솟값을 의미합니다.

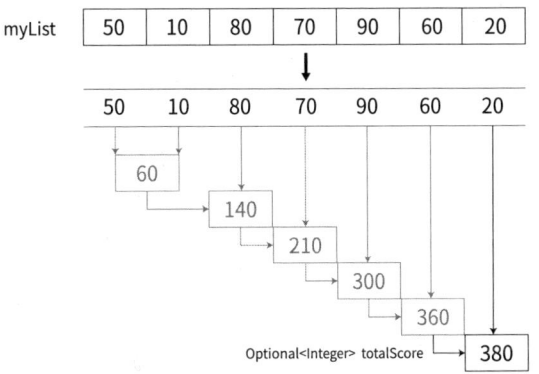

그림 요솟값 누적

첫 번째 요소를 처리할 때는 이전 결괏값이 없습니다. 이때는 자동으로 0이 설정됩니다. 만일 명시적으로 초깃값을 전달하려면 다음처럼 reduce( ) 메서드의 첫 번째 인자값을 지정합니다.

    reduce(0, (a, b) -> a + b)

```
45: Stream<Integer> addScore = myList.stream().map((n) -> n + 5);
```

map( ) 메서드는 현재 스트림의 모든 요소를 대상으로 람다식을 실행합니다. 람다식의 n 변수에는 각 요솟값이 전달되며 현재 람다식은 모든 요소에 5를 더합니다. map( ) 메서드는 현재 요소에서 변경된 값을 가지는 새로운 스트림을 생성합니다.

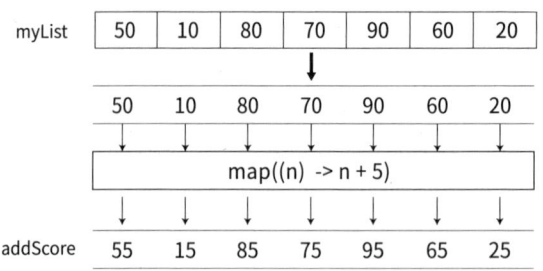

그림 요솟값에 5 더하기

```
49: long cnt = myList.stream().count();
```

count( ) 메서드는 현재 스트림 요소의 개수를 반환합니다.

```
52: System.out.println("점수 평균 : " + totalScore.get() / cnt);
```

totalScore 변수는 myList의 총합을 가진 Optional 객체입니다. Optional의 get( ) 메서드는 Optional의 값을 반환합니다. totalScore.get( ) / cnt 명령문은 myList의 평균을 구합니다.

(2) Optional 클래스

다음 코드를 살펴보겠습니다. ArrayList에 Member 객체를 생성하여 요소로 추가합니다.

```
ArrayList<Member> members = new ArrayList<>();
members.add(new Member("김푸름", 25, "010-123-4562", "서울"));
members.add(new Member("김하늘", 30, "010-803-6356", "부산"));
members.add(new Member("오정임", 29, "010-264-4872", "대전"));
Member mem = members.stream().filter((m) -> m.age > 20).findFirst();

if(mem != null)
    mem.getAge();
```

위의 코드 중 스트림 API를 이용하는 명령문은 members에서 나이가 20 이상인 요소 중 첫 번째 요소를 추출하려는 의도로 작성하였습니다. 그리고 if(mem != null) 명령문은 mem이 null이 아닐 때, 즉 스트림에서 반환된 값이 있을 때만 다음 명령문을 수행하기 위해 유효성을 검사하는 코드입니다. 만약 유효성을 사전에 검사하지 않고 mem.getAge( ) 명령문을 실행하면 예외가 발생합니다.

이처럼 스트림 연산의 결괏값을 사용하기 전에는 반드시 유효성 검사 코드를 구현해야 합니다. 그러나 유효성 검사를 개발자가 직접 구현할 필요는 없습니다. java.util 패키지의 Optional 클래스에서 메서드로 제공하기 때문입니다.

Optional 클래스는 스트림 연산의 최종값을 가지는 컨테이너 성격의 객체이며, 최종값을 처리하는 각종 메서드가 선언되어 있습니다. Optional 클래스 외에 기본 타입의 데이터를 처리할 때 사용하는 OptionalDouble, OptionalInt, OptionalLong 클래스도 있습니다.

Optional 클래스에서 제공하는 메서드는 다음과 같습니다.

static <T> Optional<T> **empty**()
→ 빈 Optional 객체 생성

<U> Optional<U> **flatMap**(람다식)
→ 현재 Optional의 값이 있으면 람다식 수행 후 결괏값을 갖는 Optional 객체 생성, 값이 없으면 빈 Optional 객체 생성

T **get**()
→ 현재 Optional의 값이 있으면 반환, 없으면 NoSuchElementException 발생

void **ifPresent**(람다식)
→ 현재 Optional의 값이 있을 때만 람다식 실행

void **ifPresentOrElse**(람다식1, 람다식2)
→ 현재 Optional의 값이 있으면 람다식1, 없으면 람다식2 실행

boolean **isPresent**()
→ 현재 Optional의 값이 있으면 true, 없으면 false 반환

<U> Optional<U> **map**(람다식)
→ 현재 Optional의 값이 있으면 람다식을 수행한 결괏값을 갖는 Optional 객체 생성, 값이 없으면 빈 Optional 객체 생성

static <T> Optional<T> **of**(T value)
→ 매개변수로 전달받은 값을 갖는 Optional 객체 생성

static <T> Optional<T> **ofNullable**(T value)
→ 매개변수로 전달받은 값을 갖는 Optional 객체 생성, 매개변수 값이 null이면 빈 Optional 객체 생성

Optional<T> **or**(람다식)
→ 현재 Optional의 값이 있으면 그대로 반환, 없으면 람다식을 실행한 결괏값을 갖는 Optional 객체 생성

T **orElse**(T other)
→ 현재 Optional의 값이 있으면 그대로 반환, 없으면 매개변수로 전달받은 other 반환

T **orElseGet**(람다식)
→ 현재 Optional의 값이 있으면 그대로 반환, 없으면 람다식을 실행한 결괏값 반환

<X extends Throwable> T **orElseThrow**(람다식)

→ 현재 Optional의 값이 있으면 그대로 반환, 없으면 람다식에서 예외 발생

Stream<T> **stream**()

→ 현재 Optional의 값이 있으면 해당 값을 갖는 스트림 생성, 없으면 빈 스트림 생성

예제를 통해 Optional 클래스의 메서드들을 확인해 보겠습니다.

Member.java
```
01: package com.ruby.java.ch15;
02:
03: public class Member {
04:     private String name;
05:     private int age;
06:     private String phoneNum;
07:     private String address;
08:
09:     public Member() {
10:     };
11:
12:     public Member(String name, int age, String phoneNum, String address) {
13:         this.name = name;
14:         this.age = age;
15:         this.phoneNum = phoneNum;
16:         this.address = address;
17:     }
18:
19:     public String getName() {
20:         return name;
21:     }
22:
23:     public void setName(String name) {
24:         this.name = name;
25:     }
26:
27:     public int getAge() {
28:         return age;
29:     }
30:
31:     public void setAge(int age) {
32:         this.age = age;
33:     }
```

```
34:
35:     public String getPhoneNum() {
36:         return phoneNum;
37:     }
38:
39:     public void setPhoneNum(String phoneNum) {
40:         this.phoneNum = phoneNum;
41:     }
42:
43:     public String getAddress() {
44:         return address;
45:     }
46:
47:     public void setAddress(String address) {
48:         this.address = address;
49:     }
50:
51:     public String toString() {
52:         return name + " " + age + " " + phoneNum + " " + address;
53:     }
54: }
```

Test02.java

```
01: package com.ruby.java.ch15;
02:
03: import java.util.ArrayList;
04: import java.util.Optional;
05:
06: public class Test02 {
07:
08:     public static void main(String[] args) {
09:
10:         ArrayList<Member> members = new ArrayList<>();
11:         members.add(new Member("김푸름", 25, "010-123-4562", "서울"));
12:         members.add(new Member("김하늘", 30, "010-803-6356", "부산"));
13:         members.add(new Member("오정임", 29, "010-264-4872", "대전"));
14:
15:         Optional<Member> mem1 = members.stream()
16:                                     .filter((m) -> m.getAge() > 20)
17:                                     .findFirst();
18:
```

```
19:     if(mem1.isPresent())
20:         System.out.println(mem1.get());
21:
22:     members.stream()
23:             .filter((m) -> m.getAge() > 20)
24:             .findFirst()
25:             .ifPresent(System.out::println);
26:
27:     Member mem2 = members.stream()
28:                     .filter((m) -> m.getAge() > 30)
29:                     .findFirst()
30:                     .orElseGet(Member::new);
31:
32:     System.out.println(mem2);
33:   }
34: }
```

【실행결과】

```
김푸름 25 010-123-4562 서울
김푸름 25 010-123-4562 서울
null 0 null null
```

소스에 대한 자세한 설명은 다음과 같습니다.

```
15: Optional<Member> mem1 = members.stream()
16:                         .filter((m) -> m.getAge() > 20)
17:                         .findFirst();
```

members의 데이터들을 요소로 갖는 스트림을 생성하고 filter( ) 메서드는 age 값이 20보다 큰 요소들로 구성된 새로운 스트림을 생성합니다. 그리고 findFirst( ) 메서드는 첫 번째 요솟값을 갖는 Optional 객체를 생성해 반환합니다.

```
19: if(mem1.isPresent())
```

isPresent( ) 메서드는 Optional 객체가 값을 가지고 있을 때는 true, 그렇지 않을 때는 false를 반환합니다.

```
20: System.out.println(mem1.get());
```

mem1.isPresent( ) 메서드가 true일 때만 실행되는 명령문입니다. mem1.get( ) 메서드는 Optional 객체가 갖는 값을 추출합니다. mem1은 Member 타입의 값을 가집니다. 만일 mem1이 값을 가지고 있지 않은 상태에서 get( ) 메서드가 실행되면 NoSuchElementException이 발생합니다. 20번 줄은 get( ) 메서드가 반환하는 Member의 toString( ) 메서드가 반환하는 값을 출력합니다.

```
22: members.stream()
23:         .filter((m) -> m.getAge() > 20)
24:         .findFirst()
25:         .ifPresent(System.out::println);
```

22~25번 줄의 명령문은 15~20번 줄의 명령문과 동일합니다. 스트림 API의 특징은 앞에서 설명한 파이프-필터 패턴으로 구현할 수 있다는 점입니다. 25번 줄은 파이프-필터 패턴으로 코드를 구현한 예입니다. 24번 줄에서 반환된 값이 있을 때만 ifPresent( ) 메서드의 인자로 지정한 메서드 참조가 실행됩니다.

```
27: Member mem2 = members.stream()
28:                 .filter((m) -> m.getAge() > 30)
29:                 .findFirst()
30:                 .orElseGet(Member::new);
```

28번 줄은 members의 요소 중 age가 30보다 큰 데이터만 추출합니다. 그러나 members 요소 중에는 age가 30보다 큰 데이터가 없으므로 28번 줄에서 반환되는 스트림은 빈 값입니다. 따라서 findFirst( )의 반환값도 없습니다. orElseGet( ) 메서드는 29번 줄에서 반환된 값이 없는 Member::new 명령문을 실행하여 반환합니다. Member::new는 new Member( ) 명령문입니다.

15.2.4. 기본 타입 스트림

기본 타입 스트림이란 int, long, double과 같은 기본 타입의 데이터들을 쉽게 처리할수 있도록 지원하는 스트림입니다. 따라서 기본 타입의 데이터를 처리할때는 객체 단위로 처리되는 Stream보다 편리한 기능을 제공하는 기본 타입 스트림을 사용합니다.

다음의 세 가지 객체가 기본 타입 스트림입니다.

- IntStream
- LongStream
- DoubleStream

(1) 기본 타입 스트림 생성

기본 타입의 스트림을 생성하는 방법은 다음과 같습니다.

방법1

java.util.Arrays의 stream( ) 메서드를 사용합니다.

```
static DoubleStream stream(double[] array)
static IntStream stream(int[] array)
static LongStream stream(long[] array)
```

사용하는 예는 다음과 같습니다.

```
int[] score = {50, 10, 80, 70, 90, 60, 20};
IntStream is = Arrays.stream(score);
```

방법2

스트림 API에서 static으로 선언된 of( ) 메서드를 사용합니다.

```
DoubleStream DoubleStream.of(double[] array)
IntStream IntStream.of(int[] array)
LongStream LongStream.of(long[] array)
```

사용하는 예는 다음과 같습니다.

```
int[] score = {50, 10, 80, 70, 90, 60, 20};
IntStream is = IntStream.of(score);
```

(2) 메서드

IntStream, LongStream, DoubleStream은 스트림 기반으로 기본 타입의 데이터를 편리하게 처리할 수 있게 하는 API들이므로 지원하는 데이터의 타입만 int, long, double로 다를 뿐이지 사용하는 메서드는 거의 유사합니다. 따라서 IntStream을 기준으로 살펴보겠습니다.

다음은 IntStream에 선언된 메서드입니다.

표 IntStream의 메서드

제어자 및 타입	메서드	설명
boolean	allMatch(IntPredicate predicate)	스트림의 모든 요소가 매개변수로 전달받은 조건에 만족하는지 판단
boolean	anyMatch(IntPredicate predicate)	스트림의 요소가 하나라도 매개변수로 전달받은 조건에 만족하는지 판단
DoubleStream	asDoubleStream()	현재 스트림을 DoubleStream으로 변환
LongStream	asLongStream()	현재 스트림을 LongStream으로 변환
OptionalDouble	average()	스트림의 모든 요소의 평균값 구함
<R> R	collect(Supplier<R> s, ObjIntConsumer<R> a, BiConsumer<R, R> c)	스트림의 요소를 값으로 갖는 컬렉션 객체 생성
static IntStream	concat(IntStream a, IntStream b)	매개변수로 전달받은 두 개의 스트림을 연결한 스트림 생성
long	count()	스트림의 요소 개수를 구함
IntStream	distinct()	중복을 제거한 요소를 갖는 스트림 생성
static IntStream	empty()	요소를 갖지 않는 순차 스트림 생성
IntStream	filter(IntPredicate predicate)	매개변수로 전달받은 조건에 해당하는 요소들만 갖는 스트림 생성
OptionalInt	findFirst()	스트림의 첫 번째 요소 추출
IntStream	flatMap(IntFunction<? extends IntStream> mapper)	스트림의 요소를 매핑 작업한 값을 갖는 스트림 생성
void	forEach(IntConsumer action)	스트림의 모든 요소에 대해 명령문 반복 실행
void	forEachOrdered(IntConsumer action)	스트림의 모든 요소를 정의된 순서에 따라 명령문 반복 실행
IntStream	map(IntUnaryOperator mapper)	현재 스트림을 대상으로 매핑 작업을 한 새로운 요소를 갖는 스트림 생성
OptionalInt	max()	현재 스트림 요소의 최댓값 구함
OptionalInt	min()	현재 스트림 요소의 최솟값 구함
static IntStream	of(int... values)	가변 길이 인자로 전달된 요소를 갖는 스트림 생성
IntStream	parallel()	병렬 처리 스트림 생성
static IntStream	range(int start, int end)	start부터 end까지 1씩 증가된 값을 갖는 스트림 생성 (end 값 미포함)
static IntStream	rangeClosed(int start, int end)	start부터 end까지 1씩 증가된 값을 갖는 스트림 생성 (end 값 포함)

제어자 및 타입	메서드	설명
int	reduce(int identity, IntBinaryOperator op)	현재 스트림의 요소를 연산한 최종값 구함. identity는 첫 요소의 연산에 사용되는 누적된 값
OptionalInt	reduce(IntBinaryOperator op)	현재 스트림의 요소를 연산한 최종값 반환
IntStream	sequential()	순차 처리 스트림 생성
IntStream	skip(long n)	매개변수로 전달받은 n개 이후의 요소만 갖는 스트림 생성
IntStream	sorted()	현재 스트림 요소를 정렬한 값을 갖는 스트림 생성
int	sum()	현재 스트림 요소의 합을 구함
int[]	toArray()	스트림의 요소를 값으로 갖는 배열 생성

예제를 통해 IntStream의 메서드를 살펴보겠습니다.

Test03.java

```java
01: package com.ruby.java.ch15;
02:
03: import java.util.stream.IntStream;
04: import java.util.stream.Stream;
05:
06: public class Test03 {
07:
08:     public static void main(String[] args) {
09:         int[] score = { 50, 10, 80, 70, 90, 60, 20 };
10:
11:         System.out.print("점수 목록 : ");
12:         IntStream.of(score).forEach((n) -> System.out.print(n + " "));
13:         System.out.println();
14:
15:         int minVal = IntStream.of(score).min().getAsInt();
16:         System.out.println("최저 점수 : " + minVal);
17:
18:         int maxVal = IntStream.of(score).max().getAsInt();
19:         System.out.println("최저 점수 : " + maxVal);
20:
21:         System.out.print("점수 정렬 : ");
22:         IntStream stream = IntStream.of(score).sorted();
23:         stream.forEach((n) -> System.out.print(n + " "));
24:         System.out.println();
25:
```

```
26:        System.out.print("낙제 점수 : ");
27:        IntStream failScore = IntStream.of(score).filter((n) -> n < 60);
28:        failScore.forEach((n) -> System.out.print(n + " "));
29:        System.out.println();
30:
31:        int totalScore = IntStream.of(score).sum();
32:        System.out.println("점수 합계 : " + totalScore);
33:
34:        System.out.print("5점 추가 : ");
35:        IntStream addScore = IntStream.of(score).map((n) -> n + 5);
36:        addScore.forEach((n) -> System.out.print(n + " "));
37:        System.out.println();
38:
39:        long cnt = IntStream.of(score).count();
40:        System.out.println("점수 개수 : " + cnt);
41:
42:        System.out.println("점수 평균 : " + totalScore / cnt);
43:    }
44:
45: }
```

【실행결과】

점수 목록 : 50 10 80 70 90 60 20
최저 점수 : 10
최저 점수 : 90
점수 정렬 : 10 20 50 60 70 80 90
낙제 점수 : 50 10 20
점수 합계 : 380
5점 추가 : 55 15 85 75 95 65 25
점수 개수 : 7
점수 평균 : 54

소스에 대한 자세한 설명은 다음과 같습니다.

```
12: IntStream.of(score).forEach((n) -> System.out.print(n + " "));
```

IntStream.of(score) 명령문은 score 배열의 값을 가지는 스트림을 생성합니다. forEach( ) 메서드는 스트림의 모든 요소를 출력하는 명령문을 실행합니다.

```
15: int minVal = IntStream.of(score).min().getAsInt();
```

score 배열에서 최솟값을 구하는 명령문입니다. 먼저 IntStream.of(score) 명령문은 score 배열의 값을 가지는 스트림을 생성합니다. 그리고 min( ) 메서드는 스트림에서 최솟값을 추출합니다. min( ) 메서드가 반환하는 객체는 최솟값을 가진 OptionalInt입니다. 다음 getAsInt( ) 메서드에서 OptionalInt 객체의 값을 int 타입으로 반환합니다.

```
18: int maxVal = IntStream.of(score).max().getAsInt();
```

score 배열에서 최댓값을 구하는 명령문입니다. 먼저 IntStream.of(score) 명령문은 score 배열의 값을 가지는 스트림을 생성합니다. 그리고 max( ) 메서드는 스트림에서 최댓값을 추출합니다. max( ) 메서드가 반환하는 객체는 최댓값을 가진 OptionalInt입니다. 그다음 getAsInt( ) 메서드에서 OptionalInt 객체의 값을 int 타입으로 반환합니다.

```
22: IntStream stream = IntStream.of(score).sorted();
```

sorted( ) 메서드는 현재 스트림의 요소들을 정렬한 후 새로운 스트림을 생성합니다. 먼저 IntStream.of(score) 명령문은 score 배열의 값을 가지는 스트림을 생성합니다. 그리고 sorted( ) 메서드에서 정렬된 값을 갖는 새로운 스트림을 생성합니다.

```
27: IntStream failScore = IntStream.of(score).filter((n) -> n < 60);
```

score 배열에서 60 미만 점수를 추출하는 명령문입니다. 먼저 IntStream.of(score) 명령문은 score 배열의 값을 가지는 스트림을 생성합니다. 그리고 filter(람다식) 메서드는 현재 스트림에서 람다식 조건에 맞는 값만 추출하여 새로운 스트림을 생성합니다. 람다식 (n) -> n < 60에서 변수 n에는 스트림의 각 요소들이 전달됩니다. 요솟값이 60 미만이면 true가 반환되어 새로 생성되는 스트림에 포함됩니다.

```
31: int totalScore = IntStream.of(score).sum();
```

sum( ) 메서드는 스트림의 모든 요소의 합을 구합니다. IntStream의 sum( ) 메서드는 요소들의 합을 int 타입으로 반환합니다.

```
35: IntStream addScore = IntStream.of(score).map((n) -> n + 5);
```

map( ) 메서드는 현재 스트림 요소들의 값을 람다식에 따라 수정한 후 새로운 스트림을 생성합니다. 먼저 IntStream.of(score) 명령문은 score 배열의 값을 가지는 스트림을 생성합니다. 그리고 map(람다식) 메서드는 스트림의 값을 람다식에 따라 수정한 후 새로운 스트림을 생성합니다. 람다식 (n) -> n + 5는 현재 스트림의 요솟값에 5를 더합니다.

```
39 : long cnt = IntStream.of(score).count();
```

count( ) 메서드는 현재 스트림 요소의 개수를 반환합니다.

15.2.5. 병렬 스트림

(1) 병렬 처리란

스트림에서 데이터를 처리하는 방식은 두 가지입니다. 순차 처리와 병렬 처리입니다. 예를 들어 요소들의 합을 구할 때 순차 처리는 다음 그림처럼 요소들을 하나씩 읽어서 처리하는 방식입니다.

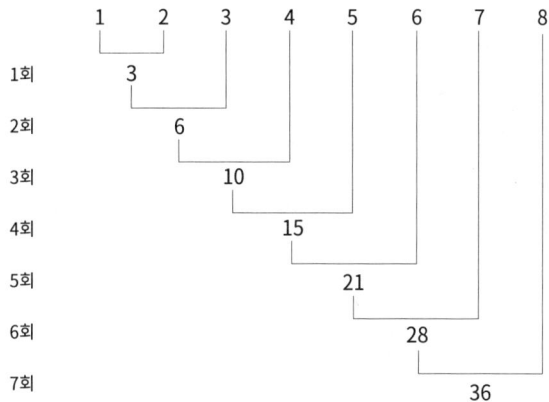

그림 순차 처리 방식

병렬 처리는 다음 그림처럼 부분적으로 처리한 후 그 결과를 결합해서 최종 결괏값을 구하는 방식입니다.

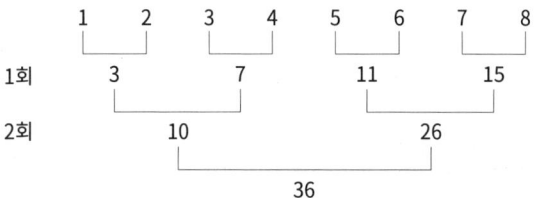

그림 병렬 처리 방식

순차 처리보다 병렬 처리가 성능이 좋아서 요즘은 대부분 병렬 처리로 구현합니다. 그런데 성능이 좋은 병렬 처리 방식은 구현하기가 복잡하고 오류가 발생할 수 있는 확률이 높습니다. 따라서 직접 구현하기보다는 자바 API에서 제공하는 메서드를 사용하는 것이 좋습니다.

(2) 병렬 스트림 생성

스트림 API도 데이터 그룹을 병렬로 처리할 수 있는 메서드들을 제공합니다. 지금까지 우리가 사용한 스트림은 스트림의 요소들을 순차적으로 처리하는 순차 스트림이었습니다. 데이터를 병렬로 처리하려면 병렬 스트림을 생성해서 작업해야 합니다.

다음은 병렬 스트림을 생성하는 방법입니다.

1. Collection의 parallelStream( ) 메서드 이용

    : Stream<Double> myStream = myList.parallelStream();

2. Stream의 parallel( ) 메서드 이용

    : IntStream myStream = IntStream.of(score).parallel();

순차 스트림에서 parallel( ) 메서드로 병렬 스트림을 생성할 수 있듯이 병렬 스트림에서 순차 스트림을 생성할 수도 있습니다. 이때는 sequential( ) 메서드를 이용합니다.

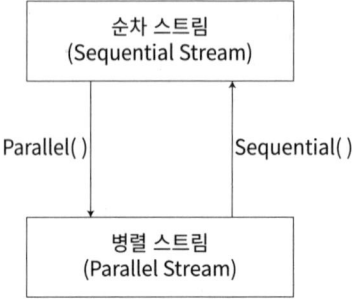

그림 순차/병렬 스트림으로 변환

예제를 통해 순차 스트림과 병렬 스트림의 차이를 확인해 보겠습니다.

Test04.java
```
01: package com.ruby.java.ch15;
02:
03: import java.util.stream.IntStream;
04:
05: public class Test04 {
06:
07:     public static void main(String[] args) {
08:         IntStream is = IntStream.rangeClosed(1, 10000000);
09:         long start = System.currentTimeMillis();
10:         int total = is.sum();
```

```
11:        long end = System.currentTimeMillis();
12:        System.out.println("순차 처리 : " + (end - start));
13:
14:        IntStream is2 = IntStream.rangeClosed(1, 10000000).parallel();
15:        start = System.currentTimeMillis();
16:        is2.sum();
17:        end = System.currentTimeMillis();
18:        System.out.println("병렬 처리 : " + (end - start));
19:    }
20: }
```

【실행결과】

```
순차 처리 : 40
병렬 처리 : 18
```

소스에 대한 자세한 설명은 다음과 같습니다.

```
08: IntStream is = IntStream.rangeClosed(1, 10000000);
```

1부터 10,000,000까지 1씩 증가하는 정수를 가지는 순차 스트림을 생성합니다.

```
09: long start = System.currentTimeMillis();
10: int total = is.sum();
11: long end = System.currentTimeMillis();
```

System.currentTimeMillis( ) 메서드는 실행되는 순간에 시스템 시각을 밀리초(milliseconds) 단위로 반환합니다. 10번 줄의 명령문이 실행되기 전 시각은 start에, 실행된 후 시각은 end 변수에 저장합니다.

is.sum( ) 명령문은 is 스트림 요소들의 합을 순차적으로 처리한 후 반환합니다.

```
12: System.out.println("순차 처리 : " + (end - start));
```

end에서 start를 빼면 순차 스트림 is에서 sum( ) 메서드를 실행하는 데 소요된 시간을 구합니다.

```
14: IntStream is2 = IntStream.rangeClosed(1, 10000000).parallel();
```

IntStream.rangeClosed(1, 10000000)는 순차 스트림을 생성하고, 이를 기반으로 parallel( ) 메서드를 실행하여 병렬 처리 스트림을 생성합니다. 따라서 is2는 병렬 스트림입니다.

```
15: start = System.currentTimeMillis();
16: is2.sum();
17: end = System.currentTimeMillis();
18: System.out.println("병렬 처리 : " + (end - start));
```

병렬 스트림 is2를 사용한 sum( ) 메서드 실행 전 시각과 실행 후 시각을 구합니다.

15.3. 스트림 활용

이번 절에서는 스트림에서 제공하는 데이터 처리 메서드들에 대해서 자세하게 살펴보겠습니다.

15.3.1. 매핑 작업

스트림의 매핑 작업은 소스 스트림의 요소를 대상으로 map( ) 메서드의 인자로 전달한 람다식을 실행한 후 변경된 값을 갖는 새로운 스트림을 생성합니다.

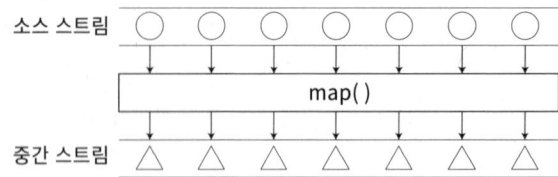

그림 스트림의 매핑 작업

(1) map( )

Contact.java

```
01: package com.ruby.java.ch15;
02:
03: public class Contact {
04:     private String name;
05:     private String phoneNum;
06:
07:     public Contact(String name, String phoneNum) {
08:         this.name = name;
09:         this.phoneNum = phoneNum;
10:     }
11:
12:     public String getName() {
13:         return name;
```

```
14:    }
15:
16:    public void setName(String name) {
17:        this.name = name;
18:    }
19:
20:    public String getPhoneNum() {
21:        return phoneNum;
22:    }
23:
24:    public void setPhoneNum(String phoneNum) {
25:        this.phoneNum = phoneNum;
26:    }
27:
28:    public String toString() {
29:        return name + " " + phoneNum;
30:    }
31: }
```

Test05.java

```
01: package com.ruby.java.ch15;
02:
03: import java.util.ArrayList;
04: import java.util.stream.Stream;
05:
06: public class Test05 {
07:
08:    public static void main(String[] args) {
09:        ArrayList<Member> members = new ArrayList<>();
10:        members.add(new Member("김푸름", 25, "010-123-4562", "서울"));
11:        members.add(new Member("김하늘", 30, "010-803-6356", "부산"));
12:        members.add(new Member("오정임", 29, "010-264-4872", "대전"));
13:
14:        System.out.println("<<회원 정보>>");
15:        Stream<Member> stream = members.stream();
16:        stream.forEach(System.out::println);
17:
18:        System.out.println("<<연락처>>");
19:        Stream<Contact> contactList = members.stream()
20:                .map((m) -> new Contact(m.getName(), m.getPhoneNum()));
21:        contactList.forEach(System.out::println);
```

```
22:
23:     System.out.println("<<연락처 검색>>");
24:     Stream<Contact> searchList = members.stream()
25:                     .filter((m) -> m.getName().equals("김하늘"))
26:                     .map((m) -> new Contact(m.getName(), m.getPhoneNum()));
27:     searchList.forEach(System.out::println);
28:   }
29: }
```

【실행결과】

<<회원 정보>>
김푸름 25 010-123-4562 서울
김하늘 30 010-803-6356 부산
오정임 29 010-264-4872 대전
<<연락처>>
김푸름 010-123-4562
김하늘 010-803-6356
오정임 010-264-4872
<<연락처 검색>>
김하늘 010-803-6356

소스에 대한 자세한 설명은 다음과 같습니다.

```
09: ArrayList<Member> members = new ArrayList<>();
10: members.add(new Member("김푸름", 25, "010-123-4562", "서울"));
11: members.add(new Member("김하늘", 30, "010-803-6356", "부산"));
12: members.add(new Member("오정임", 29, "010-264-4872", "대전"));
```

앞의 예제에서 작성했던 Member 클래스를 요소로 갖는 ArrayList members를 생성합니다.

```
14: System.out.println("<<회원 정보>>");
15: Stream<Member> stream = members.stream();
16: stream.forEach(System.out::println);
```

members를 데이터 소스로 하는 스트림을 생성한 후 모든 요소를 출력합니다.

```
18: System.out.println("<<연락처>>");
19: Stream<Contact> contactList = members.stream()
```

members를 데이터 소스로 하는 Stream을 생성합니다. 파이프-필터 방식의 메서드 실행이 완료된 후에는 Contact 타입의 요소를 가지는 Stream 객체가 반환됩니다.

```
20:     .map((m) -> new Contact(m.getName(), m.getPhoneNum()));
```

map( ) 메서드는 인자로 전달한 람다식에서 반환하는 값을 갖는 새로운 스트림을 생성합니다. 20번 줄의 명령문은 현재 스트림 요소들의 이름(name)과 나이(age)를 추출하여 새로운 Contact 객체를 생성하는 매핑 작업을 수행합니다.

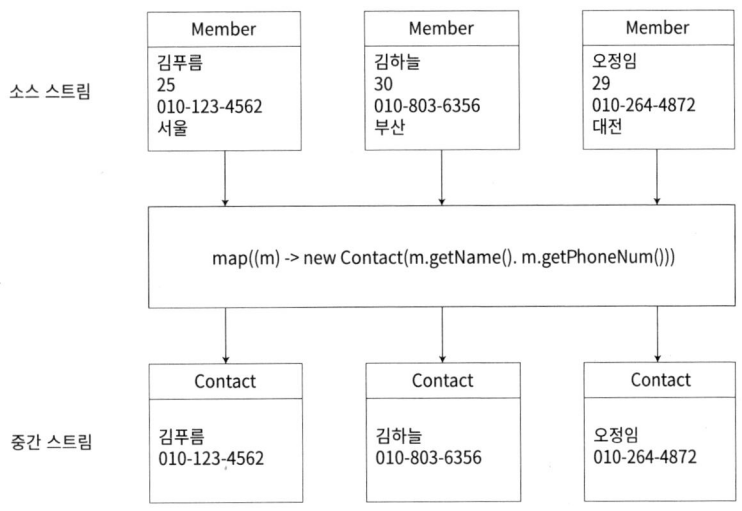

그림 매핑 작업

```
21: contactList.forEach(System.out::println);
```

contactList는 3개의 Contact 객체를 요소로 갖는 스트림입니다. 모든 요소를 대상으로 toString( ) 메서드를 실행한 후 반환된 문자열을 출력합니다.

```
24: Stream<Contact> searchList = members.stream()
25:                 .filter((m) -> m.getName().equals("김하늘"))
26:                 .map((m) -> new Contact(m.getName(), m.getPhoneNum()));
```

24~26번 줄의 명령문은 다음과 같은 순서로 동작됩니다.

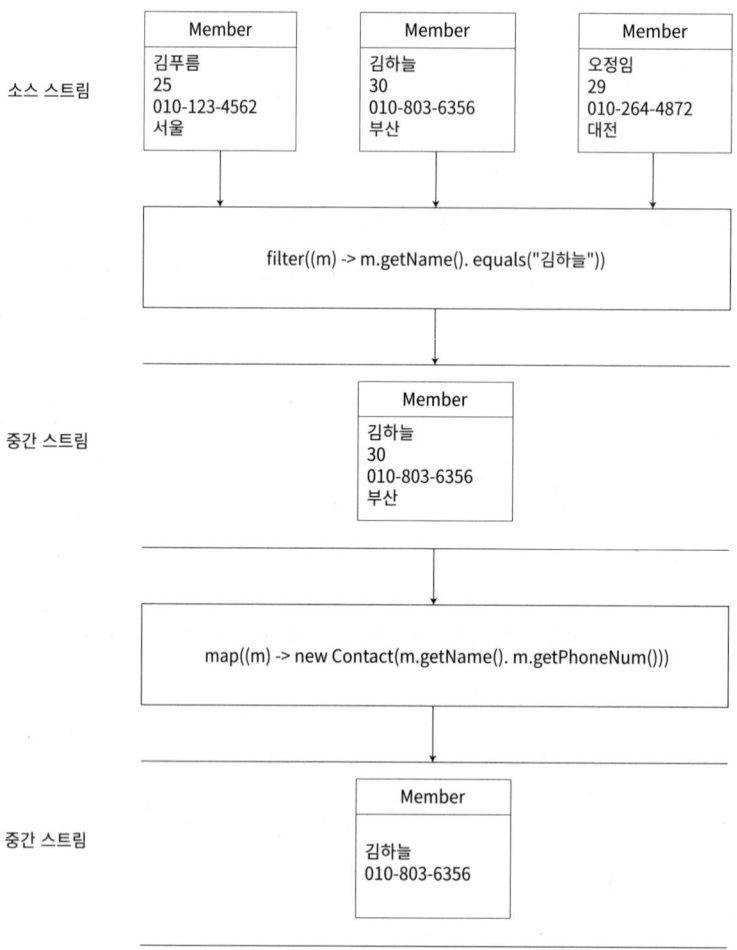

그림 매핑 작업

members의 요소들을 갖는 스트림을 생성한 후 filter( ) 메서드에 지정한 조건, 즉 "김하늘" 이름을 가진 요소만 추출하여 새로운 스트림을 생성합니다. 이 스트림을 기반으로 map( ) 메서드를 실행하여 최종적으로 Contact 객체를 갖는 스트림을 생성합니다. searchList는 마지막에 생성된 Contact 객체를 요소로 갖는 스트림을 참조합니다.

```
27: searchList.forEach(System.out::println);
```

searchList는 하나의 Contact 객체를 갖는 스트림입니다. forEach( ) 메서드는 Contact의 toString( ) 메서드를 실행한 후 반환된 문자열을 출력합니다.

(2) mapToXXX( )

매핑 작업을 할 때 매핑된 결괏값을 객체 타입이 아닌 기본 타입의 데이터로 처리하고자 할 때는 다음 매핑 메서드를 사용하여 기본 타입 스트림으로 반환받아 사용하면 편리합니다.

    DoubleStream **mapToDouble**(람다식)

    LongStream **mapToLong**(람다식)

    IntStream **mapToInt**(람다식)

다음은 동일한 기능을 Stream과 기본 타입 스트림 두 가지 방식으로 구현한 예제입니다.

Test06.java
```java
01: package com.ruby.java.ch15;
02:
03: import java.util.ArrayList;
04: import java.util.Optional;
05: import java.util.stream.IntStream;
06: import java.util.stream.Stream;
07:
08: public class Test06 {
09:
10:     public static void main(String[] args) {
11:         ArrayList<Double> list = new ArrayList<>();
12:         list.add(3.1);
13:         list.add(5.6);
14:         list.add(7.2);
15:         list.add(8.1);
16:         list.add(6.8);
17:
18:         System.out.print("계산 1 : ");
19:         Optional<Integer>  sumValue = list.stream()
20:                                 .map((n) -> (int) Math.ceil(n))
21:                                 .reduce((a, b) -> a + b);
22:         System.out.println(sumValue.get());
23:
24:
25:         System.out.print("계산 2 : ");
26:         int sum = list.stream()
27:                         .mapToInt((n) -> (int) Math.ceil(n))
28:                         .sum();
29:         System.out.println(sum);
```

```
30:     }
31: }
```

【실행결과】

```
계산 1 : 34
계산 2 : 34
```

소스에 대한 자세한 설명은 다음과 같습니다.

```
19: Optional<Integer> sumValue = list.stream()
```

list의 요소를 갖는 스트림을 생성합니다. 파이프-필터 방식의 명령문이 완료되면 최종값을 갖는 Optional 객체가 반환됩니다.

```
20:     .map((n) -> (int) Math.ceil(n))
```

현재 스트림의 요소들을 올림하여 정수로 변환한 스트림을 생성합니다. 이때 생성되는 스트림은 Stream 객체입니다.

```
21:     .reduce((a, b) -> a + b);
```

현재 스트림 값들의 합을 구한 후 그 값을 갖는 Optional 객체를 생성하여 반환합니다.

```
22: System.out.println(sumValue.get());
```

Optional 타입의 sumValue 값을 추출하는 get( ) 메서드를 실행하여 출력합니다.

```
26: int sum = list.stream()
```

list 요소를 갖는 스트림을 생성합니다. 파이프-필터 방식의 명령문이 완료되면 최종값을 갖는 int 값이 반환됩니다.

```
27:     .mapToInt((n) -> (int) Math.ceil(n))
```

현재 스트림의 요소들을 올림하여 정수로 변환한 스트림을 생성합니다. 이때 생성되는 스트림은 IntStream 객체입니다.

```
28:     .sum();
```

현재 스트림 객체는 IntStream이므로 sum( ) 메서드를 사용할 수 있습니다. sum( ) 메서드는 요솟값의 합을 구한 후 int 타입으로 반환합니다.

(3) flatMapXXX()

다음은 하나의 데이터를 대상으로 여러 개의 매핑된 결괏값을 얻고자 할 때 사용하는 메서드로서 모든 스트림 API에서 공통으로 사용할 수 있습니다.

- Stream flatMap(람다식): 매핑 처리된 요소들을 갖는 Stream 생성
- IntStream flatMapToInt(람다식): 매핑 처리된 요소들을 갖는 IntStream 생성
- LongStream flatMapToLong(람다식): 매핑 처리된 요소들을 갖는 LongStream 생성
- DoubleStream flatMapToDouble(람다식): 매핑 처리된 요소들을 갖는 DoubleStream 생성

예제를 통해 자세히 살펴보겠습니다.

Test07.java
```
01: package com.ruby.java.ch15;
02:
03: import java.util.Arrays;
04: import java.util.stream.IntStream;
05: import java.util.stream.Stream;
06:
07: public class Test07 {
08:
09:     public static void main(String[] args) {
10:         String str = "apple,banana,peach,melon,mango,kiwi";
11:         Stream<String> stream1 = Stream.of(str);
12:         stream1.flatMap(s -> Arrays.stream(s.split(",")))
13:                 .forEach(s -> System.out.print(s + " "));
14:
15:         System.out.println();
16:
17:         String numbers = "12,10,13,18,14,16,17";
18:         Stream<String> stream2 = Stream.of(numbers);
19:         stream2.flatMapToInt(s -> {
20:             String[] sList = s.split(",");
21:             int[] nList = new int[sList.length];
22:             for(int i = 0; i < nList.length ; i++)
23:                 nList[i] = Integer.parseInt(sList[i]);
24:             return IntStream.of(nList);
```

```
25:     }).forEach(n -> System.out.print(n + " "));
26:   }
27: }
```

【실행결과】

```
apple banana peach melon mango kiwi
12 10 13 18 14 16 17
```

소스에 대한 자세한 설명은 다음과 같습니다.

```
10: String str = "apple,banana,peach,melon,mango,kiwi";
11: Stream<String> stream1 = Stream.of(str);
```

문자열 str을 데이터로 갖는 stream1을 생성합니다.

```
12: stream1.flatMap(s -> Arrays.stream(s.split(",")))
```

stream1의 요소를 매핑합니다. flatMap( ) 메서드는 하나의 데이터를 대상으로 매핑되는 값이 여러 개 존재할 수 있습니다. s.split(",") 코드는 콤마(,)를 구분자로 각각의 요소를 분리한 후 배열로 반환합니다. 반환된 배열은 Arrays.stream(배열) 메서드에 전달하여 새로운 스트림을 생성합니다.

```
13: .forEach(s -> System.out.print(s + " "));
```

현재 스트림의 요소를 출력합니다.

```
17: String numbers = "12,10,13,18,14,16,17";
18: Stream<String> stream2 = Stream.of(numbers);
```

문자열 numbers를 데이터로 갖는 stream2을 생성합니다.

```
18: stream2.flatMapToInt(s -> {
```

stream2의 요소를 대상으로 람다식을 실행하여 매핑 작업을 한 후 IntStream 객체를 생성합니다.

```
20:     String[] sList = s.split(",");
```

s는 현재 스트림의 요솟값을 갖는 변수입니다. 콤마(,)를 구분자로 분리한 문자열 배열을 추출합니다.

```
21:     int[] nList = new int[sList.length];
```

sList 배열의 길이와 동일한 int 타입의 배열 nList를 생성합니다.

```
22: for(int i = 0; i < nList.length ; i++)
23:     nList[i] = Integer.parseInt(sList[i]);
```

sList 배열의 값을 Integer.parseInt( ) 메서드를 사용해 정수로 변환한 다음 nList 배열에 저장합니다.

```
24: return IntStream.of(nList);
```

IntStream.of( ) 메서드는 nList 배열의 요소를 갖는 IntStream을 생성하여 반환합니다.

```
26: .forEach(n -> System.out.print(n + " "));
```

24번 줄에서 반환된 스트림의 요소들을 출력합니다.

15.3.2. 컬렉션 변환

컬렉션의 요소들을 스트림으로 작업할 때 java.util.Collection의 stream( ) 메서드를 사용하여 스트림으로 변환한 다음, 스트림 API에서 제공하는 메서드를 사용했습니다. 이와는 반대로 스트림의 데이터를 컬렉션으로 변환해 사용할 수도 있습니다.

스트림을 컬렉션으로 변환하는 메서드는 java.util.Stream의 collect( ) 메서드입니다. 다음은 collect( ) 메서드의 선언부입니다.

【collect( ) 메서드 프로토타입】

```
<R, A> R collect(Collector<? super T, A, R> collector)
```

collect( ) 메서드는 스트림에서 List, Set, Map과 같은 컬렉션으로 변환하기 위해 구현된 Collector 타입의 객체를 매개변수로 갖습니다. 그러나 별도로 Collector를 구현할 필요는 없습니다. 왜냐하면 java.util.stream.Collectors에서 이미 구현된 메서드를 제공하기 때문입니다.

다음은 Stream의 collect( ) 메서드의 인자로 사용되는 Collector를 생성하는 메서드들입니다.

표 컬렉션 변환을 위한 Collector 구현 메서드

제어자 및 타입	메서드	설명
public static <T> Collector<T, ?, List<T>>	toList()	현재 스트림의 요소를 T 타입으로 저장한 List로 변환
public static <T> Collector<T, ?, Set<T>>	toSet()	현재 스트림의 요소들을 T 타입으로 저장한 Set으로 변환

제어자 및 타입	메서드	설명
public static <T, K, U> Collector<T, ?, Map<K, U>>	toMap(K, U)	현재 스트림의 요소들을 K 타입의 키와 U 타입의 값으로 저장한 Map으로 변환
public static <T, C extends Collection<T>> Collector<T, ?, C>	toCollection(람다식)	람다식에서 지정된 컬렉션 객체를 생성한 후 T 타입의 요소들을 저장

예제를 통해 collect( ) 메서드의 사용 방법을 자세히 살펴보겠습니다.

Test08.java

```
01: package com.ruby.java.ch15;
02:
03: import java.util.ArrayList;
04: import java.util.LinkedList;
05: import java.util.List;
06: import java.util.Map;
07: import java.util.Set;
08: import java.util.stream.Collectors;
09: import java.util.stream.Stream;
10:
11: public class Test08 {
12:
13:     public static void main(String[] args) {
14:         ArrayList<Member> members = new ArrayList<>();
15:         members.add(new Member("김푸름", 25, "010-123-4562", "서울"));
16:         members.add(new Member("김하늘", 30, "010-803-6356", "부산"));
17:         members.add(new Member("오정임", 29, "010-264-4872", "대전"));
18:
19:         System.out.println("<< List >>");
20:         Stream<Contact> stream = members.stream()
21:                         .map((m) -> new Contact(m.getName(), m.getPhoneNum()));
22:         List<Contact> list = stream.collect(Collectors.toList());
23:         for(Contact c : list)
24:             System.out.println(c);
25:
26:         System.out.println("<< Set >>");
27:         stream = members.stream()
28:                         .map((m) -> new Contact(m.getName(), m.getPhoneNum()));
29:         Set<Contact> set = stream.collect(Collectors.toSet());
30:         for(Contact c : set)
31:             System.out.println(c);
32:
```

```
33:       System.out.println("<< Map >>");
34:       stream = members.stream()
35:                     .map((m) -> new Contact(m.getName(), m.getPhoneNum()));
36:       Map<String, String> map
              = stream.collect(Collectors.toMap(m -> m.getPhoneNum(), m -> m.getName()));
37:       for(String key: map.keySet())
38:         System.out.println(key + " " + map.get(key));
39:
40:       System.out.println("<< LindedList >>");
41:       stream = members.stream()
42:                     .map((m) -> new Contact(m.getName(), m.getPhoneNum()));
43:       LinkedList<Contact> list2 =
              stream.collect(Collectors.toCollection(LinkedList::new));
44:       for(Contact c : list2)
45:         System.out.println(c);
46:     }
47: }
```

【실행결과】

<< List >>
김푸름 010-123-4562
김하늘 010-803-6356
오정임 010-264-4872
<< Set >>
김푸름 010-123-4562
김하늘 010-803-6356
오정임 010-264-4872
<< Map >>
010-264-4872 오정임
010-803-6356 김하늘
010-123-4562 김푸름
<< LindedList >>
김푸름 010-123-4562
김하늘 010-803-6356
오정임 010-264-4872

소스에 대한 자세한 설명은 다음과 같습니다.

22: List<Contact> list = stream.collect(Collectors.toList());

stream의 요소를 Contact 타입으로 저장한 List 객체를 생성하여 반환합니다.

```
29: Set<Contact> set = stream.collect(Collectors.toSet());
```

stream의 요소를 Contact 타입으로 저장한 Set 객체를 생성하여 반환합니다.

```
36: Map<String, String> map
      = stream.collect(Collectors.toMap(m -> m.getPhoneNum(), m -> m.getName()));
```

Collectors.toMap( ) 메서드의 첫 번째 인자는 맵의 Key, 두 번째 인자는 맵의 Value를 전달합니다. 36번 줄의 명령문은 스트림 요소들의 phoneNum을 Key로, name을 Value로 저장한 Map 객체를 생성하여 반환합니다.

```
37: for(String key: map.keySet())
```

map.keySet( ) 메서드는 맵에서 키값들만 추출하여 반환합니다. 맵에서 추출한 키값의 개수만큼 반복 실행하면 각 키값은 key 변수에 저장됩니다.

```
38: System.out.println(key + " " + map.get(key));
```

map.get(key) 메서드는 인자로 전달한 key를 키값으로 갖는 요소의 value를 추출합니다.

```
43: LinkedList<Contact> list2 = stream.collect(Collectors.toCollection(LinkedList::new));
```

Collector의 toCollection( ) 메서드는 인자로 전달한 컬렉션 객체를 생성하여 스트림의 요소들을 저장합니다. 생성자 참조 형식으로 LinkedList::new처럼 지정했습니다. LinkedList 객체 생성을 의미합니다.

15.3.3. 반복자

컬렉션의 모든 요소에 접근해 사용하고자 할 때 Iterator와 같은 반복자를 사용할 수 있었습니다. 스트림에서도 이와 같이 작업할 수 있습니다. 스트림 API에서 지원하는 반복자는 두 가지입니다. 첫 번째는 컬렉션에서도 사용했던 Iterator이고, 다른 하나는 병렬 처리가 가능한 Spliterator입니다.

(1) Iterator

다음은 스트림의 요소들을 Iterator 객체로 변환하여 사용하는 예제입니다.

```
Test09.java
01: package com.ruby.java.ch15;
02:
03: import java.util.ArrayList;
04: import java.util.Iterator;
05: import java.util.stream.Stream;
06:
07: public class Test09 {
08:
09:    public static void main(String[] args) {
10:        ArrayList<String> names = new ArrayList<>();
11:        names.add("김푸름");
12:        names.add("김하늘");
13:        names.add("오정임");
14:
15:        Stream<String> myStream = names.stream();
16:
17:        Iterator<String> it = myStream.iterator();
18:        while(it.hasNext())
19:            System.out.println(it.next());
20:    }
21: }
```

【실행결과】

김푸름
김하늘
오정임

소스에 대한 자세한 설명은 다음과 같습니다.

```
17: Iterator<String> it = myStream.iterator();
```

iterator( ) 메서드는 스트림의 요소를 처리하기 위한 Iterator 객체를 생성합니다.

```
18: while(it.hasNext())
19:     System.out.println(it.next());
20: }
```

Iterator 객체를 사용하는 방법은 hasNext( ) 메서드로 커서 다음에 요소가 있는지 판단하고 next( ) 메서드로 커서 다음의 요소를 추출합니다. next( ) 메서드는 커서 다음의 요소를 추출하고 커서를 다음 요소로 이동시킵니다.

(2) Spliterator

JDK 8부터 지원하는 java.util.Spliterator는 병렬 처리 작업에서 Iterator와 같은 역할을 합니다. 예제를 통해 Spliterator의 메서드들에 대해 살펴보겠습니다.

Test10.java
```java
01: package com.ruby.java.ch15;
02:
03: import java.util.ArrayList;
04: import java.util.Spliterator;
05: import java.util.stream.Stream;
06:
07: public class Test10 {
08:
09:     public static void main(String[] args) {
10:         ArrayList<String> names = new ArrayList<>();
11:         names.add("one");
12:         names.add("two");
13:         names.add("three");
14:         names.add("four");
15:         names.add("five");
16:         names.add("six");
17:
18:         Stream<String> stream1 = names.stream();
19:         Spliterator<String> siter1 = stream1.spliterator();
20:         while(siter1.tryAdvance((n) -> System.out.print(n+" ")));
21:         System.out.println();
22:
23:         Stream<String> stream2 = names.stream();
24:         Spliterator<String> siter2 = stream2.spliterator();
25:         Spliterator<String> siter3 = siter2.trySplit();
26:
27:         if(siter3 != null)
28:             siter3.forEachRemaining((n) -> System.out.print(n + " "));
29:
30:         System.out.println();
31:
32:         siter2.forEachRemaining((n) -> System.out.print(n + " "));
33:     }
34: }
```

【실행결과】

```
one two three four five six
one two three
four five six
```

소스에 대한 자세한 설명은 다음과 같습니다.

```
19: Spliterator<String> siter1 = stream1.spliterator();
```

stream1의 요소를 처리할 수 있는 Spliterator 객체를 생성합니다.

```
20: while(siter1.tryAdvance((n) -> System.out.print(n + " ")));
```

Spliterator의 tryAdvance( ) 메서드는 Iterator의 hasNext( )와 next( ) 메서드 기능을 합니다. tryAdvance( ) 메서드는 커서 다음의 요소가 존재하면 true, 존재하지 않으면 false를 반환합니다. 그리고 true인 경우 커서 다음의 요소에 대해 tryAdvance(람다식)의 람다식을 실행한 후 커서를 다음으로 이동시킵니다. 커서 다음에 요소가 없어 false가 반환될 때까지 20번 줄의 명령문을 반복해서 실행합니다.

```
24: Spliterator<String> siter2 = stream2.spliterator();
25: Spliterator<String> siter3 = siter2.trySplit();
```

trySplit( ) 메서드는 Spliterator의 요소들을 두 집합으로 나눈 후 첫 번째 집합을 가진 새로운 Spliterator 객체를 생성하여 반환합니다.

```
28: siter3.forEachRemaining((n) -> System.out.print(n + " "));
```

forEachRemaining( ) 메서드는 Spliterator 요소들에 하나씩 접근하면서 인자로 전달한 람다식을 실행합니다. 20번 줄의 명령문과 같은 기능을 수행합니다.

16

멀티태스킹의 첫걸음, 스레드 알기

멀티태스킹이란 동시에 여러 가지 작업을 실행하는 것입니다. 지금까지 우리가 구현한 프로그램은 main( ) 메서드의 명령문을 순차적으로 실행하는 방식이었습니다. 이러한 방식은 여러 가지 작업을 동시에 실행할 수 없으므로 한 작업이 완료되어야 다음 작업을 진행할 수 있습니다. 따라서 프로그램의 유휴 시간이 길어지며 효율적으로 프로그램을 실행할 수 없습니다. 이번 장에서는 동시에 여러 작업을 실행할 수 있는 멀티태스킹을 구현하기 위한 방법을 살펴봅니다.

16.1. 스레드란?

하루 일과를 마치고 귀가하면 소파에 앉아 TV를 켜고 저녁을 먹으면서 핸드폰 메시지도 확인합니다. 동시에 여러 가지 일을 합니다. 이처럼 한 사람이 동시에 여러 가지 일을 하는 것을 멀티태스킹(multitasking)이라고 합니다.

멀티태스킹은 현실 세계뿐만 아니라 컴퓨터 세계에서도 익숙합니다. 컴퓨터로 작업 시 여러 개의 프로그램을 동시에 실행해놓고 작업할 때가 많습니다. 예를 들어 미디어 프로그램으로 음악을 재생하면서 문서 작업을 하기도 하고 동시에 메신저 프로그램으로 채팅을 하기도 합니다.

동시에 여러 가지 일을 병행해서 하는 멀티태스킹은 프로세스 기반과 스레드 기반 두 가지 유형이 있습니다. 우리에게 친숙한 멀티태스킹은 프로세스 기반입니다. 프로세스란 실행 중인 프로그램을 의미하며 바로 앞에서 예로 들었던 미디어 프로그램, 문서작성 프로그램, 메신저 프로그램을 동시에 실행하는 작업은 프로세스 기반의 멀티태스킹입니다. 프로세스 기반의 멀티태스킹에서는 병행 처리 단위가 프로세스인 것입니다.

프로세스 기반은 여러 프로그램이 병행 실행되는 것이지만, 스레드 기반은 하나의 프로그램 내에서 여러 작업을 병행하는 것입니다. 하나의 프로그램 내에서 동시에 실행되는 작업 단위를 스레드라고 합니다. 예를 들어 워드프로세서에서 문서를 편집하면서 동시에 프린트 작업을 할 수도 있습니다. 워드프로세서에서 문서 편집과 문서 출력 두 개의 스레드가 병행되는 것입니다.

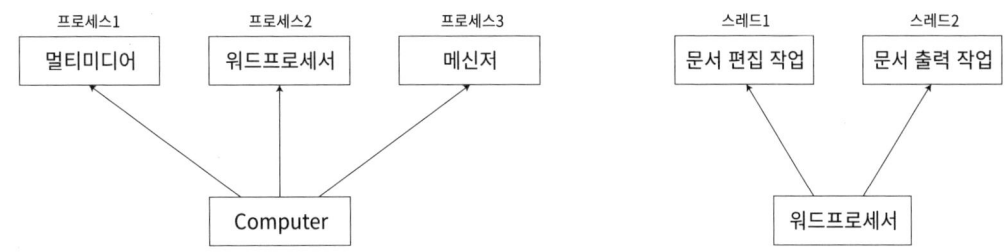

그림 프로세스 멀티캐스팅과 스레드 멀티태스킹

프로세스 멀티태스킹과 스레드 멀티태스킹은 동시에 여러 작업을 실행하는 것은 동일하지만 메모리 할당 그리고 시스템의 자원 사용 면에서는 큰 차이를 보입니다. 프로세스 기반은 프로세스가 생성될 때마다 새로운 메모리 영역을 할당받고 프로세스 실행에 필요한 시스템 자원 또한 새롭게 할당받아야 합니다. 그러나 스레드 기반은 하나의 프로그램 내에서 병행되기 때문에 현재 실행하는 프로그램의 프로세스에서 사용하는 메모리와 자원을 공유하고 스레드를 실행하기 위한 자원만 필요합니다.

스레드도 하나의 작업을 실행하기 때문에 프로세스라고 할 수 있습니다. 그러나 완벽하게 독립적으로 실행되는 프로세스가 아니고 하나의 프로세스 안에서 동작하는 작은 프로세스이기 때문에 스레드를 "경량 프로세스(Light Weight Process)"라고도 합니다.

(1) 스레드 목적

지금까지 우리는 싱글 스레드(Single Thread)로 작업을 했습니다. 즉, 하나의 스레드로만 작업을 한 것입니다. 지금까지 사용한 스레드는 메인 스레드(main thread)입니다. 메인 스레드는 자바 프로그램 시작 시 자동으로 생성되며 main( ) 메서드를 실행합니다. main( ) 메서드의 명령문 실행이 완료되면 메인 스레드는 종료되고 자바 프로그램도 종료됩니다.

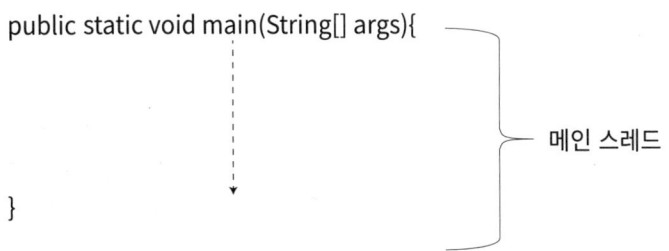

싱글 스레드는 한 번에 하나의 작업만 순차적으로 실행합니다. 이에 비해 멀티 스레드는 다음과 같이 메인 스레드를 실행하면서 다른 작업을 동시에 실행합니다.

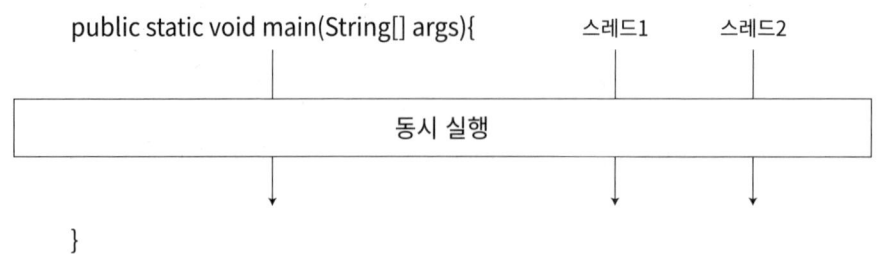

지금까지 싱글 스레드로 작업해왔고 전혀 문제가 없었습니다. 멀티 스레드가 아닌 싱글 스레드로 계속 작업을 하면 안 될까요? 상황에 따라 반드시 멀티 스레드로 구현해야 하는 경우가 있습니다.

다음은 멀티 스레드로 구현해야 하는 상황입니다.

1. 여러 사용자가 동시에 요청하는 상황

만일 서비스하는 프로그램에서 동시에 여러 사용자가 실행 요청을 하면 싱글 스레드 환경에서는 한 사용자의 처리가 완료된 후 다른 사용자의 요청을 처리할 수 있습니다. 다음 사용자는 이전 사용자의 처리가 완료될 때까지 기다려야 합니다. 대표적인 예가 웹서버입니다. 여러분이 어떤 웹사이트에 접속해서 서비스를 요청할 때 다른 사용자하고는 상관없이 작업할 수 있습니다. 웹서버 쪽 프로그램이 스레드로 동작하기 때문입니다.

2. 외부 데이터 처리

네트워크 환경에서 데이터 전송이나 로컬 파일 시스템의 자원을 읽거나 쓰는 작업은 CPU가 명령문을 처리하는 속도보다 훨씬 느립니다. 따라서 싱글 스레드 환경에서 외부 데이터를 대상으로 작업한다면 CPU는 데이터 작업이 완료될 때까지 유휴(idle time) 상태가 됩니다. 유휴 상태가 길어질수록 프로그램의 효율성은 떨어집니다. 멀티 스레드로 외부 데이터를 처리하면 CPU의 유휴시간이 줄어듭니다.

메인 스레드만 실행되는 싱글 스레드 환경에서는 메인 스레드가 종료되면 프로그램도 종료되었습니다. 그러나 멀티 스레드 환경에서는 메인 스레드가 종료된다고 프로그램이 종료되는 것이 아니고 함께 실행되던 모든 스레드가 종료되어야 프로그램이 종료됩니다.

16.2. 스레드 활용

16.2.1. 구현 및 실행

(1) run( )

메인 스레드가 아닌 독립적인 스레드에서 동작할 수 있도록 지원하는 객체는 java.lang 패키지에 정의된 Thread 클래스입니다. Thread 클래스는 실행 시 새로운 스레드를 생성한 후 자신의 run( ) 메서드를 찾아 실행합니다. 따라서 스레드에서 동작할 명령문들은 run( ) 메서드에 구현합니다.

스레드에서 실행하는 명령문을 가지는 run( ) 메서드를 구현하는 방법은 두 가지입니다.

1. java.lang.Thread 클래스 상속 후 run( ) 메서드 구현

```
class PrimeThread extends Thread {
    public void run() {
        // 스레드에서 실행할 명령문
    }
}
```

2. java.lang.Runnable 인테페이스 상속 후 run( ) 메서드 구현

```
class PrimeRun implements Runnable {
    public void run() {
        // 스레드에서 실행할 명령문
    }
}
```

또는 람다식으로 Runnable의 run( ) 메서드를 구현할 수도 있습니다.

```
Runnable task = () -> { };
Thread p3 = new Thread(() -> { });
```

(2) start( )

스레드에서 처리할 로직을 구현한 run( ) 메서드는 Thread 클래스의 start( ) 메서드를 이용해 실행합니다. 그런데 Thread 클래스를 상속하여 run( ) 메서드를 구현한 경우는 바로 start( ) 메서드를 호출할 수 있지만, Runnable 인터페이스에 구현한 경우는 Thread 객체를 생성해야 start( ) 메서드를 호출할 수 있습니다. Thread 객체를 생성할 때 Runnable 객체를 인자로 지정합니다.

Thread를 상속해 구현한 경우

```
PrimeThread pi = new PrimeThread();
p1.start();
```

Runnable을 상속해 구현한 경우

```
PrimeRun p2 = new PrimeRun();
new Thread(p2).start();
```

Runnable을 람다식으로 구현한 경우

```
Thread p3 = new Thread(() -> { });
p3.start();
```

위와 같이 start( ) 메서드를 호출하여 p1, p2, p3 스레드를 실행하면 각 스레드는 실행 대기 상태로 들어갑니다. 실행 대기 상태는 JVM의 스케줄링에 의해 실행할 수 있는 상태를 의미합니다. 자바 프로그램은 JVM에 의해 실행되는 스레드가 결정되며 이것을 스케줄링이라고 합니다.

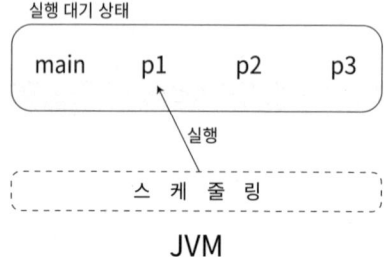

그림 JVM의 스케줄링

멀티태스킹은 동시에 여러 작업을 하는 것이라고 했습니다. 그러나 동시라는 말은 정확하지 않을 수도 있습니다. 만일 CPU가 하나라면 한순간에 실행할 수 있는 프로세스 또는 스레드는 하나만 가능하기 때문입니다. 그러나 동시에 여러 작업이 실행되는 것처럼 느끼는 것은 하나의 CPU가 시차를 두고 스케줄링에 의해 번갈아 가면서 실행하기 때문입니다.

16.2.2. Thread 클래스

Thread 클래스는 java.lang 패키지에 정의되어 있고 Runnable 인터페이스를 상속하며, 스레드로 동작할 수 있도록 지원하는 클래스입니다.

```
Module java.base
Package java.lang
Class Thread

java.lang.Object
    java.lang.Thread

All Implemented Interfaces:
Runnable
```

그림 Thread 클래스

Thread의 생성자는 다음과 같습니다.

- `Thread()`: 새로운 스레드 생성
- `Thread(Runnable target)`: 매개변수로 전달받은 Runnable의 run( ) 메서드를 실행하는 스레드 생성
- `Thread(Runnable target, String name)`: target의 run( ) 메서드를 실행하며 name으로 이름을 지정한 새로운 스레드 생성
- `Thread(String name)`: name으로 이름을 지정한 스레드 생성

Thread의 필드는 다음과 같습니다.

표 Thread의 필드

제어자 및 타입	필드	설명
public static final int	MAX_PRIORITY	스레드의 최대 우선순위로 값은 10
public static final int	MIN_PRIORITY	스레드의 최소 우선순위로 값은 1
public static final int	NORM_PRIORITY	스레드에 할당된 기본 우선순위로 값은 5

Thread의 메서드는 다음과 같습니다.

표 Thread의 메서드

제어자 및 타입	메서드	설명
String	getName()	스레드의 이름 추출
int	getPriority()	스레드의 우선순위 추출
boolean	isAlive()	스레드의 실행 상태 판단
void	join()	다른 스레드가 종료될 때까지 기다리기
void	run()	스레드의 실행 메서드
static void	sleep(long millis)	지정된 시간 동안 스레드 실행 멈춤
void	start()	run( ) 메서드 호출하면서 스레드 실행 시작

예제를 통해 Thread에 관련된 내용을 살펴보겠습니다.

Test01.java
```
01: package com.ruby.java.ch16;
02:
03: public class Test01 {
04:
05:   public static void main(String[] args) {
06:
07:     Food work1 = new Food();
08:     Phone work2 = new Phone();
09:
10:     work1.start();
11:     work2.start();
12:
13:     for(int i = 1; i <= 1000; i++) {
14:       System.out.println("TV 보기 : " + i);
15:     }
16:   }
17: }
18:
19: class Food extends Thread {
20:   public void run() {
21:     for(int i = 1; i <= 1000; i++) {
22:       System.out.println("음식 먹기 : " + i);
23:     }
24:   }
25: }
26:
27: class Phone extends Thread {
28:   public void run() {
29:     for(int i = 1; i <= 1000; i++) {
30:       System.out.println("전화 받기 : " + i);
31:     }
32:   }
33: }
```

【실행결과】

음식 먹기 : 1
TV 보기 : 1
음식 먹기 : 2

```
TV 보기 : 2
음식 먹기 : 3
...
```

스레드는 JVM의 스케줄링에 의해 선택되어 실행되므로 실행 결과가 다를 수 있습니다. 소스에 대한 자세한 설명은 다음과 같습니다.

```
19: class Food extends Thread {
20:     public void run() {
```

Thread를 상속받는 Food 클래스를 생성합니다. Food 클래스는 스레드로 동작할 객체로서, Thread 클래스의 run( ) 메서드를 오버라이딩하여 스레드로 실행할 내용을 구현합니다.

```
27: class Phone extends Thread {
28:     public void run() {
```

Thread를 상속받는 Phone 클래스를 선언합니다. run( ) 메서드에 스레드로 실행할 내용을 구현합니다.

```
05: public static void main(String[] args) {
```

프로그램을 실행하면 가장 처음 main( ) 메서드를 실행하는 스레드가 생성됩니다.

```
07: Food work1 = new Food();
08: Phone work2 = new Phone();
```

Thread를 상속받은 Food와 Phone 객체를 생성합니다.

```
10: work1.start();
```

start( ) 메서드는 스레드를 생성한 후 run( ) 메서드를 호출합니다. work1은 07번 줄의 명령문에서 생성한 Food 객체입니다. 새로운 스레드에서 Food의 run( ) 메서드를 실행합니다.

```
11: work2.start();
```

work2는 08번 줄의 명령문에서 생성한 Phone 객체입니다. 새로운 스레드를 생성해 Phone의 run( ) 메서드를 실행합니다.

16.2.3. Runnable 인터페이스

다음은 Runnable 인터페이스의 선언부입니다. @FunctionalInterface 어노테이션이 지정되어 있습니다. 한 개의 메서드만 선언된 함수형 인터페이스임을 의미합니다.

```
@FunctionalInterface
public interface Runnable
```

Runnable 인터페이스에 선언된 메서드는 public void run( )으로서 이 메서드에 스레드로 동작할 내용을 구현합니다. Runnable은 함수형 인터페이스이므로 run( ) 메서드 구현 시 람다식으로 구현할 수도 있습니다.

예제를 통해 자세히 살펴보겠습니다.

Test02.java

```java
01: package com.ruby.java.ch16;
02:
03: public class Test02 {
04:     public static void main(String[] args) {
05:         Thread t1 = new Thread(new Movie());
06:         Thread t2 = new Thread(() -> {
07:             for(int i = 1; i <= 1000; i++) {
08:                 System.out.println("전화 받기 : " + i);
09:             }
10:         });
11:
12:         t1.start();
13:         t2.start();
14:         for(int i = 1; i <= 1000; i++) {
15:             System.out.println("TV 보기 : " + i);
16:         }
17:     }
18: }
19:
20: class Movie implements Runnable {
21:     @Override
22:     public void run() {
23:         for(int i = 1; i <= 1000; i++) {
24:             System.out.println("음식 먹기 : " + i);
25:         }
26:     }
27: }
```

【실행결과】

음식 먹기 : 1
TV 보기 : 1
음식 먹기 : 2
TV 보기 : 2
TV 보기 : 3
전화 받기 : 1
음식 먹기 : 3
…

실행 결과는 위와 같지 않을 수 있습니다. 실행할 때마다 스레드의 순서는 매번 달라지기 때문입니다. 소스에 대한 자세한 설명은 다음과 같습니다.

```
20: class Movie implements Runnable {
21:     @Override
22:     public void run() {
```

클래스 Movie는 Runnable 인터페이스를 상속받습니다. 즉, 스레드로 동작하는 객체입니다. run( ) 메서드를 오버라이딩하여 스레드에서 실행할 내용을 구현합니다.

```
05: Thread t1 = new Thread(new Movie());
```

new Thread( ) 명령문은 새로운 Thread 객체를 생성합니다. java.lang에 정의된 Thread 클래스는 run( ) 메서드를 구현하고 있지 않으므로 인자로 run( ) 메서드를 구현한 Runnable 객체를 지정합니다. t1은 Move 클래스에 정의된 run( ) 메서드를 실행하는 스레드입니다.

```
06: Thread t2 = new Thread(() -> {
07:     for(int i = 1; i <= 1000; i++) {
08:         System.out.println("전화 받기 : " + i);
09:     }
```

새로운 Thread 객체를 생성하여 t2에서 참조합니다. Thread( ) 인자로 Runnable 인터페이스를 구현한 객체를 지정해야 합니다. 이때 Runnable은 함수형 인터페이스이므로 람다식으로 구현하였습니다.

```
12: t1.start();
13: t2.start();
```

스레드 t1과 t2의 run( ) 메서드를 실행합니다.

16.2.4. 스레드 설정

(1) 이름 지정

Thread의 start( ) 메서드는 run( ) 메서드에 구현한 명령문을 실행하는 스레드를 실행 대기 상태로 만들어줍니다. 실행 대기 상태에 있는 스레드는 기본적으로 메인 스레드는 main, 그 외의 스레드는 'Thread-번호' 형태의 이름이 지정됩니다. 만약 스레드에 대한 디버깅, 제어를 위해 다른 이름으로 변경하고 싶다면 Thread의 setName( ) 메서드를 사용하여 스레드의 이름을 변경할 수 있습니다.

예제를 통해 자세히 살펴보겠습니다.

```
Test03.java
01: package com.ruby.java.ch16;
02:
03: public class Test03 {
04:     public static void main(String[] args) {
05:         Work1 w1 = new Work1();
06:         Work2 w2 = new Work2();
07:         w1.start();
08:         w2.start();
09:     }
10: }
11:
12: class Work1 extends Thread {
13:     Work1() {
14:         setName("파일 저장");
15:     }
16:
17:     public void run() {
18:         for(int i = 1; i <= 10; i++) {
19:             System.out.println(this.getName() + " 작업 중... ");
20:         }
21:     }
22: }
23:
24: class Work2 extends Thread {
25:     Work2() {
26:         setName("서버 연결");
27:     }
28:
29:     public void run() {
```

```
30:        for(int i = 1; i <= 10; i++) {
31:            System.out.println(this.getName() + " 작업 중... ");
32:        }
33:    }
34: }
```

【실행결과】

파일 저장 작업 중...
서버 연결 작업 중...
파일 저장 작업 중...
서버 연결 작업 중...
서버 연결 작업 중...
...

소스에 대한 자세한 설명은 다음과 같습니다.

```
12: class Work1 extends Thread {
13:    Work1() {
14:        setName("파일 저장");
15:    }
```

Thread 클래스를 상속받는 Work1은 스레드로 동작하는 객체이며 생성 시 호출되는 기본 생성자에서 setName( ) 메서드로 스레드의 이름을 "파일 저장"으로 지정합니다.

```
24: class Work2 extends Thread {
25:    Work2() {
26:        setName("서버 연결");
27:    }
```

Thread 객체 Work2는 생성자에서 스레드의 이름을 "서버 연결"로 지정합니다.

```
05: Work1 w1 = new Work1();
06: Work2 w2 = new Work2();
```

Thread를 상속받는 객체 Work1, Work2를 생성합니다.

```
07: w1.start();
08: w2.start();
```

2개의 스레드가 생성되고 07번 줄에서 생성된 스레드는 w1의 run( ) 메서드를, 08번 줄에서 생성된 스레드는 w2의 run( ) 메서드를 실행합니다.

```
19: System.out.println(this.getName() + " 작업 중... ");
```

w1과 w2의 스레드에서 호출되는 run( ) 메서드에서는 this.getName( ) 메서드를 실행하여 스레드의 이름을 추출한 후 출력합니다.

(2) 우선순위 지정

실행 대기 상태에 있는 스레드들은 JVM의 스케줄링에 의해 선택되어 실행됩니다. 그런데 스레드에 우선순위를 지정하여 실행을 제어할 수 있습니다. 우선순위는 정수로 표현하며 가장 높은 우선순위는 10, 가장 낮은 우선순위는 1이며 기본값은 5입니다. 우선순위가 높을수록 다른 스레드보다 실행 시간을 더 많이 확보할 수 있습니다.

우선순위를 지정하는 메서드는 Thread의 setPriority( ) 메서드로서 인자값으로 1부터 10까지의 정수를 전달합니다.

```
public final void setPriority(int newPriority)
```

우선순위를 지정할 때 Thread 클래스에 선언된 다음의 상수를 사용할 수 있습니다. 상수를 사용하면 가독성이 좋아지는 장점이 있습니다.

- **MAX_PRIORITY**: 스레드의 최대 우선순위로 값은 10
- **MIN_PRIORITY**: 스레드의 최소 우선순위로 값은 1
- **NORM_PRIORITY**: 스레드에 할당된 기본 우선순위로 값은 5

예제를 통해 자세히 살펴보겠습니다.

Test04.java
```
01: package com.ruby.java.ch16;
02:
03: public class Test04 {
04:     public static void main(String[] args) {
05:         Food f = new Food();
06:         Phone p = new Phone();
07:         p.setPriority(Thread.MAX_PRIORITY);
08:         f.setPriority(Thread.MIN_PRIORITY);
09:         f.start();
```

```
10:        p.start();
11:    }
12: }
```

【실행결과】

```
...
전화 받기 : 997
전화 받기 : 998
전화 받기 : 999
전화 받기 : 1000
음식 먹기 : 133
음식 먹기 : 134
...
```

실행 결과를 보면 우선순위가 높은 "전화 받기" 스레드가 먼저 종료됨을 확인할 수 있습니다. 소스에 대한 자세한 설명은 다음과 같습니다.

```
05: Food f = new Food();
06: Phone p = new Phone();
```

Food와 Phone은 Test01.java에서 생성한 Thread를 상속받는 클래스입니다.

```
07: p.setPriority(Thread.MAX_PRIORITY);
08: f.setPriority(Thread.MIN_PRIORITY);
```

Phone p의 스레드 우선순위는 10으로 지정하고, Food f의 스레드 우선순위는 1로 지정합니다.

```
09: f.start();
10: p.start();
```

f와 p가 참조하는 객체의 run( ) 메서드를 실행하기 위한 스레드를 생성한 후 start( ) 메서드를 호출하여 실행합니다. p가 참조하는 스레드의 우선순위가 더 높기 때문에 f가 참조하는 스레드보다 더 많은 작업 시간을 할당받습니다. 따라서 f의 스레드보다 먼저 실행이 완료됩니다.

16.3. 동기화

16.3.1. 동기화란?

다음은 9장에서 예로 들었던 공연 좌석 예매입니다. 하나의 좌석을 동시에 여러 명이 예매를 시도할 때 예매 시스템은 먼저 예매를 시도한 사람이 있다면 그 사람이 작업을 완료할 때까지 다른 사람은 그 좌석을 선택할 수 없도록 비활성화 상태로 만들어야 합니다. 그래야 중복 예매를 방지할 수 있습니다.

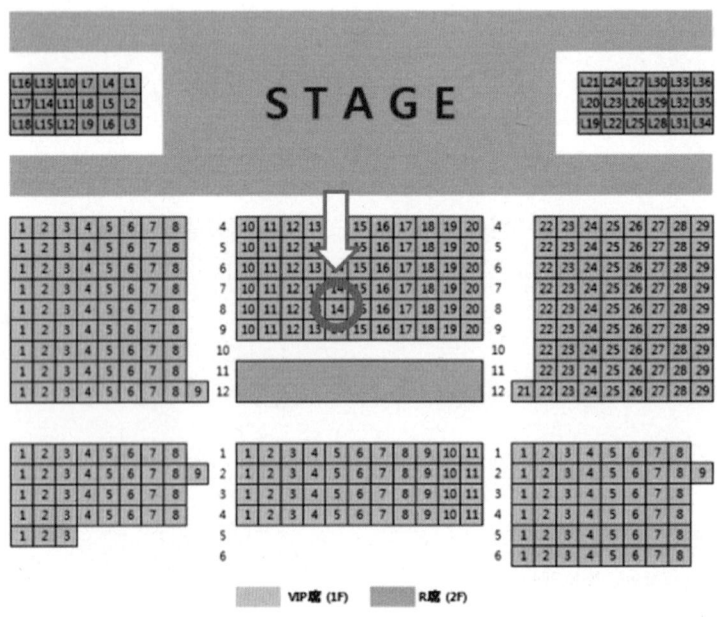

그림 공연 좌석 예매

좌석 예매에 먼저 접근한 사람이 작업을 완료할 때까지 다른 사람은 접근하지 못하도록 처리하는 것을 동기화 작업이라고 합니다. 동기화란 예매 시스템처럼 하나의 자원을 여러 스레드가 동시에 접근하여 사용할 때 발생할 수 있는 오류를 방지하기 위한 작업입니다.

다음은 두 개의 스레드가 동시에 하나의 자원에 접근하는데 동기화 처리가 되지 않아 잘못된 결과가 발생하는 예제입니다.

Test05.java
```
01: package com.ruby.java.ch16;
02:
03: public class Test05 {
04:
```

```java
05:    public static void main(String[] args) {
06:        Account account = new Account();
07:        DrawThread t1 = new DrawThread(account);
08:        DrawThread t2 = new DrawThread(account);
09:
10:        t1.start();
11:        t2.start();
12:    }
13: }
14:
15: class Account {
16:    private long balance = 1000;
17:
18:    public void draw(long amount) {
19:        balance -= amount;
20:    }
21:
22:    public long getBalance() {
23:        return balance;
24:    }
25: }
26:
27: class DrawThread extends Thread {
28:    Account account;
29:
30:    DrawThread(Account account) {
31:        this.account = account;
32:    }
33:
34:    public void run() {
35:        for(int i = 0; i < 10; i++) {
36:            account.draw(10);
37:            System.out.println(this.getName() + " 출금 후 잔액 " + account.getBalance());
38:        }
39:    }
40: }
```

【실행결과】

Thread-0 출금 후 잔액 980
Thread-1 출금 후 잔액 980
Thread-0 출금 후 잔액 970

...
Thread-1 출금 후 잔액 830
Thread-0 출금 후 잔액 870
...

소스에 대한 자세한 설명은 다음과 같습니다.

```
15: class Account {
16:    private long balance = 1000;
17:
18:    public void draw(long amount) {
19:       balance -= amount;
20:    }
21:
22:    public long getBalance() {
23:       return balance;
24:    }
25: }
```

Account 클래스의 선언부입니다. Account 클래스에는 balance = 1000 필드와 매개변수로 전달받은 값을 balance에서 차감하는 draw( ) 메서드, 그리고 balance 값을 추출하는 getBalance( ) 메서드가 선언되었습니다.

```
27: class DrawThread extends Thread {
28:    Account account;
29:
30:    DrawThread(Account account) {
31:       this.account = account;
32:    }
```

DrawThread 클래스는 Thread를 상속받으며 30번 줄에서 객체 생성 시 Account 객체를 매개변수로 받아 account 필드에 저장합니다.

```
34:    public void run() {
35:       for(int i = 0; i < 10; i++) {
```

스레드로 동작할 명령문을 구현한 run( ) 메서드 선언부입니다. 명령문을 10회 반복 실행합니다.

```
36:          account.draw(10);
```

draw( ) 메서드는 Account 객체의 balance 값을 10만큼 차감합니다.

```
37: System.out.println(this.getName() + " 출금 후 잔액 " + account.getBalance());
```

getName( ) 메서드는 현재 실행되는 스레드의 이름을 추출하고, account.getBalance( ) 메서드는 Account 객체의 balance 값을 추출합니다. 추출된 스레드 이름과 balance 값을 출력합니다.

```
06: Account account = new Account();
```

balance 변수와 draw( ), getBalance( ) 메서드를 가진 Account 객체를 생성한 후 account 변수가 참조합니다.

```
07: DrawThread t1 = new DrawThread(account);
08: DrawThread t2 = new DrawThread(account);
```

두 개의 DrawThread 객체를 생성하면서 똑같이 account 객체를 인자로 전달합니다. t1과 t2는 같은 account 객체를 참조합니다.

```
10: t1.start();
11: t2.start();
```

t1의 run( )과 t2의 run( ) 메서드를 실행하는 두 개의 스레드가 실행됩니다. 두 개의 스레드에서 실행하는 다음 명령문은 같은 Account 객체를 대상으로 draw(10) 명령문을 실행합니다. 즉, 서로 다른 스레드가 같은 자원을 사용함으로써 실행 결과 잔액이 이상한 것을 확인할 수 있습니다.

16.3.2. 동기화 처리

프로그램 구현 시 동기화는 블록이나 메서드 단위로 작업할 수 있습니다. 동기화 작업은 매우 간단합니다. 블록 또는 메서드를 선언할 때 synchronized 키워드만 선언하면 됩니다.

- **블록 동기화**: synchronized(객체명) { … }
- **메서드 동기화**: synchronized 메서드명() { … }

(1) 블록 동기화

블록 동기화 작업을 할 때는 객체명에 공유 객체명을 지정합니다. 만일 객체 자신이 공유된다면 this를 지정합니다. Test05.java 소스에 블록 동기화 작업을 추가하겠습니다. 소스를 다음처럼 수정합니다.

Test05.java 수정

```
...
34: public void run() {
35:     synchronized (account) {
36:         for(int i = 0; i < 10; i++) {
37:             account.draw(10);
38:             System.out.println(this.getName() + " 출금 후 잔액 " + account.getBalance());
39:         }
40:     }
...
```

【실행결과】

```
Thread-0 출금 후 잔액 990
Thread-0 출금 후 잔액 980
Thread-0 출금 후 잔액 970
...
Thread-1 출금 후 잔액 820
Thread-1 출금 후 잔액 810
Thread-1 출금 후 잔액 800
```

소스에 대한 설명은 다음과 같습니다.

```
35: synchronized (account) {
...
40: }
```

35~40번 줄까지 synchronized(account) 블록으로 지정했습니다. 이것은 synchronized 블록의 account 객체에 대한 동기화를 처리하겠다는 것입니다. account 객체가 하나의 스레드에 의해 사용이 되고 있는 경우 이 스레드의 작업이 완료될 때까지 다른 스레드는 account에 접근할 수 없도록 합니다. 실행 결과를 보면 Thread-0의 작업이 완료된 후 Thread-1의 작업이 시작되고 있습니다.

(2) 메서드 동기화

메서드를 동기화 처리할 때는 메서드의 선언부에 synchronized를 선언합니다. synchronized가 선언된 메서드는 한 스레드에 의해 호출되었다면 실행이 완료될 때까지 다른 스레드는 실행할 수 없습니다.

Test05.java 소스를 메서드 동기화 코드로 변경하겠습니다. 08번 줄의 draw( ) 메서드에 synchronized를 선언합니다. 그리고 35번과 40번 줄은 주석으로 처리합니다. 실행 결과는 블록 동기화 예제와 같습니다.

Test05.java 수정

```
...
18: public synchronized void draw(long amount) {
19:     balance -= amount;
20: }
...
34: public void run() {
35: //  synchronized (account) {
36:     for(int i = 0; i < 10; i++) {
37:         account.draw(10);
38:         System.out.println(this.getName() + " 출금 후 잔액 " + account.getBalance());
39:     }
40: // }
41: }
```

16.4. 스레드 제어

16.4.1. 스레드 상태

다음은 세 개의 스레드를 실행하는 main( ) 메서드입니다.

```
public static void main(String[] args) {
    PrimeThread p1 = new PrimeThread();
    p1.start();
    PrimeRun p2 = new PrimeRun();
    new Thread(p2).start();
    Thread p3 = new Thread(() -> { });
    p3.start();
}
```

위 main( ) 메서드를 실행하면 main, p1, p2, p3 4개의 스레드가 동작합니다. 멀티태스킹은 동시에 여러 작업을 수행하는 것을 의미합니다. 그러나 엄밀히 따지면 CPU가 몇 개인지에 따라 동시에 실행되는 스레드 수가 결정됩니다. 만일 CPU가 한 개라면 특정 순간에 실행되는 스레드는 하나뿐입니다. 왜냐하면 명령문을 처리하는 CPU가 하나뿐이기 때문입니다. CPU가 하나뿐임에도 여러 스레드가 동시에 실행되는 것처럼 보이는 이유는 스레드를 번갈아 가며 실행하기 때문입니다.

JVM의 스케줄링에 의해 실행되는 스레드는 여러 상태를 거치면서 실행이 완료됩니다. 스레드의 각 상태는 Thread 클래스에 enum 내부 클래스에 정의되어 있습니다. 다음은 Thread.State 열거형 클래스가 갖는 스레드 상태값입니다.

표 스레드 상태값

상태값	상태
NEW	스레드 객체는 생성되었지만 아직 start( ) 메서드가 호출되지 않은 상태
RUNNABLE	start( ) 메서드가 호출되어 실행할 수 있는 상태. RUNNABLE 상태에서 JVM에 의해 선택되어 실행될 수 있음
BLOCKED	실행 대기 상태. JVM에 의해 RUNNABLE 상태로 변경됨
WAITING	실행 대기 상태. 다른 스레드에 의해 RUNNABLE 상태로 변경됨
TIME_WAITING	실행 대기 상태. 일정 시간이 지나면 RUNNABLE 상태로 변경됨
TERMINATED	스레드 실행 종료 상태

다음은 스레드의 실행 시작부터 완료 상태까지의 상태 변화를 표현한 것입니다. 객체 생성과 start( ) 메서드 호출은 코드로 구현하고 실행, 실행 대기, 실행 완료는 JVM의 스케줄링에 의해 또는 다른 스레드와의 관계에 의해 결정됩니다.

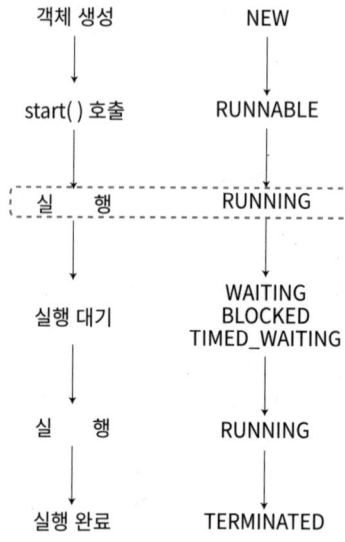

그림 스레드의 상태 변화

16.4.2. 스레드 제어

(1) wait( ), notify( ), notifyAll( ) 메서드

앞에서 살펴본 동기화란 공유 자원을 여러 스레드가 동시에 접근할 때 자원의 일관성을 위해 동시 접근을 제어하는 것이었습니다. 그런데 자원의 성격에 따라 스레드를 좀 더 지세하게 제어할 수도 있습니다. 예를 들어 하나의 자원을 대상으로 소비와 생산 작업이 동시에 실행되는 경우입니다. 자원을 소비하는 스레드는 생산된 자원이 있을 때만 실행할 수 있으므로 소비할 자원이 없을 때는 자원을 생산하는 스레드가 실행될 때까지 기다려야 합니다. 그리고 자원이 생산되었으면 대기 중인 스레드에 자원이 생산되었음을 알려줘야 합니다.

다음은 하나의 자원을 대상으로 생산과 소비를 하는 스레드를 제어하는 메서드입니다.

`java.lang.Object의 wait()`

자원을 소비하는 스레드는 자원이 없을 경우 자원이 생산될 때까지 대기해야 합니다. 스레드가 wait( ) 메서드를 호출하면 해당 스레드는 RUNNABLE 상태에서 대기 상태인 WAITING 상태로 변경됩니다. WAITING 상태에서 RUNNABLE 상태로 변경되는 시점은 생산 스레드에서 notify( ) 또는 notifyAll( ) 메서드를 실행해 줄 때입니다.

`java.lang.Object의 notify() 또는 notifyAll()`

자원을 생산하는 스레드에서 notify( ) 또는 notifyAll( ) 메서드를 실행하면 WAITING의 대기 상태에 있던 스레드가 RUNNABLE 상태로 전환됩니다. notify( ) 메서드는 WAITING 상태의 스레드 중 한 개의 스레드만 RUNNABLE 상태로 전환하고, notifyAll( ) 메서드는 모든 스레드를 RUNNABLE 상태로 전환하는 차이점이 있습니다.

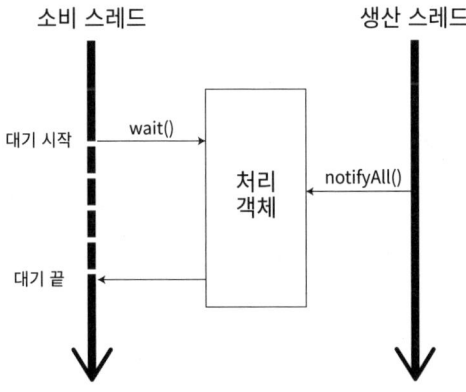

그림 스레드 제어

Test06.java

```
01: package com.ruby.java.ch16;
02:
03: import java.util.ArrayList;
04: import java.util.List;
05:
```

```
06: public class Test06 {
07:
08:     public static void main(String[] args) {
09:         Pool pool = new Pool();
10:         Thread productGet = new Thread(new ProductGet(pool));
11:         Thread productAdd = new Thread(new ProductAdd(pool));
12:
13:         productGet.start();
14:         productAdd.start();
15:     }
16:
17: }
18:
19: class Pool {
20:     List<String> products = new ArrayList<>();
21:
22:     public synchronized void get() throws InterruptedException {
23:         if(products.size() == 0) {
24:             wait();
25:         }
26:         products.remove(0);
27:         System.out.println("소비 / 재고 =" + products.size());
28:     }
29:
30:     public synchronized void add(String value) {
31:         products.add(value);
32:         System.out.println("생산 / 재고 =" + products.size());
33:         notifyAll();
34:     }
35: }
36:
37: class ProductGet implements Runnable {
38:     Pool pool;
39:
40:     ProductGet(Pool pool) {
41:         this.pool = pool;
42:     }
43:
44:     public void run() {
45:         try {
46:             for(int i = 1; i <= 10; i++) {
47:                 pool.get();
```

```
48:        }
49:      } catch(InterruptedException e) {
50:        e.printStackTrace();
51:      }
52:    }
53: }
54:
55: class ProductAdd implements Runnable {
56:    Pool pool;
57:
58:    ProductAdd(Pool pool) {
59:       this.pool = pool;
60:    }
61:
62:    public void run() {
63:       for(int i = 1; i <= 10; i++) {
64:          pool.add("상품 " + i);
65:       }
66:    }
67: }
```

【실행결과】

```
생산 / 재고 = 1
소비 / 재고 = 0
생산 / 재고 = 1
소비 / 재고 = 0
 …
```

실행 결과를 보면 자원이 생산되기 전에 소비되는 작업이 수행되지 않았습니다. 소스에 대한 자세한 설명은 다음과 같습니다.

```
19: class Pool {
20:    List<String> products = new ArrayList<>();
```

클래스 Pool을 선언합니다. 필드로 요소가 없는 ArrayList를 생성하여 products 변수에서 참조합니다.

```
22:    public synchronized void get() throws InterruptedException {
```

get( ) 메서드는 synchronized를 선언하여 동기화 처리를 했습니다. 따라서 하나의 스레드가 get( ) 메서드를 실행하고 있을 때 다른 스레드가 동시에 실행할 수 없습니다.

```
23: if(products.size() == 0) {
24:     wait();
25: }
```

products.size == 0은 products에 저장된 요소가 없는 경우를 의미합니다. 이처럼 product가 비어 있는 경우 wait( ) 메서드를 실행합니다. 어떤 스레드가 wait( ) 메서드 호출 명령문을 실행하면 그 스레드는 WAITING 대기 상태로 전환됩니다.

```
26: products.remove(0);
```

이 명령문은 스레드가 wait( ) 메서드 호출 명령문을 실행하지 않았을 때 실행됩니다. 즉, products에 저장된 요소가 있는 경우입니다. remove(0)는 첫 번째 요소를 삭제합니다. 소비를 나타내기 위한 명령문입니다.

```
27: System.out.println("소비 / 재고 =" + products.size());
```

콘솔 창에 "소비 / 재고 = " 문자열과 현재 products의 요소 수(재고)를 출력합니다.

```
30: public synchronized void add(String value) {
31:     products.add(value);
32:     System.out.println("생산 / 재고 =" + products.size());
```

add( ) 메서드는 synchronized 를 선언하여 동기화 처리했습니다. 전달된 인자값을 products에 추가한 후 "생산 / 재고 ="와 현재 products의 요소수를 출력합니다. 생산을 나타내기 위한 명령문입니다.

```
33: notifyAll();
```

생산하는 스레드에 의해 notifyAll( ) 메서드가 실행되면 wait( ) 메서드에 의해 WAITING 대기 상태에 있던 모든 스레드들을 RUNNABLE 상태로 전환합니다.

```
37: class ProductGet implements Runnable {
...
44:     public void run() {
45:         try {
46:             for(int i = 1; i <= 10; i++) {
47:                 pool.get();
48:             }
...
```

37~53번 줄까지는 Runnable 인터페이스를 구현한 ProductGet 클래스를 선언합니다. run( ) 메서드에서 pool.get( ) 메서드를 열 번 실행합니다. pool.get( )은 22번 줄에 선언된 메서드로서 소비 작업을 수행하는 스레드입니다.

```
55: class ProductAdd implements Runnable {
...
62:    public void run() {
63:       for(int i = 1; i <= 10; i++) {
64:          pool.add("상품 " + i);
65:       }
66:    }
```

55~66번 줄까지는 Runnable 인터페이스를 구현한 ProductAdd 클래스를 선언합니다. run( ) 메서드에서 pool.add( ) 메서드를 열 번 실행합니다. pool.add( )는 30번 줄에 선언된 메서드로서 생산 작업을 수행하는 스레드입니다.

(2) join( ) 메서드

여러 스레드가 동시 작업을 할 때 스레드 간의 종속관계가 맺어지는 경우가 있습니다. 예를 들어 A라는 스레드 작업이 완료되어야 B라는 스레드 작업을 진행할 수 있는 경우입니다. 이럴 때 B 스레드는 A 스레드의 작업이 완료될 때까지 기다렸다가 실행되어야 하는데, 이때 사용하는 메서드가 Thread 클래스의 join( ) 메서드입니다.

다음의 예제 코드를 살펴보겠습니다.

Test07.java
```
01: package com.ruby.java.ch16;
02:
03: public class Test07 {
04:    public static void main(String[] args) {
05:       Phone calling = new Phone();
06:       calling.start();
07:
08:       for(int i = 1; i <= 1000; i++) {
09:          System.out.println("음식 먹기 : " + i);
10:       }
11:    }
12: }
```

【실행결과】

```
...
전화 받기 : 1
음식 먹기 : 935
전화 받기 : 2
전화 받기 : 3
...
전화 받기 : 12
음식 먹기 : 936
...
```

실행 결과를 보면 main 스레드와 함께 06번 줄에서 실행한 calling 스레드가 실행되고 있습니다. 위의 소스에서 스레드 간의 종속관계를 갖도록 변경해보겠습니다. 전화 통화를 완료한 다음 음식을 먹는다고 가정하여 calling 스레드가 완료되었을 때 main 스레드가 실행되도록 수정해보겠습니다.

Test07.java

```java
01: package com.ruby.java.ch16;
02:
03: public class Test07 {
04:     public static void main(String[] args) {
05:         Phone calling = new Phone();
06:         calling.start();
07:
08:         try {
09:             calling.join();
10:         } catch(InterruptedException e) {
11:             e.printStackTrace();
12:         }
13:
14:         for(int i = 1; i <= 1000; i++) {
15:             System.out.println("음식 먹기 : " + i);
16:         }
17:     }
18: }
```

【실행결과】

```
...
전화 받기 : 999
전화 받기 : 1000
음식 먹기 : 1
```

음식 먹기 : 2
음식 먹기 : 3
...

main 스레드는 09번 줄에서 calling.join( ) 명령문을 만나면 calling 스레드의 작업이 완료될 때까지 대기 상태에 있어야 합니다. 실행 결과를 보면 calling 스레드가 완료된 후 main 스레드가 실행됨을 확인할 수 있습니다.

(3) sleep( ) 메서드

sleep( )은 지정된 시간 동안 스레드를 TIME_WAITING 대기 상태로 전환하는 메서드입니다. sleep( ) 메서드는 java.lang.Thread 클래스와 java.util.concurrent.TimeUnit 열거형 클래스에서 제공합니다. 다음은 2초 동안 스레드를 TIME_WAITING 상태로 유지하는 코드입니다.

- **방법1**: Thread.sleep(2000)
- **방법2**: TimeUnit.SECONDS.sleep(2)

예제를 통해 sleep( ) 메서드를 확인해 보겠습니다.

Test08.java

```java
01: package com.ruby.java.ch16;
02:
03: public class Test08 {
04:
05:     public static void main(String[] args) {
06:         PrintThread t = new PrintThread();
07:         t.start();
08:     }
09: }
10:
11: class PrintThread extends Thread {
12:     public void run() {
13:         try {
14:             for(int i = 0; i < 10; i++) {
15:                 Thread.sleep(2000);
16:                 System.out.println("출력 : " + i);
17:             }
18:         } catch(InterruptedException e) {
19:             System.out.println("Interrupt가 발생하여 Sleep 상태를 종료함");
20:         }
21:     }
22: }
```

【실행결과】

출력 : 0
출력 : 1
...
출력 : 8
출력 : 9

위 실행 결과는 2초 단위로 출력됩니다.

(4) interrupt( ) 메서드

interrupt( ) 메서드는 sleep( ), wait( ), join( ) 메서드가 실행되어 실행 대기 상태에 있는 스레드들의 실행을 중지합니다.

Test08.java 수정

```
...
05: public class Test08 {
06:
07:     public static void main(String[] args) {
08:         PrintThread t = new PrintThread();
09:         t.start();
10:         t.interrupt();
11:     }
12: }
...
```

【실행결과】

Interrupt가 발생하여 Sleep 상태를 종료함

sleep( ) 상태에서 interrupt( ) 메서드가 실행되면 InterruptedException이 발생합니다.

16.5. 스레드 풀

다음은 지금까지 살펴본 스레드가 동작하는 과정입니다. 모든 스레드는 실행을 위해 다음의 과정을 거칩니다.

1. Thread 또는 Runnable 상속하여 run( ) 메서드 구현
2. 스레드 객체 생성

3. start( ) 호출

4. 스레드 실행

5. 스레드 종료

스레드마다 Thread 객체가 생성되고 생성된 Thread는 실행 준비상태가 되어 스케줄링에 의해 실행 또는 대기 상태로 전환됩니다. 이 과정은 모든 스레드에 적용되는 공통 사항입니다. 즉, 스레드를 많이 생성할수록 Thread 객체는 많아지고, JVM이 스케줄링해야 하는 스레드 또한 많아지는 구조입니다. 따라서 스레드가 늘수록 메모리 사용량도 함께 늘며 스케줄링 작업 또한 복잡해지고 그만큼 개발자의 스레드 제어는 힘들어집니다.

이러한 단점을 보완하기 위한 것이 스레드 풀(Thread Pool)입니다. 스레드 풀은 처리 로직과 스레드를 일대일로 매핑하는 것이 아니라, 미리 스레드를 몇 개 생성해놓고 이 스레드를 재사용하는 방식입니다. 스레드 풀 방식은 스레드를 재사용함으로써 스레드의 생성과 삭제 비용을 절감할 수 있고, 스레드를 제한된 개수로 사용하므로 스케줄링에 많은 오버헤드가 발생하지 않게 합니다. 또한, 스레드 풀에서 스레드 제어를 지원하므로 간단하게 스레드 제어도 할 수 있습니다.

이러한 장점이 있는 스레드 풀을 지원하는 객체는 java.util.concurrent 패키지에 정의된 ExecutorService 인터페이스입니다.

16.5.1. ExecutorService 인터페이스

스레드 풀을 생성, 사용, 삭제하는 방법에 대해 알아보겠습니다.

(1) 스레드 풀 생성

스레드 풀을 사용하려면 ExecutorService 객체를 생성해야 합니다. ExecutorService는 java.util.concurrent.Executors에서 제공하는 다음 메서드를 사용합니다.

```
public static ExecutorService newFixedThreadPool(int nThreads)
```

위 메서드는 매개변수로 전달받은 개수의 스레드를 생성하여 관리하는 스레드 풀입니다.

```
public static ExecutorService newCachedThreadPool()
```

스레드 풀에 재사용할 수 있는 스레드가 있다면 재사용하고 없으면 새로운 스레드를 생성합니다. 스레드 풀에서 60초 동안 사용되지 않는 스레드는 삭제합니다.

스레드 풀을 생성하는 예제 코드는 다음과 같습니다.

```
ExecutorService threadPool1 = Executors.newFixedThreadPool(10);
ExecutorService threadPool2 = Executors.newCachedThreadPool();
```

(2) 작업 실행

스레드 풀 기반으로 스레드 작업을 할 때는 스레드 풀에 미리 준비된 Thread 객체를 사용하므로 별도의 Thread 객체를 생성할 필요는 없고 run( ) 메서드만 구현합니다. 그리고 run( ) 메서드를 스레드 풀로 실행하려면 ExecutorService에 선언된 execute( ) 메서드를 사용합니다. execute( ) 메서드의 인자로 run( )을 구현한 Runnable 객체를 전달하면 스레드가 실행됩니다.

```
void execute(Runnable command)
```

스레드 풀 기반으로 스레드를 동작하는 예제 코드는 다음과 같습니다.

```
class Task implements Runnable {
  @Override
  public void run() {
    for(int i = 0; i < 10; i++) {
      System.out.println("스레드 작업1");
    }
  }
}
```

```
threadPool1.execute(new Task());
threadPool1.execute(() -> {
  for(int i = 0; i < 10; i++) {
    System.out.println("스레드 작업 2");
  }
});
```

(3) 스레드 풀 종료

실행 대기 상태의 모든 스레드 작업이 완료되면 스레드 풀을 종료해야 합니다. 스레드 풀을 종료하지 않으면 프로그램이 종료되지 않기 때문입니다. 스레드 풀을 종료하는 메서드는 ExecutorService에 선언된 shutdown( ) 또는 shutdownNow( ) 메서드를 사용합니다.

```
void shutdown()
List<Runnable> shutdownNow()
```

shutdown( ) 메서드는 현재 실행 중인 작업이 끝나면 종료하고, shutdownNow( ) 메서드는 즉시 종료합니다. 예제 코드는 다음과 같습니다.

```
threadPool1.shutdown();
threadPool2.shutdown();
```

실습을 통해 지금까지 살펴본 내용을 확인해보겠습니다.

Test09.java

```java
01: package com.ruby.java.ch16;
02:
03: import java.util.concurrent.ExecutorService;
04: import java.util.concurrent.Executors;
05:
06: public class Test09 {
07:
08:     public static void main(String[] args) {
09:
10:         ExecutorService threadPool1 = Executors.newFixedThreadPool(10);
11:         ExecutorService threadPool2 = Executors.newCachedThreadPool();
12:
13:         threadPool1.execute(new Task());
14:         threadPool1.execute(() -> {
15:             for(int i = 0; i < 10; i++) {
16:                 System.out.println("스레드 작업 2");
17:             }
18:         });
19:
20:         threadPool1.shutdown();
21:         threadPool2.shutdown();
22:     }
23:
24: }
25:
26: class Task implements Runnable {
27:     @Override
28:     public void run() {
29:         for(int i = 0; i < 10; i++) {
30:             System.out.println("스레드 작업 1");
31:         }
32:
33:     }
34: }
```

【실행결과】
스레드 작업 1
...
스레드 작업 1
스레드 작업 2
...
스레드 작업 2

16.5.2. Future 인터페이스

(1) Callable

스레드로 동작할 처리 로직은 Runnable의 run( ) 메서드에 구현했습니다. 그런데 스레드 풀을 사용할 때 또 다른 구현 방법이 있습니다. java.util.concurrent에 정의된 Callable 함수형 인터페이스의 call( ) 메서드입니다.

```
@FunctionalInterface
public interface Callable<V> {
  V call() throws Exception
}
```

call( ) 메서드와 run( ) 메서드의 차이점은 run( ) 메서드는 반환값이 없고 call( ) 메서드는 반환값이 있다는 것입니다.

(2) submit( )

Runnable의 run( ) 메서드를 구현할 때 스레드 실행을 위해 사용했던 메서드는 ExcutorService의 execute( ) 메서드였습니다. Callable의 call( ) 메서드로 구현했을 때는 sumbit( ) 메서드를 사용하여 실행합니다.

    <T> Future<T> submit(Callable<T> task)

다음은 스레드 풀 기반으로 Callable을 구현하여 실행하는 예제입니다.

```
ExecutorService threadPool = Executors.newCachedThreadPool();
Future<Date> future = threadPool.submit(new Callable<Date>() {
  @Override
  public Date call() throws Exception {
    Thread.sleep(1000);
```

```
        return new Date();
    }
});
```

(3) Future⟨V⟩

Future는 java.util.concurrent에 정의된 인터페이스로서 ExcutorService의 submit( ) 메서드 실행 후 반환하는 객체입니다. 이 객체는 Callable의 call( ) 메서드에서 반환하는 값을 가집니다. Future 인 터페이스에 선언된 메서드는 다음과 같습니다.

제어자 및 타입	메서드	설명
boolean	cancel(boolean flag)	매개변수가 true이면 이미 실행 중인 작업도 작업 취소, false 이면 실행 중인 작업은 취소하지 않음
V	get()	결괏값 추출
V	get(long timeout, TimeUnit unit)	지정된 시간 동안 대기 후 결괏값 추출
boolean	isCancelled()	작업 취소 여부 판단
boolean	isDone()	작업 완료 여부 판단

실습을 통해 지금까지 살펴본 내용을 확인해보겠습니다.

Test10.java

```
01: package com.ruby.java.ch16;
02:
03: import java.util.Date;
04: import java.util.concurrent.Callable;
05: import java.util.concurrent.ExecutionException;
06: import java.util.concurrent.ExecutorService;
07: import java.util.concurrent.Executors;
08: import java.util.concurrent.Future;
09:
10: public class Test10 {
11:
12:     public static void main(String[] args) {
13:         ExecutorService threadPool = Executors.newCachedThreadPool();
14:         Future<Date> future = threadPool.submit(new Callable<Date>() {
15:             @Override
16:             public Date call() throws Exception {
17:                 Thread.sleep(1000);
18:                 return new Date();
19:             }
```

```
20:        });
21:
22:        Date date = null;
23:        try {
24:          date = future.get();
25:          System.out.println(date);
26:        } catch(Exception e) {
27:          e.printStackTrace();
28:        }
29:   }
30: }
```

【실행결과】

```
Thu Mar 29 22:31:11 KST 2018
```

소스에 대한 자세한 설명은 다음과 같습니다.

```
13: ExecutorService threadPool = Executors.newCachedThreadPool();
```

상황에 따라 스레드를 재사용, 생성, 삭제하는 스레드 풀을 생성합니다.

```
14: Future<Date> future = threadPool.submit(new Callable<Date>() {
```

threadPool.sumbit( ) 메서드는 인자로 전달한 Runnable 또는 Callable의 구현 객체를 스레드로 실행합니다. 실행이 완료된 다음에는 Callable의 call( ) 메서드 반환값을 Future 객체로 반환합니다.

```
16: public Date call() throws Exception {
17:   Thread.sleep(1000);
18:   return new Date();
19: }
```

Callable 함수형 인터페이스를 구현하고 있습니다. call( ) 메서드에서는 1초 동안 대기 상태 후 Date 객체를 생성해 반환합니다.

```
24: date = future.get();
```

Future 타입의 future는 스레드가 실행된 후 반환된 값을 가지고 있습니다. get( ) 메서드는 sumbit( ) 메서드로 실행된 스레드의 처리 로직이 완료될 때까지 기다린 후 결괏값을 추출합니다.

17
모듈

모듈(modules)은 JDK 9에서 새롭게 추가된 중요한 기능으로 코드 간의 관계와 종속을 표현할 수 있고, 모듈 단위로 제어할 수도 있어서 대규모 상업용 응용프로그램 개발 시 안정성과 확장성을 높일 수 있는 기술입니다. 모듈은 또한 사물인터넷(Internet of Things)과 같은 작은 장치에서 동작하는 코드 개발 시 사용자 정의 실행환경(Runtime environment)을 별도로 만들어 동작시킬 수 있기 때문에 효율적입니다. 모듈 시스템은 기존의 패키지 단위로 작업하던 시스템과는 완전히 다르기 때문에 자바 11를 사용할 때 반드시 이해해야 하는 기능입니다. 이번 장에서는 자바 구조를 새롭게 변화시킨 모듈에 대해 자세히 살펴보겠습니다.

17.1. 모듈이란?

Java SE 플랫폼은 1995년 발표된 이후 사물인터넷과 임베디드 장치처럼 자원이 제한적인 소규모 응용프로그램부터 대규모 비즈니스 시스템을 개발하는 데 사용해왔습니다. 그런데 지금까지의 자바 플랫폼은 기본적으로 획일화된 단일 구성을 제공하였습니다. 이러한 단일 구성 플랫폼은 자원이 제한적인 소규모 응용프로그램을 개발할 때는 불필요한 부분까지 포함해야 하는 비효율적인 면이 있고, 대규모 비즈니스 시스템에서는 많은 양의 코드를 관리하기가 힘들다는 단점이 있습니다. 모듈은 이러한 단일 구성 플랫폼 때문에 발생하는 비효율적인 부분들을 극복하고자 JDK 9에서 도입된 기능입니다.

자바 모듈 시스템은 2005년 Java 7에서 처음 제안되었고 Java 8에서 보완을 거쳐, 비로소 JDK 9에서 Java SE 플랫폼이 모듈화되었습니다.

(1) 모듈 시스템의 목적

다음은 모듈 시스템을 사용하는 목적입니다.

안정적인 실행환경

모듈에는 모듈 사이의 종속성을 명시적으로 나타낼 수 있습니다. 모듈 종속은 모듈 간에 사용 관계가 맺어지는 것을 의미합니다. 모듈 시스템은 모듈 간 종속 정보를 바탕으로 필요한 모듈의 하위 집합을 결정하여 실행환경을 결정할 수 있기 때문에 안정적인 환경을 구성할 수 있습니다.

강력한 캡슐화

모듈에 속한 패키지들은 명시적으로 exports로 선언된 경우에만 다른 모듈에서 접근할 수 있습니다. 그렇지 않으면 다른 모듈에 속한 패키지에 접근이 금지됩니다. JDK 9 이전에서는 패키지에 접근 제한을 지정할 수 없었습니다. 모듈은 클래스보다 상위 레벨의 패키지 접근을 제어함으로써 플랫폼의 보안성을 향상할 수 있습니다.

자바 플랫폼 확장

이전의 자바 플랫폼은 거대한 패키지로 이루어진 단일 구성이었습니다. 단일 구성은 개발과 유지보수, 업데이트가 어렵습니다. JDK 9에서는 자바 플랫폼에서 제공하는 API를 98개로 모듈화했습니다. 모듈 시스템에서는 필요한 모듈만 선택하여 사용자 실행환경을 독립적으로 만들어 실행할 수 있기 때문에 플랫폼 확장이 수월합니다.

플랫폼의 무결성 강화

JDK 9 이전에는 응용프로그램에서 사용하지 않는 클래스도 언제든지 사용할 수 있는 상태에 있었습니다. 그러나 자바 9부터는 모듈의 강력한 캡슐화를 통해 내부에서만 사용하는 API는 외부에서 접근하지 못하도록 숨길 수 있습니다.

성능 향상

모듈 시스템에서는 사용하는 모듈과 패키지 정보를 모듈 정보(모듈 디스크립터) 파일에 명시해야 합니다. JVM이 모듈 정보 파일을 사용하여 사용할 모듈에 대한 정보를 미리 알 수 있기 때문에 이전보다 효과적으로 처리할 수 있습니다.

(2) 모듈 목록

JDK 11에서 지원하는 모듈들을 확인해 보겠습니다. 모듈 확인을 위해 명령 프롬프트를 실행하고 다음과 같은 명령문을 입력합니다.

```
java --list-modules
```

다음은 JDK 11에서 제공하는 모듈 목록입니다. 모듈의 이름은 패키지 이름 형식이고 끝부분에 @JDK 버전 정보가 표시됩니다.

```
java.base@11.0.1                        jdk.internal.jvmstat@11.0.1
java.compiler@11.0.1                    jdk.internal.le@11.0.1
java.datatransfer@11.0.1                jdk.internal.opt@11.0.1
java.desktop@11.0.1                     jdk.internal.vm.ci@11.0.1
java.instrument@11.0.1                  jdk.internal.vm.compiler@11.0.1
java.logging@11.0.1                     jdk.internal.vm.compiler.management@11.0.1
java.management@11.0.1                  jdk.jartool@11.0.1
java.management.rmi@11.0.1              jdk.javadoc@11.0.1
java.naming@11.0.1                      jdk.jcmd@11.0.1
java.net.http@11.0.1                    jdk.jconsole@11.0.1
java.prefs@11.0.1                       jdk.jdeps@11.0.1
java.rmi@11.0.1                         jdk.jdi@11.0.1
java.scripting@11.0.1                   jdk.jdwp.agent@11.0.1
java.se@11.0.1                          jdk.jfr@11.0.1
java.security.jgss@11.0.1               jdk.jlink@11.0.1
java.security.sasl@11.0.1               jdk.jshell@11.0.1
java.smartcardio@11.0.1                 jdk.jsobject@11.0.1
java.sql@11.0.1                         jdk.jstatd@11.0.1
java.sql.rowset@11.0.1                  jdk.localedata@11.0.1
java.transaction.xa@11.0.1              jdk.management@11.0.1
java.xml@11.0.1                         jdk.management.agent@11.0.1
java.xml.crypto@11.0.1                  jdk.management.jfr@11.0.1
jdk.accessibility@11.0.1                jdk.naming.dns@11.0.1
jdk.aot@11.0.1                          jdk.naming.rmi@11.0.1
jdk.attach@11.0.1                       jdk.net@11.0.1
jdk.charsets@11.0.1                     jdk.pack@11.0.1
jdk.compiler@11.0.1                     jdk.rmic@11.0.1
jdk.crypto.cryptoki@11.0.1              jdk.scripting.nashorn@11.0.1
jdk.crypto.ec@11.0.1                    jdk.scripting.nashorn.shell@11.0.1
jdk.crypto.mscapi@11.0.1                jdk.sctp@11.0.1
jdk.dynalink@11.0.1                     jdk.security.auth@11.0.1
jdk.editpad@11.0.1                      jdk.security.jgss@11.0.1
jdk.hotspot.agent@11.0.1                jdk.unsupported@11.0.1
jdk.httpserver@11.0.1                   jdk.unsupported.desktop@11.0.1
jdk.internal.ed@11.0.1                  jdk.xml.dom@11.0.1
                                        jdk.zipfs@11.0.1
```

각 모듈은 시작하는 이름으로 기능을 예측할 수 있습니다.

- **java ~** : Java SE 명세를 구현한 표준 모듈

- **jdk ~** : JDK 명세를 구현한 모듈

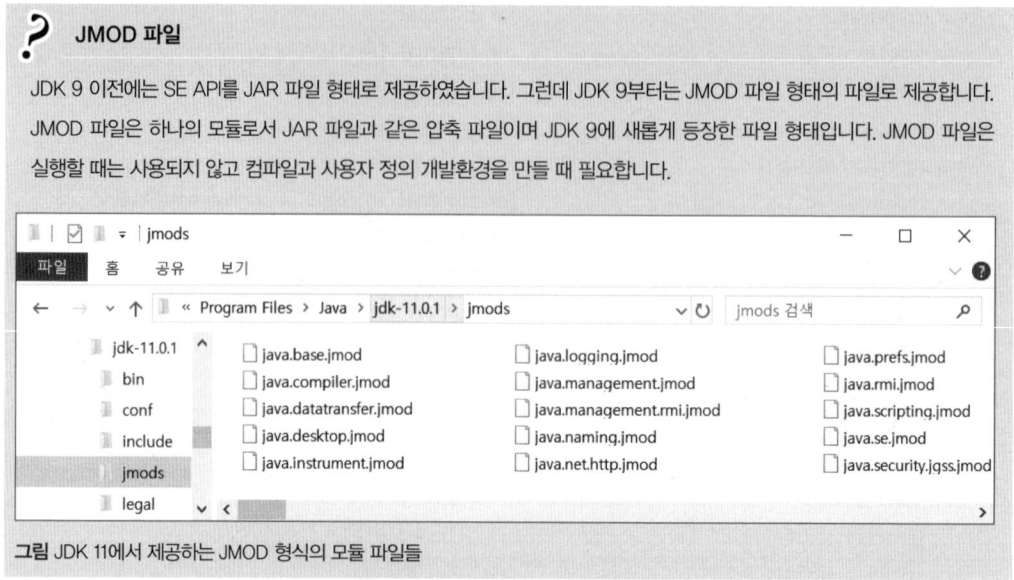

그림 JDK 11에서 제공하는 JMOD 형식의 모듈 파일들

17.2. 모듈화

17.2.1. 모듈 선언

모듈을 선언하는 방법은 지시자를 사용하여 모듈 디스크립터 파일에 기술하는 것입니다. 모듈 디스크립터 파일의 이름은 module-info.java로 지정해야 하며 루트 패키지에 저장해야 합니다.

다음은 모듈 디스크립터 파일의 구조입니다.

```
module-info.java
module 모듈명 {
    지시자 패키지명 또는 모듈명
}
```

모듈명을 지정할 때는 자바의 명명 규칙을 그대로 따릅니다. 일반적으로 이름이 중복되지 않도록 최상위 패키지 이름을 사용합니다.

(1) 모듈 지시자

모듈 지시자는 모듈 디스크립터에서 모듈에 관련된 내용을 선언할 때 사용하는 키워드입니다. 사용하는 문법은 다음과 같습니다.

【모듈 지시자】

지시자 패키지명 또는 모듈명

지시자의 기능은 다음과 같습니다.

표 지시자의 기능

지시자	설명
requires A	현재 모듈에서 A 모듈을 사용한다고 선언
requires transitive A	현재 모듈을 사용하는 모듈에서 A 모듈이 필요한 경우 별도로 선언하지 않아도 사용 가능
export A	A 모듈은 외부에서 사용 가능
export A to B	A 모듈은 B 모듈에서만 사용 가능
uses A	A 인터페이스를 사용한다고 선언
provides A with B, C	A 인터페이스를 구현한 B, C를 제공한다고 선언

모듈 지시자에 대한 자세한 내용은 다음 절에서 살펴보겠습니다.

17.2.2. 모듈 시스템

간단한 예제를 통해 모듈화에 대해 알아보겠습니다.

(1) 기본 예제

1단계 : com.ruby.func 자바 프로젝트 작성

[File]→[New]→[Java Project] 메뉴를 선택한 후 Project name을 com.ruby.func으로 입력하고 〈Finish〉를 선택합니다.

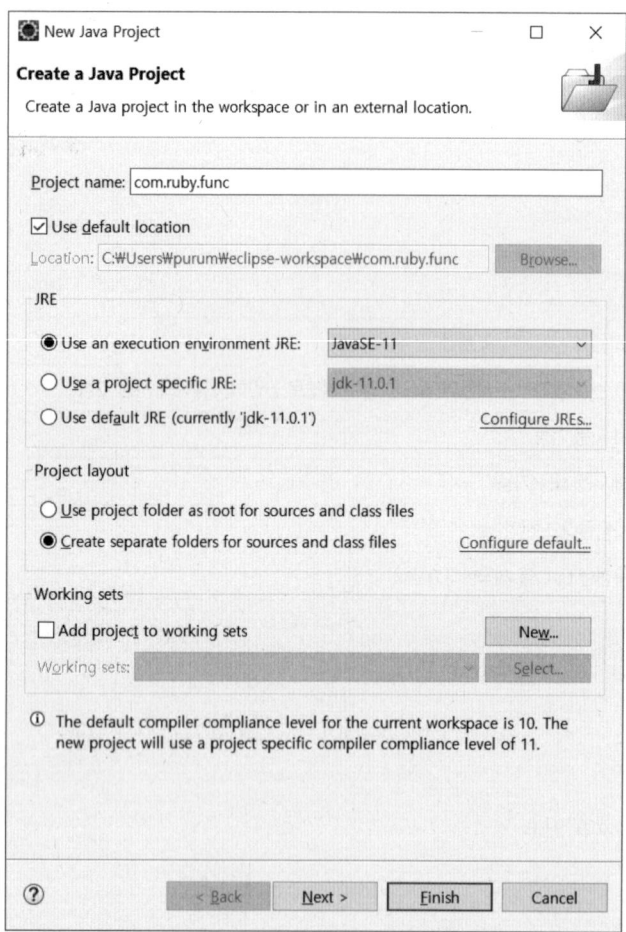

모듈 디스크립터 파일 생성화면입니다. Module name에는 사용할 모듈명을 입력합니다. 기본값 그대로 사용하겠습니다. 〈Create〉를 선택합니다.

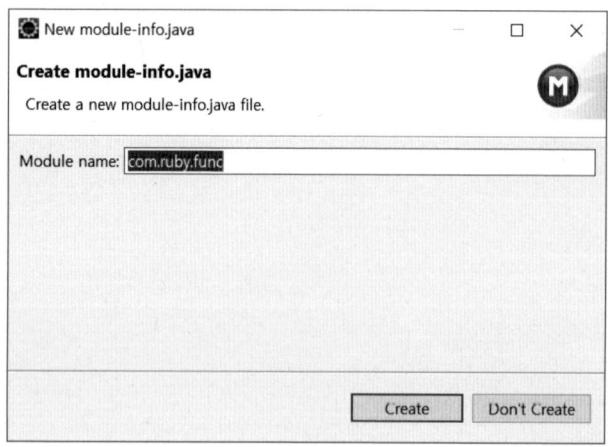

루트 패키지에 module-info.java 파일이 생성되었습니다. 모듈명은 com.ruby.func으로 지정되었습니다.

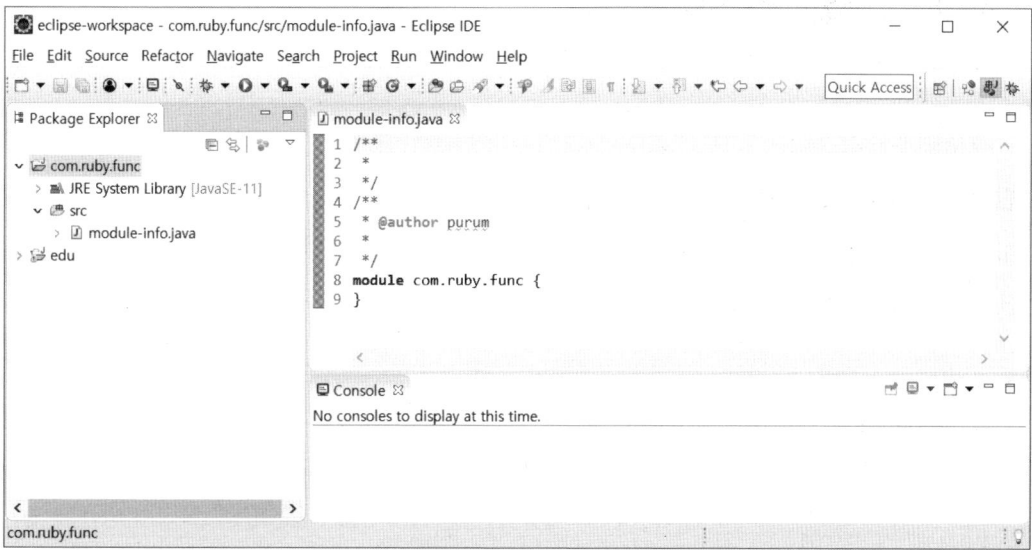

com.ruby.func 패키지를 생성한 후 다음과 같이 MyFunc.java를 작성합니다.

MyFunc.java

```
01: package com.ruby.func;
02:
03: public class MyFunc {
04:   public static void get() {
05:     System.out.println("Hello Java!!");
06:   }
07: }
```

루트 패키지의 module-info.java 파일을 다음과 같이 작성합니다.

module-info.java

```
module com.ruby.func {
    exports com.ruby.func;
}
```

2단계 : com.ruby.demo 자바 프로젝트 작성

[File]→[New]→[Java Project] 메뉴를 선택한 후 Project name을 com.ruby.demo로 입력하고 〈Finish〉를 선택합니다.

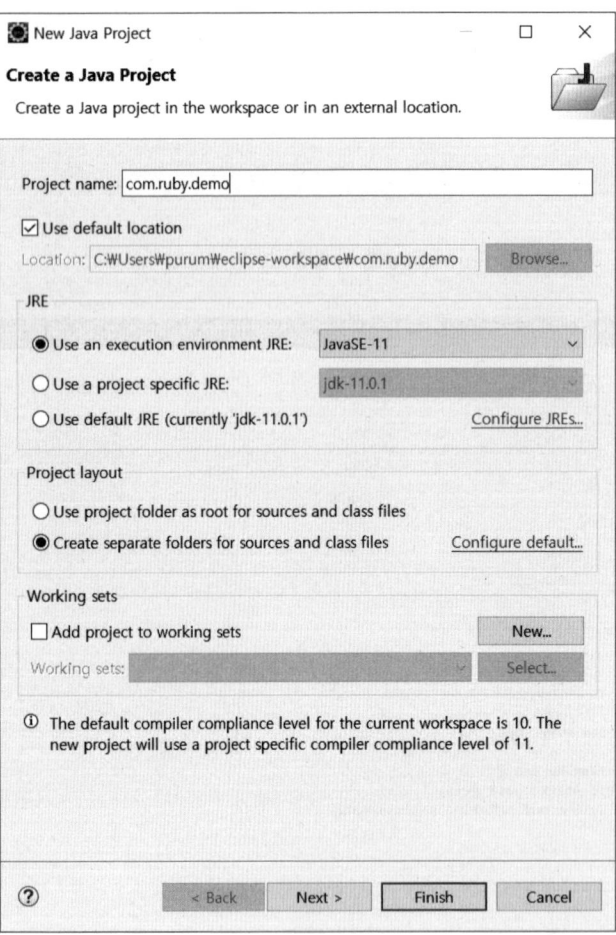

모듈명은 기본값 그대로 사용합니다. 〈Create〉를 선택합니다.

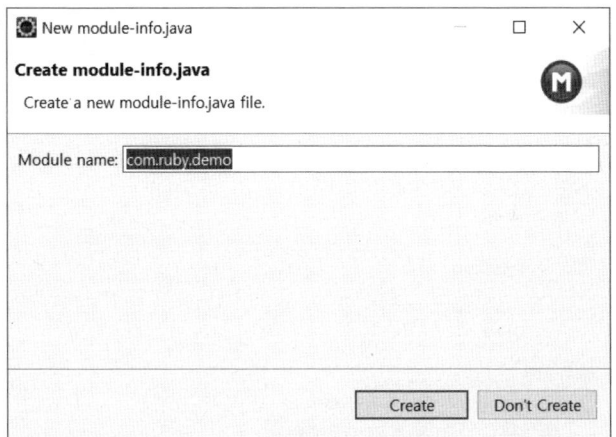

com.ruby.demo 패키지를 생성한 후 다음과 같이 구현된 MyDemo.java 파일을 작성합니다.

MyDemo.java
```
01: package com.ruby.demo;
02:
03: import com.ruby.func.MyFunc;
04:
05: public class MyDemo {
06:     public static void main(String[] args) {
07:         MyFunc.get();
08:     }
09: }
```

com.ruby.demo 프로젝트의 module-info.java 를 다음과 같이 작성합니다.

module-info.java
```
module com.ruby.demo {
    exports com.ruby.demo;
    requires com.ruby.func;
}
```

3단계 : com.ruby.func 모듈 경로 추가

프로젝트에서 마우스 오른쪽 버튼을 눌러 [Build Path]→[Configure Build Path...]를 선택합니다.

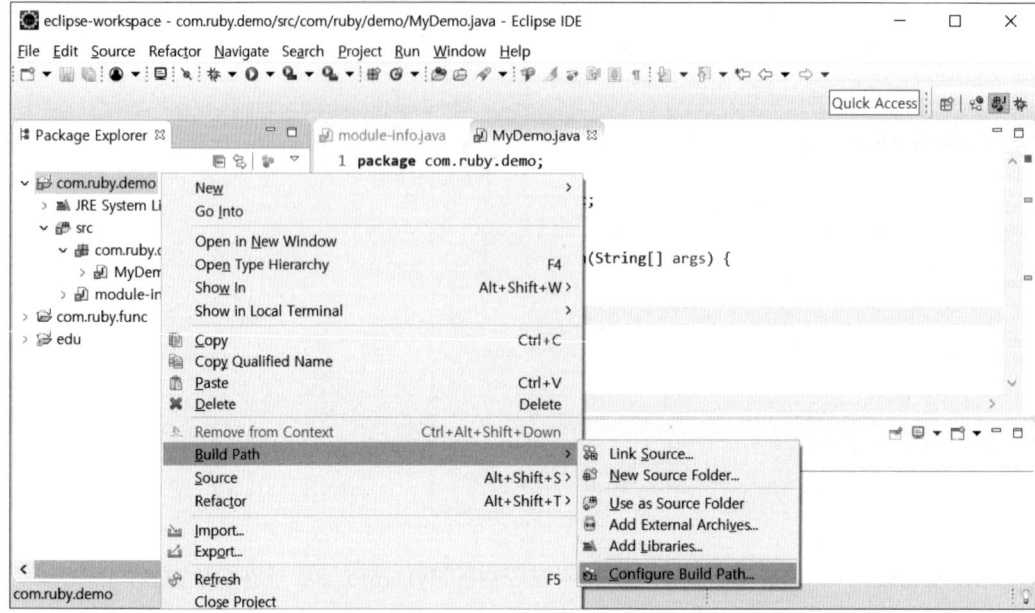

[Modulepath]→[Add...]를 선택합니다.

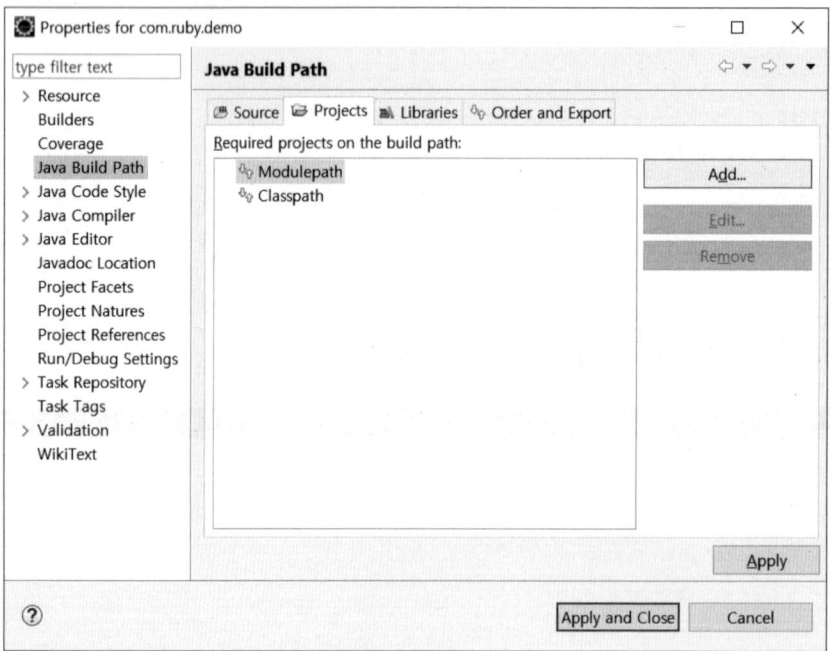

com.ruby.func 프로젝트를 선택한 후 〈OK〉를 선택합니다.

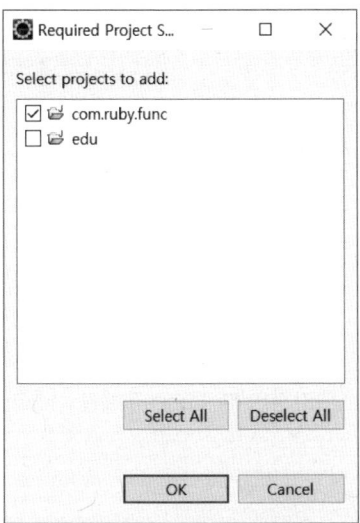

MyDemo.java 파일의 main( ) 메서드를 실행하면 다음과 같은 결과가 나옵니다.

【실행결과】
```
Hello Java!!
```

(2) exports 문

module-info.java 파일에서 사용하는 지시자 중 exports에 대해 살펴보겠습니다. exports 지시자의 사용 문법은 다음과 같습니다.

【exports 문】

exports 패키지명;

모듈의 패키지 중에서 외부의 접근을 허용하는 패키지는 exports로 선언해야 합니다. exports로 선언하지 않은 패키지는 숨겨져 외부에서 사용할 수 없습니다. 다음은 com.ruby.func 자바 프로젝트의 module-info.java의 내용입니다.

```
module com.ruby.func {
    exports com.ruby.func;
}
```

com.ruby.func 패키지가 exports로 선언되었습니다. com.ruby.func 패키지의 객체들은 외부 모듈에서 접근하여 사용할 수 있음을 선언한 것입니다. 다음처럼 exports 문을 주석 처리해 보겠습니다. 이렇게 하면 com.ruby.func 패키지는 외부에서 접근할 수 없도록 숨김 처리됩니다.

```
module-info.java
1  module com.ruby.func {
2  //   exports com.ruby.func;
3  }
```

그림 exports 문 주석 처리

이처럼 exports 문을 주석 처리하면 com.ruby.demo 프로젝트에서 오류가 발생합니다. 오류가 발생한 이유는 MyDemo.java 파일에서 접근할 수 없는 com.ruby.func 패키지의 MyFunc 객체를 사용하고 있기 때문입니다.

```
MyDemo.java
1  package com.ruby.demo;
2
3  import com.ruby.func.MyFunc;
4
5  public class MyDemo {
6      public static void main(String[] args) {
7          MyFunc.get();
8      }
9  }
10
```

그림 com.ruby.func 패키지에 접근 불가로 인한 오류 발생

다시 주석을 해제하여 오류가 발생하지 않도록 합니다.

(3) requires 문

module-info.java 파일에서 사용하는 지시자 중 requires에 대해 살펴보겠습니다. 먼저 requires 지시자를 사용하는 문법은 다음과 같습니다.

【requires 문】

requires 모듈명;

requires 문은 현재 모듈이 필요로 하는 모듈을 나타냅니다. 현재 모듈의 객체를 구현할 때 다른 모듈의 객체를 사용하려면 반드시 requires 문으로 해당 객체가 포함된 모듈을 선언해야 합니다. 다음은 com.ruby.demo 프로젝트의 module-info.java 파일 내용입니다.

```
module-info.java
module com.ruby.demo {
    exports com.ruby.demo;
    requires com.ruby.func;
}
```

com.ruby.demo 모듈은 com.ruby.func 모듈이 필요하다고 선언하였습니다. com.ruby.demo 모듈의 requires 문을 주석 처리해 보겠습니다. 주석 처리후 MyDemo.java를 확인하면 오류가 발생합니다.

```
module-info.java
1  module com.ruby.demo {
2      exports com.ruby.demo;
3  //  requires com.ruby.func;
4  }
```

그림 requires문 주석처리

모듈화 시스템에서는 사용하는 객체가 외부 모듈에 존재할 경우 반드시 requires 문으로 선언해야 합니다. 그렇지 않으면 다음처럼 오류가 발생합니다.

```
MyDemo.java
1  package com.ruby.demo;
2
3  import com.ruby.func.MyFunc;
4
5  public class MyDemo {
6      public static void main(String[] args) {
7          MyFunc.get();
8      }
9  }
```

그림 com.ruby.func 패키지에 접근 불가로 인한 오류 발생

17.2.3. java.base 모듈

JDK에서 기본으로 제공하는 모듈 중 모듈 이름이 java로 시작하는 모듈을 "플랫폼 모듈"이라고 합니다. 플랫폼 모듈 중 가장 중요한 모듈은 java.base입니다. java.base 모듈에는 java.lang, java.io, java.util과 같은 자바 기본 패키지가 포함되어 있습니다.

java.base 모듈의 내용을 확인해 보겠습니다. 명령 프롬프트를 열고 다음의 명령문을 입력하면 java.base 모듈에 정의된 내용을 확인할 수 있습니다.

```
java -d java.base
```

다음은 java.base 모듈 중 외부에서 접근할 수 있도록 exports 문이 선언된 패키지들입니다.

```
exports java.io                          exports java.time.chrono
exports java.lang                        exports java.time.format
exports java.lang.annotation             exports java.time.temporal
exports java.lang.invoke                 exports java.time.zone
exports java.lang.module                 exports java.util
exports java.lang.ref                    exports java.util.concurrent
exports java.lang.reflect                exports java.util.concurrent.atomic
exports java.math                        exports java.util.concurrent.locks
exports java.net                         exports java.util.function
exports java.net.spi                     exports java.util.jar
exports java.nio                         exports java.util.regex
exports java.nio.channels                exports java.util.spi
exports java.nio.channels.spi            exports java.util.stream
exports java.nio.charset                 exports java.util.zip
exports java.nio.charset.spi             exports javax.crypto
exports java.nio.file                    exports javax.crypto.interfaces
exports java.nio.file.attribute          exports javax.crypto.spec
exports java.nio.file.spi                exports javax.net
exports java.security                    exports javax.net.ssl
exports java.security.acl                exports javax.security.auth
exports java.security.cert               exports javax.security.auth.callback
exports java.security.interfaces         exports javax.security.auth.login
exports java.security.spec               exports javax.security.auth.spi
exports java.text                        exports javax.security.auth.x500
exports java.text.spi                    exports javax.security.cert
exports java.time
```

java.base 모듈은 응용프로그램 개발 시 가장 기본으로 사용하는 패키지를 포함하므로 다른 모듈에서 명시적으로 선언하지 않아도 사용할 수 있는 특별한 모듈입니다. 마치 java.lang 패키지가 import 문을 선언하지 않아도 사용할 수 있는 것처럼 java.base 모듈도 requires 문을 선언하지 않아도 사용할 수 있는 모듈입니다. java.base 모듈 외에는 반드시 requires 문을 선언해야 사용할 수 있습니다.

17.2.4. 자동 모듈 변환

JDK 11는 모듈을 바탕으로 환경이 구성되어 있습니다. 그렇다면 모듈을 사용하지 않았던 지난 20년 동안 구현된 자바 코드들은 어떻게 유지 보수할까요? 그리고 17장을 제외하고 지금까지 작성한 모듈로 작업하지 않은 코드들은 왜 JDK 11 기반에서 오류가 발생하지 않을까요?

기존 코드를 JDK 11 환경에서 유지보수할 때 개발자가 별도로 어떤 작업을 하지 않아도 문제가 없습니다. 그리고 JDK 11 환경에서 모듈 작업을 하지 않고 개발해도 문제가 없습니다. 이유는 기존 코드와 호환되게 하려고 JDK 11 내부에서 자동으로 지원하는 기능이 있기 때문입니다.

다음은 모듈화가 되지 않은 응용 프로그램을 JDK 11 환경에서 작업할 때 내부적으로 동작하는 과정을 설명합니다.

(1) 이름 없는 모듈

JDK 11는 모든 패키지가 모듈에 소속되어 있어야 합니다. 모듈에 속하지 않은 패키지는 사용할 수 없습니다 즉, 모듈화되지 않은 코드는 JDK 11에서 사용할 수 없습니다. 그런데 지금까지 모듈화 작업을 하지 않고도 코드가 정상적으로 작동한 이유는 JDK 11에서 모듈화되지 않은 코드들을 위해 "이름 없는 모듈"을 지원하기 때문입니다.

이름 없는 모듈은 내부적으로 자동 생성되며, 모듈 선언을 하지 않은 패키지들을 자동으로 등록하는 모듈입니다. 별도로 모듈 작업을 하지 않으면 이름 없는 모듈에 자동으로 등록되므로 지금까지 작성했던 코드들이 문제 없이 컴파일되고 실행되었습니다. 유지보수를 위한 이전 코드들도 똑같이 이름 없는 모듈에 자동으로 등록되므로 JDK 11와 호환에 문제가 없습니다.

이름 없는 모듈에 등록되는 패키지, 즉 모듈을 사용하지 않은 패키지들은 다음 두 가지 속성이 자동으로 부여됩니다.

1. 이름 없는 모듈에 exports로 선언(즉, 외부에서 접근하여 사용 가능)
2. 이름 없는 모듈에 등록된 패키지는 다른 모든 모듈에 접근해 사용 가능

이름 없는 모듈의 패키지들은 기본적으로 외부에서 접근해 사용될 수 있으며 java.base와 같은 플랫폼 모듈을 사용할 수 있습니다.

(2) 모듈 경로와 클래스 경로

JDK 9 이전까지는 자바 프로그램 개발 시 클래스 경로(Class path) 기반으로 작업했습니다. 클래스 경로는 패키지의 클래스 파일들을 JAR로 압축하여 classpath에 등록하여 사용하는 방식입니다. 그러나 JDK 9부터는 기본적으로 클래스 경로가 아닌 모듈 경로(Module path)를 사용합니다.

모듈 경로는 모듈의 클래스 파일들과 루트 패키지의 module-info.class 파일을 JAR로 압축하여 Modulepath에 등록하여 사용하는 방식입니다.

JDK 11은 모듈 경로를 사용하지만 클래스 경로를 사용하는 이전 코드들에 대한 작업도 할 수 있습니다. 왜냐하면 JDK 11은 클래스 경로와 모듈 경로 두 가지를 모두 지원하기 때문입니다. 기본적으로는 모듈 경로 기반으로 동작하지만, 모듈을 사용하지 않는 프로그램은 자동으로 클래스 경로 기반으로 전환됩니다. 따라서 이전 버전의 코드를 사용하는 데 전혀 문제가 없습니다.

Modulepath를 지정하는 방법에 대해 살펴보겠습니다. Modulepath는 프로젝트 형태와 압축 파일 형태로 지정이 가능합니다.

1. 프로젝트 형태 지정

프로젝트 이름 위에서 마우스 오른쪽을 누른 후 [Build Path → Configure Build Path]를 선택합니다. [Projects] 탭에서 Modulepath를 선택한 후 〈Add〉를 눌러 등록할 프로젝트를 선택합니다. 설정을 마친 후 〈Apply and Close〉를 눌러 종료합니다.

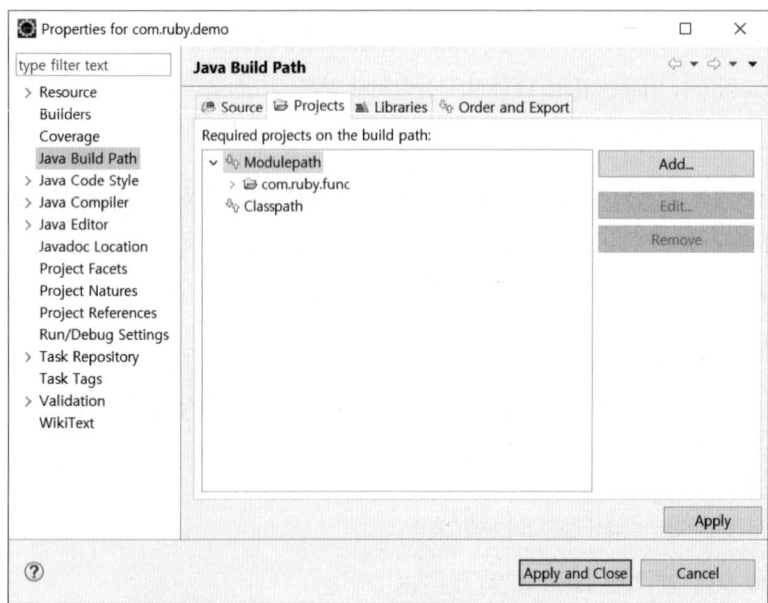

2. JAR 파일 형태 지정

모듈 JAR 파일로 압축할 프로젝트(com.ruby.func) 이름 위에서 마우스 오른쪽을 누른 후 [Export]를 선택합니다.

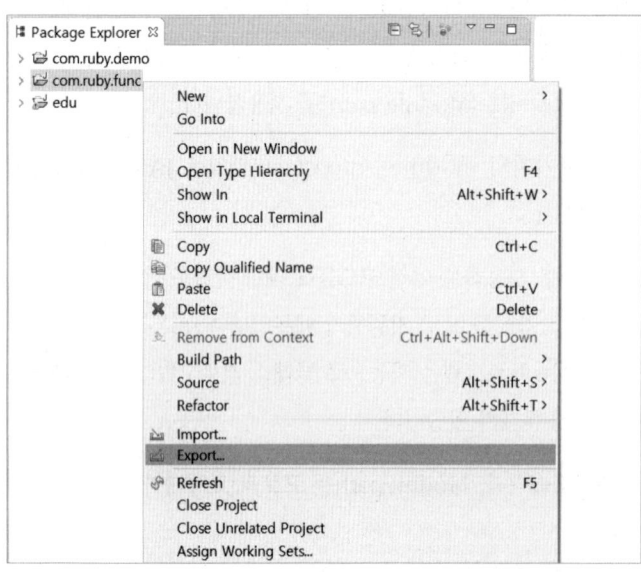

Java 항목의 JAR file을 선택한 후 〈Next〉를 누릅니다.

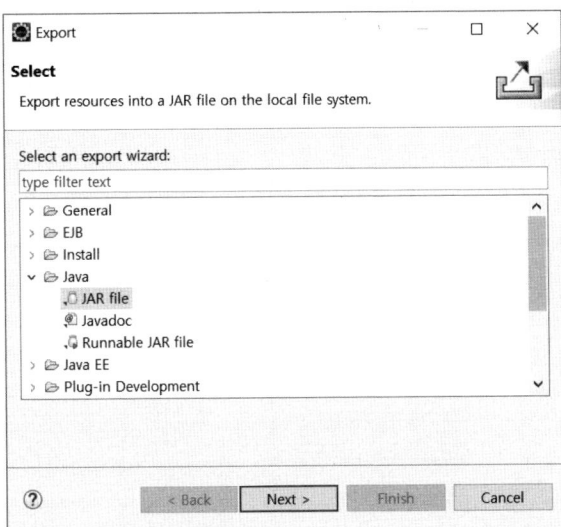

다음 화면처럼 값들을 설정하고 압축 파일명을 입력한 후 〈Finish〉를 누릅니다. 그러면 모듈 압축 파일이 생성됩니다.

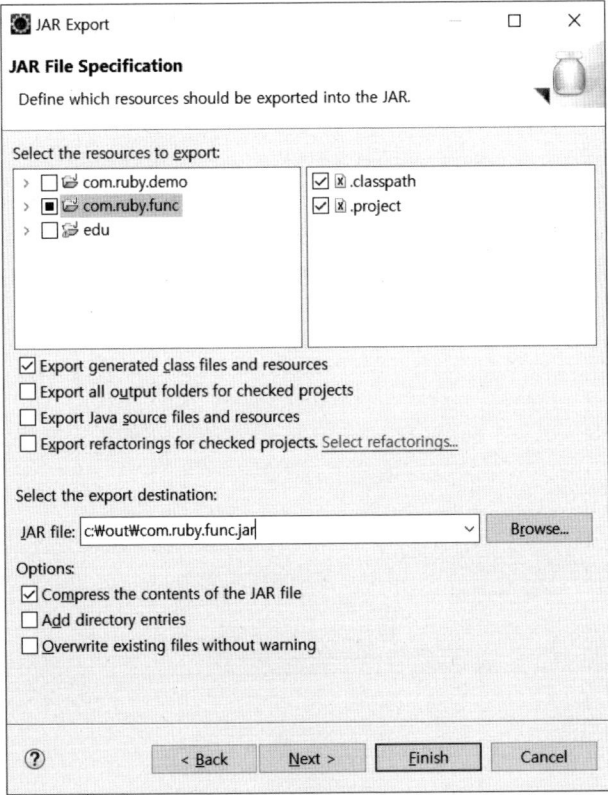

com.ruby.demo 프로젝트 이름 위에서 마우스 오른쪽을 누른 후 [Build Path → Configure Build Path]를 선택합니다. [Libraries] 탭을 선택한 후 〈Add External JARs〉를 누릅니다.

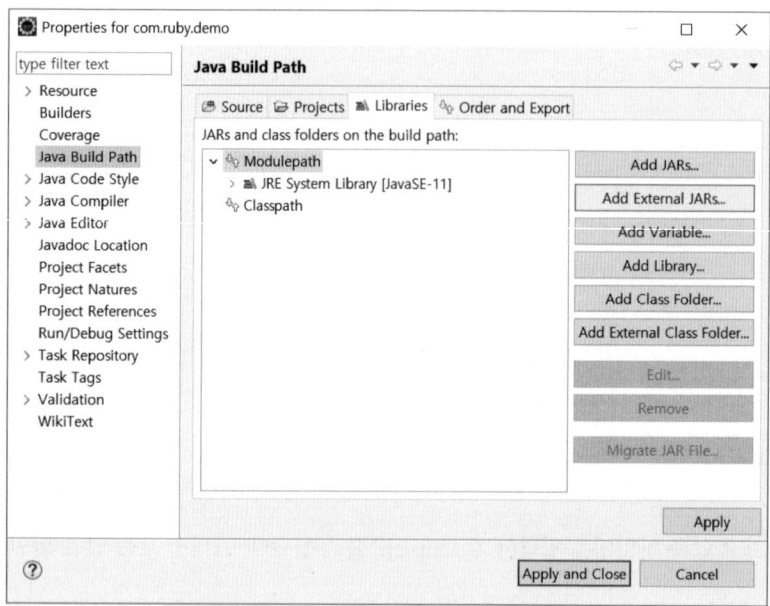

이전에 생성한 모듈 JAR 파일을 선택한 후 〈열기〉를 누릅니다.

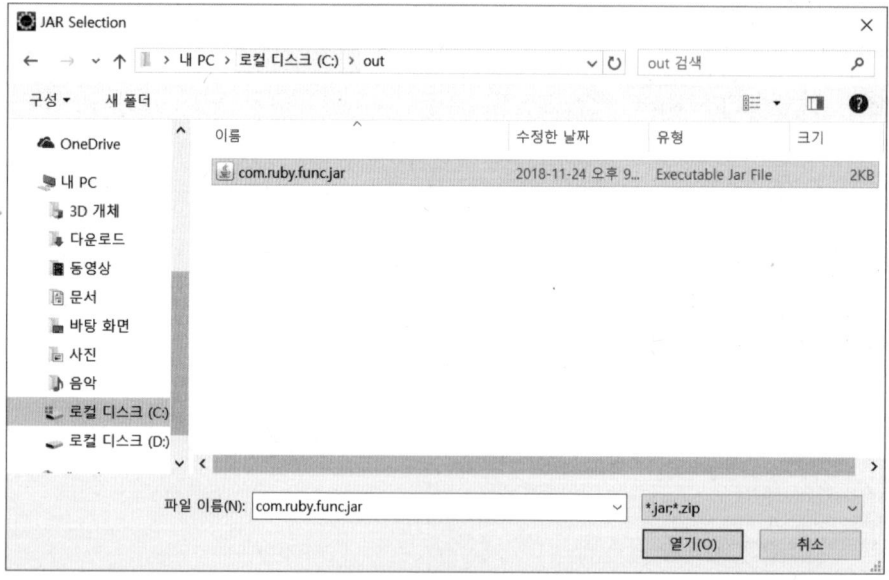

모듈 JAR 파일이 Modulepath에 등록되었습니다. 〈Apply and Close〉를 눌러 작업을 완료합니다.

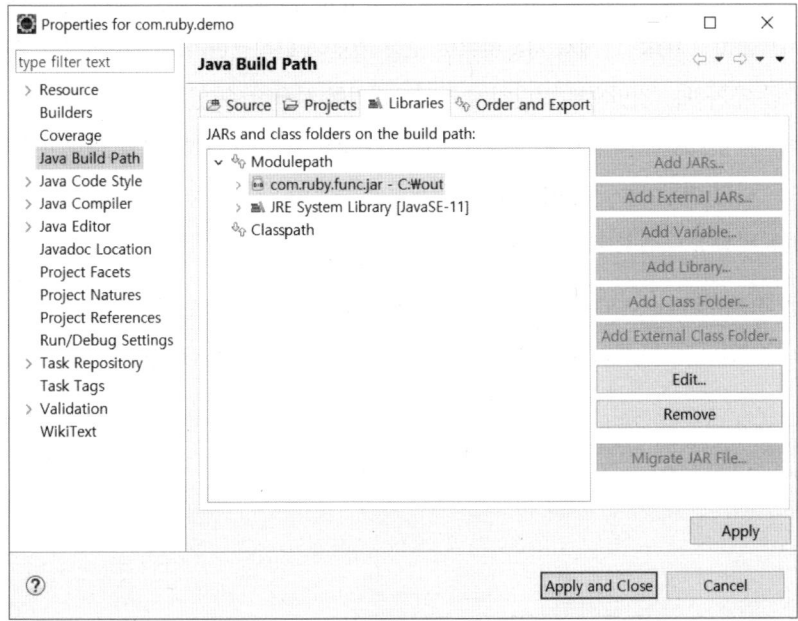

지금까지 하나의 프로젝트를 jar로 압축해서 Modulepath에 추가하는 과정을 살펴보았습니다. 우리는 이전에 com.ruby.fun를 프로젝트 형태로 Modulepath 추가를 했기 때문에 com.ruby.fun.jar 등록은 취소하겠습니다. 파일을 선택한 후 〈Remove〉→〈Apply and Close〉를 선택합니다.

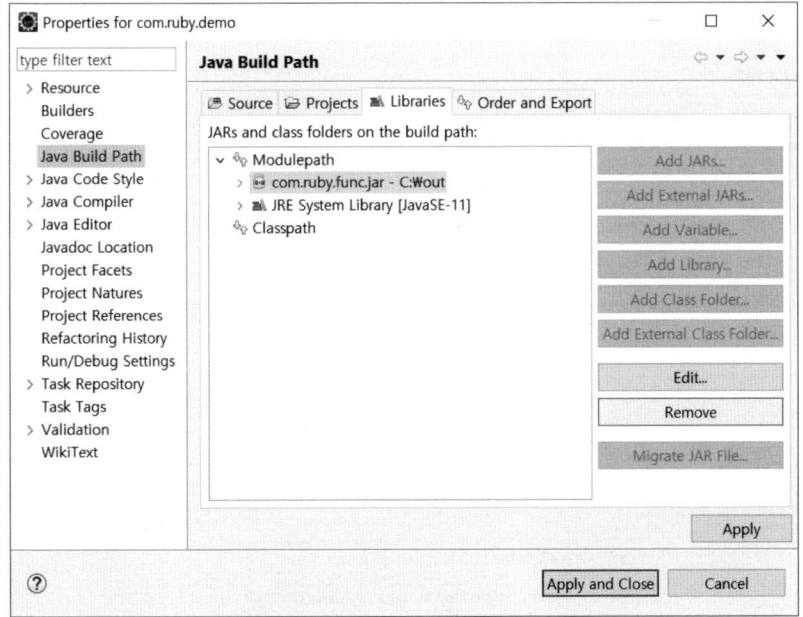

(3) 자동 모듈

지금까지 프로그램을 개발하면서 수많은 라이브러리를 사용해 왔고 JDK 11에서도 계속 사용해야 합니다. 모듈화되지 않은 라이브러리를 JDK 11에서 사용하려면 모듈 경로에 라이브러리의 JAR 파일만 추가하면 됩니다. 모듈 경로를 추가하는 것만으로 간단하게 라이브러리를 사용할 수 있는 이유는 모듈 경로에 JAR 파일을 추가하면 자동으로 모듈 파일로 등록되기 때문입니다. 이것을 "자동 모듈"이라고 하며, 모듈의 이름은 자동으로 파일 이름으로 지정됩니다. 자동 모듈을 등록한 다음 사용하려면 module-info.java 파일에 **requires 파일명**을 선언해야 합니다.

C:\out\ojdbc6.jar 라이브러리를 자동 모듈로 등록해보겠습니다. C:\out\ojdbc6.jar 파일은 예제를 위해 샘플로 사용하는 파일입니다. ojdbc6.jar 파일은 인터넷에서 내려받을 수 있습니다.

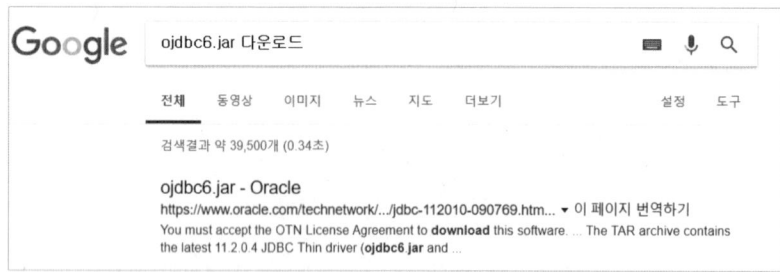

먼저 com.ruby.demo 프로젝트 위에서 마우스 오른쪽을 눌러 [Build Path → Configure Build Path]를 선택합니다. 다음 화면에서 **Modulepath**를 선택한 후 〈Add External Jars〉를 누릅니다.

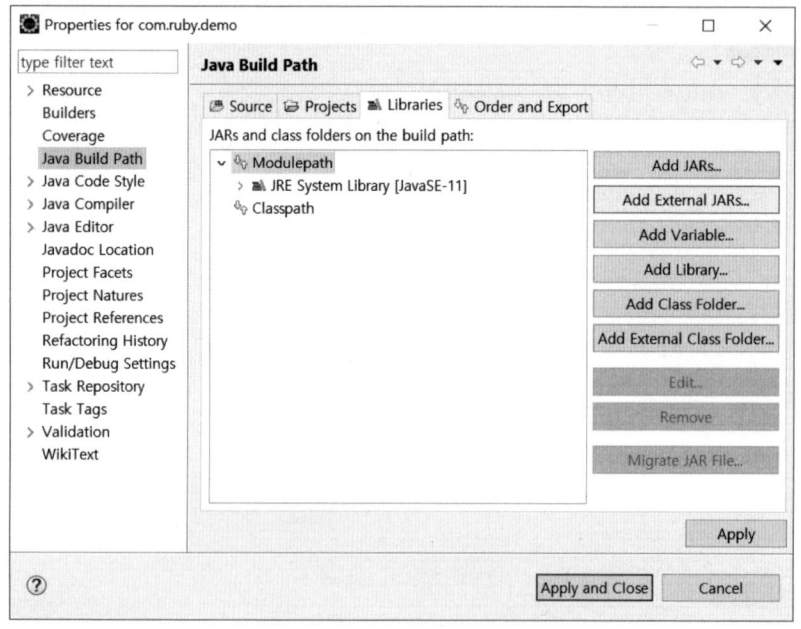

그림 모듈 경로 설정

사용할 라이브러리 파일을 선택합니다. 예제에서는 c:₩out₩ojdbc6.jar 파일을 예로 사용하고 있습니다. 파일 선택 후 〈열기〉를 누릅니다.

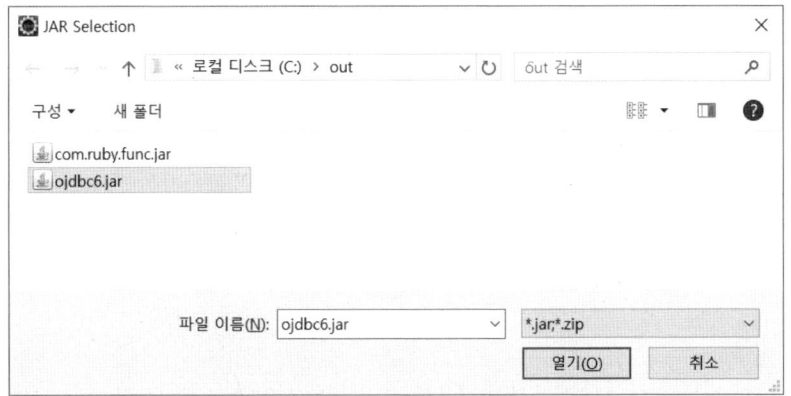

그림 라이브러리 파일 선택

Modulepath에 ojdbc6.jar 라이브러리 파일을 등록했습니다. 이때 자동으로 모듈 파일로 등록되며 모듈의 이름은 파일 이름으로 지정됩니다. 〈Apply and Close〉를 누릅니다.

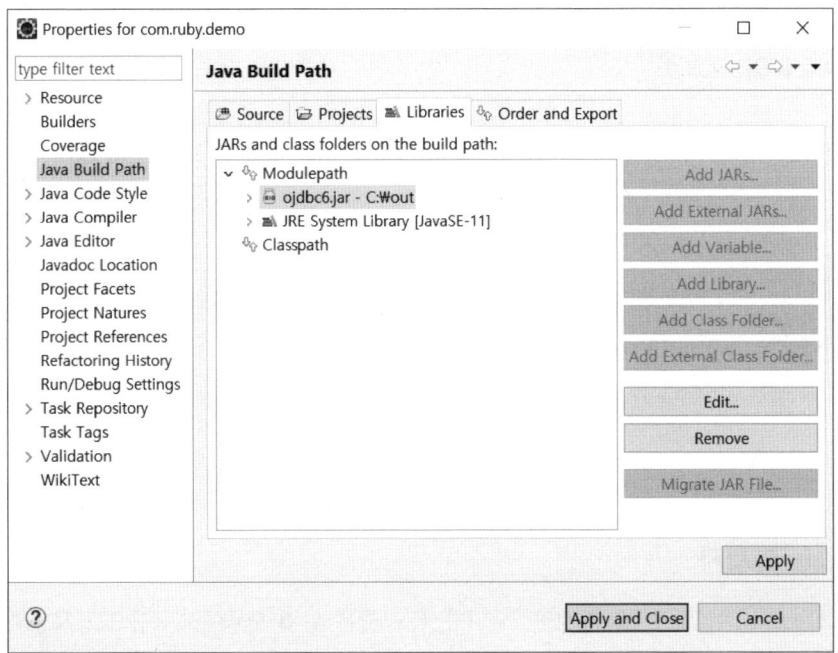

그림 Modulepath에 라이브러리 추가

Modulepath에 추가한 라이브러리, 즉 자동 모듈을 사용하려면 모듈 디스크립터에서 다음과 같이 **requires 파일명**을 등록해야 합니다.

module-info.java

```
module com.ruby.demo {
    exports com.ruby.demo;
    requires com.ruby.func;
    requires ojdbc6;
}
```

17.3. 모듈 지시자

17.3.1. exports-to 문

exports는 현재 패키지를 다른 모든 모듈에서 접근하여 사용할 수 있도록 선언하는 지시자입니다. 그런데 어떤 상황에서는 현재 패키지를 특정 모듈에서만 접근 가능하도록 선언해야 할 때가 있습니다. 예를 들어 라이브러리를 개발할 때 해당 라이브러리가 특정 모듈에서만 사용되도록 제한이 필요할 때가 있습니다. 이러한 기능을 가진 지시자가 exports-to 문입니다. exports-to 문의 문법은 다음과 같습니다.

【exports-to 문】

exports 패키지명 to 모듈명[, 모듈명]

예제 코드는 다음과 같습니다. com.ruby.func 패키지는 com.ruby.base 모듈만 사용할 수 있도록 선언하였습니다.

```
module com.ruby.func {
  exports com.ruby.logic;
  exports com.ruby.func to com.ruby.base;
}
```

to 키워드 다음에는 콤마(,) 구분자를 사용하여 여러 개의 모듈 이름을 지정할 수 있습니다.

17.3.2. transitive 지시자

다음처럼 모듈 A와 모듈 B가 선언되었다고 가정하겠습니다. C 모듈은 A, B 모듈에서 공통으로 사용하므로 requires C가 중복 선언되었습니다.

```
module A{
  requires B;
  requires C;
}
```

```
module B{
  exports ~
  requires C;
}
```

위 예제의 모듈은 A → B → C 그리고 A → C를 필요로 하는 구조입니다. 이와 같은 구조의 모듈은 다음처럼 선언할 수도 있습니다.

```
module A{
  requires B;
}
module B{
  exports ~
  requires transitive C;
}
```

A와 B는 공통적으로 C가 필요하고 A가 B를 사용할 때는 B에서 requires transitive C를 선언하면 A는 requires B;만 선언하면 C에 대한 선언 없이도 자동으로 C를 사용할 수 있습니다. 즉, B를 사용한다고 선언한 모든 모듈들은 모두 자동으로 선언 없이 C를 사용할 수 있입니다. trasitive는 중복 선언이 되는 것을 방지할 수 있습니다.

(1) com.ruby.util 자바 프로젝트 생성

예제를 통해 trasitive에 대해 자세히 살펴보겠습니다. 먼저 com.ruby.util 자바 프로젝트를 생성한 후 MyUtil.java 파일과 module-info.java 파일을 작성합니다.

```
∨ 📂 com.ruby.util
  > 📚 JRE System Library [JavaSE-11]
  ∨ 📁 src
    ∨ ⊞ com.ruby.util
      > 🗒 MyUtil.java
    > 🗒 module-info.java
```

그림 프로젝트 구성

MyUtil.java 파일의 내용은 다음과 같습니다.

MyUtil.java
```
01: package com.ruby.util;
02:
03: public class MyUtil {
04:   public static void add() {
```

```
05:     System.out.println("Module System!");
06:   }
07: }
```

module-info.java 파일의 내용은 다음과 같습니다.

module-info.java
```
01: module com.ruby.util {
02:     exports com.ruby.util;
03: }
```

(2) com.ruby.demo 수정

com.ruby.demo의 MyDemo.java 파일을 다음처럼 수정합니다.

MyDemo.java 수정
```
01: package com.ruby.demo;
02:
03: import com.ruby.func.MyFunc;
04: import com.ruby.util.MyUtil;
05:
06: public class MyDemo {
07:     public static void main(String[] args) {
08:         MyFunc.get();
09:         MyUtil.add();
10:     }
11: }
```

외부 모듈의 객체를 사용하므로 module-info.java 파일에 requires 문을 추가해야 합니다.

com.ruby.demo 모듈의 module-info.java 수정
```
01: module com.ruby.demo {
02:     exports com.ruby.demo;
03:     requires com.ruby.func;
04:     requires com.ruby.util;
05: }
```

com.ruby.demo 프로젝트에 com.ruby.util 프로젝트의 경로를 추가합니다.

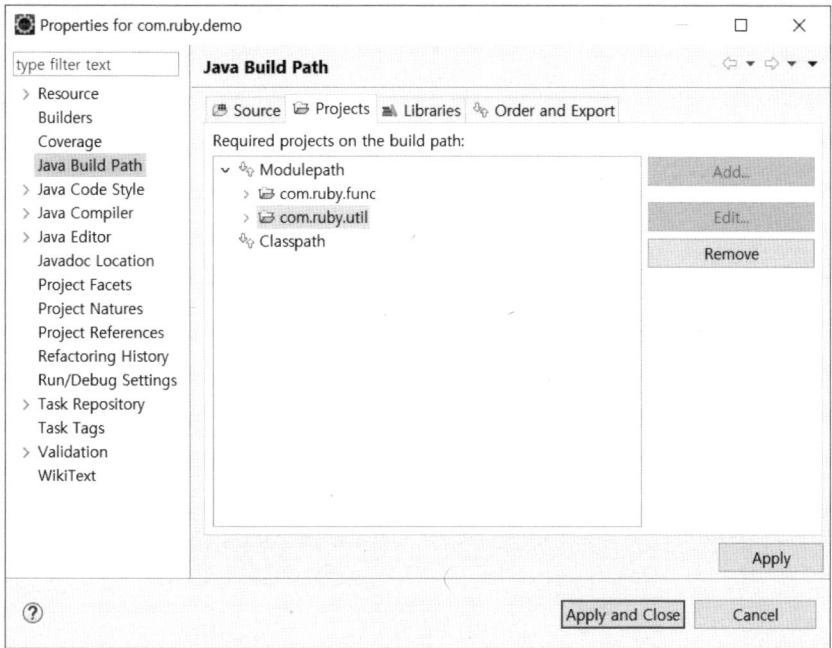

(3) com.ruby.func 수정

com.ruby.func의 MyFunc.java 파일에 print( ) 메서드를 추가합니다.

MyFunc.java 수정

```
01: package com.ruby.func;
02:
03: import com.ruby.util.MyUtil;
04:
05: public class MyFunc {
06:     public static void get() {
07:         System.out.println("Hello Java!!");
08:     }
09:
10:     public void print() {
11:         MyUtil.add();
12:     }
13: }
```

MyUtil는 외부 모듈에 존재합니다. 따라서 requires 문을 선언해야 합니다.

com.ruby.func 모듈의 module-info.java 수정

```
01: module com.ruby.func {
02:     exports com.ruby.func;
03:     requires com.ruby.util;
04: }
```

com.ruby.func 프로젝트에 com.ruby.util 프로젝트의 경로를 추가합니다.

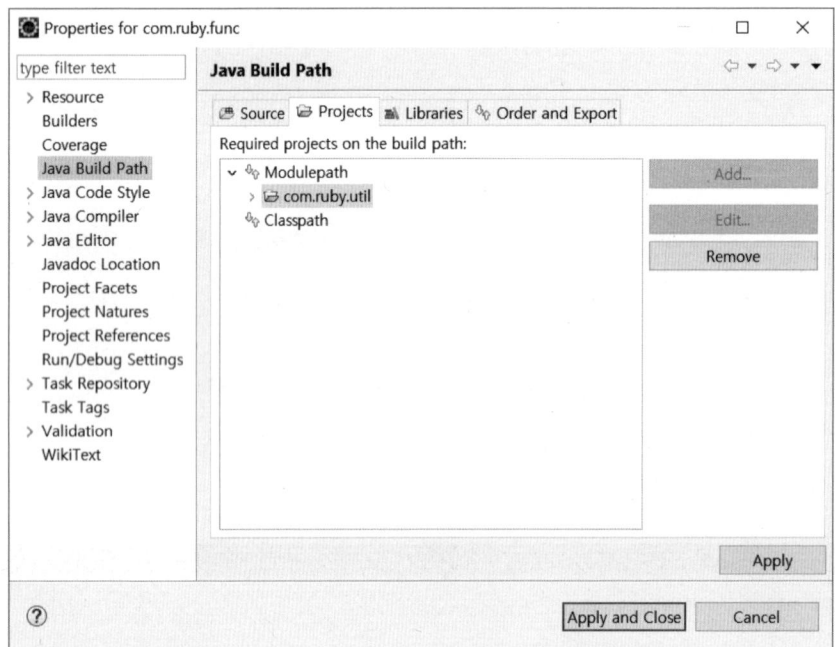

com.ruby.demo의 MyDemo의 main( ) 메서드를 실행한 결과는 다음과 같습니다.

【실행결과】

```
Hello Java!!
Module System!
```

(4) transitive 적용

작성한 예제의 모듈 종속성 구조는 다음과 같습니다.

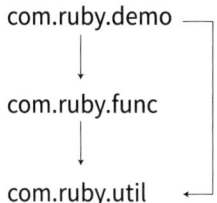

그림 모듈 종속성 구조

com.ruby.demo 모듈도 com.ruby.func 모듈도 com.ruby.util 모듈을 필요로 하기 때문에 다음과 같이 requires com.ruby.util을 중복 선언하고 있습니다.

```
module com.ruby.demo {
  exports com.ruby.demo;
  requires com.ruby.func;
  requires com.ruby.util;
}
module com.ruby.func{
  exports com.ruby.func
  requires com.ruby.util;
}
```

이런 경우 com.ruby.func에 transitive를 선언하면 com.ruby.func을 사용하는 모듈에서는 별도로 requires com.ruby.util을 선언할 필요가 없습니다. com.ruby.demo의 module-info.java 파일에서 requires com.ruby.util;를 삭제합니다.

com.ruby.demo 모듈의 module-info.java 수정

```
01: module com.ruby.demo {
02:   exports com.ruby.demo;
03:   requires com.ruby.func;
04: }
```

com.ruby.func의 module-info.java 파일은 다음과 같이 requires 다음에 transitive 키워드를 추가합니다.

com.ruby.func 모듈의 module-info.java 수정

```
01: module com.ruby.func {
02:   exports com.ruby.func;
03:   requires transitive com.ruby.util;
04: }
```

com.ruby.demo의 MyDemo의 main( ) 메서드를 실행한 결과는 수정 전의 실행 결과와 같습니다. requires transitive로 선언한 모듈은 현재 모듈을 사용하는 쪽에서 암묵적으로 사용 가능한 상태가 됩니다.

17.3.3. provides-with, uses

일반적으로 프로그램 개발 시 인터페이스에는 서비스 형태(What)를 정의하고 클래스에는 서비스 처리 로직(How)을 구현합니다. 이런 구조의 개발 방식은 외부에서 인터페이스를 구현한 클래스만 제공하면 기존의 코드를 변경하지 않고 쉽게 응용프로그램의 기능을 향상시키거나 변경할 수 있는 장점이 있습니다. 따라서 대규모 상용 프로그램에서는 반드시 따라야 하는 개발 방식입니다.

자바 모듈 시스템에서도 인터페이스-클래스 형태로 구현하는 방식을 지원합니다. 먼저 용어 정의를 하겠습니다. 모듈 시스템에서는 서비스 작업에 대한 정의를 하는 인터페이스를 "서비스 제공자(Service Provider)"라고 하며 이를 구현한 클래스를 "서비스(Service)"라고 부릅니다.

(1) 서비스 제공자

서비스 제공자를 가지는 모듈에서는 모듈 디스크립터에 다음처럼 선언합니다. 구현된 클래스가 많을 때는 콤마(,)를 구분자로 사용해 여러 개를 선언할 수 있습니다.

【provides-with 문】

provides 인터페이스명 with 구현 클래스명

서비스 제공자를 선언하는 예제 코드는 다음과 같습니다.

```
provides com.ruby.func.MyProvider with
    com.ruby.funcimpl.AddProvider, com.ruby.funcimpl.MultiplyProvider;
```

(2) 서비스 사용자

서비스를 사용하는 모듈에서는 모듈 디스크립터에 다음처럼 선언합니다. 인터페이스 이름에는 서비스 제공자 이름을 지정하면 됩니다.

【uses 문】

uses 인터페이스명

서비스 사용자를 선언하는 예제 코드는 다음과 같습니다.

```
uses com.ruby.func.MyProvider;
```

서비스 제공자를 통해 서비스를 사용할 때는 서비스의 구현체가 달라져도 전혀 영향을 받지 않습니다.

(3) ServiceLoader

서비스 제공자를 사용하려면 java.util에 정의된 ServiceLoader 클래스가 필요합니다.

```
public final class ServiceLoader<S>
```

ServiceLoader는 제네릭 클래스로서 <S>의 S에는 서비스 제공자의 타입, 즉 인터페이스 이름을 지정합니다.

(4) ServiceLoader 객체 생성

ServiceLoader 객체를 생성하는 방법은 ServiceLoader에서 static으로 제공하는 load( ) 메서드를 사용합니다.

```
public staitc <S> ServiceLoader<S> load(Class<S> service)
```

load( ) 메서드의 매개변수 타입인 Class는 클래스에 대한 정보를 가지는 객체로서 생성하는 방법은 다음처럼 클래스 이름 다음에 .class를 명시하면 간단하게 생성할 수 있습니다.

```
클래스명.class
```

예제 코드는 다음과 같습니다.

```
ServiceLoader<MyProvider> ldr = ServiceLoader.load(MyProvider.class);
```

예제 코드의 load( ) 메서드는 MyProvider 타입의 요소를 갖는 ServiceLoader 객체를 생성해 반환합니다. 생성된 ServiceLoader 객체의 요소는 다음에 선언된 with 절 다음의 객체들입니다.

```
provides com.ruby.func.MyProvider with
    com.ruby.funcimpl.AddProvider, com.ruby.funcimpl.MultiplyProvider;
```

(5) 예제

예제를 통해 모듈에서 지원하는 서비스 제공자, 서비스 구조의 프로그램을 구현해보겠습니다. 다음은 예제의 완성된 구조입니다.

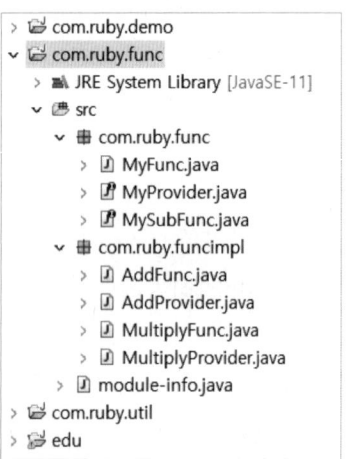

그림 프로젝트 구조

작성된 파일들의 클래스 구조는 다음과 같습니다.

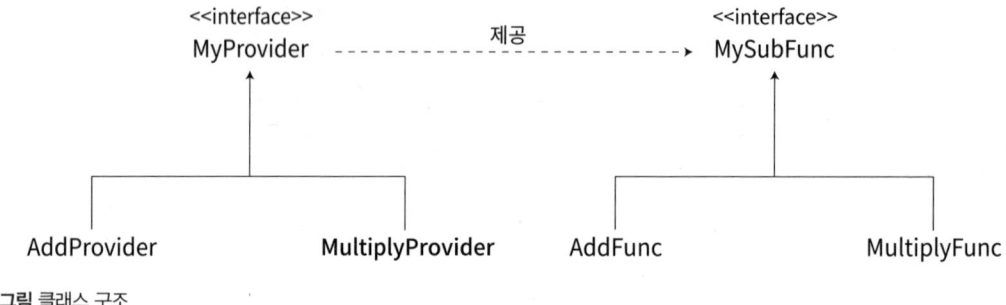

그림 클래스 구조

먼저 com.ruby.func 패키지에 MyProvider.java 파일을 작성합니다. get( ) 메서드가 선언된 인터페이스입니다. 서비스 제공자로 사용될 객체입니다.

```
MyProvider.java
01: package com.ruby.func;
02:
03: public interface MyProvider {
04:     public MySubFunc get();
05: }
```

com.ruby.func 패키지에 MySubFunc.java 파일을 작성합니다. 서비스 처리를 담당할 인터페이스입니다.

MySubFunc.java
```
01: package com.ruby.func;
02:
03: public interface MySubFunc {
04:    public String getName();
05:
06:    public int func(int a, int b);
07: }
```

com.ruby.funcimpl 패키지에 AddFun 클래스를 생성합니다. 서비스를 구현한 객체입니다.

AddFunc.java
```
01: package com.ruby.funcimpl;
02:
03: import com.ruby.func.MySubFunc;
04:
05: public class AddFunc implements MySubFunc {
06:    public String getName() {
07:       return "더하기";
08:    }
09:
10:    public int func(int a, int b) {
11:       return a + b;
12:    }
13: }
```

com.ruby.funcimpl 패키지에 AddProvider 클래스를 생성합니다. 서비스 제공자를 구현한 객체입니다.

AddProvider.java
```
01: package com.ruby.funcimpl;
02:
03: import com.ruby.func.MyProvider;
04: import com.ruby.func.MySubFunc;
05:
06: public class AddProvider implements MyProvider {
07:    public MySubFunc get() {
```

```
08:     return new AddFunc();
09:   }
10: }
```

com.ruby.funcimpl 패키지에 MultiplyFunc 클래스를 생성합니다. 서비스를 구현한 객체입니다.

MultiplyFunc.java
```
01: package com.ruby.funcimpl;
02:
03: import com.ruby.func.MySubFunc;
04:
05: public class MultiplyFunc implements MySubFunc {
06:   public String getName() {
07:     return "곱하기";
08:   }
09:
10:   public int func(int a, int b) {
11:     return a * b;
12:   }
13: }
```

com.ruby.funcimpl 패키지에 MultiplyProvider 클래스를 생성합니다. 서비스 제공자를 구현한 객체입니다.

MultiplyProvider.java
```
01: package com.ruby.funcimpl;
02:
03: import com.ruby.func.MyProvider;
04: import com.ruby.func.MySubFunc;
05:
06: public class MultiplyProvider implements MyProvider {
07:
08:   public MySubFunc get() {
09:     return new MultiplyFunc();
10:   }
11: }
```

모듈 com.ruby.func에서는 서비스 제공자가 정의되어 있습니다. 외부 모듈에서 사용할 수 있도록 "provides 인터페이스 with 구현객체" 형대로 선언합니다.

com.ruby.func의 module-info.java 파일 수정

```
01: module com.ruby.func {
02:     exports com.ruby.func;
03:     exports com.ruby.funcimpl;
04:
05:     requires transitive com.ruby.util;
06:
07:     provides com.ruby.func.MyProvider with com.ruby.funcimpl.AddProvider,
08:                                            com.ruby.funcimpl.MultiplyProvider;
09: }
```

모듈 com.ruby.demo에서는 com.ruby.func 모듈의 서비스 제공자를 사용할 예정입니다. 외부 모듈의 provides로 선언된 서비스 제공자를 사용할 때는 "uses 서비스제공자" 형태로 선언해야 사용할 수 있습니다.

com.ruby.demo의 module-info.java 파일 수정

```
01: module com.ruby.demo {
02:     exports com.ruby.demo;
03:
04:     requires com.ruby.func;
05:
06:     uses com.ruby.func.MyProvider;
07: }
```

com.ruby.demo 모듈에서 uses로 선언된 서비스 제공자를 사용하는 코드를 작성해보겠습니다. 기존 MyDemo의 main( ) 메서드에 다음 코드를 추가합니다.

MyDemo.java 파일 수정

```
01: package com.ruby.demo;
02:
03: import java.util.ServiceLoader;
04:
05: import com.ruby.func.MyFunc;
06: import com.ruby.func.MyProvider;
07: import com.ruby.func.MySubFunc;
08: import com.ruby.util.MyUtil;
09:
10: public class MyDemo {
11:     public static void main(String[] args) {
12:         MyFunc.get();
```

```
13:        MyUtil.add();
14:
15:        ServiceLoader<MyProvider> ldr = ServiceLoader.load(MyProvider.class);
16:
17:        MySubFunc msf = null;
18:        for(MyProvider mp : ldr) {
19:          msf = mp.get();
20:          System.out.println(msf.getName() + " : " + msf.func(10, 2));
21:        }
22:      }
23: }
```

【실행결과】

```
Hello Java!!
Module System!
더하기 : 12
곱하기 : 20
```

소스에 대한 자세한 설명은 다음과 같습니다.

`15: ServiceLoader<MyProvider> ldr = ServiceLoader.load(MyProvider.class);`

서비스 구현 객체를 서비스 제공자를 통해 사용하기 위해 ServiceLoader 객체를 생성합니다. ServiceLoader 객체를 생성할 때는 load( ) 메서드를 사용하며 인자로 서비스 제공자의 정보를 가진 Class 객체를 전달합니다.

ServiceLoader는 모듈 파일에서 provides-with 다음에 선언된 서비스 제공자 구현 객체들을 요소로 가집니다.

`17: MySubFunc msf = null;`

MySubFunc는 서비스 처리를 구현한 객체들의 인터페이스입니다.

`18: for(MyProvider mp : ldr) {`

ldr 변수가 참조하는 ServiceLoader에는 MyProvider 타입의 요소들이 있습니다. 요소의 개수만큼 반복 실행하며 각 요소를 MyProvider 타입의 mp 변수에 저장합니다.

`19: msf = mp.get();`

MyProvider 구현 객체들의 get( ) 메서드는 다음과 같이 구현되었습니다.

```
public class AddProvider implements MyProvider {
  public MySubFunc get() {
    return new AddFunc();
  }
}
public class MultiplyProvider implements MyProvider {
  public MySubFunc get() {
    return new MultiplyFunc();
  }
}
```

AddProvider에서는 AddFunc 객체, MultiplyProvider에서는 MutiplyFunc 객체를 생성하여 반환합니다. AddFunc, MutiplyFunc 객체 모두 MySubFunc을 구현하기 때문에 MySubFunc 타입의 msf 변수에 저장합니다.

```
20: System.out.println(msf.getName() + " : " + msf.func(10, 2));
```

MySubFunc의 getName( )은 이름을 반환하고 func( ) 메서드는 AddFunc에서는 더하기 연산을, MultiplyFunc에서는 곱하기 연산한 값을 반환합니다.

18
Networking

현재 우리는 네트워크로 연결된 세상에서 살고 있습니다. 대부분의 업무를 네트워크를 통해서 처리하고 있습니다. 네트워크에서는 클라이언트와 서버 간에 데이터를 주고받음으로써 서비스 처리가 이루어집니다. 그런데 실제로 데이터를 송수신하기 위해서는 복잡하고 어려운 네트워크 기술들과 환경이 지원되야 합니다. 그렇다면 자바 개발자들은 네트워크 관련된 응용프로그램 개발 시 네트워크의 기술적인 부분을 모두 알아야 할까요? 그렇지 않습니다. 자바는 네트워크에 관련된 어려운 기술들을 추상화해서 API로 제공하기 때문에 아주 간단하게 네트워크 프로그램을 구현할 수 있습니다. 이번 장에서는 네트워크 기능을 지원하는 중요한 자바 API들을 살펴보고 활용하는 방법에 대해 학습하도록 하겠습니다.

18.1. 개요

18.1.1. 용어

(1) 서버와 클라이언트

서버는 네트워크에서 다른 컴퓨터에 서비스를 제공하기 위한 컴퓨터 또는 프로그램을 의미합니다. 반대로 서비스를 요청하여 서비스를 받는 컴퓨터 또는 프로그램을 클라이언트라고 합니다. 서버는 처리하는 서비스에 따라 구분할 수 있습니다. 웹브라우저에서 들어온 요청을 받아 처리하는 서버는 HTTP 서버 또는 웹서버라고 하며 대량의 데이터를 파일로 저장한 후 데이터에 대한 CRUD(Create, Read, Update, Delete) 서비스를 하는 서버는 DBMS 서버라고 합니다.

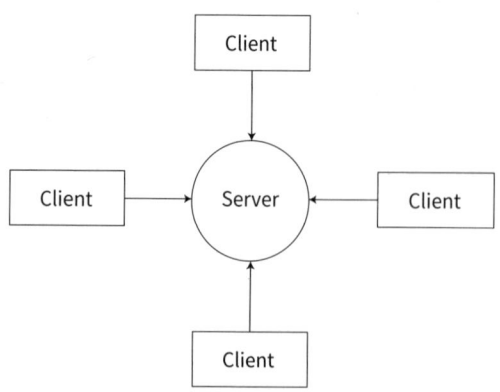

(2) TCP/IP

네트워크를 통해 상호 간 데이터를 주고받기 위해서는 실제적으로 네트워크상에서 여러 가지 작업이 이루어집니다. 다음은 데이터 송수신 과정을 간략하게 표현한 그림입니다.

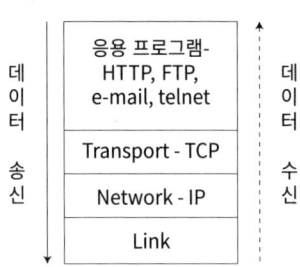

네트워크에서 데이터가 송수신이 될 때 여러 단계를 거칩니다. 각 단계에서는 데이터를 송수신하기 위한 작업을 하는데 이 작업은 지정된 프로토콜(Protocol) 기반으로 이루어집니다. 그림에서처럼 Network 단계에서 IP, Transport 단계에서 TCP(Transmission Control Protocol)가 사용되어 통신이 되었다면 TCP/IP 통신을 하였다고 합니다. Transport 단계에서 UDP(User Datagram Protocol)를 사용할 수도 있습니다. TCP와 UDP의 차이점은 송수신하는 데이터의 안전성 보장 여부입니다. TCP 통신은 송수신하는 데이터의 손실이 없도록 안전을 보장하는 방식이고 UDP는 데이터의 안전성을 보장하지 않아 데이터 손실이 발생할 수도 있습니다. 따라서 TCP는 안전성을 보장하기 때문에 전송 속도가 느립니다. 이에 비해 UDP는 안전성을 체크하지 않아 전송 속도가 빠르다는 장점이 있습니다.

TCP/IP는 인터넷 표준 프로토콜입니다. 따라서 인터넷 기반의 응용 프로그램(웹, FTP, e-mail, Telnet)은 모두 TCP/IP 기반으로 통신을 합니다.

(3) URL

URL(Uniform Resource Locator)은 네트워크에 연결된 서버에 서비스를 요청하는 정보로써 다음과 같은 형식을 표현합니다.

프로토콜 서버 주소 포트 번호 서버자원정보(URI)

예) http://www.mysite.com:80/edu/index.html

프로토콜(protocol)

프로토콜은 서버와 통신을 하기 위한 규약입니다. URL에 사용하는 프로토콜은 응용프로그램에서 사용하는 프로토콜을 지정합니다. 예를 들어, 웹서버는 HTTP, FTP 서버는 FTP, 이메일 서버는 SMTP를 사용합니다.

서버 주소

네트워크상에서 연결된 컴퓨터를 찾아가기 위한 정보로써 IP 주소 또는 도메인 이름으로 표현합니다. 서버가 동작하고 있는 컴퓨터 정보입니다.

포트 번호

URL에서 서버 주소를 이용해 컴퓨터를 찾았다면 포트 번호는 컴퓨터에서 동작하고 있는 서버로 접속하기 위한 정보입니다. 포트 번호는 0~65,535번까지 사용할 수 있으며, 0~1,023 사이의 번호는 well-known port로서 이미 사용이 정의되어 있습니다. 예를 들어, FTP는 21, Telnet은 23, e-mail은 25, Https는 80입니다.

URI

URI(Uniform Resource Identifier)는 서버에서 서비스하는 자원 정보입니다. URL에서 포트 번호 다음부터가 URI이며 URI는 서버의 종류에 따라 표현하는 방법이 다릅니다. 예를 들어 HTTP 서버는 **/웹 애플리케이션이름** 이고 DBMS 서버는 **:DB이름**으로 표시합니다.

다음은 URL을 사용해 해당 서버를 찾아가는 간단한 예입니다.

```
http://70.12.220.93:80
```

URL에서 가장 먼저 사용되는 정보는 서버 주소입니다. 70.12.220.93 IP을 가진 컴퓨터를 찾아갑니다. 그다음은 포트 번호를 사용합니다. 해당 포트 번호를 사용하는 서버를 찾아갑니다. 올바르게 서버를 찾아온 다음부터는 프로토콜을 사용해 통신 작업을 합니다.

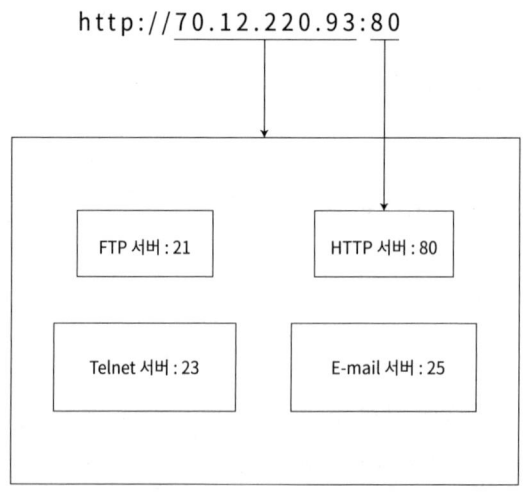

18.2. Socket 통신

실제로 네트워크에서 데이터를 주고받기 위해서는 많은 네트워크 기술들이 사용됩니다. 그러나 자바 개발자들은 이런 네트워크 기술 부분을 따로 구현할 일은 없습니다. 왜냐하면 모든 네트워크 기술적인 부분을 추상화한 자바 API를 제공하기 때문입니다. 자바 개발자는 네트워크 API를 사용하여 간단하고 쉽게 네트워크 프로그램을 구현할 수 있습니다.

네트워크 기능을 가진 API들은 java.net과 java.nio 패키지에서 제공을 합니다. 이번 절에서는 네트워크 작업을 하기 위한 중요한 API들에 대해 살펴보겠습니다.

18.2.1. Socket

java.net.Socket 클래스는 TCP 통신을 할 때 사용하는 객체입니다. 예를 들어 웹서버에 접속할 때 웹브라우저(크롬, IE)를 실행한 후 URL을 입력하면 웹서버에 서비스를 요청하고 응답을 받을 수 있습니다. Socket은 웹브라우저와 같은 역할을 하는 객체입니다.

(1) 소켓 생성

다음은 Socket 객체를 생성하는 생성자입니다.

```
Socket(String host, int port)
```

생성자의 매개변수 의미는 다음과 같습니다.

- **host** – 접속하는 서버의 IP 또는 도메인 이름을 지정합니다.
- **port** – 접속하는 서버의 포트를 지정합니다.

다음 예제 코드는 www.credu.co.kr 도메인 이름을 가진 컴퓨터의 80 포트를 사용하는 서버와 통신하기 위한 소켓 객체를 생성합니다.

Socket socket = new Socket("www.credu.co.kr", 80)

socket
Java program

HTTP 서버 : 80
www.credu.co.kr

(2) 스트림 생성

자바는 외부 데이터와 작업을 하기 위해서는 스트림을 사용해야 합니다. TCP 통신을 하는 Socket 객체 또한 외부와 데이터를 주고받아야 합니다. 그래서 소켓 생성 후에는 데이터 입출력을 위한 스트림을 생성해야 합니다.

Socket에서 사용하는 입출력 스트림을 생성할 때는 Socket 클래스에서 제공하는 다음 메소드를 사용합니다.

```
public InputStream getInputStream()
public OutputStream getOutputStream()
```

예제 코드는 다음과 같습니다.

```
OutputStream out = socket.getOutputStream();
InputStream in = soket.getInputStream();
```

위의 코드가 실행되면 socket이 통신하는 서버와 입출력하기 위한 out, in 스트림이 생성됩니다.

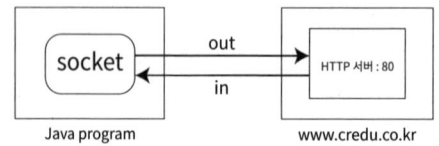

(3) 예제

Socket 객체를 사용한 네트워크 프로그램을 구현해보겠습니다.

Test01.java

```java
01: package com.ruby.java.ch19;
02:
03: import java.io.ByteArrayOutputStream;
04: import java.io.InputStream;
05: import java.io.OutputStream;
06: import java.net.Socket;
07:
08: public class Test01 {
09:
10:     public static void main(String[] args) {
11:         try (Socket socket = new Socket("www.credu.co.kr", 80);
12:             OutputStream out = socket.getOutputStream();
```

```
13:        InputStream in = socket.getInputStream();
14:    ){
15:
16:        out.write("GET / HTTP/1.0\n\n".getBytes());
17:
18:        ByteArrayOutputStream bytes = new ByteArrayOutputStream();
19:        byte[] buf = new byte[1024];
20:        int length = 0;
21:        while ((length = in.read(buf)) != -1) {
22:          bytes.write(buf, 0, length);
23:        }
24:
25:        System.out.println(new String(bytes.toByteArray()));
26:    } catch (Exception e) {
27:      e.printStackTrace();
28:    }
29:  }
30: }
```

【실행결과】

```
HTTP/1.1 200 OK
Date: Wed, 28 Nov 2018 13:52:32 GMT
Server:
Last-Modified: Sat, 03 Nov 2018 12:21:48 GMT
ETag: "5e2-579c1b2256f00"
Accept-Ranges: bytes
Content-Length: 1506
Connection: close
Content-Type: text/html
Content-Language: en
```

소스에 대한 자세한 설명은 다음과 같습니다.

```
11:    try (Socket socket = new Socket("www.credu.co.kr", 80);
```

www.credu.co.kr 도메인의 80 포트로 접속한 Socket 객체를 생성합니다.

```
12:        OutputStream out = socket.getOutputStream();
13:        InputStream in = socket.getInputStream();
```

socket이 통신하는 서버와 데이터를 주기받기 위해서 입출력 스트림을 생성합니다.

```
16: out.write("GET / HTTP/1.0\n\n".getBytes());
```

out.write( )는 소켓이 통신하는 서버에 데이터를 전송합니다. " ".getBytes( ) 메소드는 문자열 " "을 바이트 배열로 변환합니다. out.write(" ".getBytes())는 서버에 문자열을 바이트 배열로 전송하는 명령문입니다.

"GET / HTTP/1.0\n\n" 의미는 socket이 접속한 서버가 웹서버입니다. 웹브라우저에서는 다음과 같이 주소줄에 URL을 입력하여 서비스를 요청합니다.

이때 웹브라우저는 자동으로 해당 서버에 서비스 요청 정보를 보내는데 다음과 같은 구조로 정보가 전송됩니다.

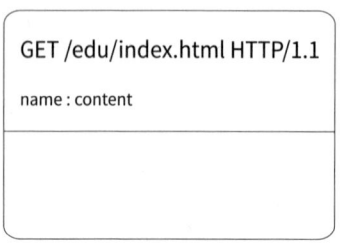

그림 요청 정보

웹브라우저에서는 자동으로 전송되지만 네트워크 프로그램을 구현할 때는 전송해야 정보를 직접 전달해야 합니다. "GET / HTTP/1.0"는 요청 정보의 첫 번째 줄을 의미합니다. 다음에 보내는 데이터는 세 번째줄로 처리되야 하기 때문에 \n\n 줄바꿈을 두 번 했습니다.

```
18: ByteArrayOutputStream bytes = new ByteArrayOutputStream();
```

내부 바이트 배열에 데이터를 출력하기 위한 스트림을 생성합니다.

```
21: while ((length = in.read(buf)) != -1) {
```

in.read(buf) 메소드는 in 즉 socket이 접속한 서버로부터 데이터를 읽어들여 buf 배열에 저장합니다. read( ) 메소드의 반환값은 읽어온 바이트 수입니다. length 변수가 -1인 경우는 서버에서 전송하는 데이터를 끝을 만났을 때입니다. 21번 줄은 서버로부터 모든 데이터를 읽어오는 명령문입니다.

```
22: bytes.write(buf, 0, length);
```

buf 배열에는 서버로부터 읽어온 데이터가 저장되어 있습니다. bytes.write( ) 메소드는 buf 배열의 0 번지부터 length 개수만큼 bytes에 출력합니다.

```
25: System.out.println(new String(bytes.toByteArray()));
```

bytes.toByteArray( )는 내부 바이트 배열로 저장된 데이터를 요소로 갖는 새로운 바이트 배열을 생성합니다. String(byte[ ])은 바이트 배열의 문자열을 갖는 String으로 생성합니다.

18.2.2. ServerSocket

java.net의 Socket 클래스는 네트워크에 연결된 서버에 서비스를 요청하는 클라이언트로서 동작하는 객체입니다. Socket과는 반대로 서비스를 제공하는 프로그램을 구현할 때 사용하는 클래스가 java.net.ServerSocket입니다.

(1) 서버 소켓 생성

다음은 서버 소켓을 생성하는 생성자입니다.

```
ServerSocket(int port)
```

ServerSoket은 서버로서 동작하기 때문에 클라이언트가 접속할 때 사용할 포트 번호가 필요합니다. 포트 번호는 다른 서버와 중복해서 사용할 수 없고 1,204~65,535 사이의 번호를 지정합니다.

```
ServerSocket server = new ServerSocket(8080)
```

위의 명령문이 실행되면 8080 포트를 사용하는 ServerSocket이 생성됩니다. 클라이언트는 서버 프로그램이 실행 중인 컴퓨터의 주소(IP, 도메인)와 8080 포트 정보를 사용해 서비스를 요청할 수 있습니다.

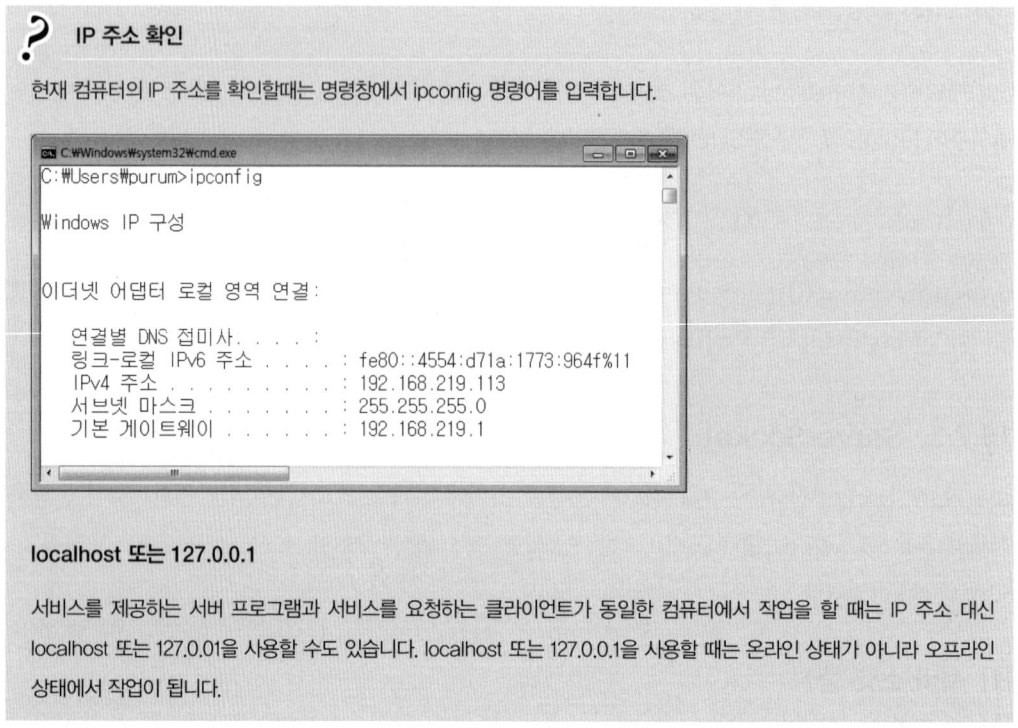

(2) 서비스 요청

서버는 클라이언트로부터 요청이 들어오면 요청을 받아 서비스를 실행해야 합니다. ServerSocket에서 클라이언트의 요청을 받는 메소드는 ServerSocket의 accept( )입니다.

```
public Socket accept()
```

accept( ) 메소드의 실행이 완료되는 시점은 클라이언트로부터 요청이 들어왔을 때입니다. 클라이언트 요청이 들어오면 서비스 요청한 클라이언트와 통신할 Socket을 생성하여 반환합니다.

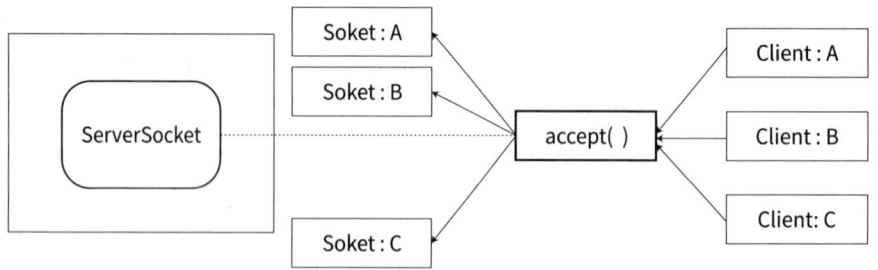

(3) 단일 처리

다음 예제는 단일 처리 서버 프로그램을 구현한 소스입니다. 단일 처리는 서버에서 순차적으로 서비스 처리를 하는 것을 의미합니다. 동시에 여러 클라이언트로부터 요청이 들어왔을 때 동시 처리를 못하고 요청된 순서대로 처리합니다.

Test02.java
```
01: package com.ruby.java.ch19;
02:
03: import java.io.InputStream;
04: import java.io.OutputStream;
05: import java.net.ServerSocket;
06: import java.net.Socket;
07:
08: public class Test02 {
09:   public static void main(String[] args) {
10:
11:     try (ServerSocket server = new ServerSocket(8080)) {
12:       System.out.println("서버가 시작되었습니다.");
13:
14:       while (true) {
15:         try (Socket client = server.accept();
16:             OutputStream out = client.getOutputStream();
17:             InputStream in = client.getInputStream()
18:         ){
19:           out.write("HTTP/1.0 200 OK\n".getBytes());
20:           out.write("Content-Type: text/html\n\n".getBytes());
21:           out.write("<h1>Have a nice day!!</h1>".getBytes());
22:         } catch (Exception e) {
23:           e.printStackTrace();
24:         }
25:       }
26:     } catch (Exception e) {
27:       e.printStackTrace();
28:     }
29:   }
30: }
```

【실행결과】

서버가 시작되었습니다.

클라이언트로부터 서비스 요청이 들어오면 요청을 받을 수 있도록 서버 프로그램을 실행시켜야 합니다. 실행된 서버 프로그램은 사용하는 포트를 계속 지켜보다가(이것을 **리스닝**이라고 함) 요청이 들어오면 서비스 처리를 시작합니다.

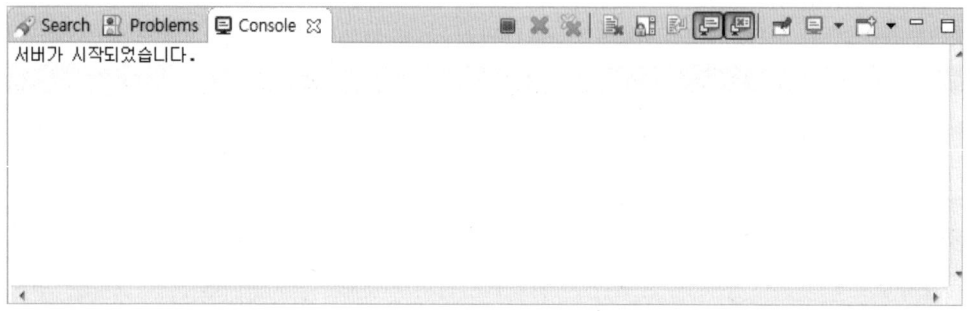

【웹브라우저에서 서버 실행 결과 확인】

클라이언트 입장이 되어 서버에 서비스를 요청하겠습니다. 웹브라우저에서 localhost:8080을 입력하여 요청합니다. 방금 실행한 서버 프로그램이 요청을 받아 처리합니다.

소스에 대한 자세한 설명은 다음과 같습니다.

```
11: try (ServerSocket server = new ServerSocket(8080)) {
```

8080 포트를 사용하는 ServerSocket을 생성합니다.

```
15:   try (Socket client = server.accept();
```

accept( ) 메소드는 8080 포트를 리스닝하고 있다가 클라이언트로부터 서비스 요청이 들어오면 클라이언트와 통신할 수 있는 Socket 객체를 생성하여 반환합니다. 이 Socket 객체를 사용해 서버와 클라이언트 간에 통신이 이루어집니다.

```
16:     OutputStream out = client.getOutputStream();
17:     InputStream in = client.getInputStream()
```

서비스 요청한 클라이언트와 데이터를 송수신하기 위한 입출력 스트림을 생성합니다.

```
19:     out.write("HTTP/1.0 200 OK\n".getBytes());
```

웹브라우저에서 웹서버에게 서비스를 요청하면 요청 정보가 전달된다고 하였습니다. 마찬가지로 웹서버는 서비스 처리가 완료되면 웹브라우저로 응답 정보라는 것을 보냅니다. 웹서버가 보내는 응답 정보는 다음과 같은 구조로 되어 있습니다.

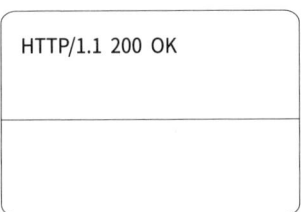

19번 줄은 서버 프로그램에서 클라이언트로 보내는 응답 정보의 첫 번째 줄을 작성한 것입니다.

```
20:     out.write("Content-Type: text/html\n\n".getBytes());
```

웹브라우저에게 보내는 데이터를 html로 처리할 것을 요청하는 데이터입니다.

(4) 다중 처리

다음의 예제는 여러 클라이언트로부터 서비스 요청이 동시에 들어왔을 때 동시 처리를 할 수 있는 서버 프로그램입니다.

Test03.java

```java
01: package com.ruby.java.ch19;
02:
03: import java.io.InputStream;
04: import java.io.OutputStream;
05: import java.net.ServerSocket;
06: import java.net.Socket;
07:
08: public class Test03 {
09:   public static void main(String[] args) {
10:
11:     try (ServerSocket server = new ServerSocket(8080)) {
12:       System.out.println("서버가 시작되었습니다.");
13:
14:       while (true) {
15:
16:         Socket client = server.accept();
17:
18:         Thread thread = new Thread() {
19:           public void run() {
20:             try (OutputStream out = client.getOutputStream();
21:                  InputStream in = client.getInputStream()) {
22:
23:               out.write("HTTP/1.0 200 OK\n".getBytes());
24:               out.write("Content-Type: text/html\n\n".getBytes());
25:               for (int i = 0; i < 5 ; i++) {
26:                 out.write("<h1>Have a nice day!!</h1>".getBytes());
27:                 Thread.sleep(1000);
28:               }
29:
30:             } catch (Exception e) {
31:               e.printStackTrace();
32:             } finally {
33:               try {
34:                 client.close();
35:               } catch (Exception e) { }
36:             }
37:           }
38:         };
39:
40:         thread.start();
41:
42:       }
```

```
43:        } catch (Exception e) {
44:            e.printStackTrace();
45:        }
46:    }
47: }
```

【서버 프로그램 실행】

【웹브라우저에서 확인】

서버에서 동시에 다수의 클라이언트 요청을 처리하는 것을 확인하기 위해 미리 여러 개의 브라우저 창을 열어둔 후 localhost:8080을 입력하여 서비스를 요청합니다.

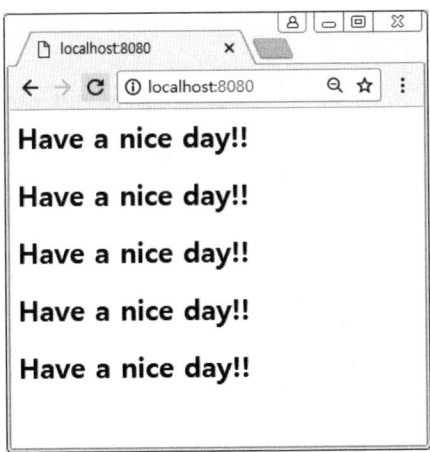 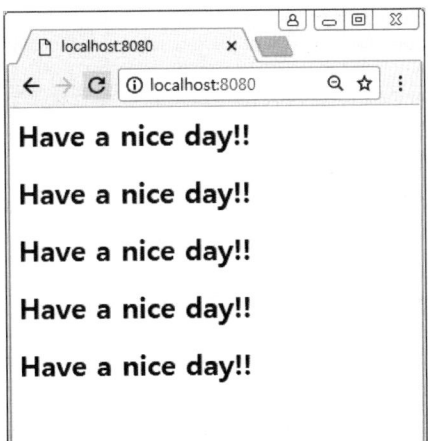

소스에 대한 자세한 설명은 다음과 같습니다.

```
18: Thread thread = new Thread() {
19:     public void run() {
            ~ 생략 ~
37:     }
38: };
```

동시에 다중 처리를 하기 위해서는 Thread를 사용해야 합니다. 익명 클래스로 Thread를 생성한 후 run( ) 메소드로 구현하고 있습니다. run( ) 메소드의 내용이 스레드로서 동작할 서버의 서비스입니다.

```
20: try (OutputStream out = client.getOutputStream();
21:      InputStream in = client.getInputStream()) {
```

서비스 요청한 클라이언트와 연결되 입출력 스트림을 생성합니다.

```
23: out.write("HTTP/1.0 200 OK\n".getBytes());
24: out.write("Content-Type: text/html\n\n".getBytes());
```

서비스 요청한 클라이언트에게 응답을 보냅니다.

```
25: for (int i = 0; i < 5 ; i++) {
26:     out.write("<h1>Have a nice day!!</h1>".getBytes());
27:     Thread.sleep(1000);
28: }
```

서비스 요청한 클라이언트에게 1초 단위로 5번의 응답을 합니다. 다른 클라이언트의 요청과 동시에 실행되는 것을 확인하기 위해 Thread.sleep(1000)을 지정하여 실행 속도를 지연시켰습니다.

18.3. NIO 통신

java.net의 Socket과 ServerSocket 객체를 사용하여 TCP 네트워크 프로그램을 구현할 수 있었습니다. java.nio.channels 패키지에도 동일한 기능을 구현할 수 있는 SocketChannel과 ServerSocketChannel 클래스를 제공합니다. NIO API들과 기존 Socket, ServerSocket의 Network 처리 방식에는 두 가지 차이점이 있습니다.

첫째는 기존 방식은 IO를 사용하고, NIO API는 채널을 사용하여 데이터를 송수신한다는 것입니다. IO와 채널의 차이점은 다음과 같습니다.

- IO는 입출력을 위해 입력과 출력 스트림 2개를 생성해야 합니다. 왜냐면 스트림은 단방향만 가능하기 때문입니다. 그러나 NIO는 스트림이 아니라 채널(Channel)이란 방식을 사용하는데 채널은 하나의 채널에서 양방향으로 데이터 전송이 가능하기 때문에 하나의 채널만 필요합니다.

- IO는 기본적으로 버퍼를 사용하지 않기 때문에 입출력 속도가 느린데 비해 NIO는 버퍼를 사용하기 때문에 입출력 속도가 빠릅니다.

둘째는 기존은 블로킹(blocking) 방식만 지원한 반면 NIO API들은 블로킹, 논블로킹(non-blocking) 방식 모두 지원합니다.

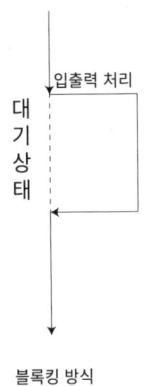

블록킹 방식

블록킹 방식은 서버 프로그램에서 클라이언트와 데이터 송수신 작업을 할때 송수신 작업이 완료될 때까지 다른 작업을 하지 못하고 대기하고 있어야만 하는 처리 방식입니다. 이에 비해 논블록킹 방식은 데이터의 송수신 완료를 기다리지 않고 송수신 작업 중 다른 작업을 처리할 수 있는 방식입니다.

블록킹 방식에서 여러 클라이언트의 동시 요청에 대한 처리는 스레드를 생성해서 처리할 수 있습니다. 그런데 이 방식은 서버에 요청하는 클라이언트 수가 많아질수록 서버 측에 많은 스레드 생성과 리소스 사용으로 서버에 부하를 가중시킵니다. 논블록킹 방식은 하나의 스레드에서 여러 클라이언트의 동시 요청을 처리할 수 있습니다. 따라서 많은 클라이언트의 요청에 대해 효율적인 처리가 가능합니다.

NIO API 중 TCP 통신을 지원하는 java.nio.channels 패키지의 SocketChannel과 ServerSocket Channel 클래스에 대해 자세히 살펴보도록 하겠습니다.

18.3.1. SocketChannel

java.net의 Socket 객체와 비슷한 SocketChannel은 채널을 사용하기 때문에 IO 스트림이 별도로 필요없고 버퍼 사용으로 데이터의 송수신 속도가 빠릅니다.

SocketChannel 생성

SocketChannel 객체 생성은 SocketChannel의 static으로 선언된 open( ) 메소드를 사용합니다. 특정 서버와 통신하기 위한 객체를 생성하는 것입니다. open( ) 메소드의 인자값으로는 SocketAddress 타입의 객체를 지정합니다.

```
public static SocketChannel open( SocketAddress  remote)
```

InetSocketAddress 생성

SocketAddress는 통신할 서버의 정보를 갖는 객체입니다. SocketChannel 객체 생성 시 전달하는 서버의 정보를 갖는 객체는 SocketAddress를 상속 구현한 InetSocketAddress 객체를 일반적으로 사용합니다. 다음은 InetSocketAddress 객체를 생성하는 생성자입니다.

```
InetSocketAddress(String hostname, int port)
```

다음은 www.credu.co.kr의 80 포트의 서버와 통신하기 위한 SocketChannel 객체를 생성하는 코드입니다.

```
InetSocketAddress target = new InetSocketAddress("www.credu.co.kr", 80);
SocketChannel socketChannel = SocketChannel.open(target);
```

예제를 통해 SocketChannel 객체를 활용하는 방법을 자세히 살펴보겠습니다.

Test04.java

```
01: package com.ruby.java.ch19;
02:
03: import java.net.InetSocketAddress;
04: import java.nio.ByteBuffer;
05: import java.nio.channels.Channels;
06: import java.nio.channels.SocketChannel;
07: import java.nio.channels.WritableByteChannel;
08:
09: public class Test04 {
10:     public static void main(String[] args) {
11:
12:         InetSocketAddress target = new InetSocketAddress("www.credu.co.kr", 80);
13:         try( SocketChannel socketChannel = SocketChannel.open(target)){
14:
15:             ByteBuffer send = ByteBuffer.allocate(1024);
16:             send.put("GET / HTTP/1.0\n\n".getBytes());
17:             send.flip();
18:             socketChannel.write(send);
19:
20:             WritableByteChannel out = Channels.newChannel(System.out);
21:             ByteBuffer receive = ByteBuffer.allocate(1024);
22:
23:             while(socketChannel.read(receive) != -1) {
24:                 receive.flip();
```

```
25:        out.write(receive);
26:        receive.clear();
27:     }
28:
29:  }catch(Exception e) {
30:     e.printStackTrace();
31:  }
32:  }
33: }
```

【실행결과】

HTTP/1.1 200 OK
Date: Wed, 28 Nov 2018 15:02:17 GMT
Server:
Last-Modified: Sat, 03 Nov 2018 12:21:48 GMT
ETag: "5e2-579c1b2256f00"
Accept-Ranges: bytes
Content-Length: 1506
Connection: close
Content-Type: text/html
Content-Language: en

소스에 대한 자세한 설명은 다음과 같습니다.

```
12: InetSocketAddress target = new InetSocketAddress("www.credu.co.kr", 80);
```

도메인 www.credu.co.kr, 포트 번호 80 정보를 갖는 InetSocketAddress 객체를 생성합니다.

```
13: try(SocketChannel socketChannel = SocketChannel.open(target)){
```

InetSocketAddress 타입의 target에서 설정한 정보를 가진 서버와 통신하기 위한 socketChannel 객체를 생성합니다.

```
15: ByteBuffer send = ByteBuffer.allocate(1024);
```

NIO는 내부적으로 버퍼를 사용하여 데이터를 입출력합니다. 버퍼로 사용할 1024 크기의 ByteBuffer 객체를 생성합니다.

```
16: send.put("GET / HTTP/1.0\n\n".getBytes());
```

버퍼에 문자열들을 출력합니다.

```
17: send.flip();
```

버퍼의 한계값(limit)을 현재 position으로 설정 후 position은 0으로 설정합니다. limit는 버퍼의 전체 크기를 의미하며 position은 작업을 위한 데이터의 위치값입니다.

```
18: socketChannel.write(send);
```

send 버퍼의 내용을 socketChannel과 연결된 서버로 전송합니다.

```
20: WritableByteChannel out = Channels.newChannel(System.out);
```

java.nio.channels.Channels의 newChannel( ) 메소드는 인자로 지정된 OutputStream에 바이트 단위로 데이터를 출력할 수 있는 WritableByteChannel 객체를 생성합니다.

```
21: ByteBuffer receive = ByteBuffer.allocate(1024);
```

1024의 버퍼 크기를 가진 ByteBuffer 객체를 생성합니다.

```
23: while(socketChannel.read(receive) != -1) {
```

socketChannel과 연결된 서버로부터 데이터를 읽어와 receive 버퍼에 저장합니다.

```
24: receive.flip();
```

receive 버퍼의 한계값을 현재 position으로 지정한 후 position은 0으로 설정합니다.

```
25: out.write(receive);
```

out 스트림에 receive 버퍼의 내용을 출력합니다. out 스트림은 표준 출력 장치와 연결된 스트림입니다.

```
26: receive.clear();
```

receive 버퍼의 내용을 지웁니다.

18.3.2. ServerSocketChannel

ServerSocketChannel은 클라이언트 요청에 대한 서비스를 처리해주는 서버 프로그램을 구현할 때 사용하는 클래스로 java.net의 ServeSocket과 같은 기능입니다. ServerSocket과 가장 큰 차이는 동시에 다중 처리를 할 때 ServerSocket은 스레드로 구현을 하지만 ServerSocketChannel은 논블로킹 방식의 구현으로 하나의 스레드만 사용해서 처리할 수 있다는 것입니다.

(1) ServerSocketChannel

ServerSocketChannel 객체 생성은 ServerSocketChannel에서 static으로 선언된 open( ) 메소드를 사용합니다.

```
public static ServerSocketChannel open()
```

생성된 ServerSocketChannel에서 사용할 포트 번호 지정은 bind( ) 메소드를 사용합니다.

```
public final ServerSocketChannel bind(SocketAddress local)
```

예제 코드는 다음과 같습니다.

```
ServerSocketChannel server = ServerSocketChannel.open();
server.bind(new InetSocketAddress(8080));
```

블로킹/논블로킹 지정

ServerSocketChannel의 실행 방식은 기본적으로 블로킹 모드입니다. 논블로킹 모드로 변경하고 싶다면 ServerSocketChannel의 configureBlocking(false);를 실행합니다. configureBlocking( ) 메소드의 인자값을 true을 지정하면 블로킹 모드, false로 지정하면 논블로킹 모드로 설정됩니다.

```
public final SelectableChannel configureBlocking(boolean block)
```

다음은 server 를 논블로킹 모드로 설정하는 예제 코드입니다.

```
server.configureBlocking(false);
```

(2) Selector

서버 프로그램에서 여러 클라이언트로부터 동시 요청이 들어오는 상황을 처리하기 위해 스레드로 구현을 했습니다. 그런데 NIO에서는 스레드 구현 없이 동시 요청에 대한 처리를 할 수 있도록 API를 제공합니다. 바로 java.nio.channels의 Selector 클래스입니다.

Selector는 컨테이너처럼 통신을 위해 생성한 채널들을 가지는 객체입니다. Selector는 등록된 채널의 사용 준비가 완료되면 이벤트를 감지하여 채널을 실행시킵니다. 이런 방식으로 다중 처리를 하기 때문에 Selector를 사용하기 위해서는 논블로킹을 지원하는 채널만 가능합니다.

Selector 생성

Selector를 생성할 때는 Selector에서 static으로 선언된 open( ) 메소드를 사용합니다.

```
public static Selector open()
```

예제 코드는 다음과 같습니다.

```
Selector selector = Selector.open();
```

Selector 등록

Selector 사용 시 사용하는 모든 채널은 Selector에 등록되어야 합니다. 채널 등록하는 방법은 각 채널 객체가 가지고 있는 register( ) 메소드를 사용합니다.

```
public final SelectionKey register(Selector sel, int ops)
```

매개변수 Selector sel은 채널을 등록하려는 Selector이며, int ops는 등록하는 채널의 작업 유형입니다. 작업 유형은 다음 표에 있는 SelectionKey 클래스에 정의된 상수를 사용하여 지정합니다.

상수	설명
OP_ACCEPT	접속 대기
OP_CONNECT	접속
OP_READ	읽기
OP_WRITE	쓰기

서버 채널인 경우는 OP_ACCEPT(접속 대기) 로, 클라이언트로 데이터를 전송하는 채널인 경우는 OP_WRITE (쓰기)로 작업 유형으로 지정합니다.

채널 이벤트 감지

Selector는 이벤트 감지 방식으로 채널들을 실행합니다. 채널들의 이벤트는 사용 준비 완료를 의미합니다. 등록된 채널의 사용 준비가 완료되면 이벤트가 발생하고 이때 채널이 작업을 처리하는 것입니다.

Selector에 등록된 채널 중 몇 개의 이벤트가 발생했는지를 추출하는 메소드는 Selector의 select( ) 메소드입니다.

```
public int select()
```

select( )는 특이한 메소드로서 이벤트가 발생한 채널이 존재할 때까지 메소드 실행을 완료하지 않습니다. 이벤트가 발생한 채널이 생기면 그제서야 메소드가 완료됩니다.

채널 추출

Selector에 등록된 채널에서 이벤트가 발생한 채널은 작업을 처리해야 합니다. 이를 위해 가장 먼저 해야할 일은 Selector에서 이벤트가 발생한 채널을 추출하는 것입니다.

Selector에서 이벤트가 발생한 채널들을 추출하는 메소드는 Selector의 selectedKeys( ) 메소드입니다.

```
public Set<SelectionKey> selectedKeys()
```

selectedKeys( ) 메소드의 반환타입은 SelectionKey 타입의 Set 컬렉션 객체입니다. SelectionKey 객체는 채널 객체와 채널의 부가적인 정보를 갖는 객체입니다.

채널 작업

Selector의 selectedKeys( ) 메소드에 의해 반환된 Set 컬렉션에는 SelectionKey 객체들이 있습니다. 즉 사용 준비가 완료된 채널들입니다. 채널의 처리는 작업 유형으로 분류됩니다.

작업 유형은 Selector에 등록 시 SelectionKey의 상수로 지정했고 SelectionKey 에는 작업 유형을 구분하는 메소드를 제공합니다.

메소드	설명
isAcceptable( )	접속 대기 여부
isConnectable()	접속 가능 여부
isReadable()	읽기 가능 여부
isWritable()	쓰기 가능 여부

이 메소드들을 사용하여 채널의 작업 유형에 따라 처리 로직을 구현합니다. 채널을 처리하기 위해서 가장 먼저 할 일은 SelectionKey에서 채널 객체를 추출하는 것입니다. SelectionKey의 channel( ) 메소드를 사용하면 채널 객체를 추출할 수 있습니다.

(3) 예제

다음은 논블록킹 방식으로 Selector를 사용하여 서버 프로그램을 구현한 예제입니다.

Test05.java
```java
01: package com.ruby.java.ch19;
02:
03: import java.net.InetSocketAddress;
04: import java.nio.ByteBuffer;
05: import java.nio.channels.SelectionKey;
06: import java.nio.channels.Selector;
07: import java.nio.channels.ServerSocketChannel;
08: import java.nio.channels.SocketChannel;
09: import java.util.Iterator;
10:
11: public class Test05 {
12:
13:     public static void main(String[] args) {
14:         try (ServerSocketChannel server = ServerSocketChannel.open()) {
15:             server.bind(new InetSocketAddress(8080));
16:             server.configureBlocking(false);
17:
18:             System.out.println("서버가 시작되었습니다.");
19:
20:             Selector selector = Selector.open();
21:             server.register(selector, SelectionKey.OP_ACCEPT);
22:
23:             while (selector.select() > 0) {
24:                 Iterator<SelectionKey> it = selector.selectedKeys().iterator();
25:                 while (it.hasNext()) {
26:                     SelectionKey key = it.next();
27:                     it.remove();
28:
29:                     if (key.isAcceptable()) {
30:                         ServerSocketChannel serverChannel = (ServerSocketChannel) key.channel();
31:                         SocketChannel client = serverChannel.accept();
32:                         client.configureBlocking(false);
33:                         client.register(selector, SelectionKey.OP_WRITE);
34:
35:                     } else if (key.isWritable()) {
36:                         try (SocketChannel client = (SocketChannel) key.channel()) {
37:                             ByteBuffer buffer = ByteBuffer.allocate(1024);
```

```
38:
39:             buffer.put("HTTP/1.0 200 OK\n".getBytes());
40:             buffer.put("Content-Type: text/html\n\n".getBytes());
41:             for (int i = 0; i < 5; i++) {
42:                 buffer.put("<h1>Have a nice day!!</h1>".getBytes());
43:                 Thread.sleep(1000);
44:             }
45:
46:             buffer.flip();
47:             client.write(buffer);
48:         }
49:       }
50:     }
51:   }
52: } catch (Exception e) {
53:    e.printStackTrace();
54:   }
55:  }
56: }
57:
```

【서버 프로그램 실행】

【웹브라우저에서 확인】

서버에서 동시에 다수의 클라이언트 요청을 처리하는 것을 확인하기 위해 미리 여러 개의 브라우저 창을 열어둔 후 localhost:8080을 입력하여 서비스를 요청합니다.

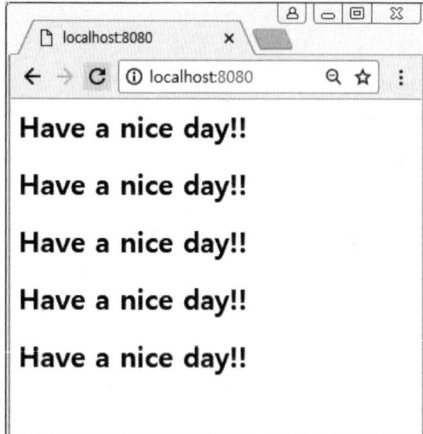
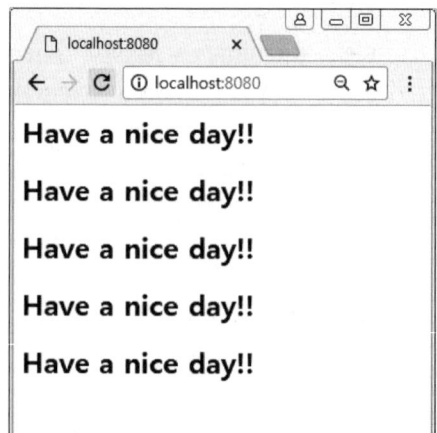

소스에 대한 자세한 설명은 다음과 같습니다.

```
14: try (ServerSocketChannel server = ServerSocketChannel.open()) {
15:     server.bind(new InetSocketAddress(8080));
```

ServerSocketChannel을 생성한 후 8080 포트를 설정합니다.

```
16: server.configureBlocking(false);
```

ServerSocketChannel server의 처리 방식을 논블록킹으로 설정합니다.

```
20: Selector selector = Selector.open();
```

채널들을 관리할 Selector 객체를 생성합니다.

```
21: server.register(selector, SelectionKey.OP_ACCEPT);
```

ServerSocketChannel server를 Selector selector에 등록합니다. 채널의 작업 유형은 OP_ACCEPT으로 설정합니다. OP_ACCEPT은 접속 대기 작업을 의미하며 server 채널은 클라이언트로부터 요청이 들어와야 이벤트가 발생합니다.

```
23: while (selector.select() > 0) {
```

select()는 selector의 등록된 채널에서 이벤트가 발생해야 완료되는 메소드입니다. 현재 등록된 server 채널은 OP_ACCEPT 작업으로 등록하였습니다. 클라이언트로부터 요청이 들어오면 select( ) 메소드가 완료되고 1 이 반환되어 while문이 실행됩니다. select( ) 메소드는 이벤트가 발생한 채널의 수를 반환합니다.

```
24:        Iterator<SelectionKey> it = selector.selectedKeys().iterator();
```

selectedKeys() 메소드는 selector에서 이벤트가 발생한 채널들을 SelectionKey 객체로 생성하여 반환하는 메소드입니다. Set 컬렉션으로 반환하기 때문에 iterator() 메소드를 사용하여 Iterator 객체로 반환을 받아 it에서 참조합니다.

```
25:        while (it.hasNext()) {
```

hasNext( ) 메소드는 it의 커서 다음에 요소가 있는지 여부를 판단한 후 있다면 true, 없다면 false를 반환합니다. 현재 it에는 21번 줄에서 등록한 server 채널의 SelectionKey 객체가 있기 때문에 true가 반환됩니다.

```
26:            SelectionKey key = it.next();
```

it.next( ) 메소드는 커서 다음을 객체를 반환하고 커서를 다음으로 이동합니다. key 변수는 21번 줄에서 등록한 server 채널에 대한 정보를 갖는 SelectionKey 객체를 참조합니다.

```
27:            it.remove();
```

Iterator의 초기 커서 위치는 첫 요소 앞에 위치하고 있습니다. it.next( ) 메소드를 실행하여 첫 요소에 커서가 위치하고 있습니다. 현재 위치의 요소를 Iterator에서 삭제합니다.

```
29:            if (key.isAcceptable()) {
```

key에서 참조하는 채널의 작업 유형이 접속 대기 유형인지를 판단합니다. 즉 클라이언트의 서비스 요청에 대한 처리를 하는 서버 채널을 의미합니다. 29~33번 줄 명령문은 서버의 대기 상태에서 처리해야 할 로직입니다.

```
30:                ServerSocketChannel serverChannel = (ServerSocketChannel) key.channel();
```

key.channel()은 SelectionKey에서 채널 객체를 추출합니다. 21번 줄에서 등록한 객체가 반환되기 때문에 ServerSocketChannel로 타입 변경을 합니다.

```
31:                SocketChannel client = serverChannel.accept();
```

클라이언트로부터 요청이 들어올 때까지 대기하다가 요청이 들어오면 SocketChannel을 생성하여 반환합니다.

```
32:                client.configureBlocking(false);
```

client 채널을 논블록킹 모드로 설정합니다.

```
33: client.register(selector, SelectionKey.OP_WRITE);
```

client 채널을 selector에 등록합니다. 작업 유형은 쓰기로 지정하였습니다. 이 명령문 실행이 완료되면 다시 23번 줄 명령문이 실행됩니다.

```
23: while (selector.select() > 0) {
```

23번 줄 명령문이 실행되기 전에 selector에 쓰기 작업을 가진 SocketChannel client를 등록하였습니다. 이 채널이 작업준비가 완료되면 select( ) 메소드의 실행이 완료됩니다.

```
35: } else if (key.isWritable()) {
```

key 변수가 33번 줄에서 등록한 SocketChannel client일 경우 35번 줄에서 true가 됩니다. 36 ~ 49번 줄 명령문은 client 채널이 실행하는 명령문들입니다.

19

JShell 사용하기

개발환경을 이야기할 때 REPL이라는 단어를 들어본 적이 있는지요? REPL이란 "Read Eval Print Loop"의 약자로서, 윈도우의 명령 프롬프트나 유닉스의 셸(Shell)처럼 사용자가 명령어를 입력하면 시스템이 값을 반환하는 환경을 말합니다. 자바에서도 9 버전부터 이러한 REPL 개발환경을 지원하기 시작했습니다. 이름은 JShell입니다.

JShell은 기존의 컴파일 방식을 인터프리터 방식으로 개발할 수 있도록 지원합니다. 인터프리터 방식은 컴파일 과정 없이 즉시 명령문을 실행하여 결과를 확인할 수 있기 때문에 좀 더 쉽고 빠르게 자바 언어를 학습할 수 있도록 돕습니다. 또한, 기존 개발자들은 쉬운 테스트로 인해 개발 속도를 높일 수 있습니다. 이번 장에서는 JShell의 사용 방법과 명령어들을 살펴봅니다.

19.1. JShell이란?

다음은 1장에서 보았던 그림으로 자바 언어로 개발하기 위한 작업 과정입니다.

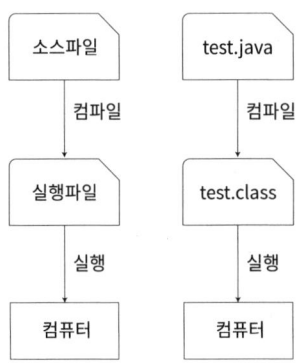

그림 자바 개발 과정

개발 과정을 살펴보면 자바 언어의 문법에 맞게 소스 파일을 작성하고, 소스 파일은 javac.exe 프로그램으로 컴파일해서 실행 파일을 생성하고, 실행 파일은 java.exe 프로그램으로 실행합니다. 지금까지 학습한 모든 예제는 이렇게 작업했습니다. 그런데 이 개발 과정을 완전히 변화시킨 기능이 있습니다. 바로 자바 9에서 새로 소개된 JShell입니다.

JShell은 자바의 REPL(read-evaluate-print loop)입니다. REPL은 '소스 파일 → 컴파일 → 실행'이라는 과정을 거치지 않고 하나의 명령문(snippet)을 읽음(read)과 동시에 실행(evaluate)하고 결과를 바로 출력(print)합니다. 그리고 이 과정이 반복(loop)해서 동작하는 환경입니다. REPL은 마치 사람과 컴퓨터가 반복해서 질문하고 답하듯이 상호작용하는 방식입니다.

JShell은 쉽고 빠르며 사용하기 편한 개발환경을 제공합니다. 그래서 자바 언어의 기능과 광범위한 라이브러리를 빠르게 탐색하고 선택하여 적용할 수 있게 하며, 자바 입문자들은 자바 언어를 학습할 때 좀 더 쉽고 빠르게 익힐 수 있습니다.

19.2. JShell 실행 방법

JShell 실행 파일은 자바 설치 폴더 아래 bin\jshell.exe입니다. jshell.exe는 JDK11 설치 후 환경 변수를 설정했으므로 어떤 위치에서나 실행할 수 있습니다.

그림 JShell 실행 파일

JShell을 실행할 때는 터미널 창에서 실행합니다. 터미널 창은 윈도우의 명령 프롬프트를 사용할 수도 있고 이클립스에서 제공하는 터미널 창을 사용할 수도 있습니다.

(1) 명령 프롬프트에서 실행

〈윈도우〉 + 〈R〉 키를 누른 후 cmd를 입력하고 〈확인〉을 누릅니다.

그림 윈도우 명령 프롬프트 실행

명령 프롬프트에서 **jshell** 입력 후 엔터를 누릅니다.

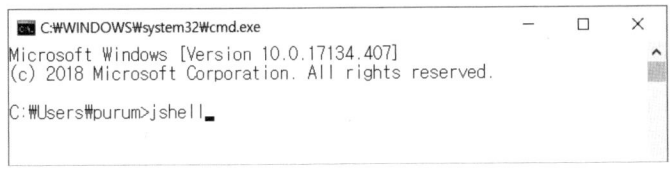

그림 jshell 명령 실행

다음처럼 jshell> 프롬프트가 나타나면 성공적으로 JShell이 실행된 것입니다. JShell이 실행된 새로운 환경은 "JShell 세션"이라고 부릅니다. 세션은 JShell을 실행할 때마다 새로 생성됩니다.

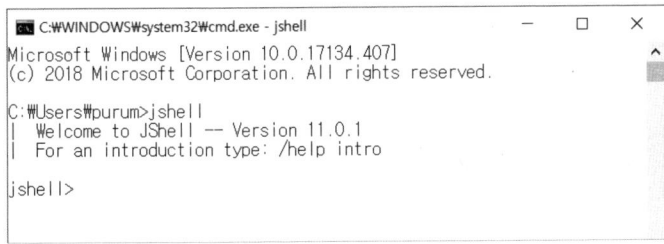

그림 jshell 명령 프롬프트

(2) 이클립스에서 실행

이클립스 메뉴에서 [Window → Show View → Terminal]을 선택합니다.

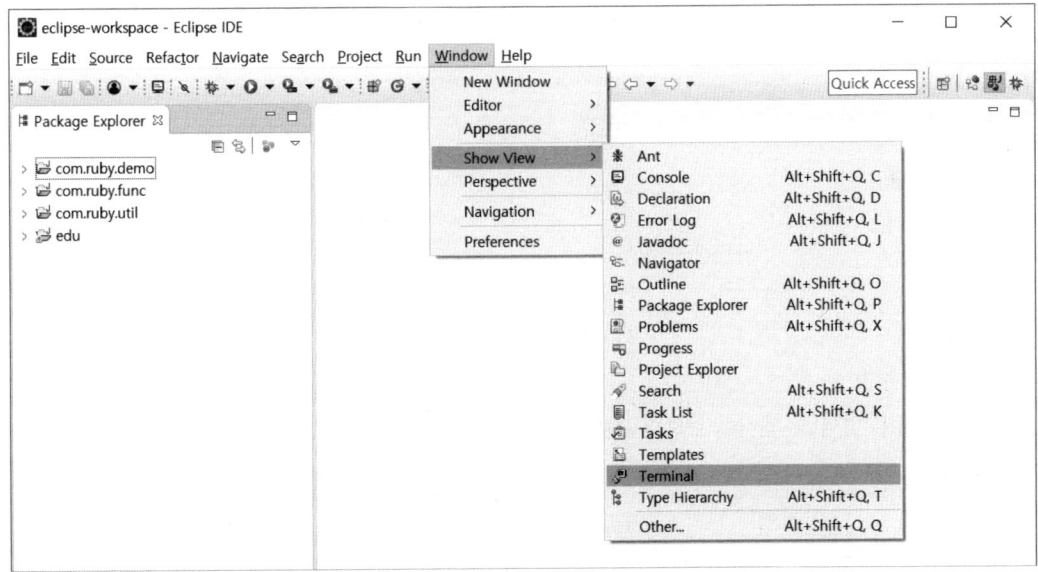

그림 터미널 실행 메뉴

Terminal 창에서 "Open a Terminal" 아이콘을 클릭합니다.

Launch Terminal 창에서 〈OK〉를 누릅니다.

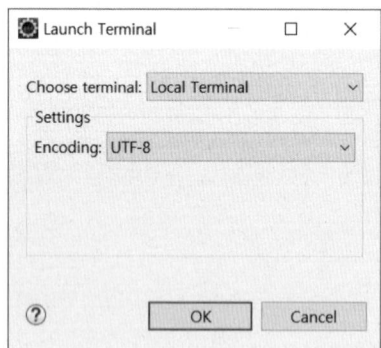

그림 터미널 설정

터미널 창이 나타납니다.

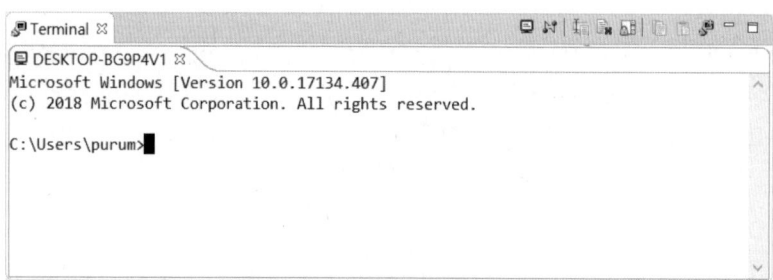

그림 터미널 창

명령 줄에 jshell 입력 후 엔터를 누르면 jshell> 프롬프트가 나타납니다. 새로운 JShell 세션이 생성되었습니다.

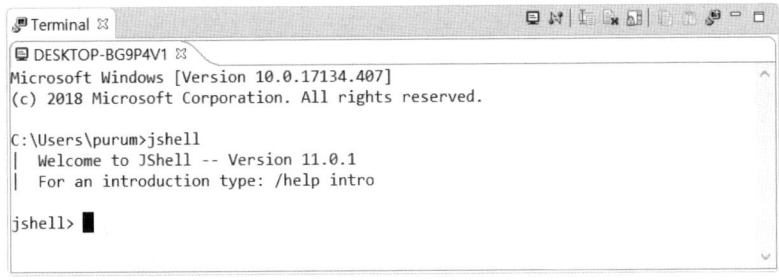

그림 jshell 명령 프롬프트

(3) JShell 종료

현재 JShell 세션을 종료하려면 /exit 명령어를 사용합니다.

【명령 프롬프트】

```
jshell> /exit
|  Goodbye
```

19.3. JShell 기본

JShell은 REPL로서 jshell 프롬프트에 명령문을 입력하면 바로 읽고 처리해 결과값을 보여줍니다. 이러한 처리를 위해 jshell 프롬프트에 입력할 수 있는 명령문의 타입은 두 가지입니다.

1. 자바 코드
2. JShell 명령어

자바 코드는 지금까지 소스 파일에서 사용했던 명령문들을 의미하고, JShell 명령어는 내부적으로 JShell의 처리를 위해 사용하는 예약어들입니다.

19.3.1. 자바 코드

다음의 자바 소스코드를 살펴보겠습니다. 콘솔 창에 "hello JShell!!"을 출력하는 프로그램입니다.

```java
public class Test01 {
  public static void main(String[] args) {
    System.out.println("hello JShell!!");
  }
}
```

자바 프로그램을 개발하려면 "소스코드 작성 → 컴파일 → 실행" 순서로 작업해야 합니다. 그런데 JShell 에서는 클래스와 main( ) 메서드 선언, 컴파일 작업 없이 바로 자바 코드를 실행할 수 있습니다. 다음처럼 main( ) 메서드 안에 구현한 코드를 jshell 프롬프트에 입력한 후 엔터를 누릅니다.

【명령 프롬프트】

```
jshell> System.out.println("hello JShell!!")
hello JShell!!
```

jshell 프롬프트에 자바 코드를 입력하고 엔터 키를 누르면 바로 실행해 결과를 출력합니다. 기존의 컴파일 방식보다 개발 과정이 매우 단순한 인터프리터 방식으로 실행됩니다.

(1) 세미콜론(;)

JShell의 프롬프트에 자바 코드를 입력할 때 명령문 끝에 지정하는 세미콜론(;)을 생략할 수 있습니다. JShell에서 내부적으로 처리되기 때문입니다. 그러나 다음의 경우는 세미콜론을 생략할 수 없습니다.

1. 블록 { } 안에 명령문을 입력할 때

다음 코드는 sum( ) 메서드를 선언하는 코드입니다. sum( ) 메서드의 블록 {} 안에 작성한 명령문은 세미콜론을 생략할 수 없습니다.

【명령 프롬프트】

```
jshell> public int sum(int a, int b) {
   ...> return a + b;     ← 세미콜론이 빠지면 오류가 발생합니다.
   ...> }
```

sum( ) 메서드를 선언하였으므로 다음처럼 실행할 수 있습니다.

【명령 프롬프트】

```
jshell> sum(10, 20)      ← 세미콜론이 빠져도 괜찮습니다.
$3 ==> 30
```

만일, 블록 {}의 명령문에 세미콜론을 생략하면 다음처럼 컴파일 오류가 발생합니다.

【명령 프롬프트】

```
jshell> public int multiply(int a, int b) {
   ...> return a * b
```

```
   ...> }
|  Error:
|  ';' expected
|  return a * b
|              ^
```

2. 한 줄에 명령문을 여러 개 입력할 때

다음은 한 줄에 명령문을 여러 개 입력하는 예입니다. 다음처럼 세미콜론을 입력해야 오류가 발생하지 않습니다.

【명령 프롬프트】

```
jshell> int a = 10; String s = "jshell";
a ==> 10
s ==> "jshell"
```

19.3.2. 명령어

다음은 JShell에서 사용하는 명령어들입니다.

명령어	설명
/help 또는 /?	JShell의 명령어 목록 출력
/help intro	JShell의 간단한 소개 출력
/help shortcuts	JShell의 단축 키의 목록 출력
/list	현재 세션에서 입력했던 명령문 중 유효한 명령문의 목록 출력(모든 명령문을 보려면 /list –all 사용)
/!	마지막 명령문 재실행
/id	지정한 id에 해당하는 명령문 실행
/-n	n에 해당하는 id 이전의 명령문들 실행
/edit	현재 세션의 유효한 명령문을 갖는 JShell 편집기 실행
/save	현재 세션의 유효한 명령문을 저장
/open	현재 세션에 특정 파일 로딩
/vars	현재 세션의 변수 이름과 값 출력
/methods	현재 세션의 메서드 선언 내용 출력
/types	현재 세션에서 선언된 클래스 목록 출력
/imports	현재 세션에서 선언된 import 문 출력
/exit	현재 세션 종료

명령어	설명
/reset	JShell 세션을 초기화함(기존에 선언된 모든 명령문이 삭제됨)
/reload	JShell 세션을 다시 로드하고 유효한 명령문 실행
/drop	현재 세션에서 지정된 명령문 삭제
/env	JShell 환경 값 변경(예: 패키지 추가)
/history	현재 세션에서 실행한 모든 목록 출력
/set	JShell의 실행환경 설정

19.3.3. 기본 사용법

(1) 변수 선언

JShell에서 변수를 선언하는 방법은 자바 소스 파일에서 사용했던 문법을 그대로 따르면 됩니다. 다음은 num1 변수를 선언하는 명령문입니다. 변수 선언이 실행된 후에는 변수의 이름과 값이 자동으로 출력됩니다.

【명령 프롬프트】

```
jshell> int num1
num1 ==> 0
jshell> int num1 = 23
num1 ==> 23
jshell> num1 = 45
num1 ==> 45
```

위 명령문 중 이상한 부분은 num1 변수를 중복으로 선언하고 있는 것입니다. 자바 소스 파일에서는 변수를 중복으로 선언하면 컴파일 오류가 발생합니다. 그러나 JShell에서는 오류가 발생하지 않습니다. 변수를 몇 번 중복 선언해도 JShell은 같은 이름으로 선언된 마지막 변수를 최종 변수로 처리하기 때문입니다.

다음 명령어는 오류가 발생합니다.

【명령 프롬프트】

```
jshell> int result = num1 + num2
|  Error:
|  cannot find symbol
|    symbol: variable num2
|  int result = num1 + num2;
|                      ^--^
```

오류가 발생한 곳에 ^_^ 표시가 있습니다. 오류가 발생한 원인은 num2 변수를 선언하지 않고 사용하였기 때문입니다. JShell에서도 자바 소스 작성 때처럼 변수는 선언하고 사용해야 합니다.

(2) /history

/history는 JShell 명령어로 현재 세션에서 지금까지 입력한 명령어들을 보여줍니다.

【명령 프롬프트】

```
jshell> /history
System.out.println("hello JShell!!")
public int sum(int a, int b) {
...
int result = num1 + num2
/history
```

(3) /list

/list 명령어는 /history 명령어처럼 현재 세션에서 지금까지 작성한 모든 명령문을 출력합니다. 그러나 /history는 오류 발생 여부와 상관없이 모두 출력하고, /list는 오류가 없는 유효한 명령문만 출력해 줍니다.

【명령 프롬프트】

```
jshell> /list
   1 : System.out.println("hello JShell!!")
   2 : public int sum(int a, int b) {
         return a+b;
       }
   3 : sum(10,20)
   4 : int a = 10;
   5 : String s = "jshell";
   7 : int num1 = 23;
   8 : num1 = 45
```

/list 명령어로 실행했던 명령문을 확인할 때 각각의 실행문마다 번호를 확인할 수 있습니다. 이것은 올바른 명령문에만 자동으로 부여되는 아이디입니다. 아이디는 명령문을 구분하는 고유한 식별자로서 실행한 순서를 아이디로 사용합니다.

명령문에 아이디가 부여되면 아이디 단위로 편집, 실행 등의 작업을 할 수 있습니다. 예를 들어 슬래시 다음에 아이디를 입력하면 해당 아이디의 명령문이 재실행됩니다. 다음은 1번 아이디에 해당하는 명령문을 실행하는 예입니다.

【명령 프롬프트】

```
jshell> /1
System.out.println("helloo JShell!!")
hello JShell!!
```

이전에 실행했던 명령문을 재실행 시 마지막 명령문을 실행할 때는 /! 명령어를 사용합니다.

【명령 프롬프트】

```
jshell> /!
System.out.println("helloo JShell!!")
hello JShell!!
```

지금까지 실행한 명령문 중 유효한 명령문만 /list 명령으로 다시 확인하겠습니다.

【명령 프롬프트】

```
jshell> /list
   1 : System.out.println("hello JShell!!")
 ...
   8 : num1 = 45
   9 : System.out.println("hello JShell!!")
  10 : System.out.println("hello JShell!!")
```

위의 결과에서 확인할 수 있듯이 ID는 실행하는 모든 명령문에 부여됩니다.

(4) 계산식과 내부 변수

다음의 명령문을 보겠습니다. 10 + 20의 계산식입니다.

【명령 프롬프트】

```
jshell> 10 + 20
$11 ==> 30
```

처리 결과를 보면 계산식이 실행된 결괏값 30이 출력되었습니다. JShell은 계산식 처리 후의 결괏값을 저장하기 위해 내부 변수를 사용합니다. 내부 변수는 개발자가 선언한 변수가 아니라 JShell에서 자동으로 선언한 변수입니다. 위의 $11이 내부 변수입니다. 내부 변수의 이름을 만드는 규칙은 **$id**입니다.

JShell에서는 계산식을 실행했을 때 화면에 **내부 변수 ==〉 결괏값** 형식으로 출력합니다. 내부 변수는 현재 세션이 유지되는 동안은 계속해서 사용할 수 있습니다. 다음은 내부 변수를 사용하는 예입니다.

【명령 프롬프트】
```
jshell> int result = num1 + $11
result ==> 75
```

(5) /reset

/reset은 현재 세션에서 작업한 모든 내용을 초기화하는 명령어입니다. /reset 명령어를 실행해 지금까지 작업한 실행문을 초기화하겠습니다. 초기화 후 /list를 실행하면 아무것도 출력되지 않습니다.

【명령 프롬프트】
```
jshell> /reset
|  Resetting state.
jshell> /list
jshell>
```

(6) 코드 편집기

JShell은 프롬프트에 명령문을 입력해 실행할 수도 있지만, 편집기를 사용해 실행할 수도 있습니다. 하나의 명령문이 여러 줄일 때는 편집기를 사용하는 것이 편리합니다. JShell 편집기는 **/edit** 명령어로 실행합니다. 다음은 JShell 편집기를 실행하는 두 가지 방법입니다.

```
/edit
```

Jshell에 다음과 같은 명령문을 입력합니다.

```
jshell> int a = 10;
jshell> int b = 20;
jshell> /edit
```

/edit 명령어는 편집기가 실행되면서 JShell 세션의 유효한 모든 명령문을 로딩해줍니다.

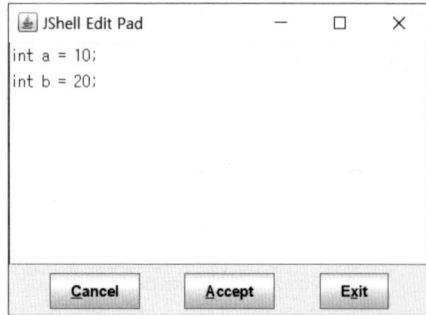

그림 /edit 명령으로 실행한 JShell 편집기

편집기에 다음 명령문을 추가합니다. 〈Exit〉를 선택하여 편집기를 종료합니다.

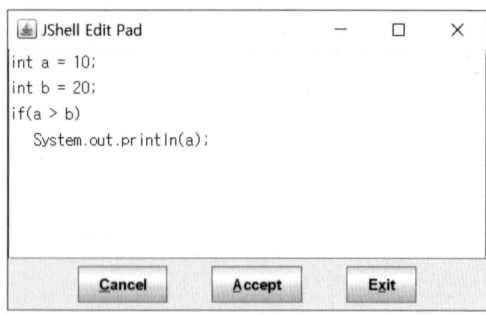

/edit id

/edit id 명령어는 편집기가 실행되면서 ID에 해당하는 명령문을 로딩해줍니다.

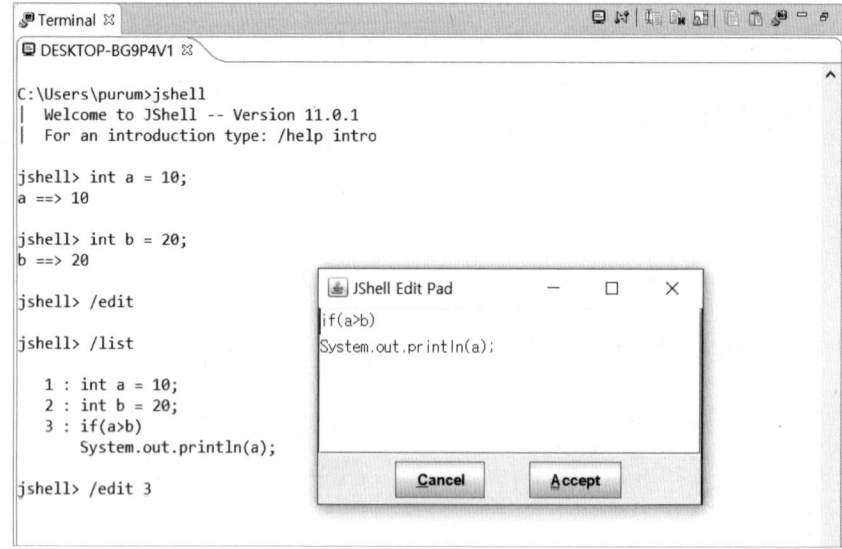

그림 /edit id 명령으로 실행한 JShell 편집기

JShell 편집기에 명령문을 입력한 후 〈Accept〉를 누르면 JShell의 터미널에서 실행됩니다.

그림 JShell 편집기에서 명령문 실행

소스 편집을 완료한 후 편집기를 종료하려면 〈Exit〉를 누릅니다. 다시 /list 명령어를 실행하여 목록을 확인하면 편집기에서 실행한 내용도 추가되어 있습니다.

【명령 프롬프트】

```
jshell> /list
...
   4 : if(a < b)
     : System.out.println(b);
```

19.3.4. 클래스 작업

JShell에서 클래스를 선언해보겠습니다.

【명령 프롬프트】

```
jshell> public class User {
   ...> private String name;
   ...> public void setName(String name) {
   ...>    this.name = name;
   ...> }
```

```
    ...> public String getName() {
    ...>     return name;
    ...> }
    ...> }
|  created class User
```

JShell 프롬프트에서 클래스 선언을 시작하면 JShell은 클래스의 본문 끝을 나타내는 닫는 중괄호 }를 만날 때까지 명령을 종료하지 않습니다. 클래스의 }를 만나면 명령문을 종료한 후 created class... 메시지를 출력합니다.

(1) /types

/types 명령어는 선언된 클래스들의 목록을 확인할 때 사용합니다.

【명령 프롬프트】

```
jshell> /types
|    class User
```

(2) 객체 생성

선언된 객체를 생성하는 방법은 자바 소스에서 구현하는 방식과 동일합니다.

【명령 프롬프트】

```
jshell> User u = new User()
u ==> User@56ef9176
```

JShell에서 객체 생성 시 기존 자바 코드와 다른 점이 있다면 참조변수를 명시하지 않으면 내부 참조변수가 자동으로 생성된다는 것입니다.

【명령 프롬프트】

```
jshell> new User()
$3 ==> User@1ed4004b
```

위의 코드는 new User() 객체를 생성한 후 참조하는 변수를 선언하지 않았습니다. 명령문이 실행된 후 출력된 내용을 보면 $3 내부 변수가 생성되었음을 알 수 있습니다. $3 내부 변수는 User 인스턴스를 참조하는 변수입니다.

(3) /vars

/vars 명령어는 현재 세션에 선언된 변수들의 목록을 확인할 때 사용합니다.

【명령 프롬프트】
```
jshell> /vars
|    User u = User@56ef9176
|    User $3 = User@1ed4004b
```

현재 세션에는 변수 u와 내부 변수 $3이 선언되었습니다. 참조변수를 통해 생성된 User 객체를 사용해 보겠습니다.

【명령 프롬프트】
```
jshell> u.setName("Amy")
jshell> u.getName()
$5 ==> "Amy"
```

u.getName( )는 String 값을 반환하는 메서드입니다. 반환값이 있는 메서드를 호출할 때는 반환값을 저장하는 변수를 선언해야 합니다. 그러나 JShell에서는 반환값 저장 변수를 선언하지 않으면 내부 변수를 사용해 반환값을 저장합니다. $5가 내부 변수입니다. 내부 변수 $5의 값을 확인하면 u.getName( ) 메서드에서 반환한 값이 출력됩니다.

【명령 프롬프트】
```
jshell> System.out.println($5)
Amy
```

(4) /save와 /open

/save는 현재 세션에서 실행한 명령문을 파일로 저장하는 명령어입니다. 사용 방법은 다음과 같습니다.

【형식】
```
/save 파일명
```

파일 이름을 지정할 때 확장자는 생략할 수도 있고 .jsh를 지정할 수도 있습니다. 다음 명령문은 현재 세션에서 작업한 유효한 명령문을 c:\out\mywork.jsh 파일에 저장하는 명령문입니다.

【명령 프롬프트】

```
jshell> /save c:\out\mywork.jsh
```

/open은 /save로 저장한 파일을 현재 세션에 불러오는 명령어입니다. 사용 방법은 다음과 같습니다.

【형식】

```
/open 파일명
```

c:\out\mywork.jsh 파일의 내용을 현재 세션에 불러오겠습니다. 기존의 명령문을 /reset으로 초기화한 후 파일을 불러옵니다. 파일을 불러오면서 명령문이 자동으로 실행됩니다.

【명령 프롬프트】

```
jshell> /reset
|  Resetting state.
jshell> /open c:\out\mywork.jsh
Amy
```

/list 명령어를 실행하면 파일의 명령문이 실행되었음을 알 수 있습니다.

【명령 프롬프트】

```
jshell> /list
   1 : public class User {
         private String name;
         public void setName(String name) {
           this.name = name;
         }
         public String getName() {
           return name;
         }
       }
   2 : User u = new User();
   3 : new User()
   4 : u.setName("Amy")
   5 : u.getName()
   6 : System.out.println($5)
```

(5) 〈Tab〉 키

JShell에서 명령문 입력 중 〈Tab〉을 사용하면 현재 입력하는 명령문에 대한 도움을 받을 수 있습니다.

변수 확인

변수 이름을 입력한 후 〈Tab〉을 누르면 입력한 글자로 시작하는 변수 목록을 보여줍니다.

【명령 프롬프트】

```
jshell> User user1 = new User()
user1 ==> User@2286778
jshell> User user2 = new User()
user1 ==> User@6d7b4f4c
jshell> u                    ← 〈Tab〉을 누름
u       user1    user2
Signatures:
u:User
<press tab again to see documentation>
```

메서드 확인

"변수이름."까지 입력 후 〈Tab〉을 누르면 변수가 참조하는 객체의 메서드 목록을 보여줍니다.

【명령 프롬프트】

```
jshell> user1.               ← 〈Tab〉을 누름
equals(    getclass()   getName()   hashCode()   notify()   notifyAll()
setName(   toString()   wait(
```

메서드 매개변수 확인

메서드 호출 시 메서드에 선언된 매개변수를 확인하려면 〈Tab〉을 다음처럼 활용합니다.

【명령 프롬프트】

```
jshell> user1.setName(       ← 〈Tab〉을 누름
$5
Signatures:
void User.setName(String name)
<press tab again to see documentation>
```

JShell 명령어 확인

슬래시 / 입력 후 〈Tab〉을 누르면 JShell 명령어 목록을 보여줍니다.

【명령 프롬프트】

```
jshell> /

/!       /?       /drop    /edit    /env     /exit    /help    /history /imports
/list    /methods /open    /reload  /reset   /save    /set     /types   /vars
```

위 목록 확인 후 〈Tab〉을 한번 더 누르면 자세한 설명까지 보여줍니다.

【명령 프롬프트】

```
jshell> /
/!
re-run last snippet
/-<n>
re-run n-th previous snippet
/<id>
re-run snippet by id
...
```

다음처럼 슬래시 다음에 특정 문자를 입력한 후 〈Tab〉을 누르면 입력한 글자로 시작하는 명령어만 보여줍니다.

【명령 프롬프트】

```
jshell> /h
/help    /history
```

위 목록 확인 후 〈Tab〉을 한번 더 누르면 자세한 설명까지 보여줍니다.

【명령 프롬프트】

```
jshell> /h
/help
get information about jshell
/history
history of what you have typed
```

19.3.5. 패키지 사용

프로그램 구현 시 다른 패키지에 있는 객체를 사용하려면 import 문으로 package 선언을 해야 합니다. JShell에서도 마찬가지입니다. 그런데 JShell에서 기본 API를 사용할 때는 별도로 import 작업을 하지 않아도 됩니다. 왜냐하면 JShell이 실행되면서 자동으로 import 되기 때문입니다.

JShell에서 자동 import된 패키지를 보려면 /imports 명령어를 사용합니다.

【명령 프롬프트】

```
jshell> /imports
|    import java.io.*
|    import java.math.*
|    import java.net.*
|    import java.nio.file.*
|    import java.util.*
|    import java.util.concurrent.*
|    import java.util.function.*
|    import java.util.prefs.*
|    import java.util.regex.*
|    import java.util.stream.*
```

그런데 자동으로 import 된 패키지 목록에 java.lang이 없습니다. java.lang은 자바 소스를 작성할 때와 같이 기본으로 사용할 수 있는 패키지이므로 별도로 import하지 않아도 됩니다.

(1) 클래스 경로 설정

JShell에서 자동으로 import 된 패키지 외의 패키지를 사용하려면 먼저 패키지를 클래스 경로에 등록해야 합니다. 클래스 경로 등록 시 패키지가 압축되어 있는 경우는 압축 파일명을 지정하고, 그렇지 않으면 폴더명을 지정합니다.

JShell에서 클래스 경로를 지정하는 명령어는 다음과 같습니다.

【클래스 경로 지정】

```
/env --class-path 폴더명 또는 압축 파일명
```

클래스 경로가 올바르게 등록된 후 /import로 패키지를 import하면 사용 가능한 상태가 됩니다.

【패키지 임포트】

```
/import 패키지명
```

(2) 패키지 사용 예제

다음은 17장에서 작성했던 com.ruby.util 프로젝트의 MyUtil 클래스입니다. 이 프로젝트의 패키지를 jar 파일로 압축한 후 JShell에서 사용해보겠습니다.

그림 com.ruby.util 프로젝트의 MyUtil 클래스

com.ruby.util 프로젝트 이름 위에서 마우스 오른쪽을 누르고 [Export]를 선택합니다. 그리고 다음 화면에서 [Java → JAR file]을 선택 후 〈Next〉를 누릅니다.

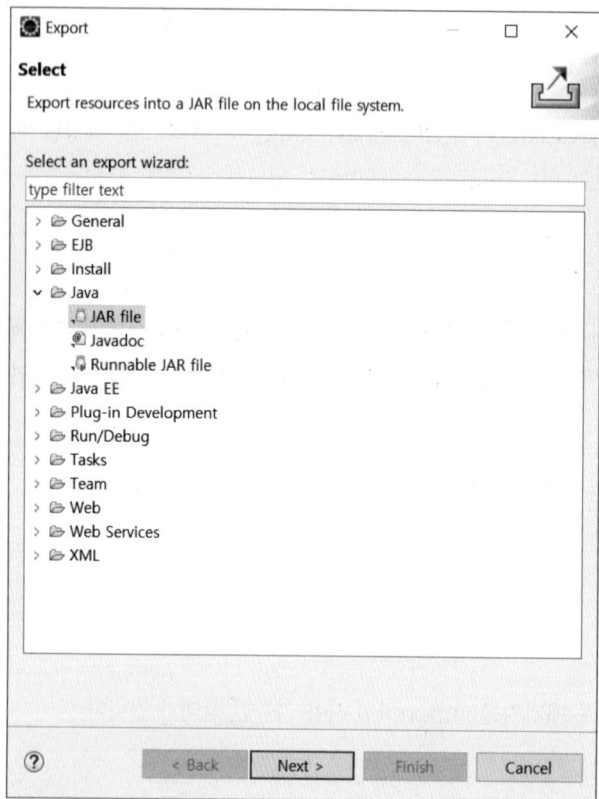

그림 [Java → JAR file] 선택

압축할 파일명에 c:\out\com.ruby.util.jar 입력 후 〈Finish〉를 누릅니다.

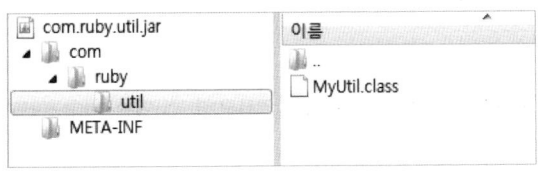

그림 압축 파일명 입력

c:\out 폴더에 생성된 com.ruby.util.jar는 다음과 같은 구조로 압축된 파일입니다.

그림 압축 파일 구조

MyUtil.class 파일이 존재하는 jar 파일을 JShell의 클래스 경로에 등록하겠습니다. 클래스 경로를 등록하는 명령어는 /env --class-path입니다. 다음처럼 실행합니다.

【명령 프롬프트】

```
jshell> /env --class-path c:\out\com.ruby.util.jar
```

/env 명령어는 현재 세션에 등록된 클래스 경로를 보여줍니다.

【명령 프롬프트】

```
jshell> /env
|    --class-path c:\out\com.ruby.util.jar
```

클래스 경로를 등록하였으면 다음처럼 import 문을 선언하여 객체를 사용할 준비를 합니다.

【명령 프롬프트】

```
jshell> import com.ruby.util.*
```

com.ruby.util 패키지가 import 되었다면 패키지에 있는 MyUtil 객체를 사용할 수 있습니다.

【명령 프롬프트】

```
jshell> MyUtil util = new MyUtil()
util ==> com.ruby.util.MyUtil@520a3426
jshell> util.add()
Module System!
```

19.4. JShell 부가 기능

19.4.1. 편집기

(1) 외부 편집기 사용

JShell에서 기본으로 내장된 편집기가 있지만 외부의 다른 편집기로 변경하여 사용할 수 있습니다. 편집기를 변경하는 명령어는 다음과 같습니다.

【편집기 변경】

/set editor 편집기 실행파일명

【명령 프롬프트】

```
jshell> /set editor c:\EditPlus\editplus.exe
jshell> /set editor c:\Subline Test\sublime_text.exe
```

/set editor 명령어로 편집기를 변경한 후 /edit 명령어를 실행하면 등록된 편집기가 실행됩니다. 다음은 외부 편집기 중 하나인 '서브라임 텍스트(Sublime Text)'를 등록한 후 /edit 명령어를 실행한 화면입니다. 외부 편집기가 실행되면 현재 세션에서 작업한 명령문들이 자동으로 로딩됩니다. 이때 파일 이름은 자동으로 부여됩니다.

그림 서브라임 텍스트 실행

외부 편집기에서 작업한 명령문은 외부 편집기의 파일을 저장할 때 자동으로 실행됩니다. 다음은 편집기에서 3개의 명령문을 추가한 후 ⟨Ctrl⟩ + ⟨S⟩로 파일 저장 시 JShell에서 명령문이 실행된 모습입니다.

그림 jShell에서 실행된 모습

JShell 모드로 전환하려면 외부 편집기를 종료하면 됩니다.

(2) 기본 편집기 사용

JShell에서 외부 편집기 등록 후 JShell에서 제공하는 기본 편집기로 설정을 변경하고 싶다면 다음의 명령문을 실행합니다.

【명령 프롬프트】

```
jshell> /set editor -retain -default
```

명령어 실행후 /edit 를 실행하면 JShell의 기본 편집기가 실행됩니다.

(3) 부분 편집

JShell에서 실행한 명령문들을 편집기에서 작업하기 위한 명령어는 /edit였습니다. /edit는 현재 세션에서 실행한 유효한 모든 명령문을 불러오고, /edit id는 지정된 아이디의 명령문만 불러옵니다. 그런데 아이디뿐만 아니라 클래스, 변수, 메서드 단위로도 가능합니다.

다음처럼 /edit 다음에 클래스나 변수, 메서드의 이름을 입력하면 해당 부분만 편집기에 불러와 편집할 수 있습니다.

【부분 편집】

```
/edit 클래스명 or 변수명 or 메서드명
```

다음은 클래스를 편집하는 예입니다.

【명령 프롬프트】

```
jshell> /edit User
```

```
JShell Edit Pad
public class User{
  private String name;
  public void setName(String name){
    this.name = name;
  }
  public String getName(){
    return name;
  }
}

        Cancel    Accept    Exit
```

다음은 변수를 편집하는 예입니다.

【명령 프롬프트】

jshell> /edit user1

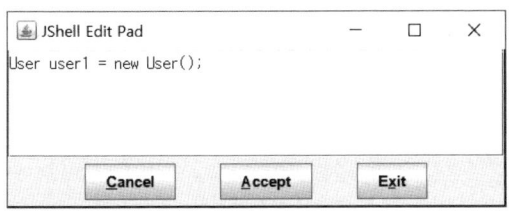

다음은 메서드를 편집하는 예입니다.

【명령 프롬프트】

jshell> int sum(int a, int b) {
   ...> return a + b
   ...> }
| created method sum(int, int)
jshell> /edit sum

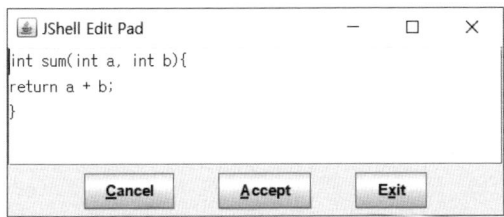

19.4.2. 도움말

JShell은 많은 명령어를 제공합니다. 더불어 JShell은 이 명령어들을 쉽게 사용할 수 있도록 도움말을 제공합니다. JShell 명령어의 도움말을 참조하고 싶을 때는 **/help**나 **/?** 명령어를 사용합니다.

`/help`

다음처럼 /help 명령어를 실행하면 JShell 명령어들에 대한 설명과 사용 방법을 보여줍니다.

【명령 프롬프트】

```
jshell> /help
|  Type a Java language expression, statement, or declaration.
|  Or type one of the following commands:
|  /list [<name or id>|-all|-start]
|        list the source you have typed
|  /edit <name or id>
|        edit a source entry referenced by name or id
...
```

/help 명령어

특정 명령어에 관하여 자세한 도움말이 필요하면 다음처럼 실행합니다.

【명령 프롬프트】

```
jshell> /help /list
|  /list
|  Show the source of snippets, prefaced with the snippet id.
|  /list
|        List the currently active snippets of code that you typed or read with /open
|  /list -start
...
```

19.4.3. 실행과 삭제

(1) /reload

/reload는 /list 명령어와 비슷합니다. 다른 점은 /list 명령어는 현재 세션에서 실행했던 유효한 명령문에 대한 목록만 보여주지만, /reload는 /list로 확인한 모든 명령문을 다시 실행합니다. 다음은 /list로 확인한 현재 세션에서 실행한 유효한 명령문입니다.

【명령 프롬프트】

```
jshell> /list
   1 : public class User {
...
       }
   2 : User u = new User();
   3 : new User()
```

```
   4 : u.setName("Amy")
   5 : u.getName()
   6 : System.out.println($5)
   7 : User user1 = new User();
   8 : User user2 = new User();
   9 : import com.ruby.util.*
  10 : MyUtil util = new MyUtil();
  11 : util.add()
  12 : int sum(int a, int b) {
         return a + b;
         }
```

다음은 /reload를 실행한 화면입니다. /list에서 확인했던 명령문들이 다시 실행되었습니다. 명령문 앞의 -: 기호는 재실행된 명령문을 나타냅니다.

【명령 프롬프트】

```
jshell> /reload
|  Restarting and restoring state.
-: public class User {
   ...
     }
-: User u = new User();
-: new User()
-: u.setName("Amy")
-: u.getName()
-: System.out.println($5)
AMY
-: User user1 = new User();
-: User user2 = new User();
-: import com.ruby.util.*
-: MyUtil util = new MyUtil();
-: util.add()
Module System!
-: int sum(int a, int b) {
     return a + b;
     }
```

만일 다시 불러오면서 명령문들을 표시하고 싶지 않을 때는 -quiet 옵션을 추가합니다. 다음은 현재 세션의 유효했던 모든 명령문을 재실행한 후 결괏값만 화면에 출력합니다.

【명령 프롬프트】

```
jshell> /reload -quiet
|  Restarting and restoring state.
Amy
Module System!
```

(2) /drop

/drop은 현재 세션에서 실행한 명령문을 삭제하는 명령어입니다. 사용법은 다음과 같습니다.

【형식】

/drop id 또는 이름

다음처럼 테스트하면서 /drop 명령어를 확인해보겠습니다.

【명령 프롬프트】

```
jshell> /reset
|  Resetting state.
jshell> int a = 10
a ==> 10
jshell> int sum(int a, int b) { return a + b; }
|  created method sum(int, int)
jshell> /drop 1
|  dropped variable a
jshell> /drop sum
|  dropped method sum(int, int)
jshell> /list
jshell>
```

/drop 1은 아이디가 1인 명령문을 삭제하고 /drop sum은 sum 이름을 가진 요소(메서드)를 삭제합니다.

19.4.4. JShell 실행환경

JShell의 새로운 세션이 시작될 때 자동으로 실행하는 명령문을 지정할 수 있습니다. 예를 들어 세션을 시작하면서 특정 패키지를 자동으로 import하고 싶습니다. 가장 먼저 해야 할 작업은 시작 시 실행할 명령문을 가진 파일을 작성하는 것입니다. 다음은 3개의 import 문을 실행한 후 mystartup.jsh 파일로 저장합니다.

【명령 프롬프트】
```
jshell> import java.sql.*
jshell> import java.time.*
jshell> import java.text.*
jshell> /save c:\out\mystartup.jsh
```

mystartup.jsh 파일에는 3개의 import 문이 선언되어 있습니다. 이 명령문들을 JShell의 세션이 시작할 때 자동으로 실행되도록 하겠습니다.

(1) /set start 파일명

JShell을 시작할 때 자동으로 명령문을 실행하고 싶을 때는 다음과 같은 명령문을 사용합니다.

【형식】
```
/set start 파일명
```

/set start 명령어는 지정된 파일의 명령문들을 실행합니다. 이후 /reset을 실행하면 기본환경은 삭제되고 /set start로 실행된 환경 설정만 유지됩니다. 즉 JShell의 새로운 환경을 설정하게 됩니다.

【명령 프롬프트】
```
jshell> /set start c:\out\mystartup.jsh
jshell> /reset
|  Resetting state.
```

새로운 환경 설정 시 /set start 문이 실행되었는지 확인하려면 /import 명령어로 현재 세션에서 선언된 import 문을 확인합니다.

【명령 프롬프트】
```
jshell> /imports
|    import java.sql.*
|    import java.time.*
|    import java.text.*
```

기존에 보이던 패키지는 보이지 않고 mystartup.jsh 파일에서 선언한 3개의 import만 보입니다. 현재 세션을 초기화하면서 JShell의 기본값이 아니라 mystartup.jsh 파일 내용이 실행되었기 때문입니다.

(2) /set start -none

/set start 명령어의 -none 옵션은 JShell 시작 시 어떤 작업도 하지 않도록 합니다.

【명령 프롬프트】
```
jshell> /set start -none
jshell> /reset
|  Resetting state.
jshell> /imports
```

위와 같이 실행했을 때 import 문을 확인하면 기본값도 mystartup.jar의 내용도 보이지 않습니다. -none 옵션으로 실행했기 때문에 그 어떤 것도 실행되지 않았습니다.

(3) /set start -default

JShell에서 제공하는 기본 시작 환경을 설정하고자 할 때는 -default 옵션을 사용합니다.

【명령 프롬프트】
```
jshell> /set start -default
jshell> /reset
|  Resetting state.
jshell> /imports
|    import java.io.*
|    import java.math.*
   ...
```

/set start -default 설정 후 현재 세션을 초기화하고 import 문을 확인하면 기본값이 설정된 것을 확인할 수 있습니다.

(4) /set start -retain

/set start 명령어는 현재 세션에만 적용됩니다. 새로운 JShell 세션에서도 변경된 설정을 그대로 유지하고 싶다면 -retain 옵션을 지정합니다.

【명령 프롬프트】
```
jshell> /set start -retain c:\out\mystartup.jsh
jshell> /exit
|  Goodbye
c:\Users\purum>jshell
```

```
|  Welcome to JShell -- Version 9.0.1
|  For an introduction type: /help intro
jshell> /import
|     import java.sql.*
|     import java.time.*
|     import java.text.*
```

위 코드는 현재 세션에서 mystartup.jsh 파일의 내용으로 시작 환경을 설정한 후 /exit로 현재 세션을 종료합니다.

jshell 명령으로 실행된 세션은 새로운 JShell 세션입니다. 새로운 세션에서 import 문을 확인하면 mystartup.jsh 내용이 실행된 것을 확인할 수 있습니다. 다른 세션에서 /set start 설정 시 -retain 옵션을 지정했으므로 설정이 그대로 유지되었습니다.

(5) /set start -retain -default

JShell의 모든 세션에서 기본값을 유지하고자 할 때는 다음처럼 설정합니다. 별도로 시작 환경을 변경하지 않았을 때 기본 설정입니다.

【명령 프롬프트】

```
jshell> /set start -retain -default
```

기호 · 번호

^	89
-	75, 79
--	76
-=	80
!=	78
@	98
*	75
*=	80
/	75
/** */	99
//	97
/=	80
&	82, 88
&&	82
%	75
%=	80
+	75, 79
++	76
+=	80
<	78
<?>	629
<<	90
<=	78
==	78
>	78
>=	78
>>	90
>>>	90
|	82, 88
||	82
~	89
-d	188
@Deprecated	654
@Document	653
/drop	870
/env	861
/exit	847
@FunctionalInterface	654, 666
/help	867, 868
/history	851
/import	861
@interface	640
/list	851
/open	858
@Override	654
/reload	868
/reset	853
@Retention	642, 653
@SafeVarargs	655
/save	857
/set editor	864
/set editor -retain -default	866
/set start	871
/set start -default	872
/set start -none	872
/set start -retain	872
/set start -retain -default	873
@SuppressWarning	655
@Target	653
/types	856
/vars	857
() -> 명령문	665
/*와 */	97
&와 &&	83
|와 ||	84
1차원 배열	157
2차원 배열	159

A

abstract	304
accept( )	824
AND 연산자	82
Annotation 인터페이스	640
API(Application Programming Interface)	98, 390
ArrayIndexOutOfBoundsException	535
ArrayList	465
Arrays	440

B

BaseStream	705, 708
bind( )	835
boolean	65
break	112, 132
BufferedInputStream	571
BufferedOutputStream	571
BufferedReader	569
BufferedWriter	569
byte	67
Byte code verifier	24

C – D

Calendar	442
call( )	778
Callable	778
channel( )	837
char	65
charAt(int index)	411
char newChar)	418
Class loader	24
collect( )	739
concat(String str)	418
configureBlocking( )	835
Consumer	699
continue	133
Ctrl + F11	57
Date	442
DecimalFormat	455
default	113, 185, 649
default 메서드	313
double	70
DoubleStream	705
do~while	130

E

endsWith(String suffix)	415
Entry	502
enum	380
Enum	383
Enumeration	486
equalsIgnoreCase(String anotherString)	409
equals(Object anObject)	409
equals(Object obj)	403
Error	533
escape sequence	66
Exception	533
execute	776
ExecutorService	775
exports	791
exports-to	802
extends	274, 281

F

File	575
FileChannel	592
filter( )	714
finally	543
final 메서드	301
final 변수	299
final 클래스	301
flatMapXXX()	737
float	70
for	123
forEach(람다식)	712
Function	698
Future⟨V⟩	779

G – I

get( )	713
getChannel()	594
getClass()	398
GPL 라이선스	18
hashCode()	397
HashMap	503
HashSet	519
Hastable	510
if	105
if ~ else	106
if~else if	108
if 문 중첩	135
implements	319
import	195
indexOf( )	414
InetSocketAddress	832
instanceof	350
int	67
interrupt( )	774
IntStream	705
is a 관계	272
isEmpty()	413
isSameOwner( )	629
Iterator	478, 742, 743

J

jar	37
java	37
Java 11 개발 환경	50
java.base	793
javac	36
java -d java.base	793
Java EE	26

java.io	558
java.lang.annotation	653
java --list-modules	782
Java ME	26
Java SE	25
Java Virtual Machine	21
JDK	26, 27
JIT(Just In Time)	25
JIT 컴파일러	25
JMOD 파일	784
join( ) 메서드	771
JRE	27
JShell	844
JVM	21

L – O

lastIndexOf( )	414
length	149
length()	411
LinkedList	493
List	464
load( )	809
long	67
LongStream	705
map( )	730
Map	500
mapToXXX( )	735
Math	426
max( )	713
MessageFormat	454
min( )	712
module	784
new	214
newCachedThreadPool	775
newFixedThreadPool	775
NIO	592
NIO(New Input Output)2	575
notify()	767
notifyAll()	767
NullPointerException	537
null 값	227
Object 클래스	333
of( )	708
open( )	831, 835
Optional 클래스	716
OR 연산자	83

P

package	186
parallel( )	728
parallelStream( )	706, 728
Path	32, 580
Predicate	699
private	185
private 메서드	315
Program	16
properties	589
protected	185
provides-with	808
public	185

R

RandomAccessFile	586
Random 클래스	437
range( )	707
rangeClosed( )	707
register( )	836
REPL	844
replaceAll(String regex	418
replace(char oldChar	418
replaceFirst(String regex	418
requires	792, 800
RetentionPolicy	641
return	201
run( )	749, 778
Runnable 인터페이스	754

S

select( )	837
selectedKeys( )	837
Selector	835
serialVersionUID	609
ServerSocket	823
ServerSocketChannel	835
ServiceLoader	809
Set	519
setName( )	756
setPriority( )	758
short	67
shutdown	776
shutdownNow	776
SimpleDateFormat	452

sleep( )	773
Socket	819
SocketChannel	831
sorted( )	714
Spliterator	744
split(String regex)	419
start( )	749
startsWith(String prefix)	415
static	230
static 메서드	314
static 메서드 참조	685
stream( )	706
Stream	709
Stream⟨T⟩	705
StringBuffer	423
StringBuilder	423
String replacement)	418
StringTokenizer 클래스	432
submit( )	778
substring(int beginIndex)	419
super	285
super( )	289
super.메서드명(인자)	286
Supplier	700
switch~case	110
synchronized	763

T

TCP/IP	817
this	251
this.메서드명(인자)	286
this.변수	286
throw	553
Throwable	533
throws	550
toBinaryString()	90
toLowerCase()	418
toString()	399, 410
toUpperCase()	418
transitive	802, 806
TreeMap	512
TreeSet	527
trim()	413
try-catch	535
try-with-resources	545

U - Z

URL	817
uses	808
value	651
valueOf( ) 메서드	422
void	183
wait()	767
while	128
Wrapper 클래스	428
ZipEntry	601
ZipInputStream	603
ZipOutputStream	601

ㄱ

가변 길이 인자	208
가비지(garbage)	229
가비지 콜렉션(Garbage Collection)	229
가수(Mantissa)	70
객체	177
객체(object)	216
객체 모델링	179
객체이름.class	645
객체지향 프로그래밍	176
객체 직렬화(serialize)	605
게터(getter)	213
경량 프로세스(Light Weight Process)	747
기본 데이터 타입	72
기본 생성자(default constructor)	250
기본 스트림	567
기본 타입 스트림	721
꼬리(tail)	491

ㄴ - ㄹ

난수(random number)	436
내부 클래스(Inner Class)	358
내장 변수	149
노드(node)	512
논리 연산자	82
논리 타입	65
다차원 배열	157
다형성(Polymorphism)	327
단일 링크드리스트(Singly LinkedList)	490
단일 상속(single inheritance)	273
대입한다	63
데이터 타입	61
동기화	760
디버그 모드	126
디버깅(debugging)	125
라이브러리(library)	389
람다식	665
람다식 매개변수	667
람다식 블록	671
람다식 예외 처리	679
람다식 인자	675
로컬 클래스	373
리터럴(literal)	63
리팩토링(refactoring)	262
리플렉션(reflection)	642

ㅁ

매개변수(parameter)	203
매개변수 타입(parameter type)	612
머리(header)	491
멀티 타입 매개변수	622
멀티 타입 매개변수 사용	694
멀티태스킹(multitasking)	746
메서드	180, 199
메서드 동기화	764
메서드 오버라이딩(Method Overriding)	282, 283
메서드 오버로딩(method overloading)	204
메서드 오버로딩(Overloading)	247
메서드 참조(Method Reference)	685
메서드 콜	200
메서드 호출	200
메타데이터(metadata)	639
명령행 매개변수	172
명령형 스타일	656
모듈	781, 784
모듈 경로	795
모듈 지시자	784
무한 반복	121
문자 지정 메타 문자	446
문자 타입	65
미확인 예외(unchecked exception)	533

ㅂ

바이트(byte)	86
바이트 코드(byte code)	21
바이트 코드 검증	24
박싱(Boxing)	428
반복문 중첩	136
반환값	201
배열(array)	141
배열 변수 선언	143
배열 생성	142
배열의 초기화	147
버퍼(buffer)	423
변수	59
변수 선언	60
변수 이름	61
병렬 처리	727
복합 대입 연산자	80
부모(Parent)	273
부정 연산자	85

부호 연산자	79
블록 동기화	763
비교 연산자	78
비트 AND 연산	88
비트(bit)	86
비트 OR 연산	88
비트 XOR 연산	89
비트 부정 연산	89
비트 연산자	86
비트 이동 연산	89

ㅅ

사용률(load factor)	505
사용자 정의 예외 객체	553
삼항 연산자	92
상위 제한	631
생성자(Constructor)	244, 245
생성자 오버로딩	290
생성자 참조	690
생성자 호출	261
서버	816
서브(Sub)	273
서술형 스타일	657
세터(setter)	213
소스 파일(Source File)	19
순서도(flow chart)	104
슈퍼(Super)	273
스네이크 표기법(Snake Case)	62
스레드	747
스레드 상태	765
스레드 풀(Thread Pool)	775
스택(Stack) 영역	219
스트림 API	702
스트림 생성	702
시프트(shift) 연산자	89
실수 타입	70

ㅇ

알고리즘	166
압축 파일 생성	601
압축 파일 해제	603
어노테이션은(annotation)	639
언박싱(Unboxing)	428
여러 줄 주석 처리/해제	98
역직렬화	608

역직렬화(deserialize)	605
연산자(Operator)	75
열거 상수(enumeration constants)	380
예약어(reserved word)	61
오버라이딩(overriding)	285
오버로딩(overloading)	285
오토박싱(autoboxing)	430
오픈 소스(open source)	19
와일드카드	628
외부 클래스$내부 클래스	360
외부 클래스(Outer Class)	358
요소(element)	142
용량(capacity)	504
유니코드(unicode)	66
이스케이프 시퀀스	66
이중 링크드리스트(Doubly LinkedList)	491
이클립스	44
이클립스 자동 완성 단축 키	54
익명 클래스(Anonymous Class)	377
인덱스(index)	142
인스턴스(instance)	215, 216
인스턴스 메서드 참조	687
인스턴스 멤버 클래스	369
인스턴스 필드	231
인자(argument)	203
인터페이스 구현 방법	657
인터페이스 상속	319
인터프리터(Interpreter)	25

ㅈ

자동 모듈	800
자동 타입 변경	93
자바 가상 머신	21
자바 프로젝트	47
자식(Child)	273
재사용 불가	705
전위 연산	77
절차적 프로그래밍	176
접근 제한자	184, 285
정규표현식(Regular Expression)	446
정적 멤버(static member)	230
정적 멤버 클래스	371
제네릭	612
제네릭(Generic)	467
제네릭 메서드	634
제네릭 메서드 참조	688

제네릭 생성자	636
제네릭 인터페이스	637
제네릭 클래스	614
제네릭 클래스 생성자 참조	693
제네릭 함수형 인터페이스	672
중개 연산	703
중단점(break point)	125
증감 연산자	76
지수(Exponent)	70
지역변수	219
지연 연산	704
직렬화	605
직접 타입 변경	94

ㅊ - ㅋ

참조 데이터 타입	72
참조변수	221
참조변수명::메서드명	685
채널(Channel)	592
초기화한다	63
최종 연산	703
추상 메서드	305
추상 메서드(abstract method)	304
추상 클래스	306
카멜 표기법(Camel Case)	62
컬렉션 뷰	487
컬렉션 뷰(Collection view)	478
컬렉션 프레임워크(Collection Framework)	462
컴파일(Compile)	20
컴파일러(Compiler)	20
코드(Code) 영역	217
클라이언트	816
클래스(class)	179, 216
클래스 경로	795
클래스 다이어그램	180
클래스 로더	24
클래스 메서드	239
클래스명:: new	690
클래스명::메서드명	685
클래스명.상수	383
클래스명::〈타입〉메서드명	688
클래스 선언	181
클래스의 제어자	197
클래스 이름	182
클래스 필드	231, 235

ㅌ - ㅍ

타입 매개변수	467
타입 인자	614
타입 캐스팅(type casting)	93
특수 문자	66

ㅍ

파스칼 표기법(Pascal Case)	62
파이프-필터 패턴	704
파일 입력	560
파일 출력	561
패턴 검사	448
퍼스팩티브(Perspective)	126
포인터(pointer)	563
표준 입출력	565
프레임(frame)	256
프로그램	16
프로세스	746
프로퍼티 파일(properties file)	589
필드	180, 198
필드(field)	182
필드 초기화	220
필터 스트림	567

ㅎ

하위 제한	631
한 줄 주석 처리/해제	98
함수형 스타일	657
해시 코드	397
해싱(hashing)	503
헬퍼 객체	481
확인된 예외(checked exception)	533
확장 for 문	151
횟수 지정 메타 문자	447
후위 연산	77
힙(Heap) 영역	217